KB111048

아계 이산해의 학문과 사상

아계 이산해의 학문과 사상

초판 1쇄 인쇄   2010. 10. 15
초판 1쇄 발행   2010. 10. 20

지은이   이 성 무 외
펴낸이   김 경 희

견 영   강 숙 자
편 집   장 수 영
디자인   이 영 규
영 업   문 영 준
관 리   강 신 규
경 리   김 양 헌
펴낸곳   ㈜지식산업사
         본사 • 경기도 파주시 교하읍 문발리 520-12
           전화 (031)955-4226~7 팩스 (031)955-4228
         서울사무소 • 서울시 종로구 통의동 35-18
           전화 (02)734-1978   팩스 (02)720-7900
         한글문패   지식산업사
         영문문패   www.jisik.co.kr
         전자우편   jsp@jisik.co.kr
         등록번호   1-363
         등록날짜   1969. 5. 8.

책값은 뒤표지에 있습니다

ISBN   978-89-423-1141-5   (94910)
       978-89-423-0062-4   (세트)

이 책을 읽고 지은이에게 문의하고자 하는 이는
지식산업사 전자우편으로 연락 바랍니다.

머리말

　한국역사문화연구원에서는 역사강좌, 한문강좌와 더불어 문중에서 위탁하는 인물연구를 수행해 왔다. 그리고 그 연구결과를 '한국역사문화연구총서'라는 이름으로 간행하기로 했다. 이는 한국의 인물사 연구뿐 아니라, 사상사 연구에도 크게 이바지할 수 있을 것이다.

　현재 한국역사문화연구원은 경주 김씨 상촌공파(桑村公派), 광주 이씨 둔촌공파(遁村公派), 한산 이씨 문열공파(文烈公派), 연안 이씨 삼척공파(三陟公派)의 연구를 이미 수행했거나 하고 있고, 백헌(白軒) 이경석(李景奭), 노저(鷺渚) 이양원(李陽元), 낙서(洛西) 장만(張晚), 휴휴재(嘐嘐齋) 김용겸(金用謙)에 관한 연구를 진행하고 있다.

　이러한 연구 결과는 학술회의를 통해 발표하고, 이를 수정·보완해 한국역사문화연구총서로 순차적으로 간행하게 된다. 이번에는 지난번 편집회의에서 우선 한산 이씨와 광주 이씨 인물 연구를 간행하기로 했다. 한산 이씨의 아계(鵝溪) 이산해(李山海)와 이경전(李慶全) 부자에 관한 연구는 총서 4로 내기로 하고, 광주 이씨 둔촌공파 인물 연구는 양이 많아 총서 1·2·3으로 간행하기로 했다. 출판은 지식산업사

4

가 맡기로 했다.

한산 이씨 인물 연구는 "한산 이씨 아계 가문의 전통과 역사적 위상"이라는 주제로 2009년 10월 9일에 서울역사박물관에서 발표한 여덟 주제와 2009년 10월 12일에 예산문화원에서 발표한 여섯 주제를 합쳐서 1책으로 낸다. 이 가운데 중복된 두 주제를 빼면 열두 편의 논문이 수록되는 셈이다.

끝으로 연구를 위탁하신 한산 이씨 종중의 이문원 회장을 비롯한 여러분과, 출판을 기꺼이 맡아주신 지식산업사 김경희 사장에게 아울러 감사를 드린다.

2010년 10월
한국역사문화연구원장 이 성 무

차 례

선조 대 정국과 이산해의 정치적 역할•설석규

아계 이산해의 후대 추숭과 유적•이해준

한산 이씨 아계가(鵝溪家)의 혈연과 교유관계 • 문 숙 자

아계 이산해의 경제사상과 그 역사적 의의 • 이 헌 창

이경전 문학의 특징과 문학사적 위상 • 박 용 만

■ 표 · 그림 차례

한산 이씨 아계(鵝溪) 가문의 전통과 역사적 위상

이 성 무

한국역사문화연구원

1. 한산 이씨의 선계(先系)

한산(韓山) 이씨(李氏)는 고려 초기 권지합문지후 윤우(允佑)를 시조로 하는 백파(伯派)와 동생 호장(戶長) 윤경(允卿)을 시조로 하는 숙파(叔派)로 나뉜다. 백파는 윤우의 아들 지명(知命, 1127~1191)이 명종 대에 정당문학(政堂文學)을, 지명의 손자 무(茂)가 충렬왕 대에 도첨의참리(都僉議參理)를 지냈으나 고려 말 조선 전기에는 당상관직을 배출하지 못했다.[1] 숙파는 윤경-인간(仁幹)을 거쳐 손자 대에서 충진계(忠進系)와 효진계(孝進系)로 갈렸다. 충진계는 고려 말에 향리가문으로 처져 있었으나, 효진계는 고려 말에 곡(穀)과 색(穡)을 배출함으로써 대가세족(大家世族)이 되었다. 백파와 숙파의 가계를 소개하면 그림 1-1과 같다.[2]

---

1) 韓忠熙, 〈朝鮮前期 韓山李氏 穡(-種德, 種學, 種善)系 家系硏究〉, 《啓明史學》 8, 啓明史學會, 201쪽.
2) 韓忠熙, 위의 글 ; 《韓山李氏文烈公派世譜》 卷1, 회상사, 한산이씨문열공파세보편찬위원회, 2002, 1쪽.

그림 1-1. 백파와 숙파의 가계

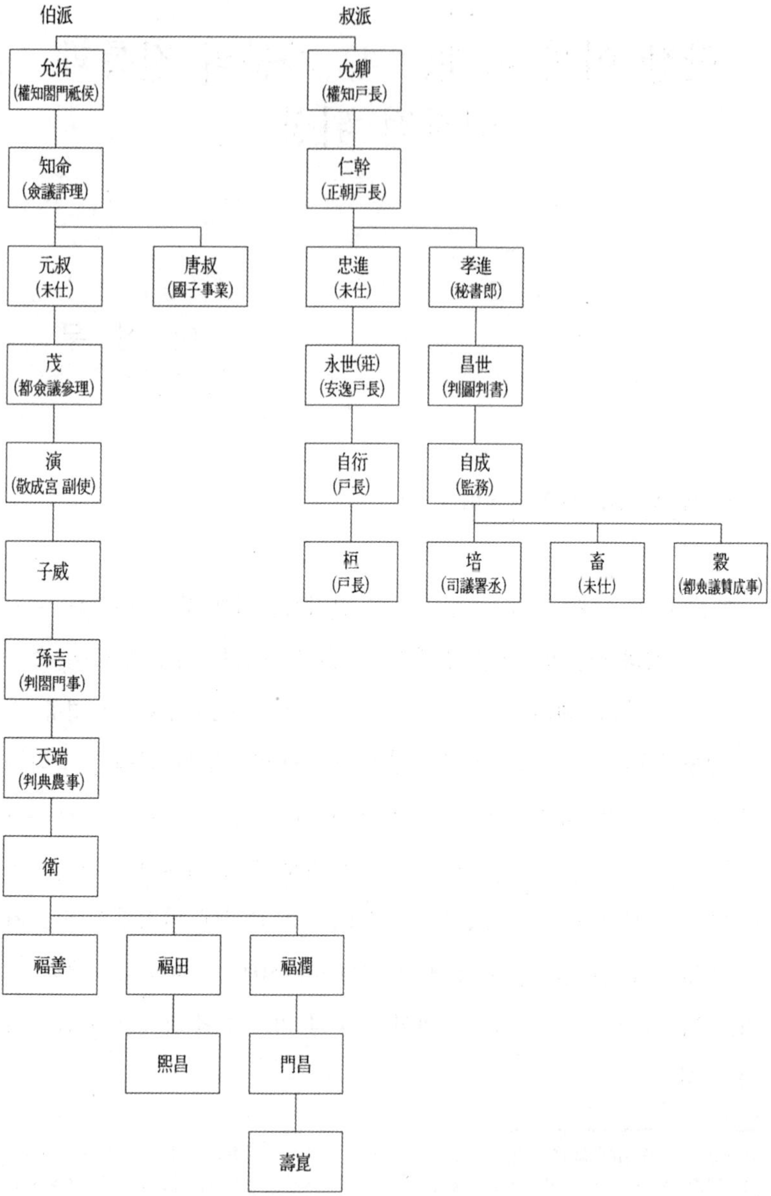

伯派	叔派
允佑 (權知閣門祗侯)	允卿 (權知戶長)
知命 (僉議評理)	仁幹 (正朝戶長)

伯派		叔派	
元叔 (未仕)	唐叔 (國子事業)	忠進 (未仕)	孝進 (秘書郞)
茂 (都僉議參理)		永世(莊) (安逸戶長)	昌世 (判圖判書)
演 (敬成宮 副使)		自衍 (戶長)	自成 (監務)
子威		桓 (戶長)	培 (司議署丞) · 畜 (未仕) · 穀 (都僉議贊成事)
孫吉 (判閣門事)			
天端 (判典農事)			
衛			
福善 · 福田 · 福潤			
熙昌 (福田子) · 門昌 (福潤子)			
壽崑			

아계(鵝溪) 이산해(李山海)는 숙파인 윤경계에 속한다.[3] 윤경은 권지
호장(權知戶長)을 지냈다고 기록되어 있다. 고려는 983년(성종 2)에 호
족을 향리로 격하시키고 향직(鄉職)을 두어 호족이나 호족의 자제들을
임용했다. 1051년(문종 5) 10월에 제정된 향직표는 표 1-1과 같다.[4]

윤경의 아들은 정조호장(正朝戶長)을 지낸 2세 인간(仁幹)이요, 인간
의 아들은 3세 충진과 봉헌대부(奉憲大夫) 비서랑(秘書郎)을 지낸 효진
으로 되어 있고, 효진의 아들은 창세(昌世)라 되어 있다. 그러나 시조
윤경으로부터 4세 창세까지는 묘소도 실전되고, 계대(繼代)도 제대로
이어지지 않는다. 그런데 구보(舊譜)에는 묘소가 한산 관부(官府) 담 안
에 있었다고 했다. 이에 1880년(고종 17)에 마침 내아(內衙)가 무너진
틈을 타 고노(故老)가 지적해 주는 곳을 파 보았으나, 석광(石鑛)이 있
는 것을 확인했을 뿐 지석(誌石)은 발견하지 못했다. 그리하여 그 자리
에 "高麗戶長李公墓表 西紀 一八八二年 崇禎五年壬午 四月 日 忠淸道觀察
使 承五撰"이라는 표석만 세워 놓았다.[5]

표 1-1. 향직표

戶長層		記官層						色吏層
戶長	副戶長	兵正 倉正	戶正 公須正 食祿正	副戶正 客舍正 藥店正 司獄正	副兵正 副倉正 副公須正 副食祿正	史 副客舍正 副藥店正 副司獄正	兵史 倉史	公須史 倉祿史 客舍史 藥店史 司獄史

3) 《韓山李氏文烈公派世譜》卷1, 1쪽.
4) 李成茂, 〈조선초기의 향리〉, 《개정증보 조선의 사회와 사상》, 일조각, 2004, 272쪽 ; 《高麗
史》卷75, 選擧志 鄕職.
5) 《韓山李氏文烈公派世譜》卷1, 1쪽.

그럼에도 족보에 시조부터 4세까지의 세계를 실어놓은 까닭은 장령
(掌令)을 지낸 이흡(李洽)의 가보(家譜)와 전부(典簿) 정시술(丁時述)의
집에 간직되어 오고 있던 《제성보(諸姓譜)》에 윤경-인간-충진·효진
으로 되어 있어 이를 족보에 그대로 싣는다는 것이다. 더구나 정시술
의 《제성보》는 족보의 대가인 서천부원군(西川府院君) 정곤수(鄭崑壽)
의 집에 보관하고 있던 성보(姓譜)에서 나온 것이니 믿을 만하다는 것
이다.6) 그러나 판도판서공(版圖判書公) 이상 여러 대는 서원 및 이장령
(李掌令) 흡(洽)의 가보에 실려 있을 뿐 《한산보(韓山譜)》에는 인간과
충진·효진을 형제로 기록하고 있는 경우도 있어서 지금은 의심스러
운 채로 그대로 싣는다고 적혀 있다.7)

다른 족보에도 선계는 기록이 미비해 시조로부터 여러 대를 고증하
기 어렵다. 시조로부터 그 아래 몇 대까지는 계보가 단선으로 연결되
어 있는 경우가 많고, 일정한 세대가 내려간 뒤에 복수의 가계가 기록
되어 있는 것이 일반적이다. 이 단선의 가계를 선계(先系)라 하고, 복
수의 가계를 본계(本系)라 한다.8) 다른 족보에도 이러한 모순을 해결
하고자 시조가 중국에서 왔느니, 우연히 조상의 지석을 발견했느니 하
는 터무니없는 이야기를 지어내고 있다. 물론 시조와 본계를 직접 연
결하려니 자료가 없고, 현실적으로 필요하지 않아 방계의 가계는 과감

---

6) 《韓山李氏文烈公派世譜》卷1, 1쪽. 《述先錄》自寬亭世系 誤書辨에 "우리 從祖 超然公께서 譜錄
을 닦는 데 마음에 둔 지가 자못 30년이 되었고, 碑誌와 譜牒에 보인 것도 100여 본이나
된다. 任慶昌·丁時述 두 공이 간직하고 있는 책에도 모두 秘書公을 正朝戶長公의 아들이라
고 했다. 대개 任·丁 두 집은 우리나라 譜學의 大家이니 이를 버릴 수가 없고, 觀察公의
疑辯과 超然公의 보는 바가 뚜렷해 의심할 것이 없다. 또 同宗 두세 집에 간직된 系帖에도
모두 正朝戶長公을 秘書公의 아버지라 했으니 뚜렷이 믿을 수 있고 확실하고 분명하다. 또
碧珍李氏《八八帖》과 許極의 《百家譜錄》과 李景說의 《氏族源流》에도 역시 秘書公을 戶長公의
아들이라고 했다"고 해(《韓山李氏文烈公派世譜》卷1, 3쪽) 允卿-仁幹-忠進·孝進의 家系를
고집하고 있다.
7) 《韓山李氏文烈公派世譜》卷1, 1쪽.
8) 李成茂,〈한국의 姓氏와 族譜〉, 《조선시대 사상사연구》2, 지식산업사, 2009, 409쪽.

히 생략하기도 했다.9)

2. 이곡(李穀)·이색(李穡) 대

(1) 이곡(1298~1351)

한산 이씨는 시조 윤경 대부터 자성(自成) 대까지는 한산의 향리가 문이었을 뿐이다. 자성은 흥례부(興禮府: 지금의 울산) 향리 이춘년(李椿年)의 딸 사이에서 배(培)·축(畜)·곡(穀) 세 아들과 장씨(張氏) 성을 가진 사람에게 시집간 딸(三韓國大夫人) 하나를 두었다.10) 이춘년은 진사로서 정읍감무를 지냈다고 하는데, 1310년(충선왕 2) 7월 3일에 죽었으며, 사위 이곡의 출세로 원나라의 봉훈대부(奉訓大夫) 비서감승(秘書監丞), 고려의 광정대부(匡靖大夫) 도첨의찬성사(都僉議贊成事)에 추증되었다. 묘는 충남 서천군 기산면 영모리 산2번지의 2 영모암(永慕菴)에 있다. 그리고 그의 부인은 1268년(원종 9)에 태어나 1350년(충정왕 2) 10월 20일에 죽었는데, 그 또한 이곡이 출세하여 원나라의 요양현군(遼陽縣君), 고려의 삼한국대부인(三韓國大夫人)에 추증되었다. 묘는 서천군 마산면 마명리 산1번지에 있으며, 익재(益齋) 이제현(李齊賢)이 쓴 묘지명이 있다. 《북창한화(北窓閒話)》에는 무학대사가 터를 잡은 것으로 알려진11) 곡의 어머니 산소가 한산에 있어, 이 산소 덕분에 자손들이 무식한 사람이 없고 대대로 명공거경(名公鉅卿)이 많이 나왔다고 적고 있다. 그런데 어떤 사람이 그 옆에 투장(偸葬)을 해 쌍분처럼 만들

---

9) 李成茂, 위의 글, 409쪽.
10) 《韓山李氏文烈公世譜》 卷1, 1쪽.
11) 《韓山李氏文烈公世譜》 卷1, 1~2쪽.

어 놓았는데 파토(破土)하는 날 갑자기 향로가 날아오르고, 제주(題主)를 할 때 올빼미가 붓을 물고 달아나는 괴변이 일어났다고 한다.

이곡의 큰형 배는 고려의 사의서승(司議署丞)을 지낸 것으로 되어 있고, 둘째 형 축은 요절했다.12) 이곡은 1297년(충렬왕 24) 7월 임인(壬寅)일에 한산의 북고촌(北古村)에서 태어났으나, 청소년기에는 한동안 외가가 있는 홍례부에서 거주한 것으로 보인다. 그는 외가에 있는 동안 유학자 우탁(禹倬, 1263~1342)을 만났다. 우탁은 이곡보다 35세 연상으로서 1278년(충렬왕 4)에 향리로 과거에 급제해 그해에 홍해사록(興海司錄)이 되었으며, 1308년(충렬왕 34)에 감찰규정(監察糾正)이 되어 개경으로 올라갔다. 이때 우탁의 나이 46세요, 이곡은 11세였다.13) 그는 감찰규정으로 부임해 가는 우탁에게 축하하는 시를 써 주었다.14) 이곡은 우탁의 영향을 받아 학문을 할 결심을 했을 것이다.

그는 16세 때 울신에서 가까운 영해향교(寧海鄕校)의 대현(大賢: 生徒의 年長者)인 김택(金澤)의 딸 함창(咸昌) 김씨(金氏)와 혼인했다.15) 김택의 아들도 향리출신으로 출세해 중대광(重大匡) 함창군(咸昌君)에 이르렀으니16) 이곡과 마찬가지로 향리에서 사대부로 진출한 신흥사대부였음을 알 수 있다.

이곡은 13세에 아버지를 잃었다.17) 그는 글을 잘했을 뿐 아니라 어머니에게 극진한 효자였다. 그래서 죽은 뒤에 '문효(文孝)'라는 시호를

---

12) 《韓山李氏文烈公世譜》卷1, 1~2쪽. 李培는 郎將(정6품), 李畜은 護軍을 지낸 것으로 되어 있으나 이런 관직은 이곡이 출세해 얻은 贈職일 것이다(高惠齡, 〈稼亭 李穀(1298~1351)에 대하여-官職生活과 政治觀을 중심으로-〉, 《梨花史學研究》제17·18합집, 1988, 356쪽).
13) 韓永愚, 〈稼亭 李穀의 生涯와 思想〉, 《韓國史論》40, 서울대 국사학과, 1998, 3쪽.
14) 李穀, 《稼亭集》卷15, 寄賀禹先生拜糾正.
15) "高麗李穀 未第時 薄遊到此 取金澤女爲妻."(《新增東國輿地勝覽》卷24, 寧海都護府 流寓); "李穀 少時 薄遊寧海 澤時爲鄕校大賢 知其必貴 以女妻之 遂生穀 大賢 生徒年長之稱."(《新增東國輿地勝覽》卷29, 咸昌縣 人物條, 金澤)
16) 高惠玲, 앞의 글, 356쪽.
17) 《稼亭集》稼亭先生年譜.

받았다. 학문과 효도에 뛰어났다는 뜻이다. 이곡은 개경에 올라와 도평의사사 연리(椽史)가 되었고,[18] 20세가 되던 1317년(충숙왕 4)에 거자시(擧子試=國子監試)에 합격했으며, 23세가 되던 1320년(충숙왕 7)에 수재과(秀才科) 제2명(第二名)으로 급제했다.[19] 그리하여 복주사록참군(福州司錄參軍)에 임명되었다가, 1331년(충혜왕 1)에 예문검열(藝文檢閱)로 옮겨갔다.[20] 이 수재과의 시험관인 지공거(知貢擧)는 이제현(李齊賢)이었다. 이때부터 이제현이 그의 좌주(座主)로서 이곡과 부자관계 같은 긴밀한 관계를 맺게 되었다.[21] 이곡에게 처음으로 의지할 배경이 생긴 것이다.

이곡은 복주에서 정도전(鄭道傳)의 아버지 정운경(鄭云敬)을 만났다. 정운경은 이곡보다 7세 연하지만, 복주향교에서 가장 우수한 학생이었고, 같은 향리 출신으로 함께 명승지를 유람했다.[22] 이 인연이 아들 대에 이색과 정도전의 관계로 발전하게 된 것이다.

그러나 이곡은 수재과에 급제해서도 문벌의 배경이 없어 출세할 수 없었다. 결국 그는 수재(秀才)로서 10년 동안 침체되어 있어야 했다.[23] 이곡은 수재과의 동년(同年)들은 잘 나가는데 자기는 향리출신이라 침체되어 있는 것이 안타까웠다. 그리하여 중앙에 있는 중서성(中書省)의

---

18) 《高麗史》 卷109, 列傳 22 李穀.
19) 《韓山李氏文烈公派世譜》 卷1, 3쪽. 擧子試는 1317년(충숙왕 4)에 설치되었는데 國子監試에 해당하는 시험이었다(李成茂, 《韓國의 科擧制度》, 집문당, 1994).
20) 《高麗史》 卷109, 列傳 22, 李穀.
21) 科擧의 시험관인 知貢擧를 座主라 하고, 그 시험에 급제한 及第者를 門生이라 해 이 좌주와 문생은 부자와 같이 끈끈한 관계를 맺고 있었다. 이를 좌주문생제도라 한다(李成茂, 앞의 책, 50쪽). 同門에는 崔甲龍・白文寶・安輔・尹澤・閔思平・朴忠佐・田叔蒙・金天祚・鄭上舍・金東錫・金子儀 등 저명인사들이 많이 포함되어 있었다[李成珪,〈高麗와 元의 官僚 李穀(1298~1351) 年譜稿〉, 全海宗博士八旬紀念論叢,《東아시아 歷史의 還流》, 지식산업사, 2000, 216쪽].
22) 鄭道傳,《三峯集》 卷4, 傳 鄭云敬行狀.
23) 韓永愚, 앞의 글, 5쪽.

조모(趙某), 헌납(獻納) 최모(崔某)에게 편지를 써 구직운동을 했다.24)
그가 최헌납에게 보낸 편지를 보자.

　　집안이 한미하고 궁벽한 시골에 사는 선비는 스스로 출세할 수가 없습니다.
　　나는 미련하고 비겁해서 진퇴를 부끄러워 해 머뭇머뭇거립니다. 높은 관리의
　　집을 바라보면 함정처럼 느껴져 앞으로 나가지 못합니다. 높은 갓을 보면 귀신
　　처럼 보여 머리를 들지 못합니다. 이 때문에 여러 사람에게 뒤져 한 번도 벼슬
　　에 젖어보지 못했습니다.……남쪽 가지가 북쪽 가지보다 먼저 피는 것은 스스로
　　그렇게 되는 것이 아니라 우연히 의지하는 형세에 따라 앞뒤가 생기는 것뿐입
　　니다.……이것이 바로 사람들이 유감으로 생각하는 일입니다.……나는 운수를
　　믿고 관직을 구하지 않았으나, 관직을 구한 사람은 모두 앞서가는 것을 보고
　　내가 어리석다는 것을 알았습니다. 사람이 하고자 하는 것은 충효(忠孝)입니다.
　　집이 가난하고 어버이가 늙으셨는데도 벼슬하지 않는 것은 불효입니다.25)

　시골 향리출신으로서 연줄이 없어 중앙의 관직을 받지 못하는 처절
한 심정을 낱낱이 드러낸 편지라고 할 수 있다. 이는 신흥사대부들이
공통으로 느끼는 비애였을 것이다. 그리하여 수재과 동년들에게 도움
을 청했으나 뜻을 이루지 못했다. 하는 수 없이 이곡은 그의 좌주인
이제현에게 구직을 청했다. 이곡이 33세가 되던 1330년(충숙왕 즉위)
무렵에 이제현은 정당문학(政堂文學)이 되었다.26) 그것이 효과를 보았
던지 1331년(충혜왕 1) 봄에 정9품인 예문춘추관(藝文春秋館) 검열(檢閱)
이 된 것이다.27)

---

24) 韓永愚, 앞의 글, 5쪽.
25) 李穀, 《稼亭集》卷8, 書啓序, 與同年趙中書崔獻納.
26) 李穀, 《稼亭集》卷8, 書啓序, 與同年趙中書崔獻納, 上政堂啓. 이때의 政堂은 이제현이었던 것
　　이 확실하다(韓永愚, 앞의 글, 7쪽).

그러나 그는 여기에 만족할 수 없었다. 그는 1332년(충숙왕 복위 1)에 정동행중서성 향시에 1등으로 합격하고, 1333년(충숙왕 복위 2)에 36세의 나이로 드디어 원나라 제과(制科)에 제2갑(第二甲)으로 급제해 한림국사원(翰林國史院) 검열(檢閱), 정동행중서성(征東行中書省) 좌우사(左右司) 낭중(郎中)에 임명되었다.28)

제과에 급제한 사람은 이곡 외에도 안진(安震)·최해(崔瀣)·안축(安軸)·이인복(李仁復)·안보(安輔)·윤안지(尹安之)·이색(李穡) 등이 있었으나,29) 거의 하위권 급제자요 이곡과 같이 상위권 급제자는 없었다. 이곡의 대책(對策)을 읽은 독권관(讀卷官)이 크게 칭찬했고, 재상이 황제에게 건의해 한림국사원 검열관에 임용하게 했으며, 원나라 문사들과 교류하면서 강마해 문장이 외국 사람의 것이라고 보지 않을 정도로 발전했다고 한다.30)

이곡은 그 뒤로 개경보다 연경(燕京)에 있는 기간이 많았다. 그는 원나라 관리이기는 했지만 그의 지위를 이용해 고려의 이익을 대변하는 역할을 했다. 1334년(충숙왕 복위 3)에는 원 순제(順帝)의 흥학조(興學詔)를 가지고 고려에 와서 학교를 진흥하도록 하고 돌아갔다. 충숙왕은 그를 봉선대부(奉善大夫) 시전의부령(試典儀副令) 직보문각(直普文閣)에 제수했다.31)

그런데 그가 원에 있을 때인 1335년(충숙왕 복위 4) 12월에 원이 고

---

27) 李穀, 《稼亭集》卷8, 書啓序, 與同年趙中書崔獻納.
28) 李穀, 《稼亭集》卷8, 書啓序, 與同年趙中書崔獻納 ;《韓山李氏文烈公派世譜》3쪽.
29) 《高麗史》卷74, 志 28, 選擧 2, 科目 2 制科. 그런데 《增補文獻備考》卷185, 選擧考 2, 科目 2, 制科條에는 金祿·賓于光·全元發·辛蔵·李球·安震·崔瀣·安軸·趙廉·李穀·辛裔·李承慶·李仁復·安輔·尹安之·李天翼·李穡·李升彦·崔彪·李舒 등의 원나라 제과 급제자가 보인다. 制科에는 征東行中書省 鄕試에 합격한 3명을 원나라 會試에 응시할 수 있게 했다.
30) "前此 本國人 雖中制科 率居下列 穀所對策 大爲讀卷官所賞 置第二甲 宰相 奏授翰林國史院檢閱官 穀與中朝文士 交遊講劘 所造益深 爲文章操筆 立成辭嚴義奧 典雅高古 不敢以外國人視也."(《高麗史》卷109, 列傳 22, 李穀)
31) 《高麗史》卷109, 列傳 22 李穀.

려에서 동녀(童女)를 징발하려 했다. 이에 이곡은 다음과 같은 상소를 올렸다.

옛날에 성왕(聖王)께서 천하를 통치함에 있어서 백성을 모두 평등하게 보고 함께 사랑했습니다[一視同仁]. 비록 인력이 이르는 곳에 문화와 법규가 같아야 하지만, 그 풍토의 마땅함과 인정의 숭상하는 바를 반드시 변경할 필요는 없습니다. 사방이 땅이 멀고, 풍습이 다르다고 해서 구차하게 중국과 같이하려 하면 인정이 순조롭지 못하고 형세가 시행되지 않습니다. (이것은) 비록 요순(堯舜)이라도 (그렇게) 할 수가 없을 것입니다. 옛날 우리 세조(世祖) 황제께서 천하를 다스림에 있어 인심을 얻으려고 애썼고, 더욱 원방의 다른 풍습에 대해서는 그 풍습을 따라 순조롭게 다스렸습니다. 그런 까닭에 온 나라가 기뻐하고 고무되어 두 번 통역해야 하는 자들까지 뒤질세라 왕에게 신복했습니다. 요순의 다스림이 이에 더할 것이 없습니다.

고려는 본래 바다 밖에 있어서 따로 한 나라를 이루고 있으니, 진실로 중국의 성인이 없었다면 막연히 더불어 상통하지 않았을 것입니다. 당 태종의 위덕으로 두 번 정벌했으나 아무런 전공이 없이 돌아갔고, 원나라가 처음 일어날 때 맨 먼저 신복해서 왕실에 공훈이 현저해 세조 황제께서 공주를 시집보내시고 이어서 조서를 내려 장려해서 유시하기를 '의관과 전례는 조풍(祖風)을 떨어뜨리지 말라!'고 하셨습니다. 그런 까닭에 그 풍습이 지금까지 변하지 않아 바야흐로 지금 천하에 임금과 신하, 백성과 사직이 있는 곳은 오직 삼한뿐입니다. 고려를 위해 꾀를 내는 자는 마땅히 (이 같은) 밝은 조서를 공경히 받들어 조상을 따라 시행하고, 정교(政敎)를 닦으며, 때에 맞추어 사신을 보내 나라와 더불어 다 편안하게 해야 할 것입니다. 그런데 이에 부시(婦寺)의 무리들로 하여금 중국에 근거를 두고, 자기들 패거리를 늘리며, 은총을 믿고 도리어 본국을 흔들며, 심지어는 내지(內旨)를 빙자해 자주 드나들면서 해마다 동녀를 뽑아갑니다. 대저 남의 딸을 취해 윗사람에게 잘 보여 자기의 이익을 삼는 것은 비록 고려가 스스로 취한 것이기는 하나, 이미 내지를 핑계댔으니 어찌 원나라의 누가 되는 것이 아니겠습니까?

옛날의 제왕은 호령을 한 번 내고 시행하면 천하가 엄숙하고 그 덕택을 바라는 까닭에 조지(詔旨)를 덕음(德音)이라 했습니다. 지금 여러 번 특지를 내려 남의 집 딸을 뺏어가는 것은 심히 옳지 못합니다. 존귀하고 비천한 구별이나 중화와 오랑캐의 사이에 그 천성(天性)은 같습니다. 고려의 풍습이 오히려 아들로 하여금 따로 살게 하고 딸은 내보내지 않아서 마치 진(秦)의 데릴사위와 같습니다. 그러나 부모를 봉양하는 것은 딸이 주장합니다. 그러므로 딸을 낳으면 은혜롭게 하고 부지런히 길러서 밤낮으로 자라기만 기다리는데, 능히 봉양할 때가 되었는데 하루아침에 품에서 빼앗아 가 4천리 밖으로 보내 발이 한 번 문을 나가면 종신토록 돌아올 수 없게 되니 그 정황이 어떠하겠습니까?

지금 고려의 부녀는 후비의 열에 있거나 왕후의 배필이 되어 있어 공경대신이 고려의 외생(外甥)에서 나온 사람이 많으니, 이것은 본국의 왕족 및 벌열·호부(豪富)의 가문이 특별히 조지를 받거나 혹은 스스로 원해 오고, 또 소개를 통해 오니 진실로 떳떳한 일이 아닌데도 이익을 좋아하는 자들이 이를 준례로 삼습니다. 무릇 지금 나라를 맡고 있는 자들이 다 처첩을 거느리려 하는데 비단 동녀뿐만이 아닙니다. 대저 사방에 사신으로 가서 장차 황제의 은혜를 선포해 백성들의 불편한 것을 물어봅니다. 《시경》에 '주나라가 이에 자문하고 물으니, 주나라가 이에 자문하고 묻는다'고 말하지 않았습니까? 지금 이에 외국에 사신을 보내 재화와 여색을 빼앗아 오는 것은 금하지 않으면 안 됩니다.

곁으로 들건대 고려인들은 딸을 낳으면 곧 비밀로 부쳐 오직 비밀이 조밀하지 못할까 염려해서 비록 이웃에게도 볼 수 없게 합니다. 매번 사신이 중국으로부터 오면 문득 실색(失色)해서 서로 돌아보며 말하기를 '무엇 때문에 왔는가? 동녀를 뽑아가려는 것이 아닌가? 처첩을 뽑아가려는 것인가?'라고 합니다.

얼마 있다가 군리(軍吏)가 사방으로 나가 가택을 수색하고, 혹 숨겼으면 이웃을 연루시키고, 친족을 구속해 매를 쳐서 곤혹을 치르게 해 나타난 뒤에야 그만둡니다. 한번 사신을 만나면 나라가 소란스러워 비록 닭과 개라도 편안할 수가 없습니다. 그 뽑아서 선별할 때 미쳐서는 잘생기고 못생기고 보다는 사신에게 뇌물을 먹여 그 욕심을 채워 주면 예뻐도 버리고 다른 여자를 고릅니다. 그래서 한 여자를 뽑는데 수백 집을 뒤지는데 오직 사신의 말을 감히 어길 수 없습니다. 왜냐? 내지를 핑계대기 때문입니다. 이렇게 하기를 해마다 한두 번, 두 해에 한 번, 많으면 40~50번에 이릅니다. 이미 동녀가 선발되면 부모·종족이 서로 모여 통곡해 밤낮으로 울음소리가 끊이지 않습니다. 나라 밖으로 떠날 때는 옷을 잡아당겨 자빠지고, 길을 막고 통곡을 합니다. 비통하고 분노하고 답답해서 우물에 몸을 던지기도 하고, 목을 매기도 하고, 기절하는 자도 있고, 피눈물을 흘려 눈이 머는 자도 있으니, 이런 것은 다 기록하지 못합니다. 그 처첩을 삼으려고 뽑는 자는 비록 이와 같지는 않으나 도리어 그 원망을 듣는 것은 같지 않음이 없습니다. …… 고려인이 유독 무슨 죄를 지었기에 이 같은 고초를 받아야 합니까? 옛날에 동해에 원부(怨婦)가 있으면 3년 동안 가뭄이 든다고 합니다. 지금 고려는 몇 명의 원부가 있습니까? 근년에 고려는 수재와 한재가 계속되어 백성의 굶주린 자가 심히 많으니 어찌 그 원망과 한탄이 능히 화기(和氣)를 상하게 하지 않겠습니까? 지금 당당한 천조(天朝)가 어찌 후정(後庭)에서 만족하지 못하고 반드시 외국에서 취해야 하겠습니까? …… 원하옵건대 덕음을 내리셔서 감히 내지를 빙자해 위로 성청을 모독하고, 아래로 자기의 이익을 위해 동녀를 뽑거나, 다른 나라에 사신을 보내 처첩을 뽑아오는 자들을 금지조항을 명시해 그 후망(後望)을 끊어서 성조의 일시동인(一視同仁)의 화를 빛내고, 외국의 의를 사모하는 마음을 위로하시면 원망이 사라지고 화기가 이루어지며, 만물이 육성될 것입니다.[32]

공녀의 실상을 적나라하게 폭로한 글이다. 《고려사》 이곡 열전에는 이 상소문의 전문을 싣고 있다. 여기에서도 길지만 번역해서 인용했다. 고려를 위해 애국심을 발휘한 글이기 때문이다. 그는 원의 관리였지만 종국적으로는 고려인이었던 것이다. 원 순제도 이 글을 보고 공녀제도를 곧바로 중지시켰다.[33) 고려에서는 그 공으로 그에게 판전교시사를 제수했다.[34)

이곡은 39세 되던 1336년(충숙왕 복위 5)에 원의 유림랑(儒林郞) 휘정원관구(徽政院管句) 겸선승발가각고(兼善承發架閣庫)에 제수되고, 다음 해에 유림랑 정동행중서성 좌우사 원외랑에 제수되어 그해 10월에 귀국했다.[35) 충숙왕은 그를 신임해 정동행성에 이어 종3품 성균좨주(成均祭酒) 예문관대제학(藝文館大提學) 지제교(知製敎)를 제수했다.[36) 드디어 문한직(文翰職)을 차지하게 된 것이다. 그는 이 자리에서 7년 동안 근무하다가 1339년(충숙왕 복위 8)에 정3품 정순대부 판전교시사 예문관제학지제교(藝文館提學知製敎)로 승진했다.[37)

충숙왕의 신임을 받던 이곡은 그해 충혜왕이 복위하면서 다시 시련을 겪기 시작했다. 충혜왕과 그의 측근들은 갖은 악정을 저질렀을 뿐 아니라 입성책동(立省策動)까지도 마다하지 않았다.[38) 이곡은 이들의 악정에 불만을 가지고 있던 터에 1341년(충혜왕 복위 2)에 원 순제가 즉위한(1333) 다음 연호를 지원(至元)에서 지정(至正)으로 바꾸자(1335) 축하표문을 가지고 원으로 들어가 귀국하지 않고 6년 동안 머물렀

32) 《高麗史》 卷109, 列傳 22 李穀.
33) 《高麗史》 卷109, 列傳 22 李穀.
34) 《高麗史》 卷109, 列傳 22 李穀.
35) 韓永愚, 앞의 글, 9쪽.
36) 劉明鍾, 〈稼亭 李穀의 生涯와 思想〉, 《東洋哲學》 8집, 한국동양철학회, 1997, 11쪽.
37) 韓永愚, 앞의 글, 9쪽.
38) 蔡雄錫, 〈고려 중·후기 '無賴'와 '豪俠'의 형태와 그 성격〉, 《역사와 현실》 8집, 한국역사연구회, 1992, 238~253쪽.

다.39) 1343년(지정 3)에 원은 그에게 봉훈대부(奉訓大夫) 중서사(中瑞司) 전부(典簿)를 제수했다.40)

그러다 1345년(충혜왕 5) 2월에 거듭되는 실정으로 고려왕이 원으로 잡혀가고, 8세된 충목왕이 즉위하자 이곡은 귀국해 다시 발언하기 시작했다. 〈우본국재상서(寓本國宰相書)〉가 그것이다.41) 그 내용을 보자.

우리 삼한이 나라이면서 나라 노릇을 못한 지가 이미 오래되었습니다. 풍속이 무너지고 형정이 문란해졌으며, 백성은 삶을 지탱할 길이 없어 도탄에 빠져있는 것과 같습니다. 다행히 이제 국왕이 명을 받고, 국민이 갈망하기를 큰 가뭄에 단비 바라듯 하고 있습니다. 국왕께서 젊으시고 겸손하며 마음을 비워서 온 나라의 정사를 제공(諸公)에게 들으시니 그 나라의 안위와 인민의 이되고 병되는 것, 군자의 진퇴는 모두 제공에서 나옵니다. 대저 군자를 등용하면 나라가 안정되고, 군사를 물리치면 나라와 인민이 병들게 되어 있으니, 이는 고금의 떳떳한 이치입니다. 그러니 사람을 살리는 일은 또한 정치의 근본이 됩니다. 대개 사람을 쓰는 것은 쉽지만 사람을 알아보기는 어려운 법입니다. 사특한지 올바른지를 묻지 않고, 인격의 고하를 논하지 않고, 오직 재물만 보고 권력에만 의지해, 나에게 붙는 자는 비록 간사하고 아첨하더라도 등용하고, 나와 뜻을 달리하는 자는 비록 청렴하더라도 물리친다면 사람을 쓰는 것이 쉽다고 할 수 있지 않겠습니까? 사람 쓰는 것을 쉽게 하기 때문에 정사가 날로 어려워지고, 이때문에 국사가 위태로워지는 것입니다. 이는 멀리 옛 것에서 구할 것이 아니라 실로 목전의 밝은 거울입니다. 옛 사람은 그런 줄을 알고 있었습니다. 한 번 나아가고 한 번 물러갈 때 반드시 그 행할 것과 소종래(所從來)을 살피며, 재물에

---

39) 《高麗史》 卷109, 列傳 22 李穀.
40) 《高麗史》 卷109, 列傳 22 李穀.
41) 《高麗史節要》 卷25, 忠惠王 後5年 5月.

더럽히고 권세에 마음이 뺏길까 두려워해야 합니다. 그러나 오히려 주자(朱紫)가 상탈(相奪)하고, 옥석(玉石)이 뒤섞이니 그 사람을 알아보는 것이 이미 어렵지 않습니까? 지금 본국의 습속은 재산이 있는 것으로서 유능하다고 하고, 세력이 있는 것을 똑똑하다고 하니, 관리나 유자[儒冠]들에게 창우(倡優)의 잡희(雜戱)를 하게 하고, 직언과 정론을 여리(閭里)의 광망(狂妄)한 소리로 여기니, 나라이면서 나라가 아닌 것이 마땅합니다. 나 곡(穀)이 친척과 이별하고 고국[鄕國]을 떠나서 오래 동안 원나라에 머물러 있는 것도 그 때문입니다.[42]

이곡의 개혁안은 인사개혁에 집중되어 있다. 전조의 기철(奇轍)을 비롯한 악소(惡小)들의 인사부정을 개혁하고 자기와 같은 신흥사대부들을 기용해야만 정치발전이 있을 것이라는 주장이다. 그 결과 1347년(충목왕 3)에 개혁기구로 정치도감(整治都監)이 설치되었다.[43]

1345년(지정 5) 4월에 이곡은 황제를 호종해 상도(上都)에 갔다.[44] 1346년(충목왕 2) 정월에는 황제의 정삭(正朔: 冊曆)을 받들고 고려에 왔다. 이에 고려에서는 봉익대부(종2품 하) 판전교시사 예문관제학 동지춘추관사 상호군을 제수했고, 봄에는 밀직부사, 지밀직사사, 정당문학으로 승진했으며, 가을에는 한산군(韓山君) 예문관대제학 지춘추관사 상호군에 올랐다.[45]

그는 이제현의 추천으로 안축(安軸)과 함께 서연(書筵) 강설을 담당했다.[46] 뿐만 아니라 이제현·안축·안진(安震)·이인복(李仁復)과 더불어 민지(閔漬)가 편찬한 《편년강목(編年綱目)》을 증수하고, 충렬·충선

---

42) 《高麗史》 卷109, 列傳 22 李穀.
43) 閔賢九,〈整治都監의 설치경위〉,《국민대논문집》 11호, 1977, 83쪽.
44) "是月 車駕時巡上都……八月丁亥朔 車駕至自上都."(《元史》 卷40, 順帝紀 3 至正 5年 夏 4月)
45) 《高麗史》 卷109, 列傳 22 李穀.
46) 李齊賢,《益齋亂藁》 卷8, 乞免書筵講說學贊成事安軸密直副使李穀自代箋.

·충숙 3조실록을 편찬했다.47)

그러나 이곡의 고려생활이 순탄하지만은 않았다. 1346년(충목왕 2) 겨울에 허백(許伯)과 더불어 동지공거로서 김인관(金仁琯) 등을 선발했는데, 능력 없는 세가의 자제들을 뽑았다는 이유로 대간의 탄핵을 받고 물러나 다음 해 다시 중국으로 들어갔다.48)

이곡이 다시 고려로 돌아온 것은 1348년(충목왕 4)이었다. 원의 감창(監倉) 벼슬을 하던 그는 고려의 도첨의찬성사(都僉議贊成事) 우문관대제학(右文館大提學) 감춘추관사(監春秋館事) 상호군(上護軍)을 받아 곧 귀국했다.49) 문한을 담당하고 재상의 반열에 오른 것이다.

그러나 1349년(충정왕 1) 정월에 충정왕이 즉위하자 이곡은 다시 시련을 겪게 되었다. 그는 충정왕이 아닌 공민왕을 밀었기 때문이었다. 이에 불안을 느껴 관동(關東) 지방을 유람하다가 명년에 원으로부터 정동행중서성 좌우사낭중을 받았으나 이듬해인 1351년(충정왕 3) 1월 1일에 54세를 일기로 서거했다. 시호는 문효(文孝)이고, 성격은 단엄(端嚴)·강직하여 사람들이 모두 존경했다. 《가정집》 20권이 전한다.50)

이곡은 그의 아들 이색 때문에 유명해졌다. 그러나 이색이 고려 말의 유종(儒宗)이 될 수 있었던 것은 그의 아버지인 이곡이 닦아놓은 기반이 있었기 때문이었다. 그의 집안은 한산의 일개 향리에 지나지 않았다. 이러한 신분적 약점을 극복하고자 이곡은 원나라의 제과(制科)에 급제, 원의 권위를 이용해 고려에서 발신하는 방법을 택했다. 이에 그는 열심히 공부해 이 목표를 달성했다. 제과에 급제한 이후 그는 네 차례에 걸쳐 7년 동안 원에 있으면서 그곳의 문사들과 사귀고 학문을

47) 《高麗史》 卷109, 列傳 22 李穀.
48) 《高麗史》 卷109, 列傳 22 李穀.
49) 《高麗史》 卷109, 列傳 22 李穀.
50) 《高麗史》 卷109, 列傳 22 李穀.

연마해 고려의 문한을 잡고 재상의 반열에까지 오를 수 있었다. 그러나 젊었을 때는 오랫동안 하류에 머물러 있었고, 말년을 제외하고 고려에서 크게 발신하지 못해 제자도 많지 않고, 국내의 정치적인 기반도 약했다. 그러나 이제현과 이색을 잇는 주자학의 정통에서 이곡은 고려 유학사에서 확고한 지위를 차지한다고 할 수 있다. 한산 이씨가 대가세족으로 성장할 수 있었던 것도 이곡을 빼놓고는 말할 수 없다.

이곡은 1남 4녀를 두었다. 이곡의 자녀손은 그림 1-2와 같다.

외아들 이색은 문하시중을 지냈고, 성균관을 중심으로 성리학을 일으키고 많은 제자들을 양성한 고려 말의 대표적인 유학자였다. 부인은 우정승 권한공(權漢功)의 손녀딸인 안동 권씨였다. 처부는 화원군(花原君) 권중달(權仲達)이다. 권한공은 충렬왕 대에 심양왕(瀋陽王)이었던 충선왕을 도와 고려를 괴롭혔던 인물로 고려의 도첨의정승(都僉議政丞) 예천부원군(醴泉府院君)을 지냈다. 시호는 문탄(文坦)이다.[51] 그는 심왕파이기 때문에 《고려사》 간신전(姦臣傳)에 수록되어 있다. 그러나 이

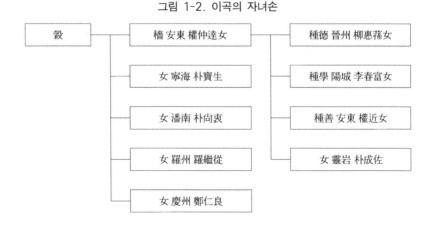

그림 1-2. 이곡의 자녀손

51) 《韓山李氏文烈公派世譜》 卷1, 4쪽.

색은 가문의 격을 높이고자 권력자 집안인 권한공계의 안동 권씨와 혼인을 한 것이다.52)

이곡의 사위는 영해(寧海) 박보생(朴寶生), 반남(潘南) 박상충(朴尙衷), 나주(羅州) 나계종(羅繼從), 경주(慶州) 정인홍(鄭仁良) 등 4인이다. 박상충은 공민왕 조에 등제해 고려의 판전교시사(判典敎寺事) 우문관직제학(右文館直提學)을 지냈으며, 조선조에 영의정 금성(錦城)부원군에 추증되었다. 그는 친명파로서 원의 사신을 받아들이는 것을 반대하다가 이인임(李仁任) 정권에 의해 볼기를 맞고 죽었다.53) 이색과 함께 성균관 교관으로 성리학을 강론했다.54) 아들 박은(朴訔)은 태종 대에 좌의정 금천부원군(錦川府院君)을 지냈다. 박보생은 1349년(충정왕 1)에 판위위사사(判衛尉寺事)를 지냈고, 그의 아버지 박원계(朴元桂)는 전법판서(典法判書) 보문각제학(普門閣提學)을 지낸 인물이었다. 나계종은 공민왕 대에 등제해 1371년(공민왕 20)에 예문관 제학(提學)에 올랐다. 그는 이곡의 화상찬(畵像贊)을 지었다. 정인양의 아버지는 대제학을 지낸 정종보(鄭宗輔)요, 할아버지는 병조판서를 지낸 정홍덕(鄭弘德)이다.

이와 같이 이곡 대는 향리신분에서 벗어나 과거를 통해 개경에 진출하고, 신흥사대부가문과 통혼해 가격(家格)을 올리는 기간이었다.

(2) 이색(1328~1396)

이색의 자는 영숙(穎叔), 호는 목은(牧隱)이다. 아버지는 원의 정동행

---

52) 高惠玲, 〈稼亭 李穀에 대하여-官職生活과 政治觀을 중심으로-〉, 《梨花史學硏究》 제17·18합집, 1988, 357쪽.

53) 高惠玲, 위의 글 ; 李成茂, 《한국 과거제도사》 대우학술총서 인문사회과학 99, 민음사, 1997, 441쪽.

54) 李成茂, 〈鮮初의 成均館硏究〉, 《한국 과거제도사》 대우학술총서 인문사회과학 99, 민음사, 1997, 375쪽.

중서성 좌우사 낭중(征東行中書省 左右司 郎中), 고려의 도첨의찬성사 우
문관대제학감춘추관사 상호군(都僉議贊成事 右文館大提學 監春秋館事 上護
軍)를 지낸 문효공(文孝公) 이곡이고, 어머니는 영해(寧海) 향교의 대현
(大賢: 향교에 출입하는 사람 가운데서 가장 어질고 점잖은 사람) 김택(金澤)
의 딸인 원의 요양현군(遼陽縣君), 고려의 함창군부인(咸昌郡夫人) 함창
김씨이다. 이색은 1328년(충숙왕 15) 5월 9일에 외가가 있던 영해부에
서 동쪽으로 20리쯤 되는 괴시촌(槐市村＝濠池末) 무가정(務價亭)에서 태
어났다.[55] 그가 태어났을 때 그 지방의 초목이 모두 말라버려 지금도
그곳을 이울[枯村]이라고 부른다고 한다.[56]

　이색은 태어났을 때부터 총명하고 지혜롭기가 보통사람과 달라서
글을 읽게 된 뒤로는 한 번 보기만하면 금세 외웠다 한다.[57] 그는 2세
되던 1329년(충숙왕 16)에 부모를 따라 고향인 한산군 서하면 영모리
로 돌아가서[58] 유년기를 보냈다. 그는 8세부터 여러 곳의 산사(山寺)
를 찾아다니면서 공부했다. 그의 '독서처가(讀書處歌)' 병서(幷序)에서는
다음과 같이 서술하고 있다.

　　한산 숭정산(崇井山)은 내 나이 2살 때에 부모님과 함께 고향으로 돌아와 8
　살 이후에 공부하던 곳이다. 교동(喬洞) 화개산(華盖山)은 14살 때 살던 곳이고,
　한양 삼각산(三角山)은 17살 되던 봄에 살던 곳이며, 견주(見州: 지금의 楊州)
　감악산(紺岳山)은 그해 겨울에 살던 곳이요, 그리고 같은 곳의 청룡산(靑龍山)
　은 그해 겨울에 살던 곳이며, 서주(西州: 충청도 舒川) 대둔산(大芚山)은 18살

---

55) 李延馥·李炫馥,〈牧隱 李穡의 年譜〉,《牧隱 李穡의 生涯와 思想》, 목은연구회, 일조각, 1996,
　　458쪽. 앞으로 이 글은 '年譜'라고 표기함.
56) 李容稙,〈牧隱先生行狀〉,《韓山李氏文烈公派文獻》卷上, 72쪽. 金宗直의 '懷牧隱詩'에 "先生一出
　　爲人瑞 從丹陽草木枯"라고 읊었다(李勳求,《國譯牧隱先生年譜》, 韓山李氏大宗會, 1985, 19쪽).
57) 權近,〈牧隱先生行狀〉,《韓山李氏文烈公派文獻》卷上, 57쪽.
58) "予生二歲 父母歸于鄕."(讀書處歌幷序)

때 살던 곳이다. 평주(平州: 황해도 平山) 모란산(牧丹山)은 19살 때 살던 곳이다. 중국 국자감에서의 공부는 무자년(1348)에 시작해 신묘년(1351)에 끝났는데, 그 사이에 성친(省親)했다. 먼저 7산에 대해 짓고, 뒤에 성균관을 읊은 것은 7산에서 이룬 공부를 거두어서 대학에 들어간 것을 말한 것이다. 이 노래를 왜 짓는가 하면 자손에게 보이기 위한 것이다. 잠시 절에 머무를 때도 역시 적지 않았지만 여기에 대해 언급하지 않은 것은 그것을 잊으려는 것이 아니라 학업의 성패에 관계되지 않았기 때문이다. 이름난 산이나 좋은 경치가 능히 인물들을 길러내고 기질을 변화시키기 때문에 고금의 사람들이 이를 칭송해 마지않았다. 그러므로 나도 이것을 노래로 지어 악부(樂府)에 부쳐 무궁토록 전하려는 것이다. 당대의 시에 능한 사람들은 나를 따라 감탄함이 있기를 바란다.59)

이색은 8세에 한산의 숭정산, 14세에 교동의 화개산, 17세 봄에 한양의 삼각산, 그해 여름에 양주 감악산, 겨울에 양주 청룡산, 18세에 서천 대둔산, 19세에 평산 모란산 등 모두 일곱 군데의 산사에서 공부했다. 그리고 이때의 일을 시로 써서 후손들로 하여금 귀감을 삼게 했다.

그러다가 14세 되던 1341년(충혜왕 복위 2) 가을에 성균시에 합격했다.60) 시관은 삼사우사(三司右使) 송당(松堂) 김광재(金光載)였다.61) 15세 되던 1342년(충혜왕 복위 3)에 초은(樵隱) 이인복(李仁復)을 알았다.62) 16세 되던 5월에 별장(別將)에 보임되고,63) 19세 되던 1346년(충목왕 2)에 원의 제군만호부(諸軍萬戶府) 만호(萬戶)요, 고려의 화원군(花原君) 권중달(權仲達)의 딸과 혼인했다. 이색이 관례를 마치고 혼인하려

---

59) 成大,《高麗名賢集》3, 牧隱詩藁 卷17, 大東文化研究院, 1973, 480쪽.
60)《高麗史》卷115, 列傳 28, 李穡.
61) 年譜, 526쪽.
62) 초은에 대한 목은의 제문(祭文)에 "내 나이 열다섯 살에 공(公)을 알고 거동을 본받았다" 고 했다.
63) 年譜, 527쪽.

하자 한때의 명문 망족(望族)들이 다투어 딸을 주려 했다. 그리하여 당시 원의 태자좌찬선(太子左贊善)이요, 고려의 도첨의(都僉議) 좌정승(左政丞)이던 권한공(權漢功)의 손녀딸에게 장가가게 된 것이다.[64] 권한공은 비록 충선왕의 서자를 자칭하는 덕흥군(德興君)에게 붙어 고려를 괴롭히기는 했지만 당대의 권력자였다. 한산의 일개 향리 자손이었던 이색으로서는 가격(家格)을 올리는 좋은 계기였다. 그리하여 한산 이씨는 이곡 대보다 훨씬 명족으로 발돋움하게 되었다.

장가를 간 뒤 이색은 1347년(충목왕 3)에 아버지에게 근친하고자 원나라에 들어가 벽옹(辟雍)에 입학해 우문자정(宇文子貞)에게 《주역》을 배웠다.[65] 그런데 마침 1348년(충목왕 4)에 아버지가 원의 중서사(中瑞司) 전부(典簿)가 되어 국자감에서 생원으로 3년 동안 공부했다. 이때 구양현(歐陽玄)과 사귀게 되었다.[66] 그리고 이 기회에 국자감에서 원의 성리학을 배우게 되었다. 원은 주자학을 중시하기는 했지만, 《가례》·가묘·3년상 등 실천적인 면을 강조했고, 양명학과 조화를 이루려고 하기도 했다.[67]

이색은 23세이던 1350년(충정왕 2) 가을에 잠시 귀국했다가 12월에 다시 원으로 들어가 다음 해 정월에 국자감에 재입학했다. 그러나 1월 1일에 아버지가 고려에서 숨을 거두어 귀국해 3년상을 치렀다.[68] 그는 복상 중에는 전제를 바로잡을 것, 국방을 튼튼히 해 왜구의 침탈을 막을 것, 문·무를 편폐하지 말 것, 학교를 일으켜 인재를 육성할 것, 부패한 불교를 눌러 양민을 구제할 것 등의 내용을 담은 시정5사(時政

---

64) 權近, 〈牧隱先生行狀〉, 57~58쪽.
65) 年譜, 528쪽.
66) 年譜, 528쪽 ;《高麗史》卷115, 列傳 28, 李穡.
67) 李成茂, 〈朱子學이 14·15세기 韓國敎育·科擧制度에 미친 影響〉(《韓國史學》4, 한국정신문화연구원, 1989),《한국과거제도사》대우학술총서 인문·사회과학 99, 민음사, 1997, 375쪽.
68) 年譜, 528쪽 ; 權近, 〈牧隱先生行狀〉, 58쪽.

五事)69)를 올렸다.

이색은 1353년(공민왕 2) 5월에 명경과 을과에 장원으로 급제해 숙옹부(肅雍府) 승(丞)에 제수되었고[지공거는 이제현, 동지공거는 홍언박(洪彦博)], 9월에 원의 정동행중서성 향시에 1등으로 합격해 서장관으로 원에 들어가 이듬해 2월에 제과 전시 제2갑 제2명으로 급제해 응봉한림문자(應奉翰林文字) 승사랑동지제고겸국사원편수관에 제수되었다.70) 본국에 돌아온 지 얼마 안 되어 공민왕이 통직랑 전리정랑 예문응교 지제교 겸춘추관편수관에 임명했다. 그리고 1355년(공민왕 4) 정월에 왕부(王府)의 필도지(必闍赤=政房書記)가 되어 국왕의 비답을 쓰는 일을 맡았으며, 곧 봉선대부 시내사사인 지제교 겸춘추관편수관으로 승진했다. 여름에 다시 서장관이 되어 원나라에 들어가 겨울에 한림원 권경력(權經歷)이 되었으나, 시국이 어지러워 어머니가 늙었다는 이유를 대고 다음 해(1356) 정월에 귀국했다.71) 이색은 시정8사(時政八事)를 올렸는데 그 가운데 첫째 조항이 정방(政房)을 폐하고 이부(吏部)·병부(兵部)를 복구하자는 주장이었다. 공민왕은 이를 받아들여 7월에 그를 중산대부 이부시랑 한림직학사 지제교 겸춘추관편수관 겸병부랑중에 임명해 문·무관을 뽑는 일을 맡겼다.72) 이는 무신정권 이후로 인사를 독점하던 정방을 없애고 이전처럼 이부·병부가 인사를 담당하게 한 것으로, 신흥사대부의 진출을 원활하게 한 조치였다.

1357년(공민왕 6) 2월에 중대부 시국자좨주 한림직학사 겸사관편찬관 지제교 지합문사가 되고, 아울러 필도지의 장인 지인상서(知印尙書)가 되었으며, 7월에는 대중대부 우간의대부로 승진했다.73) 10월에는 3

---

69)《高麗史》卷115, 列傳 28, 李穡.
70) 權近,〈牧隱先生行狀〉, 58쪽.
71) 權近,〈牧隱先生行狀〉, 58쪽 ; 年譜, 530쪽.
72)《高麗史》卷115, 列傳 28, 李穡.

년상제를 실시할 것을 상소해 관철했다.

1358년(공민왕 7) 2월에 간관들이 대신을 공격하다가 모두 좌천되는 사태가 벌어졌다. 이색은 상주로 가게 되어 있었다. 그러나 그날 밤에 공민왕이 이색을 따로 불러 "이색의 재주와 도덕이 뛰어남은 다른 사람과 비교할 바가 아니다. 이색을 버리고 쓰지 않는다면 인심을 복속시키기 어렵다"고 하면서 통의대부 추밀원 우부승선 지공부사에 임명했다. 그리하여 7년 동안 왕 측근의 추밀(樞密)의 관직에서 근무하였다.74) 이색은 공민왕 때 문한관으로 높이 쓰인 것이다.

1360년(공민왕 9) 3월에 이색은 정의대부 추밀원 좌부승선 지예부사가 되고, 다음 해 5월에는 둘째 아들 종학(種學)을 낳았다.75) 그런데 11월에 홍건적이 개경을 함락해 그는 왕을 모시고 복주(福州: 지금의 安東)로 피란갔다. 그리하여 호종공신(扈從功臣) 1등에 책록되었다.76)

1362년(공민왕 3) 3월에는 정순대부 밀직사우대언 진현관제학 지제교에 춘추관수찬관 지군부사사를 지냈고, 10월에는 불호사(佛護寺)의 일로 사직을 청했다. 불호사 일이란 이색이 어보(御寶)를 맡고 있을 때 공민왕이 불호사 승려에게 밭을 하사하려 하자 대신과 의논한 뒤에 해야 한다고 간언했다가 왕이 노해 이색을 해임하고 국새를 찍어 하사한 사건이다. 이에 이색이 사직서를 냈으나 허락하지 않았다.77)

1363년(공민왕 12) 원에서 봉훈대부 정동행중서성 유학제거를 받았고, 12월에 본국에서는 단성보리공신 봉익대부 밀직제학 우문관제학 동지춘추관사 상호군을 받았다.78) 그 뒤로 이색은 관직을 그만두고

---

73) 《高麗史》 卷115, 列傳 28, 李穡.
74) 《高麗史》 卷115, 列傳 28, 李穡.
75) 年譜, 532쪽.
76) 《高麗史》 卷115, 列傳 28, 李穡.
77) 《東文選》 卷42, 李穡, 辭左代言箋 ; 《東文選》 卷30, 田祿生, 李穡辭免左代言不允批答.
78) 《高麗史》 卷115, 列傳 28, 李穡.

집에 있을 때도 나라에 중대한 일이 생기면 자문을 해 주었다. 다음 해 5월에는 《가정문집(稼亭文集)》을 간행했다.[79]

1365년(공민왕 14) 3월에는 봉익대부 첨서밀직사사 보문관 대제학에, 6월에는 첨서밀직사사 예문관대제학에 임명되었으며, 10월에는 동지공거(同知貢擧)가 되어 윤소종(尹紹宗) 등 28인을 뽑았다. 그는 과거 부정을 막고 시험의 공정성을 위해 이인복과 함께 응시자들이 책을 가지고 들어가는 것, 다른 사람의 글과 바꾸어 내는 것, 시험장에서 함부로 말하는 것 등을 금지시켰다.[80]

1367년(공민왕 16) 5월에는 판개성부사 예문관대제학 지춘추관사 상호군 겸성균관대사성 제점(提點)서운관사로서 성균관을 중창하고 생원을 뽑아 김구용(金九容)·정몽주(鄭夢周)·박상충(朴尙衷)·박의중(朴宜中)·이숭인(李崇仁) 등의 겸교관들과 함께 성리학을 열심히 가르쳐 유풍이 진작되었다.[81] 이전에는 관생(館生)이 수십 명에 지나지 않았는데 이색이 학식(學式)을 경정하고, 매일 명륜당에 앉아 경전을 나누어 수업하고, 끝난 다음에는 서로 토론하게 했더니 학생이 몰려들고 성리학이 발흥했다.[82]

1368년(공민왕 17)에는 원으로부터 조열대부 정동행중서성 좌우사랑중을 받았고, 8월에는 광정대부 삼사좌사로 승진했다.[83] 그러나 관직을 내려준 원나라는 망하고 명나라가 서서 금릉(金陵)에 도읍했다. 그런데 시중 유탁(柳濯)이 노국공주(魯國公主)의 마암(馬岩)에 영당(影堂) 짓는 것을 반대하자, 그를 투옥시키고 장차 사형하려는 사건이 일어났

---

79) 年譜, 534쪽.
80) 年譜, 535쪽.
81) 《高麗史》 卷115, 列傳 28, 李穡.
82) 《高麗史》 卷115, 列傳 28, 李穡.
83) 年譜, 537쪽.

다. 공민왕은 이색으로 하여금 유탁의 죄를 심문하게 하고, 일반 사람 들에게 유시(諭示)하는 글을 쓰라고 했다. 이색은 그 부당함을 들어 듣 지 않았다. 왕은 노해 이색마저 투옥시켰다. 그러나 이색은 울면서 간 곡히 간해 유탁을 풀어주도록 했다.[84) 그해에 셋째 아들 종선(種善)이 태어났다.

1369년(공민왕 18) 6월에 숭록대부 삼사우사 진현관대제학 지춘추관 사 겸성균관대사성 제점사 천감사가 되었고,[85) 동지공거로서 유백유 (柳伯濡) 등 33인을 뽑았다.[86) 다음 해 5월에는 명의 사신 옥암(玉巖)을 영접하는 일을 맡아 그의 시집에 서문을 써주고,[87) 명의 요구로 이인 복과 함께 고시관이 되어 이숭인·박실(朴實)·권근(權近)·김도(金濤)· 유백유를 공사(貢士)로 뽑았다.[88) 다음 해 봄에도 지공거가 되어 김잠 (金潛) 등 33인을 뽑았고, 7월에는 문충보절찬화공신호(文忠保節贊化功臣 號)가 추가되고, 정당문학(政堂文學)이 되었다.[89) 9월 26일에는 어머니 함창군부인(원에서는 遼陽縣君으로 책봉됨)이 죽어 3년상을 지냈다.[90) 1373년(공민왕 22) 11월에 어머니의 3년상을 마치자 대광 한산군 예문 대제학 지춘추관사를 내렸다. 다음 해 9월에 공민왕이 죽고 우왕이 서 자 12월에 중대광 한산군 예문관대제학 지춘추관사 겸성균관대사성 지서연사(知書筵事)가 되었다.[91) 그러나 공민왕이 죽은 뒤로 병이 나서 7~8년 동안 문을 닫고 누워 있었다.[92) 호시절이 간 것이다.

---

84) 《高麗史》卷115, 列傳 28, 李穡.
85) 年譜, 538쪽.
86) 年譜, 538쪽.
87) 《東文選》卷86, 李穡, 送徐道士使還序.
88) 年譜, 539쪽.
89) 年譜, 539쪽.
90) 年譜, 540~541쪽.
91) 年譜, 540~541쪽.
92) 權近, 〈牧隱先生行狀〉.

1375년(우왕 1) 6월에는 왕명을 받고 그해 2월에 죽은 나옹(懶翁) 선
사를 위해 여주 신륵사에 '보제선사사리석종비문(普濟禪師舍利石鐘碑文)'
과 양주 회암사에 '선각왕사비문(禪覺王師碑文)'을 지었다. 8월에는 삼
중대광 한산군 영예문춘추관사 겸성균관대사성으로 승진했고, 추충보
절동덕찬화공신(推忠保節同德贊化功臣) 호가 추가되었다. 그리고 아버지
이곡이 이루려다 못 이룬 대장경을 아들 이색이 완성하자 우왕은 지
신사 노숭(盧嵩)을 시켜 향을 내려 주었다.[93)

이색은 당시의 궁벽한 처지를 다음과 같이 읊었다.

나는 본래 대도(大道)를 걸어왔는데	我本行大道
갑자기 가는 길이 희미해졌네.	忽焉迷所之
여우와 너구리는 앞에서 울고	狐狸啼我前
갈림길엔 안개가 짙게 끼었네.	烟霧沈路岐
하늘에 밝은 해 있으련마는	白日在中天
그 빛을 펴기가 어찌 이리 더딘가?	舒光復何遲
자빠지지 않은 것 다행이거니	幸哉不顚沛
길을 바꿔 장차 무엇하겠나?	改轍將何爲

1379년(우왕 5)의 작품으로, 공민왕 대에는 벼슬도 하고 뜻을 펴서
대도행(大道行)을 했는데 우왕 대에 오니 여우와 너구리 같은 소인배들
이 앞을 가로막는다는 내용이다. 볕이 언제 들지는 모르지만 대도행은
계속하겠다는 결의를 보여준다.[94)

이색은 병을 이유로 관직을 계속 사직해도 들어주지 않자 녹봉을

사양하고 받지 않았다. 대신 물러나 있는 동안 많은 글을 지었다. 그런 데도 관직은 계속 올라갔다. 영예문춘추관사(1381. 9.), 판삼사사(1383. 3.), 한산부원군(1384. 4.), 문하시중(1385. 12.) 등이 그것이다.95) 우왕은 이색을 사부(師父)의 예로 대해 1386년(우왕 12) 5월에는 이색을 지공 거로 삼아 과거시험을 보이게 했다. 이때 판문하 조민수(曺敏修)가 아들을 합격시켜 달라고 동지공거 염흥방(廉興邦)을 통해 청탁을 했으나 그는 들어주지 않았다. 이 시험에서 이색은 맹사성(孟思誠) 등 33인을 뽑았다. 조민수의 아들은 20세 미만이라 응시자격이 없었다. 이에 이 색은 집에 있으면서 이성림(李成林)과 염흥방을 탄핵했다.96)

1388년(우왕 14) 4월에 이성계의 위화도 회군으로 우왕이 강화도로 쫓겨나고 창왕이 섰다. 이성계는 왕씨 가운데서 왕을 고르려 했는데 이색은 조민수가 창왕을 세우자고 하자 마땅히 우왕의 아들 창왕을 세워야 한다고 동의했다. 8월에 창왕으로부터 추충보절 동덕찬화보리 공신 벽상삼한 삼중대광 문하시중판전리사사 영효사관서연사 예문춘 추관사 상호군 한산부원군이 되었다.97) 9월에 우왕을 여흥(驪興)으로 옮겼다.

한편 공민왕이 죽은 뒤 명나라 황제가 매양 집정대신을 입조하라고 했는데 두려워서 가려는 사람이 없었다. 이에 이색이 자원해 어린 왕을 대신해 입조하겠다고 했다.

지금 국가가 틈이 생겨 왕 아니면 집정대신이 친히 입조하지 않으면 (공민

---

95) 年譜, 547~548쪽.
96) 年譜, 549쪽. 이성림은 조그만 집에서 나고 자랐는데 집이 세 채고, 땅도 많이 가지고 있 었다. 염흥방도 탐오하기는 마찬가지였고, 과거시험에 부정을 저질러 탄핵한 것이다(年譜, 550쪽).
97) 年譜, 550쪽.

왕의 죽음을) 변파하지 못할 것이니, 왕은 어려서 갈 수 없고 이것은 노신의 책
임입니다.[98]

이때 이색은 하정사(賀正使)로서 이숭인, 김사안(金士安)과 함께 이방
원을 서장관으로 대동하고 갔다. 만약의 사태에 대비하기 위해서였
다.[99] 명 태조는 이미 이색이 원의 한림을 지냈다는 명성을 들어 극진
히 대접했다. 이색은 창왕의 친조(親朝)를 요구했으나 황제가 이색의
중국말을 알아듣지 못해 성사되지 못했다.[100] 아니, 친명파였던 이성
계가 명나라를 위해 위화도회군을 단행하였기 때문일 것이다. 이색은
명 태조가 줏대가 없는 사람이라고 비판했다. 이색 일행이 발해(渤海)
에 이르러 풍랑을 만나 객선(客船) 두 척이 가라앉고, 이방원이 탄 배
조차 거의 파선될 위기에 있었으나 이색은 태연자약했다고 한다.[101]
그해 장남 종덕이 죽었다.[102] 그는 이성계 세력의 정권장악에 저항하
다가 곤장을 맞고 죽었다고 한다.[103]

1399년(공양왕 1)에 귀국해 가을에 물러가기를 청했으나 판문하부사
에 제수되었다. 4월에 이성계파의 대사헌 조준 등이 전제개혁안을 올
려 도평의사사에서 논의했을 때 이색은 개혁안에 반대했다. 구법을 가
볍게 고쳐서는 안 된다는 것이었다.[104] 그리고 황여부(黃驪府)로 우왕
을 찾아뵈었다. 이성계 일파의 시선은 곱지 않았다. 나아가 이색은 문

---

98)《高麗史》卷115, 列傳 28, 李穡.
99)《高麗史》卷115, 列傳 28, 李穡. 李成桂가 쿠데타를 일으켜 돌아오지 못할 때를 대비해서
   이방원을 데리고 간 것이다.
100)《高麗史》卷115, 列傳 28, 李穡. 황제는 이색의 중국어를 納哈出과 같다고 했다. 禮部에서
   통역을 했으나 親朝는 허락받지 못했다. 이색은 창왕의 入朝를 통해서 명의 권위를 이용해
   고려를 보존하고자 하는 뜻이 있었을 것이다.
101)《高麗史》卷115, 列傳 28, 李穡.
102) 年譜, 551쪽.
103) 李光庭,《牧隱先生年譜》증보판.
104)《高麗史》卷115, 列傳 28, 李穡.

하시중을 사임하고 그 자리에 이림(李琳)을 추천했다. 창왕이 명나라에 친조하려 했으나 그의 어머니 이씨가 어리다고 도당(都堂)에 부탁해 가지 않도록 했다.[105) 창왕은 8월에 이색·이림·이성계에게 검이상전[劍履上殿: 칼 차고, 신발 신고 전(殿)에 오르는 특권]·찬배불명(贊拜不名: 높이 받들어 그 이름을 부르지 못하게 하는 특전)의 특전을 내리고, 은 50냥, 채단(彩段) 10필, 말 1필씩을 내렸다.[106) 10월에 이숭인이 이색을 따라 명에 갔을 때 물건을 매매해 사대부의 체신을 깎았다고 탄핵을 받아 귀양가자, 이색은 그를 구하기 위해 두 차례나 사표를 내고 경기도 장단(長湍) 별장으로 가버렸다.[107)

　겨울에 공양왕이 즉위하자 이색은 대궐에 들어가 하례했다. 공양왕은 그를 판문하부사에 임명했다. 왕의 즉위를 대묘(大廟)에 고하려 할 때 담당관료가 우왕의 신주를 철거하려 하자 이색이 천천히 하라고 말렸다. 이에 좌사간 오사충(吳思忠)과 문하사인 조박(趙璞) 등이 상소해 이색이 우왕과 창왕을 옹립하고, 사전개혁을 반대했으며, 불경을 간행했다고 맹렬히 비판했다. 그리하여 이색은 장단으로, 둘째 아들 이종학은 순천으로 귀양갔다.[108) 전시(田時)를 귀양지인 창령에 보내 조민수를 국문했으나 창왕을 세운 것은 자기가 독단적으로 한 것이요, 이색은 간여한 적이 없다고 했다가 심문이 가혹해지자 그렇다고 자백하고 말았다.[109)

　공양왕은 대간의 요구로 오사충 등을 장단으로 보내어 이색을 국문하되 놀라지 않게 하고, 자백하지 않거든 다시 보고해서 처리하라고

---

105)《高麗史》卷115, 列傳 28, 李穡.
106)《高麗史》卷115, 列傳 28, 李穡.
107)《高麗史》卷115, 列傳 28, 李穡.
108)《高麗史》卷115, 列傳 28, 李穡.
109)《高麗史》卷115, 列傳 28, 李穡.

명령했다. 이색은 과연 불복했다. "신창(辛昌)을 옹립한 것은 나는 모르는 일이요, 내가 만약 그런 망언을 했다면 하늘이 내려다보는데 조민수를 대질하게 해 달라"고 했다. 오사충이 전시에 보내 이 사실을 왕에게 보고하니 왕이 밤새도록 고문을 가하고 조민수의 공초(供招)를 보여주었다. 이에 이색은 "(위화도 회군) 이후 후계 왕을 세울 때 조민수가 내게 종친과 우왕의 아들 창(昌) 중 누구를 세우는 것이 옳으냐고 물었다. 당시에 조민수가 주장(主將)으로서 회군해 왔고, 또 창의 외할아버지 이림(李琳)과 족친이니 내가 감히 어길 수 없어 우왕이 오래 왕 노릇을 했으니 그 아들 창을 세우는 것이 옳다고 했을 뿐, 내가 앞장서서 멋대로 세운 것은 아니다" "지난해에 명나라에 갔을 때 예부상서 이원명(李原明)이 '너희 나라는 아버지를 쫓아내고 아들을 세웠다는데 천하에 어찌 그런 이치가 있느냐? 왕과 최영이 모두 구속되었다는데 이를 어찌 의롭다고 하셨느냐?'고 물어 '최영이 왕을 교시혜 요양(遼陽)을 범했는데, 장군 조민수와 이성계가 옳지 않다고 여겨 의주(義州)에 이르러 감히 출발하지 않으니, 최영이 여러 번 재촉했다. 이에 할 수 없이 회군해서 최영을 옥에 가두었더니 우왕이 노해 제장을 죽이려한 까닭에 태후가 왕을 폐해 강화도에 안치했다"고 답변했다.110) 그리고 돌아와서 이성계에게 "이원명의 말은 듣기만 하고 말하지는 마라. 여흥(驪興)은 너무 머니 우왕을 가까운 곳으로 옮겨 임금을 내쳤다는 말을 듣지 말아야 한다"고만 말했을 뿐 영입하자는 의론은 없었다고 했다.111)

대간이 여러 번 상소해 이색을 함창(咸昌)으로 이배(移配)했다. 대간이 또다시 이색과 이림을 탄핵하니 지신사 이행(李行)이 '대간의 의론

---

110) 《高麗史》 卷115, 列傳 28, 李穡.
111) 《高麗史》 卷115, 列傳 28, 李穡.

이 공신들의 의론과 다른지 어떻게 아느냐?'면서 상소문 끝에 '의신 (依申)'이라고만 쓰고 이색이 자기의 좌주라고 서명하지 않아 우대언 조인옥(趙仁沃)이 대신 서명했다. 이에 대간이 이행은 자기의 좌주에게 당부(黨附)했다고, 조인옥은 월권했다고 탄핵해 둘 다 파직되었다.[112]

이성계 등 공신 7인은 상소해 대간의 탄핵이 자기들과는 무관하다고 변명하고 두문불출했다. 대사헌 성석린(成石璘)은 이를 듣고 또한 사직했다. 대간의 탄핵은 계속되었으나 공양왕은 이색의 죄를 믿지 않았고, 또 자기의 부마인 우성범(禹成範)의 아버지가 이색과 친한 우홍수(禹洪壽)이므로 노해서 밥도 먹지 않았다. 이색은 귀양보냈으니 더 이상 거론하지 말라는 것이었다. 공신들이 일을 보지 않자 평리(評理) 배극렴(裵克廉)에게 대신 도평의사사의 일을 보라고 했다. 도평의사사의 대제학 안종원(安宗源) 등이 9공신에게 일을 보도록 명령하라고 해 겨우 그들이 일을 보게 되었다. 대간이 배극렴 등의 말을 들어주지 않자 모두 사표를 내 수령으로 좌천되었다.

이때 윤이(尹彝)·이초(李初)의 난이 일어났다. 명에서 돌아온 왕방(王昉)과 조반(趙胖)이 고하기를, 윤이와 이초에 따르면 이성계가 자기의 인척인 왕요(王瑤)를 세우고, 장차 명나라를 쳐들어가려고 했는데 이색 등이 반대하자 그들을 죽이고 귀양 보냈다는 것이다. 그러니 군대를 동원해 달라는 것이었다. 그러나 명이 속지 않고 빨리 돌아가 그들을 국문한 결과를 보고하라고 했다. 그런데 마침 김종연(金宗衍)이 도망가자 의심스러워 이색·이종학·이림·우인열·이숭인 등을 청주옥에 가두고 문하평리 윤호(尹虎) 등을 보내 국문했다. 그러나 모두 불복했다. 그런데 별안간 천둥번개가 치면서 폭우가 내려 앞개울이 넘치

고 남문과 북문을 무너트려 성중이 물난리가 났다. 옥관은 나무 위로 기어 올라가 겨우 피해를 면했다. 고노(故老)들도 주(州)가 생긴 이후로 이런 물난리는 처음이라고 했다. 그리하여 왕은 이들을 풀어주고 이어 함창에 안치했다가 이색은 경외종편(京外從便: 서울 밖에 편한대로 살게 함)하게 했다. 그러나 사헌부가 집요하게 이색을 탄핵하자, 함창으로 옮겼다가 경외종편하게 한 것이다. 이색은 왕에게 충주와 여홍에서 병들어 있으니 잘 봐달라고 애원했다. 그리하여 이색은 개경으로 돌아와 이성계를 집에서 만날 수 있었다. 이성계가 놀라 기뻐하면서 그를 상좌에 앉히고 무릎을 꿇고 술을 올려 서서 마시게 했다. 이색이 서서 마시고 잘 즐기고 왔다.

대간이 거듭 이색에게 죄줄 것을 청했으나 공양왕은 듣지 않았다. 며칠 뒤에 이색이 이숭인·이조학과 함께 대궐에 들어가 왕에게 사례하니 내전에 불러들여 술을 내려 위로하고, 고신(告身)을 돌려줄 뿐 아니라 한산부원군 영예문춘추관사에 임명했다.113) 1392년(공양왕 4)에 정몽주가 이방원에게 죽고, 김진양(金震陽)이 문초를 받을 때 이색과 이종학의 이름이 거론되어 이색은 금주(衿州)로 추방되고, 종학과 종선은 파직되고 서인으로 강등되어 그들도 금주로 유배되었다.114) 6월에 유배지를 여홍으로 옮겼다.115)

1392년 7월, 공양왕이 폐위되고 조선왕조가 건국되었다. 태조는 이색의 직첩을 회수하고 서인으로 강등해 해상으로 유배시키고, 이종학도 직첩을 회수하고 곤장 1백 대를 때려 먼 곳으로 귀양보냈다. 즉위교서가 발표된 이튿날 도평의사사는 이색을 도서지방으로 귀양보낼

---

113) 《高麗史》 卷115, 列傳 28, 李穡.
114) 李文源, 〈목은의 생애와 역사적 위상〉, 《牧隱 李穡의 生涯와 思想》, 목은연구회, 일조각, 1996, 409쪽.
115) 《高麗史》 卷115, 列傳 28, 李穡.

것을 요청했으나, 장흥으로 유배시키는 데 그쳤다. 이색은 그 뒤로 붓을 잡지 않았다고 한다. 8월에 둘째 아들 이종학은 장사(長沙)로 유배가다가 거창(居昌) 무촌역(茂村驛)에서 체복사(體覆使) 손흥종(孫興宗)에게 목졸려 죽었다. 향년 32세. 종학은 자신의 명성 때문에 이런 일이 생겼다면서 자손들에게 앞으로는 과거를 보지 말라고 당부했다고 한다. 이색은 10월에 해배되어 서인 신분으로 한주(漢州)에 돌아왔다.[116] 사람들은 이색이 자주 개경에 드나드는 것을 두려워하지 않는다고 꾸짖는가 하면, 병을 칭하고 다니지 말 것을 권유하는 자도 있었다. 권근이 이 말을 전하자 이색은 "그렇게 한다면 거짓으로 속이는 것이다. 임금의 신하된 도리는 오직 국왕이 부르면 와야 하고, 가라면 가야 하며, 죽는 한이 있어도 피하지 않아야 하는데 왕래함을 가지고 어찌 근신하겠는가?" 하고 결의를 다졌다고 한다.[117]

1393년(태조 2) 1월에 사면되어 왕은 이색을 편한 대로 살도록 했다. 이에 이색은 태조를 알현하고 사면해 준 은혜에 감사했다.[118] 5월에 큰 며느리 정경부인 진주 류씨가 죽고, 이듬해 8월에 부인 정신택주(貞愼宅主) 안동 권씨가 죽었다.[119]

1395년(태조 4) 5월 여강(驪江)에서 피서를 했고, 가을에는 관동으로 유람가서 오대산에서 머물렀다. 11월에 도평의사사에서 그에게 쌀과 콩 1백 석을 보냈으나 받지 않았고, 태조가 사신을 보내 궁궐로 불러 술을 대접하고 중문까지 나와 전송했다. 27일에는 이색에게 과전 120결과 쌀·콩 1백 곡(斛), 소금 5곡을 하사했으며, 12월 8일에는 태조가 이색에게 이미 늙었으니 고기를 먹고 건강을 유지해야 한다고 고기를

116) 《高麗史》 卷115, 列傳 28, 李穡.
117) 《高麗史》 卷115, 列傳 28, 李穡 ; 年譜, 557~558쪽.
118) 年譜, 561쪽.
119) 年譜, 561~562쪽.

하사했다. 22일에는 한산백에 책봉되고, 의성고(義成庫)·덕천고(德泉庫)·5고(五庫)의 제조를 받았다. 그리고 25일에는 태조가 이색을 위해 잔치를 베풀었다.120) 이색에게 중책을 맡겨 국사에 참여시키고자 해서였다.

태조가 이색을 불러 옛 친구의 예로써 이색을 대접하며 가르침을 청하자, 이색은 "망국대부는 살기를 도모하지 않으며, 다만 장차 해골을 고향 산천에 장사지내기를 원할 뿐입니다"라고 대답했다.121) 이러한 이색의 절개를 보고 상촌(象村) 신흠(申欽)은 "고려가 망할 때 사람들이 오직 포은(圃隱) 정몽주(鄭夢周)와 야은(冶隱) 길재(吉再)만 굳게 절개를 지킨 줄 알고, 목은(牧隱)의 사람됨을 알지 못한다. 태조가 혁명을 일으키자 고려의 신하들이 모두 무릎을 꿇었는데, 이때 도리어 태조가 두려워하고 꺼린 사람은 권근과 이색 두 사람뿐이었다. 권근은 마침 복상 중이어서 태조가 이색만 불러서 따로 만났는데 이색은 깊이 읍(揖)만 했을 뿐 절을 하지 않았으나, 태조는 곧 용상에서 내려와 손님의 예로 대접했다. 그런데 갑자기 시강관 여러 명이 들어오자 태조는 곧 용상으로 올라갔고, 이색은 일어나면서 자신은 '앉을 자리가 없다'고 했다"고 말했다.122)

1396년(태조 5) 5월 7일에 이색은 여주로 휴가가기를 청해 배에 올랐는데 병을 얻어 아들 이종선을 불러왔다. 3일에 벽란도 나루에서 배를 타고 강을 거슬러 올라갈 때 호송하는 중사(中使: 은밀히 보낸 칙사)

---

120) 年譜, 562~563쪽.
121) 年譜, 563쪽. 후손 李塈, 《松窩雜記》.
122) 年譜, 563쪽 ; 申欽, 《軟談》. 집안에서는 한산백을 받지 않았다고 주장한다. "老父는 앉을 자리가 없다" 하고 나왔을 따름이라는 것이다. 장자 李種德은 1388년 위화도회군 직후에 곤장을 맞고 죽었고, 차자 李種學은 조선이 건국된 직후인 1392년 8월에 목졸려 죽었으며, 삼자 李種善은 유배되었고, 이색은 유리하고 있었는데 신왕조에 협력했을 리 없다는 것이다(李光靖 著, 李仲求 譯, 《國譯 牧隱先生年譜》, 新進商社, 1985, 169쪽).

도 와 있었다. 이색은 7일에 여주 청심루(淸心樓) 아래 연자탄(燕子灘)
에 이르러 배 안에서 죽었다.[123] 정도전·조준·남은 등이 몰래 선온
주(宣醞酒)에 짐독(酖毒)을 타고 대나무잎으로 병마개를 해 보내왔는데,
이색은 그 사실을 알면서도 태연히 술을 마신 다음 대나무잎을 강기
슭에 던지면서 "내가 임금을 섬기기를 충성으로 했다면 이 대나무가
살 것이고, 간사스럽게 해 임금을 그르쳤다면 이 대나무는 말라 죽을
것이다. 내 일생이 오직 이에 달렸으니 후세 사람들은 기억하라"고 하
고 조용히 자리에 누웠다. 마침 중이 있다가 기도를 올리겠다고 했더
니 그는 손을 저으면서 "죽고 사는 이치를 나는 의심치 않노라" 하고
말을 마치자 운명했다고 한다.[124] 이색이 죽은 뒤 그 대나무는 과연
뿌리를 내리고 수백 년 동안 살아남았다 한다.[125]

왕이 부음을 듣고 사신을 보내 조문·제사했고, 3일 동안 조회를 정
지했다. 부의를 보내고, 관청에 명해 장례를 돕게 했으며, 시호는 문정
(文靖)이라 했다.[126] 11월에 한산 가지현(加智峴)에 장사지냈다.[127]

권근은 행장에서 다음과 같이 말했다.

공은 타고난 바탕이 총명하고 지혜로우며, 학문이 정밀하고 일처리가 치밀
했다. 마음가짐이 너그러워서 남을 용서하기를 좋아했으며, 옳고 그른 것을 의
논하는 데는 명백하고도 절실하나 반드시 충후한 데 힘썼다. 사람을 대하고 물
건을 접할 때는 겸손하면서도 경위가 밝아 화기가 넘쳐흐르는 가운데도 늠연
(凜然)히 범할 수 없는 기상이 있었다.[128] 그는 재상이 되면서 본래의 법도를

---

123) 《國譯 牧隱先生年譜》, 170~171쪽. 모두 정도전과 조준 등을 의심했다(李墍, 《松窩雜記》).
124) 李容稙, 〈牧隱先生諱穡行狀〉, 《韓山李氏文烈公派世譜》, 86쪽.
125) 李容稙, 〈牧隱先生諱穡行狀〉, 86쪽.
126) 李容稙, 〈牧隱先生諱穡行狀〉, 86쪽 ; 《東文選》 卷23, 敎特進輔國崇祿大夫 韓山君 李穡.
127) 權近, 〈牧隱先生行狀〉, 66쪽.
128) 權近, 〈牧隱先生行狀〉, 66쪽.

지키기에 힘써서 말썽 있는 것을 좋아하지 않고 대체를 지켰다. 임금에게 충성하고 어버이를 사랑하는 마음이 늙어도 줄지 않아서 매양 말과 표정에 나타나고 시문에도 엿보였다. 후학들을 면려하는 데는 반드시 윤리로 주장을 삼았으며, 가르치는 것을 게을리 하지 않았다. 널리 여러 가지 책을 탐독했는데 특히 성리학에 밝았으며, 문장은 붓을 잡기만 하면 곧 써내려가서 마치 바람이 불고 물이 흐르는 것처럼 조금도 걸리는 것이 없는데도 말의 이치가 정밀하고 격조가 높아서 도도한 흐름이 마치 강물이 바다로 흘러가는 것 같았다.[129]

《고려사》 이색 열전에서도,

이색은 천자가 명민하고, 많은 책을 보아 시문을 쓸 때는 즉시 쓰고 막힘이 없었으며, 후학을 열심히 가르쳐 유학을 일으키는 것을 자기의 임무로 알아 배우는 자들이 모두 우리리 사모했다. 나라의 문헌을 잡은 수십 년에 자주 중국으로부터 칭찬을 받았다. 평생 말을 빨리 하지 않았고, 갑자기 얼굴색을 바꾸거나 모난 소리를 하지 않았으며, 생계를 걱정하지 않고, 창고가 비어도 걱정하지 않았다. 그러나 뜻과 절개가 굳지 못하고, 크게 건백한 것이 없으며, 학문이 순정하지 못하고, 불교를 믿어 세상의 비난을 받았다.[130]

고 하여 앞부분은 긍정적 논평을, 뒷부분은 부정적인 논평을 실었다. 망대부(亡大夫)이기 때문에 부정적인 평가가 따를 수밖에 없다. 시집 35권과 문집 20권이 전한다.[131]

이색은 1363년(공민왕 2)에서부터 1389년(창왕 1)까지 26년 동안 문

---

129) 權近, 〈牧隱先生行狀〉, 66쪽.
130) 《高麗史》 卷115, 列傳 28, 李穡.
131) 權近, 〈牧隱先生行狀〉, 66쪽.

한을 맡고 있었으나 어려운 때에 별 탈 없이 넘어갔으며, 여러 번 천자의 칭찬을 받은 바 있다. 그러나 그가 쫓겨난 뒤에는 처음부터 천자의 책망을 받았으니, 그의 문장과 학식이 얼마나 대단했는가를 알 수 있다. 그런데도 공민왕은 공경할 줄만 알았지 그의 말을 받아들이지 않았고, 뒤에 재상이 되기는 했으나 얼마 안 있어 파면되어 그 뜻을 제대로 펴지 못했다. 생활이 궁핍해도 마음이 흔들리지 않았고, 평생 말을 빨리 하거나 당황하는 기색을 보인 적이 없으며, 집안 사람이나 노복들이 잘못해도 노여워하지 않았다. 오랫동안 왕의 은총을 받으면서도 교만하지 않았으며, 옥에 갇혀도 욕되게 생각하지 않았고, 벼슬이 높아도 영화롭게 생각지 않았다.[132]

부인은 화원군(花原君) 권중달의 딸이자, 우정승 예천부원군 권한공의 손녀딸인 안동 권씨요, 자녀는 종덕·종학·종선 3남과 박성임(朴成任)에게 시집간 1녀가 있었다.[133]

종덕(?~1388)은 진사시에 합격해 지밀직사사(知密直司事)를 지냈고, 문하평리(門下評理) 류혜손(柳蕙孫)의 딸인 진주 류씨와의 사이에 4남 2녀를 두었다. 장자 맹유(孟畇)는 진사시에 합격해 인령부사윤(仁寧府司尹)을 지냈고, 차자 맹균(孟畇)은 문과를 거쳐 의정부 사인, 예문관 직제학, 승문원 판사, 사헌부 집의, 성균대사성, 좌·우간의대부, 예조참의, 한성부윤, 공조판서, 좌찬성을 역임했다. 3자 맹준(孟畯)은 별장으로 일찍 죽었고, 4자 맹진(孟畛)은 음서로 사복시 직장, 형조정랑, 사헌부 지평, 동부·우부·우승지, 호조참판, 한성부윤, 형조좌참판, 전라관찰사, 함경도관찰사, 판중추부사를 지냈다. 그리고 장녀는 우부대언 류기(柳沂)에게, 차녀는 종부령(宗簿令) 하구(河久)에게 시집갔다.[134]

---

132) 權近, 〈牧隱先生行狀〉, 66~67쪽.
133) 《韓山李氏文烈公派世譜》卷1, 3~4쪽.

종학(1361~1392)은 문하시중 이춘부(李春富)의 딸 양성(陽城) 이씨와
의 사이에 6남 1녀를 두었다. 1376년(우왕 2)에 문과에 급제해 첨서밀
직사사가 되었으나 1392년(태조 1) 8월에 곤장을 맞고 장사(長沙: 茂長
縣의 舊號)로 귀양갔는데, 거창(居昌) 무장역에 이르러 권신이 보낸 체
핵사(體覈使) 손흥종(孫興宗)에게 교살되니 그때 그의 나이 32세였다.
그는 죽을 때 아들들에게 "나는 이름 때문에 남의 미움을 받아 이 지
경에 이르렀으니 너희들은 아예 과거를 보지 마라!"고 했다고 한
다.135) 그래서인지 그의 아들 가운데는 문과를 보아 현달한 사람이 없
다. 장자 숙야(叔野)는 사재소감(司宰少監)을, 차자 숙휴(叔畦)는 성균생
원을, 3자 숙당(叔當)은 호용순위사직(虎勇巡衛司直)을, 4자 숙무(叔畝)는
음서로 공조의랑, 숙위사 대호군, 대호군, 좌·군동지총제, 공안부윤(恭
安府尹), 경상도관찰사, 형조참판, 평안도관찰사, 형조판서, 판한성부사,
지돈령부사를 역임했다. 5자 숙복(叔福)은 성균생원을, 6자 숙치(叔畤)
는 음서로 봉상시 록사, 경기도 경력, 한성부 소윤, 장령, 판종부시사,
형조참의, 평안도관찰사, 공조·형조참판, 대사헌, 함길도관찰사, 지중
추부사, 공조판서, 우·좌참찬을 역임했다. 딸은 전주부윤 이점(李漸)에
게 시집갔다.136)

종선(1368~1438)의 자는 경부(慶夫)이고, 1382년(우왕 8) 15세에 문과
에 급제해 좌랑, 정랑을 역임했다. 그러나 조선 건국을 반대하다가 아
버지 이색과 형 종덕·종학과 함께 폐서인되어 유배되었다. 두 형은
비명에 갔지만 종선은 1392년(태조 1) 10월 이색이 방면될 때 함께 풀
려나와 벼슬살이를 시작했다. 1396년(태조 5)에 병조참의로 명을 받고,

---

134) 《韓山李氏文烈公派世譜》 卷1, 3~4쪽.
135) 《韓山李氏文烈公派世譜》 卷1, 3~4쪽.
136) 韓忠熙, 〈朝鮮前期 韓山李氏 穡(-種德, 種學, 種善)系 家系硏究〉, 《啓明史學》 8, 계명사학회,
   1997, 226~227쪽.

그해 5월에 아버지를 여흥으로 모시고 피서를 갔는데 이색이 연자탄에서 폭졸하자 한산에 장사지내고, 3년 동안 시묘살이를 했다. 효도가 지극해 이미 효자비가 섰고, 그가 살던 향리를 효자리(孝子里)라 했다. 10년 동안 두문불출하다가 1407년(태종 7)에 그가 양촌(陽村) 권근의 사위라는 이유로 좌사간대부를 제수받았다. 그러나 1411년(태종 11) 6월에 명나라 국자조교(國子助敎) 진연(陳璉)이 찬한 목은묘지명에 잘못 씌어진 부분이 있다고 해 동래로 귀양갔다가 10월에 경외종편되었다. 문제된 비명의 내용은 다음과 같다.

> 가) 기사년(1392)에 용사하는 자가 목은이 자기를 따르지 않음을 꺼려 장단으로 내쫓았다고 했는데, 용사란 이성계를 말한 것이니 이성계를 비방한 것이다.
>
> 나) 경오년(1390) 5월에 윤이(尹彝)와 이초(李初)를 명나라에 보냈다고 꾸며 억지로 죄를 씌워 청주옥에 가두니 하늘이 감동해 청주에 크나큰 수재가 일어났다고 했다.
>
> 다) 이색이 불교를 믿지 않았다고 했는데 여주 벽사(甓寺)의 일을 보아도 그렇지 않다는 것이다.[137]

이 사건으로 권근과 하륜이 행장과 신도비명을 썼다고 탄핵을 받았으나, 권근은 죽고, 하륜은 공신이고 권근의 행장을 베낀 것이라 해 면죄되고, 종선만이 알고도 보고하지 않았다고 귀양을 간 것이다.

1412년(태종 12) 정월에 고신을, 10월에 과전을 환급받았다. 그리고 순창·배천·여흥부사를 거쳐 1417년(태종 17)에 황해도관찰사로 나갔

---

137) 《韓山李氏文烈公派世譜》 卷1, 8쪽.

다가 1419년(세종 1)에 세종이 즉위하면서 한성부윤으로 옮겼다. 잠시
뒤 인수부윤으로 옮기고, 1421년(세종 3) 12월에 좌군동지총제가 되었
다. 1423년(세종 5) 5월에는 사은부사로 명나라에 갔다가 다음 해에 정
사 이종무(李從茂)와 함께 귀국했다. 1426년(세종 8) 11월 함길도관찰사
로 나갔다가 다음 해 10월에 돌아와 판한성부사가 되었다. 1428년(세
종 10) 6월에는 진하사로 중국에 갔다 와서 황주에 선무사로 파견되는
가 하면, 8월에는 전라도에 나가 처녀를 선발했으며, 개성유후로 있으
면서 전부(田賦)에 대한 개혁을 했다. 얼마 뒤 충청도관찰사를 끝으로
고향에 돌아가 10년 동안 은거하다가 1438년(세종 20)에 자헌대부 지
중추원사로 승진되었으나 3월 14일(무오)에 죽었다. 향년 71세. 실록
졸기에는 다음과 같이 기록하고 있다.

> 중추원사 이종선이 죽었다. 자는 경부(慶夫)요, 한산이 본관이니, 이색의 아
> 들이다. 15살 되던 임술년에 과거에 급제했고, 벼슬이 여러 차례 옮겨서 좌랑·
> 정랑을 지냈으며, 부친상을 당해서는 3년을 여묘(廬墓)살이를 하니 향당에서
> 효자라고 칭했다. 이 일이 나라에 알려져서 효자비를 세우고 정문(旌門)까지
> 세웠다. 외직은 순창(淳昌)·배천(白川)·여흥(驪興)의 수령을 역임했고, 내직은
> 집의·사간·참의·대언으로서 인수부윤(仁壽府尹)으로 승진했다. 다시 외방으
> 로 나가서 강원·충청도관찰사로 있다가 인수부윤이 되었고, 또 중군총제로서
> 함길도도관찰사로 있다가 판한성부사로 승진해 다시 개성유후(開城留後)로 옮
> 겼으나, 병으로 사임하고 한가하게 살면서 편하게 지난 지가 10여 년이었는데,
> 이 해에 중추원사로 제수되었으나 이때에 와서 죽었다. 나라에서 조상(弔喪)하
> 고 부의와 제사를 내려주고, 시호를 양경(襄景)이라 했는데, 양(襄)이란 성품이
> 온량하여 화락했다는 것이요, 경(景)이란 행실을 의리로서 행했다는 것이다. 아
> 들이 다섯인데 이계주(李季疇)·이계린(李季疄)·이계전(李季甸)·이계원(李季

脘)·이계정(李季町)이다.138)

이종선은 죽은 뒤에 영의정과 한산부원군에 증직되었다. 시호는 양
경(襄景: 溫良好樂曰襄 由義而濟曰景). 묘는 서천군 기산면 영모리 이색의
무덤 아래에 있다.139) 이 묘는 그가 죽은 지 67년 만인 1504년(연산군
10)의 갑자사화 때 그의 손자인 이파(李坡)가 예조판서로 있었기 때문
에 부관참시(剖棺斬屍)당했고, 종선의 묘까지 이묘(夷墓: 무덤을 뭉개버
리는 것)되었다. 그러다가 중종반정 후 종학의 현손인 이유청(李惟淸)이
꿈에 현몽한 연유로 복구했다(李墍,《松窩雜記》).140)

참찬문하부사를 지낸 권균(權鈞)의 딸인 안동 권씨와의 사이에 1남
을 낳았으니 호조정랑을 지낸 계주(季疇)이다. 후취는 길창군(吉昌君)
권근의 딸인 안동 권씨로 4남 2녀를 두었다. 차자 계린(季疄)은 동부승
지를 지냈는데 계유정란에 참여해 1452년(단종 1)에 형조판서를, 다음
해에 정란공신 2등에, 그 다음 해에 좌찬성, 1455년(세조 1)에 좌익공
신 2등, 한산군에 책봉되었다. 시호는 공무(恭武). 3자 계전(季甸)은 친
시에 합격해 대제학, 영중추원사를(시호는 文烈), 4자 계원(季脘)은 성균
시에 합격해 전직(殿直), 감찰을, 5자 계정(季町)는 집의, 좌참찬을 지냈
으며, 장녀는 강화도호부사 이백강(李伯常)에게, 차녀는 능직(陵直) 김
숭노(金崇老)에게 시집갔다.141)

계주의 외아들은 사육신의 한 사람인 개(塏)이다. 그는 1436년(세종
18)에 친시문과에 급제해 1443년(세종 25)에 정음청(正音廳)에서 훈민
정음을 창제했고, 1447년(세종 29)에 중시(重試)에 합격해 사가독서를

138)《世宗實錄》卷80, 世宗 20年 3月 戊戌.
139) 金喆熙, 襄景公諱種善神道碑銘(《韓山李氏文烈公派文獻》卷5, 220~223쪽).
140)《韓山李氏文烈公派世譜》卷1, 7쪽.
141)《韓山李氏文烈公派世譜》卷1, 3~6쪽.

그림 1-3. 이색의 자손

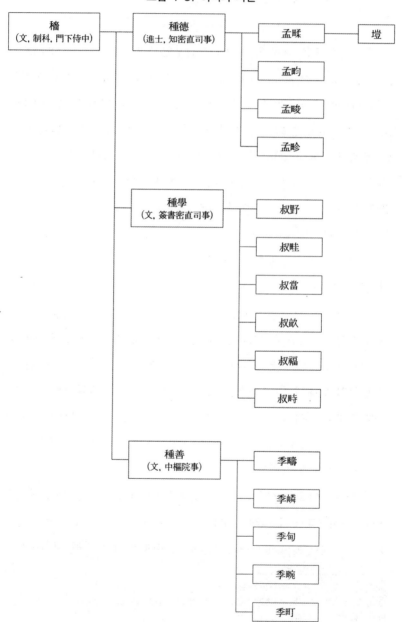

받아 호당에 들고, 집현전 직제학이 되었다. 1456년(세조 2)에 사육신 사건에 걸려 6월 7일에 사형을 당했다. 1691년(숙종 17)에 복관되고, 1758년(영조 34)에 이조판서에 추증되었다. 시호는 충간(忠簡)이다.[142]

3. 이계전(李季甸)·이개(李塏) 대

(1) 이계전(1404~1459)

9세 이계전과 10세 이개는 가는 길이 달랐다. 이계전이 세조의 정란 공신으로 현달한 것과 달리, 이개는 사육신의 한 사람으로서 처참하게 처형되었다.

이계전의 자는 병보(屛甫)요, 호는 존양재(存養齋)다. 아버지 양경공 (襄景公) 이종선과 어머니 길창군 권근의 딸 안동 권씨 사이에서 1404 년(태종 4) 2월 14일에 둘째 아들로 태어났다(배 다른 형인 季疇까지 합 치면 셋째이다).[143]

이계전은 처음에 음서로 종묘부승(宗廟副丞)이 되었으나, 1427년(세 종 9)에 친시문과에 급제해 집현전 학사로 발탁되었다. 1429년(세종 11)에 집현전에 장서각(藏書閣)이 준공되자, 그는 왕명을 받아 집현전 장각송(集賢殿藏閣頌)을 지었으며, 1434년(세종 16)에는 집현전 수찬으 로 승진했고, 1436년(세종 18)에는 선배인 김문(金汶)과 함께 《통감훈 의(通鑑訓義)》를 참교(參校)했다.[144] 다음 해에는 집현전 교리로 올라갔

---

142) 《韓山李氏文烈公派世譜》 卷1, 6~7쪽.
143) 申千湜, 〈文烈公神道碑銘〉, 《韓山李氏文烈公派文獻》 卷上, 234쪽.
144) 行錄, 《韓山李氏文烈公派文獻》 卷上, 244쪽. 세조는 이계전으로 하여금 金汶과 함께 《綱目》 과 《通鑑》의 訓義를 찬술하게 하고 柳義孫으로 하여금 서문을 쓰게 했다고 한다(《世宗實

고, 1435년(세종 17)에는 부교리가 되었으며, 1437년(세종 19)에는 이조
판서 권제(權踶)가 《역대세년가(歷代世年歌)》를 찬진하자 세종은 글을
잘하는 이계전에게 그 서문을 지어 올리게 했다.145)

1442년(세종 24) 10월 23일에 직집현전(直集賢殿)에 특배되었는데 자
신의 지위가 선배인 김문보다 높다고 바꾸어 임명해 줄 것을 청했으
나 받아들여지지 않았다.146) 1443년(세종 25) 10월 27일에는 공법(貢
法)개정에 참여했으며, 1445년(세종 27) 7월에는 집현전 직제학으로 승
진해 7월 23일에 사창(社倉) · 의창(義倉)에 대한 개혁안을, 8월 27일에
어염(魚鹽) 전매에 대한 폐단을,147) 11월 19일에는 저화(楮貨) 사용에
대한 폐단을 상소했다.148) 정책토론에 적극 참여한 것이다. 특히 국가
에서 도감을 두어 어염전매를 하는 경우에 많은 폐단이 있을 것이라
는 자세한 상소를 올려 동궁이 별감을 여러 곳에 파견해 소금 굽는 것
을 시험해 보노독 했다.149) 이계전은 저화를 유통시키자는 주장도 했
다. "우리나라에서는 오로지 포화(布貨)를 써서 그 유래가 오래되었습
니다. 본조에 이르러 저(楮)로서 포(布)를 대신해 중국 풍속을 따랐으
니 대단히 아름다운 일입니다"150)라고 해 저화시행을 적극 찬성했다.

1445년(세종 27) 2월에는 세종이 이계전에게 심온(沈溫)의 부인 안씨
의 묘지(墓誌)를 쓰라고 했다. 그는 심온이 죄를 받아 벼슬이 삭탈되었
으므로 삼한국대부인(三韓國大夫人)이라 해서는 안 되고, 죽계(竹溪) 안
씨(安氏)라고 해야 한다고 했다. 그러나 승지 박이창(朴以昌)이 '어미는

錄》卷74, 世宗 18年 7月 壬戌).
145) 《韓山李氏文烈公派文獻》 卷上.
146) 〈文烈公神道碑銘〉, 《韓山李氏文烈公派文獻》 卷上, 235쪽 ; 《世宗實錄》 卷98, 世宗 24年 10月
    庚戌.
147) 《世宗實錄》 卷109, 世宗 27年 7月 乙未.
148) 《文烈公行錄》 244쪽.
149) 《世宗實錄》 卷109, 世宗 27年 8月 戊辰.
150) 《世宗實錄》 卷110, 世宗 27年 10月 壬子.

자식으로서 귀하게 된다'고 했으니, 안씨는 중궁의 모친인지라 가장의 벼슬이 있고 없고와 관계가 없고, 따라서 대부인이라고 해도 무방하다고 주장해 그대로 되었다.[151)

1446년(세종 28) 6월 18일에는 연분9등(年分九等) 전분6등(田分六等) 공법의 타당성을 주장했다.

　　3등전(三等田)에 9등연분(九等年分)의 법을 행하는 것이 그 제도가 심히 상밀하오나, 그러나 우리나라의 땅은 산천이 험악하고, 높고 마른 땅과 낮고 젖은 땅이 꼬불꼬불해, 한 구역의 밭에도 비옥하고 천박한 것이 혹 다르고, 수 리(里)의 땅에도 비와 이슬이 고르지 않으니, 비록 상지상의 해라도 반드시 하지하의 농사가 있을 수 있을 것이며, 비록 하지하의 해라도 또한 반드시 상지상의 농사가 있을 것입니다. 한 도만 그런 것이 아니라, 한 고을에 이르러서도 모두 그러하고, 한 고을만 그런 것이 아니라, 한 촌락, 한 동리도 또한 이와 같으니 어찌 연분을 정해 일률로 세를 거둘 수 있습니까? 비록 하지하의 해에 있어서도 그 농사가 만일 상지상에 속한다면 답험할 때 1결에 30두의 세를 바치는 것이 가한데 으레 상지상 연분의 20두의 세를 거두니 중하지 않습니까? ……이른바 '공법(貢法)보다 좋지 않은 것이 없다'는 것이 이를 두고 한 말일 것입니다. 세를 거두는 경중이 정당하지 않으면 비록 9등연분의 법을 행해도 적당함을 잃는데 무슨 구제가 되겠습니까?[152)

연분9등 전분6등 제도를 실시해도, 골짜기가 많은 조선의 지형에는 수입이 들쑥날쑥하니 손실답험(損失踏驗)을 철저히 하지 않으면 억울한 사람이 생긴다는 주장이다. 그는 처음부터 공법 시행을 지지했으나

---

151)《世宗實錄》卷107, 世宗 27年 2月 丙寅.
152)《世宗實錄》卷112, 世宗 28年 6月 甲寅.

두어 해 지난 뒤 폐단이 있을 것을 말하는 사람이 늘어나 의심을 하기
시작해 이 같은 문제점을 지적하기에 이른 것이다.153)

그해 8월에 동지중추원사 김하(金何)를 명나라에 보내 세자의 면복
(冕服)을 청하게 했는데 표문은 집현전 직제학 이계전에게 쓰게 했
다.154) 10월 5일에는 우보덕(右輔德)을 겸해 《예기(禮記)》를 강했으며,
10월 11일에는 도조(度祖)·환조(桓祖)·태조(太祖)의 일을 조사해 《고
려사》에서 빠진 부분을 보완했다.155) 1447년(세종 29) 2월에 이계전은
천거제도의 문제점을 거론했다.

천거인을 보증시키는 것은 6품 이상의 관원으로 하여금 매 식년을 당하면
그 7과(七科)를 천거하게 되니, 그 천거할 때를 당하면 혹은 부자형제가 서로
이를 청하게 되고, 혹은 동료와 교우들이 친척으로서 서로 바꾸어 이를 천거하
게 되고, 심한 사람은 친히 자기가 청촉하게 되어 왕왕 실상이 없는 사람에게
홀로 그 천거하는 사람이 많으므로 사람들의 웃음거리가 된 경우가 많습니다.
표폄은 당(唐)·우(虞)의 고적(考績)에서 시작되었는데, 역대에서 폐지할 수
없는 것이었습니다. 그러나 근년 이래로 사람을 쓰는 것은 일체 자격에 따르게
되고, 승진과 폄출이 오로지 치적의 우열에 있게 되었으니, 이로 말미암아 아첨
하는 기풍이 조장되고, 염치의 도리는 없어졌습니다. 또 치적의 우열을 맡은 사
람이 능히 그 마음을 공평히 가지고 세력이 강한 자를 두려워하지 않는 사람이
몇 사람이나 되겠습니까? 만약 문벌이 있는 사람이면 비록 그 사람이 재능이
없더라도 능히 하등의 반열에 두지 못하니, 그 마음에 어찌 재능이 없는 사람
을 하등의 반열에 두어야 할 것을 알지 못하겠습니까마는, 그러나 문벌이 있는

153) 《世宗實錄》 卷112, 世宗 28年 6月 甲寅.
154) 《世宗實錄》 卷113, 世宗 28年 8月 壬戌.
155) 《世宗實錄》 卷114, 世宗 28年 10月 乙巳.

사람에게 거슬림을 당하면 장차 뒷날의 해가 되기 때문이니, 이것은 사세가 그
렇게 되지 않을 수 없습니다.156)

천거가 권력 있는 자들에게 유리하게 작용하므로 공평한 인사가 이
루어지지 않는다는 주장이었다. 그러나 이 상소는 대궐에 두고 내려
보내지 않았다.157) 김종서 · 황보인 등 대신들의 인사부정을 지적한 것
이었기 때문이다. 이로 말미암아 의정부 대신들과 집현전 학사들의 대
립과 갈등이 고조되고, 급기야는 집현전 학사들이 수양대군에게 접근
하게 되는 계기가 되었다.

이계전은 다음 해 4월 27일에는 동부승지가 되고, 이 해에 문신 복
시(覆試)의 시관이 되었다. 이때 시관이 된 사람은 좌의정 하연(河演) ·
이조판서 정인지(鄭麟趾) · 예조판서 허후(許詡) · 도승지 이사철(李思哲)
등이었다.158) 다음 해 3월에는 문과 한성시의 제술시험을 세 곳으로
나누어 시험보이는 것을 본래대로 두 곳으로 축소하자고 건의해 윤허
를 받았고,159) 4월에는 다시 동부승지가 되었다.160)

1448년(세종 30) 정월에 형 이계린이 대사헌에서 황해도관찰사로 나
갔는데 근년 봄 황해도에 기근이 들어 사람고기를 먹은 자가 있다고
동생 이계전을 통해 아뢰었다. 그런데 말의 출처가 어디인지가 문제되
었다. 이계전은 자기의 외삼촌 이백강(李伯剛)의 집 심부름꾼 고자 김
한(金閈)이 자기의 외종질 총통위 조수명(曹守命)에게 들은 것이라고
보고했다. 그러나 실제로는 해주 여자 복덕(福德)이 '죽은 어린애 머리

---

156) 《世宗實錄》 卷115, 世宗 29年 2月 癸巳.
157) 《世宗實錄》 卷115, 世宗 29年 2月 癸巳.
158) 《文烈公行錄》 244~245쪽.
159) 《世宗實錄》 卷115, 世宗 29年 3月 丁卯.
160) 《世宗實錄》 卷116, 世宗 29年 4月 戊午.

동강이 소경의 딸네 집 울타리 밑에 있더라'는 말을 김한에게 전하였
는데, 김한은 이계린의 아들 이숙(李塾)에게 '해주 사람으로 사람의 송
장을 먹은 자가 있다'고 잘못 전한 것이었다. 이에 김한은 요망한 말을
퍼뜨려 사람들을 현혹한 죄로 참형, 복덕은 장 80, 조수명은 장 70에
처하되, 3등을 감하기로 했다. 그러나 이계전이 이의를 제기했다. 소경
의 딸이란 허무한 것이니 복덕을 잡아다가 문초해보면 알 수 있을 것
이라 했다. 그리고 형 이계린이 감사로서 굶주린 백성을 구제하고자
종자곡식을 청구하면서 그만 이 말이 나와서 옥사가 일어난 것이니
용서하는 것이 좋겠다고 아뢰었다. 잘못하면 언로가 막혀 참으로 사람
고기를 먹더라도 숨길 터이니 작은 일이 아니라는 것이다. 그리하여
이계린은 처벌되지 않았다.[161]

1448년(세종 30)에는 세종이 문소전(文昭殿) 서북 귀퉁이에 내불당
(內佛堂)을 세우려하자 반대싱소를 올려 저지했다.

> 금내(禁內)에 불당을 설치하는 것은 진실로 불가하고, 또 문소전은 청재(淸
> 齋)하는 곳인데, 승도로 하여금 그 옆에 처하게 하는 것은 더욱 불가합니다.[162]

태종의 척불의지를 어겨서는 안 된다는 입장이었다.[163] 다음 해 2
월에는 우부승지에 올랐고, 5월에 우승지, 7월에 도승지가 되었다. 11
월에는 추은고사(推恩故事)를 상고해 가자(加資) 시행의 절목을 올렸다.
12월에는 정몽주와 길재를 포장(襃奬)하자고 하고, 며칠 뒤에는 둔전
의 폐단을 고치자고 건의해 이를 바로잡았다.[164]

---

161) 《世宗實錄》卷118, 世宗 29年 11月 甲辰・乙巳 ; 《世宗實錄》卷119, 世宗 30年 政月 癸卯.
162) 《世宗實錄》卷121, 世宗 30年 7月 辛丑.
163) 《世宗實錄》卷121, 世宗 30年 7月 壬寅.
164) 《文烈公行錄》236쪽.

1450년(문종 즉위년) 2월 26일 세종이 죽고 문종이 즉위하자, 이계전은 명에 부고를 알리고 시호를 청하는 표(表)와 전(箋)을 지었다.[165] 이때 왕세손은 이계전의 집으로 옮겨 거처했다.[166] 1450년 7월에 이계전은 도승지로 승진해[167] 사신접대, 정부의 정책토론에 적극적으로 참여했다.[168] 1년이 지나 늙은 아버지를 핑계로 도승지를 사임하고자 했으나 허락하지 않았다.[169] 다음 해에는 노모 봉양을 구실로 벼슬에서 물러나려 했으나 이때에도 허락받지 못했으며, 7월에는 성균관 교육의 중흥을 위해 김종서에게 지성균관사를 겸하게 하자고 건의해 뜻대로 되었다.[170] 8월 21일에는 흥천사(興天寺)에 기우(祈雨)한 공으로 말 1필을 하사받았다. 11월 1일에는 고려 왕씨의 후예를 찾아내어 그 작위를 높이고 제사를 이어갈 수 있게 하자고 건의해 11월 6일에는 왕명을 받들어 교서를 지었다.

개국 초에 왕씨(王氏)를 참혹하게 대우한 일은 진실로 태조의 본의가 아니고, 바로 그때의 모신(謀臣)들이 한 바인데, 태조께서 항상 애도하는 생각을 가졌다. 태종 조에 이르러 왕씨의 후예로 왕걸우음[王巨乙于音]의 옥사가 있었는데, 당시 법사에서 극형에 처하고자 했으나 태종께서 석방해주고 논하지 말도록 명해 그로 하여금 생업에 편안하게 했다. 선왕께서도 이 일을 생각할 때마다 추도해 마지않으시고 항상 '왕씨의 후손을 찾아내고자 한다'고 말씀하셨다.[171]

165) 《文烈公行錄》 245쪽.
166) 《文宗實錄》 卷1, 文宗 卽位年 2月 丁酉.
167) 《文宗實錄》 卷2, 文宗 卽位年 7月 戊申.
168) 《文宗實錄》 卷2, 文宗 卽位年 7月 戊申.
169) 《文宗實錄》 卷8, 文宗 1年 6月 丙申.
170) 《文宗實錄》 卷8, 文宗 1年 7月 丁酉.
171) 《文宗實錄》 卷10, 文宗 1年 11月 乙未.

문종의 명으로 이계전은 그 교서를 지어 올렸다.172) 정몽주·길재를 포장하자거나 고려 왕씨들을 구제하자는 주장은 당시만 해도 위험 부담이 있는 언론이었다. 소신이 있는 선비였다고 할 수 있다. 문종은 세종의 배향공신을 정할 때 도승지 이계전만 불러 최윤덕(崔潤德)·허조(許稠)·신개(申漑)·이수(李隨)를 정했다.173) 1452년(문종 2) 2월 1일에는 성균박사를 겸했고, 2월 2일에는 《세종실록》을 편찬했으며, 10월 1일에는 이조판서 겸 동지경연사가 되었다.174)

1452년(단종 즉위년) 5월 18일에 노산군이 즉위했다. 그리하여 그해 10월 이계전은 이조참판에 임명되었다.175) 그리고 1453년(단종 1) 6월 8일에는 병조참판이 되었다.176)

그런데 10월 10일 계유정난(癸酉靖亂)이 일어났다. 수양대군이 김종서를 죽이고 쿠데타를 일으킨 것이다. 이계전은 입직하고 있다가 수양대군에게 불려가 선후사정을 듣고 협력했다. 조극관(趙克寬)·황보인(皇甫仁)·이양(李穰) 등은 제3문에서 죽였고, 윤처공(尹處恭)·이명민(李命敏)·조번(趙藩)·원구(元矩) 등은 사람을 보내 죽였다. 김연(金衍)은 삼군진무 최사기(崔賜起)를 보내 그의 집에서 죽이고, 민신(閔伸)은 서조(徐遭)를 보내 죽였다. 그리고 안평대군(安平大君) 용(瑢)을 성녕대군(誠寧大君) 집에서 강화도로 압송했다. 이계전은 최항(崔恒)과 함께 교서를 지었다. 김종서는 다시 살아나서 상처를 싸매고 여자 옷을 입고, 돈의문, 서소문, 숭례문에 이르렀으나 들어가지 못하고 아들 김승벽(金承壁)의 집에 숨었다가 잡혀 죽었다. 이날 밤 달이 떨어지고, 하늘이

172) 《文宗實錄》 卷10, 文宗 1年 11月 庚子.
173) 《文宗實錄》 卷10, 文宗 1年 11月 丙午.
174) 《文宗實錄》 卷12, 文宗 2年 2月 丙戌.
175) 《端宗實錄》 卷4, 端宗 卽位年 10月 己丑.
176) 《端宗實錄》 卷6, 端宗 1年 6月 癸巳.

컴컴한데 유시(流矢)가 떨어졌다. 이계전이 두려워서 나팔을 불자고
했다. 수양대군은 "무엇이 괴이하게 여길 것이 있는가? 조용히 진압하
라"고 했다.[177]

쿠데타의 결과 수양대군은 영의정부사 영경연서운관사 겸판이병조
사가 되고, 정인지가 좌의정, 허후가 좌참찬, 정창손(鄭昌孫)이 이조판
서, 김조(金銚)가 예조판서, 이계전이 병조판서가 되었다.[178] 수양대군
은 군사를 거느리고 종친청(宗親廳)에 숙직하고, 이계전은 박중손(朴仲
孫)·최항 등과 함께 빈청에서 숙직했다.[179] 그 공으로 이계전은 정난
1등공신이 되었다.[180] 그리하여 수충위사협찬정란공신(輸忠衛社協贊靖
亂功臣)과 한성군(韓城君)이라는 봉작을 받았다.[181] 이에 11월 19일에
이계전은 좌의정 정인지·좌사간 성삼문과 더불어 왕에게 공 없이 공
신의 반열에 올랐으니 공신호를 삭제해 주기를 청했다.[182]

1454년(단종 2) 정월에는 수양대군과 함께 왕비 간택에 참여해 풍저
창부사(豊儲倉副使) 송현수(宋玹壽)의 딸을 뽑았다.[183] 5월 21일에는 수
양대군이 4공신과 함께 경회루에서 잔치를 베풀었는데 이계전은 술에
취해 홀로 여러 번 춤을 추었다.[184]

1454년(단종 2) 3월 30일에 《세종실록》 163권이 완성되었다. 이계전
은 동지춘추관사로 참여한 공으로 표리(表裏) 1단과 안구마(鞍具馬) 1
필을 하사받았다.[185] 12월 2일에는 겸성균관 대사성이 되었다.[186]

---

177) 《端宗實錄》 卷8, 端宗 1年 10月 癸巳.
178) 《端宗實錄》 卷8, 端宗 1年 10月 甲午.
179) 《端宗實錄》 卷8, 端宗 1年 10月 甲午.
180) 《端宗實錄》 卷8, 端宗 1年 10月 戊戌.
181) 《端宗實錄》 卷9, 端宗 1年 11月 庚申.
182) 《端宗實錄》 卷9, 端宗 1年 11月 辛未.
183) 《端宗實錄》 卷10, 端宗 2年 正月 庚申.
184) 《端宗實錄》 卷11, 端宗 2年 5月 辛未.
185) 《世宗實錄》 卷10, 世宗 2年 3月 辛巳.

1455년(단종 3) 정월 24일 단종은 이계전에게 아래와 같이 하교했다.

왕실에 어려움이 있으면 마음과 힘을 다해 막고 호위하는 것은 신하가 임금을 받드는 충성이고, 신하가 공이 있으면 근로(勤勞)를 선양해 포숭(褒崇)하는 것은 제왕이 아랫사람을 대접하는 도리이다. 이에 널리 고전을 상고해 뛰어난 공훈에 조금 보답한다. 경은 지식이 고금을 통달했고, 재주는 경제를 겸했다. 이(利)와 의(義)는 일찍 세미하게 변했고, 문장은 특히 그 서여(緖餘)였다. 나라를 위해서는 집을 잊고, 공(公)을 위해서는 사(私)를 잊으니, 곧 경이 본래 타고난 바탕이요, 신하로서 충성을 다하고, 자식으로서 효도를 다했으니, 또한 경이 이미 능한 바이다. 지난 날 선조(先朝)에 있어서 특별한 간발(簡拔)을 입었으며, 나도 또한 너의 충성하고 곧은 것을 권애해 복심으로 대접해 병마의 권세를 위임하고 사부(師傅)의 직임을 겸하게 했다. 공(功)은 능히 병융(兵戎)을 다스림에 있고, 뜻은 몸을 돌보지 않음에 전일했다.

경은 사직의 양신이며, 진신(縉紳)의 거벽이라 일컬을 만하다. 지난번에 지친 이용이 나의 어림을 능멸히 여기고 몰래 불측한 마음을 품어 만단의 계획을 꾸미며, 흉악함이 헤아릴 수 없었다. 간신 황보인·김종서·이양·민신·조극관 등이 이용에게 당부(黨附)해 왕실을 넘어뜨리기를 꾀했으니, 화난의 발동이 아침 아니면 저녁이었다. 다행히 조종(朝宗)의 신령이 위에서 가만히 도움으로 인해 수양대군이 간흉을 갖추어 알아서 비밀히 나에게 고했다. 마침 경이 궁위(宮闈)에 들어와 번들어 마음을 같이하고, 꾀를 합해 큰 계책을 도와서 밖으로는 흉당을 갈겨 없애고, 안으로는 과인을 막아 호위했다. 하루 저녁 사이에 반역이 이미 평정되고, 만세를 지나도록 종사가 길이 힘입었다. 이에 정난의 공을 생각해 마땅히 포현(褒賢)의 상을 거행해야 하겠다. 이에 훈을 책정해 1등을 삼고,

그 부모와 아내에게 벼슬을 주고, 사유(赦宥)가 영원히 후대에 미치게 한다. 인하여 전지 2백 결, 노비 25구, 안구마(鞍具馬) 1필, 백은(白銀) 50양, 표리(表裏) 1단을 주노니, 이르거든 영수하라! 아아! 방가(邦家)의 주석이 되었으니 더불어 휴척(休戚)을 함께 할 것을 기약하고, 산하가 띠[帶]와 숫돌[礪]과 같이 되도록 종시 잊음이 없기를 맹세한다.187)

얼마 후 사육신 사건에 조카인 백옥헌(白玉軒) 이개가 관련되어 사헌부의 탄핵을 받았으나 세조의 특지로 화를 면했다.188)

1455년(단종 3) 윤6월에 단종을 상왕으로 모시고, 세조가 즉위했다. 이계전에게는 다시 병조판서가 제수되었다.189) 그리고 이계전 등에게는 말 1필이 하사되었다.190) 이계전 등 6조판서들이 안평대군을 변방으로 귀양보내라고 주청했으나 세조는 듣지 않았다.191) 이계전은 우의정 이사철(李思哲)과 함께 정난의 선위사(宣慰使)로 벽제역(碧蹄驛)에 파견되었다.192) 7월 21일에 세자이사(世子貳師)를 겸했다.193) 8월 5일에는 사직 제사에 힘썼다고 다시 말 1필을 하사받았다.194) 8월 9일에는 병조참판 홍달손(洪達孫), 병조참의 이예장(李禮長), 호조판서 이인손(李仁孫), 호조참판 권자신(權自愼), 형조판서 권준(權蹲), 형조참의 윤사윤(尹士昀), 예조참판 하위지(河緯地), 이조참의 어효첨(魚孝瞻), 공조참의 박쟁(朴崝) 등과 함께 세조가 실시하려는 6조직계제(六曹直啓制)를 반대했다.

187) 《端宗實錄》 卷13, 端宗 3年 正月 庚午.
188) 申千湜, 〈文烈公神道碑銘〉, 237~238쪽.
189) 《世祖實錄》 卷1, 世祖 1年 閏6月 乙卯·丁卯.
190) 《世祖實錄》 卷1, 世祖 1年 7月 丁丑.
191) 《世祖實錄》 卷1, 世祖 1年 閏6月 丁巳.
192) 《世祖實錄》 卷1, 世祖 1年 7月 辛巳.
193) 《世祖實錄》 卷1, 世祖 1年 7月 甲午.
194) 《世祖實錄》 卷2, 世祖 1年 8月 戊申.

신 등이 6조에 전지하신 것을 엎드려 보니, 각기 그 직무를 계달해 시행하라고 하셨습니다. 신 등은 생각하기를 우리나라가 태조께서 개국하시면서 일의 대소를 막론하고 모두 정부(政府)로 하여금 의논해 계달하도록 했는데, 갑오년(1414)에 이르러 태종께서 혁파했다가 세종 조 때 다시 세워서 오늘에 이르렀습니다. 청컨대 옛 그대로 하소서.195)

세조는 크게 노했다. 세조가 이계전에게 누구와 의논했느냐고 따져 묻자 하위지와 의논했다고 대답했다. 하위지는 다음과 같이 아뢰었다.

주제(周制)에 3공(三公)은 항구한 이치를 강론해 나라를 경륜했고, 3고(三孤)는 3공을 보좌해 교화를 넓혔고, 6경(六卿)은 각기 직임을 나누어 맡았는데, 3공과 3고가 비록 직사(職事)에는 참여하지 않았으나 총재(冢宰)가 사실은 겸임해 다스렸습니다. 신은 인컨대, 주제를 따르소서.196)

이 말을 듣고 세조는 노하여 말했다.

총재에게 위임한다는 것은 임금이 죽었을 때의 제도이다. 너는 내가 죽은 것으로 생각하느냐? 또 내가 아직 어려서 서무를 재결하지 못할 것으로 생각하고 끝내 대권을 아랫사람에게 옮겨 보겠다는 말이냐?197)

그리고는 위졸을 시켜 하위지의 곤장을 치게 했다. 그리고는 박원형(朴元亨)으로 하여금 하위지의 머리채를 끌고 가 의금부에 가두게 했

---

195) 《世祖實錄》 卷2, 世祖 1年 8月 壬子.
196) 《世祖實錄》 卷2, 世祖 1年 8月 壬子.
197) 《世祖實錄》 卷2, 世祖 1年 8月 壬子.

다. 세조는 하위지를 극형에 처하고자 했으나 종친과 대신들이 말려 그만두었다.[198] 사신(史臣) 이승소(李承召)는 다음과 같이 말했다.

하위지의 말에 3공에게 책임지운다는 것은 옳은 말이다. 그러나 세조 초에는 그렇지 않은 점이 있었다. 노산군 당시에 권한을 거꾸로 잡고 이를 간신에게 주었기 때문에, 군주는 그 손을 요동하지 못했고, 백관들은 명을 받을 겨를도 없이 턱으로 가리키고 눈치로 시켜도 감히 누가 무어라 하지 못했으며, 사람들이 정부가 있는 줄을 알아도 군주가 있는 줄을 모른 지가 오래 되었다. 세조가 즉위하면서 그 폐단을 깊이 경계해 먼저 정부에서 모든 일을 서리(署理)하는 법부터 폐지시켜 작록(爵祿)의 존폐와 생살여탈(生殺與奪)의 권한을 모두 군주에게 돌아가게 한 연후에 군신의 분의(分義)가 정해졌고, 상하의 심정이 편하게 된 것이다. 이는 세조가 그 형세로 인해 기회를 타고 당시에 대권을 건진 것이니, 어찌 구구한 천견으로 능히 헤아릴 수 있는 일이겠는가?[199]

다분히 세조의 조치를 긍정하는 태도이지만 여기서부터 사림과 세조는 다른 길을 가게 되었음을 알 수 있다. 세종 조에는 집현전 학사가 다른 관직으로 옮겨 갈 수 없었다. 그러나 문종 조부터 집현전 학사들이 인사부서나 대간으로 진출해 정치세력화했다. 이계전은 다른 집현전 학사들과 마찬가지로 처음에는 김종서·황보인과 같은 대신들의 전횡을 막고자 김종서 등과 연계되어 있는 안평대군 대신 수양대군의 편에 서서 정세를 관망했다. 그런데 계유정난 이후 세조가 전제적인 태도로 바뀌자 일부 과격파가 그를 제거하고자 사육신 사건을 일으키려 했던 것이다. 6조직계제 실시를 반대한 것도 그런 맥락에서

---

198) 《世祖實錄》卷2, 世祖 1年 8月 壬子.
199) 《世祖實錄》卷2, 世祖 1年 8月 壬子.

이해해야 할 것이다.

8월 16일 세조는 공신들을 불러 사정전(思政殿)에서 연회를 베풀었는데 이계전이 세조에게 술이 과하니 대내(大內)로 돌아가시라고 주청했다. 그랬더니 세조가 "나의 몸가짐을 내 마음대로 하는데, 네가 어찌 나를 가르치려고 하느냐?"고 하면서 이계전의 관을 벗기고 홍달손에게 명해 머리채를 끌고 뜰로 내려가서 위사(衛士)를 불러 곤장을 치라고 하고 다음과 같이 말했다.

네 죄는 단지 이것뿐이 아니다. 지난번에 정부에서 서리하는 것을 폐하지 말라고 하위지와 더불어 마음을 같이 해 계달했으니, 너희들은 학술이 모두 바르지 못한 것이다. 너는 극히 간휼(奸譎)해서 병조의 장관이 될 수 없다. 네 직임을 파하고, 홍달손을 써서 대신하겠다.[200]

그리고는 한참 있다가 이계전을 다시 앞으로 오게 해 "내 평일에 너를 사랑하기를 비할 바가 없었는데, 너는 어찌하여 내 마음을 헤아리지 못하느냐?" "네가 나를 사랑하는 것이 어찌 나와 같겠느냐? 내가 너를 사랑하기 때문에 너를 좌익공신의 등급에 올려놓으려 했는데, 너는 그렇게 하지 않겠느냐?"라고 하니 이계전이 머리를 땅에 대어 사죄하고 통곡했다. 세조가 상(床)에서 내려와 왼손으로 이계전을 잡고, 오른손으로 신숙주를 잡아 함께 술을 따르게 했다. 그러나 이계전 등이 사례하고 일어나지 않았다. 세조는 이계전이 하위지와 함께 6조직계제를 반대한 데 대한 분풀이로, "내가 이계전에게 생각하지 못할 욕을 보였으니, 생각하지 못한 은정(恩典)을 베풀겠다"고 하고, "내가 너에

200) 《世祖實錄》 卷2, 世祖 1年 8月 己未.

게 어떤 사람인가?" 하고 물으니 이계전은 "동관(同官)입니다"라고 대답했다. 이에 세조가 이구(李璆)로 하여금 주먹으로 이계전을 때리게 하니 신숙주가 "제가 만약 손으로 때리게 되면 비록 명의로 이름난 전순의(全順義)·임원준(任元濬)과 같은 사람이 좌우에서 서로 교대하며 구호한다 해도 끝내 효험이 없을 것입니다"라고 했다. 그리고는 이계전으로 하여금 춤을 추게 하고 밤 2고(二鼓)가 되어서야 파했다.201)

8월 24일에 병조판서 이계전은 좌의정 한확(韓確) 등과 함께 혜빈(惠嬪) 양씨(楊氏) 등을 단죄하라고 주청했으나 상왕이 죽이지 않기로 했으니 안 된다고 했다.202) 9월 2일 우찬성 정창손·예문제학 박팽년·예조참판 하위지·집현전 부제학 이개 등과 더불어 관제를 개정했다.203) 9월 5일에 세조를 추대한 공으로 좌익공신 2등에 책록되었다.204) 이에 대해 겸성균관 대사성 이계전 등은 전문(箋文)을 올려 사례했다.205) 20일에는 형 이계린은 한산군(韓山君), 이계전은 한성군(韓城君)에 책봉되었다.206)

1456년(세조 2) 2월 4일에 판중추원사(判中樞院事)로 판병조사(判兵曹事)를 겸했고,207) 7월 1일에는 우사간대부 권제(權踶)·장령 최청강(崔淸江) 등이 이계전은 이개의 삼촌이니 그를 처벌하라고 요구했으나 세조가 허락하지 않았다.208) 세조는 다음과 같이 말하며 이계전을 용서해주었다.

201) 《世祖實錄》 卷2, 世祖 1年 8月 己未.
202) 《世祖實錄》 卷2, 世祖 1年 8月 丁卯.
203) 《世祖實錄》 卷2, 世祖 1年 9月 甲戌.
204) 《世祖實錄》 卷2, 世祖 1年 9月 丁丑.
205) 《世祖實錄》 卷2, 世祖 1年 9月 癸未.
206) 《世祖實錄》 卷2, 世祖 1年 9月 壬辰.
207) 《世祖實錄》 卷3, 世祖 2年 2月 癸卯.
208) 《世祖實錄》 卷3, 世祖 2年 6月 壬子·戊辰.

이계전은 본래 원훈으로 그 마음이 충직하고, 최면의 말은 허탄(虛誕)해 실
지가 없다. …… 그런 까닭에 모두 용서한 것이다.209)

이개도 이계전은 모르는 일이라고 했다고 한다.210) 6월 27일 이계
전의 어머니가 죽으니, 세조는 쌀·콩 30석과 종이 1백 권, 석회 40석,
유지석(油紙席) 3부와 관곽(棺槨)을 부의했다.211) 1456년(세조 2) 9월 7
일에는 이른바 사육신 사건에 연좌된 자들의 부녀들을 대신들에게 나
누어 주었는데 이계전은 이휘(李徽)의 아내 열비(列非)와 허조(許慥)의
아내 안비(安非), 딸 의덕(義德)을 노비로 받았다.212) 그리고 1457년(세
조 3) 2월 1일에는 형 이계린과 함께 난신(亂臣)의 외거노비 6구씩을
받았다.213) 3월 23일에는 조카 이개의 임피(臨陂) 전지를 받았으며,214)
8월 21일에는 영광(靈光)에 영속된 계집 종 송이(松伊)를 받았다.215)

1458년(세조 4) 윤2월 11일에 판중추원사 권람(權擥)과 이계전이 배
천(白川) 온천에 가니 황해도관찰사는 권람에게 쌀 15석, 이계전에게
쌀 10석과 주찬(酒饌)을 주었다.216) 6월 29일에는 좌익2등공신 책훈 교
서가 내려왔다. 책훈에는 부수적으로 부모와 처의 봉작을 주고, 영세
토록 죄를 범해도 용서한다는 내용이 적혀있었으며, 아울러 전지 100
결, 노비 10구, 백은 25냥, 표리 1단, 내구마(內廐馬) 1필을 받았다.217)
8월 7일에는 영중추원사를 제수받았다.218)

209)《世祖實錄》卷4, 世祖 2年 7月 戊辰.
210)《世祖實錄》卷4, 世祖 2年 7月 戊辰.
211)《世祖實錄》卷4, 世祖 2年 6月 乙丑.
212)《世祖實錄》卷5, 世祖 2年 9月 甲戌.
213)《世祖實錄》卷6, 世祖 3年 2月 乙未.
214)《世祖實錄》卷7, 世祖 3年 3月 丙戌.
215)《世祖實錄》卷8, 世祖 3年 8月 壬子.
216)《世祖實錄》卷11, 世祖 4年 閏2月 己巳.
217)《世祖實錄》卷13, 世祖 4年 6月 乙酉.

하루는 정인지가 술자리에서 세조를 '너'라고 일컬었다. 이계전은 "군신간에는 모만(侮慢)할 수 없는데, 지금 정인지는 성상께 '너'라고 칭했으니, 청컨대 그를 베어 죽이소서"라고 했으나 세조는 듣지 않았다.[219] 1459년(세조 5) 7월 2일, 경기도도체찰사를 겸임했다.[220] 7월 26일에는 사정전에 나아가 술을 들었다. 이 자리에서 세조는 이계전에게 마장(馬粧) 1부를 하사했다.[221] 9월 7일에는 송문림(宋文琳)을 경상도에 보내어 양령대군, 좌의정 강맹경(姜孟卿), 영중추원사 이계전에게 잔치를 베풀고, 본도 관찰사가 이를 주선하도록 했다.[222] 9월 16일 서거했다. 저자는 2일 동안 쉬고, 관청에서 장사를 맡아서 지내고, 쌀·콩 아울러 70석, 종이 100권을 내렸다. 그의 졸기는 매우 간단하다.

　　이계전은 한산군 이색의 손자인데, 성품이 관후(寬厚)하고 기개와 도량이 넓고 컸다. 젊어서 과거에 올라 집현전에 뽑혀 들어갔으며, 여러 번 승진해 승정원 도승지가 되었고, 정난공신과 좌익공신에 참여했다. 아들이 셋 있으니 이우(李堣)·이파(李坡)·이봉(李封)이다. 시호는 문열(文烈)이니, 사물을 널리 보고 아는 것이 많은 것이 문(文)이요, 덕을 지키고 업(業)을 높인 것이 열(烈)이다.[223]

　　세조는 이계전을 위해 거애(擧哀)하려 했으나 주위에서 말려 그만두었다.[224] 세조의 말에 따르면 이계전은 목욕을 한 뒤에 조리를 잘못해서 죽었다고 한다.[225] 그러나 그가 과음해서 죽었다는 기록도 있다.

218) 《世祖實錄》 卷13, 世祖 4年 8月 壬戌.
219) 《世祖實錄》 卷14, 世祖 4年 9月 辛丑.
220) 《世祖實錄》 卷17, 世祖 5年 7月 辛巳.
221) 《世祖實錄》 卷8, 世祖 5年 7月 乙巳.
222) 《世祖實錄》 卷17, 世祖 5年 9月 丙戌.
223) 《世祖實錄》 卷17, 世祖 5年 9月 乙未.
224) 《世祖實錄》 卷17, 世祖 5年 9月 丙申.
225) 《世祖實錄》 卷17, 世祖 5年 9月 乙未.

세조의 다음과 같은 말에서 알 수 있다.

> 공신으로 과음해 죽은 자가 자못 많으니, 이계전·윤암(尹巖) 같은 이가 그러
> 하다. 또 화천군(花川君) 권공(權恭)·계양군(桂陽君) 이증(李璔) 영중추원사 홍
> 달손(洪達孫) 등은 비록 죽지는 않았지만 또한 파리해졌으니, 이것은 크게 옳지
> 못한 것이다. 내가 한결같이 술을 마시지 못하게 하고자 하는데 어떠한가?226)

1465년(세조 11) 7월 이계전의 3자 이봉(李封)이 과거에 장원으로 급
제하자 세조는 "너희 아비 이계전은 내가 벗으로 대우했던 자이다. 이
제 네가 과거에 급제하고 또 장원을 했으니, 마음이 다른 것보다 곱절
이나 기쁘다"227)고 했다.

1468년(예종 즉위년) 12월에 세종의 능을 옮기는데 이계전의 묘가
있는 여흥 성산(城山)이 후보지로 정해졌다.228) 이에 분묘를 여주 점동
면으로 옮기지 않을 수 없었다. 천릉도감 제조 정인지가 사목(事目)을
만들어 이계전의 분묘를 모름지기 파내어서 물기[水氣]가 있는지를 보
고, 석실(石室)과 잡상(雜象)은 옛날 것을 쓰고, 영악청(靈幄廳)은 정자
각(丁字閣)으로 쓰도록 했다.229)

이계전은 부인 군수 진호(秦浩)의 딸 풍기(豊基) 진씨(秦氏)와의 사이
에 4남 4녀를 두었다. 장남 육(堉)은 무후하고, 차남 우(堣, 1432~1467)
는 1453년(단종 1) 증광문과에 급제해 성균관 대사성에 이르렀다. 36세
에 죽어 이조참판에 추증되었다. 묘는 광주(廣州)시 광주읍 색지리 갈
마치 동록 고산동에 있다. 부인은 판사(判事) 서진(徐晉)의 딸인 이천

---

226) 《世祖實錄》卷28, 世祖 8年 3月 壬戌.
227) 《世祖實錄》卷36, 世祖 11年 7月 壬子.
228) 《睿宗實錄》卷2, 睿宗 卽位年 12月 癸丑.
229) 《睿宗實錄》卷2, 睿宗 卽位年 12月 甲寅.

서씨이고, 후처는 목사 권숭지(權崇智)의 딸인 안동 권씨이다.[230]

3남 파(坡, 1434~1468)는 15세에 이미 경사(經史)의 대의를 통달하고, 1450년(세종 32)에 18세로 사마시를 합격했으며, 1451년(문종 1)에 증광문과에 급제해 교서관 저작랑(著作郎)이 되었다가 집현전 박사로 전직되었다. 1454년(단종 1) 집현전 응교에서 수찬으로 승진했다.

이파는 1459년(세조 5)에 아버지의 상을 마치고 세자 보덕에 임명되었으며, 그 뒤 집의, 내자시사, 예문관 직제학, 우승지를 역임했다. 우승지로 있을 때《동국통감》수찬에 참가했고, 1463년(세조 8)에 첨지중추부사를 필두로 좌승지, 도승지(1465), 공조참의, 한성부윤, 우윤(1466)을 거쳤다. 세조는 그만을 편전에 불러 손을 끌어당기어 용안을 그의 얼굴에 부비면서 세자에게 "이 사람은 다른 날 네 신하다. 잊지 말도록 하라"[231]고 하면서 술을 권했다고 한다.

1466년(세조 11) 3월에는 서거정(徐居正)·신숙주(申叔舟) 등과 함께 중시(重試) 시관을 했으며, 그 뒤에 호조참판, 성균관 대사성을 지냈다. 1469년(예종 1) 정월에는 승습사(承襲使)로 명나라에 다녀왔다. 이때 큰 눈과 혹한으로 인마(人馬)가 많이 상했다. 1469년(예종 1)에 가정대부로 승진해 한성좌윤 겸행호군(1469), 대호군(1470), 안주선무사, 이조참판(1475), 의주선위사(1476)를 역임했다. 1474년(성종 5)에 어머니 상을 당해 3년 동안 복상을 하고, 1476년(성종 6) 12월에는 노사신(盧思愼)·서거정 등과 함께《삼국사절요》를 찬진했다. 1477년(성종 8) 8월에는 자헌대부로 승진해 평안감사(1478), 지중추부사, 개성부 선위사(1480)를 역임했다. 1480년(성종 11)에 예조판서가 되어 6년 동안 근무했는데, 예절에 관해 모르는 것이 있으면 다들 그에게 물었다 한다. 10월에

230)《韓山李氏文烈公派世譜》卷1, 11쪽.
231) 金宗直,〈明憲公(坡)墓誌銘〉,《韓山李氏文烈公派文獻》卷上, 263쪽.

는 성종이 12폭 병풍을 내놓고 시 잘하는 문신 12명으로 하여금 칠언
시 1편씩 짓게 했는데 이파는 제8폭 소백감상도(召伯甘棠圖)를 맡았다.
그 시는 다음과 같다.232)

밭 갈고 우물을 파서 풍속이 화평한데,	耕田鑿井俗熙熙
남국에 이제야 나라 다스릴 사람을 얻었네.	南國于今得國醫
만리에 칭송하는 노래 소리 끊임없고,	萬里頌聲歌勿伐
온 하늘에 환한 기운 스스로 사사로움 없어라.	一天和氣自無私
어진 풍속은 멀리 천고의 사람을 생각하게 하고,	仁風緬想人千古
은혜로운 교화는 그 누가 풍년의 조짐을 자랑하는고?	惠化誰誇麥兩岐
백성들의 소리 부모를 부르는 듯	赤子呱呱呼父母
깊고 어진 은혜 굶주림을 도와주네.	深仁融給人民飢233)

　　1481년(성종 12)에 예조판서로 서대(犀帶)를 받았는데 대간이 과하다
고 해 말이 많았으나 묵인되었다. 다음 해에 우참찬으로 빈전감제조
(殯殿監提調)를 맡았으며, 1485년(성종 16) 5월에는 정희왕후(貞熹王后)를
부묘(祔廟)할 때 예의사(禮儀使)를 맡았다. 그리고 그 공으로 안구마(鞍
具馬) 1필을 하사받았다. 6월에 우찬성으로 충청진휼사가 되고, 7월에
좌찬성이 되어 1486년(성종 17) 2월 25일에 좌찬성으로 졸했다.234) 향
년 53세.
　　《성종실록》에 사신(史臣)은 다음과 같이 논평했다.

232)《韓山李氏文烈公派世譜》卷1, 14쪽.
233)《韓山李氏文烈公派文獻》卷上, 269쪽.
234)《韓山李氏文烈公派世譜》卷1, 16쪽 ;《成宗實錄》卷188, 成宗 17年 2月 辛丑, 李坡 卒記 ;《韓
　　山李氏文烈公派文獻》卷上, 262~266쪽, 明憲公墓誌銘.

이파는 사람됨이 활달하고 시원스러우며, 용모가 아름답고, 담론하기를 좋아했으며, 풍류와 문아(文雅)가 한 시대에서 추앙을 받았다. 의리의 학문에 널리 통했고, 문장의 화려함이 그 장점은 아니었으나 자못 문장과 경제로서 자부했다. 총명함이 남달리 뛰어나, 무릇 나라 사람들 가운데 벼슬한 자의 이력과 씨족, 세대를 기억하지 못하는 바가 없었으며, 조정의 전고(典故)를 상세히 아는 바가 많았다. 다만 일을 의논할 때 영합하려고 많이 힘썼으며, 성품이 또한 호사스럽고 허황되어 재리(財利)를 널리 경영했다.235)

그런데 1504년(연산군 10) 4월 18일에 갑자사화 때 좌찬성으로 인견고사(引見古事)했다고 해서 부관참시되었다. 그리고 그 자손들도 폐서인되었다. 부인의 무덤도 헐어버리고 석물도 제거했다. 재물은 호조에서 20인의 역군(役軍)을 내어 실어갔다.236)

부인은 영평위(鈴平尉) 윤계동(尹季童)의 딸 파평 윤씨로, 묘는 양주 풍양면 지산리 와초동에 있다. 신도비는 서거정이, 묘지명은 김종직(金宗直)이 썼다.237)

이계전의 4남 봉(封, 1441~1493)의 자는 번중(藩仲), 호는 소은(蘇隱)이다. 1465년(세조 10) 7월에 별시문과에 을과 1등으로 급제해 예문관 직제학에 임명되었다. 다음 해에 중시(重試)에 합격해 1467년(세조 13)에 동부승지를 거쳐 좌승지가 되었다. 《동국통감》 수찬관으로 참여했고, 한성부 우윤(1466), 동부승지(1467), 우승지, 좌승지, 공조참판, 이조참판, 첨지중추부사, 행호군, 강원도관찰사(1475), 동지중추부사(1476)를 역임했다. 1477년(성종 8)에는 성절사로 명나라에 다녀왔으

---

235) 《成宗實錄》卷188, 成宗 17年 2月 辛丑.
236) 《韓山李氏文烈公派世譜》卷1, 16~17쪽.
237) 《韓山李氏文烈公派世譜》卷1, 17쪽.

며, 1478년(성종 9)에는 황해도관찰사로 부임했다가 파직되었다. 그러나 1480년(성종 11)에 병조에 전지해 직첩을 환급하고 대사헌에 임명되었다. 그 뒤 이조참판을 두 차례, 전주부윤(1484), 중추부사(1484), 한성부 우윤, 경상도관찰사(1485), 수동지중추부사(1487)를 역임하고, 1487년(성종 18) 호조판서로서 진위사(陳慰使)로 명나라에 다녀와서 지중추원사가 되었다. 그리고 그 뒤 평안도관찰사(1488), 지중추부사(1489), 한성부윤(1490), 형조판서(1492), 경상도관찰사(1493)를 역임하고 1493년(성종 24) 11월에 죽었다. 이조판서를 증직받았고, 시호는 헌평공(憲平: 行善可紀曰憲 執事有制曰平)이다.238)

부인은 현감 김삼노(金三老)의 딸 안동 김씨이다. 묘는 교하 금성리에 부인과 합장했다. 신도비는 김안로(金安老)가 썼다. 1984년 남양주시 화도읍 금남리로 옮겼다.239) 네 딸은 각각 유소(劉昭), 최연년(崔延年), 권선(權善), 정계금(鄭繼金)에게 시집갔다.240)

이계전의 장남 우(堣)는 2남 3녀를 두었다. 장남 장윤(長潤, 1455~1528)의 자는 수연(粹然)이요, 1455년(단종 3)에 광흥창 주부, 니산(尼山)·봉화(奉化)현감을 지냈으며, 증손자인 이산해 덕에 이조판서에 증직되었다. 1528년(중종 23)에 죽었다. 향년 74세. 묘는 성남시 수내동 중앙공원에 있다. 차남 세윤(世潤)은 장사랑(將士郎)을 지냈다. 세 딸은 이지(李漬), 조경(趙瓊), 류한장(柳漢長)에게 각각 시집갔다.241)

장윤은 4남 1녀를 두었다. 장남 질(秩, 1474~1560)은 1498년(연산군 4)에 생원시에 합격해 문화·상주·울진·양천·삭령·덕천·장단 등

238) 《韓山李氏文烈公派文獻》 卷上, 270~274쪽. 憲平公神道碑銘 ; 《成宗實錄》 卷284, 成宗 24年 11月 甲辰, 李封 卒記.
239) 《韓山李氏文烈公派世譜》 卷1, 17~20쪽.
240) 《韓山李氏文烈公派世譜》 卷1, 11·20쪽.
241) 《韓山李氏文烈公派世譜》 卷1, 11~13쪽.

일곱 고을의 수령을 역임했다.[242] 향년 87세. 묘는 성남시 분당구 수내리에 있다. 차남 치(穉, 1477~1530)는 1507년(중종 2)에 사마시에 합격해 수원판관을 지냈다. 손자 이산해 때문에 좌찬성에 추증되었다. 묘는 보령시 주포면(周浦面) 고정리(高亭里) 고만산(高巒山)에 있다. 이산해의 묘갈명이 있다. 그를 장사지낼 때 이지번이 묘터를 보고 자손 가운데 두 재상이 나올 것이나, 막내아들 지함에게는 불길하다고 했다. 과연 지번의 아들 산해와 지무(之茂)의 아들 산보(山甫)가 재상이 되었으나 지함의 네 아들은 모두 일찍 죽거나 무후했다.[243] 장윤의 3남 온(穩)과 4남 정(程, 1489~1531)과 사위는 현달하지 못했다. 4남의 묘는 수내리에 있다.

치(穉)는 김맹권(金孟權)의 딸인 광주 김씨와의 사이에 4남(之英·之蕃·之茂·之菡) 1녀(趙鍵)를 두었다. 장남은 지영(之英)인데 무후하다. 차남 지번(之蕃, 1477~1575)의 자는 이성(而盛)·자담(子聃), 호는 성암(省菴)이요, 영의정을 지낸 이산해의 아버지다. 백의정승이라고 불릴 정도로 덕이 있었으나 권신들이 발호할 때라 발신하지 못했다. 1504년(연산군 10) 갑자사화 때 종조인 파(坡)가 부관참시되는 사건에 연좌되어 진도군으로 귀양갔다가 중종반정으로 풀려났다.[244]

1507년(명종 1)에 진사시에 합격해 제능(齊陵) 참봉, 빙고 별좌, 의금부 도사, 종부시 직장, 제용감 주부, 사헌부 감찰, 장악원 사평(司評), 황간현감 등을 역임했다. 1530년(중종 26)에 아버지가 죽자 3년상을 치렀으나, 곧 어머니가 위독해 왼쪽 다리를 베어 약에 타서 올리니 병이 나았으나 끝내 죽고 말았다. 어머니의 3년상이 끝나자 다시 서울로 올

---

242) 《韓山李氏文烈公派文獻》 卷上, 奉化公以下三世遺事碑序, 282쪽.
243) 《韓山李氏文烈公派世譜》 卷1, 12쪽.
244) 《韓山李氏文烈公派文獻》 卷上, 省菴公諱之蕃墓誌銘, 302~303쪽.

라왔는데, 남곤(南袞)·심정(沈貞)·홍경주(洪景舟) 등이 정권을 독차지
하고 마음에 들지 않는 사람은 모두 귀양을 보냈다. 이지번도 평해군
(平海郡)으로 귀양갔다가 1537년(중종 32)에 겨우 풀려났다.[245]

인종이 즉위하자 그를 유일로 뽑으려 했으나 인종이 죽어 무산되었
다. 1546년(명종 1)에 진사시에 합격해 성균관에 들어가 제능 참봉에
제수되었다. 그러나 을사사화 직후 친했던 안명세(安明世)가 화를 당하
자 사직하고 보령으로 돌아갔다. 거기서 5년을 지낸 뒤 60세 되던
1567년(명종 22)에 사직령(社稷令)을 제수받았으나 나가지 않았고, 1569
년(선조 2)에 청풍군수를 지냈다. 장악원에 있을 때는 백성을 핍박하는
권세가에게 직언하고 벼슬을 그만두었다.

이때는 아들 이산해가 아직 장가가기 전이었는데 그의 재주와 학문
이 뛰어나다는 말을 듣고 외척 윤원형과 정난정이 사위로 삼으려 했
다. 이에 이지번은 "나는 높은 집과 혼인하기를 원치 않는데 하물며
그 딸은 적출이 아니질 않느냐?"고 하면서 거절했다. 그리하여 위험을
피해 단양(丹陽) 구담(龜潭)·도담(島潭) 사이에 은거했다. 이산해는 대
사간을 맡아 왕성하게 활동하고 있었으므로 남의 이목을 의식하지 않
을 수 없었다. 이때 군수 금계(錦溪) 황준량(黃俊良)과 퇴계 이황이 자
주 왕래하며 교류했다. 특히 퇴계는 임금의 부름을 받고 서울로 올라
갈 때면 이곳에 들러 놀다 가기도 하고, 이지번을 천거해 벼슬길에 나
가게 하기도 했다.[246]

그 뒤 1559년(명종 14)에 충주 풍류산(風流山)으로 옮겼는데 그곳이
황간(黃澗)과 가깝다 해 현감으로 임명했으나 나아가지 않았다. 1562
년(명종 17)에 다시 목천(木川) 율곡(栗谷)으로 옮겼다가, 1564년(명종

---

245) 《韓山李氏文烈公派文獻》 卷上, 省菴公諱之蕃墓誌銘, 302~303쪽.
246) 《韓山李氏文烈公派文獻》 卷上, 省菴公諱之蕃墓誌銘, 302~303쪽.

19)에 세 번째 보령(保寧)으로 돌아가 바닷가에 조그만 누각(樓閣)을 만들어 놓고 살았다.247)

이지번은 벼슬을 할 때도 백성들을 평이하게 다스려서 고을 안이 편안했다. 어느 해 흉년이 들어 백성들이 살 곳을 잃자 몹시 근심스러워하다가 병을 얻어 1571년(선조 4)에 벼슬을 내놓고 서울로 돌아왔다. 백성들은 비를 세워 그를 기렸다. 그는 부모의 병을 고치고자 베어냈던 왼쪽 다리 때문에 기운이 떨어져 약만 먹었다. 이산해는 방 하나를 따로 마련해 이지번을 극진히 간호했다.248)

1572년(선조 5) 병에 조금 차도가 있자 3년 동안 공조 정랑, 평시서 령, 장악원 첨정, 선공감 부정, 내자시 사첨(司瞻), 내섬시 정을 역임한 뒤 은퇴했다. 1573년(선조 6) 겨울에 이미 병이 위중해 다니지도 못할 정도였다. 결국 1575년(선조 8) 4월 21일(기축)에 죽어 고만산에 장사지냈다.249)

이지번이 죽기 5일 전 인순왕후(仁順王后)를 효능(孝陵)에 장사지내러 갈 때 대사간이었던 이산해는 마땅히 따라가야 했지만 "아버지 병환이 오래되어 위중하니 차마 하루도 곁을 떠나지 못하는 터에 하물며 천리 길을 열흘이 넘게 갔다 오는 일을 어찌 하겠는가?" 하고 다른 사람과 바꾸었다. 이를 보고 사람들이 모두 감동했다고 한다.250)

아들 이산해의 출세로 그는 순충적덕보조공신(純忠積德補祚功臣), 영의정, 한천(韓川)부원군에 추증되었다. 부인은 현령 남수(南脩)의 딸인 의령 남씨다. 1남 1녀를 두었는데 아들은 이산해요, 측실에 홍산(鴻山) 현감을 지낸 산광(山光, 1550~1624)이 있다. 대사성 김복한(金福漢)이 찬

---

247)《韓山李氏文烈公派文獻》卷上, 省菴公諱之蕃墓誌銘, 302~303쪽.

248)《韓山李氏文烈公派文獻》卷上, 省菴公諱之蕃墓誌銘, 304쪽.

249)《韓山李氏文烈公派文獻》卷上, 省菴公諱之蕃墓誌銘, 304쪽.

250)《韓山李氏文烈公派文獻》卷上, 省菴公諱之蕃墓誌銘, 300쪽.

한 이산광비문에 따르면 그는 광해군 조에 여러 사람들이 모인 자리
에서 이이첨(李爾瞻)의 얼굴에 침을 뱉으면서 "너는 우리나라 소인이
아니냐?"고 꾸짖고는 보령 금자동(今紫洞)에 귀학정(歸鶴亭)을 짓고 시
와 술로 세월을 보냈다.《보령읍지》에 따르면 여러 번 주부나 현감으
로 불렀으나 나가지 않고 종손 부(阜)와 함께 이이첨의 목을 자르라
상소하여 그 덕으로 인조반정 이후에 무사할 수 있었다고 한다.251) 묘
는 보령시 주포면 고만산에 있다. 묘갈명은 이산해가 지었다.252)

3남 지무(之茂)는 자가 경실(景實)로, 생졸년은 알 수 없다. 아들 둘
을 두었는데 산립(山立)과 산보(山甫)다. 산립은 장가도 가기 전에 일찍
죽어 자손이 없으며, 산보는 이조판서까지 지냈다. 산보의 출세로 그
는 영의정, 한창부원군에 추증되었다. 부인은 구승유(具承裕)의 딸 능
성 구씨다.

산보는 호가 명곡(鳴谷)으로, 삼촌인 이지함에게 학문을 배웠다. 이
지함이 길가의 돌부처를 보고 "이 돌부처도 부모가 있느냐?"고 물었더
니, "하늘은 아버지요, 땅은 어머니이니 우주 만물이 부모 없는 것이
있겠습니까?"라고 대답했다고 한다.253) 1568년(선조 1)에 증광별시문
과를 거쳐 임진왜란 때 선조를 호종해 이조판서가 되었다. 죽은 뒤에
충근정양효절협책호종공신(忠勤貞亮效節協策扈從功臣)을 받았고, 영의정,
한흥(韓興)부원군에 추증되었다. 시호는 충간(忠簡: 危身奉上曰忠 一德不懈
曰簡)이다. 묘는 고만산에 있다.254)

4남 지함(之菡, 1517~1578)은 자는 형백(馨伯), 호는 토정(土亭) 혹은
수선(水仙)이다. 중종-선조 조의 학행이 있는 학자로 1573년(선조 6)에

---

251)《韓山李氏文烈公派世譜》卷5, 13쪽.
252)《韓山李氏文烈公派世譜》卷5, 1~2쪽.
253)《韓山李氏文烈公派文獻》卷上, 李聲遠, 韓昌府院君遺事碑銘, 317쪽.
254)《韓山李氏文烈公派世譜》卷6, 18쪽.

포천현감, 1578년(선조 11)에 아산현감을 지냈을 뿐이다. 그는 친서민 정책을 제시했으나 받아들여지지 않았다. 그가 《토정비결(土亭秘訣)》 을 지었다고 알려진 것도 그의 친서민적 성향 때문이다.[255] 그의 학풍 은 개방적이어서 노불(老佛)·천문·역법·복서·상수학 등 다양한 사상에 관심이 많았다. 화담(花潭) 서경덕(徐敬德)의 제자로서 그의 영향을 받았기 때문이다.[256] 남명(南冥) 조식(曺植)도 비슷한 학풍을 가지고 있었다. 이 두 학파가 광해군 조에 북인정권을 공유했던 것도 그 때문이다.

그는 형인 이지번에게 학문을 배웠다. 그런데 스승인 이지번이 과거에 급제하지 못하자 그 또한 과거를 단념했다. 과거를 보더라도 답안지를 제출하지 않거나, 이름을 쓰지 않았다고 한다. 1546년(명종 1)에 이지번이 39세의 나이로 진사가 되자, 이지함도 다음 식년시에 과거를 보기로 작정했다. 그러나 시험을 치고 답안지는 내지 않았다 한다. 그는 글을 읽으면 해가 지고 밤이 새도록 읽었고, 여자를 다스리지 못하면 다른 것은 볼 것도 없다고 했다.

그러나 1547년(명종 2)에 을사사화의 여파로 가장 친했던 벗 안명세가 처형되자 출사를 단념하고 실의에 빠져 유랑길을 나섰다.[257] 그는 겨울에 나체로 눈 덮인 바위 위에 앉아 있기도 하고, 여름에 물을 마시지 않기도 하며, 열흘 동안 화식(火食)을 먹지 않기도 했다. 혹은 걸어서 수백 리를 가고, 길가다가 지팡이를 짚고 자기도 했다.[258]

처가에 닥친 불행 또한 이지함의 유랑을 부추겼다. 이지함의 처가

255) 《토정비결》은 이지함 사후에 유행하지 않고 19세기 후반에 널리 퍼진 점으로 보아 이지함을 가탁한 저작이라고 할 수 있다. 그의 고손자 이정익이 만든 《土亭遺稿》에 이에 대한 언급이 없는 것으로 보아 그의 저작은 아닌 것 같다(《韓山李氏文烈公派世譜》卷6, 69쪽).
256) 신병주, 《이지함 평전》, 글항아리, 2008, 261쪽.
257) 신병주, 위의 책, 60쪽.
258) 《韓山李氏文烈公派文獻》卷上, 李觀命, 土亭公, 諡狀, 322~333쪽.

는 충주에 있었다. 이지함은 혼인한 뒤 충주에 얼마간 거주한 것 같다. 《연려실기술》에 따르면 이지함은 형 이지번에게 "내가 처가를 관찰했더니 길한 기운이 없습니다. 이에 내가 피해 가지 않으면 화가 장차 나에게 미칠 것입니다" 하고는 처자를 데리고 고향인 보령으로 갔는데, 그 다음 해에 이홍남(李洪男)의 고변사건이 일어난 것이다.259)

이홍남 고변사건이란 1549년(명종 4) 4월 이홍남이 아우 이홍윤(李洪胤)을 고발한 사건이다. 1547년(명종 2) 9월 18일 양재역 벽서사건에 연루되어 영월에 유배하고 있던 이홍남은 이약빙(李若氷)의 아들로, 을사사화 주도세력과 오랫동안 원한관계에 있었다. 특히 이홍윤은 을사사화 때 윤원형에 의해 희생된 대윤의 영수 윤임(尹任)의 사위로, 평소 아버지와 장인이 억울하게 죽은 것을 원통히 생각하고 있었다. 이홍남은 아우 이홍윤과 사이가 나빴다. 이에 이홍남은 이홍윤이 "연산군 때 사람을 많이 죽이더니 마침내 중종반정을 당했다. 지금 주상인들 어찌 오래도록 그 자리를 누리겠는가?"라는 등의 말을 하고, "마침내 충주 사람들을 규합해 역모를 꾀했다"고 고변했다. 그 결과 이홍윤은 능지처참되고, 강유선·최대립·무송수(茂松守) 이언성·모산수(毛山守) 이정랑(李呈琅) 등 33인이 처형당했다.260)

이지함의 장인 모산수 이정랑은 이 사건에 연루되어 장형(杖刑)을 받다가 목숨을 잃었다. 이정랑은 종실인 까닭에 역모자의 공초에는 왕으로 추대될 가능성이 있었다. 그는 장형을 당한 뒤에 능지처참되었고, 왕실 족보인 《선원록(璿源錄)》에서 그와 그의 자손들의 이름이 삭제되는 비운을 맞았다.261)

---

259) 신병주, 앞의 책, 56쪽.
260) 신병주, 앞의 책, 58~59쪽.
261) 신병주, 앞의 책, 59쪽.

이에 그는 보령과 서울 마포를 왕래하면서 민정을 살피고, 이를 구제할 방법을 모색했다. 이지함은 일찍이 마포 강가에 흙으로 언덕을 만들어 아래로는 굴을 파고 위로는 정자를 만들어 스스로 토정(土亭)이라 했다.262) 이곳은 한강과 서해안을 잇는 교통의 요지요, 상업의 중심지다. 따라서 그의 상업 장려와 어염 장려 사상은 이러한 주변여건과 무관하지 않을 것이다.

이지함의 제자인 중봉(重峯) 조헌(趙憲)263)은 이지함을 쓸 것을 강력히 상소했다.

이지함의 사람됨은 타고난 자질이 기위(奇偉)하고, 효성과 우애는 타인의 추종을 불허합니다. 형 지번이 서울에서 병이 들었다는 소식을 듣고 보령에서 걸어 상경하면서 조금도 노고를 꺼리지 않았고, 형에게 스승의 도리가 있다 해 3년상을 치렀습니다. 또한 선과 의를 좋아하는 마음은 천성에서 우러나와 행실이 뛰어난 자가 있다는 소문을 들으면 천 리를 멀다 않고 찾아가 보았고, 안명세의 죽음에 대해 평생 동안 슬퍼했습니다.

은둔생활을 하는 조식과 더불어 정신적인 교제를 매우 돈독히 했으며, 성혼·이이를 가장 공경하고 존중했고, 정철의 강직한 성품에 대해 평소 칭찬을 아끼지 않았습니다. 더욱이 후생을 가르치기를 좋아해 이산보(李山甫)의 효우충신(孝友忠信)과 박춘무(朴春茂)의 염정자수(恬靜自守)가 모두 그에게서 근원한 것입니다. 심지어는 서기(徐起) 같은 이는 하천 출신으로서 가난해 학문에 진력하지 못하자 재물을 아끼지 않고 도와주어 성취시켰습니다. ……

---

262) "嘗於龍山麻浦港口 築土爲阜 下爲窟穴 上爲亭舍 自號土亭."(《宣祖修正實錄》 卷12, 宣祖 11年 7月 庚戌) ; "以所居屋築以土 平其上爲亭 故自號土亭."(李山海 撰, 《國朝人物考》, 李之菡墓碣銘).

263) 趙憲은 李之菡·李珥·成渾을 스승으로 받들었는데 이지함의 樂善과 好義는 天性에서 나온 것이므로 이이와 성혼이 가장 공경하고 중하게 여겼다(《韓山李氏文烈公派文獻》 卷上, 李觀命, 土亭公諡狀, 326쪽).

오직 사화가 혹심했기 때문에 기미를 아는 선비들은 모두 출처에 근신했습니다. …… 이지함은 안명세의 처형을 보고 해도(海島)를 두루 돌아다니면서 미치광이로 세상을 피했습니다. 이들은 모두 조정의 큰 그릇들이고 세상을 구제할 재목들이었으나, 기러기가 높이 날아 주살을 피하듯이 세상을 버리고선 산골짜기에서 늙어 죽었습니다.264)

이러한 그의 탁행(卓行)이 조정에 알려져 1573년(선조 6)에 최영경(崔永慶)·정인홍·김천일(金千鎰)·조목(趙穆) 등과 함께 이조의 천거를 받아 종6품직에 올랐으며, 이듬해에는 포천(抱川) 현감에 임명되었다.265) 그는 포천의 잔폐상을 다음과 같이 지적했다.

포천의 형편은 이를테면 어미 없는 고아 비렁뱅이가 오장이 병들어서는 온몸이 파리하고 기름과 피부가 말랐으니 그가 죽는 것은 아침이 아니면 저녁입니다. …… 포천의 장정은 겨우 수백이지만 공·사천인의 남자·여자·늙은이·어린이를 합하면 그 수가 수만 명을 내려오지 않으며, 토지는 메말라서 경작해도 양식이 충분하지 못합니다. 거기에다 공채와 사채를 갚은 뒤에는 곡식 섬은 텅텅 비고 나물로 연명합니다. 풍년에도 굶주리는데 더구나 흉년이겠습니까? 진실로 이를 구제하려면 수만 석이 아니고는 반드시 충분하지 못합니다. 지금 현에서 저장한 곡식은 수천 석을 넘지 않으며, 부실한 잡곡을 합쳐 5천 석뿐입니다. 백성은 관에서 이를 빌려다가 종자로 사용하고, 공물과 부세에 쓰고 나면 나누어 먹는 것이 천 석이 채 못 됩니다. 천 석의 곡식으로 만 사람의 일 년 양식을 한다는 것은 어렵습니다. 더구나 관에서 빌린 곡식이 다 바닥이 난 뒤에는 뿔뿔이 떠돌며 죽은 자가 한 둘이 아니고 보면 원곡의 수가 어찌 줄어들지

264) 《宣祖修正實錄》 卷20, 宣祖 19年 10月 壬戌.
265) 《宣祖實錄》 卷7, 宣祖 6年 6月 辛亥.

않겠습니까? 게다가 현의 도로에는 변방을 수비하는 장교의 지나감과 야인들의 왕래에 대한 접대가 다른 데보다 갑절이라 비용이 적지 않은데 예산에서 덜어 쓰는 일 년의 씀씀이가 백여 석에 이르니 10년 뒤엔 천 석이 줄 것입니다. 해가 갈수록 곡식은 점점 줄어드니 뒤에는 무엇을 가지고 현을 다스릴지 알지 못하겠습니다.[266]

이지함이 임명된 군현이 잔폐한 군현이었겠지만, 백성들을 위해 구체적이고 절실한 문제점을 지적했다고 할 수 있다. 그는 다음과 같은 해결책을 내놓았다.

신이 들으니 제왕의 창고는 셋이 있는데 사람의 마음은 도덕을 간직하는 창고입니다. 그 크기는 바깥이 없으며 거기에는 만물이 갖추어져 있습니다. 진실로 이를 능히 열면 그 위엔 더할 것이 없습니다. 한 사람 국왕이 극(極)을 세워서 먼저 자기 창고를 열어 백성에게 주면 그 백성 또한 제각기 자기 창고를 열어 그 극을 보존해 줄 것입니다. 이렇게 되면 시절은 순조롭고 해는 풍년이 되어 넉넉하고 화목해 백성의 재물이 남풍과 함께 모이며, 콩과 조가 많기가 물과 불처럼 지극히 풍부해질 것입니다. 이쯤 되면 어찌 한 현의 백성만 부유해지겠습니까? 온 나라의 백성이 배불리 먹고 배를 두드리며 화봉(華封)의 축수를 다투어 발할 것이니 이것이 상책입니다.

이조와 병조는 인재를 관리하는 창고입니다. 인재들의 모임이 마치 온 물이 바다로 흘러들어 수레로 싣고 말로 대어도 그 수량을 헤아릴 수 없듯이 됩니다. 진실로 이것을 개발하면 평정(平定)하지 못할 어떤 일이 있겠습니까? 임금은 밝고 어질며, 신하는 태평합니다. 크게는 후직(后稷)을 쓰면 백성이 굶주리는

---

266) 신병주, 앞의 책, 190~192쪽.

어려움에 이르지 않고, 작게는 장감(張勘)을 쓰면 보리 싹이 두 갈래로 됨을 볼
것입니다. 우주의 맑은 바람이 부니 탐천(貪泉)이 절로 마르고 가까이 멀리 단
비 내리니 원초(寃草)가 깨어납니다. 이쯤 되면 어찌 한 현의 백성만 구제할 뿐
이겠습니까? 온 나라의 백성들이 그 훌륭한 정치 속에서 온통 노래하고 춤출
것입니다. 이것이 중책입니다.

땅과 바다는 백 가지 재용의 창고입니다. 이것은 형이하(形以下)의 것으로서
여기에 의존하지 않고서 능히 국가를 다스린 사람은 없습니다. 진실로 이것을
개발한즉 그 이익이 백성에게 베풀어질 것이니 어찌 그 끝이 있겠습니까? 씨를
뿌리고 나무를 심는 일은 진실로 백성을 살리는 근본입니다. 따라서 은(銀)은
가히 주조할 것이며, 옥(玉)은 채굴할 것이며, 고기는 잡을 것이며, 소금은 굽
는 데 이를 것입니다. 사적인 경영으로 이익을 좋아하고 남는 것을 탐내며, 후
한 것에 인색함은 비록 소인들이 유혹하는 바이고 군자가 가까이 하지 않는 것
이지만 마땅히 취할 것은 취해 백성들을 구제하는 것 또한 성인이 권도(權道)
로 할 일입니다.267)

상책은 사람의 마음을 잘 다스리라는 것이요, 중책은 인사를 바로
하라는 것이요, 하책은 땅과 바다의 재용을 개발하라는 것이다. 상책
과 중책은 이지함이 아닌 다른 사람들도 여러 번 거론한 개혁책이지
만 하책은 독특하다. 선비들이 꺼리는 지하자원과 어염을 통한 이윤추
구이기 때문이다. 그는 보령과 마포에 살면서 바다의 중요성을 누구보
다도 잘 알고 있었다. 그리하여 지하자원과 해산물·소금만 잘 관리해
도 국가가 부강해지고 백성들이 잘 살 수 있다는 것을 잘 알고 있었
다. 이는 북학파의 사상과도 상통하는 선진적인 사상이었다. 농업만으

---

267)《土亭遺稿》卷上, 莅抱川縣監時疏.

로 해결할 수 없는 가난을 상공업·어염업으로 해결하자는 탁견이다.

그는 전라도 만경현의 양초(洋草)를 임시로 포천현에 귀속시켜 이곳에서 고기를 잡아 곡식과 바꿀 수 있게 해 주고, 황해도 풍천부 초도(椒島)의 염전을 임시로 포천에 귀속시켜 소금과 곡식을 바꿀 수 있게 해 달라고 요청했다.268) 월경지(越境地) 제도를 활용하자는 것이었다. 그리고 마지막으로 이를 실천하려면 군주의 의지가 필요하다고 결론지었다. 그러나 받아들여지지 않자 병을 핑계로 그만두었다.269)

이지함은 1578년(선조 11)에 다시 아산현감이 되었다. 그는 군정의 문제점을 지적했다. 군정이 엉망이어서 억울한 사람이 많이 생기고 군포(軍布)를 내지 못하면 족징·인징이 자행된다는 것이다. 그는 "한 현의 억울한 백성이 천여 명이고 보면 전국의 수는 몇 십만인지 모릅니다. 그러므로 병민(病民)의 원통함은 하늘과 땅 사이를 막아 햇빛·달빛·별빛은 흉함을 알리고 병이 있는 기운은 성행하니 또한 두렵습니다"라고 해 군역의 폐단이 전국적임을 폭로했다. 그는 백성들이 군역의 부담 때문에 장가도 시집도 못 가니 이대로 두면 그런 군대로는 외적을 방비할 수 없게 된다고 지적했다. 백성의 괴로움이 심하면 나라를 위해 죽을 자가 없기 때문이라는 것이다.270)

이지함은 덕(德)과 물(物)을 본말(本末)에 빗대어 "대개 덕은 본(本)이고, 재물은 말(末)입니다. 그러나 본말은 어느 한쪽이 치우치거나 폐지되어서는 안 됩니다. 본으로서 말을 제어하고, 말로써 본을 제어한 후에 사람의 도리가 궁해지지 않아야 합니다"라고 해 본업과 말업의 상호보완성을 강조했다.271)

---

268) 《土亭遺稿》 卷上, 莅抱川縣監時疏.

269) "抱川縣監李之菡 棄官歸鄉 之菡在縣 寒儉自處 視民如子 以縣貧之穀 白于朝 請折受海邑魚梁 貿穀助給 朝廷不從 之菡本無作邑久留之計 施謝病歸."(《宣祖實錄》 卷8, 宣祖 7年 8月 壬寅)

270) 신병주, 앞의 책, 213~219쪽.

이지함은 아산현감으로 있을 때 병에 걸려서 1578년(선조 11) 7월 1
일에 죽었다. 일설에는 아산현감으로 있을 때 한 늙은 아전이 죄를 지
었는데, 이지함이 "자네는 비록 늙었으나 마음은 어린 아이다"라고 하
고는 관을 벗긴 다음 백발을 땋아 늘여 어린 아이의 머리 모양을 만들
고, 벼룻돌을 가지고 와서 안전에 꿇어앉아 먹을 갈게 하였다고 한다.
이에 늙은 아전이 말없이 원한을 품고 몰래 지네 생즙을 구해다가 술
을 빚어 권해 결국 이지함은 60세를 일기로 생을 마감했다 한다.272)
《선조수정실록》 이지함 졸기에는 다음과 같이 실려 있다.

> 아산현감 이지함이 사망했다. 지함의 자는 형중(馨仲)인데 그는 기품이 신기
> 했고, 성격이 탁월해 어느 격식에도 얽매이지 않았다. 모산수(毛山守) 이정랑
> (李呈琅)의 딸에게 장가들었는데 초례를 지낸 다음 날 밖에 나갔다가 늦게 돌
> 아왔다. 집안 사람들이 그가 나갈 때 입었던 새 두포를 어디에 두었느냐고 물
> 으니, 홍제교(弘濟橋)를 지나다가 얼어서 죽게 된 거지 아이들을 만나 도포를
> 세 폭으로 나누어 세 아이에게 입혀주었다고 했다.273)

일반적으로 2품 이상관이나 되어야 졸기를 수록하는데 일개 현감의
졸기를 실록에 수록한 것은 이례적이다. 그의 조카 이산해는 이지함
묘갈명에서 다음과 같이 말하였다.

> 그는 항상 말하기를 '내가 1백 리 되는 고을을 얻어서 정치를 하면 가난한
> 백성을 부자로 만들고 야박한 풍속을 돈독하게 만들며, 어지러운 정치를 다스

---

271) 신병주, 앞의 책, 233쪽.
272)《韓山李氏文烈公派文獻》卷上, 土亭先生 逸話(大東奇聞), 341~342쪽.
273)《宣祖修正實錄》卷12, 宣祖 11年 7月 庚戌.

려지게 해 나라의 보장으로 만들 수 있을 것이라 했는데, 말년에 아산현에 부임해 정치를 하게 되었다. 그의 정치는 백성을 사랑하는 것으로 그 주장을 삼아 해를 없애고 폐단을 제거하는 것으로써 한창 시설을 갖추어 나갔는데 갑자기 병으로 졸하니, 고을 사람들은 친척이 죽은 것처럼 슬퍼했다.[274]

《선조수정실록》에는 이지함을 다음과 같이 평하였다.

　　이지함은 기개와 도량이 비범하고 효성과 우애가 뛰어났다. 젊었을 때 해변에 어버이를 장사지냈는데, 조수가 조금씩 가까이 들어오자 먼 장래에 반드시 무덤을 침해하리라 판단하고선 제방을 쌓아 막으려 했다. 그리하여 우선 돌을 운반해 배에 싣고 포구를 메웠는데, 수없이 돈이 들었으나 뜻만은 포기하지 않고, 말하기를 '성공하느냐 못하느냐는 하늘에 달렸으나 자식으로서 어버이를 위해 재난을 막을 계획을 게을리 할 수 없다고 했다.[275]

이지함에게는 적실 소생으로 산두(山斗)·산휘(山輝)·산룡(山龍)과 서출 소생 산겸(山謙)이 있다. 이지함은 조카 이산해에게 태극도(太極圖)를 가르치니 한 마디에 천지음양의 이치를 알았다. 일찍이 독서에 몰두해 밥 먹는 것도 잊었다. 둘째 산휘는 호랑이에게 물려죽고, 셋째 산룡은 역질로 죽었다. 산겸은 서자지만 임진왜란 때 의병장 조헌(趙憲)의 휘하에서 활약했다. 그러나 산겸은 홍산(鴻山) 사람 송유진(宋儒眞)의 역모사건에 연루되어 사형당했다. 장남 산두를 얻은 해에 조카 산해도 태어났다. 산해는 어릴적부터 총명하고 글씨에 뛰어나 그의 글씨를 받기 위해 사람들이 줄을 설 정도였다고 한다. 훗날 명종도 이황

---

274) 李山海, 《鵝溪遺稿》 卷6, 李之菡墓碣銘.
275) 《宣祖修正實錄》 卷7, 宣祖 6年 5月 庚辰.

을 시켜 이산해의 글씨를 얻어오게 했다.276)

율곡 이이는 그를 "천성이 과욕하여 명리(名利)와 성색(聲色)에 담담
했다" "형중(馨仲)을 물건에 비하면 이는 기화(奇花)·이초(異草)·진금
(珍禽)·괴속(怪俗)이다"라 했다.277) 시호는 문강(文康: 道德博聞曰文 淵源
流通曰康)이다.

(2) 이개(?~1456)

이개는 역적으로 몰려 죽었기 때문에 남아있는 공·사기록이 많지
않다. 이개의 자는 청보(淸甫) 또는 고우(高又), 호는 백옥헌(白玉軒)이
다. 이종선의 장자 이계주(李季疇)의 독자다. 이계주와 판사(判事)를 지
낸 장인의 딸 삼척 진씨(陳氏)와의 사이에 장자로 태어났다.

이개는 1436년(세종 18)에 친시문과에 급제해278) 저작랑(著作郎)이
되었다.279) 1443년(세종 25)에 정음청(正音廳)에서 훈민정음 창제에 참
여했다.280) 이때 책임자는 진양대군(晉陽大君) 유(瑈)와 안평대군(安平
大君) 용(瑢)이었으며, 집현전 교리 최항, 부교리 박팽년, 부수찬 신숙
주·이선노, 돈령부 주부 강희안(姜希顏) 등이 같이 참여했다.281) 1446
년(세종 28) 9월 29일에 훈민정음이 완성되었다.282) 1447년(세종 29)에
중시에 합격해 호당에 들어가 사가독서를 받았고 이어 집현전 직제학
이 되었다.283) 1453년(단종 1) 10월에 이개는 수사헌집의(守司憲執義)가

276) 《韓山李氏文烈公派世譜》 卷7, 1~8쪽.
277) 《韓山李氏文烈公派文獻》 卷上, 土亭公謚狀, 326~327쪽.
278) 朴能緖, 《韓國系行譜》 天, 韓山李氏, 312쪽.
279) 《世宗實錄》 卷93, 世宗 23年 9月 壬戌.
280) 朴能緖, 《韓國系行譜》 天, 韓山李氏, 312쪽.
281) 《世宗實錄》 卷103, 世宗 26年 2月 丙申.
282) 《世宗實錄》 卷113, 世宗 28年 9月 甲午.
283) 《韓山李氏文烈公派世譜》 卷1, 6쪽.

되었다.284) 계유정란이 일어나자 집의 이개는 완전히 수양대군의 당이 되어 반대파를 몰아내는 데 앞장섰다.

> 신 등이 지금 정부에서 아뢴 죄목을 보니, 이용(李瑢)이 황보인(皇甫仁)·김종서(金宗瑞)·정분(鄭笨)에게 지시해 심복을 병조·군기감에 포열하게 했다 했으니, 정분의 죄가 황보인·김종서에 못하지 않습니다. 또 허후(許詡)는 집정대신으로서 자주 용(瑢)의 집에 갔으니, 당여인 것이 분명합니다. 조수량(趙遂良)·안완경(安完慶) 등은 용과 더불어 비밀한 말로 약속했고, 또 조수량은 용의 금대(金帶)를 받았으니, 이도 또한 용의 당입니다. 조순생(趙順生)·이석정(李石貞)·지정(池淨) 등은 모두 무관으로서 용의 집에 왕래해 당원(黨援)을 했으니, 청컨대 모두 율에 의해 시행하소서. 그 나머지 지당(支黨) 이보인(李保仁) 등은 밤낮으로 용의 집에 모였으니 어찌 역모를 알지 못했겠습니까? 또한 법에 의해 논단하소서.285)

또 이징옥란(李澄玉亂)이 일어나자 그의 형 이징석(李澄石)을 연좌시키는 문제에 대해서도 이개는 수양대군의 편에 서서 강경론을 부르짖었다.

> 반적에 대한 연좌의 율은 처음에 서로 화목했는지 안 했는지 여부는 헤아리지 않습니다. 어찌 그 아우가 반역을 했는데, 그 형만 홀로 면할 수 있겠습니까? 이징옥은 일찍이 청렴한 것으로써 이름이 났었는데, 지금 오히려 이와 같으니, 이징규가 어찌 효자라 해 그 죄를 면할 수 있겠습니까? 청컨대 모름지기 법에 의해 시행하소서.286)

---

284)《端宗實錄》卷8, 端宗 1年 10月 戊戌.
285)《端宗實錄》卷8, 端宗 1年 10月 辛亥.

이를 보아 이징옥 사건이 일어났을 때만 해도 이개는 수양대군 편이었음을 알 수 있다. 그리하여 1453년(단종 1) 11월 8일, 이개는 정란 공신호는 받지 못했지만 중훈대부로 승진했다.287) 이때 그의 삼촌인 이계전은 정란공신 1등에 병조판서, 한산군을, 성삼문(成三問)은 정란 공신에 좌사간대부를 받았으며, 류성원(柳誠源)은 단지 수사헌장령만 받았다.288) 그러나 이개는 이틀 뒤에 "신이 지금 가자(加資)되었으나, 반복해 생각해 보아도 실로 아무 공로가 없습니다. 청컨대 고쳐 바로 잡으소서"289)라고 했으나 받아들여지지 않았다. 이개는 유성원·김지경 등이 자리에서 물러나게 해 줄 것을 상소하자,

근자에 장령 김지경 등이 아뢴 바 공신 및 환시(宦寺)에게 봉군(封君)한 것 등의 옳지 못한 사건은 신이 비록 병으로 누워 있었어도 사실은 함께 모의한 것입니다. 지금 듣사오니 하나도 허락허심을 내리지 않았다 하오니, 부끄럽고 슬픔을 이기지 못하겠습니다. 신이 그윽히 생각하건대, 언관은 인주의 이목이 니, 만약 아는 바가 있는데도 진언하지 않으면 이는 임금의 총명을 가리는 것 입니다. 그리고 하는 말이 합당치 못한데도 스스로 물러나 피하지 않는다면, 이 는 영화를 탐해 직위를 도적질하는 것입니다. 이미 하늘을 감격시킬 만한 정성 도 없고, 또 직위를 도둑질했다는 비방을 얻었사오니, 신이 비록 보잘 것 없는 사람이오나 진실로 이는 못하겠습니다. 엎드려 바라옵건대, 신의 직책을 빨리 파하소서.290)

---

286) 《端宗實錄》 卷9, 端宗 1年 11月 戊午.
287) 《端宗實錄》 卷9, 端宗 1年 11月 庚申.
288) 《端宗實錄》 卷9, 端宗 1年 11月 庚申.
289) 《端宗實錄》 卷9, 端宗 1年 11月 壬戌.
290) 《端宗實錄》 卷9, 端宗 1年 11月 癸酉.

아무래도 계유정난이 께름칙했던지 이개는 계속 관직에서 물러나려 했으나 단종은 들어주지 않았다. 뜻을 이루지 못한 이개는 좌사간 성삼문과 함께 환시의 폐해를 개혁할 것을 강력히 상소했다.291) 이개는 계속 사직을 고집했다. 그리고 그는 장령 류성원 등과 함께 내불당을 헐어버리라고 아뢰었으나 들어주지 않았다.292)

1454년(단종 2) 7월에 사헌부가 여러 관청에서 기녀를 불러 회음(會飲)한 것을 탄핵했다. 이 사건에 이계전과 이개가 다 걸렸으나 이개는 법대로 처벌되고, 이계전은 공신이라 사면되었다.293) 그러나 1455년(단종 3) 2월 28일에 고신을 돌려받았다.294) 윤6월에 세조가 즉위하고, 9월 2일에는 병조판서 이계전과 함께 관제를 경정했다.295) 이개에게는 집현전 부제학을 제수했다.296)

1456년(세조 2) 4월, 세조는 집현전 관원에게 다음과 같이 말하였다.

사람은 마땅히 실학을 힘써야 하며, 실학이 근본이다. 국가는 사장(詞章)을 쓰기에 간절한 까닭으로 부득이 사장을 써서 사람을 취하나, 스스로 하는 도(道)에서는 실학을 버리는 것이 옳지 않다. 오늘 너희들이 경서를 강론함에 창달한 자가 있지 않으니, 또한 스스로 부끄러울 것이다. 내 너희들로 하여금 바라는 바에 따라 4서 5경 중 각 1서를 읽게 하고 내가 때때로 친강하려 한다.297)

세조가 이제 학문세계까지 장악하려 한 것이다.

291) 《端宗實錄》 卷9, 端宗 1年 11月 庚辰.
292) 《端宗實錄》 卷10, 端宗 2年 正月 己未.
293) 《端宗實錄》 卷11, 端宗 2年 7月 丙辰.
294) 《端宗實錄》 卷13, 端宗 3年 2月 甲辰.
295) 《世祖實錄》 卷2, 世祖 1年 9月 甲戌.
296) 《世祖實錄》 卷3, 世祖 1年 2月 癸卯.
297) 《世祖實錄》 卷3, 世祖 2年 4月 甲寅.

1456년(세조 2)에 이른바 사육신 사건이 터졌다. 성삼문이 성균 사예 김질(金礩)에게 단종 복위계획에 정창손을 동원하자고 제안하자 이를 세조에게 털어놓은 것이다. 세조가 성삼문에게 같이 모의한 사람을 대라고 하자, 이개, 하위지, 유응부, 박팽년, 유성원, 박중림, 박쟁(朴崝), 권자신(權自愼), 김문기(金文起), 성승(成勝) 등을 들었다. 세조가 이개에게 "너는 나의 옛 친구였으니, 참으로 그러한 일이 있었다면 네가 모조리 말하라!" 하니 "알지 못한다"고 대답했다. 유성원은 집에 있다가 일이 발각된 것을 알고 스스로 목을 찔러 죽었다.298)

6월 6일 세조는 8도 관찰사·절도사·처치사에게 다음과 같이 유시했다.

> 근일에 이개·성삼문·박팽년·하위지·류성원·박중림·권자신·김문기·성승·유응부·박쟁·송석동(宋石同)·최득지(崔得池)·처치지(崔致池)·유영손(尹永孫)·박기년(朴耆年)·박대년(朴大年) 등이 몰래 반역을 꾀했으나, 다행히도 천지신명과 종묘·사직의 신령에 힘입어 흉포한 역보가 드러나서 그 죄상을 다 알았다. 그러나 아직도 소민들이 두려워할까 염려하니, 경 등은 이 뜻을 선유해 경동하지 말게 하라!299)

6월 6일 이개의 매부인 집현전 부수찬 허조(許慥)가 목을 찔러 죽었다. 그도 모반에 참여했기 때문이다.300) 박팽년도 옥중에서 죽으니, 의금부에서는 유성원·허조의 시체와 함께 거열(車裂)하고 효수(梟首)해 시체를 8도에 돌리고 재산을 몰수하자고 했다. 그러나 세조는 친자식

---

298) 《世祖實錄》 卷4, 世祖 2年 6月 庚子.
299) 《世祖實錄》 卷4, 世祖 2年 6月 甲辰.
300) 《世祖實錄》 卷4, 世祖 2年 6月 甲辰.

은 교형(絞刑)에 처하고, 어미와 딸·처첩·조손(祖孫)·형제·자매와 아들의 처첩 등은 극변의 잔읍(殘邑)의 노비로 영구히 소속시키며, 백·숙부와 형제의 자식들은 먼 지방의 잔읍의 노비로 영구히 소속시키라고 했다.301) 6월 8일에 군기감 앞에서 이개 등을 환열(轘裂)해 두루 보이고, 3일 동안 효수했다. 이개는 품질(品秩)이 낮은 것에 불만을 가지고 거사에 참여했다고 매도되었다.302)

6월 14일 세조는 판중추원사 이계전은 조카 이개의 죄에 연좌시키지 말라고 의금부에 전지를 내렸다.303) 고변의 대가로 우찬성 정창손은 1자급을, 성균 사예 김질은 3자급을 올려주었다.304) 이개의 삼촌 이계정(李季町)은 흥덕(興德)에 관노로 영속시켰다.305) 우사간대부 권기(權技)는 이계전이 법에 따라 연좌되어야 한다고 주장했다. 그러나 세조는 "이계전은 본래 원훈(元勳)으로 그 마음이 충직하고, 최면의 말은 허탄해 실지가 없다"고 했다.306) 이개의 한산·임피의 전지는 이계 손에게 주어졌고, 충주의 전지는 좌참찬 황수신에게 주어졌다.307)

세조가 잠저(潛邸)에 있을 때 이개는 숙부 이계전이 수양대군에게 출입하는 것을 경계해 마지않았다고 한다.308) 그는 죽을 때 다음과 같은 시를 읊었다.

禹鼎重時生亦大

---

301) 《世祖實錄》 卷4, 世祖 2年 6月 乙巳.
302) 《世祖實錄》 卷4, 世祖 2年 6月 丙午.
303) 《世祖實錄》 卷4, 世祖 2年 6月 壬子.
304) 《世祖實錄》 卷4, 世祖 2年 6月 癸亥.
305) 《世祖實錄》 卷4, 世祖 2年 6月 丙寅.
306) 《世祖實錄》 卷4, 世祖 2年 6月 戊辰.
307) 《世祖實錄》 卷7, 世祖 3年 3月 丙戌.
308) "世祖在潛邸時 叔父季甸 出入甚密 公常戒之 給是 世祖曰 曾聞壇有此言 果然有異心."(朴能緒, 《韓國系行錄》 天, 312쪽).

明發不寐出門去

顯陵松柏夢中靑309)

창 안에 혓는 촛불 눌과 이별하였관대,

겉으로 눈물지고 속타는 줄 모르는고.

저 촛불 날과 같아야 속 타는 줄 모를터라310)

1691년(숙종 17)에 복관이 되고, 1758년(영조 34)에 이조판서에 추증되었다. 1791년(정조 15) 10월 장릉(莊陵) 충신단(忠臣壇)에 배식(配食)되고, 영월 영절사(影節祠), 과천 민절서원(愍節書院), 홍주 노은서원(魯隱書院), 대구 낙빈서원(洛濱書院), 의성 학산충열사(鶴山忠烈祠), 공주 숙모전(肅慕殿)에 배향되었다. 묘는 서울 노량진동 사육신 묘역에 있다. 시호는 충간(忠簡)이고, 부인은 관군기사 이속(李粟)의 딸 전주 이씨다. 1남 3녀를 두었는데, 아들은 회(澮)로 사육신 사건으로 아버지와 함께 죽었고, 딸은 각각 박림정(朴林貞)·박수근(朴守根)·배찬(裵纘)에게 시집갔다.311)

4. 아계 이산해(李山海)의 생애와 행적

이산해(1539~1609)의 자는 여수(汝受), 호는 아계(鵝溪)·죽피옹(竹皮翁)·종남수옹(終南睡翁)·시촌거사(枾村居士)이며, 본관은 한산(韓山)이

---

309) 朴能緖, 《韓國系行錄》天.
310) 朴能緖, 《韓國系行錄》天.
311) 《韓山李氏文烈公派世譜》卷1, 6~7쪽.

다. 고려 말의 이곡·이색의 후예로서 1539년(중종 34) 7월 20일 오시 (午時)에 한양 황화방에서 아버지 내섬시정(內贍寺正) 성암(省庵) 이지 번(李之蕃)과 좌찬성 조언수(趙彦秀)의 딸 한양 조씨의 장남으로 태어났 다.312) 전해 오는 말에 따르면 아버지 성암공이 막내 동생 이지함(李之 菡)과 함께 보령읍 서쪽 고만산 기슭에 선영을 정하고, "해년(亥年)이 되면 귀한 아들이 태어날 것이다"라고 했는데 기해(己亥: 1539)년에 이 산해가 태어나자 "이 아이가 우리 가문을 일으킬 것"이라 했다고 한 다.313) 그리고 어머니 의령 남씨가 송산읍(松山邑) 교방(轎方)에 있는 부모의 묘소에 제사를 지내러 가는 길에 비가 와서 잠깐 조는 사이에 "묘소 앞에 교자(轎子)를 멈추고 두어 걸음 앞의 땅을 두어 자 파면 신 기한 보물이 나올 것이다"라는 신령의 말을 듣고 파보니 과연 금고리 한 쌍이 나왔다 한다.314)

이산해는 이미 두 살 때 글을 깨쳤다. 이웃 상사(上舍)가 귤을 보여 주자 황(黃)자로 대답하고, 농부가 쇠스랑을 들고 집 아래로 지나가자 산(山)자를 말했다고 한다.315) 아계가 세 살 되던 1541년(중종 36)에 유모의 등 뒤에서 동해옹(東海翁)의 초서를 보고 손가락으로 그어서 휘 둘러 쓰는 것처럼 했더니 먹이 번져 더러워졌다. 성암공이 귀가해 유 모를 나무라자 이산해가 종이와 붓을 가져다가 진본과 비슷하게 썼다 고 한다.316) 이처럼 그는 어려서부터 글씨에 조예가 깊었다.

5살이 되던 1543년(중종 38)에는 토정공(土亭公) 이지함이 태극도를 가르쳤더니 천지와 음양의 이치를 깨달아 이를 논설하는 데까지 이르

312) 《韓山李氏文烈公派世譜》卷5, 1~3쪽.
313) 《국역 아계유고》 2, 권6, 아계이상국연보, 민족문화추진회, 1998, 137쪽.
314) 《국역 아계유고》 2, 권6, 아계이상국연보, 137쪽.
315) 《국역 아계유고》 2, 권6, 아계이상국연보, 138쪽.
316) 《국역 아계유고》 2, 권6, 아계이상국연보, 138쪽.

렀다고 한다. 일찍이 이산해가 먹지도 않고 글만 읽자 토정공이 몸이
상할까봐 책을 덮었더니 다음과 같은 시를 지었다.

식사가 더딘 것도 민망한데 하물며 배움을 더디하랴.	食遲猶悶況學遲
배가 고픈 것도 민망한데 하물며 마음을 주리게 하랴.	腹飢猶悶況心飢
집이 가난해도 오히려 마음을 치료할 약이 있을 것이니,	家貧尙有療心藥
영대에 달이 떠오를 때까지 기다려야 하겠네.	須待靈臺月出時317)

　이산해는 큰 글씨를 잘 썼다. 6살 되던 1544년(중종 39)에 이산해가
붓을 잡고 비틀거리면서 글씨를 쓰고 먹 묻은 발로 낙관을 찍으니, 글
씨 모양이 품위가 있고 기상이 있었다. 이에 명공(名公), 거인(鋸人)들
이 글을 받으러 줄을 이었다. 그리하여 장안에 서소문 자대필(子大筆)
이라는 동요가 나돌기까지 했다.318)
　글 받으러 온 사람 가운데는 윤결(尹潔)·안명세(安命世)·이황(李滉)
·임형수(林亨秀) 등도 포함되어 있었는데 이황은 독서당(讀書堂)에서
배를 타고 아계가 거처하는 동작강(銅雀江) 정자까지 와서 "동호(東湖)
의 독서당은 도가(道家)의 봉래산(蓬萊山)이로다(東湖讀書堂道家蓬萊山)"
라는 열 글자를 써 달라고 해 큰 병풍을 만들었다고 한다. 실은 이산
해의 아버지 성암공 이지번이 글을 받으러 오는 사람이 많아지자 명
성이 지나치게 날까봐 동작강 정자로 나가서 지내곤 했는데 이때 퇴
계 이황과 왕래한 것이다.319)

---

317) 《국역 아계유고》 2, 권6, 아계이상국연보, 138쪽. 이 외에 7살에 지은 밤[栗]에 대한 다음
　　과 같은 시가 사람들의 입에 오르내리고 있다. "一腹生三子 中男兩面平 子隨先後落 難弟亦難
　　兄."(《詩協風雅》 제20호, 韓國漢詩協會, 2009, 242쪽)
318) 《국역 아계유고》 2, 권6, 아계이상국연보, 139쪽. 혹은 가마를 보내 불러가기도 했는데,
　　글씨를 쓰고 나면 음식이나 보물을 거들떠보지도 않고 행동거지를 단정히 해 보는 사람들
　　이 크게 될 인물로 알았다고 한다.

이지번은 퇴계와 도의(道義)로 사귀었다. 이지번은 윤원형이 이산해를 사위로 삼으려는 것을 피해 이지함과 함께 한때 단양 구담(龜潭)에서 은거하고 있었다. 그때 이황이 왕명을 받고 서울로 오르내리는 길에 이곳에 들러 함께 즐겼다고 한다. 이황의 제자 황준량(黃俊良)이 당시 단양군수로 있었는데, 퇴계가 편지를 보내

　구담의 주인이 아마 쟁기를 지고 급히 찾아가려 할 것입니다. 비록 나같이 늙고 병든 자일지라도 정말 공의 들에 가서 밭갈이를 하기를 원합니다. …… 구담에 은거하는 형제가 배를 타고 나와 영접을 하고, 맛있는 술로 대작을 하니 높은 이상이 표표해 노년에 벼슬길에 들어가는 걸음이 크나큰 다행이 아닐 수 없습니다. 다만 은거하는 곳에 경작지가 없고 은거하는 사람이라고 부인과의 연정이 없을 수 없습니다. 만일 온 집안이 솔잎을 먹고 곡식을 끊을 수 없다면 가까운 군에다 땅을 사서 작은 집을 지어놓고 가족은 그곳에 두고 자신은 이곳에 왕래하면서 생활한다면 족히 구담의 주인이 될 것이니 평소에 가졌던 초원한 뜻을 조금은 보상할 수 있을 것입니다. …… 구옹(龜翁)의 형제가 얼어붙은 산골에서 차가움을 무릅쓰고 생활하면서도 스스로 즐거움을 가지고 있으니 요즘 세상에 이런 사람이 있을 줄 생각지 못했습니다. …… 구옹의 식구들이 모두 영지(靈芝)를 먹고 살겠다는 계획은 소원하지만 대단히 기이한 일이니 어찌 비방할 수 있겠습니까? 만약 계획을 분명하게 하려 한다면 인간 세상에는 영원히 이런 기이한 일이 없을 것입니다. 그래서 이 구옹을 위해 가슴 깊이 승복합니다. …… 내가 한 번 나가서 7개월 만에 돌아왔는데, 부딪히는 일마다 자기 소신을 버리고 남 하는대로만 따라하는 것들뿐이었습니다. 유독 돌아오는 길에 구담을 지나다 구옹을 만나 주거니 받거니 하면서 자연경관의 아름다운 면을 자

---

319) 《국역 아계유고》 2, 권6, 아계이상국연보, 140쪽.

세히 토론함으로써 세상에 대한 생각을 말끔히 씻어버렸으니, 이 한 가지 일은 그래도 묵은 빚을 갚은 셈입니다.320)

이를 보면 두 사람은 자별한 도의의 친구였던 것으로 추측된다. 이황은 구담을 통한 이러한 관계를 다음과 같은 시들로 표현했다.321)

경치 좋은 구담이 도담(島潭)보다 나아서	形勝龜潭勝島潭
이사해 암자를 지을 만하여라.	可能移就結茅庵
다른 해엔 나도 그대를 찾아가서	他年我亦尋君居
하얀 돌에 푸른 구름 자연을 함께 하리.	白石靑雲飽共叅

나도 일찍 관리되어 단구(丹丘)에 은거할 때엔	我曾爲吏隱丹丘
수도 없이 신선을 따라 꿈속에 살았는데,	幾挾飛仙夢裏遊
듣자니 지금 도담에 주인이 있다는구나.	聞說島潭今有主
아마도 내가 즐기던 옛 풍류보다 나으리.	想應多我舊風流

그러나 1546년(명종 1)에 을사사화가 일어나 친지와 선류(善流)들이 화를 많이 당하자 이지번은 이산해를 데리고 보령으로 내려갔다. 그러다가 1549년(명종 4)에 이산해는 11살의 나이로 소과에 응시해 만초손부(滿招損賦) 110여 구를 지어 장원으로 합격했다. 그 내용을 살펴보면 다음과 같다.

천지는 검고 누르며	天地玄黃

---

320) 《국역 아계유고》 2, 권6, 아계이상국연보, 140~141쪽.
321) 《국역 아계유고》 2, 권6, 아계이상국연보, 141쪽.

우주는 넓고 거칠다.	宇宙洪荒
그 가운데 내 몸이 있으니	中有我身
부서진 가루만큼 작도다.	妙若粃糠
한 움큼의 물을 가지고 스스로 많다고 하지만	窃勺水而自多
드넓은 바다에다 비기어 본다.	擬滄海之洋洋
자만하면 날마다 줄어서 아래로 내려가고	滿日損而下達
얻는 것만 추구하면 잃게 되리라.	顧所得而亡羊
그래도 돌이켜 생각하지 않으면	猶不曾其反念
금수되는 길 머지않으리.	違禽獸者不遠
곁에 대인선생이 계시다가	傍有大人先生
나를 애처롭게 여기고서	怜余憫余
간절히 나를 타이르시되,	誨余款懇曰
네가 도를 이루고 싶거든	欲成爾道
겸손한 마음을 근본으로 삼으라.	遜志爲本
너는 어찌 자만하다가 손상을 불러	爾何自滿而招損
하늘이 명해준 천성을 잃는가?	喪是天之明命
머리가 둥글고 발이 모나면	頭圓足方
비록 사람의 모형이라 하겠으나,	縱是人形
미친 말과 망령된 말은	狂言妄語
사람의 본성에 어긋나노니,	大違人性
내가 장차 네게 말하노니	我將語汝
내 말을 시험해 보고 스스로 새로워지거라.	試我言而自新
두 사람이 있다고 하자.	爰有二人
한 사람은 부자요, 한 사람은 가난한 사람,	一富一貧
부자가 자만하면	富者自滿

끝내 가난하고 궁핍한 지경에 이르고,	終直至於貧乏
가난한 사람이 근면 성실하면	貧者勤惕
마침내 부유하고 풍족한 데 이른단다.	終直至於富足
너는 이 기틀을 염두에 두고	汝念此機
스스로 겸손해 이익을 받도록 힘쓰고,	懋自謙而受益
소인이 재물을 좋아하듯 선(善)을 좋아하고	好善如小人之好貨
덕(德)을 채워 몸을 윤택하게 하라.	充以德而潤身
혹시라도 내 말이 미덥지 않거든	倘我言之不信
고인에게 직접 확인해 보라.	請質之以古人
옛날에 태강은	在昔太康
하(夏)나라 임금으로,	有夏之君
계(啓)라는 임금의 아들이며	后啓之子
대우(大禹)의 손자였시.	大禹之孫
태평한 시대의 정권을 이어받아	承太平之餘緒
끝내 자만하고 경계하지 않아서	遂自滿而不戒兮
기반을 튼튼히 해야 한다는 것을 인정치 않다가,	苞桑初謂雖何
마침내 위험한 지경에 빠져 화를 불렀다.	竟杌陧馴致禍敗
몸은 궁한 데 쫓기는 신세가 되고	身爲有窮之逐
국가는 타인의 소유가 되었지.	國作他人之有
이것은 자만이 불러들인 소치로,	諟自滿之所致
제가 취한 잘못인데 누가 아랑곳 하랴.	誰肯予滄浪之自取
그러므로 초래한 바가 지대하니	肆所招之至大
참으로 통석(痛惜)한 일이라 할만하다.	誠可爲之痛惜
아! 만년토록 이런 경우가 너무 많은데,	嗟萬代如是之尙多
또 낱낱이 들어 상세히 말할 것 있겠는가?	又何足枚擧而詳說

나라의 임금도 오히려 이러한데	惟國君之尙然
하물며 필부들이야 말할 것이 있으랴!	矧匹夫之微末
말과 행동을 한 번 잘못하면	言動一失
재화(災禍)와 재앙(災殃)이 헤아릴 수 없으니,	禍殃區測
자만해 사념(邪念)을 이길 줄을 모르면	倘自滿不知克念
결국 위험이 닥쳐도 손 쓸 수가 없는 법.	終必噬臍而莫及
현자가 덕을 손상시키는 지경에 이르면	賢者而至於損德
곧은 것도 굽어지고, 선한 것도 악해지며,	乃枉乃惡
소인이 본업을 잃는 데 이르면	小人而至於失業
몸도 망치고 집안도 망하느니라.	乃顚乃覆
네가 처음부터 내말대로 했다면	汝若初用我言
아마도 크게 후회할 일이 없었을 것이다.	庶無大悔
너는 겸손으로 자신을 관리해	汝得謙謙而自牧
잘못이 있거든 고치도록 하라!	過而能改
내 마음에 감동을 받으니	我心自感
내 무릎이 절로 굽어지네.	我膝自屈
머리가 땅에 닿도록 절을 하고서	拜手稽首
옷깃을 여미고 말했지.	斂袵而言曰
옛날엔 내가 어리고 망령된데다	昔余幼妄
식견도 작고 국량도 좁아,	識小量狹
얻은 것이 조금만 있어도	少有所得
스스로 거드름을 피웠답니다.	輒自驕越
이제 지극한 가르침을 받았으니	今承至敎
감히 공경히 따르지 않으리오.	乾乾克念
먼저 자신의 덕을 밝혀 가야지	先自明乎己德

선성이 가졌던 뜻을 내 뜻으로 하고	志先聖之所志
선성이 배운 것을 내가 배워서	學先聖之所學
그것으로 우리 임금을 보좌해	用而輔乎我王
겸덕에 나아가 만에 하나라도 치우치지 않는다면,	就謙德不頗乎萬一
요(堯)임금의 공경하는 모습	堯欽若
어찌 옛날만을 사모하랴!	又何慕乎古昔
순(舜)임금의 지극한 정성	舜至誠
당연히 오늘날에 볼 수 있으리!	當有見乎今日
전하가 오늘날의 요순이 되신다면	殿下爲今日之堯舜
어리석은 신은 성조의 백익 같은 신하가 되오리다.	愚臣作聖朝之伯益
인하여 노래를 지어 부르노니	因爲之歌曰
밝은 저 달을 보니	見彼明月
차고 나면 반느시 기우나니	盈則必虧
저 4시를 보니	見彼四時
다하면 반드시 돌아가더라!	窮則必歸
천지도 오히려 그러한데	天地尙然
하물며 사람들이 다르랴!	況我人斯
저 소반 위의 물을 보라!	相彼盤水
차면 반드시 넘치나니	盈則必溢
저 의기(欹器)를 보라!	相彼欹器
차면 반드시 쏟아지나니	滿則必覆
하물며 우리 인심은	況我人心
출입에 흔적이 없으니,	出入無迹
어찌 경계하지 않아서	如何不戒
스스로 차질을 빚는단 말인가?	自取蹉跌

옛 사람이 말했지,	古人有言
만족을 유지하는 길이 있으니	持滿有道
남다른 총명을 가졌더라도	聰明叡智
어리석음으로 자신을 보호하고	愚暗自保
용력이 세상을 덮을 만하더라도	勇力蓋世
겁먹은 듯이 자신을 지키라고.	怵懦自守
이 말을 깊이 음미해 보고	深味斯言
한동안 감탄했으니	感歎良久
자만하는 실수를	自滿之失
지금 이후로는 면할 줄을 알겠노라.	吾知免夫今後[322]

과거 시험장에 있던 사람들 가운데 이 시를 전송(傳誦)하지 않는 사람이 없었다 한다. 이에 고시관들은 이 글을 정말 어린 이산해가 지었을까를 의심해 다시 분송부(盆松賦)를 짓게 했더니 단숨에 지었다 한다. 고시관들도 경탄해 마지않았고 그 시험지를 나누어 가지고 가서 보물로 여겼다고 한다.[323] 분송부의 내용은 다음과 같다.

나는 모른다 천지의 구역이	吾不知天地之區
몇 천만억 개나 되는지를!	幾千萬億
산은 드높고 들은 넓으니	山崇崇兮野恢恢
어느 곳인들 심을 만하지 않으리.	何所不可以植立
화분에다가 너의 생명을 맡겨놓았건만	就盆中寄汝生哉
뒤늦게 마르는 아름다운 자질을 가졌구나.	空將後凋之美質

---

322) 《국역 아계유고》 2, 권6, 아계이상국연보, 130~134쪽.
323) 《국역 아계유고》 2, 권6, 아계이상국연보, 143쪽.

단지 아이들의 노리개가 되었다마는	只作兒輩之戱玩
상제(上帝)의 특이한 품부를 받았노라.	倘蒙上帝之賦異
어떻게 색다른 뿌리와 가지를 얻었다가	胡得不類之根幹
웅크린 용에게 잠자코 구천을 알게 한다지.	蟄龍潛知乎九泉
떠가는 구름이 하늘을 가릴 때	飛雲掩靄乎天心
늙은 학이 그 위에서 사노라.	老鶴棲息於其上
맑은 소리 흩어질 때 복령이 그 아래 맺히고	散淸音兮茯笭凝結於其下
선객이 머무는 듯 도연명이 어루만져 주위를 돈다.	留仙客兮淵明撫之以盤桓
훌륭한 경치를 바라보고 즐겨야 할 것을	弘景望之以自樂
지금 본성을 잃고서 잘못 들어온 것이지.	今旣失性而誤入
참으로 탄식할 일이로다.	誠可爲之歎息
두어 치의 쇠잔한 뿌리를 펴지 못하고	數寸之衰根不舒
반 자 되는 줄기는 뒤틀리고 굽었구나.	半尺之龍幹回屈
잔술을 빌어다가 암학(巖壑)으로 삼고	借盃酒以爲巖壑
애처롭다!	嗟夫
소나무는 본래 무심한 것이라	松本無心
득실은 단지 우리들에게 달렸나니	得失只由於吾人
사람이 어찌 가장 영특하다고 하겠는가?	人胡最靈
저 소나무와 함께 편색한 곳으로 돌아갈거나.	與彼松歸於偏塞
오직 나의 삶은 군사(君師)의 배양을 받아	惟我生賴君師培養
다행히 우산(牛山)의 초동·목동의 침해를 면했구나.	幸免牛山之樵牧
가지가 장차 무성하게 자라	謂將至於條達
시냇가에 울울창창하리라 여겼더니.	同澗邊之鬱鬱

어찌 알랴! 중도에 장애가 생겨	那知拘蔽於中途(廷)
타고난 본성이 침해받게 될 줄을!	俾良性其藏賊
나이 열 살에 시험에 응하니	年十載而赴試
사는 곳이 지극히 작아 깨닫지 못했네.	居至小而不覺
아아!	嗚呼
공자와 안자 같은 대단한 지혜로	以孔顔大智
화려한 봉록을 받아 그 몸을 봉양할 줄 모르는 것이 아니며,	非不知侈祿以養其身
증자와 민자건 같은 지극한 효도로	以曾閔至孝
현달한 벼슬을 해 어버이를 영예롭게 하기를 생각지 못한 것이 아니건만,	非不念顯爵以榮其親
모두가 굳이 곤궁함을 감내하며 두 마음을 먹지 않았고	咸固窮而不二
벼슬을 하지 않고 망설였었네.	行素位而浚巡
나는 어찌하여 그러질 못하나	我胡爲乎不然
분송을 대하면 도리어 부끄러워질 뿐이네.	對盆松反觀以愍恧
사물이 나와는 비록 다르다마는	物與我而雖殊
병 앓는 것으로 말하면 일반이라네.	言受病則爲一
내가 지금 너를 화분에서 들어내어,	我今出爾乎盆中
넓고 넓은 좋은 구역에다 심어주리라.	樹之以浩浩之良區
지금 비록 두보(杜甫)의 석 자[三尺]에는 부끄럽지만(반자 밖에 되지 않지만)	今雖愧杜子之三尺
뒷날 이백의 능소만은 가히 기약하리라.	後可期李白之凌宵
눈을 가진 사람이	人之有目者
서리 내린 아침에 너의 모습을 보고,	觀余色於霜朝

귀를 가진 사람이	人之有耳者
바람 부는 밤에 너의 소리를 듣겠지.	聞余聲於風宵
병이 들었으니	其病也
너와 내가 이미 같고,	爾與我旣同
병이 나았다고	去病也
너와 내가 무엇이 다르리.	我與爾何異
그래서 붓을 들어 그 전말을 서술하면서	肆染翰敷陳其終始
분송에다 의탁해 자신을 탄식하고	托盆松以自歎
나의 뜻을 심어보노라.	因植乎吾志324)

이산해가 13세 되던 1551년(명종 6)에는 아버지 이지번이 벼슬길에 올라 이산해도 서울로 따라 올라갔다. 1555년(명종 10)에 이산해는 참찬 정간공(貞簡公) 조언수(趙彦秀)의 딸인 한양 조씨와 혼인했다. 조언수는 문망이 높은 조사수(趙士秀)의 형이었다. 조언수는 쉽게 사람을 인정하지 않았는데, 이산해의 문장과 위용을 보고 국사(國土)로 대접하고 조카사위로 삼았다 한다.325)

이산해의 문명은 장안에 파다했다. 그래서 딸 가진 부모라면 누구나 그를 사위로 삼고 싶어 했다. 심지어 당대의 권신 윤원형과 정난정도 예외가 아니었다. 그리하여 아버지 이지번은 단양 구담으로 일시 은거하기까지 했다.326)

1558년(명종 13)에 생원시에 합격해 성균관에 입학했는데,327) 1560

<hr>

324) 《국역 아계유고》 2, 권6, 아계이상국연보, 134~136쪽.
325) 《국역 아계유고》 2, 권6, 아계이상국연보, 144쪽.
326) 김학수, 앞의 책, 228쪽.
327) 《明宗實錄》 卷26, 明宗 15年 4月 己未條에 "상이 성균관에 거동하시어 大成殿에 焚香했다. 이어서 明倫堂에 나아가 친히 유생에게 製述을 시험보이고, 수석한 생원 李山海는 殿試에 직부하게 했다"고 해 생원 이산해라고 명기하고 있으니 이산해가 생원시에 합격해 성균관

년(명종 15) 22세 되던 해에 알성시에서 '불원복(不遠復)'이라는 주제로
잠(箴)을 지어 장원으로 합격했다. 명종은 "이 시험에서 나는 처음부터
사람을 시취하고 싶지 않았다. 이산해가 이전에도 매번 장원을 했기
때문에 이제는 상만 줄 수 없다. 전시에 직부(直赴)하는 것이 마땅하
다"고 말했다.328) 그는 다음 해 문과에 급제해 승문원 권지부정자에
분관(分館)되었고, 그해 큰아들 경백(慶伯)을 낳았다.329) 이산해는 1562
년(명종 17)에 홍문관 정자가 되고, 아선군(牙善君) 어계선(魚季瑄)·동
지(同知) 이혼(李渾)·도사(都事) 신효중(申孝仲)·봉사(奉事) 신효무(申孝
武)·생원 성자제(成子濟)·진사 이연(李硏)·진사 심인겸(沈仁謙)·유학
(幼學) 민기정(閔起貞) 등과 더불어 예조에 의해 글씨 잘 쓰는 사람으로
뽑혀 대궐로 들어가 당지(唐紙)에 해서·초서를 쓴 다음,330) '경복궁(景
福宮)' 세 글자를 대액(大額)으로 썼다.331) 한편 1570년(선조 3)에는 경
주 옥산서원(玉山書院)의 편액(扁額)과 서원 경내에 있는 이언적(李彦迪)
의 회재선생신도비명(晦齋先生神道碑銘),332) 용인에 있는 조광조(趙光祖)
의 정암선생신도비명(靜菴先生神道碑銘)을 지었다.333)

다음 해인 1563년(명종 18) 7월에는 홍문관 저작이 되어334) 권간(權
奸) 이량(李樑)을 탄핵하는 글을 직접 썼다. 그리하여 사람들이 그를
더욱 존경하게 되었다고 한다.335) 상소문의 내용은 다음과 같다.

에 입학했음을 알 수 있다.
328) 《국역 아계유고》 2, 권6, 아계이상국연보, 144쪽.
329) 《국역 아계유고》 2, 권6, 아계이상국연보, 145쪽.
330) 《明宗實錄》 卷28, 明宗 17年 3月 己丑.
331) 《국역 아계유고》 2, 권6, 아계이상국연보, 145쪽.
332) 《국역 아계유고》 2, 권6, 아계이상국연보, 148쪽.
333) 김학수, 《끝내 고개를 숙이지 않았다》, 삼우반, 2005, 229쪽.
334) 實錄에는 아계에 대해 "나이 여섯에 草書와 隸書로 세상에 이름을 떨쳤으며, 醇厚하고 숙
성했으니 참으로 얻기 어려운 선비다"라고 논평하고 있다(《明宗實錄》 卷29, 明宗 18年 7月
壬寅).
335) 《국역 아계유고》 2, 권6, 아계이상국연보, 145쪽.

임금이 덕과 교화를 베푸는 자리에 단정히 공수(拱手)만 하고 계셔도 국가가 유지되고 통솔되는 것은 위복(威福)이 있기 때문입니다. 그것이 어쩌다가 하루라도 신하에게 옮겨 간다면 곧 위망(危亡)이 닥치게 되는 것이니, 무서운 일이 아니겠습니까? 지금 성명(聖明)이 위에 계시므로 조정이 화평해 사림이 눈을 씻고 청명한 다스림을 바라고 있는데, 이조판서 이양(李樑)은 그 몸이 척리(戚里)여서 지나친 은총과 발탁을 입고 4~5년 사이에 갑자기 6경에 올랐으니 마땅히 은우(恩遇)에 감격해 보답할 것을 도모하기에 겨를이 없어야 할 것입니다. 그런데도 오로지 권력을 장악하는 데 힘써 위복을 도둑질 해 농락하면서 사악하고 위험스러운 무리들과 유대를 맺고 그들을 끌어들여 당여로 삼아서 분주히 추종하는 길을 넓히고는 자기에게 반대하는 자는 배척하고 아부하는 자는 등용하면서 어진 이를 방해하고 나라를 병들게 하는 온갖 짓을 다했습니다. 조정의 관작을 제집의 사유물인양 생각하고 심지어는 '아무개가 당상에 승진한 것은 나의 힘이었고, 아무개기 제직된 것두 나의 힘이었다'고까지 말합니다. 그리고 더 심한 것을 말한다면 사사로이 남에게 벼슬을 주고자 해 전조(銓曹)에 부탁할 때는 상지(上旨)라고 협박하고, 애완할 보물을 모으려고 널리 남의 집에 요구할 때는 내헌(內獻)할 것이라고 핑계를 대었으며 비록 정승의 자리에 있는 자(좌의정 이준경)라도 조금만 자기에게 동조하지 않으면 금시 떨어뜨릴 계획을 세우곤 했습니다. 그밖에 제멋대로 기탄없이 행한 방종한 행위는 낱낱이 다 거론하기 어렵습니다. …… 삼가 바라건대 전하께서는 즉시 공론을 따르시어 백성들의 마음을 시원하게 해 주소서.336)

이 상소로 명종의 총애를 받던 이량은 삭탈관작·문외출송되고, 그의 아들 이정빈(李廷賓)도 관작이 삭탈되었다.337)

---

336)《明宗實錄》卷29, 明宗 18年 8月 乙丑.
337)《明宗實錄》卷29, 明宗 18年 8月 乙丑.

이산해는 같은 해 10월에 홍문관 박사가 되어338) 박순(朴淳)·정윤희(鄭胤禧)·유전(柳㙉)·최옹·기대승(奇大升)·신응시(申應時)·이후백(李後白)과 함께 독서당에 들어갔으며,339) 이어 부수찬,340) 정언341)으로 승진했다. 그리고 1564년(명종 19)에 이산해는 홍섬(洪暹)·윤춘년(尹春年)·정유길(鄭惟吉)·민기(閔箕)·오상(吳祥)·심수경(沈守慶)·김귀영(金貴榮)·윤의중(尹毅中)·박계현(朴啓賢)·홍천민(洪天民)·정윤희(鄭胤禧)·유전(柳㙉)·김계휘(金繼輝)·최옹(崔顒)·심의겸(沈義謙)·이후백·기대승·신응시(申應時) 등과 더불어 패초(牌招)되어 과거(科擧) 등에 관한 그림 23폭을 주면서, 이 그림에 시문을 써 넣고 끝에 직함을 써 올리라 했다. 그 그림은 생원진사중학록명도(生員進士中學錄名圖)·생원진사향시도(生員進士鄕試圖)·생원진사한성부초시도(生員進士漢城府初試圖)·생원진사한성부복시도(生員進士漢城府覆試圖)·생원진사방방도(生員進士放榜圖)·생원진사사은도(生員進士謝恩圖)·생원진사알성도(生員進士謁聖圖)·문과중학록명도(文科中學錄名圖)·문과장악원초시도(文科掌樂院初試圖)·문과서학강경도(文科西學講經圖)·문과예조복시제술도(文科禮曹覆試製述圖)·문과전시도(文科殿試圖)·문무과삼관연회도(文武科三館宴會圖)·무과경저록명도(武科京邸錄名圖)·무과모화관초시도(武科慕華館初試圖)·무과훈련원복시도(武科訓練院覆試圖)·무과모화관전시도(武科慕華館殿試圖)·근정전문무과방방도(勤政殿文武科放榜圖)·문무과사은숙배도(文武科謝恩肅拜圖)·문무과알성도(文武科謁聖圖)·문무과유가도(文武科遊街圖)·성균관알성별시도(成均館謁聖別試圖)·경회루정시취인도(慶會樓庭試

---

338) 《明宗實錄》卷29, 明宗 18年 10月 丙午. 이산해에 대해서는 "여섯 살 때부터 草書·隷書를 잘 써 세상에 이름이 났으며, 또한 타고난 자질이 淸粹해 眞淳한 행실이 있었다"고 평했다.
339) 《明宗實錄》卷29, 明宗 18年 12月 丙辰.
340) 《明宗實錄》卷30, 明宗 19年 2月 癸酉.
341) 《明宗實錄》卷30, 明宗 19年 10月 丁亥.

取人圖) 등이다.342) 이들 자료가 남아 있었다면 과거제도 연구에 중요
한 자료가 되었을 것이다.

이산해는 1565년(명종 20) 5월에 이조좌랑343)에 임명된 뒤 홍문관
교리,344) 직제학,345) 이조정랑346)을 거쳐 1571년(선조 4) 6월에 대사
간이 되었다.347) 이 해에 아버지 이지번이 청풍군수로 재직하다가 병
이 들자 이산해가 서울로 모시고 와 종남산(終南山: 남산) 기슭에 작은
집을 짓고 휴양토록 했다.348) 아계의 집은 남산 주자동에 있었다. 이
곳에는 여말선초의 문신 송정(松亭) 송우(宋愚)의 집터가 있었는데, 도
봉(道峯)과 문필봉(文筆峯)이 어우러져 기재(奇才)가 태어날 형국이었
다. 아버지 이지번이 일찍이 이 땅을 사놓았는데, 실제로 집을 지은 것
은 1571년(선조 4) 이산해가 아버지를 간병한 때부터이다. 특히 삼촌
이지함은 '유년(酉年)과 술년(戌年)에 반드시 기재가 태어날 것'이라고
예언했다. 과연 을유년(1585)에 후(厚)가, 병술년(1586)에 구(久)가 태
어나 각각 문과에 급제해 사가독서를 받았다. 이들은 이산해의 손자
요, 이경전의 아들이었다. 그러나 둘 다 단명한 것이 탈이었다.349)

---

342) 《明宗實錄》卷30, 明宗 19年 6月 辛巳.
343) 《明宗實錄》卷30, 明宗 20年 5月 甲子. 명나라 사신이 왔을 때 이산해는 遠接使 從事官이
    되었는데 史官이 "李穡의 후예로, 여섯 살에 능히 大文字를 짓고, 成童이 되기 전에 여러
    차례 鄕試에 장원했으므로 당시 사람들이 天仙처럼 바라보았으니, 참으로 奇士이다'라고
    논평했다(《明宗實錄》卷34, 明宗 22年 1月 戊辰).
344) 《明宗實錄》卷34, 明宗 22年 2月 己丑 ; 4月 庚戌.
345) 《明宗實錄》卷34, 明宗 22年 6月에 홍문관 직제학 겸 경연 시강관으로 《明宗實錄》의 편수
    관이 되었다고 했다. 또한 그는 직제학으로서 典翰 尹根壽와 함께 救荒摘奸御使가 되었다.
346) 《宣祖實錄》卷1, 宣祖 卽位年 11月 戊午. 이산해는 이때 이조정랑으로서 명나라 사신의 伴
    送使가 되었다.
347) 《宣祖實錄》卷5, 宣祖 4年 6月 戊午.
348) 《국역 아계유고》 2, 권6, 아계이상국연보, 148쪽. 이지번이 이지함과 함께 터를 잡고 말
    하기를 "道峰과 文筆峰이 이곳을 拱照하고 있으니, 필시 奇才가 있는 자손이 있을 것이다'라
    고 했는데, 과연 이산해의 손자인 厚와 久가 1585년(선조 18), 1586년(선조 19)에 잇따라
    문과에 급제했다.
349) 김학수, 앞의 책, 253~254쪽.

1566년(명종 21) 9월에 이조참의350)로, 1573년(선조 6)에 다시 대사
간351)으로 옮겼다. 1566년(명종 21) 이산해는 이황의 부탁으로 금계(錦
溪) 황준량(黃俊良)의 문집 발문을 지었다. 그 발문에는 다음과 같은 내
용이 실려 있다.

    공의 막내 아우 수량(秀良)씨가 와서 퇴계 선생의 말씀을 전했는데, 그 말씀
    에 이르기를 '금계를 아는 자는 아무개만큼 잘 아는 자가 없을 것이다. 내가 이
    미 행장을 찬술했으니, 어찌 아무개에게 한마디 부탁해 문집의 발문으로 삼지
    않을 수 있겠는가?' 하셨다. '내가 이미 선생의 명을 받은 이상 어찌 감히 글솜
    씨가 없다는 이유로 사양할 수 있겠는가?' 했다.352)

그 뒤 1573년(선조 6) 10월에 이산해는 대사성이 되었고,353) 곧 부
제학으로 옮겼다가354) 12월에 다시 대사간이 되었다.355) 그리고 우승
지(1574. 7.), 대사간(1574. 9.), 이조참의(1574. 10.), 등의 관직을 역임했
다. 그러나 아버지가 병이 들어 관직을 사양하고 병수발에 전념했다.
그는 아버지 곁을 밤낮으로 지키면서 허리띠를 풀지도 않고, 식음을
전폐하면서 간호했다. 그러나 1575년(선조 8) 4월에 아버지 이지번은
서거하고 말았다. 그리하여 보령 고만산에 장사지내고, 3년 동안 여묘
살이를 했다.356)

1577년 6월에 3년복을 마치고 조정에 들어와 대사간, 대사성, 예조

350) 《宣祖實錄》 卷6, 宣祖 5年 9月 庚子.
351) 《宣祖實錄》 卷7, 宣祖 6年 4月 丁卯.
352) 《국역 아계유고》 2, 권6, 아계이상국연보, 146쪽.
353) 《宣祖實錄》 卷7, 宣祖 6年 10月 癸丑.
354) 《宣祖實錄》 卷7, 宣祖 6年 10月 壬戌.
355) 《宣祖實錄》 卷7, 宣祖 6年 12月 壬戌.
356) 《국역 아계유고》 2, 권6, 아계이상국연보, 149쪽.

참의, 형조참의, 공조참의, 도승지, 부제학에 제수되었다. 겨울에는 한음(漢陰) 이덕형(李德馨)을 둘째 사위로 맞이했다.357) 첫째 사위는 교리를 지낸 여주 이씨 이상홍(李尙弘)이다.358) 그러다가 1580년(선조 13) 10월에 형조판서,359) 1581년(선조 14) 4월에 대사헌,360) 이조판서,361) 우찬성,362) 좌찬성363)을 역임했다. 드디어 상신(相臣)의 반열에 오른 것이다. 이산해의 승진은 계속되었다.

1580년(선조 13) 이산해가 병조참판으로 있을 때 큰아들 경백이 죽었다. 이경백은 천품이 남다르고 문장이 일찍부터 경지에 올라 19세에 '방백한편(放白鷳篇)'을 지어 사마시에 합격해 그 시가 사람들의 입에 오르내렸으며, 20세에 알성문과에 급제해 승문원에 분관되었다가 홍문관에 들어갔으나 8월에 병으로 갑자기 죽었다.364)

1581년(선조 14) 이산해는 봄에 대사헌, 여름에 이조판서가 되었다. 그러나 병을 핑계로 사직하고 나가지 않자 율곡 이이가 "근래 정사가 혼탁한데 공이 어찌 나와서 시속(時俗)을 바로잡지 않는가?"라고 책망하니, 나와서 일체 청탁을 받지 않았다. 이에 율곡이 경연에서 선조에게 그의 청렴하고 공정한 행정을 칭찬했다. 선조도 "이모는 재화(才華)가 있는데도 뽐내려는 의사가 전혀 없으니, 내가 일찍부터 덕성이 있

---

357) 《국역 아계유고》 2, 권6, 아계이상국연보, 150쪽.
358) 《韓山李氏文烈公派世譜》 卷5, 1쪽.
359) 《宣祖實錄》 卷14, 宣祖 13년 10月 丙辰.
360) 《宣祖實錄》 卷15, 宣祖 14년 4月 甲辰.
361) 《宣祖實錄》 卷15, 宣祖 14년 4月 庚戌. 선조가 "이산해는 才氣가 있으면서도 과장하려는 생각이 없으므로 내가 일찍이 덕이 있는 사람이라고 생각했다"고 논평했다(《宣祖實錄》 卷15, 宣祖 14년 7月).
362) 《宣祖實錄》 卷17, 宣祖 16년 9月 己卯.
363) 《宣祖實錄》 卷19, 宣祖 18년 4月 己巳. 史官은 아계에 대해 "李山海가 오랫동안 文衡을 맡고 있으면서 성취시킨 공효가 없었고, 문장과 학업이 한 시대를 도야시키기에는 부족했으니 精粗의 기롱을 모면하기 어렵다"고 논평했다.
364) 《국역 아계유고》 2, 권6, 아계이상국연보, 150쪽.

는 사람으로 여겼다"고 했다(《石潭日記》).365) 이 해에 어머니가 세상을 떠났다. 선조는 그의 청빈함을 걱정해 제수(祭需)를 지급했다. 이에 아계는 다음과 같이 말했다.

소신의 집안이 대대로 가난해 두어 이랑의 척박한 토지도 없습니다. 그러므로 평상시에 신의 어머니가 서로 의지하면서 살아가기 위해서는 신의 녹봉에 의존할 수밖에 없었습니다. 신이 어미의 나이가 점점 많아지는데 제대로 봉양하지 못하는 것을 민망하게 여기고 한 차례 벼슬에 나가려 했으나 뜻을 이루지 못했습니다. 이 점에 대해 평소에 개탄하면, 어미가 간절히 꾸짖기를 '성상의 은혜가 망극한데, 너는 어찌 그다지 만족할 줄을 모르느냐? …… 너는 장차 무엇으로 성상의 은혜에 보답하려느냐?'고 했습니다.366)

3년의 여묘살이를 마친 1583년(선조 16)에 아계는 의정부좌찬성 겸 지경연홍문관제학성균관사에 임명되었다. 이때 소재(蘇齋) 노수신(盧守愼)이 찬술한 정암(靜菴) 문정공(文正公) 조광조의 신도비명을 썼다. 아울러 왕명을 받아 김시습 문집의 서문을 썼다.367)

1584년(선조 17)에 이조판서가 되었다. 그런데 서인 정철의 파인 김응생(金應生)이 한 사람에게 오랫동안 인사권을 주면 권한이 막강해질 우려가 있다고 하며 이산해를 공격했다. 이에 대해 선조는 다음과 같이 말했다.

지금 이조판서의 사람 됨됨이가 순후한 덕을 가졌고, 굉장한 재주를 가졌으

---

365) 《국역 아계유고》 2, 권6, 아계이상국연보, 151~152쪽.
366) 《국역 아계유고》 2, 권6, 아계이상국연보, 152쪽.
367) 《국역 아계유고》 2, 권6, 아계이상국연보, 153~154쪽.

며, 대단한 기국에다 넓은 도량도 있으며, 남다른 충절이 있는데 이런 것은 놓아두고 논의하지 않은 채, 단지 용모와 기상만을 가지고 논의하는 것이 옳다고 할 수 있겠는가? 말은 마치 입에서 나오지 않는 듯하고 몸은 마치 옷도 가누지 못할듯하지만 하나의 진실한 기운이 혼연히 중심에 축적되어 교만하거나 형식적이거나 궤변을 늘어놓는 그런 태도가 전혀 없으므로, 난폭하거나 거만한 자가 보면 공경하기에 충분하고 간교하거나 위선적인 자가 보면 정성을 다하기에 충분하니, 이는 상고시대의 인물이지 동방의 사람이 아니다. 비록 진(晉)나라 혜제(惠帝)더러 만나보게 했더라도 한눈에 그가 군자다운 사람인 줄을 분명히 알았을 것이다. 내가 매번 바라보면 일찍이 공경하는 마음이 생기지 않을 때가 없었다. 임금의 사악한 마음이 자연히 소멸되고 말을 하지 않고 행동을 보지 않는 가운데에도 절로 감화가 되니 참으로 군자 중에서도 군자다운 사람이라고 하겠다. 전형(銓衡)을 위임하고서 복심(腹心)인 양 기다렸는데도 사직하는 상소만 올라오니 의지하고 싶은 마음이 더욱 간절하다. 오직 자기 소신을 다 펴지 아니하고 국정을 전담해 주지 않을까 우려된다. 나의 걱정이 여기에 있고 나의 소원이 여기에 있다.368)

지극한 신임이다. 당시는 동·서분당 시대로, 동인이 우세했다. 선조도 신진사류가 주류를 이루는 동인을 지지했다. 선조는 왕년에 경안(慶安)이 유성룡을 참소하더니, 금년에는 김응생이 이산해를 참소한다고 역정을 냈다. 이 두 사람은 국가의 주석(柱石)인데 소인배들이 헐뜯고 있다는 것이다. 김우옹(金宇顒)은 배후에 정철 같은 위인이 사주했을 것이라 했다.369)

그런데 아계의 4촌인 이산보는 서인에 가까웠다. 1568년(선조 1) 무

---

368) 《국역 아계유고》 2, 권6, 아계이상국연보, 156쪽.
369) 《국역 아계유고》 2, 권6, 아계이상국연보, 157~159쪽.

렵에 이산해가 한강에서 여러 선비들과 뱃놀이를 하고 있었는데 우연히 이산보가 과거 보러 가는 길에 마주쳤다. 이산보가 《맹자》를 꺼내 읽는 것을 하곡(荷谷) 허봉(許篈)이 비웃었다. 이산해가 읽지 말라고 했더니 "토정 숙부의 명이오"라고 했다. 얼마 뒤에 이산보가 문과에 급제하고 정언이 되었다. 그때 허봉이 같은 대관(臺官)으로서 기피하자 "내 형의 친구마저 이렇다면 나는 장차 어디로 가야 하나"라고 하고는 서인으로 갔다고 한다.370)

이산해는 처음에 정철과 사이가 좋았다고 한다. 그러나 정철은 매번 이산해의 문장에 감복하면서도 그의 문명(文名)을 시기했다. 하루는 정철이 이산해에게 사윗감을 추천해 달라고 해 추탄(秋灘) 오윤겸(吳允謙)을 추천했다. 그런데 정철이 오윤겸을 만나보니 병이 있고 비쩍 말라 보이자 "자기는 이덕형 같은 사위를 얻고, 내게는 저따위 쇠약한 서생을 추천하다니" 하면서 절교했다고 한다.371) 그해 장손자 이후(李厚)가 태어나고 다음 해 둘째 손자 이구(李久)가 태어났다.372)

그런데 조헌(趙憲) 등이 이산해가 심의겸(沈義謙)과 가까웠다고 공격했다. 이에 대해 이산해는 다음과 같이 변명했다.

소신은 임술년(1562) 봄에 옥당에 들어갔고, 심의겸은 계해년(1563)에 옥당에 들어왔으며, 갑자년(1564) 봄에 또 독서당(讀書堂)의 동번(同番)이 되었습니다. 이로부터 그와 같이 옥당과 독서당에서 숙직한 것이 오래 되지 않은 것은 아닙니다. 그러나 일찍이 상종하지도 않았고, 의논에 참여하지도 않았습니다. 이 때문에 심히 관계가 소원하고 꺼림을 받았습니다. 일찍이 신을 헐뜯어 말하

---

370) 《국역 아계유고》 2, 권6, 아계이상국연보, 160쪽.
371) 《국역 아계유고》 2, 권6, 아계이상국연보, 160쪽.
372) 《국역 아계유고》 2, 권6, 아계이상국연보, 160쪽.

기를 '이모는 옥당이 아니라 바로 토당(土堂)이다'라고 했는데, 이는 사람들이 모두 들은 것입니다. 그렇지만 심의겸은 사람들을 매우 후하게 대접했기 때문에 조정에 있던 선비들이 그와 관계를 맺고자 하지 않는 이가 없었습니다. 그의 마음은 비록 신을 꺼려했지만 어찌 외면으로야 은근한 정을 보이려 하지 않았겠습니까? 신이 병자년(1576) 친상을 당했을 때 심의겸은 개성유수로 있으면서 인편을 통해 위로했고, 호남의 방백이 되었을 적에는 신에게 전별하는 시를 요구했습니다. 그리고 직접 신의 집에 찾아왔지만 신이 피하고 만나주지 않자 신이 마침 일을 마치고 늦게 돌아오는데 심의겸이 신의 집 뒤 산길에서 기다리고 있다가 신을 맞이했습니다. 그 뒤에 또 어둠을 타고 와서 만난 적이 있습니다. 호남에 부임한 뒤에도 심부름꾼에게 서찰을 보내 다시 전별시를 요구하기에 신은 굳이 거절할 수가 없어서 마침내 한 편의 시로써 답했습니다. 심의겸이 지어 보낸 시구는 대개 이를 바로 서술한 것입니다. 사람들의 추악한 비방을 받은 것은 사실 신이 스스로 불러온 일이니, 신을 파척하소서.373)

이 상소는 동서분당 이후 외척인 심의겸과 가까운 사람은 서인으로 몰리는 까닭에 동인인 이산해가 이러한 비난을 막지 않을 수 없어서 올린 것이라 생각된다.

그 뒤에도 서인 이귀(李貴)에게 배척을 받아 병을 핑계로 다섯 번이나 출사하지 않은 적도 있다. 이에 대해 선조는 "경의 심사를 나는 알고 있다. 굳이 서생(書生)과 다툴 것이 없으니 속히 출사하라"고 했다.374) 동서 당쟁의 여파이다. 서인들은 아계가 동인의 맹주로 수하를 격동해 패악을 저지르니 서인인 박순과 정철을 기용해야 한다고 주장했다.375)

---

373)《宣祖實錄》卷21, 宣祖 20年 3月 庚子.
374)《宣祖實錄》卷21, 宣祖 20年 3月 丙辰.

1588년(선조 21)에 이산해는 종계무변(宗系誣辨)의 공으로 수충익모광국공신(輸忠翼謨光國功臣)의 녹권과 아성부원군(鵝城府院君)의 봉호를 받았다.376) 이산해가 문형을 잡고 있었으므로 사신들이 가지고 갈 외교문서를 썼기 때문이다. 선조가 다음과 같이 전교했다.

경이 제진한 종계사은표(宗系謝恩表)는 그 묘사된 정곡(情曲)이 문자만 극묘(極妙)할 뿐 아니라 충간의담(忠肝義膽)이 아니면 지을 수 없는 것이다. 내가 매번 읽을 적마다 너무도 감격해 눈물이 저절로 흐르곤 했다. 경은 필법이 고매하니, 이 표문을 손수 써서 올리라! 내가 장차 이를 개간하려 한다. 그 자체는 조맹부(趙孟頫)의 동서명(東西銘)을 모방했으면 좋을 듯하다. 그러나 경이 알아서 참작해 하라!377)

라고 했다. 문장뿐 아니라 글씨까지 받아서 전하려 한 것이다. 그리고 필법이 매우 기이하다고 칭송하고 개간을 명했다.378)

1588년(선조 21) 11월 이산해는 우의정이 되었다.379) 이어 1589년(선조 22) 12월에는 영의정 정유길(鄭惟吉)이 죽어 선조는 이산해에게 복상(卜相)을 하라고 하자 발인이나 한 뒤에 하자고 했다.380) 좌의정에는 이산해가 임명되었다.381) 1589년 1월에 비변사에서 무신을 불차탁용(不次擢用)하자고 해 이산해는 손인갑(孫仁甲)·성천지(成天祉)·이순신(李舜臣)·이명하(李明河)·이빈(李薲)·신할(申硈)·조경(趙儆)을 추천했

375) 《宣祖實錄》 卷22, 宣祖 21年 1月 己丑.
376) 《국역 아계유고》 2, 권6, 아계이상국연보, 162쪽.
377) 《宣祖實錄》 卷22, 宣祖 21年 6月 癸丑.
378) 《宣祖實錄》 卷22, 宣祖 21年 7月 乙卯.
379) 《宣祖實錄》 卷22, 宣祖 21年 11月 己巳.
380) 《宣祖實錄》 卷22, 宣祖 21年 12月 丁亥.
381) 《국역 아계유고》 2, 권6, 아계이상국연보, 165쪽.

다.382) 이 해 12월에 정여립(鄭汝立)의 난이 일어났다. 선조는 좌의정 이산해에게 사건을 키우려는 자가 있으면 면대해서 아뢰라고 했다.383) 그러나 전라도 유생 정암수(丁巖壽) 등은 오히려 이산해를 얽어 넣으려고 했다.

　이산해는 본시 음흉한 자질로 부시(婦寺)의 태도를 밖으로 얼굴을 바꾸어 성상을 속여 온 지가 이미 오래되었습니다. 요즈음 역적과의 상면이 비록 드문 편이나, 그 간담이 서로 맞아 교의(交誼)가 깊다는 것은 사람들이 다 보아온 터이니 어찌 감출 수 있겠습니까? 또 적신(賊臣)의 집에서 문서를 수색해 낼 때 익산군수 김영남(金穎男)은 이산해 등의 글씨를 남몰래 찾아내어 불태운 뒤에 이산해에게 편지를 보내 걱정하지 말라 했고, 이발(李潑)은 자신이 정여립과 마음으로 사귀었다 해 대궐 앞에 대죄하려고 멀리 이산해에게 물었더니, 이산해는 경솔히 움직일 필요가 없다고 답했습니다 아! 이미 역적과 더불어 입술과 이가 되었고, 반란의 형적이 이미 드러난 뒤에도 대죄하려 하지 않으니, 다시 무어라 하겠습니까? 여기서 더욱 그 마음을 짐작할 수 있습니다.
　적변이 보고된 처음에 이산해와 정언신 등이 국가를 걱정하지 않고 다만 화가 사당(私黨)에 미칠까 염려해 포적사(捕賊使)에게 말하기를 '지금 해서에 이이의 제자가 많은데 감사는 식견이 없고, 수령 중에 서인이 많다. 반드시 무고하고 얽어매어 조정의 진신(縉紳)들을 모함하려는 계략을 만날 것이니 공 등은 이를 잘 처리하라!' 했습니다. 무부는 천한 관원이라 왕명의 지중함을 알지 못하고, 다만 권신의 지휘만을 듣고 전주에 도착하던 날에 정여립의 소재를 자주 물으면서 종을 울리고 군사를 뽑아 역적의 부내(府內) 옛 집부터 수색한 뒤에야 거주하는 촌사를 포위함으로써 그가 도피할 수 있게 해, 끝내 서울까지 압

---

382)《宣祖實錄》卷23, 宣祖 22年 1月 己巳.
383)《宣祖實錄》卷23, 宣祖 22年 12月 壬午.

송해 나라의 전형(典刑)을 보이지 못했으니, 어찌 통탄하지 않을 수 있겠습니까? 여당을 국문할 때에도 서로 두호하고 엄폐하기를 정언신처럼 하고 홀로 그 죄를 벗어나 구차히 그 직위를 보전했습니다. 성상의 착한 것을 좋아하고 악한 것을 싫어함을 쉬 헤아릴 수 없으나, 죄는 같은데 벌이 다르니, 혹 왕법이 흔들릴까 염려됩니다.384)

선조는 이미 좌의정 이산해에게 "정여립과 교결(交結)한 사람들을 논란하는 것은 진실로 옳은 일이다. 그러나 요즘 상황으로 보아 사건이 널리 번질 조짐이 있으니, 의론이 과격한 사람은 제재하도록 권유하거나 혹 면대해 아뢰기를 바란다"385)는 하교를 내렸다. 그리고 누군가가 사주한 것 같으니 정암수 등을 잡아들여 추국하라고 했다.386) 정여립을 김제군수로 의망한 사람이 이조판서 이산해였다는 것도 문제되었다.387) 아계는 즉시 사의를 표명했다. 그랬더니 선조는

경의 사직서를 보고 깜짝 놀라 나도 모르는 사이에 자리에서 일어났다. 지금이 어느 때인데 사퇴하려 하는가? 깊이 그 까닭을 생각하니, 필시 과인이 우매해 보필하기에 부족하고 국사는 이제 어찌 해볼 도리가 없다고 여긴 때문일 것이다. 그렇지 않고서야 어찌 차마 이런 일을 할 수가 있단 말인가? 지금의 시사로 말하자면 얘기가 길다. 국가는 오직 경을 의지하고 있으니 경이 나를 멀리 하지 않는다면 전에 든 병이 오늘에 낫지 말라는 법이 없을 것이니, 하루속히 출사하기 바란다.388)

384) 《宣祖實錄》卷23, 宣祖 22年 12月 丁亥.
385) 《宣祖實錄》卷23, 宣祖 22年 12月 壬午.
386) 《宣祖實錄》卷23, 宣祖 22年 12月 壬午.
387) 《宣祖實錄》卷24, 宣祖 23年 4月 壬申.
388) 《宣祖實錄》卷24, 宣祖 23年 4月 己卯.

라는 비망기를 내려 괘념치 말고 출사하라고 명했다.

그러나 정철을 우의정에 제수하고 이어서 위관으로 삼으니, 정철은 많은 사대부들을 얽어 옥사를 확대했다. 그리하여 정언신(鄭彦臣)·정개청(鄭介淸)·백유양(白惟讓)·이발(李潑)·이길(李洁) 등 많은 사람이 죽거나 귀양갔다. 정철은 광주사람 정암수를 사주해 어떻게 해서든지 이산해와 유성룡을 얽어 넣으려 했으나 선조가 비호해 뜻을 이루지 못했다.389)

당시 이산해는 위관 및 원임대신과 함께 국청에 앉아 있는데, 정암수의 상소가 올라오자 정철이 먼저 보고 이산해에게 보여주면서 "대감이 오늘은 이 자리가 불안하겠소이다"라고 했다. 이산해가 막차(幕次)에서 명을 기다리고 있는데 올린 상소의 비답이 내려오지 않자 정철은 안절부절했다. 이윽고 중사(中使)가 국청으로 가지 않고 이산해에게 가서 대죄하지 말고 국청에 참석하라는 유시를 전하고, 정암수를 잡아다 국문하라는 전지를 내렸다. 이산해가 국청에 들어가니 정철의 얼굴빛이 노랗게 질려 있었다고 한다.390) 이산해가 교외로 나갔다는 말을 듣고 선조가 위로하면서 그와 유성룡을 국가의 주석인데 이를 헐뜯는 것은 내가 용서하지 않겠다고 했다.391)

1590년(선조 23)에 이산해는 영의정에 올랐다. 일인지하 만인지상이다. 이산해는 영의정으로서 백관을 거느리고 선조의 존호를 정륜입극성덕홍열(正倫立極盛德洪烈)로, 중전은 '장성(章聖)'으로 올렸다.392) 대사헌 홍성민(洪聖民)이 이산해가 정언신의 말을 듣고도 날짜가 오래되어 기억할 수 없다고 한 것을 군부를 속인 것이라 공격하자 이산해는 영

---

389) 《국역 아계유고》 2, 권6, 아계이상국연보, 165쪽.
390) 《국역 아계유고》 2, 권6, 아계이상국연보, 166~167쪽.
391) 《국역 아계유고》 2, 권6, 아계이상국연보, 167쪽.
392) 《宣祖實錄》 卷24, 宣祖 23年 4月 乙未.

의정을 사임하고자 했다. 이에 선조는

> 경은 어찌하여 이렇게 사표를 내는가. 경의 몸가짐을 백방으로 짐작해 보고
> 나는 이미 모두 알았다. 만인이 공격한다고 해도 괜찮다. 아! 경이 간다면 다른
> 경상들도 자연 온전치 못할 것이니, 이것이 어찌 아름다운 일이겠는가? 경이
> 다시 사표를 내지 말고 속히 출사하라! 그렇지 않으면 반드시 업신여김을 받게
> 될 것이라.393)

라고 하였다. 1590년(선조 23) 이산해가 52세 때 둘째 아들 경전이
증광문과에 장원으로 급제했다. 이산해가 답안지를 읽고 부인에게 "이
아이는 반드시 장원할 것이오"라고 했는데 과연 그러했다. 이산해는
남을 가르칠 때 타이르듯이 하면서 자세히 설명하되 요약할 줄 알게
했다. 항상 말하기를 "선비가 경(經)을 공부하려면 《맹자》를 읽어야
한다"고 했다. 이러한 아계의 교육방법은 집안의 자서(子壻)들이나 문
생(門生)들로 하여금 2~3년 만에 과거에 급제하게 했다. 장자 경백, 큰
사위 이상홍, 둘째 사위 이덕형, 손자 후와 구 등이 그들이다. 이산해
의 조감(藻鑑)은 마치 밝은 거울을 달아놓은 것처럼 훤해 당시의 문사
들을 한 사람도 빠트리지 않았다. 이에 발탁된 자는 영광으로 여기고,
뽑히지 않는 자도 승복했다. 그리하여 온 조정의 관료들이 그를 좌주
선생이라 불렀다.394)

    1591년(선조 24) 2월 정철이 세자를 세우자고 건의했다가 물러나 영
돈령부사가 되었다.395) 본래 1587년(선조 20)에 이덕형이 원자를 세워

---

393) 《宣祖實錄》 卷24, 宣祖 23年 5月 庚申.
394) 《국역 아계유고》 2, 권6, 아계이상국연보, 170쪽.
395) 鄭澈, 《松江集》 別集 卷3, 年譜, 《韓國文集叢書》 46, 民族文化推進會, 1989, 307쪽.

야 한다고 말했다. 선조도 건저(建儲)의 필요성은 인정하나 왕비가 아
들을 낳을 수 있으니 기다려 보자고 했다.396) 그런데 유성룡이 처음
재상이 되었을 때 정철에게 우리들이 국가의 중임을 맡았으니 건저를
건의해야 하는 것 아니냐고 했다. 정철이 영의정 이산해는 어찌 생각
하느냐고 물으니 우리 둘이 하자고 하면 거절하지 못할 것이라 했다.
그래서 이산해와 대궐에서 만나기로 했으나 두 번이나 약속을 하고
오지 않았다. 이산해는 겉으로는 의논에 따르는 척하고 안으로는 총애
를 받고 있는 인빈(仁嬪) 김씨의 오빠 김공량(金公諒)과 내통하려는 속
셈이었던 것이다. 선조가 인빈의 아들 신성군(信城君)에게 뜻을 두고
있었기 때문이다. 이산해는 아들 이경전을 김공량에게 보내 "정철이
장차 (광해군으로) 세자를 세우고 신성군 모자를 죽이려 한다"고 알려
주었다. 이에 인빈 김씨가 선조를 찾아가 울면서 우리 모자를 살려달
라고 간청했다. 선조는 이산해에게 여러 번 어찰을 보내 정철에게 왕
래하는 빈객들을 조사하게 하고, 신성군의 외삼촌인 포도대장 신립(申
砬)으로 하여금 신성군의 집을 지키게 했다. 정철은 그런 줄도 모르고
이산해·유성룡과 함께 있는 자리에서 먼저 건저를 청했다. 선조도 이
산해도 유성룡도 아무 말도 하지 않았다. 그러나 부제학 이성중(李誠
中)과 대사간 이해수(李海壽)가 이것은 정철의 주장만이 아니라 우리
모두의 주장이라고 했다. 이 말을 듣고 선조는 대노해 정철을 해직한
것이다.397)

이 해에 김성일(金誠一)이 처사 최영경(崔永慶)이 무함을 받아 죽은
실상을 논하고, 이원익(李元翼)이 정철이 역옥을 빙자해 무고한 자들을
많이 장살했다고 공격했다. 그리하여 정철은 강계로 귀양갔다.398) 이

396) 柳成龍,《西厓全書》卷3, 雲巖雜錄, 60쪽.
397) 鄭澈,《松江集》別集 卷3, 年譜, 307~308쪽.

때 일본의 현소(玄蘇)와 평의지(平義智)가 와서 조선에 우호관계를 요청했다. 이산해는 영상으로서 일본에 결코 사신을 보내서는 안 되며, 부득이 보내야 하면 주문(奏文)을 먼저 올려야 한다고 했다. 그러나 유성룡의 반대로 곧바로 김응남을 보내 왜의 침략을 보고했다. 명에서도 유구국의 보고로 조선을 의심하고 있다가 김응남의 보고를 받고 의혹을 풀었다고 한다. 각로(閣老) 허국(許國)은 "조선은 예의가 있는 나라이니 반드시 속이거나 감추는 일이 없을 것이다"라고 했다고 한다. 조선에 원병을 보낸 것도 이 같은 신뢰 때문이었다.[399]

같은 해 4월에 임진왜란이 일어났다. 이산해는 왕에게 난을 피해 서북쪽으로 가자고 했다. 명나라에 의지하기 위해서였다. 이산해는 묘사(廟社)의 신위를 모시고 왕을 따라갔다. 그리고 5월 1일 송도에 도착했다. 왜군은 이미 서울을 함락했다. 그런데 기랑(騎郞) 구성(具宬) 등이 "오늘 경성을 떠나게 된 것은 수상의 죄이다"라고 이산해를 공격하니, 선조는 "서울을 떠나자고 한 것은 영상만이 아니고, 좌상 유성룡 및 최명길도 말했는데, 유독 영상만 죄 주자는 것을 나는 이해할 수 없다"고 했다. 평양에 이르러서도 탄핵상소가 계속 올라오자 선조는 이산해와 유성룡을 파직하고,[400] 이산해는 평해로 귀양보냈다.[401]

집의 권협(權悏), 사간 유영경(柳永慶), 지평 신경진(辛慶晉)·이경기(李慶祺), 장령 정희번(鄭姬藩)·이유중(李有中), 헌납 이정신(李廷臣), 정언 윤방(尹昉) 등 양사가 상소하기를

급제 이산해는 본시 간사한 사람으로서 일평생의 처신이 전하께 아첨하고

---

398) 《국역 아계유고》 2, 권6, 아계이상국연보, 171쪽.
399) 《국역 아계유고》 2, 권6, 아계이상국연보, 171~172쪽.
400) 《宣祖實錄》 卷26, 宣祖 25年 5月 壬戌.
401) 《국역 아계유고》 2, 권6, 아계이상국연보, 172~173쪽.

환심을 사는 것으로 일을 삼았으며, 정승이 된 뒤에는 몸을 보존할 생각과 지위를 잃게 되지 않을까 하는 염려가 더욱 심해져서 천한 사람들과 결탁해 빌붙는 등 못하는 짓이 없었으므로 인심은 날마다 떠나게 되고, 국세는 날로 기울게 되었습니다. 왜변이 일어난 뒤엔 나라의 어려움을 구제하기 위한 한 가지 계책이나 한 가지 지모도 낸 적이 없으며, 입대하는 날 성상께서 파천할 뜻을 갖게 된 것도 모두 이 사람이 한 것입니다. 결국 그는 군부로 하여금 나라를 잃고 떠돌게 만들었을 뿐 아니라 종묘·사직이 적의 소굴로 되고 2백 년 동안 편히 살아온 생령들을 모두 어육(魚肉)이 되게 했으니, 임금을 잊고 나라를 저버리고 질서를 어지럽히고 재앙을 부른 죄가 극도에 달한 것입니다. 삭직만으로는 부족하니 율(律)에 의거해 죄를 줌으로써 종묘·사직에 사죄하고 백성들을 위로하게 하소서.402)

라고 했으나 선조는 "이산해에 대한 논계는 지나치다. 이미 삭직했으니 결단코 죄를 더 줄 수 없다. 또 이산해만이 그 죄를 받는다는 것은 나로서는 이해할 수 없다"고 거절했다.403) 선조는 그것이 자기의 죄라고 하여 이산해에 대한 처벌을 반대했으나, 양사가 계속 탄핵상소를 올리자 그를 중도부처했다가,404) 평해로 귀양보냈다.

이산해가 평해로 귀양 가 맨 먼저 도착한 곳은 월송촌(越松村)이라는 작은 농가였다. 평해는 이지번이 김안로(金安老)에게 미움을 받아 1년 남짓 귀양살이 하던 곳이었다. 그런데 56년 만에 그 아들이 다시 귀양 온 것이다.405) 얼마 뒤 이산해는 달촌(達村)이라는 마을로 이사를 갔다. 거기서 그는 뜰도 없는 작은 집에 살았다. 이산해는 거처를 잠시

402) 《宣祖實錄》 卷26, 宣祖 25年 5月 辛未.
403) 《宣祖實錄》 卷26, 宣祖 25年 5月 辛未.
404) 《宣祖實錄》 卷26, 宣祖 25年 5月 丙子.
405) 김학수, 《끝내 세상에 고개를 숙이지 않는다》, 삼우반, 2005, 232~233쪽.

화오촌(花塢村)으로 옮겼다가 다시 황보촌(黃保村)으로 옮겼다. 황보촌에 세든 집은 아버지 이지번이 사귀었던 곽진사의 손자 곽간(郭幹)의 집이었다. 곽간은 이산해에게 집을 통째로 내주고 자기는 다른 집으로 이사갔다.406) 그리고 이산해는 자기의 문생인 황여일(黃汝一)을 만나 회포를 풀었다. 그때의 사정을 기록해 놓은 것이 〈사동기(沙洞記)〉이다.407) 이산해는 수진사(修進寺)·광흥사(廣興寺)·백암사(白巖寺) 등을 방문해 옥보상인(玉寶上人)·수인(守仁)·보인(普仁)·지월(智月) 등 승려들도 만났다.408)

그러나 귀양 가 있는 동안 딸·며느리·막내아들이 차례로 죽었다. 1593년(선조 26)에 이덕형의 부인인 둘째 딸이 왜적을 피해 바위 위에서 떨어져 죽었고,409) 또 막내아들 경유(慶愈)가 귀양지에 할아버지를 보러 왔다가 죽었다. 가 볼 수도 없었다. 시로써 조상할 뿐이었다.410) 이산해는 이러한 귀양살이의 애환과 가족을 잃은 슬픔을 《기성록(箕城錄)》이라는 시집으로 남기고 있다.411) 《기성록》은 유배문학을 연구하는 데 귀중한 자료이다. 이산해는 이때의 심정을 다음과 같이 읊었다.

삼년간 난리통에 이 한 몸만 살아남고,	亂離三載一身在
골육과 친한 벗은 모두 구천으로 떠나갔네.	骨肉親朋盡九原
인간만사가 이제는 미련이 없어라	人世卽今無繫念
백발노년에 연모하는 이 우리 성상뿐일세.	白頭惟戀聖明君412)

---

406) 김학수, 앞의 책, 233~237쪽.
407) 김학수, 위의 책, 237쪽. 아계는 황여일의 부탁을 받고 〈海越軒記〉를 지어 주었다.
408) 김학수, 위의 책, 239쪽.
409) 《국역 아계유고》 2, 권6, 아계이상국연보, 176쪽.
410) 《국역 아계유고》 2, 권6, 아계이상국연보, 177쪽.
411) 李山海, 《鵝溪遺稿》 卷1~3 《箕城錄》.
412) 《국역 아계유고》 2, 권6, 아계이상국연보, 177쪽.

선조는 1595년(선조 28) 정월에 "이산해는 참으로 억울할 것이니 풀어주고 직첩도 돌려주라"고 비변사에 명했다.413) 그리고 곧 영돈령부사에 임명하고 양관대제학을 겸임하도록 했다.414)

이산해가 조정으로 돌아오자 기축옥사에 희생된 사람들을 신원하라는 왕명이 있었다. 이산해는

> 난리를 겪은 뒤에 회복할 수 있는 대책이 군사를 훈련시키고 성을 쌓는 데 있지 않고, 인심을 수습하는 데 달려 있습니다. 인심을 수습하기 위해서는 우선적으로 억울한 경우를 풀어주어야 합니다. 그런데 큰 옥사를 치른 뒤에는 반드시 큰 병란이 일어난다는 사실을 어찌 유독 생각하지 않으십니까? 사론이 꼬이고 바르지 않을 경우가 국가를 망치는 근본이 되지 않는다고 말할 수 없습니다만, 뿌리가 깊고 꼭지가 튼튼하면 갑자기 변화시킬 수 없는 법입니다. 시비는 자연히 진정되게 마련이니 채용하고 안 하는 문제를 피차에 구애받지 말아야 합니다. 기축년 이전에는 동인이 반드시 다 옳은 것이 아니었으며, 기축년 이후에는 서인이 그 책임을 회피할 수 없는 부분이 있습니다. 이는 이미 불행했던 일로 일이 진행되는 즈음에 그 본래의 취지를 잃고 원기를 해친 점이 매우 많으니 어찌 가슴 아픈 일이 아닐 수 있겠습니까?415)

라고 해 기축옥사에 희생된 사람들을 신원해 인심을 회복시킬 것을 강력히 건의했다. 그리하여 이발·최영경·정개청(鄭介淸) 등 기축옥사로 희생된 사람들을 신원하게 했다.

1596년(선조 29)에 이산해는 관직을 그만두고 보령으로 내려갔다.

---

413) 《宣祖實錄》 卷59, 宣祖 28年 1月 甲申.
414) 《宣祖實錄》 卷59, 宣祖 28年 1月 丁酉.
415) 《국역 아계유고》 2, 권6, 아계이상국연보, 179쪽.

그는 여덟 차례나 사직소를 올렸으나 선조가 듣지 않아 다시 서울로 올라왔다. 이때 이몽학(李夢鶴)의 난이 일어났는데, 기축옥사 때 이산해를 모함했던 호남사족들이 많이 연루되었다. 그는 국청에 참석해 그들을 석방해 주었다.416) 이산해는 양관대제학을 겸직해 사대외교문서를 썼다.417)

1597년(선조 30)에 왜군이 다시 쳐들어 왔다. 조정 신료들은 모두 강화에 몰두해 있었다. 그런데 이산해는 "오늘날의 사정은 임진년과 다릅니다. 만약 성을 한발자국만 나서도 일이 어떻게 될지 보장할 수 없으니, 전적으로 전투에 총력을 기울이는 것만 못합니다"418)라고 강경론을 부르짖었다. 임진년에 왕에게 먼저 파천하자고 했다가 곤혹을 치른 경험이 있기 때문이었다. 이산해가 아뢰기를

> 병란이 일어난 지 5년인데 좋은 계책이 전혀 없으므로 강화(講和)만을 믿다가 이렇게 궁박하게 되었으니, 어찌 이처럼 한심한 일이 있겠습니까? 대저 수전과 육전은 차이가 있어서 육전은 쉽지 않으나 수전만은 이길 수 있는데, 당초 적장을 사로잡았을 때에 원균을 다른 데에 옮겨 썼고 또한 근래 주사(舟師)가 아주 없기 때문에 수전의 공효를 듣지 못하게 되었으니, 매우 분합니다. 지금의 계책으로는 반드시 양남 사이에 복병을 두어 중도의 요해에서 막는 것이 방비하는 방책에 있어서 좋을 듯합니다. 이에 앞서 이원익을 내려보내려 한 것은 다름이 아니라 변장을 제압하고 백성을 타이르려 한 것일 뿐입니다. 더구나 사방의 일도 알 수 없는데 혹시라도 시세가 어려워지는 일이 있으면 이원익이 아니고서는 맡길만한 사람이 없습니다. 또 양호가 황폐해져 토적(土賊)이 두려

---

416) 《국역 아계유고》 2, 권6, 아계이상국연보, 180쪽.
417) 《宣祖實錄》 卷68, 宣祖 28年 10月 癸卯.
418) 《국역 아계유고》 2, 권6, 아계이상국연보, 180쪽.

우므로 염려하지 않을 수 없는데 토적의 환란은 외적을 대처하기보다 어렵습니다. 소신은 병이 깊어서 평시에도 착란해 조치를 잘못하거니와, 이제는 정신이 어지러워서 죄다 아뢰지 못합니다.419)

라고 해 수전이 유리하고, 왜적을 양남 사이에 복병을 두어 방어해야 한다고 주장했다. 그러나 이순신과 원균의 사이가 나쁜 것이 문제되었다. 유성룡·이원익·정탁(鄭琢) 등 남인은 이순신을 두둔하고, 선조와 윤두수(尹斗壽)·이덕열 등 서인은 원균을 두둔했다.420)

이산해에 대한 세평은 좋지 않은 편이었다. 사신(史臣)은 다음과 같이 논평했다.

영돈령부사 이산해는 문장과 재예로 일찍이 청망을 차지해 오랫동안 총재의 지위에 있으면서 인재를 선발했으므로 사림이 그의 기량을 크게 여겼었다. 정승이 되자 구차하게 보존하려는 마음을 갖고 녹만 먹으며 그럭저럭 세월만 보내 공업을 이룬 것이 없었다. 그러다가 진신 사이에 역옥이 미치자 지레 겁먹어 체통을 잃고 사당에 부회하기도 하고, 심지어는 외척과 손을 잡고 얄팍한 교분을 갖더니 마침내는 소인들과 교결해 자신의 총애를 굳히는 계책으로 삼자, 논의가 매우 분분하게 일어났다. 이는 대개 그의 아들이 부허(浮虛)·광박(狂薄)하고 성색(聲色)에 빠져 있었으며, 사귀는 자들도 거의 경박하고 아름답지 못한 자들이어서 불미스러운 이름이 그의 아비에게 누가 된 데서 말미암은 것이다. 어찌 이산해가 아들을 잘 가르치지 못해 사특한 데로 빠지게 한 것이 아니겠는가?421)

---

419) 《宣祖實錄》 卷82, 宣祖 29年 11月 己亥.
420) 《宣祖實錄》 卷82, 宣祖 29年 11月 己亥.
421) 《宣祖實錄》 卷84, 宣祖 30年 1月 癸巳.

이러한 사신의 평은 당쟁의 여파가 아닌가 한다. 아계는 계속 수군을 믿을 수 있다고 주장했다. 그런데 그가 원균을 만나보니 "왜적을 무서워할 것이 무엇인가"라고 큰소리쳤는데 수군을 믿고 그런 말을 한 것인 듯하다고 했다.[422] 이때 이중간첩 요시라(要時羅)가 가토 기오마사가 오니 요격하라고 해 선조가 이순신에게 요격할 것을 명했으나 나가지 않았다. 이 때문에 이순신이 투옥되어 심한 형신을 받고 백의종군(白衣從軍)하게 되었다. 이산해는 훗날을 위해 요시라를 후대해야 한다는 입장이었다.[423]

1598년(선조 31)에 명과 왜가 강화를 맺고 왜군이 물러가게 되었다. 이산해는 시폐에 관한 다음과 같은 차자를 올렸다.

지금 백성들은 궁핍하고 재정은 고갈되어 군읍이 텅 비었으므로 전수(戰守)의 어려움이 임진년보다 백배나 더 어렵습니다. 그런데 임무를 부여한 장사(將士)들을 보면 마음 놓고 믿을 만한 자가 아무도 없습니다. 지금 의논하는 자들은 다 군병과 식량이 부족하다는 것으로 걱정을 합니다만, 신이 유독 걱정하는 것은 장수를 적당한 사람을 얻지 못할까 하는 것입니다. …… 이제는 이미 늦었습니다. 그러나 지금이라도 교체시킨다면, 끝까지 사람을 얻지 못하는 것보다 어찌 크게 낫지 않겠습니까? 지금 중국이 바야흐로 적과 강화를 맺었으니, 물러가는 것을 실지로 기필하기 어려우며 설령 물러난다고 하더라도 그들이 오는 것은 어려운 일이 아닙니다. 그런데 물러가기도 전에 인심이 이미 나태해지고 말았으니, 이미 물러나고 나면 장차 어떻게 수습할 수 있겠습니까? 삼가 원하건대, 성명께서는 적이 왔다고 해서 선뜻 동요하지 마시고, 적이 물러갔다고 해서 스스로 안심하지 마신다면 중흥할 형세를 점점 만회하게 될 것입니다.[424]

---

422) 《宣祖實錄》 卷84, 宣祖 30年 1月 甲寅.
423) 《宣祖實錄》 卷84, 宣祖 30年 1月 戊午.

다시 말해 적이 물러간다고 해이해져서는 안 된다고 경고했다. 그의 상소는 계속되었다.

지금은 양호의 모든 길이 다 적지(赤地)가 되고, 공사의 물력도 남아있는 것이라고는 아무것도 없습니다. 아! 오늘날 믿을 수 있는 것은 중국병사인데 군량이 넉넉하지 못하니, 이는 앉아서 그들이 전복되기를 기다릴 뿐 구제할 수 없는 상황입니다. 대체로 식량을 풍족하게 하는 방법은 둔전이 기본이 되며, 시국을 구제할 수 있는 요체는 소금을 굽는 것보다 시급한 것이 없습니다.425)

이산해는 삼촌 이지함과 마찬가지로 해변가에 살아 바다와 소금 굽는 이점을 잘 알고 있었다. 화담학파에 속하는 이들이 상업과 같은 실용적인 산업을 육성·활용해야 한다는 생각을 가지고 있었던 것이다. 나아가 이산해는 배에 대한 일가견을 드러냈다.

전선(戰船)에 대해 말씀드린다면, 원균이 처음 명을 받았을 때에 선척의 수가 1백여 척이었으나, 원균이 패배하고 이순신이 흩어지거나 불탄 나머지를 수습하고 보철해서 겨우 30여 척의 배를 얻었습니다. 오늘날의 주사(舟師)가 실상이 있다고 할 수 있겠습니까? 신의 견해로는 영남과 호남 사이에다 주사를 담당할 두 개의 영(營)을 별도로 설치해 영남의 물력이 부족하면 영동에 있는 것으로 보충하고, 호남의 재정이 부족하면 호서에 있는 것으로 협조하게 해 관방의 형세를 장엄하게 하는 것이 가합니다. 이른바 전선이란, 오늘날의 판옥선을 지칭하는 것으로, 제도가 정교해 참으로 수전하기에 좋은 기구입니다. 그러나 공력이 가장 많이 들어서 가까운 시일 내에 마련하기가 어려운 점이 있습니다.

---

424) 《국역 아계유고》 2, 권6, 아계이상국연보, 181쪽.
425) 《국역 아계유고》 2, 권6, 아계이상국연보, 182쪽.

옛날의 전선도 크고 작은 것이 있었는데, 몽동(艨艟)이나 오아(五牙)와 같이 큰 배는 공격하기에 유리하고, 금시(金翅)나 유선(油船)과 같이 작은 배는 추적하기에 유리합니다. 어찌 반드시 모두 판옥으로 만든 뒤에야 전투를 할 수 있다고 하겠습니까? 이렇게 하면 전선을 많이 만들 수 있고 격군(格軍)을 충당하기가 쉬울 것입니다.426)

이처럼 바다에 대한 식견이 넓은 것이다. 그 때문에 수군을 믿어야 한다는 견해를 계속 주장한 것이다. 이 해 여름에 형군문(邢軍門)·유격(遊擊) 허국위(許國威)·천주(泉州) 유만진(劉萬進)·뇌문(雷門) 이화룡(李化龍)·천총(千摠) 손광유(孫光裕) 등 중국 장수들이 회군해 돌아가면서 아계에게 전별시를 써 달라고 졸랐다.427) 실록에는 이산해에 대해 "평생 동안 마음을 쓰며 해 온 일이 오직 작록을 보전하는 데 있었다. 혹시 벼슬을 잃을 때가 있으면 온갖 수단을 써서 반드시 진출하고야 말았다"고 평하고 있다.428) 이는 곧 서인의 평가이기도 하다.

1599년(선조 32) 7월 24일에 좌의정 이덕형이 이산해·최홍원(崔興源)·윤두수(尹斗壽)·이기(李墍)·이헌국(李憲國)·유영경(柳永慶) 등을 재상 후보자로 추천했다.429) 그러나 입계할 때 정탁(鄭琢)·이원익(李元翼)·이항복(李恒福)이 추가되었다.430) 1600년(선조 33) 정월 21일에 이산해는 다시 영의정으로 임명되었다.431) 이때 당쟁이 심해져 동인과 서인으로 나뉘더니, 동인이 다시 북인과 남인으로 나뉘고, 북인은 다시 대북·소북·골북·육북·중북으로 나뉘었다. 상산군(商山君) 박

---

426) 《국역 아계유고》 2, 권6, 아계이상국연보, 183쪽.
427) 《국역 아계유고》 1, 卷4, 南郭錄, 248~254쪽.
428) 《宣祖實錄》 卷115, 宣祖 32年 7月 己未.
429) 《宣祖實錄》 卷115, 宣祖 32年 7月 辛未.
430) 《宣祖實錄》 卷115, 宣祖 32年 8月 丙戌.
431) 《宣祖實錄》 卷121, 宣祖 33年 1月 丙寅.

충간(朴忠侃)의 말을 들어 보자.

　　대체로 동·서 붕당의 일은 당초 사림이 심의겸(沈義謙)을 가리켜 '외척이기
는 하나 의논이 공평하고 좋아하는 사람이 모두 사류였다'고 했는데, 김효원(金
孝元) 등이 '외척이 뜻을 얻었다' 하면서 서로 배척했습니다. 유성룡은 '동서에
특별한 사정(邪正)이 없으니 현로(顯路)에 등용해야 한다'고 했으나, 그 가운데
괴론(詭論)하는 자가 이를 배척했기 때문에 남인·북인으로 나뉘었습니다. 유
성룡이 패퇴하자 신진 남이공(南以恭)의 무리가 붕류(朋類)를 불러들여 자신과
의견을 달리하는 자는 축출하고, 동조하는 자는 끌어들여 어지러이 치고받았으
므로 조정이 안정되지 못했는데 누구도 감히 어쩌지 못했습니다. 대북·소북의
설이 일어났는데, 이것이 다시 골북·육북·피북(皮北)으로 나뉘어 듣는 사람들
을 경악하게 했습니다.[432]

이산해는 곧바로 영의정을 사임하고자 했다.

　　신은 겨울이 올 적마다 추위를 호랑이처럼 무서워합니다. 그래서 방에 깊숙
이 웅크리고 있으면서 감히 한 번도 뜰엔 못나가는 실정인데 지난번 원임(原
任)은 출사하라는 명이 내린 때문에 한 번 부축받고 나갔다가 그만 풍한(風寒)
에 상해 열흘이 지나도록 땀이 나지 않아서 거의 죽다가 다시 살아났습니다.
…… 삼가 성명께서는 임용하는 도리를 깊이 생각하시고 안위의 긴박함을 두렵
게 여기시어 무능한 신을 빨리 물러나게 하고 다시 기국이 맞는 인재를 정승으
로 삼아 광복(匡復)의 계책을 강구함으로써 장래의 공효를 거두소서.[433]

---

432) 《宣祖實錄》 卷121, 宣祖 33年 1月 戊辰.
433) 《宣祖實錄》 卷121, 宣祖 33年 1月 庚午.

그러나 선조는 들어주지 않았다. 아계는 한쪽 눈이 소경과 같고, 조금만 움직여도 담(痰)이 치솟으니 복상(卜相)을 다시 해 자기를 영의정 자리에서 물러나게 해 달라고 애원했다.[434] 그러다가 홍여순(洪汝淳)과 틈이 벌어져 공격하는 사람이 생기자 영의정직을 사퇴했다.[435] 홍여순은 아계가 복상할 때 끼어주지 않자 그와 가까운 대간들을 사주해 다시 복상하도록 세 번이나 요청했다. 그런데도 들어주지 않자 큰 옥사를 일으키려 한 것이다.[436]

유학(幼學) 이해(李海)가 이산해와 그의 아들 경전을 다음과 같이 탄핵했다.

이산해는 홍여순과 처음부터 색목(色目)을 달리하는 사람이 아니었는데, 오늘의 화근을 빚어낸 것은 모두 이경전이 반복해서 얽어 만든 것입니다. 애당초 김신국(金藎國)·남이공(南以恭)이 홍여순을 모함했을 적에 이경전은 그를 구원해 주지 않았을 뿐만 아니라 오히려 팔을 걷어붙이고 돌을 던졌으므로 사람들은 모두 그의 마음 씀이 바르지 못한 것을 미워했습니다. 지난번 이원익이 정승의 지위에 복직되자 상께서 출사를 권면하셨는데 이산해는 곧 의구심을 품고 그의 아들과 더불어 달려가 빌붙을 계획을 세우고 먼저 홍여순 등 7~8인을 모함해 자신을 살찌우는 이경전의 꾀가 참으로 교묘합니다. 일찍이 이산해의 사람됨을 관찰해 보았더니 겉으로는 근신하는 사람 같은데 그의 속은 실로 흉악하고 사특했습니다. 30년 동안의 동·서·남·북의 화근이 모두 이 사람이 뒤에서 거들지 않은 것이라고는 하나도 없습니다. 이경전은 일 꾸미기를 좋아하고 화근 만들기를 즐기는 것이 그의 아비보다 심해 평생 동안 행한 일이 개돼

---

434) 《宣祖實錄》卷121, 宣祖 33年 1月 甲戌.
435) 《宣祖實錄》卷124, 宣祖 33年 4月 辛丑.
436) 《국역 아계유고》2, 권6, 아계이상국연보, 189쪽.

지와 같았으며, 이 사람 저 사람을 교란시키고, 선비들을 모함해 해롭게 하는 형상은 아귀와 다를 바 없으니 이는 실로 왕안석의 아들 왕방(王雱)과 같습니다.[437)

아계 부자를 뒤에서 파당을 사주하는 소인으로 몰고 있다. 물론 반대파의 주장이기는 하겠지만 아계 부자를 왕안석 부자에 빗댈 정도로 미워한 것이다. 또 이헌국(李憲國)은 다음과 같이 아뢰었다.

이경전은 젊은 시절부터 패려(悖戾)했으므로 조정이 현직에 임명하는 것을 허락하지 않았습니다. 때문에 그는 김신국·남이공과 친교를 맺어 남인, 북인의 화를 빚었으며, 그 뒤에 또 대북, 소북을 만들었습니다. 당초에 홍여순과 일체를 이루었는데 요즈음은 서로 등졌습니다. 홍여순 역시 좋은 사람은 아닙니다. 그는 무슨 일을 하든 은혜와 원망에 따라 하기 때문에 사람들이 다 분하게 여기고 미워하고 있으니 상께서 반드시 그를 물리쳐 제거한 뒤에야 조정이 편안할 수 있을 것입니다. 그러나 지금 만약 홍여순만 죄주고 이산해를 죄주지 않는다면 옳지 못합니다.

지난번 이준경(李浚慶)이 수상으로 있을 때 양쪽이 다 불가하다 했으므로 그의 아들 이덕열(李德悅)이 급제했으나 당시 사람들이 한림이나 주서를 허용하지 않았습니다. 이준경이 아들에게 경계하기를 '네가 좋은 벼슬을 하지 않는 것이 너의 복이다'라고 했습니다. 이산해는 이경전에게 경계하기를 이준경이 이덕열에게 경계하듯 해야 함에도 불구하고 윤승훈(尹承勳)이 이조판서가 되어 이산해를 찾아보았을 때, 이산해가 '내 아들 이경전에게 벼슬 하나 제수하는 것이 어떠한가?'라고 해 대신으로서 아들을 위해 현관을 구했습니다. 일반 관직

---

437)《宣祖實錄》卷125, 宣祖 33年 5月 戊午.

을 청해도 옳지 못한 일인데 하물며 청현직을 사사로이 청할 수 있겠습니까? 이산해가 비록 근신한 사람이기는 하지만 자리를 잃을까 걱정하는 마음을 버리지 못했으므로 크게 잘못되었으며 자신의 당파를 세우기까지 한 것은 매우 그릅니다.438)

그 또한 이산해 부자를 당파를 짓는 와주(窩主)로 보고 있다. 이에 선조는

이산해는 대신의 신분으로서 군부를 속였으니 이 한 가지만 하더라도 그 죄는 이미 용서받을 수 없다. 그는 역시 이 세상에 걸어다닐 수도 없는 처지인데 더구나 사당을 만들어 조정을 괴란시키는 데 있어서랴! 그 죄가 가볍지 않으나 다만 그는 대신의 반열에 있으니 파직만 하라! 그의 아들 이경전과 이이첨은 모두 삭직해 문외출송하라!439)

라고 해 아계를 파직하고 이경전을 삭직했다. 본래 《대명률》에 따르면 붕당을 지은 자는 참형에 처하고 재산은 몰수하며 처자식은 노비로 삼게 되어 있으나, 처벌이 파면에 그쳤다면 분쟁을 수습하는 차원에서 내려진 조처였다고 할 수 있다.

반대로 이헌국의 주장을 비판하는 상소도 있었다. 홍문관 부제학 황우한 등은 다음의 상소를 올렸다.

아! 홍여순은 일국의 죄인입니다. 그를 논의하는 것은 공공을 위한 마음에서 나왔고, 그를 그르다고 하는 것은 편당에서 나온 말이 아닌데도, 우의정 이헌국

---

438) 《宣祖實錄》卷125, 宣祖 33年 5月 辛酉.
439) 《宣祖實錄》卷125, 宣祖 33年 5月 辛酉.

은 공론이 아직 펴지 못한 이때, 저쪽도 이쪽도 다 잘못이라는 설을 주장해 천
청을 현혹하고 국시를 교란했으며, 마침내 악인을 토죄할 법을 가지고 죄 없는
사람에게까지 미치도록 했으니, 신들은 통분해 하고 있습니다. 이헌국은 마음
속으로 유성룡을 보호하는 자입니다. 무술년(1598) 이후로 유성룡의 패배를 분
하게 여겨 재기를 계획해 못하는 짓이 없다가 요행히 이번 틈을 타서 어부지리
를 거두려고 했으니, 그 계획이 교묘하다고 할 만합니다.440)

이들은 오히려 우의정 이헌국이 유성룡의 패거리로서 양당의 싸움
에 끼어든 것이라고 논파했다. 그러나 선조는 "그렇게 말하지만 우상
(이헌국)은 젊을 때부터 충직했으니, 진실로 그럴 리가 없다. 그렇게
여긴다면, 이는 스스로 도량이 좁음을 나타낼 뿐이다"라고 일축했고,
사관은 "차자에서 말한 바, 나약하고 모호하며 처음에 흉악한 괴수와
체결해 스스로 그 화를 불렀다는 말 및 차자를 올렸을 때 그 말씨가
용렬하고 비루했다는 등의 말은 과연 이산해의 결점을 잘 꼬집은 말
이다"라고 논평했다.441) 이와 달리 대사간 최철견(崔鐵堅)은 "이산해는
평소에 조심하고 경외하는 정승이며, 젊을 적부터 문예로서 천하에 이
름을 날렸으니, 이런 사람은 대신들 가운데서 찾아보아도 어디 쉽게
얻을 수 있겠습니까?"라고 이산해를 편들었다.442) 이해관계에 따라
서로 생각이 달랐던 것이다. 이것이 결국 당파의 근원이 되기도 했다.
홍여순에 대해서도 비난의 소리가 높았다. 양사는

전 병조판서 홍여순은 여기(戾氣)가 모여서 태어난 사람으로, 음험하고 시기

---

440)《宣祖實錄》卷125, 宣祖 33年 5月 癸亥.
441)《宣祖實錄》卷125, 宣祖 33年 5月 癸亥.
442)《宣祖實錄》卷125, 宣祖 33年 5月 甲子.

하며 탐욕스럽고 방자한 것이 그의 일평생의 소행입니다. 그가 잘하는 것이라 곧 남을 공격하고 치고 물어뜯어 다른 사람을 상하게 하고 해치는 것뿐입니다. 병조판서로서 일을 그르친 죄와 흔단을 만들어 이익을 독차지한 일은 우선 논하지 않고, 요즈음 나라를 뒤흔들고 정사를 어지럽힌 것을 말씀드리겠습니다. 이조를 위협해 흉모를 자행함으로써 인아(姻婭)와 족친들을 서울과 지방에 배치했습니다.[443]

라고 하여 이산해의 반대파인 홍여순을 맹렬히 비판했다. 어투로 보아 상대방을 불구대천의 원수로 여기니 골북과 육북의 대결이 격렬했음을 짐작할 수 있다. 오히려 선조는 "홍여순은 이미 파직했고 나머지 사람들은 연루시킬 수 없다는 뜻을 전에 이미 말했으니 시끄럽게 하지 않는 것이 좋겠다. 수령으로 보낸 일은 전조를 탓해야 한다"고 해 무마하려고 애썼다.[444]

아계는 남양(南陽)의 구포(鷗浦)에 잠시 우거하다가 신천(新川)의 시전(柿田)이란 마을로 이사했다. 이때 월천(月川) 조목(趙穆) 등이 퇴계 이황의 유의(遺意)에 따라 '천연대(天淵臺)'라는 액자를 써서 바위에 새긴 다음 고유문을 지어 퇴계사당에 고했다.[445] 그해에 막내 손자 무(袤)가 태어났다.[446]

1601년(선조 34) 6월 3일에 아계는 아성부원군(鵝城府院君)이 되었

---

443) 《宣祖實錄》卷125, 宣祖 33年 5月 乙巳.

444) 《宣祖實錄》卷125, 宣祖 33年 5月 乙巳.

445) 《국역 아계유고》 2, 권6, 아계이상국연보, 189쪽.

446) 李袤의 호는 果庵이다. 타고난 성품이 영특해 한번 본 것이면 다른 글까지도 알았다. 어려서 이산해를 모시고 있을 때 간혹 時政을 논의할 경우 그 옳고 그른 것을 대쪽을 쪼개듯 분명하게 판단하니 이산해가 "나의 犀帶를 전해 줄 사람은 반드시 이 아이일 것이다"라고 했다고 한다. 광해군 조에 科擧에 응시하려 하지 않다가 仁祖反正이 일어난 1623년에 급제했는데 象村 申欽, 月沙 李廷龜 등이 답안지를 보고 "光焰이 저절로 솟구친다"고 극찬했다고 한다(《국역 아계유고》 2, 권6, 아계이상국연보, 189쪽).

다.447) 그러자 사헌부가 들고 일어났다.

아성부원군 이산해는 본디 일개 비부(鄙夫)로서 평생 동안의 심술이 오직 벼슬에만 연연해 겉으로는 겸손하고 근신함을 보였으나, 마음속에는 음험하고 간교함을 감춘 채 밤낮으로 경영하는 바가 모두 진취하기를 도모하는 것이었으며, 항상 시세를 보아 향배의 계책을 정했습니다. 연소하고 경박한 무리들과 결탁해 당파를 세우고 서로 경알해 조정을 어지럽히고 사람을 해쳤으니, 임금을 속이고 나라를 등진 죄는 말로 다 할 수 없습니다.448)

사헌부는 선조가 "이산해의 마음은 길 가는 사람도 안다" "군부를 속였다" "당파를 만들었다"고 하면서 이산해에게 다시 작록을 주려고 하는 것은 무슨 까닭이냐고 따졌다. 이로 미루어 보아 이산해의 주변에는 사람들이 몰려들었고, 이산해 부자는 이를 관리하는 데 신경을 쓰다가 반대파의 공박을 당한 것이 아닌가 한다. 그러니 이산해는 자의든 타의든 항상 당쟁의 중심에 설 수밖에 없었고, 따라서 지탄의 대상이 될 수밖에 없었다. 그러나 선조는 대신이요, 공신이라는 이유로 파직은 시켰으나 작록은 잃지 않게 하려는 입장을 보였다.449)

대사헌 정사호(鄭賜湖)도 이산해는 윤춘년(尹春年)·이량(李樑)·심의겸의 집에 드나들고, 30년 동안 두터운 성은을 입어 정승자리에 올랐

---

447)《宣祖實錄》卷138, 宣祖 34年 6月 己巳. 史評에 "젊어서부터 文翰으로 자부했고, 淸謹하다는 이름이 있었기 때문에 사류들이 推重했으나 晚節에 이르러서는 벼슬을 잃을까 걱정하는 마음이 지나쳐서 평생 동안 세상을 속인 술책이 탄로나게 되었다. 그래서 비록 한 집안 사람이라 하더라도 진심으로 서로 대하지 않았고, 그 궤휼함을 헤아리기 어려워 대중은 그를 등지고 친척은 멀어져 鄙夫로 지목되었다"고 했다. 그리고 趙挺·朴慶先(副司正)·李弘老·權縉 등은 이산해의 당파로 지목되어 지탄을 받았다(《宣祖實錄》卷138, 宣祖 34年 6月 己巳 ;《宣祖實錄》卷137, 宣祖 34年 5月 辛丑).
448)《宣祖實錄》卷138, 宣祖 34年 6月 辛未.
449)《宣祖實錄》卷138, 宣祖 34年 6月 辛未.

음에도 당파를 지었으니 작록을 환수하라고 했다.[450] 그런데 이산해가 윤승훈(당시 이조판서)에게 자기 아들에게 청현직을 제수해 달라고 부탁했다는 것은 사실이 아니라고 윤승훈이 증언했다.[451] 선조는 오히려 역적 화수(和愁)를 추국한 공으로 숙마 한 필을 하사했다.[452] 이산해는 차자를 올려 녹봉을 사양했으나 받아들여지지 않았다.[453]

그러면서도 이산해는 계속 복상 명단에 들었다.[454] 그러나 유영경이 영의정, 기자헌(奇子獻)이 좌의정, 심희수(沈喜壽)가 우의정이 되었다.[455] 1603년(선조 36) 9월 이산해는 임진왜란이 일어난 지 10년이 지났으나 대마도와는 통교하되 변방의 경비는 소홀히 해서는 안 된다는 상소를 올렸다.[456] 그는 1600년(선조 33)부터 1607년(선조 40)까지 구포, 노량, 시전 등에 살면서 《구포록(鷗浦錄)》, 《노량록(鷺梁錄)》 등의 시집을 썼다.[457] 1603년(선조 36)에 장손 후가, 1605년(선조 38)에 차손 구가 문과에 급제했고, 1604년(선조 37) 부인 평양 조씨가 죽었다.[458]

당시에 유영경이 7년 동안 수상으로 국정을 맡고 있었다. 그런데 정인홍은 유영경이 국가의 기반을 어지럽히니 그를 처벌해야 한다고 상소했다. 유영경은 이경전이 정인홍과 한패라 해 강계(江界)로 귀양보냈다가 얼마 뒤 석방했다.[459] 1608년(선조 41) 정월에 선조가 아팠을 때 약방(藥房)이 약을 잘못 썼다는 말이 이산해 부자에게서 나왔다는

---

450)《宣祖實錄》卷138, 宣祖 34年 6月 甲戌.
451)《宣祖實錄》卷138, 宣祖 34年 6月 甲戌.
452)《宣祖實錄》卷154, 宣祖 35年 9月 丁亥.
453)《宣祖實錄》卷155, 宣祖 35年 10月 壬寅.
454) 李山海·崔興源·李元翼·李恒福·尹承勳·韓應寅·沈喜壽가 卜相 명단에 들었다(《宣祖實錄》卷159, 宣祖 36年 2月 癸巳).
455)《宣祖實錄》卷182, 宣祖 37年 12月 辛亥.
456)《宣祖實錄》卷166, 宣祖 36年 9月 丙辰.
457)《국역 아계유고》2, 권6, 아계이상국연보, 190~191쪽.
458) 김학수, 《끝내 세상에 고개를 숙이지 않는다》, 삼우반, 2005, 241쪽.
459)《국역 아계유고》2, 권6, 아계이상국연보, 191쪽.

비난이 일었다. 이산해가 이경전·이이첨·정인홍 등과 붕당을 지어
정국을 어지럽힌다는 것이다.460) 이 해 2월에 선조가 죽자 이산해가
선조의 묘지문을 짓고, 행삭령군수 김현성(金玄成)이 글씨를 썼다.461)
이산해는 선조의 시호를 '종(宗)'으로 하자고 했고 다른 신료들도 이
의견에 동조했으나 뒤에 '조'로 바뀌었다.462) 여기에는 임란을 극복한
공이 참작되었다.

그해 4월 정철이 인빈 김씨의 오빠 김공량을 죄주려 하자 김공량은
"이산해와 그 아들 경전이 1591년(선조 24) 어두운 밤에 김공량의 집을
드나들면서 여러 왕자들을 없애고서 광해군을 끼고 난을 일으킬 것이
라는 말로 정철(鄭澈)을 무함했다"고 발설했다.463) 그리하여 정철이 실
각해 귀양을 갔다. 이산해와 홍여순·유영경·이이첨은 정철을 공격할
때는 동지였다가 뒤에 대북, 소북, 골북으로 갈려 싸웠다. 그들은 광해
군을 모해했느니, 보호했느니 하면서 권력투쟁을 했다.464) 그런데 교
서관 저작 변경윤(邊慶胤)은

> 이산해 부자는 화란을 일으키려는 마음을 가슴 속에 두고 어두운 밤이면 김
> 공량의 집을 올빼미처럼 남몰래 드나들면서 추잡하고 더러운 일들을 하지 않
> 은 것이 없었으며, 종루에 방문을 붙이다가 포도청에 갇혔던 것은 나라 사람들
> 이 다 아는 바입니다. …… 이산해는 처음에는 정철과 일을 함께 하다가 그를

---

460) 《宣祖實錄》 卷220, 宣祖 41年 1月 甲寅.
461) 《宣祖實錄》 卷220, 宣祖 41年 2月 戊午. "李山海는 본디 음흉하고 벼슬자리를 잃을까 걱정
　　해 온갖 비루한 짓을 다하는 사람으로, 은밀하고 비밀스러운 계모(計謀)로 사류를 죄에
　　얽어 넣는 등 못하는 짓이 없었다. 誌文을 짓는 데 이르러서는 實事는 모두 빼버렸고, 또
　　선왕의 자손에 대한 璿派도 기재하지 않았으니 당시에 그의 권세가 두려워 감히 말하는
　　사람이 없었다. 定遠君이 항상 사적으로 통분해 하면서 말하기를 '후세에 그 누가 우리 형
　　제가 선왕의 아들인 줄을 알겠는가?'"라는 논평이 있다.
462) 《光海君日記》 卷1, 光海君 卽位年 2月 甲戌.
463) 《光海君日記》 卷1, 光海君 卽位年 4月 戊午.
464) 《光海君日記》 卷1, 光海君 卽位年 4月 庚午.

모함했고, 뒤에는 유성룡과 일을 같이 하다가 그를 모함했고, 또 남이공(南以恭) 무리들과 일을 함께 하다가 그를 모함했고, 또 홍여순과 일을 함께 하다가 그를 모함했습니다. 지난번 정인홍이 의리로 항거하던 날 유영경이 어금니를 갈며 독을 뿜어대니, 이산해는 밤낮으로 분주히 유영경의 무리들에게 울며 비는 한편 이이첨에게 허물을 돌렸는데, 유영경이 패하자 이산해는 다시 자신의 공로라 하고, 정인홍을 지휘한 것처럼 했습니다. 대저 정인홍은 영남의 곧은 선비로써 그 행실을 살펴보면 잘못된 점이 없지 않으나, 예전에 올린 한 소장이야말로 사람들이 하기 어려운 것이었으니, 그 커다란 절개는 드높아 미칠 수 없을 것입니다. 그가 내놓은 소장이 어찌 이랬다저랬다 하는 이산해의 말을 듣고서 올린 것이겠습니까? 이처럼 앞뒤로 반복된 짓을 한 이산해가 사람들을 빠뜨린 방법은 추대를 함정으로 삼는 것이었습니다. 이러한 함정을 만들어 놓은 이산해는 한편으로 동류들을 빠뜨리고 한편으로는 전하를 빠뜨리면서 자신이 난역의 죄에 빠진다는 것은 몰랐으니, 실로 천지 사이의 한 죄인입니다.465)

이산해가 처음에는 김공량466)과, 다음에 정철, 유성룡, 남이공, 홍여순, 유영경, 정인홍과 차례로 일을 같이하다가 권모술수로 그들을 모함하고 계속 권력을 잡았다는 것이다. 변경윤은 기자헌의 사주를 받아 이산해를 탄핵했다고 한다. 기자헌이 본래 아계와 사이가 좋지 않았는데 이산해의 권세가 성해지자 변경윤으로 하여금 이산해를 공격하게 한 것이라 한다. 아계는 곧 사임하려 했으나 들어주지 않았다.467) 왕

---

465) 《光海君日記》卷3, 光海君 卽位年 4月 庚午.
466) 선조 24년에 영의정 이산해, 좌의정 유성룡, 우의정 정철이 함께 선조에게 왕세자를 세우자고 건의하자고 했다. 그러나 이산해는 다음날 나오지 않았고, 유성룡은 나오기는 했으나 아무 말도 하지 않았다. 그래서 정철이 혼자 건의했다. 이산해는 뒤로 김공량을 찾아가 정철이 광해군을 세우려 하니 대처하라고 했다. 김공량이 仁嬪에게 말하자 인빈이 선조를 찾아가 자기 모자를 살려달라고 울면서 애원했다. 선조가 대노해 정철을 귀양보냈다 (《光海君日記》卷3, 光海君 卽位年 4月 癸未).
467) 《光海君日記》卷3, 光海君 卽位年 4月 癸未.

의 신임이 두터웠기 때문이다. 그리하여 이산해는 아성부원군으로서 계속 국정운영의 핵심으로 활약했다.

그러나 1609년부터 아계는 건강이 좋지 않아 두문불출했다. 더구나 그해 2월 자기의 문장을 계승할 것으로 믿었던 손자 구가 요절하자 실의에 빠져 3월에는 병세가 더욱 악화되었다. 그러나 의원도 부르지 않고, 약도 쓰지 않았다. 나이도 71세의 고령이었다.[468] 선조는 이산해의 병이 위중하다는 말을 듣고 동부승지 이이첨을 보내 문병하게 했다. 사관은 이산해를 다음과 같이 평했다.

이산해는 문장의 기교만 있을 뿐 본성이 음흉하고 궁궐과 내통했으니 그런 재상을 어디에 쓰겠는가?[469]

《광해군일기》를 편찬한 세력이 이산해와 반대당인 시인이었기 때문에 이산해에 대한 평은 좋을 수가 없다. 1609년(광해군 1) 8월 23일에 아성부원군 이산해가 졸했다. 향년 71세. 광해군은 현임 대신의 예로 장사지내라고 했다. 이산해는 부인 한양 조씨와 함께 예산군 대술면(大述面) 방산리(方山里)에 묻혔다. 묏자리는 둘째 사위인 이덕형이 잡았다 한다. 묘지명은 이덕형이, 신도비명은 채제공(蔡濟恭)이 썼다.[470] 이산해 부자의 신도비명이 150여 년이 지난 정조 조에야 겨우 세워질 수 있었다는 사실은 그들이 계속 폄하되어 서원 하나 세우지 못하다가 후손들이 남인으로 자정하고, 그 남인이 일시 득세한 채제공 시대에 겨우 빛을 보게 된 것을 드러낸다 할 수 있다. 그러나 서인계

---

468) 《국역 아계유고》 2, 권6, 아계이상국연보, 192쪽.
469) 《光海君日記》 권15, 광해군 1년 4월 임자.
470) 《韓山李氏文烈公派世譜》, 3~4쪽. 부인 한양 조씨(1542~1604)는 1604년(선조 37)에 죽어 아계묘에 祔左되었다.

사신은 악평을 했다.

　임금이 소인에게 미혹된 것은 선왕이 이산해에게 미혹된 것과 같은 경우가
없었다. 그러나 말년에 이르러 비로소 깨닫고 하교하기를 '이산해의 마음은 길
가는 사람도 안다'고 했는데, 지금까지 조야에서 그 말을 외우고 있다. 그런데
이제 왕이 그를 시귀와 장맛비에 비기기까지 한 것은 무엇 때문인가? 이산해가
스스로 광해군을 왕위에 오르게 한 공로가 있다고 자부했는데 왕도 자기에게
공이 있다고 여겼기 때문인가? 그러나 김귀인과 결탁하고 선왕의 뜻을 받들어
세자를 세우는 일을 방해하고 막은 것은 바로 이산해가 주모자였는데, 왕만이
유독 깨닫지 못했다. 그래서 불행히도 하늘의 토죄(討罪)가 시행되지 않아 제
집에서 늙어 죽었으니, 온 나라 사람들이 모두 그 죽음을 기뻐하고 그 늦은 것
을 한스러워했다. 그런데 심지어 하교하기를 '애통함을 이기지 못하겠다'고 했
으니, 이것이 이른바 인정을 거스른다는 것이다.[471]

　이산해가 광해군 옹립에 공로가 있다는 말은 거짓말이라는 것이다.
오히려 인빈과 내통해 광해군의 세자책봉을 방해했다고 주장했다.
아계 이산해의 졸기는 다음과 같다.

　이산해는 어려서부터 지혜롭고 총명해 일곱 살에 능히 글을 지어 신동이라
불렸다. 자라서는 깊은 마음의 술수가 많아서 밖으로는 비록 어리석고 둔한 듯
하지만, 임기응변을 할 때는 변화무쌍함이 귀신과 같았다. 오래 전병(銓柄)을
잡다가 재상에 이르렀는데, 그가 처음 여러 관직을 임명할 때는 청탁을 완전히
끊어서 문앞이 엄숙하니, 사람들이 그 사심이 없음을 칭송하기도 했다. 선묘(宣

---

471) 《光海君日記》卷19, 光海君 1年 8月 辛未.

廟)께서 그의 부드러우면서도 검약함을 좋아해 대우해주며 의심치 않았다. 좋
은 명성을 얻은 뒤로는 드디어 조정의 권한을 잡고 그가 처음에 골라 등용한
두세 소인배를 심복으로 삼아, 때때로 한밤중에 몰래 불러 은밀히 의논하면서
인물을 평가해 뽑아 등용하거나 탄핵해 내칠 것을 모두 결정했다. 그런 뒤에
그 두세 사람이 모두 차례로 우익과 조아(爪牙)의 벼슬에 올랐기 때문에, 사람
들도 감히 그 어디에서 그렇게 된 것인가를 지적해 배척하지 못했고, 임금도
역시 한 시대의 공의(公議)로 인정했다. 그가 좋아하지 않는 자는 비록 권력 있
는 요직에 있더라도 반드시 계책을 써서 내치고, 그가 좋아하는 자는 비록 죄
를 받고 있더라도 반드시 계책을 써서 뽑아 올리므로 '아계현(鵝溪峴)'이라 불
리웠으니, 그가 요로(要路)에서 통색(通塞)을 결정했기 때문이다. 그러다가 기
축년(1589: 정여립 사건) · 신묘년(1591: 정철 파출) 사이에 시세가 여러 차례
변해 그 마음의 자취가 크게 폭로되었다. 그가 처음에는 정철에게 붙어서 그를
이끌어들여 함께 정치를 하다가, 정철에게 용납되지 못함을 안 뒤에는 또 떠도
는 말로 몰래 궁궐과 내통해 그를 모함해 그 당파를 일소했다. 이 때문에 조야
가 반목하니 시정의 아이들과 촌사람도 모두 그 이름을 부르며 비웃었다. 유성
룡 등 여러 사람들이 모두 그와 나란히 서는 것을 수치스럽게 여겨 그와 약간
틈이 생기자 또 유성룡을 헐뜯어 급기야 그 당파에서 떠났다. 그 마음의 술수
는 대개 임금의 뜻을 받들고 영합해 교묘히 아첨함으로써 먼저 임금의 뜻을 얻
은 뒤에, 몰래 역적이란 이름으로 남을 모함했다. 한때의 간사하고 탐욕스런 무
리들로, 임국노(任國老) · 홍여순 · 송언신(宋言愼) · 이각(李覺) · 정인홍 등으로부
터 나아가 삼창(三昌)의 무리에 이르기까지, 비록 서로 갈라져 공격하기도 하
고 시종 어긋나기도 했지만, 궁내의 총애받는 자들과 결탁해 선류를 배척 · 모
함하는 것은 대체로 모두 이산해에게서 시작된 것이다. 그리고 그 자신은 비록
한가해 벼슬하지 않는 때에도 그가 만들어 배치해 놓은 자들이 모두 그의 당파
로 광해군 조에 이르러서는 그 재앙이 하늘에 닿았다. 인조반정 뒤에 논의하는

자들이 그 가장 나쁜 악[首惡]의 죄를 추후에 바로잡고자 했으나 역시 감히 하지 못했으니, 그는 역시 소인 가운데 우두머리였다. 기자헌이 일찍 말하기를 '이산해는 아마 용과 같은 사람이다. 붕당이 있은 뒤로 이와 같은 사람을 처음 보았다'고 했으니, 대개 그 지혜와 술수에 깊이 감복해 상대하기 어려움을 꺼려서 한 말이었다.472)

서인의 입장에서 씌어진 졸기이기 때문에 글자 그대로 믿을 수 없는 부분이 있겠으나, 이산해는 초기 당쟁시대에 관계에 진출해 왕의 신임을 바탕으로 인사권을 통해 자기의 당파를 부식하고, 마음에 들지 않으면 권모술수로 분당을 자행해 상대당을 몰아냈다는 것이다. 그가 머리가 뛰어나고 술수를 잘 써 당쟁시대에 늘 권력의 정점에 있기는 했으나 만인의 미움을 샀던 것 같다.

이산해가 죽자 그의 사위인 영의정 이덕형이 휴가를 얻어 보령으로 내려갔다. 왕은 초피립이엄(貂皮笠耳掩) 1부(部), 표피(豹皮) 1장(張)을 주어 추위에 대비하도록 했다.473) 왕은 따로 이산해에게 제수를 하사했다. 사신은 유성룡·정구(鄭逑) 같은 덕망 있는 사람은 제외하고 이산해·정인홍 등의 무리에게만 신경을 쓰는 데 대해 불만을 표했다.474)

광해군 조에는 북인이 득세했다. 그러면 북인은 어떤 당파이고 어떻게 분파되었는지 다음의 실록 기록을 통해 살펴볼 수 있다.

대저 동인과 서인으로 분당된 이래 동인들이 잇따라 정권을 잡았으나, 동인은 남인과 북인으로 나누어졌고, 북인은 소북과 대북으로 나누어졌다. 대북 중

---

472) 《光海君日記》 卷19, 光海君 1年 8月 辛未.
473) 《光海君日記》 卷22, 光海君 1年 11月 壬辰.
474) 《光海君日記》 卷22, 光海君 1年 11月 甲辰.

에는 골북과 육북이 있었고, 소북 중에는 청북과 탁북이 있었는데, 남이공은 청북의 괴수였다. 처음에 이산해를 괴수로 삼아 이이첨 등과 함께 유성룡을 공박했고, 뒤에는 또 김신국의 무리와 더불어 홍여순을 공박했는데, 이산해와 이이첨과는 서로 달랐다. 뒤에 이이첨이 또 이산해의 아들 이경전과 함께 홍여순을 공박했으니, 이것이 바로 남인·북인·대북·소북·골북·육북이 나누어진 것이고, 청북·탁북은 뒤에 유영경 시대에 일컬어진 것이다.[475]

초기 당파의 분열을 일목요연하게 정리하고 있다. 아계는 실제로 분파가 있을 때마다 한 당파의 우두머리가 되었고, 그 결과 계속 권력의 핵심에 있었기 때문에 반대파의 끊임없는 비판을 받았다. 당쟁시대 성공한 당파가 감당할 몫이다. 그러나 인조반정으로 광해군 정권이 무너지자 이산해는 악인의 대표로 치부되어 온갖 비난을 받으면서 역사의 그늘 속으로 사라졌다. 천부석인 문사로서 재주를 타고 났고, 왕들의 지극한 사랑을 받아왔으며, 당파를 바꿔가며 계속적으로 정권의 핵심에 있던 아계를 봉안한 서원 하나 없었다는 사실이 이를 반증한다.

그러나 광해군은 이산해의 재기(再碁)에 선대의 원훈이라고 제수를 하사했다.[476] 이산해는 월천 조목과 친했다. 조목은 유성룡을 주화오국(主和誤國)으로 몰고 대북의 이산해와 내통해 도산서원에 홀로 배향될 수 있었다. 적의 적은 동지가 된다. 남인과 북인이 갈릴 때 유성룡은 이산해의 적이요, 유성룡의 적은 조목이었으니 양자가 가까워지게 마련이다. 예안사람 이강(李茳)이 "조목은 곧 정인홍과 동지로서 이황의 사당에 종사되었다"고 했다. 이로부터 안동과 예안 사이의 사람들이 대부분 정인홍에게 빌붙어 과거에 합격하고 명관이 되었기 때문에

식자들이 조목을 위해 부끄럽게 여겨왔다는 것이다.[477]

　1623년(인조 1)에 인조반정이 일어났다. 서인들이 집권했으니 이산해의 아들 이경전은 제거될 운명에 있었다. 그런데도 인조는 오히려 중북이던 한평군(韓平君) 이경전을 명나라에 보내어 인조의 등극을 보고하게 했다.[478] 이경전을 살리기 위해서였다. 왜 그랬을까? 이산해가 일찍이 인빈과 내통한 바 있어 그 손자인 인조의 보살핌이 있어서인지 알 수 없다. 그러나 이경전의 졸기에는 "처음에는 이이첨과 함께 악한 일을 함께 했는데, 그 후 이이첨이 위력과 은혜를 제멋대로 행사하자 그와 등져버렸는데(중북이 됨), 이로 인해 반정하던 처음에 쫓겨남을 면할 수 있었다"고 적고 있다.[479] 그 뒤 이경전은 20여 년 동안 한산한 직책에 있으면서, 시 짓고 술 마시기를 좋아했으며, 공훈 있는 사람들과 서로 좋게 지냄으로써 세상에 용납되었다고 되어 있다.[480]

　1673년(현종 14) 6월에 응교 이선(李選)이 이산해를 이이첨과 나란히 두고 비난하자 아계의 손자 무(裦)는 "이선은 상소문 안에서 무단히 신의 할아버지 이름을 들먹이면서 성씨와 벼슬은 적지 않고 이이첨과 아울러 언급했습니다. 이이첨은 죄인이고, 신의 할아버지는 이름난 재상이므로 보는 자가 한심스럽게 여기지 않는 이가 없는데, 더구나 신의 마음에 어찌 원통하지 않겠습니까?"라고 항의해 왕의 이해를 구했다.[481] 미수 허목은 "사람들이 말하기를 이경전의 문장이 이산해보다 낫고, 이무의 문장이 이경전보다 낫다"고 했다.[482]

---

477)《光海君日記》卷84, 光海君 6年 11月 癸酉.
478)《仁祖實錄》卷1, 仁祖 1年 4月 丙戌.
479)《仁祖實錄》卷45, 仁祖 22年 5月 庚寅.
480)《仁祖實錄》卷45, 仁祖 22年 5月 庚寅.
481)《顯宗實錄》卷21, 顯宗 14年 11月 丙戌.
482) 그러나 숙종은 이무보다 이경전, 이경전보다 이산해의 문장이 낫다고 했다(《肅宗實錄》卷4, 肅宗 1年 閏5月 丙申).

5. 아계 이산해의 자손들

이산해는 부인 양주 조씨와의 사이에 3남(慶伯 · 慶全 · 慶伸) 4녀(李尙弘 · 李德馨 · 柳惺 · 安應亨)를 두었다.[483] 그러나 이산해에게는 요절한 경유(慶愈)와 딸 하나가 더 있었다.[484] 이경백은 1561년(명종 16)에 태어나 1576년(선조 9)에 진사시에 합격하고, 1580년(선조 13)에 알성문과에 급제해 권지부정자가 되었으나, 그해 8월에 죽었다. 부인은 증악정(贈樂正) 이경청(李景淸)의 딸 전의 이씨였고, 묘는 양주(楊州) 송산(松山)에 있다. 동생인 참찬 이경전의 행장과 현손 이복운(李復運)의 묘지명이 있다. 경백은 일찍 죽어 자손이 없다.[485]

둘째 아들은 이산해의 사업을 이은 이경전(李慶全, 1567~1644)이다. 이경전의 자는 중집(仲集)이요 호는 석루(石樓)이다. 1567년(명종 22) 3월 13일 서울 종동(鍾洞)에서 낳았다. 이지번이 일찍이 터를 잡으면서 "이 터에서 반드시 귀한 아들을 낳을 것이다"라고 했는데 이경전이 태어나면서부터 뛰어나고 기이했다고 한다. 그리고 뒷날 세상이 어려울 것을 알고 그 문호를 보존하고자 이름에 '전(全)'자를 넣었다고 한다.[486] 5, 6세에 삼촌인 토정 이지함에게 글을 배웠는데 두어 해가 못 가서 문리가 나 마치 강하의 둑을 터놓은 것과 같았다고 한다. 어린 경전은 황귤백설영(黃橘白雪詠)과 다음의 견폐시(犬吠詩)를 지었다.

한 개가 짖고, 두 개가 짖으니,

483) 《韓山李氏文烈公派世譜》 卷5, 省菴公派, 1~12쪽.
484) 김학수, 앞의 책, 143쪽.
485) 《韓山李氏文烈公派世譜》 卷5, 1쪽.
486) 李慶全, 《石樓集》 卷4, 李袤, 石樓公 諱 慶全行狀, 131쪽.

세 개가 또한 따라 짖는다.

사람인가? 범인가? 바람소린가?

아이가 말하기를 산의 달은 불꽃 같고,

빈 뜰에는 오직 차가운 오동잎이 울고 있을 뿐이라 하네.

항상 있지 않는 것을 보면 놀라는 것은 사리에 마땅하나,

개야 무슨 일로 까닭 없이 짖느냐?

짖는 것은 본래부터 뜻이 있어 아이들에게 문을 빨리 닫으라고 말해 주는 것을

사람들은 알지 못하네.

이 시를 보고 할아버지 이지번이 "나는 따라갈 수가 없다"고 했다고
한다. 장성해서 시험장에 나가니 대적할 사람이 없었고, 문장은 후세
에 전할 만하다고 했다.[487]

1585년(선조 18)에 사마시에 합격하고, 1590년(선조 23)에 증광문과
에 급제해 승문원 부정자가 되었다. 1591년(선조 24)에 장악원 직장으
로서 유성룡에 의해 호당에 뽑혔다. 처음에는 호당에 뽑히지 않았는데
이산해가 사위 이덕형을 시켜 다시 뽑게 해 이경전이 뽑혔다고 한
다.[488] 이때 다시 뽑아 사가독서를 받은 사람은 이유징(李幼澄)·이상
홍·임몽정(任蒙正)·김선여(金善餘)·기자헌·이경전 등이다. 이상홍은
이산해의 사위이고, 이경전은 이산해의 아들이다. 이경전이 사직소를
올리자 선조는 "너희 집안 사람들은 모두들 문장을 잘 하니 사직하지
말라!"고 했다. 그러나 붕당 때문에 자기 사람만 쓰는 예로 거론되기
도 했다.[489]

---

487) 李慶全, 《石樓集》 卷4, 李柔, 石樓公 諱 慶全行狀, 131쪽.
488) 《宣祖實錄》 卷25, 宣祖 24年 8月 壬寅.
489) 《宣祖實錄》 卷25, 宣祖 24年 10月 癸巳.

1595년(선조 28) 6월 이경전은 예조좌랑이 되고[490] 곧 병조좌랑으로 옮겼으며,[491] 1598년(선조 31)에 북인 당로자들이 억지로 사헌부 지평에 추천하고자 했다. 그러나 판서 홍진(洪進)과 참판 오억령(吳億齡)이 반발해 뜻을 이루지 못하고,[492] 문학(文學)에 임명했다.[493] 12월에 부수찬이 되고,[494] 다음 해 2월에 지평으로 옮겼으며[495] 곧 홍문관 교리가 되었다.[496] 3월에 이조좌랑,[497] 사헌부 장령으로,[498] 9월에 홍문관 부제학으로 제수했다.[499] 그 뒤에도 이경전은 홍문관 부교리,[500] 성균관 직강,[501] 부교리[502] 등 청요직을 역임했다.

1592년(선조 25) 4월에 임진왜란이 일어나자 선조는 의주로 파천했다. 조부 이지번은 종묘의 도제조를 맡아 선조를 호종했고, 이산해는 종묘와 사직의 위패를 받들고 행재소(行在所)까지 달려갔다. 그러나 이산해가 먼저 도성을 떠나자고 했다는 죄로 평해로 귀양갔을 때 이경전이 따라가 뒷바라지를 했고, 1595년(선조 28)에 풀려났을 때 함께 돌아왔다.[503]

명나라 도독 형개(邢玠)가 돌아갈 때 자신의 전공이 제일이라고 칭송하지 않는다고 행패를 부려 석루가 군민요(軍民謠)를 지어 치켜세우

---

490) 《宣祖實錄》 卷64, 宣祖 28年 6月 癸卯.
491) 《宣祖實錄》 卷80, 宣祖 29年 9月 己亥.
492) 《宣祖實錄》 卷105, 宣祖 31年 10月 乙卯.
493) 《宣祖實錄》 卷105, 宣祖 31年 10月 丁丑.
494) 《宣祖實錄》 卷107, 宣祖 31年 12月 丙子.
495) 《宣祖實錄》 卷109, 宣祖 32年 2月 癸亥.
496) 《宣祖實錄》 卷109, 宣祖 32年 2月 戊寅.
497) 《宣祖實錄》 卷110, 宣祖 32年 3月 癸未.
498) 《宣祖實錄》 卷110, 宣祖 32年 3月 丁未.
499) 《宣祖實錄》 卷117, 宣祖 32年 9月 癸丑.
500) 《宣祖實錄》 卷120, 宣祖 32年 12月 辛卯.
501) 《宣祖實錄》 卷121, 宣祖 33年 1月 壬戌.
502) 《宣祖實錄》 卷122, 宣祖 33年 2月 甲午.
503) 李慶全, 《石樓集》 卷4, 李柔, 石樓公 諱 慶全行狀, 133~134쪽.

니 그제서야 마음이 풀렸다고 한다.[504] 다음은 그 시의 내용이다.

단(壇)에 올라 깃대에 제사지내니 천지도 이를   登壇祭旗天地爲之感動
위해 감동하고,
군사를 내어 여러 사람들에게 맹세하니 귀신들도   出師誓衆神鬼聽其指揮
그 지휘를 듣는도다.

그러나 그는 골북(이산해)과 육북(홍여순)의 당쟁에 휘말려 아버지 이산해와 함께 많은 비난을 받았다. 1600년(선조 33) 이경전이 홍여순을 대사간이 되지 못하도록 하자, 이경전도 삭직되어 8년 동안 서용되지 못했다.[505] 이에 그해 4월 유학 이해는

이산해와 홍여순은 애초에 당색이 다른 사람이 아니었는데, 오늘날 재앙을 빚은 것은 모두 이경전이 이리저리 꾸며낸 것입니다. 당초 김신국·남이공이 홍여순을 모함할 때 이경전은 홍여순을 구원하지 않을 뿐 아니라, 오히려 팔을 걷어붙이고 공격하여 사람들이 그의 마음 씀이 바르지 않음을 미워했습니다.[506]

라고 공박했다. 화살은 이산해에게 쏟아졌다.

일찍이 이산해의 사람됨을 보니, 밖으로는 근엄하고 삼가는 듯하지만 안으로는 실로 흉악하고 사특해, 지난 30년간의 동서남북 당파의 화근은 모두 이 자가 몰래 주도해 만들어낸 것입니다. 이경전은 일 만들기를 좋아하고 남의 재

504) 李慶全, 《石樓集》 卷4, 蔡濟恭, 石樓公 神道碑銘幷序, 164~165쪽.
505) 李慶全, 《石樓集》 卷4, 李袤, 石樓公 諱 慶全行狀, 165쪽.
506) 《宣祖修正實錄》 卷34, 宣祖 33年 4月 甲戌.

앙 즐기기를 그 아비보다 더하며, 평생의 몸가짐이 개돼지와 같습니다. 그가 피차의 사이를 교란시켜 사류를 모함하고 해친 실상은 귀신과 다를 바 없으니, 이는 실로 왕안석의 왕방(王雱)입니다.[507]

이산해와 더불어 당쟁의 핵심에 있으면서 권모술수로 많은 사류를 해쳤다는 것이다. 이산해는 삼사가 공격하면 전혀 아는 바가 없는 것처럼 말하고 그 허물을 오히려 삼사에게 돌린다고 한다고 비난받았다. 삼사가 거론하는 이산해의 당파는 이이첨·문홍도·윤계선(尹繼善)·유숙(柳潚)·이성경(李成慶)·김치(金緻)·박경선(朴慶善) 등이다.[508]

1600년(선조 33) 4월에 우의정 이헌국이 이산해당과 홍여순당의 갈등을 해소하고자 양 파를 모두 쫓아내자고 하자, 이산해는 파직되고 이경전은 이이첨과 함께 삭탈관작, 문외출송되었다.[509] 그러나 이경전은 곧 사헌부 지평으로 기용되고,[510] 의정부 사인으로 옮겼다.[511] 대신의 아들이라고 봐준 것이다. 그러자 사간원은

급제 이경전은 본시 음험하고 간사한 사람으로서 경박하기까지 해 사류들을 이리저리 모함하는 것이 곧 그의 장점입니다. 지난해에 조정이 안정되지 못하고 진신들이 알력하게 된 것도 모두가 이 사람이 주장한 것입니다. 그의 죄상을 논한다면 저절로 그에 해당하는 율이 있는데 성상께서 아량으로 포용해 단지 삭출만 하시니, 여러 사람들의 공론이 분개해 오래될수록 격렬한데 놓아주라는 명이 뜻밖에 내리게 되었습니다. 게다가 대신의 아들이라는 것으로 핑계

507)《宣祖修正實錄》卷34, 宣祖 33年 4月 甲戌.
508)《宣祖修正實錄》卷34, 宣祖 33年 4月 甲戌.
509)《宣祖修正實錄》卷34, 宣祖 33年 4月 甲戌.
510)《宣祖修正實錄》卷124, 宣祖 33年 4月 辛巳.
511)《宣祖修正實錄》卷125, 宣祖 33年 5月 己酉.

를 하니 신들은 의혹스럽게 여기고 있습니다. 대체로 죄진 자가 대신의 아들이라 해서 풀려나게 된다면, 대신의 아들은 죄악을 자행해도 징계하지 말라는 것입니까? 왕의 말이 한번 내려지자 놀랍게 여기지 않는 사람이 없으니, 성명을 도로 거두소서.512)

라고 해 왕의 처사가 잘못되었으니 풀어주라는 명을 거두어 달라고 하자 왕도 윤허했다.

1604년(선조 37) 어머니상을 당해 너무 슬퍼한 나머지 목숨을 잃을 뻔했다. 그런데 정인홍이 합천에서 유영경을 탄핵할 때 함께 있었다고 공격을 받아 강계로 귀양갔다.513) 영창대군을 위태롭게 했다는 죄목이었다.

그러나 광해군이 즉위하자 이경전은 정인홍·이이첨과 함께 석방되어 사간원 사간에 임명되었다.514) 사간이 되자 이경전은 자기 부자를 배신자로 몰아간 변경윤을 탄핵하고, 자신도 물러나게 해 달라고 했다.515) 이경전은 사헌부 집의516)가 되어 임해군을 죽일 것을 계속 상소했다.517) 광해군은 들어주지 않았다. 그 뒤 이경전은 홍문관 전한,518) 부제학,519) 이조참의,520) 형조참의,521) 동부승지,522) 병조참의,523) 충홍도 관찰사,524) 전라감사,525)526) 우참찬,527) 형조판서,528)

---

512) 《宣祖實錄》 卷163, 宣祖 36年 6月 甲寅.
513) 李慶全, 《石樓集》 卷4, 蔡濟恭, 石樓公 神道碑銘并序, 165쪽.
514) 《光海君日記》 卷3, 光海君 卽位年 4月 辛酉.
515) 《光海君日記》 卷3, 光海君 卽位年 4月 己巳.
516) 《光海君日記》 卷4, 光海君 卽位年 5月 庚子.
517) 《光海君日記》 卷6, 光海君 卽位年 7月 戊子.
518) 《光海君日記》 卷7, 光海君 卽位年 8月 丙辰.
519) 《光海君日記》 卷7, 光海君 卽位年 8月 甲申.
520) 《光海君日記》 卷8, 光海君 卽位年 9月 庚戌.
521) 《光海君日記》 卷13, 光海君 1年 2月 丙辰.
522) 《光海君日記》 卷47, 光海君 3年 11月 庚子.

홍문관 제학,529) 양호도순검사,530) 판중추부사,531) 겸동지춘추관
사,532) 훈련도감 제조533) 등의 요직을 역임했다. 이경전이 북인이고,
광해군 정권도 북인정권이었기 때문이다.

광해군이 즉위한 뒤 유희분(柳希奮)과 이이첨의 사이가 나빠졌다. 권
력투쟁이었다. 마침 김치원이 말 때문에 문책을 당하자 이이첨이 승정
원에 있으면서 그를 구원하고자 했다. 그러나 유희분이 "이이첨이 김
치원을 이끌어 주려고 한다"고 공격하자, 광해군이 노해 이이첨을 의
주부윤으로 쫓아버렸다. 그리하여 두 사람 사이가 나빠졌다.534) 이경
전은 처음에 이이첨과 뜻을 같이했으나 이때에 와서 유희분에게 붙었
다. 그래서 이경전의 아들 이후는 이조정랑으로 있으면서 유희분의 아
우 유희발(柳希發)을 전랑(銓郎)에 적극 천거했다.535) 이경전은 아들인
이후가 죽어 멋대로 상경했다가 탄핵을 받기도 했다.536) 그러나 광해
군은 문제삼지 않았다.

광해군이 즉위하자 이이첨이 이경전을 익사공신(益社功臣)에 책록했
으나, "신의 아비도 모르는 일인데 신이 또한 어떻게 알겠습니까?"라
고 하면서 고사해 면했다. 앞날을 내다본 것이 아닌가 한다.537)

523) 《光海君日記》 卷50, 光海君 4年 2月 丁丑.
524) 《光海君日記》 卷54, 光海君 4年 6月 戊辰.
525) 《光海君日記》 卷63, 光海君 5年 2月 丙申.
526) 《光海君日記》 卷75, 光海君 6年 2月 丁酉.
527) 《光海君日記》 卷94, 光海君 7年 閏8月 丁卯.
528) 《光海君日記》 卷99, 光海君 8年 1月 乙酉.
529) 《光海君日記》 卷99, 光海君 8年 1月 辛卯.
530) 《光海君日記》 卷100, 光海君 8年 2月 丙辰.
531) 《光海君日記》 卷102, 光海君 8年 4月 己未.
532) 《光海君日記》 卷109, 光海君 8年 11月 甲午.
533) 《光海君日記》 卷113, 光海君 9年 3月 丙戌.
534) 《光海君日記》 卷19, 光海君 1年 8月 辛酉.
535) 《光海君日記》 卷43, 光海君 3年 7月 庚子.
536) 《光海君日記》 卷60, 光海君 4年 閏 11月 辛巳.
537) 李慶全, 《石樓集》 卷4, 蔡濟恭, 石樓公 神道碑銘并序, 167쪽.

　1613년(광해군 5) 4월에 7서(七庶)의 옥이 일어났다. 그런데 김응벽의 공초에 이덕형과 이경전의 이름이 언급되었다.[538] 그러나 박승종이 두 사람은 서인이 아닌데 거짓 공초 때문에 연루시킬 수 없다고 주장해 무사했다.[539] 1614년(광해군 6) 9월 이경전이 전라감사로 있을 때는 대적(大賊) 박치의(朴致毅)를 잡아들여 공로를 세웠다.[540] 그러나 비문만 짓는다는 비난을 받기도 했다.[541] 또한 정인홍이 유영경을 공격하는 차자를 올린 뒤에 유영경의 조카요, 아계의 사위인 유성(柳惺)이 이유홍(李惟弘)·최천건(崔天健)·김대래(金大來) 등과 결탁해 반역을 꾀한 사건이 일어났다. 유성은 그의 장인인 이산해에게 "정인홍의 이 상소가 어디서 나온 것이요? 영감께서는 모를 리가 없을 터인데, 반드시 참혹한 화가 영감의 집안에 미치게 된 뒤에야 영감께서 바른 말을 하시겠소? 영감께서 실상을 다 말한다면 거의 죄를 면할 수가 있을 것이오"라고 했다고 한다. 이산해는 이 말을 듣고 하룻밤 사이에 이가 다 빠졌다고 한다.[542]

　1618년(광해군 10) 정월 4일에 우의정 한효순(韓孝純)이 백관을 이끌고 들어가 폐모정청(廢母庭請)을 했다. 이경전도 동참했다. 한효순은 이이첨의 협박으로 정청에 앞장섰다. 정청문은 이이첨이 허균(許筠)·김개(金闓)와 함께 오래 전부터 밖에서 구상하여 당일에 이이첨이 제학 이경전과 유몽인(柳夢仁)을 불러 한 막소(幕所)로 들어가 김개로 하여금 부르는 대로 쓰게 한 것이다.[543] 그리고 정월 30일 좌의정 한효순·우의정 민몽룡(閔夢龍)·예조판서 이이첨·동지춘추관사 이경전·공

538) 《光海君日記》卷67, 光海君 5年 6月 甲辰.
539) 《光海君日記》卷67, 光海君 5年 6月 甲辰.
540) 《光海君日記》卷82, 光海君 6年 9月 己卯.
541) 《光海君日記》卷93, 光海君 7年 8月 庚寅.
542) 《光海君日記》卷108, 光海君 8年 10月 戊午.
543) 《光海君日記》卷123, 光海君 10年 1月 甲子.

조판서 이상의(李尙毅)·우찬성 이충(李沖)·호조판서 최관(崔瓘)·대사
헌 유간(柳澗)·대사간 윤인(尹訒)·부제학 정조(鄭造)·공조참판 조탁
(曹倬)·예조참판 윤수민(尹壽民)·병조참판 이덕형·형조참판 박자홍
(朴自興)·호조참판 경섬(慶暹)·병조참의 정욱(鄭昱)·예조참의 이명남
(李命男)·형조참의 정규(鄭逵) 등 15인이 도당(都堂)에 모여 폐모절목
(廢母節目)을 만들었다.544)

그런데 2월 1일 유학 박시준(朴時俊) 등 10인은 이경전이 자칭 대론
(大論)을 담당한다 하면서 회의에 참석하지 않은 죄를 성토해야 하고,
인목대비의 딸인 공주를 죽여야 하며, 시집갈 때 혼수를 공급해 주어
서는 안 된다고 주장했다.545) 그러나 이이첨 등은 이경전에 대해서는
아무 말을 하지 않고, 공주에 대해서는 공주의 호를 낮추되, 늠료(廩
料)는 지급하고 당초대로 혼례를 치르도록 하는 것이 옳다고 했다.546)
곽영의 공초(供招)에 소명국(蘇鳴國)으로부터 이이첨이 왕의 밀지를 받
았다는 말을 들었다고 했다.547) 또 소명국의 공초에 이경전의 집에서
이병과 회동했을 적에 이이첨이 "전하의 뜻이 이러한데 대론(大論)을
어떻게 해야 하나?"라고 말하자, 이병은 이경전이 말하기 전에 "이 일
은 반드시 다른 쪽 사람들과 공동 보조를 취해야만 쉽게 해낼 수 있
다. 만약 우리들만 무턱대고 추진한다면 계축년(1623)에 정조(鄭造)와
윤인(尹訒)이 당했던 변을 다시 당하지 않겠는가?"라고 했다.548) 그러
나 "종묘·사직과 관계된 일인 만큼 그만둘 수 없는 입장입니다"라고
하자 이이첨이 또 말하기를 "가까운 시일 안으로 밀창군(密昌君)을 찾

544) 《光海君日記》 卷123, 光海君 10年 1月 庚寅.
545) 《光海君日記》 卷124, 光海君 10年 2月 辛卯.
546) 《光海君日記》 卷124, 光海君 10年 2月 辛丑.
547) 《光海君日記》 卷127, 光海君 10年 閏4月 丙寅.
548) 《光海君日記》 卷127, 光海君 10年 閏4月 丙寅.

아가서 다시 회의하는 것이 좋겠다"고 했다는 것이다.549) 그러나 한평
군 이경전은

> 신은 이이첨과 어려서부터 서로 아는 사이로서 조정에 선 뒤에도 고난과 화
> 복을 함께 겪어 왔습니다. 다만 신이 계속된 병환 끝에 겨우 숨이 붙어있는 처
> 지에서 술에 빠지고 병이 고질화되어 세상에 뜻을 두지 않게 된 탓으로 이이첨
> 을 찾아가는 일이 드물었습니다. 신이 이이첨 및 이병과 신의 집에서 서로 대
> 한 날이 많지 않아서 신이 호남에서 올라온 지 4년이 되는 지금까지 고작 두
> 번 이이첨과 이병이 찾아왔었고, 그때에도 모두 다른 손들이 있어서 같이 만났
> 습니다. 친구를 만난 자리에 어찌 이야기가 없었겠습니까마는, 이이첨이 본래
> 술을 마시지 못했기 때문에 신을 놀려먹는 말밖에는 한 일이 없고, 밀지 두 글
> 자에 대해서는 신이 듣지 못했습니다.550)

라고 발뺌했다.

1623년(인조 1) 3월에 인조반정이 일어났다. 이날 밤 이경전은 신자
는 의리에 마땅히 종묘를 위해 죽어야 한다면서 묘문(廟門) 밖에 나가
기다렸다. 이 때문에 인조는 그를 별운검(別雲劍)으로 삼아 들어오게 했
고, 참찬과 제학 벼슬을 주었다. 그리고 같은 해 6월 24일에 이경전은
신흠(申欽)과 김류(金瑬)의 추천으로 겨드랑이에 종기가 난 김신국 대신
명나라 경략(經略)의 아문에 회자(回咨)하기 위해 품핵사(稟覈使)로 차송
되었다.551) 당세에 문장으로 응대하는 데는 이경전 만한 사람이 없다
는 이유에서였다.552) 비변사에서는 당하관을 보내도 될 터인데 굳이 1

---

549) 《光海君日記》 卷127, 光海君 10年 閏4月 丁卯.
550) 《光海君日記》 卷127, 光海君 10年 閏4月 丁卯.
551) 《光海君日記》 卷129, 光海君 10年 6月 辛巳.
552) 李慶全, 《石樓集》 卷4, 蔡濟恭, 石樓公 神道碑銘幷序, 168쪽.

품관인 이경전을 보낼 필요가 있느냐고 이의를 제기했다. 그러나 사안이 중요하니 그대로 보내라고 했다.553) 이경전은 노자 외에 수수료나 체면치레 할 물품 등과, 이문학관과 사자관 각 1명, 군관 2인에게 말을 지급해 줄 것을 요구했다.554) 그리하여 광해군은 은자(銀子)·화석(花席)·먹[墨]·부채·모자·말 2필·양궁(良弓)·미전(美箭) 수십 개·장창(長槍) 3자루·환도(還刀) 몇 자루 등을 넉넉히 마련해 주었다.555) 이경전의 임무 가운데는 전투에 필요한 염초(焰硝)를 무역해 오는 일도 포함되어 있었다.556)

광해군은 이경전과 국방에 관한 토론을 했다. 명이 여진족을 치기 위해 원병을 요청하였는데 우리의 어려운 점을 잘 설명하고 국토를 지키는 데 힘쓸 수 있도록 설득하라는 것이었다.557) 그리고 적이 장관전(長寬奠) 등의 보를 범하면 명나라 군사 6~7천을 파견해 진강 등을 굳게 지키는 편이 좋다는 것을 설득하라고 했다.558) 또한 명나라 군사 1만 명이 우리 강변을 거쳐 적의 소굴로 진격하려 한다면 협력해 함께 정복하라고 했다.559) 이경전이 정주(定州)에서 양경략(楊經略)을 만났는데, 은 2백 냥을 써서 그로 하여금 의주(義州)로 돌아가게 하라고 했다. 명나라 차관(差官)이 깊이 들어오는 것을 싫어해서였다.560) 그랬더니 양경략이 요동의 길을 막고 통행을 못하게 해 은 5~6백 냥을 주고 길을 터 달라고 했다.561) 광해군은 하는 수 없이 군사 1만 명을 원병

553) 《光海君日記》卷129, 光海君 10年 6月 癸未.
554) 《光海君日記》卷129, 光海君 10年 6月 癸未.
555) 《光海君日記》卷129, 光海君 10年 6月 甲申 ; 卷130, 光海君 10年 7月 戊子.
556) 《光海君日記》卷129, 光海君 10年 6月 乙酉.
557) 《光海君日記》卷130, 光海君 10年 7月 庚寅.
558) 《光海君日記》卷130, 光海君 10年 7月 辛卯.
559) 《光海君日記》卷130, 光海君 10年 7月 癸巳. 말 7백여 필을 준비해 도우라 했다(《光海君日記》卷130, 光海君 10年 7月 己亥).
560) 《光海君日記》卷130, 光海君 10年 7月 壬寅.

으로 줄 뜻을 전달하라고 했다.562) 8월에 하총병(賀摠兵)이 1천 5백 명의 군사를 거느리고 청하를 공격해 아호관(鵝虎關)에서 싸워 대승했다는 첩보가 왔다.563) 그리하여 양경략이 요동으로 진격했다.564) 그러나 다음 해에 요양(遼陽)이 무너지고 산해관(山海關) 밖이 모두 여진의 땅이 되었다.565)

1618년(광해군 10) 9월에 이경전에게는 동지경연을 겸하게 했고,566) 다음 해 2월에는 4도체찰사를 겸하게 했다.567) 1619년(광해군 11) 4월에 이경전은 다시 좌참찬,568) 형조판서569)로 승진했고, 1620년(광해군 12) 8월에 명 사신이 올 때 관반(館伴)을 맡았다(遠接使는 이이첨).570)

이경전은 북인이었으므로 인조반정이 일어난 뒤 쫓겨나야 마땅했다. 그런데 그는 마지막에 이이첨과 사이가 나빠져 신흠·김류 등 공신들이 그를 구제해 주기 위해 책봉을 주청하는 사신으로 명나라에 파견했다. 이를 두고 사신(史臣)은 다음과 같이 논평했다.

이경전은 이산해의 아들로 사람됨이 사특했다. 일찍이 선조 말년에 부자가 궁금(宮禁: 인빈 김씨)과 서로 내통하면서 사류를 함정에 빠트려 피해를 입혔고, 광해 조에 이르러서는 이이첨과 결탁해 폐모론을 암암리에 주장했는데, 그

---

561) 《光海君日記》 卷130, 光海君 10年 7月 壬子.
562) 《光海君日記》 卷130, 光海君 10年 7月 乙卯.
563) 《光海君日記》 卷131, 光海君 10年 8月 辛酉.
564) 《光海君日記》 卷131, 光海君 10年 8月 甲子.
565) 《光海君日記》 卷142, 光海君 11年 7月 戊子. "명나라의 10만 군병이 단번에 쓰러지고, 遼陽의 鎭 세 군데가 연달아 함몰되었으므로, 山海關 밖은 虜賊의 안중에 보이지 않을 터이니……"
566) 《光海君日記》 卷132, 光海君 10年 10月 丙寅.
567) 《光海君日記》 卷137, 光海君 11年 2月 壬戌. 체찰부사는 파면시켰던 南以恭을 기용했다 (《光海君日記》 卷178, 光海君 14年 6月 癸未).
568) 《光海君日記》 卷139, 光海君 11年 4月 甲子.
569) 《光海君日記》 卷142, 光海君 11年 7月 丁酉.
570) 《光海君日記》 卷155, 光海君 12年 8月 辛酉.

헌의(獻議)한 말이 지극히 흉악하고 참혹했다. 따라서 반정 뒤에는 중한 벌로 복주되어야 마땅한데, 집권자들이 구해주려고 마침내 중국에 사신으로 보냄으로써 속죄시켜 면할 터전을 마련해 주었다. 아! 성상께서 반정을 일으키신 것은 실로 윤리를 밝히려 함인데, 지금 이 주청하는 임무를 어떻게 이런 자에게 맡길 수 있겠는가? 시의가 모두 해괴하게 느꼈다.571)

1623년(인조 1) 7월 21일 주문사(奏聞使) 좌의정 이경전은 예조판서 윤훤(尹暄), 사헌부 장령 이민성(李民成)과 함께 등주(登州)에 이르러 치계했다.

신들이 등주에 도착해 보고서를 올렸더니, 군문(軍門)이 곧장 신들을 불러 말하기를 '그대들의 옛 국왕은 살아있는가?' 하기에, 신들이 답하기를 '살아있다' 했습니다. 군문이 말하기를 '아들이 있는가?' 하기에, 답하기를 '아들 하나가 있다' 했습니다. 군문이 말하기를 '어느 곳에 있는가?' 하기에, 답하기를 '한 곳에 같이 있다' 했습니다. 군문이 말하기를 '전하는 말을 들으니 구왕이 3월 13일에 벌써 죽었다는데 맞는가?' 하기에, 답하기를 '절대로 그럴 리가 없다. 비빈과 하인들도 모두 그를 따라 함께 있다' 했습니다. 군문이 말하기를 '구왕이 스스로 물러났는가?' 하기에, 답하기를 '구왕이 덕을 잃은 내용은 주문 가운데 상세히 기록되어 있다. 온 나라의 대소신민이 미리 모의하지 않았는데도 한 마음이 되어 모두 신왕을 추대하자, 소경왕비(昭敬王妃: 인목대비)가 영을 내려 국사를 임시로 처리하게 했다' 했습니다. 군문이 말하기를 '그대 나라가 지금 안정되었는가?' 하기에, 답하기를 '하늘이 명하고 백성들이 귀의해 저자의 가게가 바뀌지 않은 채 반정하는 날 조야가 평온했는데, 어찌 안정되지 않을 일

---

571) 《仁祖實錄》 卷1, 仁祖 1年 4月 丙戌.

이 있겠는가? 모도독(毛都督)이 우리나라에 주둔하니 관계되는 모든 사정을 환히 알지 못하는 것이 없다' 하니, 군문이 상당히 시인했습니다. 이는 대체로 맹추관(孟推官) 같은 자가 일찍이 우리나라에 와서 그가 하고 싶은 것을 다 채우지 못하자 크게 원망하고 노여워해 망극한 말을 꾸며냈기 때문에 그런 것이라 합니다.[572]

1624년(인조 2) 3월 15일 주문사 이경전은 인목대비의 주문을 가지고 북경에 이르러 다시 치계했다.

신들이 경사에 이르러 주문을 바친 뒤에, 사관이 나오는 일로 인해 조정의 논의가 정해지지 못했습니다. 신들이 예부에 정문(呈文)했더니, 상서 임요유(林堯兪)가 말하기를 '배신(陪臣)이 글을 올리는 것은 규례가 없는데, 내가 이에 의거해 아뢰겠다' 했습니다. 12월 13일 아침에 각로(閣老)·6부(六部)·9경(九卿)·과도어사(科道御使) 등 여러 관원과 상의해 결정하도록 명해 조정의 의견이 일치하게 되었습니다. 16일에 예부에 가서 빨리 책봉을 제주(題奏) 해 주기를 청했더니, 상서가 답하기를 '조정의 의논이 이제 타결되었다' 했습니다. 이에 17일에 글을 올려 책봉을 청했는데, 황제가 곧 허락했습니다. 정월 8일 신들이 왕비를 아울러 책봉하고 조사(詔使)를 보내는 두 가지 일로 정문하니, 상서가 말하기를 '왕비를 책봉하는 일은 조사를 보낼 때 동시에 책봉한다' 했습니다. 9일에 서장안문(西長安門) 밖에 가서 각로 섭상고(葉尙高)에게 또 정문하기를 '국왕을 책봉하는 일을 허락했으니, 왕비는 저절로 함께 책봉해야 할 것인데, 조사는 어찌하여 아직도 차출하지 않는가?' 했더니, 답하기를 '한림과관(翰林科官)을 으레 보내야 하는데, 바다를 건너야 하기 때문에 다들 가려하지 않으므로

---

572) 《仁祖實錄》卷2, 仁祖 1年 7月 己酉.

어쩔 수 없이 무신을 보내려 하는데 또한 사체에 어그러지니, 이 때문에 조정의 의논이 결정되지 못했다' 했습니다.[573]

반정으로 정권을 잡은 인조정부로서는 명나라의 책봉을 받는 것이 시급하고 중요했다. 그런데 이 중요한 일을 이경전이 맡아 잘 수행한 것이다. 명나라에서는 보낼 사람이 마땅치 않아 금방 조사(詔使)를 보내지는 못했으나 한 해 뒤에 보내겠다고 약속했다.[574] 인조는 곧바로 주문사 이경전과 선래역관(先來譯官)·군관들에게 가자했다.[575] 이경전에게는 노비 6구와 토지 20결을 아울러 주었다.[576] 그러나 이경전은 자신에게 무슨 공이 있냐며 종 1명만 받았다.[577] 1627년(인조 5) 정묘호란 때에는 강화도에서 인조를 호종했고, 1636년(인조 14) 병자호란 때에는 남한산성에서 인조를 호종해 숭록대부(崇祿大夫)에 올랐다.[578]

그런데 1628년(인조 6) 2월, 인성군 이공(李珙)의 역모사건이 일어났다. 공모자 이효일의 공초에 광해군의 글을 이경전에게 전하려 했으나 이경전이 비천하고 소원하여 끝내 전하지 않았다는 말이 나왔다. 이 때문에 이경전이 즉시 사직하려 하자 인조가 만류했다. 광해군의 글을 전하지 않았기 때문이다.[579] 9월에 신·구공신 및 공신적장들에게 1등급씩 가자했다. 이때 이경전은 1품 숭록대부로 승진했다.[580]

1637년(선조 15) 11월에 인조는 청나라의 요구로 삼전도비를 세우기로 했다. 그런데 비문을 누가 쓰느냐가 문제였다. 인조는 글 잘하는 장

---

573) 《仁祖實錄》 卷5, 仁祖 2年 3月 己巳.
574) 《仁祖實錄》 卷5, 仁祖 2年 4月 甲辰.
575) 《仁祖實錄》 卷5, 仁祖 2年 3月 辛未.
576) 《仁祖實錄》 卷6, 仁祖 2年 5月 戊辰.
577) 李慶全, 《石樓集》 卷4, 蔡濟恭, 石樓公 神道碑銘幷序, 168쪽.
578) 김학수, 앞의 책, 249쪽.
579) 《仁祖實錄》 卷18, 仁祖 6年 2月 壬子.
580) 《仁祖實錄》 卷19, 仁祖 6年 9月 癸未.

유(張維)·이경전·조희일(趙希逸)·이경석(李景奭)에게 부탁했다. 그러나 조희일은 일부러 글을 거칠게 써서 채택되지 않았고, 이경전은 병 때문에 짓지 못했으므로, 마침내 이경석이 쓰게 되었다.[581]

1638년(인조 16) 4월에 이경전을 형조판서에 임명했으나[582] 척화사상을 가진데다가 병이 있어 사면했다.[583] 1640년(인조 18) 5월에도 이경전을 형조판서에 임명했으나,[584] 다시 병을 이유로 사면했다.[585] 그런데 사평에

> 이경전은 사람됨이 간사했으며 처세에 능했다. 그리고 착용하는 관복(冠服)도 항상 미천한 자와 같이 했다. 광해군 조에 이이첨이 장차 무너질 것을 알고 점차 소원하게 해 화를 면했다. 정축년(1638) 이후에 판서에 제수되었다.[586]

라고 해 이경전의 처신에 관해 간략히 언급하고 있다. 그가 죽은 뒤에도 비난은 계속되었다.

> 이경전은 이이첨과 일을 같이했으나, 뒤에 이이첨이 장차 실패할 것을 보고는 태도를 바꾸어 중북(中北)이 되었다. 인조반정 뒤에 요행히 죽음을 면했다. 일찍이 상신 이정구(李廷龜)의 집에 나아가서 말하기를 '소인이 어찌 대감 집의 늙은 종과 다르겠습니까?'라고 하니, 사람들이 그의 아첨을 비웃었다.[587]

---

581) 《仁祖實錄》卷35, 仁祖 15年 11月 己丑.
582) 《仁祖實錄》卷36, 仁祖 16年 4月 丙申.
583) 《仁祖實錄》卷36, 仁祖 16年 4月 乙巳.
584) 《仁祖實錄》卷40, 仁祖 18年 5月 辛巳.
585) 《仁祖實錄》卷40, 仁祖 18年 5月 庚戌.
586) 《仁祖實錄》卷40, 仁祖 18年 5月 庚戌.
587) 《肅宗實錄》卷3, 肅宗 1年 4月 甲辰.

이러한 이경전의 처신에 대해 사간원이 드디어 공격에 나섰다.

> 형조판서 이경전은 광해군 조에 허물을 지어 자신을 지키지 못했습니다. 인
> 조반정 후에 즉시 정죄하지 않고 작위를 보존해 주었으니, 은택이 지극한 것입
> 니다. 그러니 마땅히 정성을 다해 보답하기를 도모하면서 죽기로써 기약해야
> 할 것입니다. 그런데 관직에 있으면서 공무를 제대로 돌보지 않고 장난하듯이
> 했으므로 물정이 분개해 온 지 오래입니다. 나라의 기강이 무너지고 시사가 위
> 태로워지자 인질을 보내는 것을 모면하고자, 공의는 돌보지 않고 6경 자리 피
> 하기를 함정 피하듯이 하면서 잇달아 사직서를 올려 기어이 체직되고자 했습
> 니다. 임금을 잊고 나라를 저버린 죄를 징계하지 않을 수 없습니다. 삭탈관작하
> 소서.588)

대신의 아들은 청나라에 인질로 보내야 하므로 기어이 형조판서를
사직하려는 것은 자신의 안위만 생각하고 국가를 저버린 처사이니 삭
탈관작하라는 것이었다.

이경전은 1644년(인조 22) 5월 3일에 초동(草洞) 집589)에서 죽었다.
향년 78세. 행장은 아들 이무가, 묘지명은 김두남(金斗南)이, 신도비명
은 채제공이 썼다. 묘는 선영인 보령 고만산에 있다. 부인 안동 김씨
(1566~1606)의 묘는 남편 묘 위쪽에 있고, 남양 홍씨의 묘는 마동(馬洞)
에 있다.590) 지은 글이 많으나 난리에 없어지고 《석루집(石樓集)》 4권
이 전할 뿐이다. 그의 실록 졸기에는 다음과 같이 기술하고 있다.

---

588) 《仁祖實錄》 卷40, 仁祖 18年 6月 甲子.
589) 이산해가 살던 南山 鑄字洞의 집은 10년 뒤인 1621년(광해군 13)에 그 소유권이 용인 이
    씨 李後天에게 넘어갔고, 이경전 대에는 주자동과 같은 訓導坊에 속한 草洞으로 옮겨 살았
    다(김학수, 앞의 책, 254~255쪽).
590) 《韓山李氏文烈公派世譜》, 3~4쪽.

이경전은 이산해의 아들이다. 그는 사람됨이 교활하고 간사해 자기 부형의 배경을 의지해 조정의 권력을 제멋대로 농락했다. 맨 처음 이이첨과 더불어 악한 일을 함께 하며 서로 도와서 숭품(崇品)에 올랐었다. 그 후 이이첨이 위력과 은혜를 제멋대로 자행하던 때에 이르러서는 곧 그와 서로 등져버렸는데, 이로 인해 반정하던 처음에 쫓겨남을 면할 수 있었다. 그 후 20여 년 동안 한산한 직에 있으면서, 시 짓고, 술 마시기를 즐기고 검소함을 스스로 좋아했으며, 공훈 있는 신하들과 서로 좋게 지냄으로써 세상에 용납되었는데, 이때에 이르러 죽었다.591)

이 졸기를 보면 이경전은 아버지 이산해와 마찬가지로 도학자가 아니라 현실주의자임을 알 수 있다. 학통도 도학에만 매몰되지 않고 상업을 중시하며, 서얼이나 상인, 천인까지 포용하는 화담계열이었다. 그러므로 경학보다 사장에 능하고, 명분보다 현실을 중시했다. 그러니 당쟁시대에 왕에게 잘 보이고, 이해관계에 밝으며, 권모술수를 해서라도 권력을 지키려 한 것이다. 그 때문에 교활하고 간사하다는 말도 듣고, 권력에 의지해 조정을 제멋대로 좌지우지 했다는 비난도 듣게 되었다. 그는 권력의 향배에 따라 처신을 바꾸고, 불리하면 물러가 위험을 피할 줄도 알았다. 서인 도학자들의 눈에 이러한 이산해·이경전 부자는 소인 가운데서도 소인으로 비칠 수밖에 없었다. 사평에서 계속적으로 이들 부자를 비난한 까닭도 이 때문이었다고 생각된다. 그러나 시대가 당쟁시대였으므로 붕당끼리 처절한 권력투쟁을 하는 마당에 권력을 향해 수단방법을 가리지 않았다고 비판하는 것은, 뒤집어 보면 그 점에서는 공격하는 당파도 마찬가지였다. 다만 도학으로 포장하느

---

591) 《仁祖實錄》 卷45, 仁祖 22年 5月 庚寅.

냐, 현실적으로 접근하느냐의 차이가 있을 뿐이다. 그런데 이들 부자가 더욱 비난을 받은 까닭은 그들이 주도했던 광해군 조의 북인정권이 서인에게 몰락하고, 그 뒤 서인이 조선의 정국을 계속 주도했기 때문이라고 생각한다.

3자 이경신(李慶伸)도 진사시에 합격했지만 단명해 재능을 펼치지 못했다.[592] 맏사위는 여주 이씨인 춘주(春洲) 이상홍이다. 성호 이익의 종증조부요, 여주 이씨 수원파의 중시조 이상의(李尙毅)의 형이다. 문과에 급제해 홍문관 교리를 지냈다. 둘째 사위는 광주 이씨로 문과에 급제해 영의정을 지낸 한음 이덕형이다. 부인은 임진왜란 때 왜적을 피해 자결해 정려(旌閭)를 받았다. 셋째 사위 유성은 소북의 명가 전주 유씨 유영경의 친척 유영길(柳永吉)의 아들이다. 문과에 급제해 사헌부 헌납을 지냈다. 그러나 인성군 역모사건에 연루되어 정인홍의 상소가 장인 이산해의 사주로 올려진 것이라고 면박을 주는 패륜을 저질렀다. 아계는 이 말을 듣고 하룻밤 사이에 이가 다 빠졌다고 한다. 넷째 사위 안응형(安應亨)은 선조의 매부 안황(安滉)의 아들로 문과에 급제해 참판을 지냈다.[593] 이와 같이 아계는 네 사위를 당대의 명문인 여주 이씨, 광주 이씨, 전주 유씨, 광주 안씨 등에서 얻음으로써 명가의 지위를 굳건히 했다.

며느리도 전의 이씨(李景淸), 안동 김씨(金瞻)와 같은 명문에서 데려왔다.[594] 또한 아계는 1580년(선조 13년) 장자 이경백(李慶伯)이 아들을 두지 못하고 죽자, 차자 이경전의 둘째 아들 이구를 경백의 양자로 들이게 했다. 그러나 1612년(광해군 4)에 이경전의 장자 이후(李厚) 마저

---

592) 김학수, 앞의 책, 143쪽.
593) 김학수, 위의 책, 245쪽 ;《韓山李氏文烈公派世譜》卷5, 1~12쪽.
594) 김학수, 위의 책, 245쪽.

죽자, 이구를 복귀시켜 자신의 가통을 잇게 했다. 그리하여 가통이 이 산해-이경전-이구로 이어지게 되었다.595)

이경전은 김첨의 딸 안동 김씨와의 사이에 5남(厚·久·阜·卣·袤) 1 녀(趙壽益)를 두었다.596) 그러나 《한이가첩(韓李家帖)》에 따르면 이밖에 남양 홍씨와의 사이에 서자녀 7남(滄·就·瀏·宇·阞·抽·湊) 3녀(元後積·孟世賢·安振邦)가 더 있었다. 그러니 이경전의 자녀는 12남 4녀인 셈이다.597)

이경전의 장자 이후(李厚, 1585~1612)의 자는 자방(子房), 호는 시시재(是是齋)로 1585년(선조 18) 10월 16일에 태어났다. 1603년(선조 36)에 19세의 나이로 정시 문과에 급제하고 호당에 들어 벼슬이 이조정랑에 이르렀으나, 1612년(광해군 4) 11월 18일에 27세를 일기로 일찍 죽었다. 부인은 영의정 권철(權轍)의 손녀요, 병사 권진경(權晉卿)의 딸인 안동 권씨요, 묘는 예산군 대술면 방산리 안곡에 있다. 부인의 묘는 양주 서산(西山)에 있다.598)

차자 이구(李久, 1586~1609)의 자는 정견(庭堅)이요, 호는 후곡(後谷)으로 1603년(선조 36) 사마시에 장원하고, 1605년(선조 38) 20세로 증광문과에 장원해 예문관 검열, 시강원 설서 등을 역임했으나, 1609년(광해군 1) 2월 26일에 24세로 요절했다. 묘는 단양군 구담성동(龜潭城洞)에 있으며, 부인은 순령군(順寧君) 이경검(李景儉)의 딸 전주 이씨 (1588~1608)이다.

이구의 부인 전주 이씨는 기울어 가는 한산 이씨 아계 가문을 다시 일으켜 세운 공로가 있는 여장부였다. 부인의 아명은 효숙(孝淑)이었

595) 김학수, 위의 책, 245~248쪽.
596) 《韓山李氏文烈送派世譜》 卷1, 1~7쪽.
597) 《韓山李氏文烈送派世譜》 卷1, 4쪽 ; 김학수, 앞의 책, 382쪽.
598) 《韓山李氏文烈公派世譜》 卷5, 1쪽.

다. 이경검은 외동딸 효숙을 지극히 사랑했다. 효숙이 9세 때의 일이
다. 난리통에 집을 수리하다가 효숙에게 이 집을 주겠다고 했다. 이경
검은 농담이었지만 효숙은 그날부터 이 집은 자기집이라고 믿고 있었
다. 점잖은 선비가 허언을 할 수 없었다. 옛날 주나라 성왕(成王)의 얘
기도 있지 않은가? 어린 성왕은 아우와 놀다가 오동잎을 오려 아우에
게 주면서 "이것으로 너를 제후에 봉한다"고 했다. 이 말을 들은 주공
(周公)은 아우에게 하례를 드렸다. 성왕은 재미삼아 한 말이라 했다.
그러나 주공은 "천자는 농담할 수 없다"고 하여 결국 동생을 당나라
제후로 삼은 일이 있었다. 뒤에 한유(韓愈)는 동엽봉제변(桐葉封弟辨)을
지어 주공의 입장을 지지한 바 있다. 이경검도 비록 식언이었지만 사
대부의 체신을 지키기 위해 따로 명예방(明禮坊)에 있는 기와집 한 채
를 약속대로 효숙에게 주었다. 분재기 말미에는 다른 자식들에게 불평
하지 말라는 단서까지 붙여 놓았다. 오빠 이안국(李安國)이 증인을 섰
다. 이 분재기는 아계 후손가에 지금까지 전해 온다.

그러나 이씨 부인에게는 시련이 그치지 않았다. 처음에는 영의정의
손주며느리로 남부럽지 않은 생활을 했다. 그런데 남편 이구가 과거에
장원급제해 승승장구하다가 24세의 젊은 나이로 요절하고 말았다. 대
북집안 아계 가문도 인조반정으로 사양길에 접어들었다. 부인은 과감
하게 집을 예산 한가리(閑暇里)로 옮겼다. 그곳에 있는 전장을 관리하
기 위해서였다. 그러나 경제(京第)도 그대로 남겨 두었다. 자손들의 교
육, 과거, 사환을 위한 의도였다. 이씨 부인은 억척스럽게 노복을 부려
농사를 지어 집안을 일으켰다. 그리하여 노비가 300구가 될 정도로 재
산을 모았다. 그리고 외아들 이상빈(李尙賓)이 1630년(인조 8)에 진사시
에 합격했다. 그러나 7년 뒤인 1637년(인조 15) 3월에 이상빈은 32세의
나이로 아들 창근(昌根)·운근(雲根)을 남겨둔 채 죽고 말았다.

그러나 이씨 부인은 포기하지 않았다. 집(뒤에 修堂古宅)도 새로 짓는 등 비록 차종가(次宗家)이지만 후곡(後谷) 가문을 일으키는 데 결정적인 역할을 했다. 물론 형 이후가 있었으나 일찍 죽고 후손이 한미한 것과 달리 후곡 가문은 과거, 사환이 많이 나와 한산 이씨의 중심을 이루었다. 이운근은 비록 사마시밖에 합격하지 못했지만 의령현감까지 지냈고, 그의 아들인 이덕운(李德運)은 1691년(숙종 17)에 증광문과에 급제해 병조정랑까지 지냈다. 그리고 그 후손 가운데 수당(修堂) 이남규(李南珪)가 태어난 것이다.599)

이운근의 처남은 근곡(芹谷) 이관징(李觀徵)이고 처조카는 숙종조의 남인의 핵심인 이옥(李沃)이었다. 이처럼 아계 가문은 조선 후기에 남인가문으로 자정하게 되었다.600) 그리하여 남인이 기를 펴게 된 채제공 대에 와서야 비로소 이산해, 이경전의 신도비가 세워질 수 있게 된 것이다.

이경전의 3자는 이부(李阜, 1588~1664)이다. 그의 자는 춘대(春臺), 호는 주봉(酒峯)으로, 1613년(광해군 5)에 사마시에 합격해, 1620년(광해군 12) 태학생으로서 이이첨을 베라는 상소를 올렸다가 전리로 쫓겨나 다시는 정계에 나오지 못했다. 묘는 아산시 신창면 신달리(新達里)에 있다.601) 부인은 부사 권경(權暻)의 딸인 안동 권씨로 남편과 합장되어 있다. 또 다른 부인 경주 김씨의 묘는 예산군 대술면 방산리에 있다.

4자 이유(李卣, 1591~1621)의 자는 대중(大中), 호는 삼등(三登)으로 1591년(선조 24) 3월 11일에 태어났다. 천재의 기질이 있어 이경전이 기특하게 여겼는데 나이가 어리다고 과거에 응시하지 못하게 했다. 그

---

599) 김학수, 앞의 책, 259~266쪽.
600) 김학수, 위의 책, 266~272쪽.
601)《韓山李氏文烈公派世譜》卷5, 3쪽.

는 30세에 요절했다. 묘는 예산군 대술면 방산리 이산해의 묘 오른쪽 산록에 있다. 부인 홍계원(洪繼元)의 딸 남양 홍씨와 합폄이다.602)

5자 이무(李袤, 1600~1684)의 자는 정지(廷之), 호는 과암(果庵)이다. 1600년(선조 33) 7월 13일 남양(南陽) 구포촌(鷗浦村) 아계의 우거(寓居)에서 태어났다. 그는 천자(天姿)가 영오(穎悟)하고, 행실이 얼음과 옥 같아 아명을 제갈공명의 이름인 와룡(臥龍)이라 했다.603)

이무가 4세 때 할아버지에게 부채를 달라고 하는 것을 일부러 안 주었더니 줄 때까지 울었다. 아계가 이를 보고, 이 아이는 그 뜻이 확고하니 반드시 귀하게 될 것이라고 했다. 그리고 5세에 아계가 비로소 글자를 가르치니 하나를 가르쳐 주면 열을 알았다. 그는 저보(邸報: 官報)를 한 번 보고 다른 글을 깨쳤다고 하며, 슬하에서 시정(時政)을 논할 때는 시비를 명확하게 변별하고, 때때로 다른 사람의 의표를 찌르는 말을 하기도 했다. 그래서 아계가 기특하게 여겨 "내 서대(犀帶)를 전할 자는 반드시 이 아이일 것"이라 했다고 한다. 큰형 이후도 그의 등을 쓸어 주면서 "우리집 가업은 마땅히 너에게 전해질 것"이라 했다고 한다.604)

1606년(선조 39) 그가 7살 때 어머니가 숨을 거두었는데, 예를 갖추기를 어른과 같이 했다고 한다. 1609년(광해군 1)에 작은 형 이구와 할아버지가 죽어 애통해 마지않았다. 1613년(광해군 5)에 아버지 이경전이 호남의 관찰사로 나가자 따라가 열심히 공부했다. 이때 한벽루상량문(寒碧樓上樑文)을 지었다. 1615년(광해군 7)에 아버지의 관직이 풀려 돌아왔다.605)

---

602)《韓山李氏文烈公派世譜》卷5, 6쪽.

603) 李袤,《果庵集》卷9, 年譜, 現代文化社, 1998, 160쪽 ; 從行六狀世孫 李柱溟, 行狀(《韓山李氏文烈公派世譜》) 173쪽.

604)《韓山李氏文烈公派世譜》卷5, 6쪽.

1617년(광해군 9)에 이이첨 등이 인목대비를 폐위시키려 하자 형 진사 이부와 함께 이이첨의 머리를 베야 한다는 상소를 올렸다. 그러나 이무는 아직 약관이었기 때문에 상소문은 써 주되 올리기는 이부가 올려 폐고(廢錮)당했다. 다음 해인 1618년(광해군 10)에 유희발(柳希發)의 딸 문화 유씨에게 장가갔다. 그러나 용사자들이 국정을 천단하자 과거시험을 보지 않다가 1623년(인조 1) 3월에 인조반정이 일어나자 비로소 응시해 1626년(인조 4)에 27세로 별시 병과에 급제했으나 시험관의 친자, 친손이 합격했다 하여 파방되었다. 그리하여 1629년(인조 7) 겨울에 다시 별시를 보아 갑과 제3인으로 급제해 승문원 박사에 분관되었다. 이때 시관이었던 월사(月沙) 이정구(李廷龜)는 당시의 대책(對策)이 다른 사람 것에 견주어 월등히 잘 썼다고 극찬했다. 그러나 이부는 노량과 예산을 왕래하며 소일할 뿐이었다. 그러다가 1636년(인조 14)에 병자호란이 일어나 아버지가 강화도로 왕을 호종하러 가다가 인조가 남한산성에 있다는 말을 듣고 그리로 갔으나, 길이 막혀 영남 선산에 가서 피난했다.606)

피란에서 돌아와 시사(時事)를 개탄해 벼슬할 생각이 없어 광주 우협(牛峽)이나 예산을 왕래하면서 근친했으나, 근친하기에는 서울이 나을 것 같아 서울에 머물러 있었다. 그러다가 1638년(인조 16) 가을에 전적에 임명되었다가 곧 병조좌랑으로 옮겼으며, 다음 해 예조좌랑이 되었다. 그런데 이때 중형 이구가 죽어 그 아들 운근을 데려다 가르쳤다.607) 1643년(인조 21) 44세 때에 척화소를 올리려 했으나 아버지가 말려 그만두었으며, 다음 해 7월 아버지가 죽어 보령 고만산에 장사지

605) 《韓山李氏文烈公派世譜》 卷5, 6쪽.
606) 《韓山李氏文烈公派世譜》 卷5, 7쪽.
607) 《韓山李氏文烈公派世譜》 卷5, 161쪽.

내고, 보령 관촌에서 여묘살이를 했다.608)

1646년(인조 24) 가을에 상복을 벗고 8월에 지평이 되었다. 이때 관
직을 사퇴하고자 하는 상소를 올려 임금이 마음을 바로잡고 세자를
보양하는 것이 가장 먼저 할 일이라고 주장했다. 그러려면 춘방(春坊:
세자궁)의 요속들을 올바른 원로 가운데서 골라 쓰고, 산림유일(山林遺
逸)과 이학(理學)을 하는 선비들을 널리 구해 세자를 보필하게 해야 한
다고 했다. 또한 홍익한(洪翼漢)·윤집(尹集)·오달제(吳達濟)·정온(鄭
蘊)을 표창하고, 이경여(李敬興)·심노(沈䖏)·홍무적(洪茂績)·이응기(李
應蓍) 등의 귀양도 풀어주어야 하며, 과거시험문제를 잘못 낸 이식(李
植)의 죄도 용서해 주어야 한다고 주장했다.609)

1648년(인조 26) 가을에 정언이 되어 붕당을 없애고, 양리를 가려 써
야 한다는 상소를 올렸다. 겨울에 지평이 되었는데 사퇴하고, 병조좌
랑·정랑, 예조정랑 등의 관직을 역임했다. 다음 해 5월 인조가 죽고
효종이 섰다. 효종은 인사부서에 비망기(備忘記)를 내려 대간이 될 만
한 사람들을 추천하라고 했다. 이조에서는 이무를 추천해 정언이 되었
다. 7월에 해미현감이 되어 유교적 교화를 펴는 데 힘썼다.610)

1650년(효종 1) 7월에 해미현의 민막과 군정에 대해 상소했다. 현의
열악한 사정을 고려하지 않고 족징, 인징 등 가렴주구를 일삼으면 토
붕와해(土崩瓦解)의 사태가 벌어질지도 모른다는 내용이었다. 왕도 유
념해서 처리하겠다고 약속했다. 1652년(효종 3) 봄에 왕명을 받고 불려
왔을 때 김자점(金自點)은 복주되고 강빈(姜嬪)의 옥은 마땅히 신원되
어야 한다고 하는데, 이무만은 홀로 관련자인 신생(辛生)을 국문해야

---

608) 《韓山李氏文烈公派世譜》 卷5, 161쪽.
609) 李袤, 《果庵集》 卷9, 年譜, 李袤撰, 行狀, 174~175쪽.
610) 《韓山李氏文烈公派世譜》 卷5, 162쪽.

한다고 주장하다가 왕의 미움을 받아 중형을 받을 뻔했으나 연신(筵臣)들의 만류로 풀려났다.611) 당시의 사평은 다음과 같다.

> 이무는 한평군(韓平君) 이경전의 아들로 시에 능하고 담론을 좋아했다. 이때 대간이 김자점을 탄핵하려 하는데, 이무는 정언으로서 인피(引避)하고 참여하지 않았으므로 드디어 외직에 보임되었다.612)

그해 가을에 또 서천군수(舒川郡守)가 되어 사창(社倉)을 설치하고 봉급을 털어 호역(戶役)을 메우게 했다. 당시 군에는 5공주의 궁노(宮奴)들이 권세를 등에 업고 가렴주구를 일삼아 백성들이 살아갈 수가 없었다. 이무는 왕에게 상소해 그 죄를 물을 것을 요구하고, 아울러 민막을 제거하고, 군병을 양성하며, 염치를 장려하고, 기강을 확립할 것을 주장했다. 왕도 유념하겠다고 약속하고, 천방사에서 거두어 가던 세곡(稅穀)을 군(郡)에 소속시키도록 했다.613) 1655년(효종 6) 겨울에 해임되었는데 군민들이 송덕비를 세워 주었다.614)

다음 해 겨울에 필선이 되었으나 병으로 그만두었고, 1657년(효종 8) 봄에 직강이 되고 여름에 헌납이 되었으나, 병으로 그만두었다. 그는 사직상소에서 천재는 민원에서 나오는 것이니 생민의 고통을 덜어 주어야 하니 즉위 초에 이를 유념해야 한다는 의견을 피력했다. 그해 가을에 군기시정, 겨울에 사헌부 집의, 사간원 사간, 다음 해에 종부시정, 상의원정, 사성, 사간 등의 관직을 제수받았으나 병으로 부임하지 못했다. 당시 송시열이 집권하고 있었는데 이무는 송시열을 비판하다

---

611) 李袤, 《果庵集》 卷9, 年譜, 李柱溪, 行狀, 176쪽.
612) 《孝宗實錄》 卷1, 孝宗 卽位年 7月 丁丑.
613) 《孝宗實錄》 卷1, 孝宗 卽位年 7月 丁丑.
614) 《국역 아계유고》 2, 권6, 아계이상국연보, 164쪽.

가 쫓겨난 것이다.615) 그는 다음과 같은 시를 지어 그러한 행위를 기록했다.

흰 달은 얼음에 사양하고 얼음은 달에 사양하네.　　　　白月讓冰冰讓月

고운 모래는 눈을 속이고, 눈은 모래를 속이네.　　　　明沙欺雪雪欺沙616)

1659년(효종 10) 3월에 담양부사가 되어 정치를 잘했는데, 5월에 효종이 죽고, 현종이 섰다. 그해 여름에 《아계유고(鵝溪遺稿)》와 《석루유고(石樓遺稿)》를 간행했다. 12월에 사간으로 불려 올라가니 부민들이 길을 막고 눈물을 흘리면서 가지 못하게 했고, 생사당과 송덕비를 세워 주기도 했다. 1660년(현종 1) 가을에 증광시 시관이 되었으나 나가지 않고 보령으로 돌아왔다. 미수 허목이 효종상에 조대비가 1년상을 입은 것은 왕통과 종통을 혼란시킨 처사라고 이론을 제기하고, 고산(孤山) 윤선도(尹善道)가 양송(兩宋)이 효종의 덕을 볼만큼 보고서도 효종을 깎아 내리는 것은 배은망덕한 처사라고 인신공격을 한 사건이 일어났기 때문이다. 이른바 기해예송(己亥禮訟)이다. 이에 정권을 잡고 있던 노론은 허목을 삼척으로, 윤선도를 삼수(三水)로 귀양보내고 남인을 관직에서 몰아냈다. 이런 상황에서 남인인 이무도 관직에 남아 있을 수 없었다.617)

1661년(현종 2)에 예문관 판교, 다음 해에 사복시정으로 불렀으나 나아가지 않았다. 1662년(현종 3) 9월에 모친상을 당했다. 다음 해 봄에 종가의 입후 문제로 서울 초동 구택에 왔다가 일이 잘못되어 금고

---

615) 《국역 아계유고》 2, 권6, 아계이상국연보, 164쪽.
616) 《국역 아계유고》 2, 권6, 아계이상국연보, 164쪽.
617) 《국역 아계유고》 2, 권6, 아계이상국연보, 164~165쪽 ; 李成茂, 〈17世紀의 禮論과 黨爭(李成茂 · 鄭萬祚), 《朝鮮後期 黨爭의 綜合的 檢討》, 韓國精神文化硏究院, 1992, 32~56쪽.

되었다. 당시 승문원 참하관 가운데 친구의 아들들이 많아 찾아오는 사람이 많았는데, 족질 가운데 신급제가 마땅히 승문원에 분관되어야 함에도 되지 않아 이무가 해결해 주려다가 일은 성공하지 못하고, 오히려 서인들의 모함을 받았다. 서인 당로자들은 이무가 사사로이 국구(國舅) 김우명(金佑明)을 사귀었다고도 하고, 포천으로 용주(龍洲) 조경(趙絅)을, 여주로 조수익(趙壽益)을 찾아갔다고도 하고, 홍우원(洪宇遠)의 예론상소를 그가 써 주었다고 해 윤선도와 같은 죄를 씌워 죽이려 했다.[618] 그러나 죽음은 면하고 12년 동안 금고형을 살았다.[619] 1664년(현종 5)에 중형 이부가 죽었다.[620]

1673년(현종 14) 가을에 70세 이상 노인들에게 특별히 쌀과 콩을 나누어 주었다. 그해 11월에 할아버지 이산해에 대한 이선(李選)의 무고를 변박하는 상소를 올렸다.

> 이선의 상소 중에 무단히 신의 할아버지의 성과 벼슬을 쓰지 않고, 이이첨과 아울러 거론했습니다. 이이첨은 죄인이고, 신의 할아버지는 이름난 재상입니다. 보는 자들이 한심하게 생각하지 않는 사람이 없습니다. 하물며 신에 마음이 오히려 통탄스럽고 원통하지 않겠습니까? 신은 부득불 변론해야겠습니다. 신의 조부 이산해는 명종 조에 문과에 급제해 선조를 섬김에 이르러 알아줌이 남달랐고, 나라를 빛내고 난리를 평정해 두 차례나 공신이 되었으며, 이조판서를 거의 30년이나 했습니다. 이조판서로 있을 때 윤대관(輪對官) 김응생(金應生)이 이조의 인사를 천단한다고 배척하자 선조가 친히 승정원에 서한을 보내 '이판의 사람됨이 말은 입 밖으로 나오지 않는 것 같고, 몸은 옷 한 자락도 이기지 못할

618) 李袤, 《果庵集》 卷9, 年譜, 李柱溟, 行狀, 179쪽.
619) 《국역 아계유고》 2, 권6, 아계이상국연보, 165쪽.
620) 《국역 아계유고》 2, 권6, 아계이상국연보, 165쪽.

것 같으나 진실한 기운은 혼연히 중심에 꽉 차 있어서 한 번 보아 결코 군자인 것을 알겠다. 자기의 견해로 조정을 전천했으면 비록 상을 줄지언정 저 김응생 같은 자가 이에 머리를 들고 혀를 놀려 이간하고 형혹(熒惑)하는 것이 이같이 심하니 무슨 까닭입니까? 10줄의 윤음을 완연히 임금님이 환히 보실 수 있는 것이니 또한 가히 신의 할아버지가 어떤 분인지 알 수 있을 것입니다. 이것을 어찌 후생 신진배들이 쉽게 차버리고 밟아버릴 수 있는 것이겠습니까?621)

1674년(현종 15) 2월에 효종비 인선왕후(仁宣王后)가 죽자 제2차예송이 일어났다. 당시 아직도 살아있던 장열왕후(莊烈王后: 趙大妃)의 상복이 다시 문제되었다. 예조는 중자부복(衆子婦服)으로 대공복(大功服: 9월복)을 입어야 한다고 주장했으나 영남유생 도신징(都愼徵)이 상소해 이는 오례(誤禮)이니 장자부복(長子婦服)으로 기년복(朞年服: 1년복)을 입어야 한다고 주장했다. 현종이 노해 영의정 김수흥(金壽興) 등 서인들을 몰아내고 허적(許積) 등 남인들을 기용했다. 이를 갑인예송(甲寅禮訟)이라 한다.622)

그해 8월에 현종이 죽고 숙종이 섰다. 이때 우암 송시열이 현종의 묘지문을 쓰게 되어 있었다. 그런데 영남유생 곽세건(郭世健)이 상소해 오례의 장본인인 송시열에게 묘지문을 쓰게 해서는 안 된다고 주장했다. 숙종이 그 말을 옳게 여겨 이단하(李端夏)에게 쓰게 하고, 남인 허목을 대사헌으로 기용했다. 남인의 세상이 된 것이다. 이에 이조에서는 이무를 추천해 사간원 사간을 시켰다. 그러나 병이 있어 봉직할 수 없다면서 자기가 조경·김우명·홍우원 등을 찾아다녔으니, 그들의 상소를 지어주었으니 하는 누명을 씌우려 한 서인을 맹렬히 공격했다.

621) 《국역 아계유고》 2, 권6, 아계이상국연보, 165쪽.
622) 《국역 아계유고》 2, 권6, 아계이상국연보, 165쪽 ; 李成茂, 앞의 글, 56~73쪽.

그리고 윤선도와 같이 바른 소리를 한 사람의 죄를 신원해 주어야 한다고 주장했다.[623] 철저한 남인 담론이다.

남인정권에서 이무는 고속 승진했다. 사간에서 장예원 판결사, 예조참의, 동부승지, 대사간, 이조참의, 대사헌, 예조참판, 호군겸동지의금부춘추관성균관사, 이조참판으로 승진했다. 그가 대사헌으로 낙점되었을 때 허목은

이무는 이산해의 손자요, 이경전의 아들이다. 이경전의 문장이 이산해를 이었고, 이무의 문장이 이경전을 이었으니 만약 문한의 임무를 맡겨도 어찌 아름답지 않겠습니까? 문장이란 천지 정영(精英)의 기운이어서 창업할 때에는 자연히 나오는 법인데, 수성하는 임금이 이를 북돋아 기르면 하늘의 운수도 또한 열릴 것입니다. 한때 권장하는 것은 제왕에게 달렸습니다.[624]

라고 해 이무의 문한관 기용을 부추겼다. 허목은 이경전의 문장이 이산해보다 낫고, 이무의 문장이 이경전보다 낫다고 평했으나 지나치다는 생각이 들었는지 숙종은

이산해는 비록 소인이나 그의 문재는 일세에 뛰어났다. 이경전도 또한 문장에 능했으나 아직 진수는 얻지 못했으며, 이무는 대강 사조(詞藻)를 섭렵했으나 그의 아버지에 미치지 못한다.[625]

고 했다. 서인들의 눈길은 더욱 차가웠다.

---

623) 《국역 아계유고》 2, 권6, 아계이상국연보, 166쪽.
624) 《肅宗實錄》 卷4, 肅宗 1年 閏5月 丙申.
625) 《肅宗實錄》 卷4, 肅宗 1年 閏5月 丙申.

이무의 조부는 이산해이니 산인(山人)의 괴수이고, 아비 이경전은 이이첨과
일을 같이했으나, 뒤에 이이첨이 장차 실패할 것을 보고는 태도를 바꾸어 중북
이 되었다. 1623년(인조 1) 반정 뒤에 요행히 죽음을 면했다. 일찍이 상신 이정
구(李廷龜)의 집에 나아가서 말하기를 '소인이 어찌 대감 집 늙은 중과 다르겠
습니까?' 하니, 사람들이 그의 아첨을 비웃었다. 이무는 문한(文翰)으로 가통을
이었고, 젊어서는 청소(淸疎)하다고 일컬어졌는데, 세상이 시끄러워 불우한 일
을 많이 겪으면서 사람됨이 간사하고 독해졌다. 일찍이 조경(趙絅)과 더불어
음모했으나 조경의 외손자가 그의 음모를 누설해 자신들 사이에 널리 퍼졌기
때문에 이무가 뜻을 펴지 못하고 실패했는데 이때에 이르러 다시 사간의 직책
에 임명되니, 사람들이 모두 그를 두려워했다.626)

반대파의 관점에서 본 시각이다. 이무는 남인 당론의 중심에 서서
송시열의 오례를 맹공하고, 인선왕후 상에 윤휴가 주장하던 참최3년
(斬衰三年)을 입었어야 했다고 주장했다.627) 대사헌, 대사간으로서 그
는 송시열, 송준길이나 그들을 구원하려는 조지겸(趙持謙)·조상우(趙相
愚)·홍득우(洪得禹) 등 서인을 견제하는 데 온 힘을 기울였다.628) 1676
년(숙종 2)에는 77세의 나이로 6조소(六條疏)를 올렸다. 6조는 ① 정국
시(定國是), ② 신원왕(伸冤枉), ③ 포절의(襃節義), ④ 임대신(任大臣), ⑤
안민(安民) ⑥ 명적법(明籍法) 등이다. 여기서 그는 특히 기축옥사에 억
울하게 죽은 백유양(白惟讓) 등을 구제하고, 병자호란 때 절의를 지킨
정온(鄭蘊) 등을 표창하며, 기해예송 때 송시열을 공격하다가 귀양가
죽은 윤선도의 신원을 요구했다. 숙종도 긍정적으로 검토하겠다고 답

---

626) 《肅宗實錄》卷3, 肅宗 1年 4月 甲辰.
627) 《국역 아계유고》 2, 권6, 아계이상국연보, 167쪽.
628) 《국역 아계유고》 2, 권6, 아계이상국연보, 167쪽.

했다.629) 윤선도의 신원 논의는 장차 송시열 실각의 물꼬를 텄다는 데 서 당쟁사의 중요한 의미를 갖는다. 그해 봄에 인경왕후(仁敬王后)의 옥책문을 썼다.

1677년(숙종 3) 정월에 이무는 대사간으로서 송시열을 두둔한 민유중(閔維重)을 문외출송 정도의 가벼운 벌로 다스려서는 안 된다고 주장 했다. 붕당을 조성한 죄가 크기 때문이라는 것이다.630) 3월에 다시 대 사헌을 맡았는데 숭릉(崇陵)이 붕괴되어 왕이 구언을 하자 이 기회에 서인인 조가석(趙嘉錫)·김수항 등이 들고 일어나 송시열을 구원하고, 윤휴·홍우원·조경 등을 폄훼한 행위를 맹렬히 비난했다.631)

8월에 대사성으로 옮기고, 9월에 정2품 자헌대부에 올라 기사(耆社) 에 들어갔다. 10월에 대사헌, 12월에 청백리에 선임되고, 1678년(숙종 4) 정월에 드디어 상신인 좌참찬 겸지경연사에 올라 문형(文衡)을 담 당했다. 10월에 공조판서가 되어 남인으로서 복제상소를 올렸던 유세철(柳世哲)에게 사헌부직을 주자고 했으나 뜻을 이루지 못했다. 2월에 는 대사헌이 되어 윤휴를 구원하는 상소를 올렸다. 서인 남구만(南九萬)의 상소에 따르면 남인 윤휴가 서도의 금송(禁松) 기십 주를 베어 강상에 집을 지었다는 것이다. 10주를 베면 전가사변(全家徙邊)에 해당 되었다. 이무는 확실히 조사해 본 뒤에 처벌해도 늦지 않는다고 주장 했다.632) 이무는 3월에 우참찬, 6월에 예문제학, 8월에 대사헌, 9월에 80세가 넘어 1품 숭정대부로 승진해 좌참찬이 되었다. 11월에 비변사 당상, 12월에 예조판서가 되었다. 3손 회근(晦根)이 죽어 장손 동근(東根)이 청양현감을 자임했으나 연신(筵臣)의 반대로 무산되었다.633)

629) 《국역 아계유고》 2, 권6, 아계이상국연보, 167~169쪽.
630) 《국역 아계유고》 2, 권6, 아계이상국연보, 169쪽.
631) 《국역 아계유고》 2, 권6, 아계이상국연보, 170쪽.
632) 《국역 아계유고》 2, 권6, 아계이상국연보, 170~171쪽.

1680년(숙종 6) 정월에 장손 동근이 경기도사로서 수연(壽宴)을 베풀어 주었다. 3월에 경신환국(庚申換局)이 일어났다. 서인이 득세하고 남인이 쫓겨난 것이다. 이무도 예론에서 적통의 중요성을 변론한 죄로 서인들의 공격을 받아 쫓겨나 예산에서 두문불출했다. 그러나 10월에는 이성(利城)으로 귀양갔다. 그리하여 10일에 예산 집에서 나와 12월에 유배지에 도착했다.

1681년(숙종 7) 여름에 이상진(李尙眞)이 이무와 홍우원을 풀어주자고 했으나 거기까지는 이르지 못하고 12월에 덕원(德源)으로 이배되었다. 1683년(숙종 9)에 재이(災異)가 심해 두 노인을 풀어주라고 했으나, 이세백(李世白)이 반대해 무산되었다가 11월에야 풀려났다. 그리하여 1684년(숙종 10) 정월 25일에 예산으로 돌아와 가족을 이끌고 보령으로 돌아갔다. 10월에 종손(從孫) 이운근을 잃고, 11월 6일에 죽었다. 이때 4손 이효근(李孝根)이 진사시에 합격해 문희연(聞喜宴)을 베풀려 했는데 갑자기 아파 사시(巳時)에 서거했다. 향년 85세. 1885년(숙종 11) 3월 관촌 뒤 산록에 임시로 매장했다. 뒤에 보령시 대천동(大川洞) 집 뒤에 산소를 썼다. 그 후 1689년(숙종 15)에 기사환국이 일어나 남인이 다시 집권하게 되자 복관되어 관원을 보내 사제(賜祭)했다.634)

이무는 부인 유희발의 딸 문화 유씨와의 사이에 5남(寅賓·龍賓·老賓·鴻賓·鳳賓) 4녀(李行敬·尹直美·金澳·鄭行千)를 두었다. 인빈은 8남(東根·道根·晦根·孝根·祥根·植根·遠根·學根) 6녀(李萬柱·兪命麟·成俔·鄭鶴寧·柳咸章·崔守恪), 용빈은 1남(道根=系), 홍빈은 4남(榮根·萬根·世根·漑根), 봉빈은 4남(恒根·漢根·元根·馨根)을 두었다. 인빈은 황감시(黃柑試)에 합격해 사간까지 지냈고, 나머지는 현달하지 못했다.635)

---

633)《국역 아계유고》2, 권6, 아계이상국연보, 171쪽.
634)《국역 아계유고》2, 권6, 아계이상국연보, 172쪽.

그림 1-4. 이산해 자손의 가계도

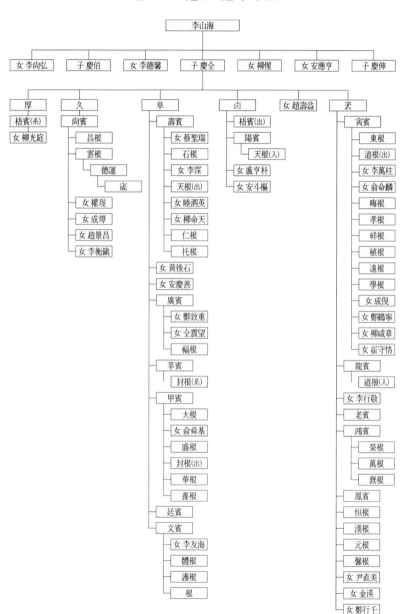

마지막으로 이산해 자손들의 가계도는 183쪽 그림 1-4와 같다.

6. 역사적 위상

한산 이씨는 고려 말까지만 해도 한산의 향리였다. 시조 윤경(允卿)과 2세 인간(仁幹)은 호장(戶長)이었고. 인간의 장자 충진계인 3세 영장(永莊), 4세 연(衍), 5세 환(桓)이 모두 호장이요, 차자 효진계인 4세 창세(昌世), 5세 자성(自成)은 하급관료였다. 다시 말하면 한산 이씨는 고려 말까지만 해도 대가세족이 아니었던 것이다.

그러나 이곡 대에 이르러 한산 이씨는 대가세족으로 부상할 기반을 마련하기 시작했다. 여기에는 이곡 개인의 능력과 피나는 노력이 큰 몫을 하였다. 그는 개경에 올라와 수재과(秀才科)에 급제한 뒤에도 한미한 출신이었기 때문에 10년 동안이나 관직에 진출하지 못했다. 그래서 수재과 동방(同榜)들에게 관직에 진출할 수 있도록 도와달라고 부탁했으나 실패했다. 이에 그가 기댈 수 있는 마지막 배경인 좌주 이제현에게 부탁해 겨우 미관말직을 얻어 관직생활을 했다.

그러나 이 정도로는 고려 귀족사회에서 신분의 한계를 뛰어넘을 수 없었다. 이에 이곡은 원나라의 힘을 빌리기로 했다. 당시는 원나라의 지배를 받고 있었기 때문에 원의 과거에 급제해 원의 관료가 되면 고려에서 발신하는 데 결정적인 영향을 미칠 수 있는 시대였다.

원에서는 외국인들을 위해 제과(制科)라는 과거시험을 실시하고 있었다. 이것은 수나라 이후의 빈공과(賓貢科)를 이어받은 것이지만 민족별로 정원을 정해 차별을 두고 있었다. 몽고족, 회회족을 우대하고, 한

---

635) 《韓山李氏文烈公派世譜》, 7~10쪽.

족(漢族), 고려족, 안남족(安南族)은 차별대우했다. 따라서 고려인이 제과에 급제하기는 쉽지 않았다. 대신 급제만 하면 출세는 보장되었다.

이곡은 이러한 제과를 우수한 성적으로 급제했다. 그 전에도 제과에 급제한 사람들이 있었지만 그렇게 우수한 성적을 얻지 못했다. 원나라 고시관은 이곡의 답안지를 보고 극찬했다. 그리고는 국사원(國史院) 검열(檢閱)에 임명했다. 원나라의 관료가 된 것이다. 그곳에 있으면서 이곡은 구양현(歐陽玄) 등을 비롯한 주자학자들과 사귀어 주자학을 깊이 연구할 수 있었다.

이곡은 이러한 배경과 경험을 바탕으로 원나라 황제의 조직을 가지고 와서 고려에 영향을 미칠 수 있었다. 원의 관직을 가지고 있으면 으레 고려의 관직을 겸할 수 있었다. 그래서 고려의 분위기가 좋을 때는 고려에서 관직생활을 하고, 그렇지 못할 때는 원으로 돌아갔다. 그리하여 이곡은 네 차례나 원과 고려를 왕래했고, 7년이나 원에 살았다. 그러나 충정왕 때 잠깐 고려에서 재상직까지 올라가지만 충혜왕 때 실각을 해 실의 속에 죽었다.

그렇지만 이색은 아버지 이곡의 노력으로 훨씬 쉽게 고위관직에 접근할 수 있었다. 그는 개인적으로 총명했고, 이전보다 가문의 지위가 높아졌기 때문에 활동이 수월했다. 그는 우선 권문인 권한공의 손녀에게 장가간 뒤 아버지를 근친한다는 명목으로 원에 들어가 국자감에서 3년여를 현지사람과 함께 공부하였다. 그리하여 그곳에 유행하던 주자학을 깊이 연구해 고려에 전파할 수 있었다.

고려에 돌아온 이색은 해외유학에서 배운 주자학을 성균관을 통해 보급하고 제도를 개혁해 가례, 가묘, 3년상 등 주자학적 윤리를 정착시키는 데 공헌했다. 그는 부패한 귀족들의 전횡을 막고, 신흥사대부의 진출을 보장하고자 귀족과 밀착되어 있던 불교를 비판하고, 불교의

식을 유교의식으로 바꾸려고 노력했다. 그러나 불교자체를 공격하지
는 않았다.

다만 신흥사대부의 이익을 위해 이성계 등 신흥무장과 연대해 친명
파로 활동했지만 이성계의 역성혁명에는 반대했다. 불사이군(不事二君)
이다. 그러다 보니 정치적 박해를 받았다. 자신은 물론 자식들도 비명
에 갔다. 이색은 사형언도를 받아 청주옥에 갇히기도 하고, 폐서인되
었다가 겨우 풀려났으나 결국 여주강에서 의문의 죽음을 당했고, 아들
종덕과 종학은 장살되거나 목졸려 죽었다. 종선만이 귀양에서 풀려나
와 한산 이씨를 명문가로 올려놓는 데 공헌했다.

손자인 이계전은 집현전 학사로서 형 이계린과 함께 수양대군을 지
지해 정난공신·좌익공신이 되었다. 훈구파가 된 것이다. 그의 공신전
이 분당 중앙공원 근처에 주어져 그 뒤 한산 이씨 가문의 경제적 기반
이 되었다.

그러나 집현전 학사는 문종·단종 조에 정치집단화 해 김종서 등 대
신들의 전횡을 막고자 수양대군을 지지하다가, 세조가 전제군주로 돌
변하자 일부 급진파 학사들이 쿠데타를 일으키려 한 사육신 사건이
일어났다. 이계전은 공신이 되었으나 이개는 사육신으로 처형되었다.

이 시점에서 한산 이씨는 훈구파에서 사림파로 자정하였다. 윤원형
등 권신정치시대에 활동한 이지번, 이지함, 이우, 이파, 이산해, 이산보
등이 그들이다. 그 가운데서도 이산해는 화담계열로서 남명계와 공동
으로 북인의 영수가 되어 광해군 조의 정국을 이끌어가게 된 것이다.

이지번·이지함 형제는 화담학파이다. 당시 근기지방의 학자들은
거의 화담학파이다. 화담학파는 퇴계학파나 율곡학파와 같이 순수 주
자학을 신봉하는 학파가 아니었다. 남명학파와 마찬가지로 불교·도교
·양명학·상수학 등 다양한 사상을 포용하고, 상공업을 중시하며, 무

사를 존중하며, 천인을 차별하지 않는 학풍을 가지고 있었다. 도학보
다는 실천을, 경학만이 아니라 사장(詞章)도 중시하는 학풍이다. 한편
이산해·이산보·이경전 등은 모두 토정 이지함에게 배워 그의 영향을
받았다. 그리고 바닷가인 보령에 살았기 때문에 바다와 선박·해운·
수군 어염에 밝았다. 따라서 이들은 실리적인 현실주의자들이었다.

이산해와 그 자손들은 목은의 후예여서인지 모두 문장에 능했다.
이산해가 그렇고, 이경전·이후·이구·이무가 그렇다. 다만 이경백·
이경유·이후·이구 등은 명이 짧았다. 모두 30대를 넘기지 못한 것이
다. 이산해는 특별한 교육방법을 가지고 있었다. 남을 가르칠 때는 타
이르듯이 하면서 자세히 설명하고, 요약할 줄 알게 훈련시켰다. 특히
《맹자》를 열심히 읽을 것을 권했다. 그리하여 사위 이상홍·이덕형을
비롯해 아들인 이경백·이경전, 손자인 이후·이구·이무 등이 문과에
급제했다. 그래서 가세를 이어갈 수 있었던 것이다.

이산해는 기재(奇才)였다. 특히 문장과 글씨에 뛰어나 아주 어렸을
때부터 문명을 날렸다. 6세 때 이미 대자(大字)를 잘 써 글씨를 받으러
오는 사람들이 줄을 잇자 노량으로 피신해 있기도 했고, 11세에 만초
손부(滿招損賦)를 지어 사람들을 놀라게 했다.

그는 이러한 능력을 가지고 실리적인 현실주의자로서 국왕을 열심
히 섬겼다. 도학자들이 국왕을 계도하는 데 목표를 두었다면, 실리적
현실주의자인 이산해는 국왕인 선조의 비위를 잘 맞추었다. 또한 재산
도 모으지 않고 인사를 공정히 하려고 애썼다. 그리하여 선조의 절대
적인 신임을 얻을 수 있었다. 선조의 말을 들어보자!

지금 이조판서(이산해)의 사람됨이 순수한 덕을 가졌고, 굉장한 재주를 가졌
으며, 대단한 기국에다 넓은 도량도 있고, 남다른 충절이 있는데, 이런 것은 제

처 두고 논의하지 않은 채, 단지 용모와 기상만 가지고 논의하는 것이 옳다고 하겠는가? 말은 마치 입에서 나오지 않는 듯하고 몸은 마치 옷도 가누지 못할 듯하지만 하나의 진실한 기운이 흔연히 중심에 축적되어 교만하거나 형식적이 거나 궤변을 늘어놓는 그런 태도가 전혀 없으므로 난폭하거나 거만한 자가 보면 공경하기에 충분하고, 간교하거나 위선적인 자가 보면 정성을 다 하기에 충분하니 이는 상고시대의 인물이지 동방의 사람이 아니다. 비록 진(晉) 혜제(惠帝)더러 만나보게 했더라도 한 눈에 그가 군자다운 사람인 줄을 알 것이다. 내가 매번 바라보면 일찍이 공경하는 마음이 생기지 않을 때가 없었다. 임금의 사악한 마음이 자연히 소멸되고 말을 하지 않고 행동을 보지 않는 가운데에도 저절로 감화되니 군자다운 사람이라 하겠다. 전형(銓衡)을 위임하고서 복심(腹心)인 양 기다렸는데도 사직하는 상소만 올라오니 의지하고 싶은 마음이 더욱 간절하다. 오직 자기 소신을 다 펴지 아니하고 국정을 전담해 주지 않을까 우려된다. 나의 걱정은 여기에 있고, 나의 소원은 여기에 있다.[636)]

극찬이다. 국왕으로서는 도학을 가지고 상투 끝에 올라 앉아 이래라 저래라 하는 사람들 보다는 이산해와 같이 국왕의 비위를 맞추면서 성심성의껏 보필하는 사람이 필요했다. 그래서 이조판서를 30년이나 시킨 것이다.

그러다 보니 이산해 밑에 사람이 모이기 시작했다. 권력이 있는 곳에 사람이 모이게 되는 법이다. 알게 모르게 이산해 당파가 생길 수밖에 없었다. 선조 8년부터는 초기 당쟁시대이다. 사림정치의 부산물로 당쟁은 필연적으로 생기게 되어 있었다. 이산해만 고고하게 있게 놔두지 않았다. 이에 이산해는 당파가 갈릴 때마다 새로운 당파의 영수가

---

636)《국역 아계유고》2, 권6, 아계이상국연보, 156쪽.

되었다. 동인과 서인이 갈릴 때는 동인의 영수가 되었고, 동인이 북인
과 남인으로 갈릴 때는 북인의 영수가 되었으며, 북인이 대북과 소북
으로 갈릴 때는 대북의 영수가 되고, 대북이 골북과 육북으로 갈릴 때
는 골북의 영수가 되었다. 권력을 지키려면 더욱 국왕과 밀착해야 했
고, 권모술수도 불사해야 했다. 이는 이산해당만 그런 것이 아니다. 다
른 당파도 마찬가지이다. 서로 치고받고 이전투구로 싸우는 것이다.

　이 때문에 이산해는 반대당의 인신공격을 견뎌내야 했다. 서인의
사평을 보자!

　　이산해는 밖으로는 근엄하고 삼가는 듯하지만 안으로는 흉악하고 사특해 지
　　난 30년간의 동·서·남·북 당파의 화근은 모두 이자가 몰래 주도해 만들어 낸
　　것입니다. 이경전은 일 만들기를 좋아하고 남의 재앙 즐기기를 그 아비보다 더
　　하며, 평생 몸가짐이 개돼지와 같습니다. 그가 피차의 사이를 교란시켜 사류를
　　모함하고 해친 실상은 귀신과 다를 바 없으니, 이는 실로 왕안석의 왕방(王雱:
　　왕안석의 아들)입니다.[637]

　반대파의 독설이다. 그러나 이것은 당쟁시대 정쟁의 일환에 지나지
않는다. 고금을 막론하고 권력투쟁은 더러운 것이다. 상대당을 무너뜨
리고자 수단방법을 가리지 않는다. 명분도 이를 위해 악용된다. 이산
해 부자당이 살아남기 위해서는 수단방법을 가리지 않아야 했다. 반대
당도 마찬가지다. 정치공작을 하거나 이론을 걸고 싸우다가 지면 그
당파는 쫓겨나게 마련이다.

　원칙적으로 붕당을 만들고, 붕당 사이에 당쟁이 일어나는 것은 대

---

637) 《肅宗修正實錄》 卷34, 肅宗 33年 4月 甲戌.

명률에도 엄벌에 처하게 되어 있었으나 군약신강(君弱臣强)의 정국에
서 국왕이 이를 말릴 수가 없었다. 그리하여 국왕은 때로는 한 당파를
지지하다가, 형세가 바뀌면 반대당을 지지해 어느 면에서 정쟁을 부추
겼다. 이산해를 지지하던 선조가 뒤에 그를 비난하게 되는 것도 그 때
문이다. 선조의 다른 목소리를 들어 보자!

> 이산해는 대신의 신분으로서 군부(君父)를 속였으니 이 한 가지만 하더라도
> 그 죄는 용서할 수 없다. 더구나 사당(私黨)을 만들어 국정을 괴란함에 있어서
> 랴!638)

국왕의 이해관계가 바뀌었기 때문이다. 이는 임진왜란 동안에는 '나
는 없어도 유성룡은 없어서는 안 된다'던 선조가 유성룡에게 자기 대
신 주화오국의 죄를 씌워 쫓아낸 것과 비슷하나. 그 뒤 영남남인은 징
계에 발을 들여 놓지 못했다. 더구나 이산해 부자의 당, 곧 대북당은
광해군 정권이 무너진 뒤 역사의 무대에서 사라졌다. 다만 그들의 자
손이 숙종 때 기호남인으로 자정해 정권에 잠시 편승한 것 외에는 재
기하지 못했다. 이산해 자손이 남인으로 자정한 근거로는 이무가 숙종
때 남인으로서 송시열 등 서인을 탄핵한 것이나, 이무의 종손 이운근
의 처남이 남인인 근곡(芹谷) 이관징인 점, 이관징의 처조카가 숙종조
남인의 핵심인물인 이옥이었던 점, 이부의 사위가 남인의 맹장이었던
유명천(柳命天)이었던 점, 그 후손인 수당 이남규가 성호 이익 제자인
성재(省齋) 허전(許傳)의 제자였던 점 등을 들 수 있다.639)

그러나 인조반정 이후로 정권은 거의 반대당인 서인에게 돌아갔기

---

638) 《宣祖實錄》 卷125, 宣祖 33年 5月 辛酉.
639) 김학수, 앞의 책, 266쪽.

때문에 이산해와 그 자손들은 더 이상 번영할 수 없었다. 그리하여 이
산해는 어느 서원에도 배향되지 못했고, 신도비도 남인이 잠깐 일어난
정조 조에 채제공에 의해 뒤늦게 씌어질 수밖에 없었던 것이다. 실록
도 거의 서인들에 의해 씌어졌기 때문에 이산해와 그 자손들은 악명
높은 위인들로 평가될 수밖에 없게 된 것이다.

■ 참고문헌

《국역 아계유고》(민족문화추진회), 1998.
《韓山李氏文烈公派世譜》, 回想社, 한산이씨문열공파세보편찬위원회, 2002.
李穀, 《稼亭集》(《高麗名賢集》, 성대대동문화연구원) 1973.
李山海, 〈李之菌墓誌銘〉(《國朝人物考》), 1978.
鄭麟趾, 《高麗史》(연세대 동방학연구소), 1961.

《世宗實錄》《文宗實錄》《端宗實錄》《世祖實錄》《睿宗實錄》《成宗實錄》《明宗
實錄》《宣祖實錄》《宣祖修正實錄》《仁祖實錄》《孝宗實錄》《顯宗實錄》《肅宗
實錄》

김학수, 《끝내 세상에 고개를 숙이지 않는다》, 삼우반, 2005.
신병주, 《이지함 평전》, 글항아리, 2008.
이광정 지음, 이중구 옮김, 《국역 목은선생연보》, 新進商社, 1985.
이성무, 《한국과거제도사》(대우학술총서 인문·사회과학 99), 민음사, 1997.
_____, 《한국의 과거제도》, 집문당, 1994.
이훈구, 《국역 牧隱年譜》, 한산이씨대종회, 1985.

고혜령, 〈稼亭 李穀(1298~1351)에 대하여-관직생활을 중심으로-〉, 《이화사
     학연구》 17·18합집, 1988.
민현구, 〈整治都監의 설치경위〉, 《국민대논문집》 11, 1977.

송재소, 〈우왕대의 牧隱詩〉, 《목은 이색의 생애와 사상》, 목은연구회 편, 일
    조각, 1996.
신천식, 〈문열공신도비명〉, 《한산이씨문열공파문헌》 권上, 2002.
유명종, 〈稼亭 李穀의 생애와 사상〉, 《동양철학》 제8집, 한국동양철학회, 1997.
이문원, 〈목은의 생애와 역사적 위상〉, 《목은 이색의 생애와 사상》, 목은연
    구회 편, 일조각, 1996.
이성규, 〈고려와 원의 관료 이곡(1298~1351) 연보고〉, 《전해종박사 필순기
    념논총 동아시아 역사의 還流》, 지식산업사, 2000.
이성무, 〈선초의 성균관연구〉, 《역사학보》 35·36합집, 역사학회, 1967.
_____, 〈조선초기의 향리〉, 개정증보 《조선의 사회와 사상》, 일조각, 2004.
_____, 〈주자학이 14·15세기 한국교육·과거제도에 미친 영향〉, 《한국사
    학》 4, 한국정신문화연구원, 1989.
_____, 〈한국의 성씨와 족보〉, 《조선시대 사상사연구》 2, 지식산업사, 2009.
이용식, 〈牧隱先生行狀〉, 《韓山李氏文烈公派文獻》 권上, 회상사, 2002.
이정복·이현복, 〈목은 이색의 연보〉, 《목은 이색의 생애와 사상》, 목은연
    구회 편, 일조각, 1996.
채웅석, 〈고려 중·후기 '無賴'와 '豪俠'의 형태와 그 성격〉, 《역사와 현실》 8
    집, 한국역사연구회, 1992.
한영우, 〈稼亭 李穀의 생애와 사상〉, 《한국사론》 40, 서울대 국사학과, 1998.
한충희, 〈조선전기 한산이씨(-種德, 種學 種善系 가계연구)〉, 《계명사학》 8,
    계명사학회, 1997.

이산해의 학문적 기반과 현실인식*

신 병 주

건국대 사학과

1. 머리말

아계 이산해(李山海, 1539~1609)는 조선 중기 선조 시대에 북인의 영수로서 활약한 인물이다. 이곡(李穀)과 이색(李穡)을 배출한 한산 이씨 명문가 출신으로, 학문적으로도 큰 성과를 보였다. 특히 그의 숙부 이지함은 이산해의 초기 학문 형성에 큰 영향을 미쳤다.

이 글에서는 조선 중기 정치, 사상적으로 주요한 위치에 있었던 이산해의 학문과 사상을 검토해 보고자 한다. 이산해의 정치적 위치나 사상이 갖는 역사적 의미에 견주어 상대적으로 그에 대한 연구가 부진하다고 여겨지기 때문이다. 최근의 조선 중기 사상사 연구에서는 기존에 이해된 것 보다는 훨씬 더 개방적인 측면이 있음이 밝혀지고 있다.[1) 이산해 또한 이러한 흐름을 일부 대변해주는 학자이자 관료학자

---

* 이 글은 2010년 3월 《한국문화》 49호에 발표한 〈관료학자 이산해의 학문과 현실대응〉을 바탕으로 하였음을 밝혀둔다.
1) 신병주, 《남명학파와 화담학파 연구》, 일지사, 2000.

로 파악된다.

이산해는 정치의 일선에서 활약한 실무관료로서 입지를 지니고 있었던 만큼 성리학의 이론문제에만 매달리기 보다는 다양한 학문과 사상을 섭렵하는 측면이 강하였다. 이러한 사상 형성에는 이지함이라는 숙부의 영향 또한 적지 않았다. 이지함은 서경덕의 대표적인 문인으로 조선 중기 처사형(處士型) 사림의 한 갈래로 볼 수 있으며, 개성적인 학문과 사상을 완성하였다. 이산해가 이지함과 가문의 영향권에서 성장한 점을 고려하면 이산해의 학문 사상에서는 시대상과 관련하여 많은 시사점을 찾을 것으로 기대가 된다. 이산해는 명종, 선조 시대에 일선 관료로 활약하고 특히 실용 경제에 관심을 보이면서 이를 실천하기 위해서 노력하였다. 그는 자신이 겪은 최대의 국난인 임진왜란을 진단하고 이에 대한 대책 준비에도 소홀하지 않았다.

이 글에서는 16세기 명종, 선조 시대 지식인 관료 이산해의 학문과 사상을 검토하고 이러한 학문과 사상이 갖는 역사적 의미를 찾아볼 것이다.

2. 이산해의 생애와 삶의 공간2)

이산해의 본관은 한산(韓山)이다. 자는 여수(汝受)이고, 호는 아계(鵝溪) 이외에도 죽피옹(竹皮翁), 종남수옹(終南睡翁), 시촌거사(枾村居士) 등

정호훈, 《조선후기 정치사상 연구》, 혜안, 2004.
한영우, 《실학의 선구자 이수광》, 경세원, 2007.
2) 이산해의 생애와 거처에 대해서는 아래의 저술에 상세히 기술되어 있다.
김학수, 《끝내 세상에 고개를 숙이지 않는다》, 삼우반, 2005.
이종묵, 〈유배지 평해를 빛낸 이산해〉, 《조선의 문화공간》 2책, 휴머니스트, 2006.

이 있다. 1539년(중종 34) 한양 황화방에서 이지번(李之蕃)의 아들로 태어났다.

이산해 학문의 뿌리는 고려 말과 조선 초기로 거슬러 올라간다. 한산 이씨 집안은 원래 한산의 지방 관리로 세거하였는데, 고려 말 신흥 사대부를 대표하는 이곡(李穀)과 이색(李穡) 부자를 배출하면서 단숨에 최고의 문벌이 되었다. 그 뒤에도 가문의 명성은 이어졌다. 이색은 종덕(種德), 종학(種學), 종선(種善) 세 아들을 두었다. 이곡과 이색, 이종덕 대에 이르기까지 이름에 모두 곡식을 뜻하는 말이 들어가 있는 것이 주목된다.3) 이종선의 아들 이계전(李季甸)은 세조 시대의 공신이었으며, 이계전의 아들로는 이우(李堣)와 이파(李坡)가 있다. 단종을 위해 목숨을 바쳤던 사육신의 한 사람인 이개(李塏)는 이들과 사촌이다.

이산해는 어릴 적부터 글씨로 이름이 나 있었다. 이산해가 홍문관 저작으로 임명된 다음에 그의 인물을 평가한 기록에는 "나이 여섯에 초서(草書)와 예서(隸書)로 세상에 이름을 떨쳤으며 순후(醇厚)하고 숙성하였으니 참으로 얻기 어려운 선비다"라고 하고 있다.4) 그만큼 글씨에 뛰어났음을 알 수 있다. 이산해는 서울에서 태어났지만 아버지를 시종하는 과정에서 서울과 세거지인 보령을 자주 왕래하였다. 6세에는 이산해가 글씨를 잘 써서 '서소문자대필(西小門子大筆)'이라는 명성을 얻었다는 것으로 보아, 이 무렵에는 서소문 근처에서 생활했음을 볼 수 있다. 당시 이산해의 명성이 높아지자 부친 이지번은 동작 인근의 조용한 곳으로 거처를 옮기기도 했다. 이지번은 이황과 도의로 사

---

3) 그만큼 이들 집안이 먹고 사는 문제를 중시한 것이 아닌가 한다. 실제 이지함이나 이산해가 실용을 중시한 면모를 보인 것을 보면, '먹고 사는' 실용의 문제에 초점을 둔 것은 가풍이라고도 할 만하다.

4) 《명종실록》 명종 18년 7월 26일(임인).
李山海【年六歲, 以草隸名於世. 醇厚夙成, 眞難得之士也.】爲弘文館著作.

귀었는데 사가독서(賜暇讀書)를 하고 있던 이황이 배를 타고 동작의 정
자 근처로 찾아왔다고 한다.5)

　이산해가 7세 되던 해인 1545년 을사사화가 일어났다. 이지번은 친
지와 사류들이 을사사화로 희생당하는 것을 목격하고, 이산해를 데리
고 고향인 보령으로 돌아왔다. 연보의 기록에 따르면 이산해는 11세까
지 보령에 있었다.6) 아계의 본격적인 서울 생활이 다시 시작된 것은
17세가 되던 해인 1555년에 조언수(趙彦秀)의 딸과 혼인하면서부터이
다. 조언수는 《연려실기술》의 〈명종조상신(明宗朝相臣)〉에 "조정에 들
어온 지 40년 동안 일찍이 한 칸 집을 얻고 한 이랑 밭을 산 일이 없었
으며, 선대의 옛집조차 일찍이 수리하지 않았다"고 기록될 만큼7) 청
렴한 관리로 일생을 보낸 인물이었다. 조언수의 동생 조사수(趙士秀)는
문망(文望)이 독보적이어서 남을 좀처럼 인정해주지 않았는데, 아계의
문장과 의용(儀容)을 보고 국사(國士)로 대우했다고 한다.8)

　1558년 이산해는 문과 초시인 사마시에 합격하였고, 1560년 명종이
시행한 알성시에서 '불원복(不遠復)'이라는 제목으로 잠(箴)을 짓게 했
는데 장원급제하였다. 명종은 이산해가 수년 동안 연달아 세 차례나
장원을 했기 때문에 전시(殿試)에 직부(直赴)하도록 하였다. 1561년 이
산해는 드디어 문과에 급제하였으며, 이 해에 큰아들 경백(慶佰)이 태
어나는 경사를 맞았다. 1562년 홍문관 정자에 제수되었고, 명종의 명
으로 경복궁 편액을 썼다. 그의 글씨 실력이 어린시절부터 정평이 나

---

5) 사가독서는 세종 때 집현전 관리들에게 유급휴가를 준 데서 연유한다. 원래 용산에 독서
　당을 두고 남호(南湖)라 하였다가, 중종 때에는 현재의 성동구 금호동과 옥수동 언덕으로
　독서당을 옮기고 동호(東湖)라 하였다. 동호 독서당에서 배를 타면 바로 동작진 근처로
　올 수 있다.
6) 《아계유고》 연보 8,9,10,11세.
7) 《연려실기술》 권11, 〈명종조고사본말〉 명종조명신, 趙彦秀.
8) 《아계유고》 연보 17세.

있었음을 확인할 수 있는 부분이다. 이산해는 경복궁 편액 글씨 이외에도, 경주 옥사선원의 편액과 〈회재선생신도비명〉, 〈정암선생신도비명〉 등의 글씨를 남겼다.9)

　이산해는 1563년 26세의 나이로 호당에서 사가독서를 하였다. 홍문관 저작으로 있으면서 당대의 권신인 윤원형을 탄핵하는 차자(箚子)를 직접 지어 올리기도 했다. 이어 부수찬, 정언, 병조정랑, 전적, 이조좌랑 등 젊은 관리가 거칠 수 있는 청요직을 두루 지냈다. 이산해는 관직 생활 동안에도 가문의 후광을 많이 입었다. 그가 초급 관리이던 시절 그에 대한 인물 평가에는 '이색의 후손'이라는 평이 늘 따르고 있었다. 즉 1567년 이산해를 이조좌랑으로 임명한 기록에서 "이산해는 이색의 후예로, 여섯 살에 능히 대문자(大文字)를 짓고 성동(成童)이 되기 전에 여러 차례 향시에 장원하였으므로 당시 사람들이 천선(天仙)처럼 바라보았으니, 참으로 기사(奇士)이다"10)라 한 것은 이러한 분위기를 잘 보여주고 있다.

　1566년에는 이황의 명을 받아 황준량의 문집 발문을 찬술하였다. 이산해는 1564년 황제 등극 조서를 가지고 온 명나라 사신을 맞는 원접사에 임명되었다가 명종이 승하하였다는 소식을 들었다. 명나라 사신들이 돌아갈 때도 이산해가 이들을 수행하여 압록강에서 전송하였다. 1569년과 1570년에는 이조정랑, 동부승지, 이조참의, 대사간, 부제학 등 요직을 거치면서 승진을 거듭하였다. 1571년 승지로 있을 때 부친의 병세가 악화되자 서울로 모시고 와서 종남산(終南山: 남산) 기슭에 작은 집 한 채를 짓고 요양처로 삼았다.11) 이산해가 부친의 병을

---

9) 김학수, 앞의 책, 229쪽.
10) 《명종실록》 명종 22년 1월 12일(무진). "以議政府左贊成 洪暹 充天使館伴, 禮曹判書 朴忠元 充遠接使, 弘文館典翰 李後白, 議政府舍人 奇大升, 吏曹佐郞 李山海(李穡之後, 六歲能作大字. 未及成童, 累冠鄕額. 時人望之如天仙, 眞奇士也) 充遠接使從事官."

치료하고자 남산 기슭에서도 살았음을 확인할 수 있는 부분이다. 1575
년 이산해는 부친의 간병을 위해 계속 노력했으나, 이지번은 4월 세상
을 떠났다. 이산해는 충청도 보령 고만산(高巒山) 기슭의 할아버지 묘
소 아래에다가 부친을 귀장(歸葬)하였다.

1575년은 동인과 서인의 동서분당이 시작된 해였으나, 그는 1577년
6월 삼년상을 마칠 때까지 관직에 참여하지 않았다. 삼년상을 치른 뒤
정치권에서 요청이 계속 이어져 대사간, 대사성, 예조참의, 도승지, 부
제학에 제수되었다. 이 해 겨울에는 이덕형을 둘째 사위로 맞이하였
다.12) 연보의 기록에는 "초례(醮禮)를 치르던 날에 집에는 온돌방이 없
어서 헌합(軒合)에서 거처하였다"고 할 정도로 검소한 삶을 지향한 모
습이 나타난다. 처음 이산해는 정철과도 사이가 좋았는데, 정철이 이
덕형을 사위로 맞이한 이산해에게 자신의 사위 추천을 청하자, 이산해
는 오윤겸을 추천하였다. 이에 대해 정철은 "저는 이덕형과 같은 사위
를 얻고 자신에게는 병약하고 쇠약한 서생을 추천하다니, 절교를 하겠
다"고 했다는 일화가 전한다.13)

1581년 봄에는 대사헌에 제수되고 여름에는 이조판서에 제수되었
다. 이 해 모친상을 당해 무덤을 보령에 조성하고 1582년에는 여묘살
이를 하느라고 보령에 거처하였다. 1583년에는 이른바 계미삼찬(癸未
三竄)이 일어났다. 대사헌 박근원, 대사간 송응개, 전한 허봉 등 동인
측의 핵심 인물이 서인인 이이와 박순을 탄핵하다가 오히려 선조의

---

11) 겸재 정선의 그림인 〈목멱조돈(木覓朝暾)〉에 이병인 시제(詩題)로 쓴 시의 내용에, '새벽
   빛 한강에 떠오르니, 언덕 들 낚싯배에 가린다. 아침마다 나와서 우뚝 앉으면, 첫 햇살 종
   남산에서 오르리라(曙色浮江漢 舼稜隱釣參 朝朝轉危坐 初日上終南)'고 하여 남산을 종남산으
   로 표현한 대목이 있다.
12) 이산해의 맏사위는 李尙弘으로, 이상홍은 성호 이익의 증조 李尙毅의 동생이다. 이상의는
   북인으로 분류된다.
13) 《아계유고》 연보 47세 참조.

노여움을 사 유배되었고, 동인의 세력이 위축되었다. 이산해는 당시 상중이었기 때문에 큰 화를 입지는 않았지만 조정의 분위기가 심상치 않다는 소식을 들었다. 이 해에 선조의 명을 받고 김시습 문집의 서문을 올렸다. 사상적으로 도가(道家)의 비조(鼻祖)로 평가받는 김시습의 문집이 왕명으로 간행된 것과, 이산해가 서문을 썼다는 사실은 당시에 김시습에 대한 존숭 분위기가 일부 형성되었음을 보여준다.

1584년 이산해는 이조판서와 대제학에 제수되었고, 1585년에도 계속해서 전형(銓衡)과 문형(文衡)의 직임을 맡았다. 당시 이산해가 오래도록 전병(銓柄)을 잡고 있다는 지적이 올라오자, 선조는 이윤(伊尹)과 주공(周公)의 고사를 들어[14] 이산해에 대한 신임을 거듭 표현하였다. 선조는 "옛날에 이윤과 주공이 은나라와 주나라에 대해서와 제갈공명이 촉한(蜀漢)에 대해서는 이들 역시 한때 국권을 제멋대로 했던 신하들이었다. 그러나 당시에는 이들을 혐의하지 않았으며, 후세에도 의심하지 않았다. 아, 제멋대로 했다는 이름은 한결같지만 오직 임금이 어떠한가에 달려 있다"면서 능력 있는 신하의 중용은 국왕의 몫임을 강조하였다. 선조는 이산해에 대해 "이조판서(이산해)는 순후한 덕을 가졌고 굉장한 재주를 가졌으며, 대단한 기국(器局)에다 넓은 아량도 있으며 남다른 충절도 있다"고 하여[15] 반대파의 견해를 일축하였다.

1588년에는 우의정에 올랐으며, 1589년 좌의정을 거쳐 영의정에 올랐다. 1589년 10월에는 정여립의 역모사건이 도화선이 되어 기축옥사(己丑獄事)가 일어났다. 기축옥사의 주모자 정여립이 동인이었고, 동인

---

14) 이윤(伊尹)은 은나라 탕왕(蕩王)을 보좌한 인물로, 《맹자》의 〈만장장(萬章章)〉에서 '누구를 섬긴들 임금이 아니며 누구를 섬긴들 백성이 아니며'라는 표현에서 볼 수 있듯이 철저히 출사 지향적인 인물이었다. 주공(周公)은 조카인 숙부를 도와 섭정을 하면서 주(周) 왕실을 안정시키는 데 기여하였다.

15) 《아계유고》 연보 47세. "今夫吏判之爲人也 其厚德宏才 大器雅量精忠苦節."

의 연루자가 많았던 까닭으로 이산해 또한 곤욕을 겪었다. 김면과 정개청(鄭介淸)은 모두 이산해가 전형을 맡을 때 임명된 인물이라는 비난서가 올라왔고, 수사 책임을 맡았던 정철은 정암수의 상소가 올라오자, "대감은 오늘 이 자리가 불안하겠습니다"라면서 노골적으로 이산해를 압박하였다. 그러나 이때에도 선조는 여전히 이산해에 대한 신임을 밝혔다. 당시 선조는 동인의 영수인 유성룡과 이산해를 가장 신망하였다. "내가 이 두 사람(유성룡과 이산해)이야말로 국가의 주석(柱石)이 되고, 사림의 영수가 될 줄을 확실히 알고 있었다. 따라서 내가 평소에 의지하고 존중하던 사람들이다"라고 한 것은 이러한 입장을 잘 보여주고 있다.

1591년 이산해는 종남산 부근에 거처하고 있었다.16) 정언신이 이곳을 방문하니, 이산해는 기축옥사로 많은 선비들이 화를 입은 사실에 대해 안타까워하고 있었다. 특히 최영경의 억울한 죽음과17) 정철이 역옥을 빙자하여 무고한 선비들을 죽인 것에 대해 극히 분개하였다.

1592년 4월 조선 최대의 국난인 임진왜란이 일어났다. 영의정 이산해는 선조를 모시고 피난길에 올랐다. 이때 서인의 중심 정철의 측근들이 서울을 떠난 죄를 이산해에게 물었다. 대간의 탄핵이 더욱 격렬해지자 선조도 어쩔 수가 없었다.18) 이산해는 결국 강원도 평해군으로 유배되어 1593년, 1594년을 평해의 유배지에서 보냈다.19) 평해는

---

16) 이산해의 호 가운데서 '종남수옹(終南睡翁)'은 이곳에 거처한 데서 비롯된 것으로 보인다.
17) 최영경은 남명 조식의 분신과도 같은 인물로 평가를 받았다. 최영경의 죽음은 기축옥사 때 남명학파의 탄압을 상징한다. 최영경이 기축옥사로 진주옥에 갇혔을 때, 천여 명의 선비가 찾아왔을 정도로 경상우도 지역에서 그의 영향력은 컸다.
18) 《당의통략》에는 '선조가 서쪽으로 파천해서 개성에 이르렀을 때 백성들이 나와서 길을 막고 정철을 불러오라고 빌었다. 또 여러 신하들이 모두 이산해가 나라를 그르쳤다고 비판했다'고 당시의 분위기를 기록하고 있다.
19) 이산해의 평해 유배 생활에 대해서는 아래의 논저가 참고가 된다.
　　김학수, 앞의 책, 232~240쪽.
　　이종묵, 앞의 책, 394~417쪽.

이산해의 아버지 이지번이 김안로에게 미움을 받아 1536년 1년간 유배생활을 한 곳으로 부친의 흔적이 남아있는 곳이었다. 유배지에서 이산해는 곽진사, 황응청, 황여일 등 지역의 명망가들과 격의 없이 사귀며 그들과의 친분을 유지해 갔다. 〈사동기(沙洞記)〉, 〈해월헌기(海月軒記)〉 등의 문학 작품은 이곳에서 지낸 경험을 바탕으로 쓴 것이다.

그러나 3년의 유배 생활 동안 이산해는 딸과 며느리, 막내아들을 잃는 큰 아픔을 겪었다. 1592년 아버지의 유배지를 찾아왔다가 3년 만에 이곳에서 죽은 막내아들의 죽음은 특히 충격을 더했다. 개인적인 아픔이 커서인지 평해에서 이산해는 승려들과도 두터운 교분을 유지했다. 옥보상인, 수인, 보인, 지월 등은 이산해와 교유한 대표적인 승려였다.[20] 16세기 중반까지 지식인과 승려와의 교분이 깊었음은 여러 자료에 나타나고 있다. 조식도 승려들과 깊은 교분을 유지하고 불교와 유교의 일치점을 찾으려는 노력을 전개한 것을 볼 수 있는데,[21] 개인적으로는 불교에 심취하고 승려와의 교유도 활발했던 시대 분위기를 짐작할 수 있다.

1595년 유배에서 풀려난 이산해는 정개청, 유몽정 등 기축옥사에 연루된 자들의 억울함을 풀어줄 것을 호소했다. 기축옥사는 그에게 여전히 정치적 부담으로 남았던 것이다. 그해 말 휴가를 청해 이산해는 고향인 보령으로 돌아왔다. 1596년 아계는 보령에 있었으나, 선조의 거듭된 관직 제수에 거듭 사직을 청하다가 결국 소명을 받들고 조정에 돌아왔다. 1598년에는 세 차례에 걸쳐 시폐(時弊)에 관한 차자(箚子)를 올렸다. 차자에는 아계의 현실에 대한 인식과 소금을 굽는 것의 시급성을 강조하는 내용 등 그의 사회경제사상을 보여주는 내용이 다수

---

20) 김학수, 앞의 책, 239쪽.
21) 신병주, 《남명학파와 화담학파 연구》, 일지사, 2000, 98~99쪽.

수록되어 있다. 이에 대한 구체적인 내용은 별도의 장에서 언급하기로 한다.

1599년 아계는 다시 영의정에 복귀하였다가 1600년에 중책에서 벗어났다. 당시 이산해는 권력의 중심에 섰던 홍여순과 정치적으로 크게 대립했는데, 당쟁사에서는 대북(大北) 내의 이산해와 홍여순의 대립을 북인 내에서 골북(骨北)과 육북(肉北)의 분당으로 파악하고 있다.[22]

그해 아계는 남양(南陽)의 구포(鷗浦)에 우거하였다가 잠시 뒤에 신창(新昌)의 시전(柿田)으로 이사하였다. 이후 이산해는 주로 보령, 남양, 신창, 노량 등지에서 만년의 삶을 즐겼다. 1607년의 연보에서, "공이 경자년(1600)부터 7년 사이에 출세에 대한 아무런 생각이 없어서 기교(畿郊)에 거처하기도 하고 강호에 거처하기도 하였는데, 심부름하는 아이, 말 한 필로 행색이 조촐하였다. 때로 시흥이 일어나 언어로 표현하여, 〈구포록〉, 〈시전록〉, 〈노량록〉이 문집에 실려 있다"는 기록은[23] 당시의 처세와 생활상을 압축적으로 보여준다. 최고의 관직인 영의정까지 지냈지만, 검소한 삶을 지향한 그는 이지함의 모습을 연상하게 하기도 한다. 이 무렵 아계가 노량에 작은 정자를 지은 것은 조정의 하례 참석 등 서울에 왔을 때 거처할 곳이 있어야 했기 때문이었다.

1608년에는 소북의 중심 유영경이 7년 동안 수상으로 있으면서 국정을 운영하고 있었다. 대북의 핵심이자 유영경과 라이벌이었던 정인홍은 합천에서 상소문을 올려 유영경을 탄핵하였다. 이때 아계의 아들

---

22) 《당의통략》, 선조 조(宣祖朝)에는 '(남)이공, (김)신국 등은 항상 요직에 있어서 명망이 있고, 또 명기(名器)를 중하게 여기고 아끼니 벼슬하려고 애쓰는 사람들은 모두 (이)산해와 (홍)여순에게 모여들었다. 이리하여 산해와 여순을 주장하는 사람들은 대북이 되고, 이공과 신국을 주로 하는 자는 소북이 되었다. 소북이 견책을 받음에 미쳐서는 산해와 여순이 또 서로 갈라져서, 산해의 당을 육북(肉北)이라 하고, 여순의 당을 골북(骨北)이라 하였다'고 기록하고 있다.

23) 《아계유고》 연보 69세.

이경전이 정인홍과 가깝다는 이유로 탄핵되어 강계로 유배되었다가 석방되었다.

1608년 2월 선조가 사망하였다. 아계는 선조 왕릉의 지문(誌文)을 지어 올리는 것으로써 선조와 함께 했던 인연을 마지막까지 이어갔다. 1609년 3월 이후 고령이던 이산해의 병세는 날로 악화되어, 8월 23일 장통방(長通坊) 취사(僦舍)에서 생을 마감했다. 아계의 나이 72세 때였다. 충청도 예산현 동쪽 대지동에 무덤이 조성되었으며,24) 이미 사망한 부인 양주 조씨의 무덤을 보령 관두산에서 옮겨와 부장(祔葬)하였다. 사위 이덕형은 영의정으로 호상(護喪)을 맡았다. 막내 사위 안응형은 한산군수로, 외손 이여규는 아산현감으로 장례에 참여한 것에서도 보이듯 한산, 아산 일대를 기반으로 한 아계 가문의 위상은 당시까지 계속되었음을 알 수 있다.

3. 이산해의 학문적 기반

(1) 숙부이자 스승, 이지함

이산해 집안은 이우의 증손자인 이지함에 이르러 학문적으로 명성을 더욱 떨치게 되었다. 이산해는 특히 이지함에게 학문적으로 큰 영향을 받았다.

---

24) 예산군 대술면 방산리 천방산 기슭이다. 도고온천에서 예산군 대술면으로 들어가면 도고 저수지가 나오고 그 남쪽에 도고산이 있다. 도고산 아래에는 감밭이 많아서 예전에는 이곳을 시전촌(柿田村)이라 하였다(이종묵, 앞의 책, 416쪽 참조).

공이 문학(文學)에 대하여 하나를 들으면 열을 알았다. 수년 사이에 가르치기 위하여 번거롭게 하지 않아도 저절로 터득하였다. 토정공(土亭公)이 태극도(太極圖)에 대하여 한마디 가르쳤더니, 곧장 천지와 음양의 이치를 알아차려서 태극도를 가지고 논설할 줄을 알았다. 일찍이 먹는 것도 잊고 글을 읽자, 토정공이 혹시라도 몸을 상할까 염려하여 읽던 글을 덮어두고 식사 시간을 기다리도록 하였더니 공이 운자(韻字)를 불러 시를 지어 읊었다.

식사가 더딘 것도 민망한데 항차 배움을 더디게 하랴.　　食遲猶悶況學遲
배가 고픈 것도 민망한데 항차 마음을 주리게 하랴.　　腹飢猶悶況心飢
집이 가난해도 오히려 마음을 치료할 약이 있거니　　家貧尚有療心藥
영대에 달이 떠오를 때까지 기다려야 하겠네.　　須待靈臺月出時25)

위의 기록에서 이지함은 어린 시절 이산해의 교육에 상당한 공을 들였음을 볼 수 있으며, 자라면서도 이산해는 이지함의 영향을 많이 받았음을 알 수 있다. 이지함 또한 "그는 어려서 글을 배우지 않았었는데 그의 형 이지번의 권고를 받고 마침내 분발하여 학문에 주력하면서 밤을 새워 날이 밝도록 공부하곤 했다. 그리하여 경전(經傳)을 모두 통달하고 온갖 사서(史書)와 제자백가의 책까지도 섭렵하였다"는26) 기록에서 보이듯 이산해의 부친인 이지번의 권고로 학문에 전념하였다. 이런 점을 고려하면 이산해와 이지함의 학문적 인연은 매우 컸음을 알 수가 있다. 따라서 이산해의 학문을 살피기 위해서는 이지함의 학문과 사상이 갖는 특징을 먼저 살펴보는 것이 필요하다.

이지함(李之菡, 1517~1578)은 천문·지리·의학·복서·산수 등에 두

---

25) 《아계유고》 연보 5세.
26) 《선조수정실록》 선조 11년 7월 1일(경술).

루 능통하다는 평가를 받았다.[27] 주자성리학만을 고집하지 않는 박학풍(博學風)은 조선 중기 화담학파에게서 가장 두드러진다. 이지함은 이러한 박학풍을 바탕으로 백성들의 빈곤한 삶의 문제를 해결하려 하였다. 이지함은 주자성리학에서 극히 대립적인 것으로 인식하던 '의(義)'와 '이(利)'를 상호보완적인 것으로 이해하였으며, 이러한 인식의 바탕 위에서 상업이나 수공업 등 말업(末業)의 중요성을 강조하였다.[28]

이지함은 이론으로만 그치지 않고, 자신의 정치이상을 실현할 여러 방책을 가지고 이를 실천하려 했다는 점에서도 높은 평가를 받는다. 이지함은 "백리가 되는 고을을 얻어서 정치를 하면 가난한 백성을 부자로 만들고, 야박한 풍속을 돈독하게 만들고, 어지러운 정치를 다스려 나라의 보장(保障)을 만들 수 있다"고 말하면서 자신의 이상을 정치에 실현하려 하였다.[29]

실천을 목표로 한 이지함의 사상에서 가장 중시된 것은 자급(自給)과 국부(國富)였다. 백성 누구나가 생산 활동에 전념하여 재화와 부를 창출하자는 것이었다. 실록을 비롯하여 《어우야담》이나 《연려실기술》 등의 기록을 보면, "이지함은 유랑민이 떨어진 옷을 입고 걸식하는 것을 가엾게 여겨 굶주린 백성을 위해 큰 집을 지어 그곳에 살도록 하고 사·농·공·고(賈) 중 하나를 손수 업(業)으로 삼아 살도록 하는데, 직접 대면하여 깨우쳐 주지 않음이 없었다"[30]거나, "공은 유랑민들이 해진 옷으로 걸식하는 것을 불쌍히 여겨 큰 집을 지어 수용하고,

---

27) 《토정유고》 권下, 〈遺事〉. "先生聰明計慮 超越近古 泛濫諸家 不事雕虫 天文地理醫藥卜筮律呂算數知音觀形察神方秘訣之流 無不通曉."
28) 신병주, 〈土亭 李之菡의 學風과 사회경제사상〉, 《규장각》 19, 서울대규장각한국학연구원, 1996 참조.
29) 《선조수정실록》 선조 11년 7월 1일(경술). "嘗曰 得百里之邑而爲之 貧可富 薄可敦 亂可治 足以爲國保障 末年赴牙山爲政 其治以愛民爲主 除害祛弊 方有施設 遠以病卒."
30) 《於于野談》(한국문화사 295쪽). "李之菡哀流民弊衣乞食 爲飢民作巨室以館之 誨之以手業於士農工賈 無不面諭耳."

수공업을 가르치며 간절하게 타이르고 지도하여 각자 그 의식을 자급
하게 하였다"고31) 하여 백성들의 삶 속으로 들어가 이들을 교화하는
이지함의 모습을 떠올리게 한다. 이지함 사상 형성의 배경에는 사방을
유람하다가 만난 백성들을 위해 자신의 도움이 필요한 상황이 되면
적극적으로 대응한 경험이 바탕이 되었다. 일상의 삶을 통하여 체득된
사상이라는 점에서 의미가 깊은 것이다.

　이지함은 1573년 포천현감에, 1578년 아산현감에 부임하여 짧은 관
직 생활을 하였다. 이때 올린 두 편의 상소문에는 그의 구상이 구체적
으로 피력되어 있다. 포천현감으로 있으면서 올린 〈이포천현감시상소
(莅抱川縣監時上疏)〉에서는 "포천현의 형편은 이를테면 어미 없는 고아
비렁뱅이가 오장(五臟)이 병들어서 온몸이 초췌하고 고혈(膏血)이 다하
였으며 피부가 말랐으니 죽게 되는 것은 아침 아니면 저녁입니다"라
고 하여32) 당시 포천현이 처한 위기상황을 지적한 다음, 이러한 문제
점을 타개할 수 있는 대책을 제시하였다.

　이지함은 제왕의 창고는 세 가지가 있음을 전제하고, 도덕을 간직
하는 창고인 인심을 바르게 하는 것이 상책(上策)이며, 인재를 뽑는 창
고인 이조와 병조의 관리를 적절히 하는 것이 중책(中策)이며, 백 가지
사물을 간직한 창고인 육지와 해양개발을 적극적으로 하는 것을 하책
(下策)으로 정의했다. 이 가운데서도 이지함이 특히 중점을 둔 것은 하
책이었다. 하책은 자원의 적극적인 개발과 연결되었다. 이는 곧 그가
평소에 주장한 적극적인 말업 사상을 구체화한 것이다. 땅과 바다의
자원을 적극 활용해야 한다는 이지함의 인식은 그의 사회경제사상을

---

31) 《연려실기술》 선조조고사본말, 선조조유현, 이지함.
32) 《토정유고》 권上, 〈莅抱川縣監時上疏〉. "抱川之爲縣者 如無母寒乞兒 五臟病而一身瘁 膏血盡而
　　皮膚枯 其爲死也 非早卽夕."

단적으로 보여주고 있다. 특히 이러한 부분은 조카 이산해에게 계승되었다.[33]

이지함은 기본적으로는 성리학자였지만 성리학의 의리론과 원칙론에서 자유로운 입장을 보였다. 지고(至高)의 가치인 의(義)만을 고집하지 않고, 의와 함께 이(利)를 중시하였다. 이지함의 스승인 서경덕의 학풍에서도 이러한 면모가 두드러지는데, 이것을 이지함의 독특한 사상으로 이해하기보다는 16세기에는 이러한 사상 경향을 보인 학자들이 다수 출현했다고 이해하는 것이 좋을 듯하다. 조식이 당시의 철학 논쟁인 이기(理氣) 논쟁이 백성들에게 도움이 되지 않는다면 쓸모가 없다고 파악한 것이나, 서경덕이 삼년상이 민생에 부담이 된다는 점을 강조한 것도 이러한 성향과 맥을 같이 한다. 선조 후반 이후 남명학파와 화담학파가 모집단이 된 북인들의 성향에서 이러한 면모들이 두드러진 점 또한 조선 중기 사상사의 흐름 속에서 이해되어야 할 것이다.

이지함은 이익과 의리가 완전히 대비되는 것이 아니라, 재리(財利)와 덕의(德義)는 하나가 될 수 있다고 보았다. 성현들도 그러한 입장을 오히려 강조했다는 점도 역설하였다. 즉 자사(子思)가 '이'를 먼저 말하고 주자가 경제에 힘쓴 사례를 소개하여 의리와 이익이 병행될 수 있음을 피력하였다.[34] 기존의 통설이나 이론에만 매몰되지 말고 유연하게 상황에 대응하자는 이지함의 입장은 현재의 관점에서 본다면 매우 실용적이고 현실적이라 할 수 있다. "덕은 본(本)이고 재물은 말(末)이지만, 본말은 어느 한쪽이 치우치거나 폐지되어서는 안 됩니다. 근본으로써 말을 제어하고 말(末)로써 근본을 제어한 후에 사람의 도리가

---

33) 이산해는 상소문을 통해 소금 자원의 활용을 특히 강조했는데, 이는 이지함의 입장과도 일치하는 것이다.
34) 《토정유고》 권上,〈莅抱川縣監時上疏〉. "子思先言利 朱子務䤲䥯 何有於利哉"

궁해지지 않습니다"[35]라고 한 데서도 그의 균형감각을 엿볼 수 있다.

백성들의 삶에 도움이 된다면 어떠한 경제적 행위도 할 수 있다는 그의 입장은 당시 말업으로 천시되던 은의 채굴이나 어염의 이익을 적극적으로 획득해야 한다는 주장으로 표출되었으며, 어염의 이익을 강조한 이지함의 사상은 특히 조카인 이산해에 의해 계승되었다. 이지함이나 이산해에게서 단서를 보였던 자원의 적극적인 개발은 18세기 후반 시대사상으로 자리를 잡은 북학사상과도 맥락을 같이하는 부분이 있다. 박제가의 저술에는 이지함이 제시했던 부국의 논리가 포함되어 있으며, 박제가는 이지함을 높이 평가하였다.[36] 19세기의 실학자 이규경은 유형원의 논저를 인용하여 이지함이 빈곤을 극복하는 방안으로 해외통상론을 제시한 것을 높이 평가하였는데,[37] 이러한 사례는 이지함의 사상이 북학사상과 접목됨을 보여주고 있다. 또한 이지함 이후 이산해, 김신국, 유몽인 등에게서 실용 중시 입장이 두드러지는 것을 볼 때 조선 중기에도 실용을 중시하는 입장이 특정 학자만의 사상이 아니었음을 알 수가 있다.

(2) 화담학파와 연계성

이지함과 함께 이산해 학문의 연원과 관련하여 주목되는 인물은 북인의 학문적 뿌리가 되는 화담 서경덕이다. 조선 중기 사상사에서 서경덕의 학문을 계승한 '화담학파'에게서 실용을 중시한 측면이 가장

---

35) 《토정유고》 권上, 〈莅抱川縣監時上疏〉. "大抵德者本也 財者末也 而本末不可偏廢 以本制末 以末制本 然後人道不窮."

36) 김용덕, 〈朴濟家의 經濟思想〉, 《震檀學報》 52, 진단학회, 1981.

37) 《오주연문장전산고》 권32, 〈與蕃舶開市辨證說〉. "按柳馨遠磻溪雜識云 土亭李之菡嘗言 我國民貧 若於南方歲接琉球國洋船數三隻 可以瞻裕 …… 土亭磻溪皆抱王佐之才."

두드러지는데,[38] 이산해 또한 이러한 사상적 범주에 속한 인물로 볼수 있기 때문이다. 서경덕은 학문의 탐구에 전념하였지만, 처사형 학자의 입지를 지켜 과거에는 뜻을 두지 않았다. 1519년 조광조 등 신진 사림파들이 개혁정치의 일환으로 현량과를 실시할 때 개성에서는 서경덕을 천거하였으나 사양하고 출사하지는 않았다.[39] 서경덕은 1531년 부친의 명으로 과거에 응시하여 사마시에는 합격했으나 문과는 보지 않고 돌아왔으며, 1540년 김안국의 천거로 56세 때 후릉참봉의 벼슬이 내려졌으나 나아가지 않았다. 서경덕이 거듭 관직을 사양하고 처사의 삶을 살아간 모습은 이지함의 그것과도 일치한다. 그러나 이산해 단계에 이르면 사림파를 뿌리로 한 학자들의 관직 진출이 대세였으며, 출사를 통한 이상 실현이 대세가 되는 국면을 맞게 된다.

서경덕의 학풍에는 탐구와 사색을 통한 '자득(自得)'의 개발, 산천의 유람으로 대표된 자유분방한 처세, 그리고 개성이라는 지역적인 기반 등이 복합적으로 작용하여 형성되어 있었다.[40] 개성은 서해와도 가까울 뿐만 아니라 임진강이 한강과 합류하는 수로 교통의 요지였다. 개성은 해안적인 요소가 물씬 풍기는 도시였던 것이다. 이지함이나 이산해가 해안 지역인 보령을 근거지로 학문을 형성해 나간 점을 고려하면 서경덕의 학문적 기반과 밀접한 관련이 있음을 볼 수 있다.

서경덕과 그의 학문을 계승한 화담학파의 사상에서는 특히 개방성이 돋보인다. 이는 학문이나 사상의 수용에서 실용에 필요한 모든 사상을 포용하는 사상적 개방성과 더불어 신분에 관계없이 인재를 등용하는 신분적 개방성을 의미한다. 화담학파가 유독 상업을 비롯한 말업

---

38) 신병주, 《조선중, 후기 지성사 연구》, 일지사, 2007.
39) 《화담집》 권3, 부록 〈遺事〉. "正德己卯 設薦科 松京以先生名薦之 辭不赴."
40) 신병주, 《남명학파와 화담학파 연구》, 일지사, 2000.

(末業)을 중시한 점과, 미천한 신분의 학자들까지 제자로 받아들인 점은 사상의 개방성에서 유래한 측면이 크다. 서경덕의 학풍을 계승한 서울의 침류대 학사들에게서 절충적, 개방적 학풍이 나타나는 점이 지적되고 있으며,[41] 화담학파의 사상은 광해군 시대까지 이어졌다. 광해군 대에 국부를 증대하기 위한 방안으로써 동전의 주조와 유통, 은광의 채굴 허용 등을 주장한 정인홍, 이산해, 이덕형, 유몽인, 박홍구, 이수광 등은 넓게 보면 화담학파의 범주로 볼 수 있는 인물이었다.

서경덕의 사상에는 도가적인 기반이 두드러진다. 박지화나 서기, 이지함은 서경덕의 도가적 면모를 수용한 대표적인 문인으로 평가받는다. 이산해의 시 가운데 울릉도를 소재로 한 시가 있는데, 이 시에는 당시 육지와 내왕이 없던 울릉도에 대한 호기심이 도가적 신선 세계로의 동경으로 나타나고 있다. "이 섬이 봉래나 곤륜 중 하나로 이인(異人)과 선객(仙客)이 살고 있는지 어찌 알겠는가" 등의 표현에는 도가적인 분위기가 물씬 풍긴다.[42] 이산해의 시에서 도가적인 요소가 드러나는 점은 그의 학문적 연원이 되는 화담학파의 도가적인 분위기와도 일부 상통한다.[43]

이산해가 조선시대 도가의 비조로 평가를 받고 있는 김시습의 문집 서문을 쓴 것도 도가적 분위기와 관련이 있어 보인다. 이산해는 "신이 일찍이 그의 사람됨을 사모하여 잔편(殘篇)과 단간(斷簡) 중에서 그의 체취를 직접 느껴온 것이 하루만의 일이 아니었으며, 윤춘년(尹春年)이 편집한 시문을 얻어[44] 세 번 반복해서 읽어보고 삼가 슬퍼하지 않은

41) 한영우, 《실학의 선구자 이수광》, 경세원, 2007.
42) 《아계유고》 권3, 〈箕城錄〉 '鬱陵島說'
43) 화담학파의 도가적 성향에 대해서는 신병주, 《이지함 평전》, 글항아리, 2008 참조.
44) 윤춘년(1514~1567)의 졸기에는 '김시습을 존숭하여 공자에 비유하였다'는 기록[《선조수정실록》 선조 즉위년 10월 1일(병술)]이 보인다. 김시습을 존숭한 윤춘년의 시문에 이산해가 감동했다는 점은 이산해의 김시습에 대한 인식을 보여주고 있다.

적이 없었다"고 하여45) 김시습에 대한 존중 의식을 표현하였다.

이지함은 민간에 격의가 없이 어울리면서 백성들의 삶의 현장으로 직접 들어간 학자였으며, 성리학 이외에도 도가 등 다양한 학문의 사상과 수용에 적극적인 인물이었다. 서경덕의 개방적인 성향이 이지함에게 계승되었고, 이산해 또한 이지함의 학문적 영향을 받으면서 서경덕의 학문과 사상적 흐름을 간접적으로 계승했다고 볼 수 있다. 또한 남명학파와 화담학파가 북인의 중추를 이루고, 이산해가 선조 후반 북인의 영수로 활약한 점을 볼 때 이산해 학문과 사상의 뿌리에는 서경덕이 존재했다고 할 수 있다. 이것은 조선 중기 사상사의 흐름에서 가장 개방적인 성향을 보였던 학파가 화담학파이고, 당색으로 볼 때 북인이 이러한 성향이 현저했다는 점에서도46) 그 일치점을 찾을 수가 있다.

이산해와 화담학파의 연결 고리가 되는 인물로 최역(崔櫟)을 들 수 있다. 아계가 쓴 〈최처사묘갈명(崔處士墓碣銘)〉에 따르면, 최처사의 휘는 역(櫟)이었다. 용모가 수려하고 재주와 학식이 탁월하여 이산해가 어린 시절 흠모하던 인물이었다. 그가 죽은 지 20년이 지나서 종남산(終南山) 기슭으로 이사를 하여 최역의 둘째 아들 철강과 가까운 곳에 살게 되었다. 또 19년이 지나서는 최역의 큰 아들이 을유과(乙酉科)에 장원을 하였는데, 당시 이산해가 좌주(座主)였다. 이산해와 최역의 인연은 최역의 아들인 최철견의 맏아들 행이 이산해 집안의 사위가 되면서 계속 이어져 명(銘)까지 쓰게 되었다.47) 최역은 화담문인으로 기

---

45) 《아계유고》 권6, 〈梅月堂集序〉. "臣嘗慕其爲人 把遺馥於殘篇斷簡之中者 非一日矣 及得尹春年編
輯詩文 未嘗不三復 而竊悲也."
46) 신병주, 《조선중, 후기 지성사 연구》, 일지사, 2007.
47) 이산해의 연보에 따르면 큰 딸은 홍문관 교리 이상홍에게, 둘째는 이덕형에게, 셋째는
유성(柳惺)에게, 넷째는 안응형(安應亨)에게 시집을 간 것으로 기록되어 있다. 이 가운데
이상홍은 2남 3녀를 두었는데, 둘째 딸이 우봉 현령인 최행과 혼인하였다.

록되어 있는 인물로, 이산해는 묘갈명에 그가 화담 문하에서 수업했던 사실을 기록하였다. 최역은 성수침, 조식과도 종유(從遊)했으며, 1550 년 29세에 한양 동촌에서 병으로 사망하였다. 병이 위독했을 때 두 아들을 화담의 문인인 민순에게 부탁한 것에서 볼 수 있듯이 최역은 화담학파의 전형적인 인물이었다. 이산해가 최역에 호감을 갖고 그의 아들을 사위로 맞이한 사실에서 화담학파와 이산해가 또 다시 연결된다. 최역의 사례에서도 이산해와 화담학파의 연계성이 결코 적지 않음을 볼 수 있다.

(3) 해안적인 기반과 자원의 활용

위에서 이산해의 학문과 사상은 가까이에는 숙부인 이지함, 넓은 범주로 보면 조선 중기 서경덕과 북인의 영향력 아래 형성되었음을 설명하였다. 이산해의 저술은 《아계유고》를 보면, 840수의 시문과 상소문이 주종을 이룬다. 조선 중기 학자인데도 일반적으로 문집에 담는 성리 철학이나 이론에 관한 내용은 거의 찾을 수 없는 점이 두드러진다. 이것은 이지함의 《토정유고》의 구성과도 거의 유사하며, 나아가서는 북인 학자들의 일반적인 성향이라고 할 수 있다.[48] 이산해가 이처럼 이론 문제에 깊이 매달리지 않은 까닭은 주로 국사를 운영하는 입장에 서서 현실 정치를 실용적으로 운영해 나가는 데 주안점을 두었기 때문이었다.

이산해는 시폐차(時弊箚)를 통해 숙부인 이지함과 같이 해양자원의

---

48) 북인의 영수인 정인홍의 문집에도 성리 철학이나 이론에 관한 글은 거의 없으며, 몇 편의 시문과 상소문이 문집의 주류를 이루고 있다. 신병주, 〈북인의 영수 정인홍의 사상과 현실 대응〉, 《동양학》 42, 단국대학교 동양학연구소, 2007.

개발을 적극 주장했다. 당시 사회경제의 문제점을 극복하는 방안으로
둔전(屯田)과 자염(煮鹽)의 활용을 강조한 것이다. 그의 상소문에는 우
리나라의 빈해(濱海)가 모두 염장(鹽場)인데도 그 이익을 활용하지 못
한 현실의 문제점을 지적한 내용이 다수가 있다. 이산해의 상소문을
보자.

　신이 청컨대, 소금을 굽는 대책을 진달하겠습니다. 소금을 굽는 일은 공력이
그다지 많이 들지 않으나 효과는 가장 많이 볼 수가 있습니다. 1천 이랑의 둔전
(屯田)이 수백 개의 염조(鹽竈)만 못합니다. 남월(南越)이 비옥하고 풍요로운
것은 어염이 근본이 되고, 전오(全吳)도 풍부하여 이윤이 주산(鑄山)과 같으니,
이것이 진실로 재물을 모으는 상책(上策)입니다. 우리나라 해변이 모두 소금
굽는 장소였는데 태평한 시절에 곡식이 남아서 썩어 나던 시절을 살아온 나머
지 다시는 이런 이점이 있다는 것을 알지 못한 지가 오래 되었습니다. 지금 바
닥이 나버린 나머지 조그만 재리(財利)를 추구하려고 해도 이렇다 할 대책이
없는데 유독 이 일만을 그냥 두고 거행하지 않은 채 간혹 관원을 파견하여 일
을 감독하게 하나 얻는 바는 으레 사소한 정도이니, 소신이 이 점에 대하여 삼
가 의혹을 갖지 않을 수 없습니다. 일반적인 사물은 가격이 비싸더라도 판매하
기가 어려우면 이익이 될 수 없습니다. 그렇지만 소금은 산만큼 쌓여 있더라도
팔지 못할까 걱정할 일이 없습니다. 또 역사(役事)를 할 즈음에 인부를 소집하
기 어려운 점, 식량을 잇대기 어려운 점, 수해와 가뭄에 유지하기 어려운 점이
크게 둔전과 같지 않은 점이 있습니다. 호서(湖西)나 해서(海西)의 도서(島嶼)
와 정록(汀麓) 사이에 소금기가 많아서 경작하기에 적합하지 않은 곳이 비어
있고 땔감이 무성한 곳을 찾아서 곳곳에다 염정(鹽井)과 염조(鹽竈)를 설치해
두고 또 떠돌면서 빌어먹는 백성들을 모집해다가 둔전(屯田)을 경작하게 하고
대오(隊伍)를 짓게 해서 일시에 일을 추진하게 한다면, 처음 일을 시작한 날에

식량이 그 가운데 있을 것이니, 어느 누가 기꺼이 따르면서 참여하기를 바라지 않겠습니까. 2월 달에 시작하여 매우(霉雨)가 내릴 때 잠시 중지했다가 8월에 다시 작업을 계속하여 얼음이 얼거든 작업을 마친다면, 5~6개월 사이에 염조의 많고 적은 것을 계산할 수 있고 곡식의 넉넉하고 부족한 것을 알 수 있을 것입니다.[49]

이산해는 1천 이랑의 둔전이 수백 개의 염조만 못하다고 보면서, 남월(南越)이 비옥하고 풍요로운 것은 어염이 근본이 되며, 이것이 진실로 재물을 모은 상책이라고 파악하였다. 어염에 대한 이산해의 관심과 이를 활용하기 위한 대책은 숙부이자 스승인 이지함의 주장과 거의 일치하고 있다.

이지함은 농업 경제가 갖는 재정의 한계성을 어염의 개발로 보완할 것을 주장하였다.

땅과 바다는 백 가지 재용의 창고입니다. 이것은 형이하(形以下)의 것으로써 이것에 의존하지 않고서 능히 국가를 다스린 사람은 없습니다. 진실로 이것을 개발한 즉 그 이익이 백성들에게 베풀어질 것이니 어찌 그 끝이 있겠습니까? 씨를 뿌리고 나무 심는 일은 진실로 백성을 살리는 근본입니다. 따라서 은(銀)은 가히 주조할 것이며, 옥(玉)은 채굴할 것이며, 고기는 잡을 것이며, 소금은 굽는 데 이를 것입니다. 사적인 경영으로 이익을 좋아하고 남는 것을 탐내고 후한 것에 인색함은 비록 소인들이 유혹하는 바이고 군자가 가까이 하지 않는 것이지만 마땅히 취할 것은 취하여 백성들을 구제하는 것 또한 성인이 권도(權道)로 할 일입니다.[50]

---

49) 《아계유고》 권5, 〈陳弊此〉.
50) 《土亭遺稿》 권上, 〈莅抱川縣監疏〉. "陸海者 藏百用之府庫也 此則形以下者也 然不資乎此 而

　백성의 이익을 위해서라면 성인도 원칙을 버리고 권도(權道), 곧 임시변통책을 펼 수 있다는 이지함의 사회경제사상은 원칙과 명분에 얽매이지 말고 실용을 중시하자는 입장으로 유연한 사고가 바탕이 되었음은 물론이다. 이산해의 경제사상에도 그대로 이어지는 면모를 확인할 수 있다.

　이지함과 이산해는 농사가 근본이 되고 소금의 제조와 수공업과 같은 산업은 말업임이 분명하지만 근본과 말업이 서로 견제하고 보충하여 조화를 이루어 재용(財用)이 결핍되지 않아야 함을 주장하였다. 이지함과 이산해의 경제사상은 결국 국부의 전체적인 증대책을 강구한 것으로 요약할 수 있으며, 이들은 전통적으로 농업이 중시되고 상업이나 수공업이 천시된 당시 사회에서 백성들의 생활향상을 위한 방안으로 적극적인 말업관을 보였다.

　이산해는 당시 사회의 문제점을 제시하고 그 극복방안으로 둔전과 자염(煮鹽)의 활용을 강조했다. 이지함이 소금의 중요성을 강조한 내용과도 맥락을 같이하는 부분이다. 이는 삼면이 바다인 조선이 소금 등 해양자원의 적극적인 개발에 관심을 두지 않고 농업경제에만 머물러 있는 안타까운 현실을 극복하고자 하는 의지에서 강조된 것으로 보인다. 조선시대의 염전식 소금 생산은 조수 간만의 차이가 크고 간석지가 발달하여 염전 조성이 쉬운 서, 남해안에서 주로 생산되었다. 서, 남해안에서는 상현, 하현 때 바닷물이 물러간 뒤 써래를 단 소를 이용하여 염전 바닥을 하루 2~3회씩 갈아엎고, 그 위에 바닷물을 골고루 뿌려 증발시켜 소금기가 농축된 함토(鹹土), 곧 짠 흙을 만들었

能爲國家者 未知有也 苟能發此 則其利澤之施于人者 曷其有極 若稼穡種樹之事 固爲生民之根本 至於銀可鑄也 玉可採也 鱗可網也 鹹可煮也 營私而好利 貪嬴而啚厚者 雖是小人之所喩 而君子所不屑 當取而取之 救元元之命者 亦是聖人之權也.”

다. 그리고 이 함토에 다시 바닷물을 부어 진한 소금물을 만든 후 철이나 흙으로 만든 솥에 끓여 소금을 생산하였다. 염전 바닥에는 검은 점토를 깔아 햇볕에 의한 증발률을 높였으나, 한 달에 상, 하현 기간인 12일 정도밖에 작업하지 못하였다. 생산된 소금은 강, 하천의 수로나 육로를 거쳐 내륙 깊숙한 곳까지 유통되었다. 17세기 이후 선박을 이용한 해상교통이 발달하면서 서울이 상업도시로 성장하고 전국적 시장권의 중심이 되어 경강의 각 포구는 조운의 중심지라는 성격에서 벗어나 전국적 상품유통의 중심지로 발달하였다. 그리하여 전국에서 생산된 소금이나 미곡 등이 선박을 이용하여 경강에 모였다가 다시 지방에 분산되는 유통구조가 확립되었다.51)

이지함과 이산해가 소금에 대해 적극적으로 인식한 것은 해안적인 기반과도 밀접한 관련이 있다. 이산해는 "소금을 굽는 일에 대해서만은 신이 바닷가에서 생장한 탓에 대충 그 요점을 알기 때문에 스스로 농포(農圃)의 지식을 믿고 감히 지리한 말씀을 올린 것입니다"52)라고 표현할 만큼 자신이 바닷가 출신임을 강조하였다. 그만큼 어릴 때부터 해안에서 성장하였기 때문에 소금의 중요성과 활용에 대해 상당한 식견이 있음을 자부하고 있다. 이어서 "신에게 호서 지방의 소금을 감독하는 칭호를 하사하신다면, 비록 제대로 걷지 못하더라도 오히려 말을 타고 내려가서 부축을 받고 해도(海島)의 염정(鹽井)이 있는 사이를 왕래할 수 있을 것입니다"53)라고 하면서 명령만 내리면 염정 개발을 주도할 수 있음을 밝혔다.

---

51) 김의환, 〈소금-생산에서 세금까지〉, 《조선시대 사람들은 어떻게 살았을까》, 청년사, 1997.

52) 《아계유고》 권5, 〈陳弊箚〉. "臣生長海曲 粗識其要 自恃農圃之知 敢獻支離之說."

53) 《아계유고》 권5, 〈陳弊箚〉. "如蒙賜臣以湖西管鹽之號. 則臣雖跛蹇, 猶可駄馬下去, 扶曳往來於海島鹽井之間."

이산해의 해안적인 기반과 여기에서 나타나는 어염 자원의 활용 또한 이지함의 그것을 그대로 이어받은 느낌이 든다. 이지함과 바다의 관련성은 여러 자료에서 확인된다. 이것은 그의 주된 근거지인 보령이 해안에 직면하고 마포의 토정 또한 해상과 긴밀한 지역이었던 데서 비롯한다. 이지함 스스로도 자신을 '해상에 사는 광민(狂珉)'으로 표현했으며,54) 제자인 조헌은 '해우(海隅)'에 은거한 이지함을 찾아가 학문을 배웠다고 하였고,55) 실록에는 이지함이 '안명세의 처형을 보고 해도를 돌아다니며 미치광이로 세상을 피했다'56)고 하여 이지함과 바다, 섬이 떼려야 뗄 수 없는 관계에 있었음을 공식적으로 드러냈다.

이지함이 어렸을 때 어머니의 장지가 해안에 가까이 있어 조수가 밀려옴을 걱정하여 옮겼다는 기록이나,57) 성품이 배타기를 좋아하고58) 항해 동안에 조수의 흐름을 알아 위험을 만나지 않았다는 기록,59) 어염(漁鹽) 등 해상의 경제에 대한 가치를 강조하는 정책을 제시한 것60) 등은 이지함의 해안적인 기반과 밀접한 관계가 있다. 이이가 이지함의 제문을 쓰면서 '수선(水仙)'이라 표현한 것도61) 이러한 맥락에서 이해할 수 있다.

이산해 또한 성장 기반이 이지함과 거의 일치한다는 점에서 그와 바다의 관계도 빼놓을 수 없다. 이산해가 자염에 대해 잘 알고 있었던 까닭은 해곡(海曲)에서 성장한 사실이 주요한 원인으로,62) 해안적인

---

54) 《토정유고》 권上, 〈莅抱川時上疏〉. "伏以臣海上之一狂珉也."
55) 《토정유고》 권下, 〈遺事〉. "重峰閒先生隱居海隅 倘佯不仕 乃修束修之禮 而受學."
56) 《선조수정실록》 권20, 선조 19년 10월 1일(임술). "李之菡目見安名世之赴市 則週遊海島 伴狂逃世."
57) 《선조수정실록》 권6, 선조 6년 5월(경진). "少時葬親海曲 潮水漸近 度於百年後 水必齧墓 欲築防捍之."
58) 《토정유고》 권下, 〈遺事〉. "性喜乘舟 泛海涉危而不驚."
59) 《선조수정실록》 권12, 선조 11년 7월 1일(경술). "好乘舟浮海 妻入耽羅 古風侯潮 未嘗遇險."
60) 《토정유고》 권上, 〈莅抱川縣監時上疏〉.
61) 《海東異蹟》, 李之菡. "李栗谷祭土亭文曰 …… 公又號水僊."(僊은 仙과 동일한 글자임)

기반을 가진 학자들이 상업과 유통에 관심을 갖는 것은 주목할 만하다. 서경덕이 임진강과 한강으로 통하는 개성을 지역적 기반으로 하고 조식이 김해(金海)에서 18년 동안 생활한 경험이 있는 것 등을 고려할 때 북인 학자들의 상업에 대한 관심은 해안적인 기반과도 연결되는 측면이 있다. 17세기의 근기 남인학자 허목은 기축옥사에 연루된 정개청에 대하여 "선생은 해상에서 태어나 고인의 학문을 흠모했다"고 하였는데,[63] 이러한 표현에서도 북인계 인물과 해안이라는 지역성이 연관되어 있음이 나타난다. 조식과 서경덕의 문인들이 주축이 된 북인들의 학문과 사상에서는 농촌중심의 경제에만 집착하지 않고 상업이나 유통경제에 관심을 두는 측면이 많이 나타나는 것이 특징으로 지적되는데, 이들이 이러한 성향을 보이는 데는 해안적인 기반도 상당한 관련이 있다고 여겨진다. 이지함이나 이산해에게 두드러지는 말업 중시의 경제사상은 선조, 광해군 대의 일부 학자들에게도 나타나고 있었다. 박홍구, 유몽인, 이덕형, 김신국 등이 대표적으로,[64] 이들이 거의가 북인이라는 점이 눈길을 끈다. 이산해는 선조 시대 붕당이 형성된 이래 동인에서 북인으로 이어지는 당파를 대표하는 인물이었으며, 사위였던 이덕형 또한 원래는 남인이었으나 장인의 영향으로 북인의 입장에 서기도 했다. 《당의통략》에는 "이덕형은 본래 남인이었으나, 이산해의 사위인 까닭에 남인과 북인 사이를 드나들었다"고 하여[65] 그가 북인의 성향을 보였음을 적고 있다.

유몽인은 이지함, 이산해로 이어지는 한산 이씨 집안과 세교(世交)

62) 《아계유고》 권5, 〈陳弊箚〉. "如煮鹽 一事 則臣生長海曲 粗識其要."
63) 《記言》 권50, 〈易學傳授〉. "先生(鄭介淸: 필자주)生於海上 慕古人之學."
64) 관료학자란 정치의 실무를 담당한 학자란 뜻이 담긴 개념으로 산림에 은거하면서 학문에만 전념한 산림학자와는 대비되는 개념이다. 오늘날 테크노크라트(technocrat)와 의미가 상통하는 용어이다.
65) 《당의통략》, 宣祖朝.

를 맺고 있었으며, 유몽인은 〈안변십이책(安邊十二策)〉 등에서 후대의
북학사상과 비슷한 입장들을 거듭 드러냈다.66) 유몽인은《어우야담》
에서 민간에 채록되는 이야기들을 책으로 엮었는데 이러한 점 또한
이지함의 민중지향적인 모습과 비슷하다. 이밖에 북인을 대표하는 관
료학자로 평가를 받은 김신국도 이산해와 인척 사이였다. 김신국은 소
북(小北)에 속한 인물로서 경제정책에 관한 실무능력을 인정받아 광해
군 대와 인조 대에 걸쳐 호조판서를 역임했다. 여기서 김신국이 이산
해 가문과 밀접한 관련이 있음이 나타난다. 즉 이산해는 김신국의 존
고부(尊姑夫)였다. 김신국은 이산해의 아들인 이경전과도 교류했다.67)
또한 이산해는 장수현감으로 부임하는 김신국을 전송하는 글에서 김
신국을 '나의 인형(姻兄)으로 영천 수령을 지낸 김후(金侯)의 손자'라고
표현했다.68) 이산해의 사위인 이덕형이나, 친척인 김신국 모두 실무에
능했던 관료임을 볼 때 이지함으로부터 이어지는 집안의 전반적인 분
위기가 실무, 실용에 뛰어났음을 짐작할 수 있다.

　위의 여러 사례를 볼 때 말업을 중시하는 경제사상은 특정인물의
단선적인 사상으로만 치부할 수는 없다. 이덕형, 유몽인, 김신국 등 선
조, 광해군대 북인계를 중심으로 한 학자들의 경제사상에서도 전통적
인 농본주의에 그치지 않고 상업, 화폐, 무역 등 말업을 적극적으로 활
용하여 국가경제와 민생을 다 같이 유족하게 해야 한다는 주장이 제
기되고 있었다.

　당인(黨人)으로서 북인은 동인에서 남인과 함께 분기되었다. 선조
대 후반에서 광해군 대까지 정권의 주축을 담당하였으나, 1623년 인조

---

66) 한명기, 〈柳夢寅의 經世論 연구〉,《韓國學報》67, 일지사, 1992, 151쪽.
67) 신병주, 〈17세기 전반 북인관료의 사상〉,《역사와 현실》8, 한국역사연구회, 1992.
68)《아계유고》권6, 〈送金長水序〉.

반정으로 서인들에 의해 완전히 정계에서 축출되었다. 대개 북인들의 사상 성향은 주자성리학을 절대시하지 않고 다양한 학문에 관심을 기울이는 경향이 강했으며 사회경제정책의 추진에도 적극적이었다는 평가를 받는다. 조식과 서경덕이 북인의 사상적 원류가 되고 이들의 학문을 계승한 남명학파와 화담학파가 북인의 주축을 이루었다. 결국 북인의 정치적 영수로 평가를 받는 이산해의 사상에서도 이러한 특징이 발견된다고 볼 수 있다.

4. 임진왜란에 대한 인식

(1) 이순신과 원균에 대한 인식

1592년에 발생하여 7년 동안 지속된 임진왜란은 국가적으로도 큰 충격이었을 뿐만 아니라 이산해의 삶과 사상에도 큰 영향을 미친 사건이었다. 이산해가 조선 최고의 관직인 영의정의 자리에 있던 시절 일어난 임진왜란. 왜군은 예상치 못한 빠른 진격으로 선조가 있는 서울을 압박해 오고 있었다. 형세를 파악한 이산해는 선조의 파천(播遷)을 주장했고, 국왕이 도성을 버리고 피난을 가자 백성들의 분노는 들끓었다. 결국 선조의 어가가 개성에 머물렀을 때 국왕의 파천을 비난하는 상소가 잇달아 올라왔고 이산해는 이에 책임을 지고 관직에서 물러났다. 이어진 중도부처(中途付處)[69]로 강원도 평해에서 3년 동안 유배생활을 했다. 그가 유배에서 벗어났을 때까지도 여전히 전쟁은 끝

---

69) 유배 죄인의 평소 공로 등 정상 참작을 하여 유배지로 가는 중간 지점의 한 곳을 지정하여 머물러 있게 하는 처분.

나지 않았고, 이산해는 국가의 원로로서 전쟁을 대비하는 군국(軍國)의 방책을 여러 차례 개진하였다.

임진왜란과 관련한 이산해의 인식에서 우선 주목되는 것은 원균을 이순신과 대등한 장군으로 평가하고 있다는 사실이다. 이제까지 일반적으로 임진왜란을 승리로 이끈 불패의 장군 이순신에 대한 존숭 분위기가 확산되면서 그와 경쟁 관계에 있었던 원균은 간신이자 무능한 장군으로 평가절하되었다. 그러나 당대의 실록 기록을 보면 이순신과 원균이 비슷한 비중으로 인식된 사례를 자주 찾을 수 있다.

왜란 초기 원균은 경상우수사로서 초기 해전의 승리에 이순신과 함께 공을 세웠으며, 《선조실록》에서도 "원균은 도원수 권율이 윽박지르자 반드시 패전할 것을 알면서도 진(鎭)을 떠나 왜적을 공격하다가 드디어 전군이 패배하자 순국하고 말았다. 원균은 용기만 삼군의 으뜸이 아니라 지혜 또한 지극했던 것이다"라고 기록하여[70] 원균의 행적을 높이 평가하고 있다.

임진왜란이 끝난 뒤 원균이 이순신, 권율과 함께 선무공신 1등에 책봉된 3인 가운데 한 명이 된 것 또한 이러한 상황이기에 가능했을 것이다. 임진왜란 당시 수군의 중심을 누구로 할 것인가에 대해 당시 조정에서도 의견 대립이 팽팽했다. 유성룡이 이순신을 적극 지원했다면, 이산해는 윤근수 등과 함께 원균에게 우호적인 입장을 보였다. 실록의 기록을 보자.

판중추부사 윤두수가 아뢰기를, "이번에 도원수가 길에서 왜적 두세 명을 만났다 하는데, 혹시 적이 흉역을 부렸다면 얼마나 나라가 욕되게 되었을지 아득

---

70) 《선조실록》 선조 36년 6월 26일.

합니다. 마땅히 체찰사에게 글을 내려 간이(簡易)하게 출입하지 못하게 하고, 또 그런 영적(零賊)을 소탕하게 하는 것이 어떻겠습니까? 이순신은 조정의 명령을 듣지 않고 전쟁에 나가는 것을 싫어해서 한산도에 물러나 지키고 있어 이번 대계(大計)를 시행하지 못하였으니, 대소 인신(人臣)이 누군들 통분해 하지 않겠습니까" 하고, 지중추부사 정탁은 아뢰기를, "이순신은 참으로 죄가 있습니다" 하였다. 상이 이르기를, "이순신은 어떠한 사람인지 모르겠다. 계미년 이래 사람들이 모두 거짓되다고 하였다. 이번에 비변사가 '제장과 수령들이 호령을 듣지 않는다'고 말한 것은 다른 까닭이 아니라, 비변사가 그들을 옹호해주기 때문이다. 중국 장수들이 못하는 짓이 없이 조정을 속이고 있는데, 이런 습성을 우리나라 사람들도 모두 답습하고 있다. 이순신이 부산 왜영(倭營)을 불태웠다고 조정에 속여 보고하였는데, 영상이 이 자리에 있지만 반드시 그랬을 이치가 없다. 지금 비록 그의 손으로 청정의 목을 베어 오더라도 결코 그 죄는 용서해줄 수 없다" 하니, 유성룡이 아뢰기를, "이순신은 한동네 사람이어서 신이 어려서부터 아는데, 직무를 잘 수행할 자라 여겼습니다. 그는 평일에 대장이 되기를 희망하였었습니다." 하였다. 상이 이르기를, "글을 잘 아는가?" 하니, 유성룡이 아뢰기를, "성품이 강직하여 남에게 굽힐 줄을 모르는데, 신이 수사(水使)로 천거하여 임진년에 공을 세워 정헌(正憲: 정2품)까지 이르렀으니, 매우 과람합니다. 무릇 장수는 뜻이 차고 기가 펴지면 반드시 교만하고 게을러집니다" 하였다. 상이 이르기를, "이순신은 용서할 수가 없다. 무장으로서 어찌 조정을 경멸하는 마음을 갖는가. 우상이 내려갈 때에 말하기를 '평일에는 원균을 장수로 삼아서는 안 되고 전시에는 써야 한다'고 하였다" 하니, 좌의정 김응남이 아뢰기를, "수군으로서는 원균만한 사람이 없으니, 이제 버릴 수 없습니다" 하고, 유성룡이 아뢰기를, "나라를 위하는 마음이 깊습니다. 상당산성을 쌓을 때, 원균은 토실(土室)을 만들어 놓고 몸소 성 쌓는 것을 감독하였다 합니다" 하였다. 상이 이르기를, "수군의 선봉을 삼고자 한다" 하니, 김응남이 아뢰기를, "지당하십니다” 하였다. 영중추부사 이산해가 아뢰기를, “임진년 수전할 때 원균과 이순신이 서서히 장계(狀啓)하기로 약속하였다 합니다. 그런데 이순신이 밤에 몰래 혼자서 장계를 올려 자기의 공으로 삼았기 때문에 원균이 원망을 품었습니다” 하고, 윤두수가 아뢰기를, “이순신을 전라 충청 통제사로 삼고, 원균을 경상 통제사로 삼으면 어떻겠습니까?” 하니, 상이 이르기를, “원균이 만약 적의 소굴로 직접 침입하면 누가 당하겠는가” …… 이복남을 전라도 병마수군절도사로, 원균을 경상우도 수군절도사로, 조수준을 병조좌랑으로, 이수일을 나주 목사로, 이유함을 형조 좌랑으로 삼았다. …… 상이 이르기를, “나는 이순신의 사람됨을 자세히 모르지만 성품이 지혜가 적은 듯하다. 임진년 이후에 한번도 거사를 하지 않았고, 이번 일도 하늘이 준 기회를 취하지 않았으니 법을 범한 사람을 어찌 매번 용서할 것인가. 원균으로 대신해야 하겠다. 중국 장수로서 제독이하가 모두 조정을 기만하지 않는 자가 없더니, 우리나라 사람들도 그걸 본받는 자가 많다. 왜영을 불태운 일도 김난서와 안위가 몰래 약속하여 했다고 하는데, 이순신은 자기가 계책을 세워 한 것처럼 하니 나는 매우 온당치 않게 여긴다. 그런 사람은 비록 청정(淸正)의 목을 베어 오더라도 용서할 수가 없다” 하였다. 이산해가 아뢰기를, “임진년에 원균의 공로가 많았다고 합니다” 하니, 상이 이르기를, “공이 없었다고 할 수 없다. 앞장서서 나아가는 것을 귀하게 여기는 것은 사졸들이 보고 본받기 때문이다” 하였다. …… 이정형이 아뢰기를, “이순신과 원균은 서로 용납하지 못할 형세입니다” 하고, 김수가 아뢰기를, “원균은 매양 이순신이 공을 빼앗았다고 신에게 말하였습니다” 하고, 이덕열이 아뢰기를, “이순신이 원균의 공을 빼앗아 권준의 공으로 삼으면서 원균과 상의하지도 않고 먼저 장계한 것입니다. 그때에 왜선 안에서 여인을 얻어 사실을 탐지하고는 곧장 장계했다고 합니다” …… 윤두수가 아뢰기를, “이순신과 원균을 모두 통제사로 삼아, 서로 세력을 협조토록 해야 합니다” 하였다. 상이 이르기를, “비록 두 사람을 나누어 통제사로 삼더라도 반드시 조절하여 절제하는 사람이 있어야 한다. 원균이 앞장서서 싸움에 나가는데 이순신이 물러나 구하지 않는다면 사세가 어려울 것이다" 하니, 김응남이 아뢰기를, "그렇게 한다면 이순신을 중죄에 처해야 합니다" 하였다.71)

위의 기록에서 보듯이 이산해는 임진왜란 때 원균의 공이 이순신보다 크다고 인식하였다. 그의 문집 기록에서도 이러한 면모가 잘 드러나고 있다. 곧 이산해는 임진왜란의 상황을 평가하는 과정에서도, "성마다 함락되지 않은 성이 없고 전투마다 패배하지 않은 전투가 있겠습니까. 지금 그래도 칭도(稱道)하고 있는 것은 원균이 가덕과 한산에서 승리한 것과 이순신이 노량에서 세운 대첩이고, …… 대개 진제독(진린)과 원균, 이순신 두 장수가 남보다 뛰어난 용맹과 지략이 있었고……"라 하여, 원균의 공이 이순신과 견주어 결코 석지 않다는 인식을 가지고 있었다. 특히 이순신이 지휘한 한산대첩의 주역이 원균이라고 생각하고 있었다.

앞의 실록 기록이나 이산해의 회고를 볼 때 임진왜란 직후에는 원균이 이순신과 비슷한 평가를 받았음을 짐작할 수 있다.

임진왜란 때 의병장으로 활약한 정경운의 기록에서도, "우수사 원균은 사망한 절도사 준량(俊良)의 아들로, 평소 담력과 지략이 있었다. 변란이 발생한 초기부터 전함에 올라 적을 방어하며 하루도 육지에 발을 내린 적이 없었다. 전라좌수사 이순신과 한마음이 되기를 약속하고는 전력을 다해 적을 격파했다. 적들이 더 이상 전라도를 넘보지 못하게 된 것은 양수사(兩水使)의 공로이다"72)라고 하여 원균의 공을 이순신과 비슷하게 파악하고 있음을 볼 수 있다.

---

71) 《선조실록》 선조 30년(1597) 1월 27일(무오).
72) 《고대일록(孤臺日錄)》, 1592년 4월 20일.

선조가 원균에 대해 우호적인 인식을 하고 상황에서, 이산해는 어느 정도 선조의 의중을 대변하는 위치에 있었기 때문에 선조의 인식을 그대로 따라간 측면이 있다. 그러나 위의 실록 기록에서도 보이듯 후대의 일반적인 인식과는 달리, 당대에는 이순신과 원균에 대한 평가가 서로 양분되었음을 알 수가 있다. 이산해의 이러한 입장을《당의통략》에서는 당쟁사의 시각으로 이해하고 있는 점도 흥미롭다.

  유성룡이 이순신을 천거하여 끝끝내 힘껏 보호했기 때문에 서인과 북인들이 이를 미워했고, 이 때문에 순신까지도 의심해서 모해하고 헐뜯기를 못할 짓이 없이 다하였다.[73]

(2) 주사(舟師) 강화론

이산해는 임진왜란 때 왜적을 축출할 수 있었던 궁극적인 원인을 수전(水戰)의 우위에서 찾았다. 이산해는 왜적은 육전에, 아군은 수전에 장점이 있음을 지적하였다.

  특별히 난리를 겪은 후에 보고 들었던 것으로 의논드려 보겠습니다. 적이 가지고 있는 장점은 육전이며, 우리가 가지고 있는 장점은 수전이라고 할 수 있겠습니다. 왜 그런가 하면, 저들은 목숨을 가볍게 여기고 전쟁을 좋아하여 돌진을 잘 하고, 창검과 조총으로 박격(搏擊)을 잘 하며, 높은 벽을 쌓아서 소굴을 잘 지키며, 비제(飛梯)와 적추(積芻)를 이용하여 적의 성을 잘 함락시키며, 복병을 잘 이용하여 적의 사기를 꺾어놓고, 간첩을 잘 이용하여 적의 실정을 염탐

---

73)《당의통략》,〈선조조〉. "成龍薦李舜臣終始力保 而西人及北人 以劾成龍."

합니다. 이것이 모두 육지에서 싸울 때는 유리하지만 수면에서 싸울 때는 불리합니다. 이른바 적이 육전에 장점을 가지고 있다는 것은 바로 이런 이유 때문입니다.74)

이어서 이산해는 판옥선이 전쟁의 승리에 결정적이었다고 보았다.

대체로 판옥(板屋)으로 된 거함이 바다를 가로질러 있으면 출렁이는 파도를 육지처럼 여기고 요동하기 어려운 것이 마치 산과 같아서 적의 뾰족한 배나 작은 배로는 대적하지 못합니다. 신포(神砲)와 비포(飛礮)는 소리가 천둥을 치는 것 같아서 한 발에 적의 배를 파손시키고 바다를 피로 물들게 하니, 적의 단총(短銃)과 편환(片丸)으로는 대항할 수가 없습니다. 적이 믿는 것은 칼인데, 서슬이 퍼런 칼날로도 파도를 따라 출몰하는 즈음에는 쓸모가 없으며, 아군의 우려되는 점은 무너져서 흩어지는 것인데, 일단 배에 오르게 되면 겁쟁이나 나약한 병졸들도 모두 필사적으로 용기를 냅니다. 이런 것이 모두 배에서는 유리하지만 진마(陣馬)에서는 불리합니다. 우리나라가 수전에서 장점을 가지고 있다는 것은 바로 이런 이유 때문입니다.75)

대개 임진왜란 하면 거북선을 떠올리지만, 실제 조선 함대의 주력은 판옥선이었다. 이산해는 판옥선의 건조에 대해서도 구체적인 방안을 다음과 같이 제시하였다.

이른바 전선(戰船)이란, 오늘날의 판옥선을 지칭하는 것으로, 제도가 정교하여 더위잡고 오를 수 없을 만큼 높고 깨뜨릴 수 없을 만큼 견고하며 대중을 수

---

74) 《아계유고》 권5, 〈진폐차〉(고전번역원 국역본 47쪽).
75) 《아계유고》 권5, 〈진폐차〉(고전번역원 국역본 47쪽).

용할 만큼 넓고 적을 방어할 만큼 많은 인원이 탈 수가 있으니, 참으로 수전하기에는 좋은 기구입니다. 그러나 공력이 가장 많이 들어서 배 하나를 만들자면 큰 집 한 채를 만드는 것과 동등합니다. 그래서 가까운 시일 내에 비록 마련하기가 어려울 듯하지만, 선재(船材)와 선판(船板)을 다른 지역에서 먼 곳까지 싣고 올 것은 없습니다. 남쪽 지역 섬들에는 소나무가 무성한 곳이 대부분입니다. 비록 아침마다 베어내더라도 다 베어낼 수 없을 만큼 많으니, 허다한 선장(船匠)으로 열 사람씩 대오를 편성하여 기간을 정해 놓고 그 공역의 과제를 준다면, 신속하게 만들어내지 못할까 하는 걱정을 할 필요가 없을 것입니다. 다만 형체가 너무 크고 격군(格軍)이 너무 많기 때문에 쉽사리 충당할 수가 없는 것이 문제입니다. 평상시에도 액수가 많지 않았는데 더구나 난리를 겪고 나서는 배가 1백 척이 되지 않고 군사도 배에 차지 않으니, 이런 정도로 적을 방어하려 들면 서로 잘 들어맞지 않는 것이 심하지 않겠습니까. 신의 견해로는 좌우의 양영(兩營)에서 각각 수백 척의 배를 만들어서 그것을 삼등분하여 둘은 판옥선으로 사용하고 하나는 중선(中船)으로 사용하되, 중선도 전구(戰具)를 갖추어 가지고 후원이 되어 진퇴를 신속하게 하면서 돌격을 대비하게 하는 한편, 일이 없으면 식량을 운송하는 데 이용하고 일이 있으면 전투에 협조하도록 한다면, 어찌 한 번의 거사로 두 가지를 얻는 결과가 되지 않겠습니까.76)

이어서 이산해는 수전의 승리를 계속 이어가고 왜적에 대비하려면 주사(舟師)가 가장 급선무임을 강조하였다. 그리고 이에 대한 구체적인 대책을 개진하였다.

　주사(舟師)는 진실로 우리나라의 장점이므로 예비를 하는 것이 바로 오늘날

---

76)《아계유고》권5, 〈진폐차〉(고전번역원 국역본 49쪽).

서둘러야 할 급선무입니다. 장기라는 것은 명분이며, 예비를 한다는 것은 실상인 것입니다. 만약 명분만 믿고 그 실상을 버린 채로 일찍이 판옥선 한 척 만들지 않고, 수졸(水卒) 한 명 더하지 않고, 양장(良將) 한 사람 선발하지 않고, 수전 한 번 연습하지 않은 채 그럭저럭 세월만 보내며 앉아서 패배하기를 기다리면서, "우리는 장기(長技)를 가지고 있다"고 한다면, 어찌 그것을 장기라고 할 수 있겠습니까. 더구나 원균이 처음 명을 받았을 때에 선척의 수가 비록 1백여 척이라고 하였지만, 그중에서 이용해서 적을 제어할 만한 배는 6, 70척에 차지 않았습니다. 원균이 패배한 후 이순신이 흩어지거나 불에 타 버리고 난 나머지를 수습하고 보철(補綴)하여서 겨우 30여 척의 배를 얻었습니다. 이밖에는 모두 쓸모가 없었습니다. 오늘날의 주사가 실상이 있다고 할 수 있겠습니까. 신의 의견으로 예비책을 총괄적으로 말씀드리면, 영남과 호남 사이에다 주사를 담당할 두 개의 영(營)을 별도로 설치하고 군병, 주즙(舟楫), 궤향(饋餉), 기계(器械) 등에 관한 일을 두 도로 하여금 나누어 관장하도록 하되, 영남의 물력이 부족하면 영동에 있는 것으로 보충하고, 호남의 재정이 부족하면 호서에 있는 것으로 협조하게 해서, 관방의 형세를 장엄하게 하는 것이 가합니다. 그 대책을 나누어서 조목별로 말씀드리면, 전선과 수졸과 양향(糧餉)과 장사를 들 수 있습니다.[77]

위의 자료에서 이산해가 명분보다 실질을 중시하는 면모가 잘 드러난다. 즉 "명분만 믿고 그 실상을 버린 채로 일찍이 판옥선 한 척 만들지 않고, 수졸 한 명 더하지 않고, 양장(良將) 한 사람 선발하지 않고, 수전(水戰) 한 번 연습하지 않은 채 그럭저럭 세월만 보내며 앉아서 패배하기를 기다리고" 등의 표현은 실(實)의 중요성을 부가시키고 구체적인 대책을 수립하자는 것이었다. 이산해의 상소문에는 "이것은 저의

---

77) 《아계유고》 권5, 〈진폐차〉(고전번역원 국역본, 48~49쪽).

과장되고 실이 없는 말이 아닙니다"라는[78] 표현처럼 '실'을 강조한 대
목이 자주 보인다. 이것은 실천과 구체적인 방법을 중시하는 이산해의
학문 성향을 잘 드러낸 것으로 볼 수 있다.

　이산해는 전쟁에 임해서 냉철할 것을 강조하였다. "병가(兵家)에서
의 승패가 무상한 것은 진리라고 할 수 있습니다. …… 한 번 승리했다
고 하여 반드시 승리할 수는 없으며, 한 번 패배했다고 해서 반드시
항상 패배하지 않습니다. 중요한 것은 위태로운 상황에서도 안정을 찾
고 액운이 닥쳐도 태평함으로 돌리는 것입니다"는 등의 발언에서는
전쟁의 승리와 패배에 일희일비하지 말고 무엇보다 냉정함을 찾아야
함을 강조하였다.

5. 맺음말 - 학문과 사상의 의의

　위에서 이산해 학문과 사상이 형성된 연원을 비롯하여 그의 학문과
사상이 지니는 특징과 이것이 지니는 역사적 의미에 대해 살펴보았다.
대체적인 내용을 정리하면 다음과 같다.

　16세기 중반 조선 사회에서는 기존의 이해보다는 진취적인 사상 성
향을 보이면서 사회경제 문제의 해결에 적극적인 관료학자가 다수 나
타나고 있었다. 이제까지 이러한 측면은 별달리 부각되지 못하였다.
이것은 조선 중기 이후의 사회를 주자성리학 중심으로, 그것도 사단칠
정론이나 호락논쟁과 같은 사상 논쟁의 관점이나 지나치게 당쟁의 관
점에서 파악한 것과 깊은 관련이 있다. 이황이나 이이, 송시열처럼 주

---

78) 《아계유고》 권5, 〈진폐차〉(고전번역원 국역본 원문, 24쪽). "此非愚臣 誇張無實之言."

자성리학의 이론 탐구에서 큰 성과를 보이고 문인 양성에 주력한 학자들을 중심으로 이 시기 사상사를 이해하는 것도 이러한 학문 경향과 관계가 깊다. 이산해, 최명길, 김신국, 김육, 심열 등과 같은 관료학자들의 행적은 최명길이 병자호란 때 주화론의 대표자였다고만 알려져 있을 뿐 국사교과서에서조차도 거의 찾아보기 힘들다.79) 이 글에서 이산해의 관료학자로서의 면모를 강조하고 유몽인, 이덕형, 김신국 등 그와 비슷한 입장을 개진한 학자를 언급한 까닭도 조선 중기 사회가 기존에 이해된 것 보다는 개방적인 성향이 있음을 강조하기 위함이었다.

이산해의 경제사상은 상당히 구체적인 것으로서, 전란 직후의 민생 피폐와 재정의 궁핍을 해결하고자 나온 측면이 많다. 결국 북인 학파의 학문적 원류가 되는 서경덕에서 출발하여 이지함에게서 특히 두드러진 실용적인 학풍은 이산해를 비롯하여 김신국, 유몽인 등에게서 나타나고 있었다. 이들의 당색은 북인으로, 서인이나 남인과는 사상적 성향은 상당한 차이가 있었다. 북인계에서 두드러지는 이러한 학풍과 사회경제사상은 농업중심의 자급자족사회에서 상업과 과학에 바탕을 둔 개방의 시대로 바뀌어가는 사회변화와도 관련이 있다.80) 다시 말해 당시에도 일부 학자들은 국부의 증대를 위해서라면 유용한 학문과 사상을 적극 도입하자는 주장을 제시하고 있었음을 알 수 있다.

그러나 16세기 후반 이후 조선사회의 사상계는 율곡학파가 중심이 되고 주자성리학을 중심으로 재편되어가는 과정을 겪게 되면서, 주자성리학 이외에 다양한 사상을 절충하는 흐름은 후대에 제대로 평가를

---

79) 최근 최명길의 문집인 《지천집》의 증보 역주본 발간을 기념하는 학술대회가 2008년 6월 30일 서울 프레스 센터에서 열렸다. 제목은 《지천 최명길 사상의 재조명》으로, 이성무, 김태영, 한명기, 심경호 교수의 발표가 있었다.
80) 한영우, 《실학의 선구자 이수광》, 경세원, 2007.

받지 못하였다. 노장사상이나 양명학, 상업에 대한 관심이 조선 중기에는 이론 중심의 성리학을 보완하는 흐름으로서 그 명맥을 유지하고 있었지만, 후대의 사상계에서 비주류로 전락하면서 제대로 조명을 받지 못한 것으로 생각한다. 그러나 조선 후기에도 이러한 사상의 흐름은 민생과 부국(富國)의 논리로서 지식인 학자들에게 계속 받아들여졌다. 이러한 사상이 남인 실학자인 유형원, 윤휴, 허목 등에 일부 계승되었으며,[81] 이익의 가계와 학통이 개방성을 지향한 화담학파와 밀접한 관련이 있음이 밝혀지고 있다.[82]

숙부이자 스승인 이지함을 이어, 실물 경제에 관심을 가진 이산해의 학문과 사상은 조선 중기 관료학자들의 성향을 다양하게 살펴보는 데 주요한 잣대가 될 수 있다. 그리고 이산해를 비롯한 관료학자들에 대한 체계적인 연구는 조선 중기 사상사를 좀 더 폭넓게 이해할 수 있는 기반을 제공해 줄 것으로 기대한다.

■ 참고문헌

《고대일록》《記言》《당의통략》《아계유고》《於于野談》《연려실기술》《오주연문장전산고》《토정유고》《海東異蹟》《화담집》
《명종실록》《선조수정실록》《선조실록》

김학수, 《끝내 세상에 고개를 숙이지 않는다》, 삼우반, 2005.
신병주, 《남명학파와 화담학파 연구》, 일지사, 2000.
_____, 《이지함 평전》, 글항아리, 2008.

---

81) 신병주, 《조선중, 후기 지성사 연구》 일지사, 2007.
82) 이성무, 〈星湖 李瀷의 家系와 學統〉, 《京畿地域과 實學思想》(한국실학회, 경기사학회 주최 학술대회 발표문), 1999.

신병주, 《조선중, 후기 지성사 연구》, 일지사, 2007.

정호훈, 《조선후기 정치사상 연구》, 혜안, 2004.

한영우, 《실학의 선구자 이수광》, 경세원, 2007.

김용덕, 〈朴濟家의 經濟思想〉, 《震檀學報》 52, 진단학회, 1981.

김의환, 〈소금─생산에서 세금까지〉, 《조선시대 사람들은 어떻게 살았을까》, 청년사, 1997.

신병주, 〈17세기 전반 북인관료의 사상〉, 《역사와 현실》 8, 한국역사연구회, 1992.

_____, 〈북인의 영수 정인홍의 사상과 현실대응〉, 《동양학》 42, 단국대학교 동양학연구소, 2007.

_____, 〈土亭 李之菡의 學風과 사회경제사상〉, 《규장각》 19, 1996.

이성무, 〈星湖 李瀷의 家系와 學統〉, 《京畿地域과 實學思想》(한국실학회, 경기사학회 주최 학술대회 발표문), 1999.

이종묵, 〈유배지 평해를 빛낸 이산해〉, 《조선의 문화공간》 2책, 휴머니스트, 2006.

한명기, 〈柳夢寅의 經世論 연구〉, 《韓國學報》 67, 일지사, 1992.

선조 대 정국과 이산해의 정치적 역할

설 석 규

경북대 사학과

1. 머리말

잘 알려진 바와 같이 선조 대는 조선왕조의 정치질서가 재편되는 변화의 시기였다. 명종 말 윤원형(尹元衡, ?~1565)을 중심으로 한 훈척정권(勳戚政權)이 무너진 뒤 정국 주도세력으로 등장한 사림세력은 새로운 정치질서 수립을 추진하고 나섰다. 특히 그들은 왕권을 배경으로 독점적 권력기반을 확보한 가운데 배타적인 정국운영으로 사상적 혼돈뿐만 아니라 정치·경제·사회적인 폐해를 유발했던 훈척정치의 잔재를 청산하는 데 주력했다. 그들은 훈척정권의 국가경영 철학의 빈곤이 그 같은 피폐상의 근본적인 원인이 되었던 것으로 진단했다. 이에 따라 그들은 도덕과 명분의 실천을 우선하는 도학(道學)의 이념을 토대로 한 정치철학의 정립에 나서는 한편, 사림정치의 정착을 위한 개혁을 추진해 나갔다.

그러나 사림세력은 개혁의 추진과정에서 훈척정치 잔재청산의 범주와 사림정치 정립의 방향을 둘러싸고 현저한 시각차를 드러내며 분화하는 양상을 보였다. 그 배경에는 그들의 학문적 종장(宗匠)들에 의해 정립된 성리학적 세계관에 바탕을 둔 현실인식과 대응자세의 차별적 경향이 자리 잡고 있었다. 그 결과 사림세력은 정국운영의 시각차를 극복하지 못한 채 각각의 학파를 매개로 한 정파를 형성해 붕당의 역학관계를 마련하기에 이르렀다.

물론 사림세력의 정치적 분화의 명분에는 군자·소인집단의 분별을 위한 붕당의 불가피성을 제기함과 동시에 군주의 붕당참여를 촉구한 구양수(歐陽脩)의 '붕당론'과, 주희(朱熹)의 '인군위당설(引君爲黨說)'에 근거한 이른바 성리학적 붕당론이 자리 잡고 있었다.[1] 그들은 이를 앞세워 학파의 성리학적 세계관을 반영한 각각의 정치철학을 정립한 가운데 대립체제를 확립했다. 남명학파가 주축이 된 북인의 이기분대론(理氣分對論)에 바탕을 둔 군자소인론(君子小人論) 또는 격탁양청론(激濁揚淸論)이나, 퇴계학파가 중심을 이룬 남인의 이기수승론(理氣隨乘論)에 입각한 조제탕평론(調劑蕩平論), 율곡학파로 구성된 서인의 이기묘합론(理氣妙合論)에 기반한 보합론(保合論)이 대표적인 예에 해당한다고 하겠다.[2]

붕당의 정치철학 정립과 역학관계 조성은, 사림의 정국주도와 더불어 재야유생을 포함하는 정치참여 계층의 확대를 보장하는 데 비중을 두고 있었다. 그러나 그것은 최고 정책결정권자인 군주의 정치적 역할을 상대적으로 축소하는 측면이 있었다. 사림세력이 정계에 본격적으로 진출한 이래 왕과 신하가 국가경영에 공동으로 책임을 지는 이른바 '군신공치(君臣共治)'의 논리가 공감되는 상황이라 하더라도, 사림세

---

1) 이태진, 〈당쟁을 어떻게 볼 것인가〉, 《조선시대 정치사의 재조명》, 태학사, 2003.
2) 설석규, 《조선중기 사림의 도학과 정치철학》, 경북대출판부, 2009.

력이 왕권과 밀착하여 권력을 농단할 가능성이 있는 왕실외척의 존재
에 대해 극도로 경계하는 등의 양상은 왕권을 위축시키는 결과를 초
래할 수 있는 것이기도 했다.[3] 특히 일찍 아버지를 여읜데다 미혼의
상태에서 어머니의 상중에 즉위한 선조가 그러한 상황에 민감할 수밖
에 없는 것은 당연한 일이었다. 비록 왕정체제가 보장되어 있다고는
하지만, 군주의 독자적인 정치기반 상실은 정국운영 주도권의 상실을
의미하는 것이자 궁극에 왕권의 약화를 가져오는 원인이 되는 것이기
도 했다.[4]

선조 대의 정국은 이같이 왕권과 신권이 미묘한 긴장관계를 유지한
가운데 정치세력의 역학관계가 정립되는 양상으로 전개되고 있었다.[5]
다시 말해 선조는 사림세력의 분열을 조장하여 신권의 집중적인 견제
에서 벗어나면서도 조정권의 극대화를 통해 왕권강화를 추구하는 복
합적인 정치력을 발휘하고 있었던 것이다. 선조가 외척에 의존하지 않
고 독자적인 왕권을 행사할 수 있었던 배경도 거기에 있었다.[6]

그러나 선조의 그 같은 왕정체제 강화는 자신의 국가경영철학을 뒷
받침할 수 있는 정치세력의 선택을 통해 보장받고 있었다. 이러한 점
에서 본다면 비록 사림으로 정치세력의 형성에 참여했다고 할지라도
군주의 신임을 받으며 명실상부한 왕정을 보좌한 사림의 존재에 주목

3) 김돈, 《조선전기 군신권력관계 연구》, 서울대출판부, 1997.
4) 조선시대 왕정을 바탕으로 한 정치적 동향에 대한 개괄적인 분석은 이태진, 〈조선왕조의
   유교정치와 왕권〉, 《東亞史上의 王權》, 한울, 1993 참조.
5) 선조 대의 정국동향을 검토한 주요 논고로는 김항수, 〈선조 초년의 신구갈등과 정국동향〉,
   《국사관논총》 34, 국사편찬위원회, 1992 ; 구덕회, 〈선조대 후반(1594~1608) 정치체제의
   재편과 정국의 동향〉, 《한국사론》 20, 서울대 국사학과, 1988 ; 남달우, 〈조선 선조대 정국
   운영에 관한 연구〉, 인하대 박사논문, 1998 ; 이희환, 〈선조대 동·서 분당의 배경과 원인〉,
   《전북사학》 27, 전북사학회, 2004 ; 김성우, 〈선조대 사림파의 정국장악과 개혁노선의 충
   돌〉, 《한국사연구》 132, 한국사연구회, 2006 등이 있다.
6) 이러한 관점에 입각하여 선조대 정국동향을 분석한 대표적 논고로는 이상혁, 〈조선조 기
   축옥사와 선조의 대응〉, 《역사교육논집》 43, 역사교육학회, 2009가 주목된다.

할 필요도 있다고 하겠다. 사림세력의 정치적 역학관계에 참여하면서
도 선조의 절대적인 신임을 받으며 왕정체제 유지에 기여했던 이산해
(李山海, 1539~1609)의 역할이 부각되는 배경도 여기에 있다.7) 이 글은
이러한 관점에 입각하여 이산해의 정치철학과 더불어 정치적 역할을
조명해보고자 시도한 것이다. 먼저 그의 학문 및 정치철학이 갖는 독
자적 성격을 검토한 다음, 선조 대 그의 정치적 활동과 그것이 갖는
역사적 의미를 조감해 보고자 한다.8)

2. 학문연원과 정치철학

이산해의 본관은 한산(韓山)이고 자는 여수(汝受)이며 호는 아계(鵝
溪)·종남수옹(終南睡翁)·죽피옹(竹皮翁)·시촌거사(柿村居士)이다. 그는
이곡(李穀, 1298~1351), 이색(李穡, 1328~1396) 부자의 후예로서 대대로
문한(文翰)으로 명성을 얻은 가문에서 태어났다.

이색은 일찍부터 고려와 원나라에 문명(文名)을 날리며 문하시중에
오르고 한산백(韓山伯)에 봉해졌으며, 자질이 뛰어나고 학문이 정박(精
博)할 뿐만 아니라 일을 처리하는 데 관대하면서도 사리에 밝다는 평
가를 받았다. 그는 문장을 지을 때 붓만 잡으면 거침이 없었고 내용
또한 정밀하면서도 절실한 면이 있었다9)고 한다. 그의 셋째 아들로

---

7) 이산해에 주목한 연구 성과는 그의 문학작품을 분석하는 데 집중되는 양상을 보이고 있으
   며, 그의 정치적 역할에 대해서는 선조 대 정국과 관련하여 단편적으로 다루어지고 있을
   뿐 본격적인 논고를 찾을 수 없다.
8) 여기에 활용된 자료 가운데 조선왕조실록과 방목자료는 국사편찬위원회 및 한국학중앙연
   구원 데이터베이스 자료에 의거했으며, 문집자료는 민족문화추진회의 《국역 아계일고》를
   참고했다.
9) 《태조실록》 권9, 태조 5년 5월 7일.

중추원사(中樞院使)를 역임한 이종선(李種善, 1368~1438) 또한 15세에 과거에 합격하여 주위를 놀라게 한 바가 있으며, 조정에서 효자비를 세워줄 정도로 효성으로도 명성이 높았다. 그는 뒤에 '양경(良景)'이라는 시호를 얻을 만큼 평소 성품이 온후하고 관대하며 처신에는 의리로 일관한 면을 보여주었다.10)

이종선의 아들 이계전(李季甸, 1404~1459)도 집현전학사로 발탁되어 문학으로 명성을 얻었으며, 성품이 관대하고 온후하면서도 기개와 도량이 크고 넓었다는 평가를 받았다. 그는 도승지를 거쳐 영중추원사(領中樞院事)에 올랐으며, 세조의 즉위에 기여한 공으로 정난공신(靖難功臣)과 좌익공신(佐翼功臣)에 책록되기도 했다.11) 그의 아들 이우(李堣, 1432~1467)도 비록 36세의 젊은 나이로 요절하기는 했으나, 증광시(增廣試)와 중시(重試)에 잇달아 합격하고 뒤에 성균관대사성(成均館大司成)에 오를 정도로 촉망을 받았다.12)

이산해의 증조부로 봉화현감을 지낸 이장윤(李長潤, 1455~1560)과, 조부로 수원판관을 역임한 이치(李穉, 1477~1530)도 가업을 계승하며 문장으로 이름을 높였을 뿐만 아니라 관후한 인품으로 사람들의 존경을 받았다. 더욱이 이치는 평소 글 읽기를 좋아하고 가산(家産)에는 관심을 갖지 않았으며, 학행으로 천거되어 관직에 나아가서도 재물을 탐내는 법이 없었다13)고 한다.

이산해는 1539년(중종 34) 윤7월 20일 서울 황화방(皇華坊)에서 태어났다. 아버지는 이지번(李之蕃, 1508~1581)이고, 어머니는 의령 남씨 수(修)의 딸이다. 이지번은 이치의 둘째 아들로 자는 형백(馨伯)이고 호

---

10) 《세종실록》 권80, 세종 20년 3월 14일.
11) 《세조실록》 권17, 세조 5년 9월 16일.
12) 《국조문과방목》 권2, 端宗朝 癸酉增廣榜.
13) 《아계유고》 권6, 銘類 祖父墓碣銘.

는 성암(省庵)이다. 그는 어릴 적부터 침착하여 장난을 좋아하지 않았고, 병든 어머니를 위해 다리를 찔러 피를 받아 약을 조제할 만큼 효성이 지극했다. 1546년(명종 1) 진사시에 합격한 그는 장예원사평(掌隷院司評) 등을 역임하기도 했지만, 윤원형이 아들 이산해가 신동이라는 소문을 듣고 사위로 삼으려 하자 벼슬을 버리고 동생 이지함(李之菡, 1517~1578)과 함께 단양의 구담에 은거했다.14)

실제로 이산해는 태어나 말을 하기 전에 이미 글자를 먼저 알았고 6세 때부터 초서와 예서를 잘 써 세상에 이름이 널리 알려졌으며, 일찍부터 맑고 순수한 자질을 바탕으로 진솔하면서도 순후한 처신을 보이며 주위의 칭송을 받았다.15) 그의 필력과 문장력은 배워서 이룬 것이 아닌 타고난 재능의 산물로 일컬어졌다.16) 그러나 그가 5세 때부터 숙부 이지함의 지도를 받으며 글을 배운 점으로 미루어 대대로 문장으로 명망을 얻은 가문의 영향이 적지 않은 작용을 했던 것으로 판단된다. 이지함 또한 형의 권고를 받고 뒤늦게 학문에 매진하여 경전 및 역사서와 제자백가에 통달하기도 했지만, 글을 쓰면 평소에 익힌 것처럼 거침없이 써내려가는 탁월한 문장력을 발휘하기도 했다.17)

이 때문에 이산해는 주로 강경(講經)과 사장(詞章)을 근간으로 한 가학을 배경으로 학문적 성취를 이루어나갔다. 물론 그의 학문에 결정적인 영향을 끼친 사람은 부친 이지번이었지만, 숙부 이지함 또한 그가 학문을 통해 현실인식과 대응자세를 확립하는 데 지대한 기여를 했다. 이지함은 항상 성인의 경지는 배워서 도달하는 법이라며 경(敬)을 위주로 경전의 이치를 궁구하고 실천을 돈독하게 하는 것을 학문의 요

---

14) 《선조수정실록》 권9, 선조 8년 12월 1일.
15) 《명종실록》 권29, 명종 18년 10월 1일.
16) 《아계유고》 年譜 附錄, 誌文 鵝城府院君李公墓誌銘.
17) 《선조수정실록》 권12, 선조 11년 7월 1일.

체로 삼았다. 또한 그는 의리를 논변하거나 시비를 분별할 때에는 명확하고도 빠른 통찰력으로 사물의 미세한 부분까지 분석하여, 듣는 자로 하여금 의혹이 없도록 하였다[18]고 할 정도로 사리에 밝은 측면을 보여주기도 했다.

그러한 이지함의 학문적 자세는 성리학에 근거한 현실인식과 대응자세를 정립하는 바탕이 되었지만, 그것을 배경으로 독자적인 세계관을 정립하려는 태도를 보이지는 않았다. 그와 절친한 관계였던 이이(李珥, 1536~1584)가 성리학의 실천철학을 도모하는 도학의 궁구를 권유했을 때, 그가 사람이 향하는 곳이 천리(天理)가 아니면 인욕(人欲)이지만 자신은 방심하기를 좋아하고 법도를 싫어한다는 이유로 거부한[19] 것도 이러한 맥락에서 이해가 된다. 이지번도 이황(李滉, 1501~1570)과 긴밀한 관계를 유지한 가운데 도학에 주력할 것을 권유받기는 했으나 별다른 관심을 보이지 않고 소극적인 자세로 일관하였다.

이 같은 이지번 형제의 태도는 주자성리학의 독자적 해석을 통한 학문적 도식화 시도를 거부하는 것이자 그에 근거한 현실대응 자세의 규범화를 부정하는 것이었다. 이는 당시 서경덕(徐敬德, 1489~1546)을 비롯해 조식(曹植, 1501~1572)과 이황·이이 등을 중심으로 한 사림들이 주자성리학의 새로운 해석으로 규정화된 도학적 학문체계를 수립함과 동시에 그에 기반을 둔 독자적인 현실인식과 대응자세를 확립하던[20] 분위기에 비판적인 시각을 드러낸 것으로 해석되기도 한다. 그것이 역설적으로 그들뿐만 아니라 이산해가 강경과 사장을 근간으로 하는 가풍을 견지한 가운데 특정 학파·정파에 매몰되지 않고 다양한

---

18) 《아계유고》 권6, 銘類 叔父墓碣銘.
19) 《선조수정실록》 권12, 선조 11년 7월 1일.
20) 설석규, 《조선중기 사림의 도학과 정치철학》, 경북대출판부, 2009.

학문 및 정치적 교류관계를 유지할 수 있는 배경이 되었던 것이다.

이산해 가문이 성리학의 새로운 해석을 지향하는 분위기에 부정적
이었다는 점은, 그들의 관심이 사변적 학문을 바탕으로 한 수신(修身)
보다는 세상의 경영을 우선하는 치인(治人)에 비중을 두고 있었다는
사실을 반영하는 것이기도 했다. 이지함이 항상 작은 고을을 얻어 다
스리게 되면 가난한 백성을 부자로 만들고 야박한 풍속을 돈독하게
할 뿐만 아니라 어지러운 정치를 수습하여 나라의 기틀을 다질 수 있
다며 장담한 것도 그와 무관하지 않았다. 실제로 그는 말년에 아산현
감으로 부임하자 걸인청(乞人廳)을 설립하는 등 백성구제와 민폐제거
를 위한 방안을 마련하는 데 주력하며 백성들의 절대적인 신망을 얻
기도 했다.21) 이지번도 선조 즉위 초 이황의 권유로 청풍군수에 부임
하여 청렴하면서도 공정한 자세로 일관함으로써, 그가 떠난 뒤 백성들
이 자발적으로 공적비를 세워 그의 덕과 풍절을 기릴22) 정도로 수령
으로서 모범을 보였다.

그러한 이지번·이지함의 행적은 이산해가 관료로 진출하여 정치세
력의 역학관계에 참여하면서도 궁극적으로 왕정을 보좌하기 위한 정
치철학을 정립함과 동시에 그 역할에 충실하게 되는 발판으로 작용했
다. 더욱이 이지번이 이황으로부터 도학의 공부를 권유받고, 이지함이
이이 등 도덕과 명분에 투철한 사림들과 폭넓은 교유관계를 유지했던
사실23) 등은 이산해가 학파의 세계관에 매몰되지 않고도 다양한 인맥
관계를 형성하여 운신의 폭을 넓히는 데 상당한 기여를 했던 것으로
판단된다. 이는 그가 성리학의 궁구를 통한 도학적 의리학(義理學) 체

---

21) 《아계유고》 권6, 銘類 叔父墓碣銘.
22) 《선조수정실록》 권9, 선조 8년 12월 1일.
23) 《선조수정실록》 권7, 선조 6년 5월 1일.

계를 내면적 인격함양에만 국한하여 활용하는 대신 경세를 위해 강경
과 사장의 학문체계를 투영하는 가풍을 계승한 데 따른 결과였다.[24]

이러한 가풍은 이산해가 백광홍(白光弘, 1522~1556)·이순인(李純仁,
1533~1592)·송익필(宋翼弼, 1534~1599)·하응림(河應臨, 1536~1567)·윤탁
연(尹卓然, 1538~1594)·최립(崔岦, 1539~1612)·최경창(崔慶昌, 1539~1583)
등과 더불어 이미 선조 대 '팔문장(八文章)'으로서[25] 사림의 선망의 대상
이 된 것을 비롯해, 북인뿐만 아니라 서인과도 폭넓게 교유하며 문장으
로 명성을 얻은 이경전(李慶全, 1567~1644)이나, 서인정권에서 문풍을 주
도하며 정당한 처신으로 일관함으로써 '성각(騂角)'으로 기대를 모은 손
자 이무(李袤, 1600~1684)[26] 등 후손들에게도 계승되었다. 이에 따라 허
목(許穆, 1595~1682)은 이무의 문장을 이산해·이경전보다 높게 평가하
면서, '문장은 하늘과 땅의 정영(精英)한 기운이어서 창업(創業)할 때 자
연히 나오는 법이기 때문에 수성(守成)하는 임금이 북돋아 기르면 하늘
의 운수도 열릴 것'이라[27]며 그들 가문의 문풍이 왕조의 존립에 이바지
한 사실을 높게 평가하기도 했던 것이다.

이는 결국 이산해의 가문이 도학적 의리학에 근거한 수기를 앞세우
기보다 사장학을 발판으로 한 경세에 비중을 두고 있음을 반영하는 것
일 뿐만 아니라, 그것이 독자적 세계관에 근거한 출처에 얽매이지 않고
보편적 세계관에 입각해 현실에 유연하게 대응하는 자세를 형성하는

---

24) 이산해는 평소 사람들을 가르칠 때에는 경전의 내용을 자세히 설명하면서 그 내용을 함
축적으로 이해할 수 있도록 했다고 한다. 특히 그는 선비가 공부를 하려고 한다면 반드시
《맹자》를 읽을 필요가 있다며 유교경전을 토대로 한 경세에 비중을 두는 모습을 보였다
[《아계유고》 年譜, 萬曆 18년(1590)]. 이와 달리 그가 《近思錄》을 비롯한 성리서에 관심을
가진 사실을 보여주는 사례는 거의 나타나지 않고 있다.
25) 《선조수정실록》 권23, 선조 22년 12월 1일. 《선조수정실록》 권18, 선조 17년 2월 1일의
기록에는 河應臨 대신 李珥를 포함시키고 있기도 하다.
26) 《인조실록》 권47, 인조 24년 10월 24일.
27) 《숙종실록》 권4, 숙종 1년 윤5월 9일.

바탕이 되었음을 보여주는 것이기도 했다. 선조 7년(1574) 4월 이이가
선조의 회천(回天)을 위한 노력이 실패로 돌아간 것을 계기로 대사간을
사직하자, 그가 의리를 앞세워 출처를 결정하는 것에 비판적 입장을 보
이며 세속에 따라 유연하게 대처하는 처신의 방법을 제시한28) 것도 그
와 무관하지 않았다. 그가 심의겸(沈義謙, 1535~1587)·김공량(金公諒,
?~?)을 비롯한 왕실의 외척뿐만 아니라 이발(李潑, 1544~1589)·홍여순
(洪汝諄, 1547~1609) 등 대북계열, 유영경(柳永慶, 1550~1608)·남이공(南
以恭, 1565~1640) 등 소북계열, 조목(趙穆, 1524~1606)·유성룡(柳成龍,
1542~1607) 등 남인계열, 이이·정철(鄭澈, 1536~1593) 등 서인계열의 핵
심적 인물들과 학파 및 정파를 뛰어넘어 광범한 인맥을 형성할 수 있
었던 배경도 거기에 있었다.

이산해가 사림의 지지를 통해 왕권강화를 추진하던 선조의 신임을
받으며 정치적 위상을 강화할 수 있었던 것도 그와 무관하지 않았다.
이산해에 대한 선조의 절대적 신임은 '그가 재기(才氣)가 있으면서도
과장하려는 생각이 없어 덕이 있는 사람이라 판단했다'29)며 일찍부터
중용을 염두에 두고 있었다는 사실을 밝히고 있는 것에서도 알 수 있
다. 이에 따라 그가 이조판서에 재직하는 동안 끊임없는 모함에 시달
리다 병을 이유로 사직할 의사를 표명하자 선조가

경이 이조판서에 제수된 이래 비루한 풍습을 일시에 씻어버리고 용사(用捨)
와 진퇴(進退)를 아주 신중하고 공정하게 하자 사람들이 감히 사사로운 정을
개입시키지 못했다. 그런데 하물며 편당(偏黨)을 지어 딴 마음을 품은 자들이
어떻게 능히 간사함을 부릴 수가 있겠는가. 지난 시대에서 찾아보아도 아마 많

---

28) 《율곡전서》 권29, 經筵日記2 萬曆 2년(1574) 4월.
29) 《선조실록》 권15, 선조 14년 7월.

지 않을 것이다. 한쪽에 치우쳐 있는 나라의 말세에 경과 같은 사람이 있기에 내가 깊이 신임하고 감복하여 만약 갑자기 경이 떠나면 나라를 다스릴 수가 없을 듯이 여겼다. 대저 군신의 사이란 그 의리가 지극히 엄하여 옛사람들은 자기가 맡은 일에 신명을 바쳤고, 진실로 국가에 이로운 일이라면 사람들의 말이 구름처럼 일어나 많은 비방이 들끓어도 걱정하지 않았다. 지금 경은 중요한 자리를 이리저리 피하고 자취를 거두어 물러가 국가를 돌아보지 않고 오직 자신만을 보존코자 도모하니, 어찌 대의를 잃지 않은 것이라 할 수 있겠는가. 내가 경을 사직(社稷)의 신하로 여긴 것이 잘못이다.[30]

라며 만류하고 나서기도 했던 것이다. 이 같은 신임은 그가 정승으로 재직하고 있는 동안 왕이 그의 직함만 말할 뿐 한번도 이름을 부르지 않으며 존중하는 모습을 보여준[31] 데서도 극명하게 나타난다.

이러한 이산해의 폭넓은 인맥형성과 선조의 절대적 신임의 밑바탕에는 가풍을 계승하며 갖춘 진솔하면서도 정직한 그의 천부적인 인품이 자리 잡고 있었다. 사림의 정치적 이해관계가 반영되기 이전 명종 대 실록에 보이는 그의 인품의 일단을 소개하면 다음과 같다.

· 순후(醇厚)하고 숙성(熟成)한 면이 있어 참으로 얻기 어려운 선비이다.[32]
· 타고난 자질이 맑고 순수하며 행실이 진솔하고 순박하다.[33]
· 사람들이 하늘의 신선처럼 바라보니 참으로 기사(奇士)이다.[34]
· 천품이 뛰어나고 재예(才藝)가 숙성하였으며, 등과(登科)한 뒤 재행(才行)으

30)《선조실록》권21, 선조 20년 7월 15일.
31)《선조실록》권26, 선조 25년 5월 2일.
32)《명종실록》권29, 명종 18년 7월 26일.
33)《명종실록》권29, 명종 18년 10월 1일.
34)《명종실록》권34, 명종 22년 1월 12일.

로 중망을 얻었다.35)

이산해의 그러한 인품은 사람들의 호감을 얻어 친화력을 발휘하는 토대가 되었다. 또한 그의 공정한 자세는 선조의 신뢰를 얻기에 충분한 것이었다. 그것은 특히 그가 이조판서로 재직하고 있는 동안 두드러지게 나타나고 있었다. 당시 이이는 그가 인물을 직접 검증하고 공론을 반영한 인사로 일관하며 일체의 청탁을 용납하지 않음으로써 문앞이 쓸쓸하기가 가난한 선비의 집이나 다를 바가 없다고 전하였다. 그러면서 이 같은 인사원칙이 몇 해만 지속된다면 인심과 세도가 크게 변할 것이라36)며 적지 않은 기대를 표시하기도 했던 것이다.

그러나 이산해의 정당하면서도 공정한 자세는 당색을 배제한 가운데 정치적 객관성을 보장할 수 있는 것이지만, 정치저 이해관계를 우선하는 정치세력의 불만을 야기하기에는 충분하였다. 물론 그는 선조대 개혁에 적극적인 사림을 주축으로 한 동인·북인·대북으로 연결되는 세력과 정치적 행보를 같이하고 있었을 뿐만 아니라 심지어 영수로까지 지목되기도 했다. 그럼에도 그는 서인·남인·소북세력의 비판의 대상이 되었고, 자파에게서도 비판을 받았다. 광해군 대 대북세력의 주도로 편찬된 《선조실록》을 비롯해 인조 대 서인세력에 의해 편찬된 《선조수정실록》과 《광해군일기》에서 공통적으로 그에 대해 부정적인 평가를 하고 있는 점에서 그러한 사실을 엿볼 수 있다.

이는 이산해가 정치적 입장을 같이하는 세력과 연대하여 역학관계에 참여하고 있다고 하더라도, 궁극적으로는 정치세력의 이해관계보다 주로 군주가 필요로 하는 정치적 판단에 의존하고 있었음을 보여

35) 《명종실록》 권34, 명종 22년 4월 25일.
36) 《선조실록》 권15, 선조 14년 7월.

주는 것이기도 하다. 그가 정치세력의 집중적인 공격대상이 되고 있었음에도 군주의 신임을 받을 수 있었던 배경이 바로 거기에 있었다. 따라서 그의 정치적 행보는 군주가 지향하는 정치적 목적과 부합한다고 할 수 있으며, 선조의 국가경영 방향이 그에게 투영되어 구현되었다고 보아도 좋을 것이다. 여기에는 선조와 이산해가 갖는 국가경영 철학의 공감대를 전제로 한 정치적 연대가 작용하고 있었던 것으로, 선조가 당색을 초월한 정국운영을 할 수 있었던 까닭도 그와 무관하지 않다고 하겠다.

이산해는 임진왜란이 끝난 뒤 대일정책(對日政策)에 관해 선조에게 올린 건의에서, 나라를 다스리는 도리에는 상경(常經)과 권의(權宜)의 방법이 있으며 이들을 선택적으로 활용할 필요가 있다는 점을 왕에게 강조한 바가 있다. 예컨대 우리나라가 군사적으로 대비를 확고하게 하고 있을 경우 일본과 상종하지 않는 것이 상경이라면, 내부적으로 취약한 상태에 있을 경우 그들의 예봉을 낮추기 위한 방안을 모색하는 것이 권의라는 것이다. 따라서 상경과 권의를 적절하게 활용할 때 국가의 존립도 보장될 수 있지만, 선택에 잘못이 있다면 국가적 위기를 자초할 수 있다는 것이 그의 시각이었다. 곧 우리의 형세가 적과 싸울 만한데 고식에 빠져 화의를 주장한다면 의리를 무너뜨려 나라를 망하게 하는 결과를 면하지 못할 것이고, 승리를 위한 계책을 세우지 않은 채 화의를 부정하고 싸울 것만 고집한다면 화를 자초하는 결과를 가져올 것이기 때문에 모두 상경과 권의에 통달했다고 볼 수 없다[37]는 것이다.

이와 같은 이산해의 견해는 단순히 대외정책에만 국한하여 제기된

---

37) 《선조실록》 권166, 선조 36년 9월 3일.

것은 아니었고, 거기에는 적지 않은 정치적 의미가 함축되어 있었던 것으로 판단된다. 다시 말해 정치적 입장을 달리하는 정치세력의 선택에 선조가 신중을 기할 필요가 있음을 제기하려는 의도도 포함된 것으로 해석된다. 당시 정치세력은 대외정책뿐만 아니라 정국운영에서도 상경과 권의의 탄력적 선택보다는 자파의 정치철학을 고수하려는 경향이 강하였다.

우선 남명학파가 주축을 이룬 북인(대북)세력은 조식의 분대적 세계관에 근거하여 선·악의 분별에 투철한 이분법적 군자소인론을 앞세워 훈척정치의 잔재청산에 적극적으로 나서는 등 급진적 개혁을 지향하고 있었다. 그들이 임진왜란 당시 의병활동을 주도하고 나선 것도 군자·소인의 분별을 조선과 일본의 관계에 적용하는 인식이 지배하고 있었기 때문이었다.

또한 퇴계학파가 중심이 된 남인세력은 이황의 수승적 세계관에 바탕을 두고 군자의 상호발탁을 통한 정치세력의 공존 방법을 모색하는 '조제탕평론'을 제시하며 합리적인 개혁을 지향하였다. 그들이 동인과 서인의 조제에 나섰다가 실패로 돌아가자 동인에서 북인과 분화하여 남인으로 좌정하게 되는 과정이나, 유성룡이 전쟁의 종식을 위한 각종 방안을 모색하다 대북세력에 의해 '주화오국(主和誤國)'으로 몰려 실각을 당하게 되는 양상은 그들의 정치철학의 성격을 상징적으로 보여주는 것이라 하겠다.

나아가 율곡학파를 근간으로 한 서인세력은 이이의 묘합적 세계관을 토대로 가치분별보다는 사림세력의 정치적 화합을 도모하는 보합론을 제기하며, 온건하면서도 포용적인 개혁의 방향을 모색했다. 그들이 척신의 정치개입을 차단하여 훈척정치 잔재청산의 상징성을 보장받으려는 청년사림의 동향에 소극적인 자세로 일관하고, 이이 등이 사림세력의 분열을 막고자 노력하는 등 정치적 화합을 도모하게 되는 모습이 그들이 지닌 정치철학의 성향을 반영하는 것이라 하겠다.[38]

이것이 결과적으로 사림세력이 분열하여 정치적 역학관계를 형성할 뿐만 아니라 정국주도권 확보를 위한 대립을 전개시키는 원인으로 작용하고 있었다. 따라서 군주의 입장으로서는 특정 정치세력을 지지하는 대신 정치적 필요에 따라 선택적인 태도를 고수할 수밖에 없는 상황이었다. 이산해가 선조에게 상경과 권의의 방법을 주문한 까닭도 대외정책뿐만 아니라 국가경영의 효율성을 확보함과 동시에 당화를 예방하려면 정치적 상황에 따른 탄력적인 선택이 불가피하다는 판단에 따른 것이라 하겠다. 결국 이것이 그가 대북세력의 정치적 입장을 지지하는 위치에 있었음에도 당파의 이해에 연연하지 않는 논리적 기반이 되었지만, 반대로 군주의 신뢰를 얻으면서도 정치세력 전반의 비판을 받게 되는 주된 요인이 되었다. 그가 대북세력에 의해 '작록에 집착한 나머지 만절(晩節)을 보전하지 못했다'[39]거나, 서인세력에 의해 '군주의 뜻을 얻어 남을 모함하는 일을 일삼았다'[40]는 등의 부정적 평가를 받게 되는 것도 이와 같은 맥락에서 이해가 되는 것이라 하겠다.

이산해에 대한 정치세력의 경계 조짐은 이미 그가 선조에게 사대부들이 재산축적에 관심을 갖는 풍조를 규제할 필요가 있음을 제기할 때부터 나타나고 있었다. 그의 문제제기는 단순히 사대부의 개인적인 생업과 관련된 것이 아니었다. 그 저변에는 정치세력의 경제적 기반강화를 통한 정치적 비대화와 더불어 그로 말미암은 국가 조세수입의 축소에 대한 우려가 있었다.

---

38) 이상의 내용은 설석규, 《조선중기 사림의 도학과 정치철학》, 경북대출판부, 2009 참조.
39) 《선조실록》권115, 선조 32년 7월 15일 및 권122, 선조 33년 2월 19일.
40) 《광해군일기》권19, 광해군 1년 8월 23일.

명종 대 훈척정권을 무너뜨리고 사림세력이 정국을 주도할 수 있었
던 배경에는 여러 요인이 작용하고 있었지만, 향촌을 무대로 한 그들
의 재지적 기반강화를 통한 성장이 적지 않은 역할을 한 것도 사실이
었다.[41] 곧 16세기 이래 향촌의 중소지주인 사림들은 훈척세력이 해
안지역 등을 간척하는 언전(堰田)의 개발에 주로 관심을 가진 것과는
달리, 천방(川防)의 축조를 통해 농경지를 확대하고 농업생산력을 증
대함으로써 급속한 성장을 이룰 수 있었을 뿐만 아니라 궁극에 정국
주도세력으로 자리를 잡을 수 있었던 것이다.[42]

이와 같은 사림들의 경향은 선조 대에도 계속되었는데, 그것이 학
파를 매개로 한 정치세력의 형성과 맞물려 붕당의 경제적 기반확보를
위한 경쟁에 활용될 여지는 충분하게 있었다. 선조 13년(1580) 대사간
김첨경(金添慶, 1525~1583)이

근래 사족의 습속에 대하여 사대부 사이에 의논이 분분합니다. 부자가 된 후
에야 선을 행할 수 있는 법이라며 명망을 얻은 선비들도 모두 재산을 늘릴 일
만 생각합니다. 노전(蘆田)과 해택(海澤)을 가지지 않은 사람이 없을 정도이며,
황무지까지도 제방을 쌓거나 개펄을 파내고 있는 실정입니다. 심지어 회문(回
文)을 돌려 합동으로 개발할 것을 제안하는 자도 있으니, 그 마음가짐이 매우
밝지 못하다고 하겠습니다. 먼저 마음을 잃고서 뒤에 선을 행한다는 말은 신은
알지 못하겠습니다. 상께서는 다시 신칙하고 격려하시어 이러한 폐습을 근절시
키기 바랍니다.[43]

---

41) 이수건, 《영남학파의 형성과 전개》, 일조각, 1995.
42) 이태진, 《한국사회사연구 -농업기술 발달과 사회변동-》, 지식산업사, 2008.
43) 《선조실록》 권14, 선조 13년 5월 26일.

라 지적한 것이 그 같은 사정을 뒷받침한다.

김첨경의 지적에 대해 대사헌 이산해도 동조하여 과거 관료로서 전장(田莊)을 늘리거나 산업을 영위하는 자가 탄핵을 받았던 사실을 상기시키면서 이를 근절할 것을 촉구하고 나섰다.[44] 이에 대해 선조 또한 공감하며 비상한 관심을 표명하기는 했지만, 끝내 문제제기 차원에 머물고 말았다. 여기에는 직접적인 이해관계를 갖는 정치세력의 조직적인 방해가 작용하고 있었던 것으로 판단된다. 당시 사관(史官)이 이에 대해 '지나치게 심한 자가 있으면 논핵해야 하는 것이 당연하지만, 확인도 되지 않은 애매한 지적으로 군주가 오히려 사대부를 가볍게 여겨 믿지 않게 되는 결과를 초래하게 되었다'[45]며 비난하고 있는 데서도 그러한 상황을 엿볼 수 있다.

이는 결국 이산해가 정치세력과 연대하면서도 정치적 이해보다는 왕정의 보좌에 더욱 비중을 두고 있는 사실을 반영하는 또 하나의 사례로, 그가 정치세력의 경계와 질시의 대상이 되는 상황이었음에도 선조와 국가경영 철학의 공감대를 통한 신뢰를 바탕으로 정국을 주도하는 발판이 되었다. 선조가 외척뿐만 아니라 권신에 의존하지 않은 데다 붕당의 역학관계가 전개되고 있는 상황에서도 군주중심의 정국운영을 유지하며 왕정체제를 강화할 수 있었던 요인도 바로 여기에 있었던 것이다.

요컨대 이산해는 가학을 계승하며 형성한 공정하면서도 객관적인

---

44) 이산해가 이 같은 주장을 할 수 있었던 데에는 그의 가문이 대대로 관직을 유지해 왔음에도 별다른 경제적 기반을 확보하지 않는 등 청빈한 생활을 가풍으로 이어온 전통도 배경으로 작용했던 것으로 생각된다. 실제 선조 14년(1581) 모친상을 당했을 때 왕이 제수조차 제대로 마련하지 못하는 그를 돕도록 지시하자, 그는 왕에게 올린 사은소에서 자신의 집안이 대대로 가난하여 몇 뙈기의 척박한 토지조차 갖지 못했으며 모자가 녹봉에 의지해 살아왔음을 전하기도 했다(《아계유고》 권5, 疏類 丁憂謝賜祭需疏).

45) 《선조실록》 권14, 선조 13년 5월 26일.

인품을 바탕으로 정치세력의 역학관계를 조정하는 선조의 입장을 반영하며 왕정체제를 강화하는 방향으로 정치철학을 정립하고 있었던 것이다. 그가 선조에게 정치적 상황에 따라 상경과 권의를 선택적으로 활용하여 정국을 운영할 것을 권유하고, 사대부의 전장확대를 규제하여 정치세력의 경제적 기반강화로 말미암아 초래될 수 있는 파행을 예방할 것을 주문한 배경도 거기에 있었다. 그러나 이는 정치적 의도에서 비롯된 것은 아니었고, 정치적 안정을 발판으로 한 민생문제의 해결과 직접적인 연관관계를 맺고 있었다. 그가 선조에게 공납과 진상의 과정에서 관행적으로 행해지고 있던 뇌물인 인정가물(人情價物)이 민폐를 조장하는 원인이 된다는 이유로 근절할 것을 촉구한[46] 것도 같은 맥락에서 이해되는 것이다. 이 점이 바로 그가 선조 대 전 시기에 걸쳐 군주의 절대적 신임을 얻으며 정치적 행보를 같이할 수 있었던 근간이 되었다.

3. 정국동향과 정치적 역할

이덕형(李德馨, 1561~1613)은 그의 장인 이산해가 세상을 떠난 뒤 지은 묘지명에서

공의 타고난 품성은 매우 고매하였고 신통력이 있다고 할 정도로 숙성하였다. 아버지 성암공(省庵公)은 그가 아름다운 덕량과 재능을 잘 보전하기를 바라는 마음에서 항상 겸손과 근면에 힘쓸 것을 당부했다. 공이 가정의 교육을 잘

---

46) 《선조실록》 권25, 선조 24년 12월 1일.

받아 조정에 나아간 지 49년 동안 일찍이 재주와 지혜를 가지고 남 앞에 나서
는 일이 없었으며, 말도 유창하지 않고 몸놀림도 느려서 마치 무능한 사람처럼
보였다. 숙부 토정공(土亭公)이 매번 공의 아름다운 자질을 칭찬하면서 글을 배
워 보충한다면 상지(上智)의 다음은 될 것이라고 하였다. …… 평소 사람을 상
대하는 태도가 매우 자상하고 신중하였다. 세심한 계획과 원대한 사려는 난리
를 당해서도 혼선을 빚지 않았으며, 확고한 자신의 견해를 주장할 때에는 춘추
시대 맹분(孟賁)·하육(夏育)과 같은 용사의 기개를 보여 힘센 사람도 어찌 하
지를 못하였다.[47]

라고 평가하며, 그가 관료로 재직하는 동안 가학에서 연원한 고매
하고 숙성된 인품을 바탕으로 신중하면서도 확고한 신념으로 일관한
삶을 살았던 점을 강조했다. 이러한 평가의 밑바탕에는 이산해의 정치
적 활동이 정치세력의 이해와 밀착된 것이 아니라 가풍을 연원으로
하는 독자적 소신의 산물이라는 사실을 표방하려는 의도가 함축되어
있었던 것으로 판단된다.

이산해는 20세가 되던 해인 1558년(명종 13) 시행된 식년사마시에
합격하여 진사가 되었다.[48] 그 뒤 성균관에서 과거시험 준비를 하던
그는 1560년(명종 15) 왕이 명륜당에서 직접 거행한 제술시에 수석으
로 합격하여 전시(殿試)에 직부(直赴)되었고,[49] 이듬해 23세 때 시행된
대과에서 병과(丙科)로 합격했다.[50] 이같이 그가 비교적 이른 나이에
순조롭게 등과할 수 있었던 것은 사장과 강경의 전통을 이어온 가학
에다 그가 어릴 적부터 필력뿐만 아니라 문장에도 탁월한 역량을 갖

47) 《鵝溪遺稿》 年譜附錄, 誌文 鵝城府院君李公墓誌銘.
48) 《司馬榜目》 明宗 戊午 式年試.
49) 《명종실록》 권26, 명종 15년 4월 24일.
50) 《國朝文科榜目》 권7, 明宗朝 辛酉式年榜.

추었던 점에 비추어 보면 당연한 일이었다. 그가 승정원권지부정자(承
文院權知副正字)의 분관(分館)과정을 거친 뒤 홍문관부정자에 제수되자
마자 명종이 그에게 '경복궁(景福宮)' 대액(大額)을 쓰도록 하고,51) 이
후 홍문관에 재직하고 있는 동안 대부분의 계(啓)·차(箚)·소(疏)를 그
가 작성한 것에서 그러한 사실을 살필 수 있다.

이산해가 관계에 진출하던 명종 대 후반은 훈척정권의 폐해가 극에
달하면서 조선왕조의 말기적 조짐이 나타나고 있던 때였다. 사림세력
에 의해 이른바 삼흉으로 지목된 윤원형·이량(李樑, 1519~1563)·심통
원(沈通源, 1499~?)이 주도한 훈척정권은, 배타적인 독점권력 강화를
위해 정치적 파국을 초래할 뿐만 아니라 부정·비리 등 각종 병리현상
을 유발하며 사회·경제적인 파탄을 야기하고 있었다. 이에 따라 정치
적 혼란은 두말할 필요가 없고 국가경제와 더불어 민간경제의 피폐도
심화되어 백성들의 유망현상이 보편화하는 등 민심이반이 극에 달하
는 모습을 보여주고 있었다.52) 당시 임꺽정의 난을 비롯한 민란이 각
지에서 빈발한 것이 그러한 양상을 극명하게 반영한다고 하겠다.53)

훈척정치의 극한적 모순상황은 결국 왕권을 배경으로 사적 이해관
계에만 매몰된 권간의 발호로 초래되었다. 그들은 국가경영 철학을 근
본적으로 결여하고 있었을 뿐만 아니라, 국가의 위기를 극복할 수 있
는 능력조차 부족했다. 따라서 사림세력에게 시급한 과제는 개혁의 방
안을 제시하기에 앞서 권간을 제거하는 일이었다. 명종 18년(1563) 이
산해가 부제학 기대항(奇大恒, 1519~1564)을 중심으로 한 홍문관 관원
들과 함께 정치적 부담을 가졌음에도 이조판서로서 전횡을 일삼던 이

---

51) 《鵝溪遺稿》 年譜, 嘉靖 41년(1562).
52) 명종대 사회·경제적 실상에 대하여는 김성우, 《조선중기 국가와 사족》, 역사비평사,
   2001 참조.
53) 한희숙, 〈16세기 임꺽정 난의 성격〉, 《한국사연구》 89, 한국사연구회, 1995.

량의 탄핵을 주도하고 나선 배경도 거기에 있었다.

그들은 여기에서 우선 나라의 기강이 바로 잡혀 유지되려면 군주의 왕권을 발판으로 한 확고한 위상정립이 전제되어야 하며, 만약 권력이 신하에게 옮겨갈 경우 나라가 위망(危亡)의 상황에 처할 수 있다는 점을 강조했다. 그러면서 그들은 이량이 왕권을 넘어서는 권력을 앞세워 저지른 만행을 일일이 지적하는 한편,

> 대저 권간이 조정의 정치를 독단할 경우 반드시 먼저 위엄을 세워 사람들이 감히 입을 열지 못하게 한 다음 사람에게 화를 전가하고 나라에 해악을 끼치기 마련입니다. 이 때문에 임금은 고립되어 깨닫지 못하는 사이에 종사는 날로 위태로워지게 되고 끝내 구제할 수 없는 지경에 이르게 됩니다. 이는 예로부터 있었던 일입니다. 지금 대신들은 전하의 고굉(股肱)인데도 말을 하지 못하고, 대간은 전하의 이목(耳目)인데도 규탄하지 못하는 실정입니다. 모든 사람들은 무서워서 바로 서지도 못하고 바로 보지도 못한 채 이량이 있는 줄만 알지 전하가 계신 줄은 모릅니다. 신하된 자로서 이러한 죄악을 저지르고도 유방(流放)에 이르지 않은 자가 어디에 있었습니까.[54]

라며 그의 척결을 강력하게 촉구했다. 홍문관의 차자에 명종도 사태의 심각성을 깨닫고 곧바로 이량의 관작을 삭탈하고 문외출송(門外黜送)하는 처분을 내렸다. 결과적으로 이러한 처분은 명종 20년(1565) 윤원형이 사림세력의 집중 공세를 받아 실각한 것을 계기로 훈척정권이 무너지는 신호탄이 되었다.

이러한 점에서 이산해는 명종 대 후반 정계에 진출한 뒤 사림세력

---

54) 《명종실록》 권29, 명종 18년 8월 19일.

과 공조한 가운데 훈척정권을 종식하는 데 적지 않은 역할을 담당하고 있었음을 알 수 있다. 그가 이량이 실각한 이후에도 홍문관을 비롯한 청요직을 두루 거치고 있는 양상과, 사림세력에 의해 재행(才行) 등으로 전반적인 중망을 얻고 있는 점에서 그러한 사실을 충분히 살필 수 있다. 이는 그가 사림세력 가운데 개혁에 적극적인 신진사림의 입장을 대변하고 있음을 반영하는 것으로, 사림세력의 정국주도 이후 그의 정치적 역할과 위상을 예고하는 것이기도 했다.

선조가 즉위한 뒤에도 이산해는 사간원대사간을 비롯해 홍문관제학·성균관대사성 등 문한직과 언관직을 역임하며 군주의 정치적 자문과 더불어 간쟁을 통해 정책방향을 제시하였을 뿐만 아니라, 이조의 좌랑·정랑·참의 등을 거치며 전관으로서 개혁적 인물을 검증하는 역할을 담당하기도 했다. 이러한 역할은 그의 학문저 위상과 더불어 청수(淸粹)한 자질과 진순(眞淳)한 행실로 천선(天仙)과 다름없다고 평가된 인품에 비추어, 정치적 경륜이 없는 상태에서 즉위한 선조의 보좌역을 맡은 사림의 공론이 반영되었던 것으로 판단된다. 이것이 그가 사림세력의 분열 조짐에도 그들의 보편적인 지지를 받으며 정치적 입지를 확고하게 굳힐 수 있는 토대가 되었다.

사실 선조대 초반 정국은 척신의 정치참여 배제를 비롯해 훈척정치의 인적 청산의 범주를 둘러싸고 사림세력이 갈등을 빚는 양상으로 전개되고 있었다. 곧 훈척세력과 일정한 관계를 유지했던 장년사림들은 정치적 파행에 책임이 있는 인물만을 도태의 대상으로 하자고 주장한 것과 달리, 훈척정권에 대한 비판을 주도해온 청년사림들은 척신뿐만 아니라 그들과 직·간접적인 인맥관계를 갖는 인물들의 청산을 통해 도덕과 명분에 투철한 사림에 의한 도학정치의 구현을 지향하고 있었다. 이러한 그들의 견해차가 신·구 사림의 갈등을 낳았고, 그것이 뒤에 청년사림이 주축이 된 동인과 장년사림을 중심으로 한 서인으로 분열하는 촉매제가 되었던 것이다.55)

물론 이산해는 그 같은 상황에도 장년 및 청년사림의 촉망을 받고 있었지만, 당시 그가 훈척정치의 잔재청산에 적극적인 태도를 보이고 있는 점을 감안하면 청년사림에게 더 기대를 받고 있었으리라 판단된다. 그가 봉상시정(奉常寺正)으로 발탁된 구변(具忭)과 충청감사 이충작(李忠綽)의 행적에 결격사유가 있다는 점을 들어 왕에게 파직을 요구하고 나선56) 것이나, 왕정은 포용력을 바탕으로 억울한 일을 풀어주는 것을 급선무로 삼아야 한다는 점을 내세우며 을사피화인 등 사화로 피해를 입은 사림들의 신원을 적극 주장하고 나선57) 것은 대표적 사례에 해당한다. 이 때문에 그는 청년사림들이 과거청산에 소극적이라는 이유를 내세워 이조판서 정유길(鄭惟吉, 1515~1588)과 대사헌 이양원(李陽元, 1526~1592) 등 전관과 언관을 탄핵할 당시 대상에서 제외되기도 했던 것이다.58)

그러나 이산해가 청년사림의 입장을 반영해 훈척정치의 잔재청산에 주도적 역할을 했다고 할지라도 그것이 곧 장년사림과의 결별을 뜻하는 것은 아니었다. 오히려 그는 장년사림과 우호적 관계를 지속하며 정치적 이해를 초월한 면모를 보여주고 있었다. 이는 그가 학파의 세계관과 접목된 정파의 이해에서 벗어나 있었기 때문에 가능했던 것으로 판단된다.

선조 8년(1585) 무렵부터 척신 심의겸의 정치개입 여부를 두고 대립하던 신·구 사림은 급기야 동인과 서인으로 분열하고 말았다. 물론

55) 김항수, 〈선조 초년의 신구갈등과 정국동향〉, 《국사관논총》 34, 국사편찬위원회, 1992.
56) 《선조실록》 권7, 선조 6년 6월 25일.
57) 《선조실록》 권8, 선조 7년 6월 4일.
58) 《선조실록》 권8, 선조 7년 9월 26일.

분열의 명분에는 구양수·주회에서 연원하는 성리학적 붕당론이 작용
하고 있었지만, 거기에 학파의 세계관이 반영되면서 붕당은 그것을 매
개로 개편되는 양상을 보이게 되었다. 이에 따라 군자·소인의 분별에
상대적으로 적극적인 남명학파와 퇴계학파가 동인의 주류를 형성하며
급진적 개혁을 지향한 것과는 달리, 서인세력은 사림의 보합을 앞세우
는 이이의 정치철학을 반영한 가운데 점진적 개혁방향을 모색했다. 이
처럼 학파를 매개로 한 사림세력의 분열은 정합성을 갖춘 정치철학의
대결을 보장하기는 했지만, 학파적 이해에 매몰된 나머지 군주를 중심
으로 한 정국운영 체제를 약화시키고 정치세력의 균형을 와해할 소지
를 안고 있는 것이기도 했다. 동인세력이 군자소인론을 앞세워 심의겸
뿐만 아니라 심통원 등 척신의 탄핵을 고리로 하여 서인세력에 집요
한 공세를 가하며 정국을 주도하는 양상이 지속되는 상황이 그것을
말해준다.

선조 14년(1581) 이산해가 이이의 추천으로 이조판서로 발탁된59)
것은 이러한 불균형을 타개하려는 목적에 따른 것으로, 정치세력의 역
학관계 조정을 통해 왕정체제를 강화하려는 공감대가 작용하고 있었
다. 이이가 병을 이유로 관직에 나아가지 않는 그에게 혼탁하고 타성
에 젖은 정치현실을 바로 잡아 공도를 실현하려면 피할 수 없는 일이
라60)며 강력하게 출사를 촉구하고 나서고, 선조 또한 재기가 탁월함
에도 과시하지 않는 그의 겸손한 모습에 일찍부터 호감을 갖고 있었
다61)며 깊은 신뢰를 표시한 사정도 여기에 있었다. 이에 따라 그는 청

---

59) 《선조실록》 권15, 선조 14년 4월 17일.
60) 《栗谷全書》 권30, 經筵日記3 萬曆 9년(1581) "李山海謝病不出 李珥往問之曰 公受國厚恩. 當此國
勢危急之時 當盡職以報君恩. 何爲引疾 以孤士望乎 山海曰 冡宰是一國重任 我何以當之 珥曰……吏
曹則公必不循私請 大張公道矣 此豈小補乎 近來政事溷濁 願公勉出一洗舊染之習."
61) 《선조실록》 권15, 선조 14년 7월.

탁과 사정을 배제한 공정한 인사로 정치세력의 균형을 유지하는 데 매진했을 뿐만 아니라, 당색에 얽매이지 않는 폭넓은 친분관계를 통해 군주중심의 정국운영 체제를 강화하는 데 심혈을 기울였던 것이다. 그가 이를 계기로 정승의 물망에 올라[62] 군주 및 사림의 기대를 받음과 동시에, 선조의 명찰(明察)에 힘입어 전장(銓長)이 된 이래로 사당이 조정을 혼탁하게 하지 못하게 되었다[63]고 할 정도의 평가를 받게 되는 것도 전혀 우연이 아니었다.

그러나 이산해의 사정을 배제한 공정한 인사는 정치적 이해관계에서 본다면 동인과 서인 모두의 불만을 야기할 수 있는 것이었다. 선조 18년(1585) 이후 그에 대한 실록의 평가가 한 시대를 도야하기에는 역량이 부족하다[64]며 부정적으로 바뀌기 시작하고, 서인계 조관과 유생들이 잇달아 그의 편중된 인사를 비판하고 나선[65] 사실은 당시 그가 동인뿐만 아니라 서인의 불만을 동시에 사고 있었음을 보여주는 것이기도 했다. 이처럼 서인세력의 비난이 계속됨에 따라 그가 사직을 요청하자 선조는

> 요사이 염치가 전부 없어지지 않고 나라 일도 무너지는 데 이르지 않은 것은 내가 경을 등용하여 총재(冢宰)로 삼았기 때문이다. 충분히 모든 관료들의 본보기가 될 만하고 사나운 물살 속의 지주(砥柱)와 같은데 누가 감히 훼방할 것인가. 저 광부(狂夫)의 비난하는 말이야 한 아이의 웃음거리도 되지 못할 것이다. 슬프다! 박재(朴濟)가 경을 비방하고 김응생(金應生)이 경을 참소하더니, 이제 또 조헌(趙憲)이 경을 무함하였다. 어찌하여 헐뜯는 자가 이리 많은가. 진실

62) 《선조수정실록》 권17, 선조 16년 8월 1일.
63) 《선조실록》 권19, 선조 18년 1월.
64) 《선조실록》 권19, 선조 18년 4월 28일.
65) 《선조실록》 권17, 선조 16년 9월 6일 및 권20, 선조 19년 10월 20일.

로 내가 경을 대우함이 정성스럽지 못한 때문이리라. 참소가 이미 세 번 이르
렀다고 하나 어찌 감히 베틀의 북을 던져버릴 것인가.66)

라며 그에 대한 변함없는 신뢰의 모습을 보여주기도 했다. 그럼에
도 이산해가 정사(呈辭)를 계속하자 선조는 시배(時輩)의 모함을 의식
하지 말고 소신을 지킬 것을 당부하거나,67) 편당(偏黨)을 만든 간사한
무리들의 척결의 필요성을 제기하고,68) 개인의 사사로운 감정보다 국
사가 우선이라는69) 논리 등을 내세우며 사직을 허용하지 않고 오히려
그에게 출사를 독려하곤 했다.

이산해에 대한 선조의 신뢰는 단순히 공정한 인사의 자세에서 비롯
된 것만은 아니었다. 거기에는 그의 인품에서 풍기는 면모가 사람들의
경외심을 불러일으킨다는 인식도 작용하고 있었다. 그러한 사실은 윤
대관 김응생이 이산해가 이조판서로 오래 재직하는 것은 바람직하지
않다는 지적에 대해 선조가 반박하면서

지금 이조판서는 순후한 덕과 탁월한 재주를 겸비했으며 넓은 기국과 아량
에다 충절까지 남다르다. …… 말은 마치 입에서 나오지 않은 듯하고 몸은 마치
옷도 가누지 못할 것처럼 나약해 보이지만, 진실한 기운이 하나로 뭉쳐져 교만
하거나 형식적이거나 궤변을 늘어놓는 태도가 전혀 없다. 난폭하거나 거만한
자가 보면 공경하기에 충분하고 간교하거나 위선적인 자가 보더라도 정성을
다하기에 충분하다. 이런 사람은 상고(上古)의 인물이지 동방의 인물이 아니다.
비록 진(晉) 혜제(惠帝)에게 만나보게 했더라도 한눈에 그가 군자라는 사실을

---

66)《선조실록》권20, 선조 19년 10월 27일.
67)《선조실록》권21, 선조 20년 4월 9일.
68)《선조실록》권21, 선조 20년 7월 15일.
69)《선조실록》권22, 선조 21년 1월 26일.

분명하게 알았을 것이다. 자기의 주장을 고집하여 조정을 마음대로 하는 것은 비록 상을 주더라도 하지 않을 것이다. 내가 매번 바라보면 일찍이 공경하는 마음이 생기지 않을 때가 없었다. 임금의 사악한 마음이 자연히 소멸되고 말을 하지 않고 행동하지 않는 가운데에도 절로 감화가 되니 참으로 군자 중에서도 군자다운 사람이라고 하겠다.70)

라며 그의 인품을 묘사하고 있는 데서도 충분히 살필 수 있다.

이러한 관계로 미루어 볼 때 선조가 이산해를 정승으로 발탁한 데 이어 기축옥사가 일어나자 그에게 수습을 일임한 것은 시사하는 바가 적지 않다. 선조 22년(1589) 10월 2일 밤 황해도관찰사 한준(韓準, 1542~1601) 등이 왕에게 비밀장계를 올리면서 시작된 정여립(鄭汝立, 1546~1589)의 옥사는 동·서인의 역학관계와 맞물려 상당한 정치적 파장을 가져왔다. 더구나 이 사건이 동인인 우의정 정언신(鄭彦信, 1527~1591)이 위관(委官)으로 임명된 가운데 한 달 만에 순조롭게 마무리되는 듯하다가 선조의 구언교(求言敎)를 계기로 확대일로로 치닫게 된 점은 여기에 선조의 정치적 의도도 적지 않게 개입되었다는 사실을 보여주는 것이기도 했다.71)

사건의 전모를 조사할 것을 촉구하는 조야 사림의 공론이 들끓자 선조는 서인인 정철을 위관으로 임명해 재조사를 지시했다. 이는 정여립이 동인임에도 그동안 동인세력에 의해 조사가 이루어진 것을 의식한 조치였다. 이에 따라 정철 등 서인세력들이 주축이 되어 정여립과 직·간접적인 연관관계가 있는 인물들을 폭넓게 조사하고 나섰다. 여기에 김우옹(金宇顒, 1540~1603)·유성룡 등 동인 핵심인물들의 연루설

---

70) 《鵝溪遺稿》 年譜, 萬曆 13년(1585).
71) 이상혁, 〈조선조 기축옥사와 선조의 대응〉, 《역사교육논집》 43, 역사교육학회, 2009.

이 제기되고 피화인이 늘어나면서 옥사가 확대될 조짐을 보이자, 선조
는 좌의정 이산해에게 다시 과격한 주장을 펴는 사람들을 제재하는
등 수습에 나서도록 지시했다.72)

　이러한 선조의 조치에는 기축옥사로 파생되는 당화를 미리 예방하
면서도 그것의 확대를 통해 군주에 대한 사림들의 경각심을 불러일으
키려는 복합적인 의도가 작용하고 있었던 것으로 판단된다. 따라서 이
사건은 선조와 이산해의 정치적 교감이 어느 정도였는지를 보여주는
것으로, 이를 통해서도 선조의 신뢰를 바탕으로 한 그의 정치적 위상
을 충분히 가늠해 볼 수 있다. 당시 정암수(丁巖壽) 등 호남유생들이
그의 옥사연루를 제기할73) 뿐만 아니라 전주유생 양형(梁詗)이 정언신
의 정치보복성 발언 개입을 주장하는74) 등 서인세력의 집중공세 때문
에 그가 병을 이유로 사직의사를 표명하자, 선조가 비망기에서

　　경의 사장(辭章)을 보고 깜짝 놀라 나도 모르는 사이에 자리에서 벌떡 일어
　났다. 지금이 어느 때인데 사퇴하려고 하는가. 깊이 그 까닭을 생각하니 필시
　과인이 우매하여 보필하기에 부족하고 국사는 이제 어찌 해 볼 도리가 없다고
　여긴 때문일 것이다. 그렇지 않고서야 어찌 차마 이런 일을 할 수가 있단 말인
　가. 지금의 시사(時事)로 말하자면 얘기가 길다. 국가는 오직 경을 의지하고 있
　으니 경이 나를 멀리하지 않는다면 전에 든 병이 오늘에 낫지 말라는 법이 없
　을 것이다. 하루속히 출사하기 바란다.75)

라며 모함을 일삼는 무리들의 농간에 흔들리지 말 것을 당부하며

---

72) 《선조실록》 권23, 선조 22년 12월 9일.
73) 《선조수정실록》 권23, 선조 22년 12월 1일.
74) 《선조수정실록》 권24, 선조 23년 4월 1일.
75) 《선조실록》 권24, 선조 23년 4월 8일.

만류하는 한편 유생들을 형률로 다스리라고 지시한 것도 그와 무관하지 않았다. 선조 24년(1591) 건저의(建儲議) 사건에 사실상 이산해가 연루되었음에도76) 정철이 실각을 당하게 되는 것도 이러한 맥락에서 이해된다고 하겠다.

이산해에 대한 선조의 절대적인 신임에는 그가 비록 동인세력과 연계되어 있기는 하지만 명분을 우선하는 정치세력의 전반적인 경향과 일정한 거리를 유지하고 있었기 때문이기도 했다. 동인세력이 남인·북인으로 분기한 뒤 이산해가 영의정으로서 북인의 영수로까지 지목되었음에도 임진왜란이 발발했을 때 파천을 제시했다는 이유로 북인을 비롯한 정치세력의 집중적인 공격을 받아 유배되는 과정이 그러한 사실을 역설적으로 보여주는 것이다. 당시 사관이 이산해의 죄를 묻는 데 피차가 따로 없었다77)고 전한 데서도 그러한 상황을 엿볼 수 있다.

사실 왜적이 동래성을 무너뜨린 데 이어 충주성마저 함락시키고 도성을 위협하고 있는 데다, 백성들마저 흩어져 도성을 지킬 전열을 가다듬을 수도 없는 급박한 상황에서78) 제기한 그의 파천론은 마지막 현실적 대안이 되는 셈이었다. 군주가 적의 포로가 된다는 것은 곧 패전이자 나라가 망하는 결과를 가져온다는 것이 주지의 사실이었다. 그럼에도 언관들이 파천을 건의한 그를 참형해야 한다며 탄핵하고 나선 것은 명분을 앞세워 그와 선조의 관계를 단절시키려는 의도가 작용하고 있었다는 사실을 보여준다. 이에 대해 선조가 이산해보다 왕이 먼저 파천의 의사를 표명했다는 이헌국(李憲國, 1525~1602)의 주장에 동의하는 한편, 오히려 군비를 제대로 하지 못했다는 이유로 유성룡의

---

76) 《선조수정실록》 권25, 선조 24년 2월 1일.
77) 《선조실록》 권59, 선조 28년 1월 10일.
78) 《선조실록》 권26, 선조 25년 4월 28일.

파직을 지시하는79) 등 국면전환을 시도했지만 정치세력의 집요한 공
세에 밀려 결국 삭직과 더불어 중도부처하도록 하는 전교를 내리고
말았다.80)

그 결과 평해(平海)에 부처된 이산해는 국난극복에 직접 참여하지
못하고 전란의 추이를 멀리서 지켜보아야 했다. 그러면서 그는 문학작
품을 통해 선조의 안위를 걱정하는 한편,

동산 가득 긴 대숲에 푸른 구름 깊은데	滿園脩竹碧雲深
지친 새는 석양에 보금자리 찾아 날아가네.	倦爲知歸趁夕陰
우스워라 세간의 명리를 좇는 사람이여	堪笑世間名利子
백발에 끝없는 탐욕 그 무슨 마음인가.	白頭乾沒竟何心81)

라며 자신의 판단과 행보가 명리나 탐욕에서 비롯된 것이 아니라
궁극에 왕정을 강화하는 데 있었다는 사실을 우회적으로 항변하기도
했다.

선조 28년(1595) 경연에서 정탁(鄭琢, 1526~1605)이 전란 초기의 급
박한 상황은 아무리 지혜가 있는 자라도 다른 방도를 찾을 수 없었을
것이라는 점과, 과거에도 임금의 파천으로 국도(國都)를 옮긴 사례가
있었다는 점을 지적하며 사면을 요청한82) 것을 계기로, 이산해는 유
배에서 풀려나고 직첩을 돌려받았다. 영돈녕부사로 복귀한 그는 정치
적 현안에 관심을 갖기보다 전란을 극복하기 위한 방안 마련에 진력
했다. 그는 선조에게 상소로 시폐십조(時弊十條)를 제시하며 현안타개

---

79) 《선조실록》 권26, 선조 25년 5월 2일.
80) 《선조실록》 권26, 선조 25년 5월 17일.
81) 《鵝溪遺稿》 권1, 箕城錄 黃保八咏贈安善元(竹園栖禽).
82) 《선조실록》 권59, 선조 28년 1월 10일.

를 위해 적극 나설 것을 촉구함과83) 동시에 차자(箚子)로 각종 시무책
을 제시하기도84) 했으며, 병으로 잠시 요양을 떠나기 전 왕을 면대한
자리에서는 국가중흥의 시급한 과제가 인심을 수습하는 데 있다는 점
을 강조하는 한편 상벌을 분명하게 하고 뛰어난 장수를 선발하며 중
국과의 관계를 원만하게 유지하는 것이 시급한 과제라는 점을 강조하
기도 했다.85) 또한 그는 전란이 끝난 뒤에도 민생복구를 위한 각종 방
안을 제시하였을86) 뿐만 아니라 외교문서의 작성을 전담하며 중국의
광해군 세자인준 등을 위한 외교적 현안을 해결하고,87) 비변사로 하
여금 주사(舟師)를 정리하도록 하는88) 등 변방 방어를 강화하는 일에
도 심혈을 기울였다. 선조 33년(1600) 전후복구를 주도할 적절한 인물
을 찾지 못한 선조가 다시 그를 영의정으로 임명하게 된89) 사정도 거
기에 있었다.

그러나 이산해가 영의정에 임명되자마자 박충간(朴忠侃, ?~1601)이
그를 의식하여 북인이 대북·소북으로 나누어지고 대북이 다시 골북·
육북·피북으로 분열하여 대립하고 있는 현실을 폭로하며, 이산해를
정치적 혼란의 핵심인물로 지목하고 나섰다. 이에 대해 선조는 조정의
일은 본래 주장하는 사람이 있기 마련이지만, 항간의 잡다한 소문을
듣고 인심을 동요시키는 것은 온당한 일이 아니라90)며 일축했다. 이
같이 자신에 대한 정치적 압박이 재개될 조짐을 보이자 이산해는 선
조에게

---

83) 《선조실록》 권63, 선조 28년 5월 7일.
84) 《鵝溪遺稿》 권5, 箚類 陳弊箚(1).
85) 《선조실록》 권68, 선조 28년 10월 6일.
86) 《鵝溪遺稿》 권5, 箚類 陳弊箚(3).
87) 《선조실록》 권107, 선조 31년 12월 28일.
88) 《선조실록》 권114, 선조 32년 6월 23일.
89) 《선조실록》 권121, 선조 33년 1월 21일.
90) 《선조실록》 권121, 선조 33년 1월 23일.

나라에서 인재를 기용할 때에는 그 덕량과 재능에 맞도록 하는 것이 중요합
니다. …… 지금은 변경이 공허한데다가 전국이 전란의 상처로 인해 방본(邦本)
이 위태롭고 공사가 모두 탕진되었으며, 모신(謀臣)과 맹장(猛將)도 믿을 만한
사람이 없고, 기계(機械)와 군량(軍糧)도 남김없이 탕진되었습니다. 나라의 위
급함이 임진년과 비교해 10배가 넘을 정도입니다. 이런 때에는 위기를 극복할
수 있는 석보(碩輔)와, 혼란을 수습하여 바른 곳으로 되돌릴 수 있는 준걸(俊
傑)이 합심 협력하여 정성을 다 바쳐 노력한 다음에라야 만에 하나 부지될 가
능성이 있는 것입니다. 이러한 사람을 찾아 도모하지 않고 이미 시험하여 무능
한 것이 드러난 사람에게 신명(新命)이 내려졌으니, 이는 신으로서 이해할 수
없는 일입니다.91)

라며 사직을 요청했다. 물론 여기에는 자신이 선조의 왕정을 보필
하는 데 한계가 있다는 판단이 작용하고 있었지만, 저변에는 전후복구
를 위한 국가적 현안보다 정치적 이해에 집착하는 현실에 대한 불만
도 내재되어 있었다고 하겠다.

그렇지만 선조는 이산해의 사직을 허락하지 않음으로써 그에 대한
변함없는 신뢰를 보였다. 이는 물론 이산해의 정치적 위상을 배경으로
왕정을 강화하려는 의지가 반영된 것이지만, 결과적으로 정치세력의
시기와 질시를 불러 일으켜 그가 끊임없는 지탄의 대상이 되는 원인
이 되기도 했다. 따라서 그가 만절(晩節)을 보전하지 못했다든가,92) 벼
슬을 잃을까 걱정하여 세상을 속였다거나,93) 사림을 교란시키는 일에
만 몰두했다는94) 등의 부정적 평가를 받게 되는 것도 이산해를 향한

---

91) 《선조실록》 권121, 선조 33년 1월 25일.
92) 《선조실록》 권122, 선조 33년 2월 19일.
93) 《선조실록》 권138, 선조 34년 6월 3일.
94) 《선조실록》 권138, 선조 34년 6월 9일.

선조의 신임에 대한 정치세력의 질시가 밑바닥에 자리 잡고 있었다고 하겠다.

그러나 이러한 사실은 역설적으로 그가 선조 대 정국의 핵심에 있었음을 보여주는 것일 뿐만 아니라, 뒤에 이식(李植, 1584~1647)이

> 우리나라 문물의 구비와 인재의 모임이 선조 대보다 성대한 때가 없었습니다. 비록 의리를 지키다가 난을 만나 찬란한 문물이 무너지기는 하였으나, 천심이 비호하여 강토가 다시 정해졌습니다. 이것이야말로 성인의 깊은 우려로 인도된 것 아님이 없고, 또 사기(事機)의 변화에 따라 적절하게 대응한 공적은 후세에 전할 만한 것 아님이 없습니다.95)

라고 하듯이 선조 대가 문물의 번성으로 후세의 귀감이 되는 시대라 평가받는 주축으로서 역할을 담당하고 있었음을 반영하는 것이라 하겠다.

요컨대 이산해는 선조 대 거의 전 시기에 걸쳐 군주의 확고한 신뢰를 바탕으로 정국의 핵심으로서의 위상을 확보하고 있었다. 여기에는 그가 타고난 순수한 인품과 탁월한 학문적 재능, 객관적이면서도 공정한 자세가 전제되어 있었지만, 그 근저에는 강경과 사장을 바탕으로 왕정을 보좌해 온 가풍이 자리 잡고 있었다. 이에 따라 그는 독자적 정치철학을 현실에 적용하고자 경쟁하는 사림세력의 역학관계가 지배하는 상황에서, 정치적 균형을 유지한 가운데 왕정체제의 강화를 위한 온갖 노력을 경주했던 것이다. 선조가 뚜렷한 정치적 후원세력이 없는 상황에서 즉위했음에도 왕권의 강화를 통해 꾸준히 정국주도권을 잡

---

95) 《인조실록》 권32, 인조 19년 2월 12일.

고 정치세력의 대립을 효율적으로 조정할 수 있었던 데에는 이산해의 그러한 역할이 적지 않게 작용하고 있었다. 그러나 그것이 결과적으로 왕정을 옹호하되 사림의 정치철학 구현에 비중을 둔 정치세력의 집중적인 공격의 대상이 되어 그가 정치적 굴곡을 겪어야 하는 근본적인 원인이 되었던 것이다.

4. 맺음말

지금까지 이산해의 정치적 역할과 위상을 선조 대 정국과 연관하여 조명해 보았다. 여기서 논의된 내용을 정리하면 다음과 같다.

선조 대는 조선왕조의 정치질서가 근본적으로 변화하던 시기였다. 물론 거기에는 훈척정권의 배타적 권력독점이 초래한 정치·사회·경제적인 혼란과 모순에 대한 반성이 작용하고 있지만, 구양수·주희의 붕당론에 바탕을 둔 성리학적 정치개혁의 논리가 저변에 자리 잡고 있었다. 이에 따라 선조 대 사림들은 훈척정치의 잔재청산을 위한 개혁의 필요성에 대한 공감대를 형성하면서도 개혁의 방향에 대한 시각차를 극복하지 못한 채 분열하는 양상을 보이게 되었다. 더구나 그들이 학파의 세계관에 연원을 두고 정립한 정치철학을 현실에 적용하기 위한 경쟁을 벌이게 되면서 사림세력의 분열은 가속화하는 양상을 보였다.

이러한 사림의 분열현상은 비록 군주가 신권의 집중적인 견제에서 벗어날 수 있는 여지를 제공하는 것이라 할지라도, 국가경영에 군주의 철학이 반영될 소지를 차단함으로써 군주의 정치적 위상을 약화시킬 우려를 가져오는 것이기도 했다. 특히 확고한 정치적 기반이 없이 즉

위한 선조에게 그것은 절박한 과제이기도 했다. 선조가 이산해를 정치
적 동반자로 선택한 배경이 바로 여기에 있었다.

이산해는 어릴 적부터 탁월한 학문적 재능과 천선과 같은 순수한
인품, 사심을 배제한 공정한 자세로 주위의 기대를 받았다. 또한 그는
강경과 사장을 위주로 왕정을 보좌해온 가풍을 계승하면서 치인의 방
법을 습득하는 데 주력하였고, 경전의 새로운 해석을 통해 독자적인
세계관의 구축을 시도하며 수기(修己)에 치중하는 당시 사림과는 차별
화된 모습을 보여주었다. 그러나 그는 이황과 친밀한 관계를 유지했던
아버지 이지번과, 이이를 비롯한 사림들과 폭넓은 학문적 유대를 맺고
있던 숙부 이지함을 통해 수기의 원리를 터득하고 있기도 했다. 그가
23세의 나이로 대과에 합격하여 일찍부터 관계에 진출해 두각을 나타
내고, 학파 및 정파를 초월한 폭넓은 인맥을 형성할 수 있었던 배경도
여기에 있었다. 그것이 또한 그가 선조의 절대적인 신뢰를 얻으며 정
국의 핵심으로 자리 잡게 되는 발판이 되기도 했다.

그러나 이산해는 정치세력의 역학관계를 부정하지는 않았다. 그 또
한 정치적 동반자의 확보를 위해 견해를 같이하는 정치집단과 연대하
고 있었다. 이는 선조의 정치적 기반을 강화하는 것이면서도 군주 중
심의 정국운영 체제를 구축하는 전제가 되는 것이었다. 이에 따라 그
는 급진적 개혁을 지향하는 청년사림에 연원을 둔 동인·북인·대북의
정치세력과 공조하며 선조 대의 개혁과 더불어 왕정체제를 강화하는
데 주도적 역할을 담당했다. 그럼에도 그는 특정 정치세력의 독점적
정국주도를 보장하지 않으려는 선조의 의도를 반영해 정치적 공조에
선택적 모습을 보여주기도 했다. 여기에는 국가경영에 확고한 원칙을
준수하는 상경을 근간으로 하면서도 상황의 변화에 탄력적으로 대응
하는 권의를 활용하는 그의 정치철학이 반영되어 있었다. 그가 정치세

력의 이해관계에 매몰되지 않고 당색을 초월한 공정한 인사를 주도하는 등 군주의 의중이 투영된 독자적인 행보를 유지할 수 있게 되는 것도 그와 무관하지 않았다.

그러한 이산해가 추진한 독자적 행보의 궁극적 목표는 군주의 정국 주도권을 보장하는 왕정체제를 강화하는 데 있었다. 그러나 그와 선조의 밀착된 관계는 왕권을 배경으로 한 권신의 등장을 경계하는 사림세력 전반의 반발을 불러올 수 있는 여지를 안고 있었다. 더구나 그것은 독자적인 정치철학의 현실적용을 통해 정치적 위상을 강화하려는 사림세력의 역학구도에 위협이 될 수 있는 것이기도 했다. 그가 사림세력의 집중적인 비판과 공격의 대상이 되어 끊임없이 정치적 굴곡을 겪어야 했던 사정도 여기에 있었다. 그럼에도 그에 대한 선조의 신뢰는 변함이 없었고, 그 또한 거기에 부응해 왕정의 토대를 확고하게 구축하는 일에만 진력했다. 선조 대가 문물의 번성으로 후세의 귀감이 되는 시대로 평가될 수 있었던 초석은 여기에서 마련되고 있었던 셈이다. 이산해의 역사적 위상도 바로 여기에서 찾을 수 있다고 하겠다.

■ 참고문헌

《國朝文科榜目》《司馬榜目》《鵝溪遺稿》《栗谷全書》
《光海君日記》《明宗實錄》《宣祖修正實錄》《宣祖實錄》《世祖實錄》《世宗實錄》
《肅宗實錄》《仁祖實錄》《太祖實錄》

김 돈,《조선전기 군신권력관계 연구》, 서울대출판부, 1997.
김성우,《조선중기 국가와 사족》, 역사비평사, 2001.

설석규, 《조선중기 사림의 도학과 정치철학》, 경북대출판부, 2009.

이수건, 《영남학파의 형성과 전개》, 일조각, 1995.

이태진, 《한국사회사연구 −농업기술 발달과 사회변동−》, 지식산업사, 2008.

구덕회, 〈선조대 후반(1594~1608) 정치체제의 재편과 정국의 동향〉, 《한국
　　사론》 20, 서울대 국사학과, 1988.

김성우, 〈선조대 사림파의 정국장악과 개혁노선의 충돌〉, 《한국사연구》
　　132, 한국사연구회, 2006.

김항수, 〈선조 초년의 신구갈등과 정국동향〉, 《국사관논총》 34, 국사편찬위
　　원회, 1992.

남달우, 〈조선 선조대 정국운영에 관한 연구〉, 인하대 박사논문, 1998.

이상혁, 〈조선조 기축옥사와 선조의 대응〉, 《역사교육논집》 43, 역사교육학
　　회, 2009.

이태진, 〈당쟁을 어떻게 볼 것인가〉, 《조선시대 정치사의 재조명》, 태학사,
　　2003.

＿＿＿, 〈조선왕조의 유교정치와 왕권〉, 《東亞史上의 王權》, 한울, 1993.

이희환, 〈선조대 동·서 분당의 배경과 원인〉, 《전북사학》 27, 전북사학회,
　　2004.

한희숙, 〈16세기 임꺽정 난의 성격〉, 《한국사연구》 89, 한국사연구회, 1995.

아계 이산해의 후대 추숭과 유적

이 해 준

공주대 사학과

1. 머리말

아계(鵝溪) 이산해(李山海, 1539~1609)는 보령 출신의 조선 중기 문신으로 선조 조 영의정을 두 번이나 역임한 정치가, 사상가, 서예가이다. 어려서부터 총명하여 신동이라 일컬어졌으며 5세에 숙부 토정 이지함에게 학문을 배웠고, 서예에 능해 특히 대자(大字)와 산수묵도(山水墨圖)에 뛰어났으며, 선조 조 팔문장가(文章八家)의 한 사람으로 불렸다. 한시에도 조예가 깊어 허균이 극에 달하였다고 칭송한 바 있다.

젊은 시절에는 문과에 급제한 뒤 청요직을 두루 거치면서 문명을 날렸고, 30대 후반에서 40대 초에 대사성, 도승지, 대사간, 대사헌, 각 조의 판서를 역임할 정도로 관력도 쟁쟁하였다. 1563년 호당(湖堂)에서 사가독서(賜家讀書)의 영광을 누렸고, 특히 명필로 이름이 높아 1562년 24세의 청년관료 시절에 명종의 명으로 경복궁의 편액 글씨를 쓰기도 했다. 또한 중국 사신이 오면 원접사(遠接使)로 자주 파견되었다. 1584년(선조 14)에는 홍문관·예문관 양관의 대제학에 임명되어 1587년까지 3년 동안 대제학의 자리에 있었다. 1588년에 우의정, 1589년에는 영의정이 되어 1592년(선조 25)까지 서정(庶政)을 총괄하였다. 특히 1588년 우의정에 올랐을 때 동인이 남인·북인으로 갈라지자 북인의 영수로 활동하였으며, 종계변무(宗系辨誣)의 공으로 광국공신(光國功臣)에 책록되었다. 이듬해 정철이 건저문제(建儲問題)를 일으키자 탄핵하여 유배시켰다.

그러나 1592년 임진왜란이 일어나 선조가 의주로 피난길에 오르자 이것이 빌미가 되어 양사로부터 탄핵을 받고 파직되었으며, 백의로 평양에서 왕을 호종하였다. 그 뒤 다시 탄핵을 받아 강원도 평해(平海, 현 경북 울진군 평해읍)에 중도부처되어 3년 동안 귀양살이를 했다. 1595년 유배에서 풀려나 영돈녕부사로 복직되고 대제학을 겸하였다. 대북파의 영수로서 다시 영의정에 올라 아성부원군(鵝城府院君)에 봉해졌다.[1] 1600년 이후로는 선조의 간곡한 부탁에도 국정에 깊이 개입하지 않고 노량의 강정에서 강호처사(江湖處士)로 자적하는가 하면 보령(保寧)·남양(南陽)·신창(新昌) 등지에서 우거하였다. 1609년(광해군 1) 서울 장통방의 셋집에서 71세의 나이로 생을 마감하였다.

이 글은 아계 이산해의 사후 평가의 실상과 변천을 규명하려는 의도에서 마련되었다. 그런데 아계 이산해의 경우 그의 행적과 관력, 문화예술적 명성에 견준다면 사후 추숭의 흔적이 매우 미미하고 유례가 거의 드물어 특별하다. 그를 제향하는 서원이 하나도 없는 점이나, 생

---

1) 이산해가 북인의 영수였고, 아들 이경전(李慶全) 또한 북인의 중심으로 활동함으로써 아계의 가계는 선조~광해 조에는 북인명가로 인식되었으나, 인조반정 이후 북인이 사실상 해체되면서 남인으로 흡수·통합되었다. 그러나 이경전만 해도 북인 성향이 강하여 남인으로 분류하기에는 어려운 점이 있지만 아들 이무(李袤)는 숙종 조 남인의 중진으로 활동하였다.

전에 편집되고 죽은 뒤 곧바로 발간된 문집도 추보, 중간 작업이 없었고 연보 외에 부록 편찬조차 없이 일단락되었다. 또 정쟁으로 말미암은 그에 대한 부정적 평가가 조선 후기 전 기간 동안 이어져 이를 온전히 반전시키거나 변명할 기회조차 별로 없었다.2)

이산해 사후 씌어진 《조선왕조실록》의 부정적 평가는 물론 당파적 이해가 반영된 기록물은 혹평일변도이고, 그밖의 야사류에서도 폄하가 대부분이다. 어떤 의미에서 그의 업적에 대한 객관적 평가나 조명은 전혀 이루어지지 않았다고 하여도 지나친 말이 아닐 것이다.3) 다만 정조가

> 아계 이산해에 대해 비난하는 의논이 아직 많지만, 만약 왜구가 우리 강산을 짓밟은 책임을 수상이 나라를 그르친 것으로 돌린다면 옳은 것인지 모르겠다. …… 유집에 볼만한 것이 꽤 많으니 사람을 논하는 것은 참으로 쉽지 않다.4)

---

2) 손자 이무가 1673년(현종 14) 올린 상소가 아계를 옹호하는 거의 유일한 변호라고 할 수 있다. 사간 이무는 74세의 고령으로 李選이 상소에서 조부 이산해를 헐뜯었음을 지적하여 상소하였다. 이선이 상소문에서 아계의 이름을 들먹이면서 성씨와 벼슬은 적지 않고 이이첨과 아울러서 언급하였는바 이첨은 죄인이고 아계는 이름난 재상인데 손자로서 통탄스럽고 원통하다고 하였다. 일찍이 광국·평난공신에 봉해졌고 이조 판서와 영의정을 역임하였고, 이조 판서로 있을 때 배척당하였으나, 선조께서 전교하기를 '이판(吏判)의 사람됨은 말을 신중히 하고 행동을 조심스럽게 하여 한 덩어리의 진실한 기운이 혼연히 가슴속에 가득 쌓여 언뜻 보아도 군자라고 일컬을 만한 사람임을 결단코 알 수 있다. 자기의 의견대로 조정의 정사를 멋대로 하는 일은 비록 상을 주더라도 하지 않을 터인데……'라 하였다 하면서, 어찌 뒤에 태어난 신진의 무리들이 쉽게 짓밟을 수 있는가 하고 통탄하고 있었다. 그리고 이무와 이선의 아버지 이후원(李厚源)은 서로 친하여 때때로 방문하기도 하였는데, 아계에 대한 말이 나오면 문득 문성공 이이의 《석담유기》 가운데 '이조 판서의 일을 잘했다'는 말을 거론하며 훌륭한 재상이었다고 찬미하였다고 지적하였다[1673년(현종 14) 11월 21일(병술)].

3) 당파적 인식을 전제로 한 부정적 평가는 상대적인 것이기에 이해가 되지만, 일반인의 역사상식에서도 이산해는 부정적 인물로 비치고 있다. 그런데 이러한 경향이 나타난 결정적 계기는 월탄 박종화가 《한국일보》에 〈임진왜란〉을 연재하면서 아계를 부정적으로 묘사한 것이 이후 사극이나 대중서에 그대로 이어졌기 때문이라고 한다. 당시 박종화는 정철의 《송강집》을 주로 참고하였다고 하며, 이에 《아계유고》 등의 자료를 제공하자 이후 '이모'로 바꾸었다 한다.

4) 《弘齋全書》 권171, 인물 1, 日得錄 11.

라 하여 재평가가 필요함을 지적하였고, 아계 이산해의 신도비 부분
에서 다시 자세히 살펴보겠지만, 번암(樊巖) 채제공(蔡濟恭, 1720~1799)
이 지은 신도비문(건립 1819년)이 아계의 정치사적 면모를 중립적으로
정리한 유일한 기록이 아닌가 생각된다. 그런 점에서 이번의 연구는 채
제공의 재평가를 제외한다면 아계 사후 400년 만에 처음 이루어지는
종합적 재조명의 기회라고 해도 지나치지 않다.

　그러나 자료의 제약으로 이 글은 아주 부분적으로만 이러한 목적을
달성하였을 뿐, 주로 아계 이산해의 유적과 유물, 행적을 따라 전국에
분포한 이산해의 유적을 소개하는 글이 되었다.5) 대체로 이산해의 향
리인 보령, 유배지인 평해, 그리고 묘소와 유허가 있는 예산, 그밖에
그의 글과 글씨가 남아 전하는 유적을 대상으로 하고 있다. 논문형태
의 논설이 되지 못한 점, 그리고 혹여 필자의 안목과 식견 부족으로
누락된 유적이 있다면 추후 기회를 통하여 보완하도록 하겠다.

2.《아계유고》 발간

　아계의 행적과 사상, 문학을 전하는《아계유고(鵝溪遺稿)》6)는 일부
가 생전에《기성록(箕城錄)》으로 편집되었고, 나머지 시문을 수습하여
충청도 관찰사로 재임하던 아들 이경전(李慶全)이 유고로 1612년(광해
군 4) 어간에 편찬 간행한 것으로 알려진다. 따라서 문집 발간으로만
본다면 아계 이산해는 생전, 그리고 사후 몇 년 만에 유고가 편간된

5) 이 글을 작성하는 데 여러 분의 도움을 받았다. 특히 현장 답사안내와 많은 관련 제보와
　자료도움을 주신 이문원, 이은규 선생님과 평해의 정돌만, 신진철 선생님께 감사를 드린다.
6)《한국문집총간》47로 영인 간행되었으며, 목판본 6권3책, 9행 20자, 22.2×16.2(㎝) 규장각
　소장본을 영인함.

특별한 경우라고 해야 할 것이
다.7)

1594년 아계가 쓴 〈기성록
발문〉에 따르면, 임진왜란 이전
에도 아들의 요청으로 시문을
자편(自編)해 두었으나 왜란으
로 거의 소실되었고, 강원도 기
성(箕城, 平海)에서 적거 중에 그
곳에서 지은 율시(律詩), 고시
(古詩), 절구(絶句)를 모아 기성
록이라 하였다고 한다. 그런데
기성록에는 1595년 1월 사면되

그림 4-1.《아계유고》필사본

는 시기까지의 글도 함께 실려 있으며, 이는 최립(崔岦)이 지은 〈기성
록의 발문〉에, 저자가 유배지에서 지은 시, 문 각 1질(帙)을 보여주면
서 발문을 부탁하였다고 한 것이나, 또 1609년에 사위 이덕형이 지은
묘지명에서 이미 유고를 수습하여 간행하였다고 한 것을 보아서도 알
수 있다. 발간을 주도한 인물이 아들 이경전이었음은 분명하다. 그러
나 이 기성록 초간본8)은 현재 전하지 않아 실체를 정확하게 알 수가
없다.

한편 사면되어 돌아온 뒤 지어진 시는 후집(後集) 1권으로 편차되고,
기성록에 실리지 않은 문은 2권(板心題: 鵝溪集)으로 편차되었다. 문제

---

7) 이하 辛承云, 〈아계유고 해제〉(《한국문집총간》47).
8) 초간본 편찬시기에 대하여 신승운은 최립이 저자를 '금상공(今相公)'이라 한 것으로 보아
　저자가 영의정으로 있던 1599년 겨울부터 1600년 5월 어간에 기성록이 간행된 것이 아닌
　가 추측하고 있으나, 이 시기에 아계가 보령에 주로 머물고 있었던 사실이나, 평해에서
　해배된 뒤 즉시 시문을 보내 왔다고 한 것을 미루어 1595년 어간으로 볼 수도 있다.

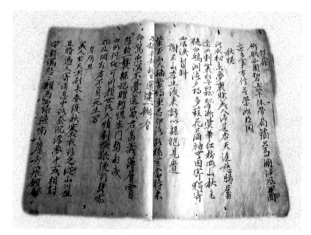

그림 4-2. 기성록 필사본
(한국국학진흥원/평해 황씨 해월종택 소장)

는 자찬의 기성록을 제외한 이들 시문을 정리, 편찬한 사람이 누구인
가이다. 물론 당시의 사정을 감안한다면 아들 이경전일 가능성이 크
며, 그가 유실되고 남은 유고를 보관하고 있다가 기성록에 이은 후집
의 성격으로 정리 편찬한 것이 아닌가 짐작된다. 편찬간행의 시말을
신승운은 문집해제에서

　이경전은 1608년 유영경(柳永慶)을 공격한 일로 강계(江界)에 위리안치되었
다가 광해군 즉위 후 풀려나 복직되어 사간, 형조 참의 등을 역임하고 1612년
(광해군 4) 6월에 충청도 관찰사로 나가 윤11월에 아들 상을 당하여 상경할 때
까지 재임하였다. 그 한 해 전에는 광해군이 저자의 재기(再朞)에 쓸 제수(祭
需)를 본도(충청도)로 하여금 마련해 주라는 명을 내리기도 하였다. 이러한 사
실들은 본집의 간행과 무관하지 않았을 것으로 보인다. 또한《누판고(鏤板考)》
에는 본집의 판목이 예산 천방사(天方寺)에 소장되어 있다고 하였는데, 예산[보

령의 착오]은 저자의 고향으로서 감영이 있는 공주 바로 옆에 있다. 따라서 이 경전이 충청도 관찰사 재임 중 초간되었던 기성록을 바탕으로 나머지 시문을 모아 《아계유고》로 재편하여 6권 3책의 목판본으로 간행하였으리라 추측된다.

고 하여 1612년 어간에 간행(중간본)된 것으로 보고 있다.9) 중간본 (규장각 소장 奎4761)을 토대로 구성과 내용은 본집은 기성록 3권, 후집 1권, 잡저(雜著, 鵝溪集) 2권 합 6권 3책으로 되어 있으며 서문과 목록은 없다. 권1~3은 기성록으로 1592년 이후 3년 동안 강원도 기성(평해)에 유배되어 있으면서 지은 시문을 수록하였고, 권4는 후집으로, 기성록 이후의 시 작품을 모아 놓았다. 종현록(鍾峴錄), 걸귀록(乞歸錄), 쌍문록 (雙門錄), 가은록(街隱錄), 봉사록(奉使錄), 동문록(東門錄), 남곽록(南郭錄), 성묘록(省墓錄), 북산록(北山錄), 구포록(鷗浦錄), 시전록(柿田錄), 구포후록(鷗浦後錄), 농상록(壟上錄), 노량록(鷺梁錄) 등으로 편제되어 있다. 권5~6은 기성록에 실리지 않은 문을 유별로 모은 것으로 소류(疏類, 6), 차류(箚類, 9), 발류(跋類, 3), 기류(記類, 6), 서류(序類, 3), 명류(銘類, 11), 지류(誌類, 2), 제문(祭文, 1), 부류(賦類, 2)로 구성되어 있다.10)

《아계유고》와 관련하여서는 밝혀야 할 숙제가 있다. 한마디로 중간본의 판각이 어디에서 이루어졌느냐의 문제이다. 《누판고》에는 1780년 《아계유고》 판각이 한림공 사랑채로 옮겨졌다는 기록이 있는데, 이산해의 묘역 조성시 천방사 승려들의 동원 설화 등 천방사가 한산 이씨의 분암(墳庵)으로 운영되었던 점11)을 미루어 보면 천방사에서 판각되었을 가능성도 고려해 봄 직하다.12) 그러나 석루가 1631년 처음

---

9) 이 중간본은 현재 규장각(奎 4761), 고려대학교 중앙도서관(D1-A552A) 등에 소장되어 있다.
10) 보다 상세한 내용은 신승운의 〈아계유고 해제〉 참조.
11) 이해준,〈광산 김씨 분암 '영사암' 자료〉,《고문서연구》25호, 한국고문서학회, 2004.

으로 천방사를 방문한 사실을 생각한다면 천방사와 한산 이씨가의 연
관 시점은 그 뒤일 것이고, 판각도 다른 곳에서 이루어졌을 것이다. 그
후 언제인가 천방사가 폐허가 되자 그 목재를 이용하여 이화암을 지
었는데 불의의 화재로 1774년에 중수하였다. 바로 이 중수기에 목판의
존재가 보이는데 이로부터 몇 년 뒤에 한림가로 이전 보관되었던 것
이다.

또 하나의 문제는 이산해의 손자인 과암(果菴) 이무(李袤, 1600~1684)
의 연보에 보면 60세(1659) 3월에 그가 담양부사로 나아가 여름에 《아
계유고》, 《석루유고》를 발간하였다는 기록이 보인다.13) 그러나 《아계
유고》에 과암의 발간 관련사실이 전혀 없고, 연대도 맞지 않는다. 그
러나 《석루집》의 경우는 그가 〈선고문집발(先考文集跋)〉을 지었고, 그
글에서 '올봄에 담주(담양)에 부임하자 녹봉을 내어 필초본 4권을 판
각'했다는 구절로 볼 때 확실하다. 이때에 《아계유고》의 일부가 재판
되었을 가능성도 있으나 현재로서는 숙제로 남겨둘 수밖에 없다. 《석
루집》 책판은 《아계유고》 판목과 함께 예산 천방사에 소장되어 있다
가 1780년 한림공 종가로 옮겨졌다고 하므로 담양(潭陽)에서 간행한
뒤 천방사에 옮겨져 보관되었던 것으로 추정된다.

또 편찬자와 편찬연대가 분명하지 않은 〈아계이상국연보(鵝溪李相國
年譜)〉가 활자본(後期 芸閣印書體字)으로 간행되었다. 수록내용으로 《아
계유고》의 편간 시기와 크게 시차가 나지 않을 것으로 추정된다. 이
연보는 부록을 합쳐 불분권(不分卷) 1책으로 이루어져 있으며, 현재 고
려대 화산문고(華山文庫)에 소장되어 있고, 국사편찬위원회에는 1930년

---

12) 천방사의 위치는 방산리 양지말의 동편 천방산의 서쪽을 향하여 뻗어내린 능선 중상부에
절터가 남아 있어 축대나 초석의 유구가 확인되고, 기와나 자기편도 많이 수습된다고 한
다(《문화유적분포지도》 예산군편, 충남발전연구원, 2001).
13) 《果菴集》 권9, 年譜.

에 필사한 필사본이 있다. 연보 부록에는 이덕형이 지은 묘지명과 윤 근수(尹根壽), 홍진(洪進), 이호민(李好閔) 등이 지은 제문(祭文), 이락(李 輅), 김진국(金藎國), 김응성(金應成) 등이 지은 만사(挽詞)가 수록되어 있다.

3. 아계 묘소(墓所), 신도비(神道碑)

(1) 아계 묘소와 연당(蓮塘)

아계 묘소와 연당은 아계 사후 처음으로 조성된 유적으로 예산군 대술면 방산리 산 7-1번지에 있다.

사실 아계 사후 이루어진 부정적 평가와는 다르게 아계의 서거 직 후 광해군이 보여준 애정과 의전은 각별하였다. 이는 어쩌면 광해군의 입장에서는 당연한 것이었다고 할 수 있다. 1609년 4월 아계의 병환이 위중해지자 광해군은 "아성부원군 이산해는 원로 훈구인데 병세가 위 중하다 하니 염려가 크다"면서 동부승지 이이첨에게 문병하고 소회를 듣고 적어 아뢰라고 할 정도였고,14) 이어 8월에는 전교를 내려 빨리 내의를 보내 병석을 떠나지 말고 구병하도록 하기도 하였으며,15) 이 산해가 졸하자 광해군은 전교하기를,

---

14) 《광해군일기》 권15, 광해군 1년(1609) 4월 1일(임자).
15) 《광해군일기》 권19, 광해군 1년 8월 22일(경오). 사론에서 혹평하기를 "그 죄로 보면 반 드시 집 안에서 늙어 죽을 수 없을 것인데, 지금 자리에 누워 숨을 쉬고 있다. 이는 진실로 왕법이 시행되지 않아서이니 귀신과 사람이 함께 분노할 일인데, 왕만은 유독 그 쇠병을 근심하니 어째서인가. 국가의 원흉을 도리어 국가의 원로라고 하니, 미혹됨이 심하다. 그 현사(賢邪)를 분별함이 또한 잘못되지 않았는가"라 할 정도이다.

아성부원군은 국가의 시구(蓍龜)로 그의 숙덕중망(宿德重望)은 족히 집에 누워서도 여론을 진정시킬 만하였다. 내가 지금 그 병이 낫기를 기다려 상가(商家)의 장맛비로 삼으려 하였는데, 갑자기 부음을 들으니 애통함을 이기지 못하겠다. 모든 치상(治喪)에 관한 일들을 현임 대신의 예에 따라 할 것을 예조에 말하라.

고 하였다.16) 그리고 장례를 치르고자 이산해의 사위였던 영의정 이덕형이 보령으로 가는17) 11월 13일과 15일에는 급마(給馬)와 요전상 (澆奠床), 표피립이엄(貂皮笠耳掩) 1부(部), 표피(豹皮) 1장(張) 등의 사물을 내리는 등 예우를 다하였다.18) 이산해에 대한 광해군의 배려는 1611년(광해군 3) 8월의 재기(再朞) 때에도 제수를 하사할 정도로 각별하였으니, 사신의 냉소적 평가대로 "왕이 산해를 그지없이 생각하였고 죽은 뒤에도 은혜를 너욱 융숭하게 하였다."19)

그러나 이 같은 광해군의 예전에 대해 실록의 사론은 매우 부정적이며, 혹평 일변도이다. 다시 말해 4월 문병에 대하여 이원익(李元翼)과 견주어 이산해를 문장의 기교만 있을 뿐 본성이 음흉하다고 악평한다거나, 8월의 전교에 대하여는 아계가 오히려 나라에 재앙을 끼침이 지극했다고 하여 참으로 가혹한 평론을 적고 있다. 졸한 뒤 제수를 지급하는 데 이르러서도 왕이 유독 기자헌(奇自獻), 정인홍(鄭仁弘), 이산해 (李山海), 성호(成浩) 등에게만 특별한 배려를 하는 것을 문제 삼았다. 아계가 죽은 뒤 쎄어진 사신의 평20)이라든가, 아계 이산해의 졸기

---

16)《광해군일기》권19, 광해군 1년(1609) 8월 23일(신미).
17) 아계의 배위 양수 조씨 천묘를 위한 준비차 보령으로 가는 것을 말한다.
18)《광해군일기》권22, 광해군 1년 11월 13일(경인) 및 15일(임진). 11월 27일(갑진)에도 광해군이 이산해의 처소에 제수 물품을 내리도록 감사에게 하서하라 전교하고 있다.
19)《광해군일기》권44, 광해군 3년(1611) 8월 15일(임오).
20) "사신은 논한다. 임금이 소인에게 미혹된 것은 선왕(先王)이 이산해에게 미혹된 것과 같

그림 4-3. 이산해 묘소

(卒記)는 그에 대한 반대편의 혐오가 얼마나 극심했는가를 단적으로 보여주고 있다.21)

1609년(광해군 1) 8월 23일 이산해가 서울 장통방에서 졸한 뒤 3개월이 지난 11월 19일 예산 다지동(대술면 방산리)에 예장(禮葬)하였다. 당시 아들 경전과 둘째 사위 한음 이덕형이 호상으로 장례를 주관하였고, 장손 후(厚)도 이조좌랑으로 치산을 감독하였다.

아계의 묘소는 경사가 큰 언덕을 잡아 연당과 함께 경관이 조화를

은 경우가 없었다. 그러나 말년에 이르러 비로소 깨닫고 하교하기를 '산해의 마음은 길가는 사람도 안다' 하였는데, 지금까지 조야(朝野)에서 그 말을 외우고 있다. 그런데 이제 왕이 그를 시귀와 장맛비에 비기기까지 한 것은 무엇 때문인가? 이산해가 스스로 정책(定策)의 공훈이 있다고 자부했는데 왕도 자기에게 공이 있다고 여겼기 때문인가? 그러나 김귀인(金貴人)과 결탁하고 선왕의 뜻을 받들어 세자를 세우는 일을 방해하고 막은 것은 바로 이산해가 주모자였는데, 왕만이 유독 깨닫지 못하였다. 그래서 불행히도 하늘의 토죄(討罪)가 시행되지 않아 제집에서 늙어 죽었으니, 온 나라 사람들이 모두 그 죽음을 기뻐하고 그 늦은 것을 한스러워 하였다. 그런데 심지어 하교하기를 '애통함을 이기지 못하겠다'고까지 하였으니, 이것이 이른바 인정을 거스른다는 것이다."[《광해군일기》 권19, 광해군 1년(1609) 8월 23일(신미)]

21) 《광해군일기》 권19, 광해군 1년 8월 23일(신미), 아성부원군 이산해 졸기.

이룬다. 일설에는 묘역의 좌우 노송들이 마치 백관들이 읍하는 듯한 형국으로 묘역을 수호한다고 한다. 배위 양주 조씨의 묘는 원래 1604년 보령 관머리(대천동)에 모셔졌으나 이때 아계와 합장하였다.

예장 묘소는 규모와 경관이 수려하며 묘전을 상하 2단으로 구분하고 망주석 2기, 문인석 2기, 상석, 향대, 산제석 등이 완비되었고 묘비는 1609년(광해군 1) 11월에 건립되었다가 247년 만인 1856년(철종 7)에 중수되었다. 이는 비 후면에 "皇明萬曆 三十七年 十一月 日 立後 二四七年 五月 日 重竪"라는 기록으로 확인이 된다. 그런데 묘비에는 아계의 관직을 모두 기록하면서, '鵝城府院君 贈諡○○'라 되어 있어 시호 부분이 새겨지지 않은 상태이다.

아계의 시호는 여러 자료가 뒤섞여 문간(文簡)과 문충(文忠)으로 혼동되어 왔다. 국사대사전(이홍직 편), 한국민족문화대백과사전, 두산백과사전 등에는 모두 '문충'으로 기록되어 있다. 그러나 아계의 행적을 가장 상세히, 그리고 더 객관적으로 정리하였다고 보는 번암 채제공 찬의 신도비에는 '문간'으로 분명하게 기록되어 있다.22)

한편 아계 묘소와 관련해서는 풍수명당 일화와 묘역조성 일화가 유명하다. 아계 묘역은 토정 이지함으로 대표되는 한산 이씨 가문의 풍수지리적 지식23)을 고려할 때 아계가 스스로 정한 신후지지(身後之地)일 가능성이 크다. 그렇다면 보령 고만의 선대 묘소에 대한 그리움과 애정을 가졌던 이산해가 언제, 그리고 왜 이곳을 택했던 것일까? 물론 이에 대하여 정확한 답은 누구도 내리기 어렵다. 그러나 이산해가 만년에 시전촌에 머물면서 온천으로 신병을 치료하고, 부여와 보령을 오

---

22) 하지만 정확히 언제 아계의 시호가 내려졌는지도 불분명하며, 아마도 신도비가 건립된 이후에 중수된 묘비에서 공란이 된 사연도 꽤나 복잡하였을 듯싶다. 그러나 그 사정을 현재로서 정확히 알 수가 없다.
23) 세상에서 風水를 숭상하고 믿게 된 것은 실상 李氏의 집에서부터 시작되었다[죽창한화].

가며 산천을 유람하였던 것을 미루어 시기를 짐작해 볼 수 있다. 이덕형은 이곳의 장지가 옥녀가 거문고를 타는 옥녀탄금혈(玉女彈琴穴)인데 바라보이는 곳에 물이 없어서는 안 된다고 생각하고, 지맥(地脈)의 흐름과 혈로 볼 때 주변에서 성분(成墳)할 흙을 얻기가 어려웠다고 한다. 그리하여 혈맥의 아래쪽에 위치한 지금의 연당자리에서 흙을 파서 묘소로 운반하여 봉분과 제전을 조성하여 음택의 혈을 보완하고 이와 함께 그 밑에 자연스럽게 기의 흐름을 막을 수 있는 연당을 조성하였다. 당시는 초겨울이라 이 커다란 산역(山役)을 담당할 인력이 부족하였는데, 현등산(현 천방산) 천방사 승려의 도움을 받았다고 전해진다.24)

이산해는 생전에 연꽃을 좋아하여 연꽃이 만개했다는 말을 들으면 천리 길도 마다 않고 말을 타고 가 구경하였다고 한다. 이에 이경전과 이덕형은 이렇게 조성된 연못에 연을 심었고, 연당에는 아계가 생전에 산수간(山水間)을 오가며 시를 읊고 신선처럼 살기를 갈망하며 선계(仙界)를 동경하던 것을 기리어 봉래(蓬萊), 방장(方丈), 영주(瀛洲)의 삼신도(三神島)를 인위적으로 만들어 각각 나무를 심어 영혼을 위로하고 기쁘게 하고자 하였다고 전한다. 연당의 연꽃과 삼신도에 정성껏 심은 나무는 400여 년이 지난 오늘에도 노목(老木)이 되어 연당을 수호하고 있다.25)

(2) 아계 신도비

아계 신도비(鵝溪 神道碑)는 사후 190여 년이 지나 번암 채제공이 찬

---

24) 이규원, 〈아계 이산해의 묘와 풍수설화〉, 《대한민국 명당》, 글로세움, 2009.
25) 가장 최근의 묘역 정비는 1966년에 이루어지는데 상석도 이때 교체하였다.

그림 4-4. 이산해 신도비각

술하고, 그 뒤 또 20여 년이 지나서야 석봉과 미수의 글자를 모아 1819년에 건립되었다. 이렇게 비록 때늦지만 신도비를 건립하게 되는 것도 실은 이들 가계의 인물들이 주로 남인으로 활동하였기 때문이었다. 한산 이씨는 이산해가 북인의 영수였고, 아들 이경전도 북인의 중심인물로 활동함으로써 선조~광해 조에는 북인 명가로 인식되었으나 인조반정 이후 북인이 사실상 해체되고 정국이 재정비되면서 남인으로 흡수·통합되었다. 석루 이경전, 한림 이구만 해도 북인의 성향이 강하여 남인으로 분류하기에는 어려운 점이 있지만, 과암 이무는 숙종 조 남인의 중진으로 활동하였던 것이다. 그 뒤 이상빈(李尙賓) → 이운근(李雲根) → 이덕운(李德運) → 이성(李成) → 이수일(李秀逸)로 이어지는 이들 가계가 남인으로 활동하고 있었다.

한편 신도비 건립에 앞서 1780년 목판을 천방사에서 종가로 이건하는 것을 미루어 보면 이때 가문의 전통과 의미를 재확인하는 모습이 보이고, 특히 영조와 정조에 의하여 아계에 대한 관심 표명이 있었던 것도 이 같은 재평가의 계기를 만드는 데 적지 않게 작용하였다고 보인다. 영조의 아계에 대한 평가논의는 번암 채제공의 신도비에서 소개되고 있는데,

영조께서 신하들과 선조 임금 때 인물을 의론하면 늘 아계는 우리나라의 유명한 인물이라 하시었으니 …… 마침 붕당이 비로소 갈라져서 시기 질투하는 자들이 없는 것을 읽어서 있는 것으로 만들고 공공연히 훼방해서 천하 후세도 현혹시킬 수 있다 하였으되 영조의 밝으신 평론으로 옛 신하를 저울질함이 어긋나지 않아서 문득 공에 대해서 이름을 부르지 않고 그 호를 일컬어 이르되 '유명한 인물 유명한 인물' 하였으니 아! 공이 태어나서는 성스러운 조상 임금을 만났고, 죽어서는 신성한 손자 임금 만났으니 하늘이요 사람이 아니로다. 또한 훌륭하지 않은가?[26]

라 하였고, 정조는 《홍제전집(弘齋全書)》에서 다음과 같이 말하였다.

아계 이산해에 대해 비난하는 의론이 아직 많지만, 만약 왜구가 우리 강산을 짓밟은 책임을 수상이 나라를 그르친 것으로 돌린다면 옳은 것인지 모르겠다. 대체로 풍신수길은 하늘이 내놓은 모진 도적으로 중국을 넘봤으니 그의 뜻은 우리나라에 있을 뿐만이 아니었다. 비록 장량(張良)이나 진평(陳平)의 지혜가 있더라도 국경에 들어온 뒤에 쳐부수는 것은 가하겠지만 어떻게 바다를 건너오기도 전에 그들의 꾀를 칠 수 있겠는가. 유집(遺集)에 볼 만한 것이 꽤 많으니 사람을 논하는 것은 참으로 쉽지 않다.[27]

---

26) 채제공, 〈아계이산해신도비명〉.
27) 《弘齋全書》제171권 인물 1, 日得錄 11.

그리하여 이산해에 대한 일방적 혹평을 만회할 여지를 만든 셈이었다. 번암 채제공에게 비문을 부탁한 사람은 정명(鼎溟)이었다. 정명은 정랑공 후(厚)의 후손으로 종손인 형을 대신하여 번암에게 신도비문을 부탁하였다. 그런데 번암 채제공의 가계는 아계집안과 혼척으로 연결되어 있기도 하다. 곧 채제공의 조부 채성윤(蔡成胤)은 아계의 6대손인 이성(李成, 1680~1736)의 장인이다. 체재공은 신도비문에서 이런 오랜 인척관계로 얽혀져 있는데다가[28] '(아계의) 8대손 경명(景溟)은 문과 중시로 홍문관을 거쳐 승지에 오르고, 주명(柱溟)은 도사이고 지금 비명을 청하는 자는 정명이니 제공은 감히 늙음으로 사양하지 못하고'라 하여 거절하지 못하는 가까운 인연임을 강조하였다. 채제공은 아계신도비 외에도 후곡 이구의 묘갈문, 과암 이무 신도비문을 지었다.

번암 채제공이 지은 신도비문(1819년, 순조 19년 건립)이 아계의 행적을 중립적, 또는 긍정 편향으로 재해석한 유일한 것이라 하겠다. 번암의 신도비문에서 아계의 후대 평가를 지목하여 비판한 부분을 들면 다음과 같은 것들이 지목될 수 있다.

　　오호라! 붕당이 생긴 이래로 헐뜯고 기림이 모두 애증에서 나와서 하나도 믿음을 취할 수 없는데 이른바 야승과 패록들이 기술되어 주둥이마다 참을 속여 그것이 참 역사인 듯 만들었으니 공이 김공량과 체결했다는 것은 누구인들 모르리오. 기축옥사를 주장한 자가 많아서 공을 원수로 보지만 선조 임금의 예우가 시종여일한 공을 어찌할 수 없이 숨어있는 일에 연루시켜 사람들의 해명하기 어려운 말로 공을 더럽히고자 한 것이다.

　　……

---

28) 이경명이 선세유첩서 외가서첩(3)으로 평강 채씨만을 별도로 모아 성책할 정도이다.

공은 '하늘이 싫어하리라 하늘이 싫어하리라'는 말로 평상시에 맹세한 것이 공의 마음을 드러낸 것이 아니겠는가.

......

비록 영조 임금께서 이미 우리나라의 명인으로 아셨으니 밖에서 시끄럽게 하는 것은 오로지 사사로움에 있는 것으로 어찌 공에게 훼손됨이 있으리오. 한 탄스러운 일은 공이 고삐를 잡고 용만까지 호종했더라면 서애와 백사 제공처럼 그 준조에 절충해서 명나라에서도 존중함을 받아 반드시 크게 볼만한 것이 있었을텐데 도리어 동해변에 구류되어 하나의 계책도 발휘하지 못하였으니 당론이 사람과 나라를 해치는 것이 여기에까지 이르렀는가.

......

간사한 주둥이로 모함하니 무슨 말은 못하리오?

백년이 지난 후 영조 임금 밝으시어 만대의 모함 사라지고

영광이 구천에도 미쳤도다.

사람들 믿지 않거든 나의 비명을 보아라.

한편 번암 채재공이 비문을 찬술된 뒤 신도비의 건립은 거의 20여년 후에 수립되었다.[29] 이를 주도한 인물들은 번암이 신도비문에서 밝혔듯이 이경명(1733~1799), 이호명(李灝溟), 이정명 등이었다.

현재 신도비는 묘역의 입구, 연당의 우측 비각 안에 세워져 있다. 비문은 번암 채제공이 짓고, 비문은 석봉 한호[본문 세자]와 미수(眉叟) 허목(許穆)[비액 전서]의 글씨[集字]이다. 1998년 비각을 세우면서 좌향을 남향에서 북서향으로 바꾸었다.

---

29) 이렇게 늦은 이유와 채제공의 행적이 관련될 수도 있을 것이다. 번암은 사후 1801년(순조 1)에 노론 벽파에 의해 추탈관작되었다가 1823년에 영남인들의 요청으로 신원되었다.

4. 아계 유물과 평해 유적

(1) 종가 소장 유품30)

1) 아계 영정

아계 이산해 사당[별묘]의 건립과 영정이 그려지는 과정은 아주 명확하게 정리하기가 어렵다. 최초의 아계 영정은 정확한 연대 기록이 없어 그 시기를 알 수가 없다. 그러나 화상찬을 쓴 남이공의 생몰연대 (1565~1640)를 보면 아계 이산해의 진영은 남이공의 생전이었던 17세기 전반에 제작되었음이 틀림없다.

그림 4-5. 아계 이산해 사당

30) 충청남도 유형문화재 제198호로 지정되었다.

아계의 영정은 원본을 포함하
여 2본이 있었다. 1본은 보령 관
촌 별묘(別廟)에 봉안[31]하였고, 1
본은 아계의 차종가인 예산 한곡
한림가(李久)에 봉안하였다. 그러
다가 1894년(고종 31년) 2월에 수
당 이남규가 예산 차종가에 모셔
오던 원본을 서울로 가져가 조중
묵(趙重默)[32]이 새로이 2본을 이
모(移模)하였다. 국난으로 1896년
10월에야 모셔와 1본은 보령 종
가에 봉안하고, 구본(舊本)과 다
른 이모 1본은 한곡 한림공 종가
에서 봉안하였다(현재 국립중앙박
물관에 소장된 영정은 보령 후손이
모시다 도난당한 것이다).

그림 4-6. 이산해 영정
(국립중앙박물관 소장)

그 뒤 한림가에서 봉안하던 구본 영정은 이건한 내곡(內谷) 종가 사
당에 이안하였고, 2002년 12월에 다시 이모(권오창 그림)하여 2003년 10
월 1일 예산 내곡 종가 사당에 봉안하고 고유례(告有禮)를 행하였다. 예
산 종가의 영정은 2009년 충청남도 유형문화재 제197호로 지정되었다.

그리하여 최근의 이모본을 논외로 하면 아계 이산해 영정은 모두 3
본이 전한다. 하나는 아계 이산해 종가의 유물이고, 다른 하나는 국립

---

31) 여기에 봉안되었던 영정은 훼철이 심하여 60여 년 전 소각하였다.
32) 조선 후기의 화가로 산수·인물을 잘 그렸으며, 특히 초상화에 뛰어나 1846년 헌종, 철종,
　　고종의 어진도사(御眞圖寫)로 참여, 활약하였다.

중앙박물관에 소장된 것, 그리고 마지막은 아계 이산해의 후손으로 한 말 애국지사였던 수당 이남규家 소장본이 그것이다. 이 3본 가운데 아계 이산해 종가 영정이 원본으로 가장 완벽하며 오래되었다. 17세기 초반 공신도상의 기본 특성을 잘 간직한 작품으로 주목되고 있다. 그러나 이 영정을 그린 화사가 누구인지는 알 수가 없고, 오래된 관계로 일부가 훼손되어 수리된 흔적이 있다.

2) 초서목판(草書木板)

아계 이산해가 도연명의 〈귀거래사(歸去來辭)〉를 초서 친필로 써서 목판으로 판각한 것으로 모두 6장이며, 보존상태가 아주 양호하다. 목판의 크기는 세로 150㎝ 가로 50㎝ 두께 3㎝(대소 부동)이며 6장 모두가 잘 보존되어 있고 앞뒷면에 판각을 하였다. 제작시기와 정확한 목

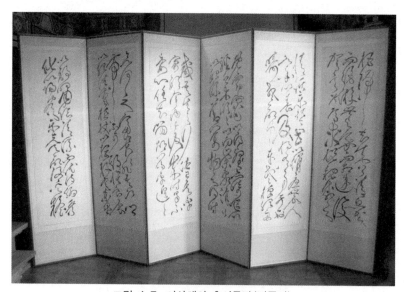

그림 4-7. 이산해의 초서목판(병풍서)

판 판각 시기는 정확하지 않다. 아계 이산해가 초서에 능했다고 하며, 특히 이 목판은 초서 가운데서도 대자(大字)로 서예사 연구에 귀중한 자료로 평가된다.

3) 초서족자(草書簇子), 합죽대륜선(合竹大輪扇)

종가에 전해지는 이산해의 친필 초서 족자로 낙관·서명은 없으나, 앞의 병풍목판과 같은 필체임을 미루어 아계 이산해의 친필이 분명하다. 내용은 당나라 이상은(李商隱)의 시 〈청고(聽鼓)〉를 초서로 쓴 것이다. 아계 이산해의 활달한 초서 필체를 연구하는 데 귀한 자료이다. 크기는 가로 87.5㎝ 세로 119.5㎝이며 글자를 쓴 시기는 확실하지 않다.

합죽대륜선은 이산해가 생전에 사용하던 것으로 추정되는 유품으로, 직경이 60.5㎝(손잡이 49㎝)인 매우 큰 부채이며 햇빛을 가리던 일산용(日傘用)이었을 가능성이 크다. 이산해의 당시 신분적 지위와 함께 최고지배층의 생활용구로써 문화재적 가치가 돋보이는 자료이다.

4)《아계유고》목판

아계 이산해 종가에 보존된 2종의 책판 가운데 하나로 권1~3(기성록) 63장, 권4(후집) 21장, 권5~6(아계집) 46장으로 총 130장이다. 연대는 1599~1612년으로 추정된다.33) 크기는 가로 58.5㎝, 세로 25㎝, 두께는 5㎝(크기는 약간씩 다름)이다. 광곽형식은 사주단변(四周單邊), 유계(有界), 상하내향이엽화문어미(上下內向二葉花紋魚尾)이다. 서체는 단정한 해서체로, 내곽 크기는 21.2㎝, 31.5㎝이며 9행 20자이다. 판각연대는 1599~1600년 사이로 보이며, 26판의 경우 책판형태나 재질이 달라

---

33) 세부내용 소개는 이 장의 제2절 '《鵝溪遺稿》 발간'을 참조.

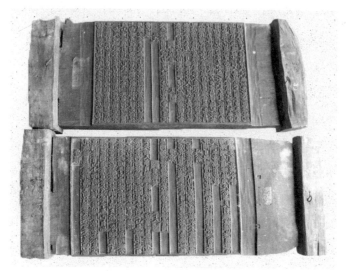

그림 4-8. 《아계유고》목판본

일부 후대에 보판되었음을 알 수 있다.

권4~6의 판각은 아들 이경전에 의하여 1612년 어간에 이루어졌다고 본다. 그것은 이경전이 임란 이후 유실되고 남은 유고를 보관하고 있다가 이를 정리, 편찬하여 기성록에 이은 후집의 성격으로 만들었던 사실과, 이경전이 1612년(광해군 4) 6월 충청관찰사로 부임하여 윤11월 아들 상을 당하여 상경할 때까지 재임하였던 사실에 근거한다. 《누판고》에도 아계집 판목이 예산 천방사에 소장되어 있다고 하여, 이경전이 이때 초간본 기성록을 바탕으로 나머지 시문을 모아 《아계유고》로 재편하여 6권 3책의 목판본으로 간행한 것으로 추측된다. 예산 한산 이씨의 원찰인 천방사에 보관되던 이 책판은 1780년 무렵에 종가로 옮겨져 영당에 보관되었다.34)

---

34) 한편 아계 이산해 종가에는 아들 이경전의 문집인 《石樓集》 목판 55장, 《石樓文集》 목판 33장과 《무판심》 8장, 《자암집》 1장, 《근사록》 1장 등이 함께 보존되어 있다. 《석루집》은

(2) 유묵(遺墨)과 금석기문(金石記文)

1) 아계 친필 유묵[35]

① 수당고택 소장의 《가정서첩(家庭書帖)》에 수록된 아계의 초서 글씨로, 두보(杜甫)의 5언율시 〈강상(江上)〉의 후반부이다(22×28㎝).

② 우리나라 역대 명필의 글씨를 모각해 놓은 《대동서법(大東書法)》 제28장에 수록된 아계의 대자 초서 글씨 탁본이다. 우무릉(于武陵)의 5언절구 〈고루(高樓)〉 시구이다(36×26㎝, 개인소장).

③ 아계의 초서 글씨로 〈제관악산인정각시권(題冠岳山人正覺詩卷)〉이 있다. 5언율시로 이 글은 《아계유고》에도 수록되어 있다. 말미에 '아계노인'이라 씌어 있다(36×26㎝, 개인소장).

2) 아계 금석기문

① 경복궁 대액(大額): 1562년(명종 17) 아계가 24세 때 명종의 명에 따라 경복궁 대액을 썼다고 아계 연보에 기록되어 있다. 이 해에 아계는 홍문관 정자가 되었는데, 명종이 임금 앞에서 경복궁 3대자의 대액을 쓰도록 하였다.

② 회제(晦齋) 이언적(李彦迪) 신도비: 1577년(선조 10)에 건립되었으며 경주 안강 옥산서원 구인당 뒷편 신도비각 안에 있다. 찬자는 기대

1659년(효종 10) 판각된 것으로 《아계유고》 책판과 함께 지정되었다. 크기는 가로 58㎝, 세로 25㎝, 두께는 5㎝(크기는 약간씩 다름)이다. 광곽형식은 사주단변, 유계, 상하내향이 엽화문어미이다. 서체는 단정한 해서체로 내곽 크기는 19.2㎝ 30.5㎝이며 9행 19자이다. 그리고 수당가에는 아계가 생전에 사용했던 연적이 보존되어 있다(《수당집》 제7권 명(銘) 짧은 서문에 "아계공이 사용하던 벼루가 절도사 조의현의 소유가 되었던 것을 내가 사다가 우리 집에 보관하였다"고 한다.

35) 이완우, 〈한산이씨 수당고택 소장 명인필적〉, 《예산 한산이씨 수당고택편》, 한국학중앙연구원, 2005.

승(嵩大升)이고 이산해가 글씨를 썼다. 조선 초기의 송설체로, 아계선
생 연보에 따르면 32세이던 1570년(선조 3) 비문을 썼다고 되어 있다.

③ 옥산서원(玉山書院)과 독락당(獨樂堂) 현판: 옥산서원 편액 글자는
아계의 필적으로 전해지는데, 1573년(선조 6) 내려진 사액현판이다. 이
옛 현판은 1839년(헌종 5) 실화로 소실되었으며, 추사 김정희의 글씨로
다시 사액이 내려져 현재는 추사의 현판이 강당의 처마에 걸려 있다.
이때 아계의 현판은 구액을 모각[舊額摹榻]하여 당 내부에 걸어 놓았다.

독락당은 경북 경주시 안강읍 옥산리에 소재한 옥산서원의 안쪽 계
곡에 있는 회재 이언적의 고택 사랑채로, 보물 제413호로 지정되었다.
독락당 현판의 글자도 아계의 글씨이다.

④ 광산(光山) 이씨(李氏) 승지공비(承旨公碑): 1576년(선조 9)에 세워
진 비로 전남도 문화재자료 제162호로 지정되어 있다. 높이 196cm, 너
비 59cm, 두께 22cm로, 전남 화순군 화순읍 앵남리 655-9번지에 있는
이달선(李達善, 1457~1506)의 묘소에 있다. 호패형의 비신(碑身)에 조맹
부체로 새긴 비문은 글자의 획이 비교적 뚜렷하여, 호탕하면서도 쾌활
한 글씨체를 그대로 느낄 수 있다. 당시 호남의 3걸로 지목됐던 윤구
(尹衢)가 비문을 짓고, 문장팔대가로 이름난 이산해가 글씨를 썼으며,
율곡(栗谷) 이이(李珥)가 음기(陰記)를 적었다. 이달선은 홍문관수찬, 사
간원정언, 성균관사성, 승정원부승지 등을 역임하였다.

⑤ 옥천서원(玉川書院) 현판:《고봉선생별집》부록 권2,〈월봉서원
사실〉에 따르면 "순천 옥천서원에는 액판이 두 개가 있는데 당(堂) 안
에 걸려 있는 것은 퇴계 선생의 글씨이고, 당 밖 문미 위에 걸린 것은
이산해의 글씨이다[玉川書院 額板有二 懸于堂內者 退溪先生筆也 懸于堂外楣上
者 李山海筆也]"라 하였다. 당내에 걸린 퇴계의 필은 사액 받기 전의 옥
천정사(玉川精舍)라는 편액이다.

⑥ 정암(靜庵) 조광조(趙光祖) 신도비: 아계가 45세 때의 글씨로, 정암 조광조 신도비는 경기도 용인시 수지읍 상현리에 있으며 1585년 세워졌다. 비문은 노수신(盧守愼)이 짓고, 이산해가 글씨를 썼으며, 김응남(金應南)이 전서를 썼다. 아계선생 연보[36]에는 이와 관련하여 "이보다 앞서 사림들이 정암(靜菴) 문정공(文政公) 조광조(趙光祖)의 묘비(墓碑)가 없다는 이유로, 관직에 몸담고 있는 사대부와 초야의 선비들이 모의해서 소제(蘇齋) 노수신(盧守愼)이 찬술하고 공이 쓴 글씨로 만들어 세우려 했다가 공이 상을 당한 것 때문에 우선 보류했었는데, 이해에 공이 과연 노공이 찬술한 비문을 썼다. 또 묘갈을 세우면서 공에게 부탁하여 관작과 시호를 써 주게 하고 비음기(碑陰記)의 찬술을 받았다"고 하였다.

⑦ 도산서원(陶山書院) 천연대(天淵臺) 암각: 1600년(선조 33) 월천 조목 등 제공이 퇴계 이황의 뜻을 이어받아 천연대('솔개는 날아 하늘에 이르고 물고기는 연못에서 뛰어 오른다'는 구절에서 상하의 이치를 나타냄을 말함)를 축조하고 이산해에게 글을 써 달라고 부탁하여 8월에 벼랑 끝 바위에 새긴 다음 10월에 고유문을 지어 선생의 사당에 고하였다고 한다(아계 연보 62세시).

그림 4-9. 도산서원 천연대 암각

36) 《아계유고》 연보 1583년 45세시.

⑧ 평양 부벽루(浮碧樓) 편액: 평양 부벽루의 현판 가운데에도 아계의 초서 현판이 있었다고 한다.37) 인평대군의 《연도기행(燕途紀行)》상, 일록(日錄)에서 부벽루에 현액이 두 개가 있는데, 대들보 위의 초서는 아계 이산해가 쓴 것이요, 기둥 밖의 해자는 석봉 한호가 쓴 것이라고 적고 있다.

⑨ 보령관아 해산루(海山樓) 편액: 충청남도 지정 유형문화재 제40호로 충남 보령시 주포면 보령리에 위치하고 있다. 보령 관아문은 보령현과 외곽을 두르고 있는 보령성의 정문으로 1431년(세종 13) 현감 박효성이 건립한 것으로 전해지고 있다. 현액이 아계의 글씨로 전해지며, 전해지는 말로는 아계의 이름을 거꾸로 쓴 것이라고 한다.

⑩ 제주 관덕정(觀德亭) 편액: 보물 제322호로 지정된 관덕정은 제주시 삼도 2동 983-1번지에 있는 제주의 대표적 정자다. 병사들을 훈련시키고자 1448년(세종 30) 신숙정 목사가 창건하였다고 하며 창건 당시의 현판은 제주 출신 고득종의 간청으로 안평대군이 써 준 필적이었으나, 1601년(선조 34) 안무어사 김상헌의 일기인 《남사록》에 안평대군의 편액은 불에 없어지고 "지금 걸고 있는 것은 아계 이산해의 글씨이다" 하였다. 서예가들 또한 안평대군의 필적이 아닌 이산해의 필적이라고 말한다.

(3) 아계의 평해 유적

아계는 임진왜란이 일어나자 유성룡과 함께 서수론(西狩論)을 주장

---

37) 인평대군, 《연도기행》 상, 일록 병신년(1656, 순치 13년) 8월. "부벽루(浮碧樓)와 망주암(望酒巖)은 모두 북쪽 강 언덕에 벌여 있고, 금수봉(錦繡峰)과 을밀대(乙密臺)는 부벽루 뒤에 우뚝 서 있으며, …… 누 가운데에 현액 2개가 있는데, 대들보 위의 초서는 곧 아계 이산해가 쓴 것이요, 기둥 밖의 해자는 석봉 한호가 쓴 것이다."

하여 의주 몽진을 결정하는 데 역할을 했으나, 이 일로 탄핵을 받아 파직되고 평해로 귀양을 가게 되었다. 54세부터 57세까지 3년 동안의 평해 유배생활은 이산해에게 문학적으로 매우 뜻 깊은 시기였다. 《아계유고》에 실려 있는 시 840수 가운데 절반이 넘는 483수가 이 기간 동안에 지어졌고, 특히 기성록은 16세기 말의 평해 지방의 사회상을 엿볼 수 있는 귀중한 자료들이었다. 또 허균은 아계의 시를 평하면서 '초년에는 당시를 배웠고 만년에 평해로 귀양 가 있으면서 조예가 극도로 깊어졌다'고 하였을 정도이다.[38]

아계는 평해에 유배되어 수많은 인연을 만들었고, 그 유서는 지금까지도 유적과 함께 평해 곳곳에 남아 전한다. 그런데 평해는 아계 이전에도 한산이문과 인연이 있었던 지역이었다. 특히 관동팔경의 하나인 월송정과 망양정으로 대표되는 경승지의 정자는 시인 묵객들의 음풍 장소로 회자된다. 바로 이 두 곳에 아계의 선조인 가정(稼亭) 이곡(李穀)의 시가 전하고 있는 것이다.[39] 즉 이곡은 월송정(越松亭)과 망양정(望洋亭)을 읊은 다음과 같은 시를 《신증동국여지승람》에 남겼다.

> 가을 바람에 옛 자취 찾아 말 머리 동쪽으로 돌리니,
> 울창한 정자 소나무 좋기도 하구나.
> 몇 해 동안이나 이 마음은 신선 지경 찾으려 했나
> 천 리 먼 길에 길 떠나려 양식을 방아 찧었네.
> 도끼의 액운이 없었으니 한위(漢魏)를 지났고,
> 재목은 큰 집[廊廟] 지을 수 있으니

---

38) 이에 대하여는 이종묵의 논문을 참고.
39) 가정 이곡은 평해와 인접한 영덕 영해면의 괴시마을에 유서가 있고, 목은 이색이 바로 이곳에서 탄생하였다.

기룡(蘷龍: 순임금의 어진 신하)에도 비기겠네.

난간을 의지하여 침음(沈吟)하기 절로 오래인데,

졸렬한 붓으로 만분의 일도 형용하기 어렵다.

〈월송정(越松亭)〉

강 위의 인가 대숲 밖 마을에,

기이한 풍경 좌우 쪽에 보는 곳마다 평원이로세.

거듭 찾아오니 백발 친한 친구 놀라게 하고,

두어 점 청산은 옛 동산을 격해 있네.

성이 넓은 바다를 꼈으니 바람 자못 사납고,

땅이 해뜨는 곳에 접하였으니 기운이 항상 따스하구나.

우연히 쓴 시구를 지워버림이 마땅하니

어찌 여러 사람의 입에 흘러 전하기를 바랄 것이랴.40)

〈망양정(望洋亭)〉

　　그런가 하면 아계의 부친 성암(省菴) 이지번(李之蕃)도 1536년(중종
31) 평해로 유배를 와서 잠시 머물렀다. 특히 부친 성암공이 평해에
머무는 동안 도움을 받고 시문을 교환하였던 평해의 곽씨(郭氏)들41)은
아계의 평해 유배 때에도 많은 도움을 주었다.

---

40) 《신증동국여지승람》 제45권 江原道 平海郡 樓亭 越松亭, 望洋亭. 가정은 이외에 〈성류굴기〉
　　도 지었다(《稼亭集》 권5, 記 東遊記 9월 21일조).

41) 《아계유고》 권1 기성록 시; 가정 병신 1536년(중종 31)에 선친(省菴 李之蕃)이 기성에 귀
　　양 곽 상사가 소탈하고 탈속하여 그와 어울려 풍월을 완상하고 산천을 유람하는 등 늘
　　함께 다녔다. 어느 날 방문했다가 만나지 못하자 창호지에 시 한수를 써 놓았더니 간직하
　　고 스스로 즐겼다.

1) 평해 유배시 거처했던 마을

3년의 유배기간 동안 아계는 평해의 선비들과 오가면서 많은 글들을 남겼다. 부친 성암공과 교유한 황보촌의 곽씨와 해월헌의 황씨, 그리고 이우윤(李友尹), 장희도(張希道) 등은 바로 그러한 인물들이었다.

아계는 유배 때 달촌, 화오촌, 황보촌, 서촌 등에 머물러 살았고 이곳들은 백암온천이나 월송정, 망양정, 해월헌에 인접해 있다. 기성록 〈해빈단호기(海濱蜑戸記)〉에 따르면 아계가 유배되어 깜깜한 밤에 평해에서 처음 살았던 곳은 사동의 서경포(西京浦)였다. 이곳에서 아계는 동해안의 어촌 풍습에 놀라면서 이를 기록해 두었다.

그 뒤 아계가 5개월 여 살았던 곳은 달촌이었다. 현재는 평해읍 삼달리에 속한 달촌에는 평해의 토착 성씨인 손씨와 이씨들이 살고 있었는데, 아계는 〈달촌기〉[42]에서 달촌의 모습을 '좌우로 팔짱을 끼고 읍(揖)하는 형국'으로 묘사하고, 고인이 누워서 관부를 내려다본다는 '백암산'과 창룡이 꿈틀꿈틀 꼬리를 치며 기어가는 모양의 시냇가 '수정계'를 주목했다. 특히 이곳의 팔선대라는 바위에 아계는 특별한 애정을 보였는데, 〈팔선대기(八仙臺記)〉, 〈응암기(鷹巖記)〉가 기성록에 수록되어 있다. 마치 뱀과 매가 개구리를 두고 다투는 모습이어서 팔선대라 부른 것을 "신라 때에는 선인과 도사가 많았으니 영랑과 술랑 같은 이들이 노닐던 곳"이라는 구전도 있었던 모양이다. 아계가

내가 우거하고 있는 달촌이 팔선대와 매우 가까와 복건(幅巾)을 쓰고 여장을 짚고서 날마다 왕래하며 피로한 줄을 모르고…… 그 푸르고 맑은 기운 속을 배

---

42)《아계유고》3권 기성록 잡저 〈達村記〉.

그림 4-10. 팔선대

회하노라면 심신이 화락하여 물아(物我)를 잊게 되었다.

고 술회하듯이 평해의 향토사학자 정돌만 회장은 팔선대야말로 그가 유배 가 있던 동안 매우 애정을 붙였던 곳이라고 강조한다. 그리하여 마침내 아계는 '만약 이곳이 내 고향이라면 몇 칸 오두막을 짓고 여생을 보낼 수 있어 비록 고관대작의 영화로도 이 즐거움을 바꿀 수가 없을 것'이라 하고, 또 '팔선대는 일정한 이름이 없는데 후세사람들은 필히 적선대(嫡仙臺)라 이름할 것이다'라고 하여 자신의 유배와 자부심을 북돋우기도 하였다.43)

아계가 이어 옮겨 살았던 곳은 황보촌이었다. 〈황보촌기〉에 따르면 아계는 1592년 가을에 곽간(郭幹)44)의 집을 빌려 거주하게 되는데, 마

---

43) 《아계유고》 3권 기성록 잡저 〈八仙臺記〉.
44) 곽간은 병으로 계사년(1593년) 여름에 서거하였다.

을 터와 경관이 매우 수려하고 곽간은 생계가 다소 넉넉하여 집을 비
워주고 이사하였다고 한다. 그런데 기성록의 다른 글을 보면 1536년
(중종 31)에 아계의 선친 성암 이지번이 기성에 귀양왔을 때 곽 상사가
소탈하고 탈속하여 좋은 사람이었는지라 그와 어울려 풍월을 완상(玩
賞)하고 산천을 유람하는 등 늘 함께 다녔다고 한다. 어느 날 성암이
방문했다가 마침 곽 상사가 없어 만나지 못하자 창호지에 시를 한 수
써 놓았더니 곽간이 그것을 고이 간직하고 스스로 즐겼다는 일화가
전한다. 그런데 이로부터 58년이 지난 임진년에 아들인 아계가 또 이
곳에 와서 곽생의 손자인 곽간의 집을 빌려 살게 되었으므로 그 감회
를 읊고 있다. 아계의 〈매화〉라는 시에 '망암매(望菴梅)'라는 말이 나오
는데, 이것도 평해에 귀양 와서 곽생의 아버지와 친하게 지냈던 아버
지 성암 이지번을 기다린다는 뜻에서 그렇게 표현했다고 한다.

아계는 다시 1594년 월송정 서쪽의 화오촌(花塢村)에 옮겨 살게 되
었는데, 이곳을 〈월송정기〉에서 다음과 같이 칭탄하였다.

내가 일찍이 화오촌에 우거하면서 기이한 경관을 실컷 차지하였다. 따스한
봄날 새들이 다투어 지저귈 때면 두건을 젖혀 쓴 채 지팡이를 끌면서 붉은 꽃
푸른 솔 사이를 배회하였고, 태양이 불덩이 같은 여름날 땀이 비 오듯 흐를 때
면 솔에 기대어 한가로이 졸면서 울릉도 저편으로 정신이 노닐곤 하였다. 그리
고 서리가 차갑게 내려 솔방울이 어지러이 떨어지면 성긴 솔가지 그림자가 땅
에 비치고 희미한 솔바람의 운율을 들을 수 있었으며, 대지가 온통 눈으로 덮
이어 솔 숲이 만 마리 흰 빛 용으로 변하면 구불텅 얽힌 줄기 사이로 구슬 가지
옥잎이 은은히 어리었다. 게다가 솔 비늘이 아침 비에 함초롬히 젖고 안개와
이내가 달밤에 가로 둘러 있는 경치로 말하자면, 비록 용면거사(龍眠居士)를 시
켜 그리게 하더라도 어찌 만분의 일이나 방불할 수 있으리오.

화오촌은 월송정을 마주보는 곳이었으나 현재 도로 건설로 거의 절
반이 훼손된 상태이다.

2) 망양정(望洋亭)

망양정은 현재 망양 해수욕장이 있는 울진군 근남면 산포리 716-1
에 위치하고 있다. 그러나 관동팔경45)의 하나인 망양정은 고려 때에
는 기성면 망양리 해변 언덕에 세워져 있었다. 가정 이곡이 읊은 〈망
양정〉은 이곳에 처음 망양정이 있을 때의 것이다. 그러다가 조선 세종
때 채신보가 망양정이 오래되고 낡았다 하여 이웃한 현종산 기슭으로
옮겼다 한다. 그 뒤 1517년 폭풍우로 망양정이 쓰러지자 1518년(중종

그림 4-11. 망양정 옛터

45) 관동팔경: 간성 淸澗亭, 양양 洛山寺, 강릉 鏡浦臺, 통천 叢石亭, 고성 三日浦, 울진 望洋亭,
삼척 竹西樓, 울진 越松亭.

13) 안렴사 윤희인이 평해 군수 김세우에게 부탁하여 중수하였다.

망양정은 성류굴 앞으로 흘러내리는 왕피천을 끼고 동해의 만경창파를 한눈에 굽어 볼 수 있는 언덕에 세워져 있으며, 그 경치가 관동팔경 가운데서 제일가는 곳이라 하여 숙종이 '관동제일루(關東第一樓)'라는 친필 편액을 하사하였다. 숙종과 정조가 친히 지은 어제시(御製詩)와 정구(鄭逑)의 시, 정철(鄭澈)의 〈관동별곡〉, 채수(蔡壽)의 〈망양정기〉 등의 글이 전해오고 있다.

2008년 10월 아계 이산해의 〈망양정〉 시판(詩板)이 제작되어 망양정에 게첩됐다.46) 게첩된 망양정 시도 기성의 옛터에 있을 때 지어진 것이다.

그림 4-12. 옮겨 지은 현재의 망양정

---

46) 2008년 10월 30일 한산 이씨 아계공파 종회에서 울진군, 울진문화원과 수차례의 협의를 거쳐 아계의 망양정 시를 게첩하였다. 크기는 75×55cm로, 《아계유고》 제1권 기성록에 수록된 것이다. 이 시 외에 아계의 〈망양정기〉도 있다.

바다를 낀 높은 정자 전망이 탁 트여
올라가 보면 가슴속이 후련히 씻기지.
긴 바람이 황혼의 달을 불어 올리면
황금 궁궐이 옥거울 속에 영롱하다네.

현재의 위치인 근남면 산포리 둔산동(屯山洞)으로 이건된 것은 1860년(철종 11)으로 이희학(李熙虎)이 울진현령으로 있을 때였다. 1959년 오랜 세월 풍우로 낡아 울진군과 울진교육청이 국·도비 보조금과 뜻있는 지역인사들의 도움으로 중건하였고, 1979년과 1994년 재보수하여 오늘에 이른다. 망양정 아래 포구에는 1985년 개설된 망양 해수욕장이 있고 인근에 천연기념물 제155호인 천연동굴 성류굴이 있다.

3) 월송정(越松亭)

월송정은 《신증동국여지승람》 평해군조에 "고을 동쪽 7리에 있다. 푸른 소나무가 만 그루이고, 흰 모래는 눈 같다. 소나무 사이에는 개미도 다니지 않으며, 새들도 집을 짓지 않는다. 민간에서 전하여 오는 말이, 신라 때 신선 술랑(述郞) 등이 여기서 놀고 쉬었다 한다"고 기록된 유서 깊은 곳이다.

현재의 월송정은 평해읍 월송리 362-2에 있는데 이 위치도 망양정과 같이 원래의 위치가 아닌 이건된 것이다. 원래는 월송포 만호성이 있던 고을 동쪽 7리에 있었고, 만호성의 남문루였다고 한다. 망양정과 함께 관동팔경의 하나로 가장 남쪽에 위치한 월송정은 팔작지붕 주심포, 고상 누각으로 고려시대에 창건되었고, 조선에 들어와 관찰사 박원종(朴元宗)이 중건하였다고 한다.

월송정의 경승에 관하여는 흥미로운 일화가 전한다. 성종이 국내

명화가를 시켜 팔도의 사정(射亭) 가운데 가장 풍경이 좋은 곳을 그려
오라 명하자 그 화공이 영흥의 용흥각(龍興閣)과 평해의 월송정을 그려
올렸다고 한다. 이에 성종은 "영흥 용흥각의 부용(芙蓉, 연꽃)과 양류
(楊柳, 버들)가 아름답기는 하나 월송정에 비할 수 없다"며 월송정과 그
주변의 경치에 감탄했다고 한다. 《신증동국여지승람》에도 기록하고
있듯이 월송정은 신라시대 화랑들이 이곳의 푸른 소나무와 흰 모래
밭에서 웅지(雄志)를 품던 도장으로도 알려지고, 정자 위에서 내려다
보이는 빽빽이 우거진 노송림과 명사십리의 아름다운 바다풍경은 가
히 손꼽을 만한 명승지이다.

　월송정은 한때 '달밤(月夜)에 송림(松林) 속에서 놀았다' 하여 월송정
(月松亭)이라고 했고, 월국(越國)에서 송묘(松苗)를 가져다 심었다 하여
월송정(越松亭)이라고도 했으나, 전해오는 각종 자료에는 월송정(越松

그림 4-13. 월송정 옛터

亭)이 더 일반적이다. 이 명칭에 대하여 아계는 다음과 같이 말했다.

어떤 이는 '신선이 솔숲을 날아서 넘는다(飛仙越松)는 뜻을 취한 것이다' 하고, 어떤 이는 '月자를 越자로 쓴 것으로 聲音이 같은 데서 생긴 착오이다' 하니, 두 설 모두 어느 것이 옳은지 알 수 없다. 그런데 내가 월(月)자를 버리고 월(越)자를 취한 것은 이 정자의 편액을 따른 것이다.

아계는 또 월송정의 경관을 유상한 수많은 시인묵객들과 자신의 처지를 비교하면서 끝내는 "바로 한 정자의 운연(雲烟)과 풍월(風月)을 독차지하여 주인이 된 자"라고 자찬하고 주인으로 임명해 준 것이 하늘이며 조물주라고 하였다.47) 다음에 아계 이산해의 〈월송정기〉 전문(번역문)을 소개한다.

월송정은 군청 소재지의 동쪽 6, 7리 거리에 있다. 그 이름은, 어떤 이는 "신선이 솔숲을 날아서 넘는다(飛仙越松)는 뜻을 취한 것이다" 하고, 어떤 이는 "월(月)자를 월(越)자로 쓴 것으로 성음(聲音)이 같은 데서 생긴 착오이다" 하니, 두 설(說)은 어느 것이 옳은지 알 수 없다. 그런데 내가 월(月)자를 버리고 월(越)자를 취한 것은 이 정자의 편액을 따른 것이다.

푸른 덮개 흰 비늘의 솔이 우뚝우뚝 높이 치솟아 해안을 둘렀고, 있는 것은 몇만 그루나 되는지 모르는데, 그 빽빽함이 참빗과 같고 그 곧기가 먹줄과 같아, 고개를 젖히면 하늘에 해가 보이지 않고, 다만 보이느니 나무 아래 곱게 깔려있는 은부스러기 옥가루와 같은 모래뿐이다. 그리하여 까마귀나 솔개가 깃들지 못하고 개미나 땅강아지가 다니지 못하며, 온갖 풀들이 이곳에 뿌리를 내리

---

47) 《아계유고》 권3, 기성록 잡저 〈越松亭記〉.

지 못한다. 왕왕 진달래와 철쭉이 백사장 곁에 떨기를 이루고 자라지만, 가지와 잎이 짧고 성글며 땅위로 나왔다 하면 이내 시들해지고 만다.

그런데 때로 혹 밤이 깊고 인적이 끊기어 만뢰가 모두 잠들 때면 신선이 학을 타고 생황을 부는 듯한 소리가 은은히 공중으로부터 내려오곤 하니, 이는 필시 몰래 이곳을 지키러 오는 귀신이나 이물(異物)이 있는 것일 터이다. 솔숲 동쪽에는 모래가 쌓여 이루어진 산이 둘 있는데, 위의 것을 상수정(上水亭)이라 하고 아래 것을 하수정(下水亭)이라 하니, 지그시 물을 누르는 형국을 하고 있기 때문이다. 정자 아래에는 한줄기 물이 가로 흘러 바다 어귀와 통하며, 물을 사이로 동쪽에는 모래언덕이 휘감아 돌아 마치 멧부리와 같은 모양을 하고 있다. 언덕에는 모두 해당화와 동청초(冬靑草: 겨우살이)뿐이며, 그 밖은 바다이다.

솔숲 서쪽은 화오촌(花塢村)으로 민가가 근 수십 호이며, 솔숲 남쪽은 곧 만호포(萬戶浦)의 성루(城樓)로 누각이 분곡(粉鵠)과 마주하여 있다. 솔숲 북쪽에는 바위가 불쑥 솟아 봉우리를 이루고 있는데, 그 이름은 굴산(堀山)이다. 이 고을 사람들은 이 바위가 신령하다고 믿어 무릇 구원을 바랄 일이 있으면 반드시 여기에 빌곤 한다. 이 정자에, 매양 해풍이 불어오면 송뢰가 파도소리와 뒤섞여 마치 균천광악(勻天廣樂: 천상의 음악)을 반공에서 번갈아 연주하는 듯, 사람으로 하여금 머리털이 쭈뼛하고 정신이 상쾌하게 한다.

내가 일찍이 화오촌에 우거하면서 기이한 경관을 실컷 차지하였다. 따스한 봄날 새들이 다투어 지저귈 때면 두건을 젖혀 쓴 채 지팡이를 끌면서 붉은 꽃 푸른 솔 사이를 배회하였고, 태양이 불덩이 같은 여름날 땀이 비 오듯 흐를 때면 솔에 기대어 한가로이 졸면서 울릉도 저편으로 정신이 노닐곤 하였다. 그리고 서리가 차갑게 내려 솔방울이 어지러이 떨어지면 성긴 솔가지 그림자가 땅에 비치고 희미한 솔바람의 운율을 들을 수 있었으며, 대지가 온통 눈으로 덮이어 솔숲이 만 마리 흰빛 용으로 변하면 구불텅 얽힌 줄기 사이로 구슬 가지 옥잎이 은은히 어리었다. 게다가 솔 비늘이 아침 비에 함초롬히 젖고 안개와 이내가 달밤에 가로 둘러 있는 경치로 말하자면, 비록 용면거사(龍眠居士)를 시켜 그리게 하더라도 어찌 만분의 일이나 방불할 수 있으리오.

아아, 이 정자가 세워진 이래로 이곳을 왕래한 길손이 그 얼마이며 이곳을 유람한 문사(文士)가 그 얼마였으랴. 그중에는 기생을 끼고 가무를 즐기면서 술에 취했던 이들도 있고, 붓을 잡고 먹을 놀려 경물(景物)을 대하고 비장하게 시를 읊조리며 떠날 줄을 몰랐던 이들도 있을 것이며, 호산(湖山)의 즐거움에 자적했던 이들도 있고, 강호(江湖)의 근심에 애태웠던 이들도 있을 것이니, 즐거워한 이도 한둘이 아니요, 근심한 이도 한둘이 아니다.

그런데 나 같은 자는 이들 중 어디에 속하는가. 왕래하고 유람하는 길손도 문사도 아니며, 바로 한 정자의 운연(雲煙)과 풍월(風月)을 독차지하여 주인이 된 자이다. 나를 주인으로 임명해 준 이는 누구인가. 하늘이며 조물주이다. 천지간에 만물은 크든 작든 저마다 분수(分數)가 있어 생겼다 사라지고 찼다가 기우니, 이는 일월과 귀신도 면할 수가 없는 법인데, 하물며 산천이며, 하물며 식물이며, 하물며 사람일까 보냐. 이 정자가 서 있는 곳이 당초에는 못이었는지

그림 4-14. 옮겨 지은 현재의 월송정

골짜기였는지 바다였는지 물이었는지 알 수 없는 일이거니와 종내에는 또 어떠한 곳이 될까.

또한 솔을 심은 이는 누구며 솔을 기른 이는 누구며, 그리고 훗날 솔에 도끼를 댈 이는 누구일까. 아니면 솔이 도끼를 맞기 전에 이 일대의 모래언덕과 함께 흔적 없이 사라져 버릴 것인가. 내 작디작은 일신(一身)은 흡사 천지 사이의 하루살이요 창해에 떠 있는 좁쌀 한 톨 격이니, 이 정자를 좋아하고 아끼어 손이 되고 주인이 되는 날이 그 얼마일는지 알 수 없거니와, 정자의 시종과 성쇠는 마땅히 조물주에게 물어보아야 할 것이다

《국역 아계유고》(민족문화추진회)

이 〈월송정기〉는 2008년 10월 한산 이씨 아계공파 종회에서 울진군, 울진문화원과 협의하여 《아계유고》 제3권 기성록 잡저편에 실린 〈월송정기〉를 새겨 게첩하였다. 크기는 170×46cm이다.

현재의 월송정 앞 솔밭은 시구에 나오는 소나무 숲과는 별개이다. 이들 숲은 1959~1963년 어간에 식재되었다. 월송정은 일제강점기를 거치면서 세월이 흘러 퇴락하자 1933년 황만영(黃萬英) 등이 중건하였고, 일제 말기에는 연합군의 공격 목표가 된다하여 일본군에 의해 철거당하기도 하였다. 그리고 1969년, 1980년 두 차례 걸쳐 보수하여 현재 모습이 되었다. 1980년대에 정비된 현재의 월송정은 주변 송림과 구산(邱山) 해수욕장이 자리 잡아 관광지로도 이름이 나 있으며, 월송정 현판은 1980년 준공 당시 최규하 전 대통령의 친필휘호이다.

4) 오곡연당(梧谷蓮塘)

울진군 평해읍 오곡 1리 오곡연못은 아계의 글이 있는 유적이다. 유배처에서 북쪽으로 4~5리쯤 떨어진 오곡(梧谷)에 연꽃이 매우 만개하

였다는 말을 듣고 찾아가 그 아름다운 광경을 보게 된다. 아계는 평소
연[蓮]을 좋아하여 '연꽃만은 병적일 만큼 좋아했다. 이 때문에 남의
집에 연꽃이 만개했다는 말을 듣는 날이면, 천리 길도 멀다 않고 말을
타고 가서 구경했으며 집에는 늘 함지로 작은 못은 만들어 홍연(紅蓮)
과 백연(白蓮) 및 뿌리를 심어두고 구경'하는 정도였다. 아계는 오곡연
당에서 연꽃을 보고는 마치 '천리 밖에서 옛 친구를 만난 듯' 반가워하
면서 그 모습을 〈오곡연당기〉에 다음과 같이 묘사하였다.

> 때마침 산에는 비가 막 그치고 물기 머금은 구름장이 아직 걷히지 않았는데,
> 아침 햇빛은 화살처럼 내려와 꽂히고 나무에는 물방울이 뚝뚝 떨어져 옥쟁반
> 같은 연잎 위에 다투어 쏟아지고 있었다. 또 물방울을 받치고 있던 연잎은 차
> 례로 기울어져 물방울을 쏟기를 그치지 않고 붉은 단장을 한 채 물기에 함초롬
> 히 젖은 꽃잎은 필듯 말듯 반개하여, 맑은 향기가 그윽하게 두건과 소매, 지팡
> 이와 신발에 스미어 못내 서성이면서 날이 저물도록 떠나지 못하게 했다.

그림 4-15. 최근 복원된 오곡연당

경상북도와 울진군은 이산해의 유서를 기리는 사업으로 오곡연당에 한식 정자 연당정(蓮塘亭)을 2006년 3월 완공하였고, 여기에 아계가 지은 오곡연당기문을 게판하였다. 현재 오곡 연못에 연꽃은 만개하지 않았으나, 평해의 아계 유적을 지키는 정돌만 선생은 기어코 이곳에 활짝 핀 연꽃이 가득 차도록 해야 한다고 정성이 대단하다.

5) 해월헌(海月軒)

해월헌은 평해 황씨들의 유서와 전통이 깃든 유적으로, 경북 문화재자료 제161호로 지정되었다. 원래 1588년(선조 21) 기성면 사동리 마악산에 건립되었으나, 불의의 화재로 1847년(헌종 13)에 현재의 종택 자리로 이축하였다.

평해에 유배온 아계는 정명촌의 황응청(黃應淸)과 만나 교류하였다.

그림 4-16. 해월헌

황응청은 평해 황씨로 호를 대해(大海)라 하였는데, 1567년에 은일·학행으로 천거되기도 하였고 시무4폐를 지적하여 진보현감에 임명되기도 하였다. 명계(明溪)에 대해당(大海堂)이란 서당을 열어 후진을 가르쳤는데,[48] 평해에 귀양 온 아계와 서로 존경하면서 만나 글도 짓고 교류하였다. 아계는 같은 평해 황씨의 집성촌인 사동으로 조카인 황여일(黃汝一, 1556~1623)을 찾아가는데, 황여일이 문과에 급제했을 때 고시관이기도 하여 깊은 인연으로 정을 나누었다. 그 인연으로 아계는 〈사동기〉를 짓기도 하고, 그의 호를 따라 지은 해월헌의 기문을 지어주기도 하였다.

《아계유고》 기성록의 〈해월헌기〉에는 "황군이 마악산 아래에 작은 집을 짓고 헌의 이름을 해월(海月)이라 하고는 내게 기문을 지어 달라고 하기에 …… 군자의 마음은 바로 광대하고 고명하여 길이 변치 않는 비다와 달"이라고 하고 있다. 해월헌 규모는 정면 4칸, 측면 3칸으로 전면에는 누마루에 난간을 돌렸으며 가운데 2칸 대청을 중심으로 양측 칸에 온돌방을 두었다. 현재 해월헌에는 아계의 기문이 게판되어 있다.

5. 맺음말

아계 이산해의 행적과 관력, 그리고 정치사적 행보에 견줄 때 그의 유적과 후대 추숭은 매우 미약하다. 조선 후기 전 기간 동안 당쟁으로 말미암은 정치적 소외와 그에 대한 부정적 평가가 그 주된 요인이라

---

48) 이 서당의 유서를 이어받아 명계서원(明溪書院)이 1671년(현종 12) 정명리(正明里)에 창건되었으며, 대해 황응청과 해월 황여일을 제향하였다.

고 할 것이다. 사후 200여 년이 지나 세워진 신도비, 전국 수많은 서원
과 사우 가운데서 제향처가 단 하나도 없는 인물이 바로 아계 이산해
이다.

물론 생전, 그리고 죽은 지 3년 어간에 문집이 편간되었고, 서거와
함께 베풀어졌던 국왕의 극진한 의전과 당대 최고라 일컬어지던 인물
들의 제문과 만사가 있었으나 한때에 멈추어 이어지지 못했다. 영조와
정조에 의하여 아계에 대한 군왕의 재평가가 있었고, 번암 채제공이
신도비에서 변호를 하였다고 해서 그 모든 것이 해소되지는 않는다.
아계 사후 400년이 지나도록 그에 대한 올바른 재평가의 계기는 마련
되지 않았다고 보는 것이 옳을 것이다.

필자가 정리한 아계의 유적과 유물은 아주 소략하고 나열적이다.
그러나 이나마도 거의 처음으로 아계 관련 사적을 망라한 최초의 글
이 아닌가 한다. 발표를 통하여 부족하거나, 누락·잘못된 내용을 지
적받고 보완하여 완성하고자 한다. 많은 질정을 부탁하면서 아울러 이
들 유적의 관리와 활용에 대하여도 향후 많은 관심이 필요함을 지적
하면서 글을 맺는다.

■ 참고문헌

김수연, 〈이산해와 유배문화〉, 《한국문학연구》 27, 동국대 한국문학연구소,
    2004.
김학수, 〈고문서를 통해 본 예산 한산이씨 수당가문의 가계와 사회경제적
    기반〉, 《고문서집성》 61집, 한국정신문화연구원, 2002.
신병주, 〈아계 이산해의 학문과 사상〉, 《아계 이산해의 학문과 사상》, 한국
    역사문화연구원 2009.

심경호, 〈아계 이산해의 시 세계〉, 《아계 이산해의 학문과 사상》, 한국역사
　　문화연구원, 2009.
이완우, 〈한산이씨 수당고택 소장 명인필적〉, 《예산 한산이씨 수당고택본》,
　　2005.
이종묵, 〈李山海와 平海〉, 《문헌과 해석》 22, 문헌과해석사, 2003.
＿＿＿, 〈조선조 유배문학과 아계문학의 지위〉, 《아계 이산해의 학문과 사
　　상》, 한국역사문화연구원, 2009.
이종석, 〈아계 이산해의 유배시 소고〉, 《안동한문학논집》 6, 안동대, 1997.
이헌창, 〈아계 이산해의 경제사상과 그 역사적 의의〉, 《아계 이산해의 학문
　　과 사상》, 한국역사문화연구원, 2009.
한국학중앙연구원, 한국간찰선집 ⑧ 《예산 한산이씨 수당고택본》, 2005.

한산 이씨 아계가(鵝溪家)의 혈연과 교유관계

문 숙 자
경희대 사학과

1. 머리말

가정(稼亭) 이곡(李穀)·목은(牧隱) 이색(李穡) 등 고려 말 명망거족의 후예이며 이계전(李季甸) 등을 거쳐 이지번(李之蕃)·이산해(李山海)로 연결되는 한산 이씨 가문의 아계(鵝溪) 가계는, 거명한 이들의 개인적 명성뿐 아니라 이들 전체를 아우르는 가계의 사회적 토대와 연망(聯網)으로도 지명도를 충분히 짐작할 수 있는 집안이다. 하지만 이 가문을 논할 때 반드시 따라오는 김응남(金應南)·이덕형(李德馨) 등을 생각해보면, 한 가계의 사회적 지위는 혈연이라는 생득적 요소에 혼인이라는 선택적 요소가 결합하여 결정된다는 사실을 부인하기 어렵다. 여기에 학파나 정치적 네트워크를 중심으로 한 교유관계 등은 한 가계의 사회적 지위를 결정하는 부수적 요소라 할 수 있다.

조선의 가족·친족 구조에서 부계혈연집단은 자체적으로 재생산이 불가능하고, 혼인을 통해 다른 부계혈연집단과 연대를 함으로써 자신들을 재생산한다.[1] 따라서 한정된 자원 안에서 정치적·사회적 또는 경제적 지위가 높은 상대를 찾으려는 혼인 전략이 존재하게 되며, 그 전략이 성공했을 때 더 나은 조건에서 혈연집단을 재생산하는 것이 가능하다. 즉 이산해를 전후한 한산 이씨 아계가는 고려 조부터 내려오는 명문가의 후손이라는 혈연적 요소와, 적극적인 혼인전략을 통해 형성한 인척관계를 토대로 자신들의 부계혈연집단을 재생산함으로써 가계의 사회적 지위를 꾸준히 유지·발전시킬 수 있었다. 여기에 학문적 교유관계나 정치적 네트워크 등도 함께 작용하였다. 이러한 혈연·혼인관계나 기타 인적 교유관계 등은 어느 한 쪽이 때로는 주요소가 되고 때로는 보조적 요소가 되면서 상호작용하여 왔다고 하겠다.

따라서 이 글에서는 아계 이산해, 혹은 그 선대나 후손 가운데 어느 한 개인에 대해 조명하기보다는 그들의 혈연적 연결관계, 그리고 혼인관세 등의 인적 네트워크를 중심으로 그들 가계의 사회적 지위의 형성 또는 유지 과정을 살펴보고자 한다. 먼저 혈연과 혼인관계를 통한 가계구성원들의 성장과정에 대해 살펴보고, 이런 관계가 이들의 정치적 활동이나 선택에 어떤 영향을 미치는지 살펴보았다. 그리고 혈연이나 혼인관계가 아닌 사회적 관계로서 교유관계의 대상과 범위를 살펴보고, 그 관계가 어떻게 변화하는지 알아보았다. 하지만 필자의 역량이 다소 부족하여 아계가 전체를 아우르지 못하고 아계 전후 3대를 중심으로 파악할 수밖에 없었던 점은 다소 한계로 느껴진다. 이에 대한 추가적 연구는 추후를 기약하기로 한다.

---

1) 服部民夫, 〈ネットワーク論の試み(Ⅰ)-朝鮮時代における人間關係と權力-〉, 《アジア經濟》 32-6, 1991, 60~61쪽. 핫토리 타미오는 이런 전제를 토대로 인조반정에 참여한 부계혈연집단과 그들의 혼인을 분석하여 정치적 사건과 인적 네트워크와의 관계를 규명하려는 사회학적 연구를 시도하였다.

2. 가족관계와 혼인

(1) 아계 선대(先代)의 가족관계

아계 이산해는 가정 이곡의 8세손으로, 아계의 한산 이씨 가문은 가정 이곡, 목은 이색 등 이름만 들어도 알 수 있는 고려 말 문벌가문으로부터 출발한다. 그 가운데 아계의 가계는 목은 이색의 셋째 아들 이종선(李種善, 1368~1438)과 그의 셋째 아들 이계전(李季甸)을 이은 계파이다.2) 이종선은 고려 말에 양촌 권근의 딸이자 평재(平齋) 이강(李岡)의 외손녀와 혼인하였는데, 이는 안동 권씨 가문 및 고성 이씨 가문과의 혼인을 통한 결합을 뜻한다.3) 이종선은 고려 말 문과에 합격한 뒤 조선 조에 들어와서도 벼슬이 지중추부사에 이르는 등 활약하였고, 사후에는 한산부원군에 봉해지기도 했다.

이종선의 아들 대에서 한산 이씨는 여러 계파로 분파하는데, 아계 이산해의 가계는 이종선의 셋째 아들 이계전을 파조로 하여 분파한 가닥에 속한다. 이계전은 문과에 급제한 뒤 집현전 학사를 시작으로 승정원도승지, 대제학 등을 거쳤고《단종실록》편찬에 참여하였다. 그의 환력이 말해주듯 그는 가문의 문한(文翰)을 드러내는 역할을 꾸준히 수행하였으며, 이에 그치지 않고 단종을 몰아내고 세조의 등극을

---

2) 아계 이산해의 선대(先代)에 대해서는 金鶴洙,〈고문서를 통해 본 禮山 韓山李氏 修堂家門의 家系와 사회경제적 기반〉,《古文書集成》61-예산 閒谷 한산이씨 수당고택편-, 한국학중앙연구원, 2002, 4쪽의〈圖 1〉과〈圖 2〉의 가계도 및 그 해설이 상세하므로 이를 참조하였다.

3) 평재 이강은 세종 조에 좌의정을 지내고 철성부원군에 봉해진 고성 이씨 용헌(容軒) 이원(李原)의 아버지이다. 고성이씨 이원 가문은 그 손자 대에 안동 법흥에 정착하여 현재까지 종가인 임청각을 중심으로 그곳에서 세거하고 있는 안동의 명문 양반가 중 하나이다. 고성이씨 가계에 대해서는 한국학중앙연구원,《고문서집성》49-안동 법흥 고성이씨편-, 2000, 해제 참조.

도운 공로로 정난공신과 좌익공신에 책봉되었다.4) 그 결과 그는 사패
지와 노비 등을 하사받고 부와 권력을 고루 갖춘 훈구 관료로 명성을
다하고 1459년(세조 5)에 사망한 뒤 문열(文烈)이라는 시호를 받았다.
이계전을 파조로 하는 계파를 문열공파라고 부르게 된 것은 여기에서
비롯되었다.

이계전은 풍기(豊基) 진씨(秦氏)와 혼인하여 3남 4녀를 두었다. 삼형
제인 이우(李堣)·이파(李坡)·이봉(李封)은 모두 문과에 합격하여 명성
을 이어갔다. 이우의 장자 이장윤(李長潤), 이장윤의 차자 이치(李穉),
이치의 장자 이지번, 이지번의 장자 이산해로 이 가계는 연결되는데,
이계전 이후부터 이산해 이전까지는 이전처럼 공신을 배출하거나 정
계에서의 걸출한 활약 없이 가계가 이어졌다.

이 가문은 이장윤의 아들 대에서 다시 분파하였는데, 아계 이산해
의 가계는 이장윤의 차자 이치를 중심으로 분파한 판관공파(判官公派)
에 속한다. 이치는 차자였으므로 분가하여 처가인 보령 지역을 중심으
로 가계를 형성하였다. 이치의 처는 보령 지역 무반 가문 가운데 하나
인 광주 김씨 김맹권의 딸이었다. 게다가 이치의 장인인 김맹권은 단
종을 위해 절의를 지키고 고향 보령으로 내려온 사람이었다. 즉 세조
를 도와 공신에 책록되고, 여러 대에 걸쳐 문과에 연속으로 합격한 전
력을 가진 한산 이씨가 선택한 혼인 상대로서 광주 김씨는 다소 의
외의 대상으로 받아들여진다.

그러나 이치는 갑자사화 때 숙부 이파와 함께 진도에 유배되었다가
중종반정으로 풀려나는 등 부침이 있었다.5) 이와 달리 광주 김씨 가

---

4) 《세조실록》 권17, 세조 5년 9월 을미.
5) 이치의 그런 전력 때문에 조헌은 상소를 통해 이산해를 비판할 때, 그에게 조부의 기풍이
없다고 하였다(《선조수정실록》 권21, 선조 20년 9월 정해).

문은 보령 일대에서 여러 대에 걸쳐 세거한 안정적 기반과 경제력을 소유하였으므로,6) 차자로서 처가 일대에 정착한 이치와 그 후손들에 게는 결과적으로 안정적인 혼인 전략이었을 것으로 판단된다.7) 이치 이후 이지번·이산해 대에 이르러서도 보령을 중심으로 상당 기간 생 활하게 되었다는 점에서 더욱 그러하다.

(2) 아계 전후 3대의 가족관계와 혼인

문열공 이계전의 직계인 문열공파 가운데서도 이치 → 이지번 → 이 산해 → 이경전으로 이어지는 가계는 조선 중기에 정치·사회적 입지 가 가장 현달한 계파였다고 해도 지나친 말이 아니다. 이렇게 여러 대 에 걸쳐 현달할 수 있었던 것은 그들의 개인적 능력에 힘입은 바 크지 만 선대로부터 물려받은 사회적 지위, 당대 명문가와의 혼인을 통한 지위의 공고화 및 확장에도 주목할 필요가 있다. 예를 들면 조선 중기 의 이지번으로부터 그 아들 이산해를 거쳐 손자 이경전에 이르는 삼 부자는 모두 중앙 정계에서 사환(仕宦)한 전력을 가지고 있으며, 특히 이산해와 아들 이경전은 고위직을 역임하면서 정국을 주도한 인물이 다. 하지만 여기에 혼인관계로 맺어진 이덕형·김응남 등이 가세함으 로써 정치적 역량이 더욱 아계 가문에 집중될 수 있었음은 부인할 수 없는 사실이다.

---

6) 광주 김씨는 김맹권의 증조 대부터 보령 지역에 선영이 조성되어 있었고, 상당한 규모의 토지를 보유하고 있었다(김학수, 앞의 글, 7쪽).

7) 혼인을 통한 지배층의 네트워크 형성과 유지 전략에 대한 연구 가운데, '상대적으로 지체 가 낮은 집에서 높은 집으로 여성을 시집보낼 때 막대한 경제적 부를 지원하는 것이 일반 적이며 이때 경제적 여건은 사회적 상승을 위한 정치자원으로 전환될 수 있기 때문'이라 는 분석이 있다(박성용, 〈청도 양반의 혼인전략-사회적·상징적 유산을 전승하는 집에 관 한 사례를 중심-〉, 《민족문화논총》 제22집, 영남대학교 민족문화연구소, 2000, 97쪽).

　이산해를 중심으로 한 3대의 가계도를 바탕으로 이들의 혈연 및 혼
인관계를 살펴보기로 한다.

　먼저 이산해의 아버지 이지번은 1546년(명종 1)에 진사시에 합격한
후 성균관 추천으로 참봉이 되었으나 출사하지 않다가, 뒤에 여러 벼
슬을 거쳐 사평·내자시정(內資寺正) 등을 역임하였다. 아들·사위·손
자 등이 대부분 문과급제자이고 자손 대에 정승이 여러 차례 나온 점
을 감안하면 이지번의 현달은 상대적으로 부각되지 않는다. 그러나 자

그림 5-1. 아계 전후 3대의 가계

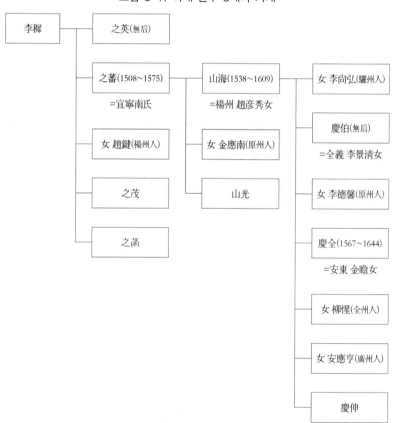

손들의 현달함, 그리고 중앙정계에서 차지한 아계 가문의 위상이 이지
번으로부터 비롯되었음은 여러 가지 면에서 입증되고 있다. 특히 자손
들의 혼인 상대를 물색하는 데서 보인 그의 적극적·능동적 성향은 정
치적 위상이나 교유관계에서 이 가계가 가지고 있는 폭을 확장하는
매개체가 되었다.

이지번은 1536년(중종 31) 김안로의 미움을 받아 평해로 유배되었다
가 1년간의 유배생활 끝에 김안로가 패망하자 해배된 적이 있다.8) 그
후 1545년(인종 1) 을사사화가 발생하자 그는 고향 보령으로 돌아가
두문불출하였고, 그 뒤로도 관직을 수행한 적은 있지만 관직생활에 그
다지 적극적이지는 않았다.

그 후 이지번은 벼슬을 버리고 다시 은거하였다. 이때는 아우 지함
과 동행하여 단양의 구담(龜潭)이라는 곳에 들어가 세상과 단절된 생
활을 하였다. 구담에 살면서 학문을 닦고 소박한 생활을 영위하였으므
로 구선(龜仙)이라 불리기도 하였다.9) 그가 은거생활을 택한 이유는
당시 권신 윤원형과의 관계에서 비롯되었다. 어릴 적부터 신동으로 알
려진 아들 이산해를 윤원형이 사위로 삼고자 했던 것이다. 즉 산해가
어릴 때부터 글씨에 능하더니 문과 초시에 장원까지 하여 명성이 자
자하자 윤원형이 지번을 불러 '너의 아들이 학문과 글에 능하니 우리
집 사위를 삼으려 하는데 너의 뜻은 어떠하냐'고 물었다. 당시 윤원형
은 문정왕후의 동생으로 을사사화 이후 정권을 마음대로 농단하고 있
었다. 하지만 윤원형이 말한 딸은 서녀(庶女)였고, 이지번은 '내 아들은
아직 처도 들이지 못했으니 첩을 들일 때는 아니다'라는 말로 거절한
뒤 바로 권속을 이끌고 구담으로 들어갔다. 조정에 남아 있다가는 윤

---

8) 《선조수정실록》 권9, 선조 8년 12월 을축.
9) 《선조수정실록》 권9, 선조 8년 12월 을축.

원형에게 해를 입을 것이 분명했으므로 피신한 것이다. 윤원형이 패하자 그는 다시 조정으로 복귀하였다.10)

그 뒤 그는 아들 산해를 양주 조씨 조언수의 딸과 혼인하도록 했고, 이후 이산해는 영의정까지 오르는 최고의 정치가로 거듭날 수 있었다. 조언수는 문과에 급제한 뒤 승문원부정자를 시작으로 동부승지·좌승지·이조참판·공조판서 등을 거쳐 한성부판윤으로 치사(致仕)한 인물이며, 조사수와 형제지간으로 선조 조 이름난 문신이었다.

이지번이 구담으로 들어갈 때 동행한 동생 이지함은 포천현감·아산현감을 역임하는 등 관직생활도 하였으나 오히려 토정비결로 더 잘 알려져 있다.11) 그는 모산수(毛山守) 정랑(呈琅)의 딸과 혼인하여12) 이씨 가문이 명문가뿐 아니라 종실과도 혼인을 통한 인척관계를 형성할 수 있는 기반을 마련하였다. 조선시대 양반들의 혼인 네트워크에서 정치적 정점에 서기 위해서는 종실 세력과의 연대도 중요한 요소였다는 점에서 그의 혼인은 의미가 있다고 하겠다.13)

이지번의 적극적 혼인전략은 사위 김응남을 맞이한 데서도 드러난다. 원주 김씨인 김응남은 생원시를 거쳐 문과에 급제했을 뿐 아니라 예문관·홍문관 정자를 역임하고, 대사간·부제학·이조참판·한성판윤 등을 거쳐 임진왜란 당시에는 병조판서 겸 부체찰사 직에 있던 인

---

10) "李通禮之蕃 筮仕爲司評 其子山海 七歲能書屛 十二魁文科初試 聲名藉甚 尹元衡以文定王后之弟 錄乙巳僞勳 專擅朝權 …… 一日元衡招之蕃語之曰 聞汝子能文能書 欲作吾家乘龍 於汝意如何 之蕃曰 吾子尙未娶妻 不求妾也 遂歸 挈其家屬 往居丹陽之龜潭 …… 蓋在朝則知其必中毒於元衡也 及元衡敗後 還朝……"(《苔泉集》 권4, 驪興閔仁伯著,〈摭言〉)
11) 이지함은 주로 초야에 묻혀 살았으나 학행이 두드러져 정인홍·최영경 등과 함께 삼공과 이조로부터 6품직을 천거받기도 하였다. 그러나 그는 숙배하지 않는 등 벼슬이나 현실 정치에는 초연한 모습을 보여 왔다(《선조실록》 권7, 선조 6년 6월 신해, 계축 ; 《선조실록》 권7, 선조 6년 7월 경인).
12) 《선조실록》 권12, 선조 11년 7월 경술.
13) 핫토리 타미오는 조선조 정치적 권력구조의 특징을 국왕과 왕실을 포함하며, 국구(國舅)의 존재를 활용하는 네트워킹으로 파악한 바 있다(服部民夫, 앞의 글, 81쪽).

붙이다. 1593년(선조 26)에 선조가 환도할 때 왕을 배행했고, 이후 우의정을 거쳐 좌의정에까지 올랐다. 또 호성공신 2등으로 책록되고 원성부원군(原城府院君)에 추봉되었다. 김응남은 한때 이이를 탄핵한 혐의를 받고 제주목사로 좌천된 적도 있으나14) 이는 혐의일 뿐 실제로 탄핵에 참여하지는 않았다 한다.

이지번의 아들 이산해와 사위 김응남은 둘 다 재상에 오른 정치가였지만, 서로 혼인을 통해 맺어진 관계였고, 형제처럼 우의를 다지며 35년을 지내온 지기(知己)이기도 하였다. 이산해가 쓴 만사에는 형제처럼 35년을 지내왔는데 세상의 난리가 평정되자 먼저 떠나버린 김응남에 대한 아쉬움이 진하게 배어 있다.15)

이산해는 양주 조씨와의 사이에 4남 4녀를 두었으나 막내아들이 요절하여 그림 5-1에서 보는 바와 같이 3남 4녀가 남았다. 그의 자녀들은 여주 이씨·전의 이씨·광주 이씨·안동 김씨·전주 유씨·광주 안씨 등 모두 명문가와 혼인하였다. 맏사위 이상홍(李尙弘)은 성호 이익의 증조 이상의(李尙毅)의 동생으로, 문과에 급제하여 문사로서 명성을 떨친 인물이다. 둘째 사위는 이덕형으로, 백사 이항복과 짝을 이뤄 오성(鰲城)과 한음(漢陰)으로 유명하다. 그는 광주 이씨 둔촌 이집(李集)의 7세손으로 문과급제는 물론이고, 장인 이산해를 이어 2대 연속 영의정에 오르기도 하였다. 뒤에서 다시 설명하겠지만 남인 출신으로 북인인 이산해의 사위가 된 이덕형은 이산해를 때론 보좌하고 때론 적절히 견제하며 균형을 취할 수 있도록 한 인물이기도 하다.

하지만 이덕형의 명성에 견줄 때 그의 자손들은 아버지만큼 현달하

---

14) 《선조실록》 권17, 선조 16년 8월 정축.
15) "憶曾邂逅南樓上 屈指于今卅五年 新婿但知兄弟樂 衰門誰道鼎台聯……三十五年作兄弟 宦到黃扉頭各皤 世難纔平君焂逝 春遊雖好我誰過."(《鵝溪遺稿》 제4권, 〈南郭錄〉)

지는 못한 것으로 보인다. 이덕형은 3남 1녀를 두었는데, 장남 여규(如
圭)는 음보로 군수가 되었고, 차남 여벽(如璧)은 현감이고, 3남 여황(如
璜)은 문과에 급제하여 사간원설서가 되었으며, 사위로 생원 정기숭
(鄭基崇)을 맞이하였다.16)

한편 이산해의 셋째 및 넷째 사위 또한 명문가 출신의 문과급제자
로 그의 네 사위가 모두 문과급제자이다. 맏아들 경백과 둘째 아들 경
전 역시 문과에 급제하였으나 맏아들 경백은 후사가 없어 둘째 아들
경전이 장남 역할을 하게 되었다.17) 이들도 각각 명문가로 알려진 전
의 이씨 이경청의 딸, 안동 김씨 김첨의 딸과 혼인하여 혼인을 통한
정치적·인적 네트워크 형성에 기여하였다.

특히 차자 이경전은 장남을 대신하여 가계를 이끌었을 뿐 아니라,
문과급제 후 1591년(선조 24) 유성룡에 의해 호당에 선발되었다. 그 뒤
로 그는 홍문관·예문관을 비롯하여 승정원과 이조·예조 등의 중요한
관직을 두루 거치면서 아버지 이산해 못지않은 환력(宦歷)을 누렸다.
호란 당시에는 강화도와 남한산성에서 인조를 호종하는 역할을 수행
하였다. 뿐만 아니라 그는 정계에서도 아버지 이산해를 이어 북인의
핵심인물로 활동함으로써 혈연관계와 정치적 성향은 무관할 수 없음
을 보여준 인물이기도 하다. 그러나 인조반정 이후 북인이 유명무실화
함으로써 이경전의 자손들은 남인으로 활동하게 되었다.

---

16) 《백사집》 제3권, 〈한원부원군 이공 묘지〉.
17) 장남을 대신하여 경전이 가계를 실질적으로 이은 양상에 대해서는 김학수, 앞의 글 참조.

3. 혈연 및 혼인관계와 정치

아계 전후 3대가 맺은 혈연 혹은 혼인관계는 정치적 입지를 형성하는 데에도 영향을 미쳤다. 이산해를 중심으로 한 인적 네트워크와 정치와의 관계를 살펴보기로 한다. 부자관계인 이지번과 이산해는 평해와 관련이 깊다. 이지번이 김안로에 의해 귀양을 간 곳이 평해이고, 아들 이산해 또한 한때 평해로 유배된 적이 있다. 이산해의 평해 유배는 임진왜란 당시 선조가 의주로 피난한 것을 빌미로 서인들의 탄핵을 받아 이루어진 것이었다. 이산해가 평해에 있을 당시 쓴 한시들은 그의 시 가운데서도 극치로 평가받을 만큼 잘 알려져 있기도 하다.18)

이산해가 서인에 의해 탄핵된 것은 잘 알려진 바와 같이 그가 동서분당 시기에 동인을 표방한 중심인물이었기 때문이다. 1578년(선조 11) 대사간이 된 이산해는 윤두수를 비롯한 서인 세력을 탄핵해 파직시켰다.19) 1588년(선조 21)에 우의정에 오른 이산해는 당시 동인이 다시 남인과 북인으로 나뉘자 북인의 영수로서 정권을 장악하였다. 그 후 1590년(선조 23)에는 건저 문제를 빌미로 정철을 탄핵하고 유배시켰다. 이러한 그의 정치적 선택에는 아들 경전이 동참하였다. 즉 정치적 반대파인 송강 정철 등을 탄핵하거나 유배 보낼 때 아들 경전이 중요한 역할을 맡았다.

그 후 독서당 간택에 경전이 선발되지 않자 이산해는 사위 이덕형을 시켜 국왕에게 아뢰게 하여 경전이 선발되도록 하는 등 조력을 아

---

18) 김수연, 〈이산해와 유배문학〉, 《한국문학연구》 제27권, 동국대학교 한국문학연구소, 2004, 314쪽.
19) 《선조수정실록》 권12, 선조 11년 10월 무인.

끼지 않았다.[20] 요컨대 아들 경전은 아버지 이산해와 같은 노선을 걷는 관계의 인물로서 그 몫을 수행하고 있었고, 이런 역할을 수행하기까지에는 아버지의 뒷받침에 힘입은 바 컸다고 하겠다.[21]

임진왜란이 발발하자 선조는 의주로 피난을 떠났고 그때 이산해는 왕을 호종하여 개성에 당도하였다. 그런데 양사를 비롯한 대신들이 왜적의 침입과 왕의 피난 책임을 물어 이산해 등을 탄핵하기에 이르렀고, 그 결과 이산해는 평해에 중도부처되었다. 이후 1595년(선조 28)에야 영돈녕부사로 복직한 그는 북인이 대북과 소북으로 분당될 때 이이첨·정인홍 등과 더불어 대북파가 되었다. 그리고 대북파의 영수로서 1599년(선조 32)에 다시 영의정에 오르게 된다. 최고의 지위까지 오른 그의 정치적 여정에는 혼인으로 관계를 맺은 김응남과 이덕형의 역할 또한 매우 컸다.

이산해의 매부 심응남은 청렴하고 도량이 넓은 사람으로 평가받았으나, 정치에서는 반대파로부터 이산해와 같은 길을 걸으면서 그의 생각대로만 움직인다는 비판을 받기도 했다. 1588년(선조 21)에 조헌이 올린 상소는 '정유길이 김응남 등의 모사만을 듣고 조권(朝權)을 맘대로 하고 있는데, 그 모주(謀主)는 이산해'라고 밝힌 바 있다.[22]

임진왜란이 일어나기 전 해인 1591년(선조 24) 일본은 현소와 평의지(平義智)를 조선에 보내 화호(和好)를 구하고 통신사를 보내줄 것을 청하였다. 당시 이산해는 섣불리 화호하는 것보다는 명나라에 이 사실

---

20) 《선조실록》 권25, 선조 24년 8월 임인.
21) 그러나 내외요직을 두루 거친 환력(宦歷)과는 달리 이경전은 매우 청빈하여 청백리로 녹선되기도 하였다. 그가 아들에게 남긴 글에는 '吾家世淸貧 國人所知……'로 시작하면서 자기 집안이 대대로 청빈했으므로 자식들에게 남겨줄 재산이 별로 없음을 밝히고 있는 부분이 있다(한국학중앙연구원, 《고문서집성》 61-예산 閒谷 한산이씨편-, 2002, 275쪽 ; 〈家庭書帖(先世遺帖)〉 所收).
22) 《선조실록》 권22, 선조 21년 1월 기축.

을 알려야 한다는 입장이었다. 마침 매부인 김응남이 성절사로서 명에 가는 길이었으므로 그를 통해 이 사실을 명나라에 통보할 수 있었고, 명과의 관계에서 발생할지 모르는 오해의 소지를 없앨 수 있었다.[23]

또 같은 해에 이산해는 김응남과 함께 굽은 것을 펴고 간사한 것을 억제해야 한다는 의론을 제창하였다. 그러자 당시 부제학이었던 김성일은 최영경이 누명을 썼다며 진상을 설명하였고,[24] 대사헌 이원익은 정철의 죄상을 논계하였다. 그 결과 정철을 강계부로 귀양보내기에 이르렀는데, 반대파에서는 이 모든 것을 이산해가 사주하였다 여겼다.[25]

그러나 모든 정계의 의론이 이산해를 중심으로 돌아가던 당시와 달리 임진왜란이 일어나면서 이산해는 파천의 책임으로 탄핵 위기에 처하게 되었다. 그의 탄핵을 논하던 자리에서 선조는 당시 영의정이었던 이산해를 삭탈관직하면서도, 왜 이산해에 대해서만 이런 조처를 내려야 하는지 대신들에게 물었다. 즉 이산해와 유성룡이 모두 자신의 피난을 말리지 못했는데 왜 이산해만 삭직하도록 하고 유성룡에 대해서는 아무 언급이 없느냐는 말이었다. 그때 대신들의 대답은 여러 가지였지만 대체로 유성룡에 대해서는 호의적이고, 이산해에 대해서는 삭직하자는 의견이 많았다. 그러나 그때에도 김응남만은 '대신이라면 다 같이 벌을 받는 것이 마땅하다. 한 사람은 죄를 받고 한 사람은 면하는 것은 맞지 않다'는 의견을 개진하였다.[26] 김응남은 임진왜란 당시 유성룡의 천거로 병조판서 겸 부체찰사가 되었다. 그럼에도 그는 처남 이산해에게만 국왕의 피난 책임을 묻는 것은 부당하며, 이산해와 유성룡 모두가 책임을 지는 것이 마땅하다는 의견을 낸 것이다. 정치적 판

---

23) 《鵝溪先生略傳》, 54쪽 ; 《선조실록》 권25, 선조 24년 10월 병진.
24) 《선조실록》 권25, 선조 24년 8월 경자.
25) 《鵝溪先生略傳》 119쪽, 채제공 찬, 〈神道碑銘〉.
26) 《선조실록》 권26, 선조 25년 5월 신유.

단은 혈연이나 인척관계와 무관할 수 없다는 것이 잘 드러난 사례라 할 수 있다.

1593년(선조 26)에 김응남은 이조판서가 되었는데 그 뒤로 더욱 이 산해의 구태를 따랐다는 비판이 그를 따라온다.[27] 그러나 이듬해에 우의정, 또 다음 해에는 좌의정에 올라 한산 이씨가로서는 한 세대에 두 명의 정승을 두는 대단한 지위를 누릴 수 있었다.

김응남에 대한 평판으로 빠지지 않는 것은 그의 청렴함과 검소함이 었다.[28] 그는 누구로부터도 뇌물을 받는 일이 없었고, 현명하고 어진 인사를 잘 추천하여 등용하는 것을 자신의 임무로 삼았다 한다. 집이 빈한한 나머지 사망 후 장례를 치를 수 없을 정도여서 예조가 그의 장 례비용을 대줄 것을 왕에게 건의할 정도였다.[29]

김응남이 이산해와 비교적 비슷한 노선을 걸었던 관료이자 정치가 였던 것과 달리, 이산해의 사위 이덕형은 스스로의 정치적 입지가 이 산해만큼 높았을 뿐 아니라 이산해와 항상 같은 성향을 띠지는 않았 다. 남인 출신으로 북인인 이산해의 사위가 되었다는 점만 보아도 이 들의 정치적 입장이 항상 같을 수만은 없었음을 짐작하고도 남는다. 이덕형에게는 그가 이산해의 사위였으므로 화패(禍敗)를 면할 수 있었 다는 평가와 함께[30] 이산해의 사위임에도 어느 한쪽 논의에 치우치지 않았다는 평가가 공존한다. 즉 이덕형은 이산해와 당색은 다르지만, 부모·자식간이었고, 그 개인만을 보면 이산해만큼 유능하며 영의정이 라는 최고 지위에 올라 자신의 입지를 펼친 정치가였다. 이산해와 이 덕형은 오히려 정치적 입장의 미묘한 차이 때문에 서로 객관적으로

---

27) 《선조실록》 권28, 선조 27년 11월 을해.
28) 《선조실록》 권28, 선조 27년 11월 을해.
29) 《선조실록》 권107, 선조 31년 12월 정사.
30) 《선조실록》 권42, 선조 26년 9월 병진.

힘이 되고 견제할 수 있는 위치에 있었던 것인지도 모른다.

이덕형은 본관이 광주(廣州)이며, 호는 한음(漢陰)이고 지중추부사 민성(民聖)의 아들이다. 1580년(선조 13) 문과에 급제한 이후 승문원 관원을 시작으로 영의정에 이르기까지 온갖 관직을 역임하였다. 임진왜란 당시에는 정주까지 왕을 호종하고, 청원사(請援使)로 명나라에 파견되어 파병을 성취한 공로가 있었다.31) 명에서 돌아온 뒤 명장 이여송(李如松)의 접반관이 되었는데, 당시 접반관으로서 국왕에게 치계한 내용이 실록에 실려 있다.32) 그러나 당시 사신은 이덕형이 이산해의 사위이기 때문에 화패를 면할 수 있었다는 사론을 수록하고 있어, 이산해를 중심으로 한 인적 네트워크에 대한 평가를 짐작할 수 있다.33)

실록에 수록된 이덕형의 졸기에는 그가 당론을 좋아하지 않았다고 기술되어 있다.34) 동서 및 남북 분당이 이루어지면서 당론 분열이 심각했고, 장인인 이산해가 바로 그 중심에 있었던 시기임에도 이조·예조·승문원을 비롯하여 정승 자리까지 두루 섭렵한 이덕형이 이런 평가를 받았다는 것은 그가 어느 한쪽의 당론에 끝끝내 치우치지 않았음을 입증한다. 한 예로 영창대군 처형과 폐모론에 대한 반대는 그가 북인의 영수인 이산해의 사위이면서도 끝까지 북인 편에 적극 가담하지 않았음을 보여주는 대목이라 하겠다. 흔히 그를 가리켜 남인과 북인의 중간노선을 지키다가 남인에 가담했다고 하나, 당색만으로 보면 그는 시종일관 남인이었다. 다만 정파에 치우치지 않는 관직자로서 자

---

31) 《선조실록》 권27, 선조 25년 6월 을사.
32) 《선조실록》 권35, 선조 26년 2월 임인.
33) 《선조실록》 권42, 선조 26년 9월 병진.
34) 그의 졸기에는 이산해를 가리켜 '당파 가운데서도 지론(持論)이 가장 편벽되고 그 문하들이 모두 간악한 자들로 본받을 만하지 못하였다'고 매우 혹평하고 있다. 그러나 이덕형은 외구(外舅)의 문하들과 친하지 않아 소인들에게 곤욕을 당했다고 하면서 이를 당론을 좋아하지 않은 예시로 기술하고 있다(《광해군일기》 권71, 광해군 5년 10월 9일 계사, 졸기).

세를 견지했기 때문에 중간노선을 지켰다는 평을 받았다고 생각된다.

4. 교유관계

(1) 학문적 교유관계

한산 이씨가는 혈연·혼인관계 못지않게 학자 및 정치가들과의 교유관계 또한 그 범위가 매우 폭넓고 깊었다. 특히 아계를 전후한 3대는 퇴계 이황·율곡 이이를 비롯하여 화담 서경덕, 서애 유성룡 등 당대의 학계·정계를 대표하는 최고의 인물들과 교유하였다.

먼저 아계의 아버지 이지번은 퇴계 이황과 교유가 싶어 시문을 빈번히 주고받는 사이였다. 그들의 교유관계가 어떻게 시작되었는지는 알 수 없으나, 실록에 실린 이지번의 졸기에는 '이황이 이지번과 벗하여 도학(道學)을 권면하였다'고 기록하고 있다.[35] 앞서 언급했듯이 이지번은 아우 지함을 데리고 단양의 구담에 은거한 적이 있다. 이때 퇴계 이황은 한양을 왕래할 때마다 구담에 들러 이지번과 서로 만나곤 했다. 당시 이황은 이지번을 '구담주인(龜潭主人)'이라 일컬으면서 그의 전원생활을 부러워했다.

구담주인이 보습을 메고 그곳으로 가서 농사를 짓는다니 나같이 늙고 병든 사람도 뛰어가서 그 들에서 밭 갈고 싶노라.

---

35) 《선조수정실록》 권9, 선조 8년 12월 을축.

이것은 이황이 단양군수였던 금계(錦溪) 황준량(黃俊良)에게 보낸 서간 가운데 이지번을 언급한 부분이다.[36] 이황은 이지번을 구담주인이라 일컬으면서, 그가 구담에서 농사를 짓는다니 자신도 그곳에서 농사지으며 함께 지내고 싶다는 뜻을 피력하였다. 이황뿐 아니라 이황과 서간을 주고받았던 황준량 또한 구담을 방문한 적이 있고 이지번과 교유한 이력이 있다.[37]

한편 이지번은 선조 초년(1568)에 청풍군수를 제수받았다. 그는 사양하고자 했으나 은거하던 구담과 가깝고 산과 물이 있는 곳이어서 당시 여론이 이를 받아들이기를 원했다. 그래도 망설이던 이지번에게 청풍군수 취임을 강권한 사람은 당시 조정에 있던 이황이었고, 이지번은 그의 뜻에 따라 청풍군수로 취임하여 선정을 베풀 수 있었다.[38]

이후 이황은 황준량의 문집인 《금계집》에 자신이 행장을 짓고 자신의 친구 이지번의 아들인 이산해로 하여금 발문을 짓도록 추천했다. 당시 이황이 황준량에 대하여 '공(公)을 아는 이는 이모(李某)만한 사람이 없다'고 한 것으로 보아 이지번과 이황 그리고 금계 황준량, 이 세 사람의 교유가 매우 깊었음을 알 수 있다.[39] 그리고 황준량의 문집에 발문을 쓴 이산해에 이르기까지 이씨가는 퇴계와 황준량에 대해 이지번과 이산해로 이어지는 2대에 걸쳐 교유가 있었음을 입증한다 하겠다.

이씨가의 교유 범위는 율곡 이이에도 미쳤는데, 이지번이 구담에

---

36) "龜潭主人 想必負耟急投 雖老病如滉者 亦將躍躍然願耕其野矣."(《퇴계선생문집》, 〈答黃仲擧〉, 《문집총간》 29, 471쪽) 이 글에는 "龜潭主人李而盛"이라는 주석이 있다. 이성(而盛)은 이지번의 자(字)이므로 구담주인이 이지번을 가리키는 것임을 알 수 있다.

37) 황준량의 문집에 구담에 있는 이지번에게 들른 것을 소재로 한 시문이 수록되어 있다 (《錦溪集》 권3, 〈過龜潭寄而盛李之蕃〉).

38) 《선조수정실록》 권9, 선조 8년 12월 을축 ; 具鳳齡 撰, 〈省菴公 諱之蕃 墓誌銘〉.

39) 《鵝溪先生略傳》 16쪽.

은거할 때 이황·황준량뿐 아니라 율곡도 그곳을 방문한 적이 있다.[40] 이지번의 아우 지함은 더욱 율곡과 가까웠는데 학문적인 벗으로 이이와 가장 친했다고 할 정도였다. 이이는 이지함에게 성리학을 공부하라고 권면하였는데, 지함이 자신은 욕심이 많아 할 수 없다고 사양할 정도로 자신의 속내를 드러내는 친구 사이였다.[41]

이처럼 아계 가문에서 학문적 연망의 매개체로서는 토정 이지함의 역할이 컸다. 그는 어려서 글을 배우지 않다가 형 이지번의 권고로 학문의 길에 접어들어 경서는 물론 사서·제자백가 등을 짧은 시간에 통달하였다. 그래서 형제간에 우의도 있었지만, 이지함은 학문의 길에 접어들게 한 이지번을 스승처럼 여겼다. 이지번이 사망하자 스승을 위해 입는 복(服)이라 주장하면서 심상(心喪) 삼년의 복을 입은 것이 이를 입증한다. 그는 말년에 아산군에 부임하여 선정을 베풀다가 병으로 사망하였다.[42]

이지함에게 어린 시절 스승이 형 이지번이었다면 장성해서는 서경덕을 스승으로 삼고 그의 문하에서 배웠으며, 남명 조식과도 깊은 교유관계를 유지하였다.[43] 뿐만 아니라 이지함의 삶은 서경덕이나 조식의 처사적 삶과 매우 흡사한 면이 많다.[44] 서경덕과 이지함의 사승(師承)관계, 그리고 이지함과 이이의 우의는 이산해가 이지함으로부터도 학문을 배웠고 영향을 받았다는 점을 고려할 때 아계 가문 구성원들

---

40) 《栗谷全書》 卷1,〈龜峯下訪李司評之蕃〉.
41) 《선조수정실록》 권12, 선조 11년 7월 경술.
42) 《선조수정실록》 권12, 선조 11년 7월 경술.
43) 후대에 화담학파와 남명학파의 문인들은 북인의 중추 세력을 형성하였다(신병주,《남명학파와 화담학파 연구》, 일지사, 2000, 180쪽).
44) 서경덕·조식 등은 흔히 16세기에 등장한 '처사형 사림'에서 대표적으로 거론되는 인물이다. 이들은 사화에 대한 부정적 인식 등으로 중앙정계를 멀리하고 지방에서 학문하며, 유학뿐만 아니라 도가 사상이나 천문학 등 다양한 분야로 관심영역을 넓힌 인물이기도 하다(신병주, 앞의 책, 29~52쪽).

의 학문적 교유관계에 많은 영향을 미쳤을 것으로 판단된다.[45)

이지번·지함 형제와 퇴계·율곡·화담·남명 등의 관계는 서로 시문을 논하고, 성리학을 권면하는 순수한 관계이고 학문적 관계였다. 비록 사화를 겪고 유배를 경험하는 현실은 있었지만, 그럼에도 아직 교유하는 데 정치색이 끼어들 여지는 별로 없었다. 그리고 퇴계·율곡·화담·남명 등의 학파가 아직 분기하기 이전이므로 다양한 사우문인 관계를 형성할 수 있었고, 주기(主氣)와 주리(主理)의 학풍을 모두 흡수할 수 있었다. 그의 아들 이산해와 그 후손들이 경험하는, 분당이 본격화된 시기의 교유와 다른 점이 여기에 있다고 하겠다.

(2) 교유관계와 정치적 성향

이산해도 이이와 매우 절친한 사이였다. 이산해는 이이뿐 아니라 송강 정철과도 가까웠으나 분당 이후 이들과 사이가 멀어졌다. 1578년(선조 11)에 대사간이 된 이산해는 서인인 윤두수·윤근수·윤현 등을 탄핵하여 파직시켰다. 동인의 집권을 확고히 하고자 한 데서 나온 결과였다. 그로부터 10년 뒤 조헌은 그의 상소에서 이산해에 대해 '정철을 미워하였고, 그 때문에 정철의 구교(舊交)라는 이유로 이이와도 절교하였다'고 하면서 이는 비부(鄙夫)의 태도라 비판하였다.[46)

하지만 1589년(선조 22) 이산해는 좌의정을 제수받았는데, 이때 우의정을 제수받은 이는 정철이었다. 당시 고양에 은둔하고 있던 정철을

---

45) 이지함이 이이와도 교유관계를 맺을 수 있었던 것은, 화담 학풍이 이이의 학문에 영향을 주었기 때문으로 보인다. 화담의 문인으로서 허엽(許曄)과 박순(朴淳)처럼 동인과 서인의 주축으로 활약한 인물이 있는가 하면, 기호학파인 이이의 학문에 영향을 주는 등 화담학파는 다양성과 개방성을 그 특징으로 한다(신병주, 앞의 책, 190~226쪽).
46) 《선조실록》 권22, 선조 21년 1월 기축.

천거한 사람이 바로 이산해였다. 정철은 여러 차례 사양하다가 결국
직에 나아갔다.47) 그러나 이산해는 그 뒤 양사의 건의로 붕당을 만들
어 조정을 탁란시켰다는 이유로 정철 등을 파직하고, 찬배(竄配)하도
록 하였다.48) 결국 북인의 집권을 확고히 하고자 자신이 우의정으로
천거한 정철을 탄핵하는 방식으로 그를 견제할 수밖에 없었던 것이다.

이러한 태도는 북인이 대북과 소북으로 나뉘면서 다시 나타났다.
같은 북인으로서 정철을 공박할 때 동지였던 이산해·홍여순·유영경
·이이첨 등이 다시 당을 나누고 서로 반목하게 된 것이다.49) 결국 이
산해가 정계에서 활약하던 시기는 그 누구에게도 교유관계라는 것이
정치와 떼려야 뗄 수 없는 직접적 연관성을 가졌음을 알 수 있다.

이산해의 매부였던 김응남은 1583년(선조 16)에 송응개 등이 이이를
탄핵한 혐의로 선조에게 노여움을 사서 유배될 때 같은 혐의로 제주
목사로 좌천된 바 있다. 그러나 실제로 그는 이이를 존경하여 이이를
탄핵하자는 논의에는 참여하지 않았다고 한다. 이에 대사간 김우옹 등
은 김응남을 구원하려고 '제주목사 김응남은 죄명이 확실치 않은 상태
에서 외방으로 좌천시켰으니 철회해 달라'고 선조에게 아뢰었다. 그러
자 선조는 '간사한 자의 괴수인 송응개로부터 김응남이 칭찬을 받았으
니, 그들이 붕당을 체결했다는 것은 매우 분명한 사실이다'라는 반응
을 보이며 이를 철회하지 않았다.50)

결국 김응남은 실제 이이에 대한 자신의 견해나 감정과는 무관하게
이이를 탄핵한 세력과 같은 붕당을 결성했다는 이유로 이이와는 가까

47) 《선조수정실록》 권23, 선조 22년 11월 을사.
48) 양사의 건의를 통해 정철 일파를 파직하고 찬배하는 과정은 《선조실록》 권25, 선조 24년
   윤3월 기묘, 6월 병진, 6월 무오, 7월 을축, 8월 경자 등의 기사에 상세히 나와 있다.
49) 《광해군일기》 권3, 광해군 즉위년 4월 경오.
50) 《선조실록》 권17, 선조 16년 9월 1일 기묘.

워질 수 없는 관계에 놓이게 되었다. 즉 이산해와 정치적 노선을 함께 하면서 교유관계에서도 붕당 이전처럼 결코 자유롭지만은 않게 된 것이다.

한편 영남의 퇴계학파와 남인을 대표하는 위치에 있던 유성룡 또한 이산해·김응남 등과 관직 생활을 함께 하고 임란을 함께 겪었다. 기축옥사로 정철을 비롯한 서인들이 대대적인 옥사를 단행할 때, 유성룡은 동인의 핵심세력으로서 이산해와 함께 제거될 위기에 처하기도 했었다. 또한 김응남은 임진왜란 당시 왕이 피난길에 오르자 유성룡의 천거로 병조판서 겸 부체찰사가 되었다. 1595년(선조 28), 김응남이 좌의정이 되었을 당시 영의정은 유성룡이었다. 이들은 임란 후의 정국을 안정시키는 데 힘을 모았다. 하지만 김응남은 전술했듯이 임란 당시 선조의 피난을 만류하지 못한 책임을 물어 이산해가 탄핵되었을 때, 유성룡은 언급하지 않고 이산해만 탄핵하는 것은 부당하다는 의견을 개진한 바 있다.

이산해의 사위 이덕형도 유성룡과 마음이 맞았다. 그 두 사람은 진(陣)을 설치하고 무기를 제조하는 데 중국의 것을 채택하여 함께 했을 뿐 아니라 둔전을 설치하는 일도 함께 추진했다.[51] 그러나 아계 집안과 유성룡과의 관계는 관직자로서의 업무에 국한된 측면이 많았다. 이지번의 아들 이산해나 손서(孫壻) 이덕형은 퇴계의 제자인 유성룡과 더불어 성암 이지번과 퇴계 이황이 했던 것과 같은 학문적 교유보다는, 임란을 전후한 정국에서 관료로서 서로 조력하는 실질적인 협력관계에 가까웠다. 다시 말해 교유의 성격이 달라졌다고 하겠다.

이처럼 동서분당과, 이어지는 남북분당 이후의 이씨가의 교유관계

---

51) 《백사집》 제3권, 〈漢原府院君 李公 묘지〉.

는 분당의 영향을 받지 않을 수 없었다. 그의 부모 대에 이루어진 것과 같은 학문적 교유관계보다는 정치와 직·간접적으로 연관된 교유관계가 그들을 둘러싸고 있었다.

한편 이산해의 사위 이덕형은 이항복과 관계가 돈독했다. 오성과 한음으로 알려진 두 사람에 관한 일화는 어린 시절을 소재로 한 것일 뿐이지만, 그들의 관계는 비슷한 시기에 문과에 급제하고 정계에 발을 들여놓으면서 동료로서, 그리고 막역한 친구 사이로서 오래도록 지속되었다. 이덕형의 묘지명을 이항복이 직접 쓴 사실만 보아도 그들의 관계는 짐작하고도 남는다. 특히 남인 출신으로서 북인 이산해의 사위가 되어 남인과 북인의 중간 입장을 견지하거나 또는 끝까지 남인의 입장을 고수하고자 했던 이덕형은 어릴 적 친구에서 정치적 동지로 함께하는 이항복에게 의지하는 바가 컸다.

이덕형은 임진왜란 때 이순신과 함께 적장 고니시(小西)의 군사를 대파하는 공을 세웠고, 그 후 행판중추부사로서 경상·전라·충청·강원 4도체찰사를 겸임하였다. 여세를 몰아 그는 대마도 정벌까지 건의했으나 뜻을 이루지는 못하고 영의정을 제수받았다. 그런 그를 호성공신에 녹훈할 것을 건의한 사람은 바로 이항복이었다. 그러나 이덕형 본인이 크게 사양했고 또 녹훈을 반대하는 이들이 있어 책록되지는 못하였다.

이덕형과 이항복이 뜻을 함께 한 것은 광해군이 즉위한 지 5년 만에 일어난 영창대군 처형과 폐모론에 대한 반대였다.52) 이덕형·이항복 등이 이를 반대하자 삼사는 반대자들을 처형할 것을 주장하기에

---

52) 이이첨이 박응서(朴應犀) 등을 사주하여 김제남 등이 영창대군을 추대하려는 음모를 꾸 몄다고 고변한 것을 시작으로 불거진 이 사건과 영창대군 사사 논의의 전개 과정은 《광해 군일기》 권65, 광해군 5년 4월~권68, 5년 7월까지의 기사에 상세히 서술되어 있다.

이르렀다. 광해군이 관직을 삭탈하는 것으로 마무리함으로써 사태는 수습되었지만, 그들은 가장 어려운 정치적 선택을 함께 할 수 있는 관계로 발전해 있었다.

5. 맺음말

아계가(鵝溪家)는 선대로부터 내려오는 명문가의 전통과, 이산해라는 걸출한 인재의 배출, 그리고 적극적 혼인전략을 통한 타가문으로부터의 인재유입 등 다양한 요소로 말미암아 가계를 인재들로 구성된 인적 네트워크로 화하는 데 성공한 대표적 가계라 할 수 있다.

이산해의 조부인 이치의 경우 혼인상대가 된 광주 김씨가는 이씨가와는 달리 무반 가계이며, 이씨가가 세조 옹립에 적극적이었던 것과 달리 이치의 장인 김맹권은 불사이군(不事二君)을 명분으로 낙향을 불사한, 전혀 다른 정치적 선택을 한 인물이었다. 그러나 김씨가와의 혼인으로 한산 이씨가는 보령 지역에 우거 기반을 마련하여 도약의 발판을 마련할 수 있었다. 이후 권력을 전횡하던 윤원형 집안을 마다하고 은거생활까지 한 끝에 선택한 이산해와 양주 조씨와의 혼인, 이산해의 매부이며 정치적 조력자로서 꾸준히 같은 길을 가게 된 김응남을 사위로 맞이한 혼인, 양대에 걸쳐 영상을 배출하게 한 당대 최고의 인재 이덕형을 맞이한 것 등은 최고의 혼인전략이 빚어낸, 아계 가계 성장의 밑거름이 된 선택이었다.

혈연과 혼인관계로 형성된 가계 내의 인적 관계는 동서분당과 남북분당의 와중에 온갖 정치적 선택에 영향을 미칠 수밖에 없었다. 이산해의 뒤를 이어 문과급제 후 정계에 입문한 이경전은 많은 관직을 섭렵하면서 이산해가 동인의 대표로서 또 북인의 영수로서 활동하는 데 조력했고, 이는 김응남과 이덕형도 마찬가지였다. 특히 이덕형은 영창 대군 살해와 폐모론에 반대하는 등 정치적 선택이 항상 일치하지는 않았지만, 아계가의 정치적 선택이 지나치게 일방으로 흐르지 않도록 하는 견제의 역할도 할 수 있었다.

아계의 아버지 이지번은 퇴계 이황·율곡 이이·금계 황준량 등과 시문을 주고받는 학문적 교유관계를 가졌고, 이지함은 이지번·서경덕 으로부터 학문을 배웠고, 남명의 종유(從遊)였으며, 율곡과도 학문을 서로 권유하는 관계를 유지하였다. 이지함의 학문적 경향은 이산해에 게도 일부 전승되었으므로, 아계가의 학문은 퇴계·율곡·화담·남명 등으로부터 영향을 받은 다양한 학문세계가 조화를 이룬 것이라 해도 지나치지 않다.

결국 한 가계의 사회적 지위 획득과 유지·변동에는 많은 요소가 개 재되어 있다. 혼인을 통한 인적 네트워크의 형성, 정치적 성향과 당색 에 좌우되는 교류의 범위 등도 모두 이에 포함된다. 그러나 아계가의 분석을 통해 알 수 있는 점은 조선 후기 사회의 인적교류나 네트워크 형성 방식에 견주면 비교적 유연하다는 점이다. 예를 들어, 18세기 이 후라면 적어도 서로 당색이 다른 가문끼리의 혼인, 세조 옹립의 지지 세력과 반대 세력의 혼인 등 정치적 성향이 다른 계파끼리의 유연한 유대는 쉽게 찾아보기 어려운 현상이라 생각된다. 또 주기론과 주리 론, 혹은 퇴계학파와 율곡학파, 여기에 덧붙여 남명학파와 화담학파 등 학문적 경향도 다양하게 분기(分岐)한 조선 후기가 아니기 때문에 이들의 학문적 교유관계의 범위 역시 모든 학파와 경향을 아우르는 유연하고 광범위한 관계에 이르고 있는 것으로 보인다.

아계를 전후한 시기의 한산 이씨 가문은 이처럼 아직은 융통성과

다양성이 용인되는 시기의 조선사회를 주도함으로써 폭넓은 인적 네
트워크를 형성·유지하여 가계의 발전에 상승작용을 불러 일으켰다는
점에서 주목된다. 이는 인조반정 이후 중앙 정계의 많은 그룹이 정치
적 성향을 중심으로 네트워크를 형성하고, 혼인이나 학문적 성향, 대
외관계에 대한 인식 등은 종속적 요인으로 바뀌고 있는 점과 비교할
때 매우 중요한 요소로 생각할 수 있다.

■ 참고문헌

《鵝溪先生略傳》《鵝州世稿》抄本《아계유고》
《퇴계선생문집》(문집총간 29)
《선조실록》《선조수정실록》《광해군일기》《인조실록》
《백사집》《苔泉集》《금계집》《율곡전서》《國朝人物志》《紀年便考》

한국학중앙연구원, 《고문서집성》 61-예산 開谷 한산이씨 수당고택편-,
　　2002.
김학수, 《끝내 세상에 고개를 숙이지 않는다-17세기 명가의 내력과 가풍》,
　　삼우반, 2005.
신병주, 《남명학파와 화담학파 연구》, 일지사, 2000.
이성무, 《조선시대당쟁사》 1·2, 동방미디어, 2000.

김수연, 〈이산해와 유배문학〉, 《한국문학연구》 제27권, 동국대학교 한국문
　　학연구소, 2004.
金鶴洙, 〈고문서를 통해 본 禮山 韓山李氏 修堂家門의 家系와 사회경제적 기
　　반〉, 《古文書集成》 61-예산 開谷 한산이씨 수당고택편-, 한국학중앙연
　　구원, 2002.
박성용, 〈청도 양반의 혼인전략-사회적·상징적 유산을 전승하는 집에 관
　　한 사례를 중심-〉, 《민족문화논총》 제22집, 영남대학교 민족문화연구

소, 2000, 81~121쪽.

服部民夫, 〈ネットワーク論の試み(Ⅰ)-朝鮮時代における人間関係と権力-〉, 《アジア経済》 32-6, 1991, 6, 59~82쪽.

아계 이산해의 경제사상과
그 역사적 의의*

이 헌 창

고려대 경제학과

1. 머리말

아계 이산해의 경제사상은 선조 대를 중심으로 장기간 고위 관료로
활동한 인물의 것이라는 점에서 첫 번째 의의를 가진다. 아계 이산해
는 22세 때인 1560년에 문과에 장원을 하여 관료의 엘리트 코스를 착
실히 밟아 46세 때인 1584년에는 이조판서 겸 홍문관대제학·예문관
대제학에 제수된 이래 계속 전형(銓衡)과 문형(文衡)의 직임을 맡았고
50세 때인 1588년에 정승 자리에 올랐으며 62세 때인 1600년에 비로소
중책에서 완전히 벗어났다. 이 역사적 격동기에 장기간 요직과 최고위
직을 역임한 자체만으로도 그의 경제사상은 연구할 의의를 가진다.

* 2009년 7월 25일 예산·보령의 답사에서 아계의 12대손 이은규 씨(1957년생)와 15대손 이
문원 씨(1937년생)로부터 얻은 정보가 이 글의 집필에 도움을 주었다. 2009년 10월 12일
예산문화원에서 열린 아계 이산해 선생 서세 400주년 추모 학술대회에서의 발표에 대한
이근호 선생과 이기순 선생의 유익한 논평은 본고의 개선에 크게 도움을 주었다. 물론 본
고의 문제점은 모두 필자의 책임이다.

그의 문집 등 남은 경제기록은 일반 관료보다 구체적이나, 율곡 이이나 서애 유성룡에 미치지는 못한다. 그렇지만 아계의 경제사상을 연구하는 데는 또 다른 의의가 있다. 광해군 때에 국정을 주도한 북인 관료는 의리명분론에는 별다른 관심을 기울이지 않고 국방·경제의 실천 문제에 중점을 두었다고 평가되는데,[1] 이산해는 북인 세력의 형성뿐만 아니라 이러한 북인 사상의 형성에도 중요한 역할을 한 인물이었다. 따라서 이산해를 통해 북인 경제사상의 원류를 이해할 수 있다는 점에서 두 번째 의의를 찾을 수 있다.

이산해는 가정(稼亭) 이곡(李穀)의 8대손이고, 목은(牧隱) 이색(李穡)의 7대손이며, 토정(土亭) 이지함(李之菡)의 조카이다. 널리 알려진 바와 같이, 이곡과 이색은 고려 말기 유학의 새로운 학풍으로서 주자학 도입에 주도적인 역할을 한 인물이고, 이지함의 경제사상도 학계에서 주목을 받고 있다.[2] 고려 말기부터 광해군 때까지의 사상사에서 가장 중요한 의의를 가진 가문을 꼽으라면 이산해의 가문일 것이라 생각된다. 이 명가(名家)의 역사에서 이곡·이색의 사상이 이지함·이산해의 사상으로 어떻게 계승, 변형, 발전되었던가를 탐구하는 것은 흥미로운 과제로서 세 번째의 연구의의라 할 수 있다.

두 번째 의의와 세 번째 의의를 결합하면, 이산해가 가학의 전통을 어떻게 계승, 확충하여 북인의 적극적 경세사상의 성립에 기여하는가 하는 연구과제가 도출된다. 이산해의 학문 역량과 정치적 역량, 그리고 그가 처한 시대적 상황은 이러한 역할을 하도록 요청하였던 것이다. 이런 중요한 의의에 비추어 본다면, 그에 관한 연구가 이번 공동

---

1) 고영진, 〈총론: 17세기 전반 의리명분론의 강화와 사회정책론의 대립〉, 《역사와 현실》 8, 1992, 23쪽 ; 신병주, 〈17세기 전반 북인관료의 사상〉, 《역사와 현실》 8, 1992.
2) 김용덕, 〈李之菡의 經濟思想〉, 《한국의 사상》, 尹絲淳·高翊晋 共編, 열음사, 1984 ; 申炳周, 〈土亭 李之菡의 學風과 사회경제사상〉, 《규장각》 19, 1996.

연구로 본격화된 것은 늦은 감이 없지 않다.

2절에서는 이산해의 경제관, 그리고 3절에서는 그의 경제정책론을 다룬다. 4절에서는 이러한 경제관·정책의 특질을 낳은 사상적 배경과 사회경제적 배경을 고찰한다. 5절에서는 이산해 가문의 사상의 전개 가운데 그의 경제사상의 위치를 파악하고자 한다. 6절에서는 북인의 경제사상에서 그의 위치를 파악하고자 한다.

2. 이산해의 경제관

《아계유고(鵝溪遺稿)》를 보면, 경제사상에 관한 글이 많지 않다. 그 한 원인으로 임진왜란 이전의 저술이 거의 병화(兵火)로 소실된 것을 들 수 있다[〈기성록서문(箕城錄序文)〉 1:169].3) 남은 문집 가운데서도 문학 작품이 압도적인 비중을 차지하고 경세론의 비중은 낮다. 이산해는 당대의 문장가로 이름을 날렸으나,4) 경세가로서 명성은 없었다.

경제관을 다룰 때 우선 이익 추구에 대한 관념을 살펴볼 필요가 있다. 그런데 여기에 대한 이산해의 견해를 찾기가 쉽지 않다. "자만하면 손해를 부르고 겸손하면 이익을 얻는 것이 곧 천도(天道)이다[滿招損 謙受益 是乃天道]"라는 《서경(書經)》《대우모(大禹謨)》의 과거 출제 문제에 대해 이산해는 11세 때에 지은 〈만손초부(滿招損賦)〉로 장원을 받았다 (2:142~143). 다음 구절에 주목해보자.

---

3) '1:169'의 표시는 이산해 저, 이상하 역, 《국역 아계유고》 1·2, 민족문화추진회, 1997에서 1책 169쪽이라는 뜻이다. 앞으로도 이와 같이 표시한다.
4) 《선조실록》 선조 37년(1604) 12월 신해.

부자가 자만하면	富者自滿
끝내 가난뱅이 궁핍한 지경에 이르고	終直至於貧乏
빈자가 근면 성실하면	貧者勤惕
결국 부유하고 풍족한 상황에 이른단다.	終直至於富足
너는 이 핵심을 염두에 두고서	汝念此機
스스로 겸손하여 이익을 받도록 힘쓰고	懋自謙而受益
소인이 재물을 좋아하듯 그렇게 선을 좋아하여	好善如小人之好貨
덕을 채워서 몸을 윤택하게 하라.	充以德而潤身

(2:131~132)

여기서 덕의 추구와 재물의 추구를 상충하지 않는 것으로 보는 점
에 유의하고 싶다. 가난하면 열심히 재물을 추구하여 부유해지는 것이
긍정적으로 평가되고 있다. 그리고 "好善如小人之好貨"라는 표현에서
소인의 재물 추구가 군자의 도덕 추구처럼 긍정적으로 평가되고 있다.
당시 주자성리학자들은 천리와 인욕을 엄격히 구별하고 인욕을 낳는
이익 추구를 강하게 경계하였으나, 이산해에게는 그러한 언설을 찾기
어렵다. 일반 주자성리학자도 소인의 이익 추구를 부정하지는 않았지
만, 이산해는 이들보다 개인적 이익 추구를 적극적으로 평가하였다.
이는 어릴 적에 그를 가르친 숙부 토정 이지함에게서 이익 추구에 대
한 긍정적인 관념의 영향을 받았기 때문으로 보아야 한다. 이지함은
"덕이 근본[本]이고 재물은 말(末)이다"라는《대학》의 본말관(本末觀)을
수용한 다음에 그렇다고 해서 어느 한쪽에 치우쳐서는 안 되고 말로
도 근본을 제어해야 한다고 보았던 것이다.5) 그런데 이산해가 이지함

---

5)《土亭遺稿》卷上,〈莅抱川縣監疏〉.

처럼 이익 추구를 옹호하는 글을 피력하지 않았다는 점에도 유의할
필요가 있다.

다음으로 이산해의 가정경제관을 살펴보자. 그는 〈조부묘갈명(祖父
墓碣銘)〉에서 "조부가 글 읽기를 좋아하고 생산을 일삼지 않았다[不事生
産]"(2:110)는 점을 평가하였다. 이러한 평가는 그의 7대조인 목은 이색
에 대한 평가와 같았다. 하륜(河崙)이 찬(撰)한 이색의 신도비에 따르
면, "평생 생산 활동을 잘 하지 않아서[不治生産] 비록 자주 가산(家産)
이 바닥이 났으나 개의치 않았다"고 했다.《목은시고(牧隱詩藁)》권33
〈기사(紀事)〉에서는 "치생(治生)의 기술이 없으니 이 누구의 허물인가"
라고 했고,《목은시고》권34〈전장자소 병서(田莊自笑 幷序)〉에서는 "치
생에 게으르다"고 했다. 흥미로운 점은 이색이 가정경제를 잘 관리하
지 못하는 것을 한탄한 반면, 이색의 신도비나 이산해의 〈조부묘갈명〉
에서는 그것이 선비로서 긍정적인 자세로 평가되었다는 것이다. 여말
선초 성리학의 수용과 유교 이념의 사회적 확산이 이러한 변화를 낳
았던 것으로 생각된다.

이와 관련하여 이산해도 참여한 1580년 5월의 한 조강(朝講)에서 선
비의 가정경제 윤리에 대한 다음과 같은 논의가 있었다.

대사간 김첨경(金添慶)이 또 다시 "근래 사습(士習)에 대하여 사대부 사이에
의논이 있었습니다. 부자가 된 후에야 선(善)을 행할 수 있다 하며 명사(名士)
라는 사람들도 모두 가산(家産) 경영만 생각하여[皆以營産爲計] 노전(蘆田)과 해
택(海澤)을 가지지 않은 사람이 없으며 진전(陳田)까지도 제방을 쌓거나 개펄
을 파내는 데 회문(回文)을 돌려 협동 작업을 하자는 자도 있으니 이는 그 마음
가짐이 매우 밝지 못한 것입니다. 먼저 마음을 잃고서 뒤에 선을 행한다는 말
은 신은 알지 못하겠습니다. 상께서는 다시 신칙하고 격려하시어 이러한 폐습

을 근절시키소서"라고 아뢰었다. 선조가 이르기를, "세상의 이목이 있으니, 한 두 사람을 탄핵해서라도 징계하지 않을 수 없다" 하고, 또 "부자가 된 뒤에 선을 행한다는 것은 이치에 맞지 않는 말인데 이 말이 어디에서 나왔는가?" 하고 물었는데, 김첨경이 아뢰기를, "일정한 가산[恒産]이 없으면 본심을 지킬 수 없다고 합니다" 하니, 상이 이르기를, "이 말은 백성을 기르는 방법이지, 사대부가 자처(自處)할 도리는 아니다" 하였다. 이산해가 "조종조에서는 조금이라도 가산 증식에 힘쓰는 자가 있으면 반드시 탄핵했기 때문에 벼슬하는 사람은 일체 이러한 일을 하지 않았습니다"라고 아뢰니, 선조가 "중국의 조관(朝官)은 벼슬길에 나온 뒤에는 집을 새로 짓지 않고 모두 빌어서 거주한다 하는데 이 말이 사실인가?"라고 물었고, 산해가 아뢰기를, "중국의 경우는 알 수 없으나, 우리나라에서는 벼슬한 뒤에는 가업(家業)을 경영하지 않았습니다"라고 하였다. 권징이 "전장 등 가산을 늘이는 등의 일[田莊營産等事]은 전일 권세를 휘두르던 간신들이 한 일이지 지금에야 어찌 이런 일이 있겠습니까……"라고 아뢰니, 선조는 "이와 같이 하면 사습도 역시 아름답게 될 것이다. 임금은 충신한 사람에게 후한 녹봉을 주므로 지사(志士)는 구렁에서 죽을 것도 돌아보지 않는다고 하였다. 박팽년(朴彭年)이 3마지기 밭을 사들였는데, 그 친구가 '녹만으로도 농사의 수확을 충분히 대신할 수 있다' 하자, 팽년이 즉시 그 밭을 팔아버렸다고 하였다. 대간은 임금 앞에서 탄핵할 때에 범연하게 아뢰어서는 안 된다"고 하였다.6)

'영산(營産)'이란 '가산 경영'으로 번역될 수 있는데, 가산 경영을 하지 않고 경제력을 유지할 수 없으므로, 모든 가산 경영 행위를 불법으로 규정할 수는 없다. 여기서 '영산'이란 영리적 내지 모리적(謀利的) 가산 경영을 의미한다고 보아야 한다. 규탄의 대상인 '영산'과 그렇지

---

6) 《선조실록》 선조 13년 5월 갑오.

않은 일상 경제행위의 경계선은 사회 윤리에 따라 유동적이다. 그리고 '영산'이란 단순히 경제력의 현상 유지에 그치지 않고 적극적인 이익 추구로 가산을 증식하는 측면을 가질 것이다. 이처럼 '영산'이라는 개념이 모호한 면이 있으므로, 그것을 법적 처벌 대상으로 삼으려는 조정의 논의에 대하여 사신(史臣)은 "선비로서 가산을 경영하는 것은 비루한 일이므로 의논할 것이 못 된다. 다만 지나치게 심한 자가 있으면 분명하게 적발해서 논핵하려 하고 그렇지 못한 바에는 차라리 논하지 않는 것이 낫다. 어찌 애매하게 지적하는가. 사대부가 가산을 경영하는 것을 사류의 병통으로 여기지 않는다면 온 조정의 사대부가 모두 모리만 일삼는 비부(鄙夫)가 될 것이다"라고 하여 그런 행위를 윤리적 판단의 영역에 두고자 했다. 조선 전기에 사대부의 모리 행위에 대한 윤리적·법적 규제가 서서히나마 강화되고 있었던 것이다. 여기서 이산해가 벼슬한 뒤의 '영산'에 국한하여 문제로 삼는 데 주목할 필요가 있다. 달리 말해, 그는 관직에 있지 않은 사대부의 '영산'을 관용하는 입장이었다. 관권을 이용하는 '영산'인 '빙공영사(憑公營私)'는 조선 후기에도 규탄의 대상이었다.

한편 현실에서는 양반이 나름의 방식으로 '치산이재(治産理財)' 활동에 적극적이었다.7) 경제력이 없으면 사실상 양반 지위를 유지할 수 없었기 때문이다. 이산해의 부친이 퇴계에 답한 편지의 내용은 물을 막아 논을 만들고, 흉년의 대책으로 '휴번권경(休番勸耕)'하는 등 농사에 대한 관심을 표현한 것이 대부분이었다. 양반 관료는 일반적으로 지방관의 협조를 얻어 도망 노비를 잡아들이고, 집안 공사에 필요한 노동력과 물력을 조달받고, 각종 선물을 받았으며, 소유권 분쟁에서도

---

7) 李樹健, 《嶺南學派의 形成과 展開》, 일조각, 1995.

유리한 입지에 있었다.8) 이산해 집안은 명가였으므로 더욱 유리한 위
치에 있었다. 한산 이씨가문의 정사(亭舍) 부근에 조성된 허총(虛塚)에
대하여 1669년 순찰사는 "즉시 파내어 명현(名賢)의 정사를 보호할 일
이다"라는 판결을 내렸다. 한산 이씨가는 단양군수에게 선영의 금양
(禁養)과 묘노(墓奴)들의 관역(官役) 면제, 제수(祭需) 지급을 요청해왔
으며, 단양군수는 동면(東面) 성동(城洞)에 있는 밭 34부의 토지세를 면
제한 완문(完文)을 주었다.9)

《아계유고》는 경제생활이 담긴 시를 여럿 싣고 있다. 〈차동파해주석
실운(次東坡海州石室韻)〉(1:21~22)과 〈전가잡영(田家雜咏)〉(1:90~91)에서
는 전란과 흉년으로 고통 받는 백성을 읊조렸다. 〈어랑곡(漁郞曲)〉
(1:57)은 생선을 판매하는 선상(船商)의 고행역(苦行役)과 그 부인의 슬
픔을 아름답게 표현하였고, 〈이금춘간우과하일시귀년위운작고시십수
(以今春看又過何日是歸年爲韻作古詩十首)〉(1:112)에서는 생선과 소금을 사가
려고 소와 말을 가져오는 남녀 사람을 묘사하였다. 〈염조(鹽竈)〉(1:148)
에서는 제염업의 실태, 〈어구(漁筍)〉(1:148)와 〈어옹(漁翁)〉(1:159)에서
는 어업의 실태를 보여주고, 〈역점(驛店)〉(1:149)에서는 역 마을이 어촌
마을보다 번창한 모습을 보여준다. 이산해는 시뿐만 아니라 산문에서
도 경제생활에 대한 관심을 드러냈다.《아계유고》권3은 평해의 경제
지리와 인민의 경제생활을 잘 묘사하였다. 이산해는 평해로 귀양을 가
서 3년 동안 지내면서 전란을 당한 백성의 곤궁한 삶에 대한 관심이 더
욱 깊어졌을 수가 있다.

이산해는 거주지를 선정하는 2대 요건으로 자연 경관의 아름다움과

---

8) 李成妊, 〈16세기 兩班官僚의 經濟生活 연구〉, 인하대 박사논문, 2003 ; 이헌창, 〈18세기 황윤
   석가의 경제생활〉,《이재난고로 보는 조선지식인의 생활사》, 한국학중앙연구원, 2007.
9) 金鶴洙, 〈古文書를 통해 본 禮山 韓山李氏 修堂家門의 家系와 社會經濟的 基盤〉,《古文書集成
   61: 禮山 間谷 韓山李氏 修堂古宅篇》, 2002, 25 · 28쪽.

농상(農桑)의 이익을 거론하였다[〈다천기(茶川記)〉 1:186]. 이산해는 직접 농사를 지을 생각을 하기도 했다. 〈차동파해주석실운〉(1:19)에서는 평해의 귀양지로 가서 농사를 지을 생각을 피력하였고, 〈사장공기치의저생(謝張公寄雉醬楮生)〉(1:34)에 따르면 농사를 지을 생각으로 소를 품별하는 상우경(相牛經)을 베꼈다. 〈주작촌기(酬酢村記)〉(2:73)에서는 경기도 남양의 새로 장만한 집에서 제갈공명이 몸소 밭갈이하던 즐거움을 생각해보았다.

이처럼 이산해는 일반 주자성리학자보다는 이익 추구를 더욱 적극적으로 평가하였고 농사일을 직접 하는 등 경제생활에 대한 관심도 컸다. 백성의 농사일에 못지않게 바다에 관련된 선상업과 어염업(魚鹽業)에도 관심을 보인 점에 유의하고자 한다.

3. 이산해의 경제정책론

이산해가 비록 이이나 유성룡만큼 경제정책을 활발히 개진하지는 못하였지만, 오랫동안 고위 관료로 재직한 만큼 정책을 개발하여 제시하려는 포부를 가지지 않은 것은 아니었다. 〈차동파해주석실운〉(1:22)은 멀리 평해로 귀양을 가서 임금에서 '안상도(安上圖)'를 올리지 못하는 안타까운 심정을 드러내었다.

이산해의 경제정책론의 목표는 안민(安民)과 부국(富國)으로 집약할 수 있다. 안민과 부국은 유학 경제정책 이념의 기본을 이루었다.[10] 임진왜란 와중인 1595년에 이산해가 왕에게 "중흥의 일은 민심을 수습

---

10) 이헌창, 〈총론: 한국경제사와 유학사상〉, 《韓國儒學思想大系 經濟思想編》, 한국국학진흥원, 2007, 36~37쪽.

하는 것을 근본으로 삼습니다"라고 아뢰었던 데서 알 수 있듯이11) 안민, 곧 민생 안정은 일반 유가에서와 마찬가지로 이산해에게도 기본적인 정책 과제였다.

이산해가 생각한 안민의 주요한 방도는 인민을 직접 다스리는 관리를 잘 선발하는 일이었다. 〈아계이상국연보(鵝溪李相國年譜)〉에 따르면, 이산해는 60세가 되고 왜란이 끝나던 1598년에 세 차례에 걸쳐 시폐(時弊)에 관한 차자를 올렸다. 여기에 이산해의 개혁안이 집약되어 있다. 그 첫 번째 차자에서 전란을 극복하는 가장 중요한 방안으로서 적합한 장수를 선발하는 일을 꼽았다. "왜 그런가 하면, 천하의 일은 반드시 백성들의 욕구에 순응한[必順民之所欲] 연후에 구하는 것마다 얻지 못할 것이 없고 일마다 이루지 못할 것이 없으나, 한갓 법령의 말단적인 것에만 얽매인다면 백성이 따르지 않을 뿐만 아니라 일을 망치지 않는 자가 적을 것이다"라고 보았기 때문이다. "적합한 사람을 얻는 것이 어려운 것이 아니고 참사람을 알아보는 것이 어려운데 …… 수령(守令)을 신중히 선발하는 한 가지 일로 보면 …… 초야에 묻혀 있는 선비를 수소문하고 겸해서 통달하여 일을 잘 아는 사람을 초빙하다가 그중에서 인망과 실력을 겸비한 자를 또 가려서 상규(常規)에 구애받지 말고 사람들의 논의도 아랑곳하지 않은 채 빈자리에 채운 다음, 가볍게 교체하지 말게 하고 구습을 완전히 바꾸고 정성을 다하여 몸 바칠 것을 기약토록 한다"는 것이었다[〈진폐차(陳弊箚)〉 2:29, 32]. 〈마암기(馬巖器)〉(1:183)에서는 "백성의 고락(苦樂)은 고을 수령에 달려 있고, 백성이 편안히 살아야 영토를 보전할 수 있다"고 했다. 〈남주잡영(南州雜咏)〉(1:155~156)에서는 부패한 장군을 고발한 다음, "조정에선 병력

---

11) 《선조실록》 선조 28년(1595) 10월 을사.

과 식량에만 유념할 뿐 중흥(中興)이 적합한 사람을 얻는 데[得시 달려 있는 줄은 모르네” 하고 읊조렸다. 이산해는 제도 개혁보다 관리 선발을 더욱 중시하였다. 그래서 이이나 유성룡에 견주어 제도개혁론이 적었다.

지방관을 잘 선발하는 것이 민생 안정에 중요한 과제라는 것은 조선시대에 일반적으로 인식되고 누누이 강조된 사안이었다. 이산해는 〈순리전(循吏傳)〉(1:216~219)에서 순리의 모범적인 실례를 아름다운 문장으로 제시하였다. 필자는 정약용의 《목민심서》 이전에 나온 글들 가운데서 목민관의 이상적인 모습을 이보다 깊이 있게 묘사한 것을 보지 못했다.

정약용을 비롯한 조선시대의 많은 경세가들은 수령과 아전을 탐욕의 화신으로 생각하는 경향이 있었다. 이와 달리 이산해는 〈순리전〉에서 지방관이 잘 하기 매우 힘든 자리라고 생각하고 있었다. 〈차동파해주석실운〉(1:21~22)에서는 군량과 부역(賦役)의 징수로 고통 받는 백성을 묘사하고, 〈전가잡영〉(1:90~91)에서는 유리걸식하다 굶어죽는 거지가 차라리 부럽다는 비참한 실정을 이야기했으나, 이것은 당시 구조적인 문제였다. 그리고 〈송촌잡영(松村雜詠)〉에서 “관청에서 세금 독촉이 화급하니 시골 아전들[里胥] 깊은 밤에 다니누나”라는 구절(1:145)에서 드러나듯이, 아전들의 노고를 인정하였다. “포수(砲手)와 살수(殺手)는 재능이 있기 때문에 길러주고 서리(胥吏)와 시예(廝隷)는 수고를 하기 때문에 음식을 먹여준다”[〈걸면차(乞免箚)〉 2:23]고 한 데서 알 수 있듯이, 아전의 역할을 가치 있는 것으로 평가하였다. 필자는 이산해의 이러한 입장이 현실주의적이라 본다. 이산해가 이처럼 현실주의적 입장을 가진 것은 유교의 도덕주의적 영향으로부터 비교적 자유롭고 이익 추구에 호의적인 관념 때문이라 생각한다.

물론 이산해는 〈장사원(壯士怨)〉(1:128~129), 〈마암기〉(1:183~184) 등에서 탐욕의 화신인 수령을 고발하고 있다. 〈장사원〉에서는 전란의 공을 세운 장사가 수령에게 살육당하는 원통함을 생생하게 고발하고도 마지막에는 "예로부터 이런 일 비일비재 많았으니 원통하게 죽은 이가 그대뿐 아니라네"라고 하여 부조리한 세상을 자연 질서로 파악한 느낌을 준다. 이것은 그의 도가적 취향을 드러내며, 그 때문에 유학 취향의 경세가에 견주어 비분강개의 정도가 약하지 않을까 생각한다.

이산해는 안민의 구체적인 방안으로서 지방에서 공물(貢物)과 진상품을 납부할 때와 상급 관청으로 공문을 보낼 때 각 고을이 백성들에게 공공연하게 거두는 인정가물(人情價物)을 금지하자고 건의하여 채택되었다. 인정이란 백성이 관리와 접촉할 때 관행적으로 부담하는 일종의 준조세이다. 인정 지급 관행은 조선 말까지도 광범하게 행해졌다. 그래서 선조는 인정가물을 공공연하게 거두고서 "민생을 어떻게 보존하겠는가" 하며 지방에서는 감사가, 중앙에서는 사헌부가 엄하게 감독할 것을 명령하였다.12) 후에 이원익이 공물 납부 때의 인정이 무거워 백성에게 많이 징수한다고 보고한 것으로 보건대,13) 인정가물에 대한 대책은 시급한 과제였다. 그런데도 조선 후기까지 성과를 거두지 못하였다.

연산조 이래 공물 납부는 백성의 가장 큰 고통으로 인식되고 있었고, 이산해의 건의 이전에도 공물 납부 대장인 공안(貢案)을 개정하거나 상인이 대신 납부하는 방납(防納)을 폐지하거나, 나아가 호를 대상으로 토산물을 거두는 대신에 경지를 대상으로 쌀을 거두자는 제안이 있었다. 이산해의 개혁안은 이러한 공납제 개혁안보다 훨씬 온건하나

---

12) 《선조실록》 선조 24년(1591) 12월 계사.
13) 《선조실록》 선조 29년(1596) 10월 갑신.

백성의 고통을 덜어주는 데 절실한 개혁안이었다.

　그러고 보면, 지방관을 잘 선발하고 인정가물을 금지하자는 주장은 결코 쉬운 과제는 아니나, 적을 만들지 않고 비판의 여지가 없는 온건한 개혁안이었다. 이처럼 이산해는 율곡과는 대조적으로 갈등이 적으면서 온건한 정책 방안을 선호하였다.

　또한 이산해는 국가 재정을 충실히 하는 부국의 방도로 둔전 경영과 제염업을 들었다. 1598년에 올린 시폐에 관한 첫 번째 차자에서 "사천(私賤)을 위한 무과를 설치하고 둔전을 설치하고 소금을 굽는 등의 일"을 제시하였다. 그 두 번째 차자에서는 "대체로 식량을 풍족하게 하는 방법은 둔전이 기본이 되며, 시국(時局)을 구제할 수 있는 요체는 소금을 굽는 것보다 다급한 것이 없다"고 하고, "소금을 굽는 일은 공력이 그다지 많이 들지 않으나 효과는 가장 많이 볼 수가 있으니, 1천 이랑의 둔전이 수백 개의 염조(鹽竈)만 못하다"고 하였다. 일반 재화와 달리 "소금은 산만큼 쌓여 있더라도 팔지 못할까 걱정할 일이 없다"는 것이다. 그 구체적인 방안으로서 "충청도나 황해도의 도서(島嶼)와 정록(汀麓) 사이에 소금기가 많아서 경작하기에 적합하지 않은 곳이 비어 있고 땔감이 무성한 곳을 찾아서 곳곳에다 염정(鹽井)과 염조를 설치해 두고 또 떠돌면서 빌어먹는 백성들을 모집하다가 둔전(屯田)을 경작하게 하고 대오(隊伍)를 짓게 해서 일시에 일을 추진하면" 된다고 제안하였다. 생산한 소금의 배분 방안으로는 "배로 운반하다가 제로(諸路)에서 파는 자는 경창(京倉)으로 실어다 납부하고, 곧바로 경강(京江) 상류로 거슬러 올라간 자들은 원주와 충주 등 경계에다 쌓아두고, 기타 농민과 상인이 드나들면서 판매를 하는 자는 연변(沿邊)의 한 곳에다 두어 완급에 따라 군수용(軍需用)으로 전용하게 한다면 1년 사이에 비록 천창(千倉)과 만상(萬箱)에 이르지는 않더라도 백을 얻거나 천을 얻거나 간에 다 과외(科外)의 곡식이 될 것이다"라고 했다. "다만 염전(鹽田)을 개간하는 문제는 반드시 소가 있어야만 하는데" 훈련도감의 소 등 생산용구를 활용하자고 제안하였다.

시폐에 관한 세 번째 차자에서는 "군량(軍糧)에 대해 고금을 통틀어 훌륭한 대책으로는 둔전만한 것이 없다"고 하고, "지금 연해 지역은 토지가 비옥하여 실지로 둔전을 경작하기에 적합합니다. 제색(諸色)의 군정(軍丁)을 모으면 5천 명은 될 것이니, 4천 5백 명은 배에 있게 하고 5백 명은 농군(農軍)으로 내보내서 1개월의 통계를 내보면, 군사 한 명이 농사를 짓는 날짜가 3일이며 농군으로 역사를 하는 숫자는 매일 5백 명입니다. 5백 명의 농군으로 4~5백 석의 토지를 경작할 수 있으니, 여기에서 수확되는 곡식으로 1만 개의 부엌은 족히 제공할 수 있습니다. 이것이 제일 시급한 일입니다"라고 하였다. 1597년에 둔진을 시험해보자는 선조에 대하여 이산해는 "둔전을 많이 설치한다면 반드시 견디기 어렵겠지만 한 관원을 내어 둔전을 한다면 혹 가능하겠습니다"라고 아뢴 바 있었다.14) 그 뒤에 둔전 설치에 대한 신념이 더욱 강해진 것이었다.

둔전 경영과 국영 제염업은 그전에 유성룡이 적극 건의한 사업이었다. 이산해의 특징적인 주장은 수군(水軍) 육성책이었다. 1596년에 이산해는 일본군에 대해 "육전(陸戰)은 쉽지 않으나 수전(水戰)만은 이길 수 있는데, "근래 주사(舟師)가 아주 없기 때문에 수전의 공효(功效)를 듣지 못하게 되었으니 매우 분합니다"라고 했다.15) 시폐에 관한 세 번째 차자에서 그는 수군 육성책을 자세히 논하였다. "적이 가지고 있는 장점은 육전(陸戰)이며, 우리가 가지고 있는 장점은 수전(水戰)이라고

---

14) 《선조실록》 선조 30년(1597) 4월 계유.
15) 《선조실록》 선조 29년(1596) 11월 기해.

할 수 있겠습니다. …… 주사(舟師)는 진실로 우리나라의 장점이므로
예비를 하는 것이 바로 오늘날 서둘러야 할 급선무입니다"라고 한 다
음에 전선(戰船)의 건조책과 수졸(水卒)의 모집책을 구체적으로 제시하
였다. 판옥(板屋)으로 된 거함(巨艦)은, 소나무가 무성한 남쪽 섬들에다
선장(船匠)으로 열 사람씩 대오를 편성하여 기간을 정해 놓고 공역(功
役)의 과제를 주면 신속하게 만들 수 있을 것이며, 공사천(公私賤)을 따
지지 않고 15~50세의 장정을 모두 주사에 소속시켜 병졸로 삼든지 격
군으로 삼든지 하여 각각 재능을 시험하여 상을 논하고, 북도의 토병
(土兵)과 도감의 포수(砲手)와 금군(禁軍)처럼 늠료(廩料)를 넉넉하게 주
어서 그들의 양육을 후하게 해야 한다는 것이다. 수군에 드는 비용을
성을 쌓고 유지하는 비용에 견주면 1퍼센트 미만이나 그 공효는 더 크
다고 보았다.

　1599년에 승정원은 "주사(舟師)를 정리하는 일은 실로 매우 긴급한
일이므로 전일 영돈녕부사 이산해가 오로지 주사 문제를 가지고 차자
를 올려 비변사에 계하한 지 이미 기일이 오래되었는데도 상신(相臣)
이 유고(有故)하다는 핑계로 아직까지 회계하지 않고 있습니다. 기타
변방의 기무(機務)를 규획(規劃)하는 일 또한 엄폐하며 지연시키고 있
을 것이니, 매우 온당치 못합니다. 속히 원임대신(原任大臣)에게 의논해
서 즉각 회계하게 하는 것이 온당할 듯합니다"라고 아뢰었다.16) 이후
이산해의 건의가 정책에 어떻게 반영되었는지는 추적하지 못하였다.

　필자가 이산해의 수군 육성책을 거론한 것은 그의 해양지향적 관념
이 경제사상에서 중요한 의미를 가질 수도 있기 때문이다. 그가 백성
의 바다 경제생활에 관심을 가지고 소금 제조업을 중시한 사실과 결

---

16) 《선조실록》 선조 32년(1599) 6월 경자.

부하여 본다면, 그의 해양지향사상은 단지 군사 문제에 그치지 않고 경제활동으로 연결되었을 소지를 가지고 있다. 앞으로 언급하겠지만, 그를 가르친 이지함은 해양지향적 경제사상을 가지고 있었다.

4. 이산해 경제사상의 배경

(1) 사상적 배경

이산해가 일반 주자성리학자보다 이익 추구에 더욱 호의적이고 경제활동에 더욱 관심을 가진 것은 유교적 편견에 얽매이지 않는 개방적인 사상에 기인하는 것으로 생각된다. 그에게 가장 큰 영향을 준 사상은 유교였으나, 그는 도교적 취향이 강하였고 불교를 배척하지도 않았다. 유교적 편견으로부터 자유로운 현실주의적 관념이 그의 적극적인 경제관을 낳았던 것으로 보인다.

이산해의 사상은 유교, 음양사상, 도교 및 불교가 융합된 것으로 보여, 그 실체를 파악하기가 쉽지 않다. 그의 하늘[天]관을 살펴보자. 중국 은주(殷周)혁명 무렵 생성된 하늘의 개념은 선한 의사를 가진 도덕적인 인격신(人格神)이었다가 공자 이후 하늘을 자연의 이법(理法)으로 파악하는 경향이 나타났고, 이러한 관념을 철저히 정립한 사상이 송대의 이학(理學)이었다.17) 이산해의 하늘관은 은주혁명기에 성립한 도덕적 인격신에 가깝다. 〈자송(自訟)〉(1:40~42)에서는 오랑캐 일본은 천리(天理)를 거역하여 전복되지 않을 수 없지만, "우리 임금은 공경히 사

---

17) 影山輝國·池田知久·小島毅高柳信夫, 〈天〉, 《中國思想文化事典》, 溝口雄三·丸山松幸·池田知久編, 東京大學出版會, 2001.

대(事大)하여 조심스런 마음이 끊이지 않았네. 상제(上帝)가 가상하게 여겼으니 나라의 복록(福祿)이 억만년 가리라"고 하였다. 이산해에게서 인격신은 조물주였다. 〈월송정기(越松亭記)〉(1:196~197)에서 자신을 정자의 주인으로 임명해준 것은 하늘[天]이며 조물주[造物]라 했다. 〈응암기(鷹巖記)〉(1:180)에서는 "천지는 지극히 넓고 창해(滄海)는 지극히 큰데 내 몸은 작다. …… 오직 이 마음만 초연히 높이 날아올라 조물주와 함께 저 홍몽(鴻濛)한 혼돈의 세계를 노닌다"고 하였다. 〈운주사기(雲住寺記)〉(2:72)에서는 마음이 "자연에 합쳐지면 천지와 이웃이 되고 조물주와 같은 무리가 되어 만물 속에서 서로 잊을 뿐만 아니라 천지와도 서로 잊게 된다"고 했다. 이처럼 함께 노닐고 무리가 되는 조물주는 도교의 신이었다.

앞서 언급한 〈만초손부〉의 도입부는 다음과 같다.

천지는 검고 누르며	天地玄黃
우주는 넓고 거칠다.	宇宙洪荒
그 가운데 내 몸이 있으니	中有我身
부서진 가루만큼 작도다.	眇若秕糠
한 움큼의 물을 쥐고 갖는 만족감	竊勺水而自多
드넓은 바다에다 비기어 본다.	擬滄海之洋洋

(2:130~131)

광활한 천지우주 속에 일체화되어 잊어버리는 미미한 자신, 그리고 천지의 중요한 영역으로서 보령에서 익히 보고 노닐었던 바다. 여기서 일체화된 바다에 대한 동경, 나아가 바다로 나가려는 해양지향 의식이 나오게 되는 것이 아닐까.

이처럼 하늘을 자연의 이법으로 보는 주자성리학자와 달리 이산해는 인격신으로 보았으므로, 하늘과 사람의 관계를 보는 천리관(天理觀)에서도 양자는 다를 수밖에 없었다. 이산해는 임금을 그리워하는 마음을 천리로 보았고[〈황보촌기〉 1:182], "민멸되지 않는 것은 천리이고 막을 수 없는 것은 공의(公議)이다"라고 했을 때[〈정충록서〉 2:83] 천리는 충성심이었다. 〈증옥보상인서(贈玉寶上人書)〉(1:203)에서 말하는 '이(理)'란 군신과 부자의 인륜에 지나지 않는 것이었다. 이산해는 퇴계와 세교를 맺었지만 천리와 인욕을 준별하여 물욕을 부정하는 글을 남기지 않았고, 천리에 형이상학적 의미를 부여하지 않고 오륜 정도의 윤리를 천리로 보는 데 그쳤다. 앞서 언급한 〈자송〉에서 하늘의 이치에 어긋난 일본이 망한다는 것도 권선징악의 도덕논리라는 점에서 상통한다. 이산해가 사용한 하늘과 이치라는 개념은 주자성리학보다 오늘날 일상용어에 가까웠고, 그것은 송대 이학 이전 단계의 유교의 관념에 가까운 것이었다.

주자성리학자와 천리관이 달랐으니, 인성에 대한 이산해의 관념이 주자성리학자와 달랐다고 해서 놀랄 일은 아니다. 이산해는 〈이금춘간우과하일시귀년위운작고시십수〉(1:112)에서 "타고난 운명[賦命]이 본디 이러한 것을 그저 순응하여 내 본성[吾眞]을 지키리"라고 하였고, 〈곽씨장십육영효영빈체〉(1:53)에서는 "조물주가 내 성벽[癖]을 알아주었구나"라고 하였다. 그는 '인성(人性)'이나 '본성(本性)'이라는 주자성리학의 용어 대신에 오늘날 우리에게 오히려 친숙한 '성벽[癖]'이라는 용어를 선호하였다.

〈정명촌기〉(1:172~174)에서 "급급하게 자기에게 편리함만 도모한다면 내 마음의 기욕(嗜慾)이 무궁하여 외물(外物)을 좇아 망동(妄動)하게 된다"고 하였는데, 여기서 '기욕'으로 표현한 점에 유의해야 한다. 이

는 주자성리학의 인욕관보다 오늘날 인간의 무한한 욕구 또는 욕망에
가까운 개념이었다. 이 글에서 이산해는 위기(爲己)와 안분자족이라는
유교의 가치를 내세우면서도 그것을 초월하는 '동(動)과 정(靜)의 득
실'을 고려하는 도교에 접근하는 논리로 기욕을 평가하였던 것이다.

물론 유학 공부에 가장 많은 시간을 투입하였을 이산해에게 성리학
적 인성론이 보이지 않는 것은 아니었다. 〈안주부전(安主簿傳)〉(1:194)
에서 "사단(四端)과 칠정(七情)이 빠짐없이 갖추어져 있으니, 고유한 천
성을 따라서 확충해 나간다면 충성도 효도도 할 수 있어서 착한 사람
이 될 수 있다"고 했다. 이 구절에서 사단과 칠정의 등급 차이를 두지
않는 느낌을 준다. 그렇다면 기(氣)를 중시하는 관념에 관련될 것이다.
〈증옥보상인서〉(1:203)에서는 "우리는 천지의 기운을 받고 산다[吾人稟
天地之氣以生]"고 했다. 또한 〈망양정기〉(1:199~201)에서 글은 기를 위주
로 하므로 기가 충실하지 못하고서 글을 잘할 수 없으며, 기는 본원(本
源)을 길러야 한다고 했다. 이산해는 자신이 "치우친 땅에 태어난 데다
가 그나마 나라 안의 기이한 경관들도 다 보지 못하였으니, 글이 이처
럼 조잡함도 괴이할 것이 없다"고 했는데, 기가 자연환경의 영향을 받
는다고 보는 입장은 흥미롭다. 이산해가 주자성리학자보다 이익 추구
에 우호적인 것은 인간성에서 기의 규정력을 중시하고 사단과 칠정을
동일한 차원의 천성으로 보고 인간 욕망을 기호인 기욕으로 이해하는
관념과 무관하지는 않을 것이다.

이처럼 이산해가 인간의 도덕적인 본성보다는 기질로서의 성벽이라
는 용어를 선호하였다고 해서 마음의 수양을 고려하지 않은 것은 아
니다. 이산해에게 마음의 수양은 유교적인 것도 있고 도교적인 것도
있었다. 〈안효자전(安孝子傳)〉(1:193)에서 "인륜을 아는 천성[秉彝之天]은
사람이면 누구나 가지는 것이나" "왕왕 선량한 천성[良性]을 잃고 사욕

에 뒤덮여 몽매해져서"라고 한 것은 유교적 수기(修己)가 필요함을 보여준다. 〈운주사기〉에서 마음에 하자가 없이 자연과 일체되는 것을 최고의 경지로 삼은 점은 도교적 수양으로 볼 수 있다. 〈해월헌기(海月軒記)〉(1:186~188)에서는 "사람의 마음이 허령(虛靈)하여 외물(外物)에 따라 쉽게 옮겨가니 …… 군자가 마음을 보존함에는 반드시 꾸준히 진작(振作)하고 정돈(整頓)하며 수렴(收斂)하고 함양(涵養)하여야 하고" "중인(衆人)들의 마음이란 곧 저 강과 하천, 바위산과 묏부리, 쇠와 돌 따위와 같은 것이며, 군자의 마음은 바로 광대하고 고명(高明)하여 길이 변치 않는 바다와 달인 것이다"라고 보았다. 주자성리학자는 마음의 수양을 통해 도덕적으로 완전한 성인을 지향한 반면, 이산해는 마음을 평온하게 하여 외물(外物)에 얽매이지 않고 생사와 수명의 운명을 초월한 '달사(達士)'를 지향하였다(〈달촌기〉 1:171). 그 점과 관련하여 이산해가 군사 대 소인이 아니라 군자 대 중인으로 구분한 데에도 유의할 필요가 있다.

자연과 일체화된 '달사'는 유교적이라기보다는 도교적이라 할 수 있다. 이처럼 이산해는 도교의 영향을 많이 받았으나 〈팔선대기(八仙臺記)〉(1:179)에서 "신선에 관한 이야기들은 허탄(虛誕)하다"고 하여, 유교적 합리주의로 인해 도가에 빠지지는 않았음을 알 수 있다.

이산해는 〈우암기(牛巖記)〉(1:185)에서 황폐화된 절을 보고 "세대의 변천과 인사의 무상은 불변의 이치"라고 하면서 부처가 힘이 있다면 어찌 절이 황폐화되었겠느냐고 하였다. 유교적 합리주의 때문에 불교에 빠지지 않았던 것이다. 〈증옥보상인서〉(1:202~203)에서는 어육(魚肉)은 해롭고 식물은 이롭다는 스님의 음식관에 대해 이치에 가까우나[近理] 본원(本源)을 얻지 못한 듯하다고 공박하면서도 "이교(異敎)를 비난하여 시비를 걸고자 하는 것은 아니다"라고 했다. 〈유백암사기(遊白

巖寺記)〉(1:208)에서 '형색유무(形色有無)의 오묘한 이치'에 대한 스님의
훌륭한 설법에 대해 "스님은 더불어 도를 이야기할 분이오"라고 하였
다. 이산해는 불교에 마음을 닫지 않고 설득력 있는 설법은 받아들였
던 것이다.

　이처럼 이산해는 합리적이고 개방적인 자세로 유교, 음양사상, 도교
및 불교를 받아들여 자신의 통합적인 사유체계를 갖추게 되었다. 그것
은 자연의 섭리, 인륜의 천리 그리고 시세(時勢)에 순응하려는 자세로
집약될 수도 있겠다. 이산해가 인간과 문명을 온갖 편견으로부터 벗어
나 객관적으로 평가하는 실례를 들어보자. 〈안주부전〉에서는 몸은 불
구지만 마음은 불구가 아닌 인물을 소개하면서 형체가 멀쩡하면서 마
음이 불구인 자가 있다고 했다. 〈안당장전(安堂長傳)〉(1:188~191)에서
는 초라한 겉모습과 달리 내면에서 보신(保身)의 도를 달성한 인물을
훌륭하게 묘사하였다. 〈안효자전〉(1:192~193)에서도 훈도와 교화를 받
지 않고서도 타고난 바탕이 아름다워 효자가 된 인물을 소개하였다.
〈해빈단호기(海濱蜑戶記)〉(1:198~199)에서는 바닷가의 미개인을 소개하
면서 그의 생활 자취는 더럽더라도 마음은 더러워지지 않는다고 하였
다. 이렇듯 이산해는 외모, 신분, 그리고 유학의 편견으로부터 상당히
자유로웠기 때문에, 인간에 대한 깊이 있는 관찰이 가능하였다고 할
수 있다. 〈서촌기(西村記)〉(1:201~202)에서는 서울 사람들이 미개하게
여기는 평해의 산수가 빼어나다고 했는데, 이것은 문명과 야만을 준별
하는 주자성리학적 관념과는 다른 느낌을 준다.

　이산해가 이처럼 개방적인 자세를 가졌기 때문에 경제관에서도 유
교도덕의 제약에서부터 상당히 자유로울 수 있었다. 이산해는 주자성
리학자와 달리 인간의 자연스런 감정을 중시하였는데, 이익 추구도 인
간의 자연스런 감정으로 용인될 수 있었을 것이다.18) 그의 사상은 복

합적이지만, 그래도 선진(先秦) 유학에 가장 가깝다고 할 수 있다. 17세기에는 주자성리학의 심화에 추수(追隨)하지 않으면서 선진 유학으로 되돌아가 실학적 사유를 도출하는 흐름이 있었는데, 이산해의 사상은 그것과 상통한다고 하겠다.

이산해가 유교적 명분보다 실리를 중시한 사실은 다음과 같은 그의 현실주의적 형세관에도 드러나 있다. 1592년 일본군이 쳐들어와 서울로 진격하자 "대신 이하 모두가 입시할 적마다 파천의 부당함을 아뢰었으나 오직 영의정 이산해만은 그저 울기만 하다가 나와서 승지 신잡에게 옛날에도 피난한 사례가 있다고 말했으므로 모두가 웅성거리면서 그 죄를 이산해에게 돌렸다"고 했다.19) 또한 1603년 일본과의 화의 교섭에 대한 의견을 수렴할 때에는 "나라를 다스리는 도리에는 상경(常經)도 있고 권의(權宜)도 있는데, 적을 막는 방도는 형세를 살피고 힘을 헤아리는 것에 지나지 않습니다. 우리의 기계를 수리하고 우리의 정예(精銳)를 축적하여 힘이 적을 제압할 수 있다면 원수와 한 하늘 아래에서 살지 않는 것이 본디 천지의 상경이겠으나, 혹 우리의 변방의 대비와 군사의 힘이 탕연(蕩然)하여 믿을 만한 것이 하나도 없어 존망의 기회가 조석에 급박하다면 우선 기미(羈縻)를 보여서 흉봉(凶鋒)을 낮추는 것도 권의의 한 방책입니다"라고 건의하였던 것이다.20)

현실주의자 가운데는 현실을 냉철히 판단하여 개혁을 유효하게 추진하는 인물이 있는가 하면, 형세에 역행하는 일을 기피하여 개혁보다

---

18) 이산해는 경세가적 측면보다 문학자적 측면이 더 강하였고, 당대의 문장가로 인식되고 있었다. 문장가이므로 도학자가 되지 않고 자연스러운 감정에 더욱 충실하였고, 그러다 보니 이익 추구 관념을 더 쉽게 용인하게 되어 나아가 적극적인 경제정책론을 제시할 수도 있었다. 문학자인 박지원과 박제가가 적극적인 경제정책론을 제시한 것도 같은 맥락으로 설명할 수 있다.
19) 《선조실록》 선조 25년(1592) 4월 정사.
20) 《선조실록》 선조 36년(1603) 9월 병진.

개량을 선호하는 인물도 있다. 유성룡이 전자라면, 이산해는 후자였다. 이산해는 대대적인 개혁을 주장하다가 대신의 미움을 사서 좌천당한 가의(賈誼)의 경솔한 개혁책이 용납되기 어려웠다고 하여 "종래부터 곧은 도(道)는 진실로 펼치기 어려웠네"라고 인식하였다(〈가의〉 1:83). 그런데 유가들은 일반적으로 가의를 높게 평가하였다. 그래서 이산해는 기득권층의 저항을 불러일으키는 혁신적 개혁책보다 점진적 개량책인 치안책(治安策)을 선호하였다. 이는 이산해가 이이뿐만 아니라 유성룡과 다른 점이었고, 그의 정치적 수명을 길게 한 비결의 하나였다. 1600년 충청도 연풍현(延豐縣)을 합병하는 편부(便否)를 둘러싸고 대신들의 의견이 대립하였는데, 이때에도 이산해는 "연혁(沿革)에 대한 일은 중대한 것이니 경솔히 거행해서는 안 된다"고 주장하였다.21)

(2) 사회경제적 배경

이산해의 선조는 고려시대에 한산(韓山)에서 대대로 호장(戶長)직을 이어온 토성(土姓)이었다. 이산해의 8대조인 이곡의 조부까지는 호장이었고 이곡의 부친은 정읍감무(井邑監務)였다. 이곡은 1320년에 최종 고시인 예부시(禮部試)에 급제하여 관인의 길을 걷게 되었고, 1332년에는 원나라 과거에 급제하여 명가(名家)로 발돋움할 발판을 마련하였다.22) 이곡에 이어 이색도 원나라 과거에 급제하고 돌아와 유종(儒宗)으로 인정받으면서 한산 이씨 가문은 고려 말기 최고의 명가가 되었다. 이색은 권문세족과 통혼관계를 맺었다.23) 이색 가문은 고려 조에

---

21) 《선조실록》 선조 33년(1600) 2월 정해.
22) 高惠玲, 《高麗後期 士大夫의 性理學 受用》, 일조각, 2001, 157~159쪽.
23) 高惠玲, 〈목은(牧隱) 이색(李穡)의 사승(師承)과 교유관계(交游關係)〉, 《牧隱 李穡의 生涯와 思想》, 牧隱研究會編, 일조각, 1996, 276~277쪽.

충성한 일로 한때 위기에 처한 적도 있으나, 그 자손은 3대에 걸쳐 문
과에 급제하였고 이계전(李季甸)은 세조 때에 공신이 되어 경제적으로
도 확고한 기반을 다졌음에 틀림없다. 이곡의 6·7대손은 당상관에 오
르지 못하였으나 중견 관료였고, 여전히 명가와 혼맥을 맺어 문벌 가
문으로서의 가격을 유지하였다.24) 이곡의 8대손 이산해에 이르러 가
문의 정치적 지위가 정점에 달하였다. 이처럼 이산해 집안이 이곡 이
래 꾸준히 관료로서 생활해왔고 명가와 혼맥을 맺어왔으므로, 문벌 가
문으로서 적지 않은 경지와 노비를 가졌을 것이다. 서울 도성(都城) 이
외에 머무른 적이 있는 노량, 보령, 남양 및 신창에 경지가 있었을 것
으로 추측된다. 단양에는 이산해 부친인 이지번 이래 내려온 별업(別
業)이 확인된다.25)

　이산해가 시행하기 어렵지 않은 온건한 정책 방안을 제시한 것은
관료로 오래 활동하여 정치·행정적 제약을 잘 인식하였기 때문이다.
이와 달리 처사(處士)로만 지낸 유형원은 공전제(公田制)와 같은 실현
하기 힘든 개혁안을 구체화하였다. 그런데 마찬가지로 고위 관료로서
오래 활동한 유성룡이 이산해보다 혁신적인 개혁안을 제출한 것은 두
사람의 성향차로 보인다. 관직 경험과 개인적 성향이 경세론에 영향을
미치는 것이다.

　이산해는 소금 제조업과 해군을 중시한 점에서 해양지향적이라고
하겠다. 그의 해양지향적인 특징은 문학 작품에서도 드러난다. 그는
〈울릉도설(鬱陵島說)〉이라는 시와 산문을 지었다. 그 시에서 "훨훨 나
래 저어 푸른 바다를 지나노니"라 하여 바다에 대한 동경을 펼쳤다.

---

24) 金鶴洙, 앞의 글, 4~6쪽.
25) 金鶴洙, 위의 글, 25쪽. 이산해의 부친은 벼슬을 그만두고 아우인 이지함과 함께 단양의
　　龜潭 옆에 살았다[《선조수정실록》 선조 8년(1575) 12월 을축].

이는 기본적으로 도가적 신선 세계의 동경이지만 해상 교류와 연결되는 발상이다. 산문에서는 울릉도와 육지의 교역에 대한 호기심을 비치고 있다(1:49~50, 174~176). 앞서 〈만초손부〉에서 바다로 나가려는 지향을 표현하였음을 언급하였는데, "천지는 지극히 넓고 창해(滄海)는 지극히 큰데 내 몸은 적다"는 〈응암기〉의 표현에서도 그러한 느낌을 받는다(1:180). 이산해는 62세가 되던 해에 바다가 보이는 마을에서 지은 〈수작촌기〉에서 "일찍이 자연을 동경하는 성향[癖]을 지니고 있었다"고 했는데(2:74), 그가 동경하던 자연의 중요한 요소가 바다였다. 이산해의 바다에 대한 동경은 단지 자연에 대한 동경에 그치지 않고 그의 우주·인간관에 직결되어 있다. "천하 만물 중 능히 본체를 잃지 않는 것이 드무나" 오직 바다만은 온갖 물을 받아들이고서도 본체를 유지한다고 했다. 그래서 "군자의 마음은 바로 광대하고 고명(高明)하여 길이 변치 않는 바다와 같은 것이다."(〈해월헌기〉 1:187~188)

이산해의 바다에 대한 관심은 이지함으로부터 물려받은 것이지만, 그가 자란 거주 환경과도 밀접한 관련이 있다. 그는 서울에서 태어나 서울에서 사망했고 묘소는 예산 대지방에 있다.[26] 그런데 그와 인연이 깊은 거주지는 보령이었다. 이산해의 조부인 이치(李穉, 1477~1530)는 보령의 토호이자 재력가인 김맹권(金孟權)의 사위가 되었는데, 이것을 계기로 이치 부부는 보령에 상당한 토지를 보유하게 되었음이 분명하다. 이치의 묘소는 한산으로부터 이산해가 태어나기 전인 1538년 이전에 보령으로 이전되었다.[27] 이상으로 보건대 이치는 근거지를 출생지인 한산에 두고 있다가 결혼한 뒤에는 처가가 있는 보령에도 두게 되었으며, 그의 아들인 이지번·이지함 대에 이르러 보령으로 이전

---

26) 金鶴洙, 앞의 글, 13쪽, 표1 참조.
27) 金鶴洙, 위의 글, 7쪽.

이 완료되었다고 보아야 할 것이다.

〈아계이상국연보〉에 따르면, 이산해의 부친 성암(省庵) 이지번과 계부 토정 이지함이 보령읍 서쪽 고만산(高巒山) 기슭에 부모의 묘소를 정하고 훗날 태어날 이산해가 귀하게 될 것을 예측하였다 한다. 선영을 보령에 잡은 데에는 이지번과 이지함의 풍수지리관이 작용하였고, 이들의 풍수관은 바다의 경제적 기반과 바다에 대한 관심과 무관하지 않을 것이다. 후손의 말에 의하면, 이지번과 이지함은 보령의 청라면(靑羅面)에서 태어났다. 청라면은 대천을 통해 서해로 연결되는데, 집은 대천 옆에 있었다. 그래서 이지함은 해안 지역과 밀접한 관련을 갖고 활동하였던 것이다.28) 이지번은 서울로 옮겨 살다가 이산해가 8세 때에 보령에서 여생을 마칠 계획을 하고 내려왔다. 그러다가 이산해가 13세 때에 벼슬길에 나아가 다시 서울로 갔다. 이산해도 22세에 문과 장원을 한 이래 계속 서울에서 관리로 활동하였다. 그런데 〈가선대부 권공묘갈명(嘉善大夫權公墓碣銘)〉에 따르면, 이산해는 집이 보령에 있고 보령에서 서울로 가곤 했다(2:116). 그는 37세 때에 부친을, 43세 때에 모친을 보령 고만산 기슭에 묻고 여묘살이를 하였다. 그리고 1595년 이산해가 평해의 귀양길에서 돌아와 고만에 거처하였다(2:104).

1600년 이산해는 비로소 중책을 벗고 남양의 구포(鷗浦) 남쪽의 주봉(酒峰) 동쪽 산기슭에 있는 수작촌(酬酌村)에 송아지와 옷가지를 주고 집을 샀다. 그래서 "궁벽한 고을에 붙박여 초동어부(樵童漁父)와 서로 이여(爾汝)를 트고 지내면서 여생을 마칠" 작정을 하기도 했다(〈아계이상국연보〉 2:189 ; 〈수작촌기〉 2:72~75). 여기도 보령과 마찬가지로 해변이었다. 그해에 집을 보령에 두면서 임시 거처를 신창(新昌)의 시

---

28) 신병주,《조선 중·후기 지성사》, 새문사, 2007, 145~147쪽.

전촌(枾田村)으로 옮겼는데[移寓], 그 후 서울 근교나 강호(江湖)에 거처하기도 했다(〈아계이상국연보〉 2:116, 189~190).《아계유고》권4에서는 〈구포록〉, 〈시전록〉, 〈농상록〉 및 〈노량록〉이 있다. 농상은 주봉 산기슭 언덕의 수작촌을 말한다. 시전은 '외진 산골[窮山]'로 묘사되고 있지만, 〈공진노중(貢津路中)〉의 시로 보건대 해상 교통 요충지와 연결된 곳이었다. 이산해는 만년에 노량에도 거주하였다.

이산해는 "소금을 굽는 일에 대해서는 신이 바닷가에서 자라 그 요점을 대강 알아 스스로 농포(農圃)의 지식을 믿으므로 감히 지리한 말씀을 올린 것입니다"라고 했듯이(〈진폐차〉 2:44), 그의 해양지향적 정책론은 자신의 거주 환경과 깊은 관련이 있었다. 이산해는 바닷가에서 자랐을 뿐만 아니라 그의 가정 경제도 바다와 밀접한 관련을 맺고 있었던 것으로 보인다. 1602년 이산해가 아들 이경전(1567~1644)이 임진왜란 이전에 과거에 급제한 것을 축하하여 준 별급문(別給文)에 따르면, "옥마봉(玉馬峯) 서쪽의 풍광이 제일 좋은 곳과 자봉만(紫鳳巒) 앞의 옛날에 살던 한 마을을 전부 너에게 주고, 적각(赤脚) 막례(莫禮) 소생비(所生婢)인 옥분(玉盆)과 대금(大金) 소생비인 보희(甫喜)와 덕노(德奴), 소봉(小鳳), 정건(丁建) 및 큰 들의 경지[田土] 갑자(甲字) 지번(地番)의 10마지기[一斛落]를 아울러 상속하니, 경작하고 사역하는 것이 마땅하다"고 했다. 이산해가 아들에게 넘긴 것은 경지, 노비, 그리고 바닷가 토지였는데, 바닷가 토지에는 어장이나 염분(鹽盆)이 붙어 있었다고 보아야 한다. 현재 보령의 오서산(烏棲山)과 성주산(聖住山) 남쪽에 이치 후손의 토지가 200만 평 정도라고 하는데, 그 가문의 정점에 도달한 이산해 대까지 거의가 조성되어 있었을 것이다. 여기에는 청라면의 농지도 적지 않았지만, 옥마봉 서쪽, 고만산, 관촌처럼 원래 바닷가 토지도 많았다. 이 시기 권세가들이 염분과 어장을 장악하였는데, 이

산해의 정치적 지위는 바닷가 소유지의 권익을 보장하는 데 부족함이
없었을 것이다. 보령에서 이산해의 경제적 기반은 청라면을 중심으로
하는 농경지 수입과 바닷가의 수산물 수입으로 양분되었다. 내륙 지방
의 경지도 있었으므로 농경지 수입의 비중이 더 높았을 것이다. 사실
수입처를 내륙 농경지와 해양에 다변화하는 편이 경제적으로 더욱 유
리하다.

이산해의 해양 경제 기반은 부친의 외가에서 비롯되었다. 부친의
외조부 김맹권의 선조인 김성우(金成雨, 1327~1392)는 전라우도 도만호
(都萬戶) 초토사(招討事)로서 1380년 왕명을 받들어 대천에서 왜구를 무
찔렀고, 1392년 새 왕조를 세운 이성계에 반기를 들다가 자결한 인물
이었다.29) 김성우가 가진 해양 기반이 이지함·이산해까지 이어졌던
것이다.

이산해는 1604년 사망한 부인을 보령 관두산(冠頭山) 귀두리(歸頭里)
에 펌장(窆葬)해두었는데, 고만산 선영의 땅이 협소하기 때문이라고
되어 있다(2:201). 그런데 1606년 사망한 며느리와 1644년 사망한 아들
이경전의 묘소가 선영에 정해진 것으로 보아, 이런 설명을 겉으로 드
러난 그대로 받아들일 수 없다. 이산해 부부가 묘소로 잡은 예산 다지
동(多枝洞)이 풍수적으로 명당이었기 때문으로 보아야 한다. 이산해는
1600년에 신창의 시전으로 이사하였는데, 신창에서 선영으로 가는 길
목에 있는 다지동에 1604년 부인이 사망하기 전에 묏자리를 보아두었
던 것으로 보아야 한다.30) 이산해가 사망한 지 얼마 지나지 않은 1637
년 무렵 후손의 본거지는 보령에서 예산으로 옮겨졌다.31) 묘소 옆 수

---

29) 최학수, 〈김성우 장군 전투사〉, 《애향》 8, 대천문화원, 1993.
30) 이은규 씨로부터 들은 바로, 필자는 동의하는 바이다.
31) 金鶴洙, 앞의 글, 11~15쪽.

당고댁은 6개 촌락에서 4백 석을 추수하였는데, 그 경지는 이산해 대부터 확보하기 시작하였다고 보아야 한다. 이치는 처가로부터 해양 기반을 이어받아 아들·손자 대에 물려주었는데, 이산해 사후에는 내륙 지향적으로 바뀌었다. 그런 가운데 한산 이씨가는 이지함과 이산해의 해양지향적 경세론을 계승하기 어렵게 되었을 것이다. 그리고 조선 후기 사회도 개항 전까지 여전히 해양에 무관심하였던 것이다.

끝으로 이산해가 생애의 대부분을 서울에서 지낸 점에 주목하고자 한다. 그는 서울서 태어나 8세 때에 보령으로 내려갔고, 13세 때에 그의 부친이 서울로 왔다. 이산해는 22세에 문과 장원을 한 이래 계속 서울에서 관리로 활동하였다. 해안 지방과 서울에서 생활하였기 때문에 농촌 출신의 학자보다 개방적이고 이익을 중시하는 학풍을 수립할 수 있었다.

5. 한산 이씨 가문의 경제사상과 아계

학문은 다양한 방식으로 계승, 발전된다. 근대에 들어와 학문 발달을 주도하는 힘은 시장 거래였다. 근대 초기라 할 수 있는 근세부터 그런 현상이 뚜렷하게 나타났다. 조선왕조는 같은 시대 중국이나 일본에 견주어 시장 발전이 뒤떨어져 지식의 시장 거래가 덜 활발하였다. 그럼에도 조선시대 학문은 중국과 대등한 수준으로 접근하였고 조선 후기 학문은 일본 도쿠가와 시대에 견주어 그다지 뒤떨어지지 않았다. 조선시대 학문의 전달에 가학이 중요하였는데, 필자는 조선의 가학 전통이 시장 거래의 부진을 보충하지 않았나 생각한다.

이산해 대에 이 집안만큼 학문적인 명가를 찾기 힘들었던 만큼, 가학의 전통이 그에게 중요한 것으로 생각된다. 널리 알려진 바와 같이, 이곡과 이색은 고려 말 성리학의 수용에 주도적인 역할을 하였다. 권근(權近)의 《삼봉집(三峰集)》 서(序)에 따르면, "우리 좌주(座主) 목은 선생은 일찍이 가훈(家訓)을 받들어 원나라 국자감(國子監)에 입학함으로써 정대(正大)하고 정미(精微)한 학문을 완성하였으며, 돌아오자 유학자들이 모두 그를 존숭하여 종사(宗師)로 삼았다." 여기서 이색이 '가훈을 받든' 점에 유의하고자 한다.

이산해가 가학을 중시한 사실은 여러 구절에서 확인된다. 〈증가선대부이조참판겸동지의금부사한공묘갈명(贈嘉善大夫吏曹參判兼同知義禁府事韓公墓碣銘)〉(2:89~90)에서 "참판공이 가업(家業)을 실추시키지도 않고 또 정훈(庭訓)을 잘 지켜서 더욱 그 후손이 번창하였으니, 옛사람이 이른바, '어려서는 어진 자제(子弟)가 되고 늙어서는 훌륭한 부형(父兄)이 되나'고 한 것이 아마도 공을 두고 이른 말이 아니겠는가"라고 평가하고, 명(銘) 가운데에 "가정에서 교육이 이루어져[敎于庭]"라는 구절을 넣었다. 〈전중윤공갈명(殿中尹公碣銘)〉(2:91~93)에서는 "공은 어려서부터 정훈을 계승하여 글을 읽을 줄 알면서부터 문(文)을 업으로 삼았다"고 하고 명 가운데 "교육을 가정에서 이루다[敎成于庭]"라는 구절을 삽입하였다.

이산해는 그들 정훈의 핵심을 충효(忠孝)로 인식하였다. 그는 손자에게 "너희는 모쪼록 서로 충효에 힘써서 가풍을 잘 이어 집안을 욕되게 하지 마라" 하고 훈계하였다[〈시손아(示孫兒)〉 1:92~93]. 그는 종형(宗兄) 이옹(李顒) 가정의 정성과 효도가 지극함은 "천성의 아름다움을 간직한 것으로서 어찌 우리 가문에 충성과 효도로 전해오는 전통이 있어서 그런 것이 아니겠는가"라고 반문하였다[〈성현찰방이군묘갈명(省峴察訪李君墓碣銘)〉 2:120]. 이산해는 장수현감(長水縣監)으로 제수된 김신

국에게 효도가 백성을 다스리고 나라에 충성하는 근본임을 다음과 같
이 설명하였다[〈송김장수서(送金長水序)〉 2:86].

> 충성과 효도는 본래 두 갈래 길이 없다. 그대가 능히 어버이에게 효도하던
> 마음으로 장수 지역의 백성을 대하고 장수 지역의 백성 중에 노인이 있으면 내
> 주변에 있는 노인을 생각하며, 장수 지역의 어린 백성을 만나면 나의 어버이가
> 어린아이를 사랑하던 것을 생각하여 한 지역의 백성으로 하여금 모두 순조로
> 운 생활 속에서 부모를 잘 봉양하여 굶주림에 허덕이거나 제 위치를 잃었다는
> 탄식이 없게 한다면, 지금 어버이에게 효도하는 것이 바로 나라에 충성을 하게
> 될 것이다.

정훈과 가학을 중시한 이산해는 선대인 이곡, 이색 및 이지함의 사
상을 충실하게 계승하였다. 달리 말해, 이산해의 사상은 거의 모두 그
의 선대 3인에게서 찾을 수 있다. 먼저 그의 8대조인 이곡과 7대조인
이색의 영향을 살펴보자. 이곡은 당대 정치 혼란의 기본 원인을 관리
의 탐학으로 보고, 군자를 나아가게 하는 "용인(用人)이 정치의 근본"
이라고 보았다.[32] 앞서 언급하였듯이, 이산해도 적합한 관리를 채용하
는 일을 민생 안정과 국가 중흥을 위한 기본 과제로 보았다.

이곡은 왕도정치를 구현하는 관건을 군주의 바른 마음[正心]으로 보
았다. 그는 마음이란 한 몸의 주인이고 만화(萬化)의 근본이니, 군주의
마음을 정치의 근원이요 천하 치란(治亂)의 기틀이 된다고 하였다.[33]
이색은 성(性)과 정(情)보다 마음을 중시하였다.[34]

---

32) 高惠玲, 앞의 책, 210~212쪽.
33) 高惠玲, 위의 책, 213~214쪽.
34) 琴章泰, 〈목은(牧隱) 이색(李穡)의 유학사상(儒學思想)〉, 《牧隱 李穡의 生涯와 思想》, 목은
    연구회 편, 일조각, 1996, 142~143쪽.

이산해는 마음이 우주와 도덕의 근본이 됨을 철학적인 논조로 다음
과 같이 서술하였다(〈운주사기〉 2:72).

> 형체는 밖에 있고 마음은 안에 있으니, 형체에는 비록 하자가 있더라도 마음
> 만은 하자가 없게 할 수가 있다. 마음에 하자가 없으면 담담해서 비추지 못할
> 데가 없고 고요해서 통하지 못할 것이 없게 된다. 그리하여 형기(形氣)의 밖까
> 지 말끔하고 우주 전체를 감싸서 아득하고 오묘한 경지에 이르게 된다.

이곡은 유교와 불교가 종교 내지 교학[敎]으로서는 병렬적이나, 마
음을 기르고[存養] 도덕을 숭상하는 근원에서는 동일하다고 보았다. 그
래서 이색은 어려서부터 산사에서 독서하면서 승려들과 교유가 깊었
다. 정몽주, 정도전 등이 불교를 배척하는 것과 달리 이색은 불교계의
폐단은 제거하되 종교로서의 불교의 역할은 인정하는 입장이었다.35)
즉 이색은 정치의 원칙은 유교, 수신(修身)의 방도는 불교에서 구한다
는 최승로의 입장을 계승하고, 유학자로서의 정체성을 지키면서도 유
불일치적 견해를 가지게 되었다.36) 앞서 살펴보았듯이, 이산해는 유교
적 합리주의로 불교의 문제점을 지적하였지만, 이치에 합당한 가르침
을 받아들였다. 불교의 비판적 수용이라는 점에서 이산해는 가학의 전
통을 계승한 것이다.

이처럼 항목별 가학 계승을 넘어서 선조 전래의 학풍 전반이 이산
해의 학풍을 규정하였다. 왕도정치를 강조한 이곡은 《맹자(孟子)》를
가장 자주 인용하고 《주역(周易)》과 《논어(論語)》를 그 다음으로 인용

---

35) 高惠玲, 앞의 책, 56, 77, 150~153, 234~235쪽.
36) 崔柄憲, 〈목은(牧隱) 이색(李穡)의 불교관(佛敎觀)〉, 《牧隱 李穡의 生涯와 思想》, 목은연구
회 편, 일조각, 1996.

하였다.37) 이산해도 이곡과 마찬가지로 《논어》는 말할 나위도 없고 《맹자》와 《주역》에 깊은 관심을 가졌다. 〈아계이상국연보〉의 52세조에 따르면, 이산해는 늘 "선비가 경전을 공부하자면 《맹자》라는 책을 보아야 한다"고 했다(2:170). 이색은 공자 → 한유(韓愈) → 구양수(歐陽脩) → 주렴계(周濂溪) → 정씨(程氏) 형제 → 허노재(許魯齋)의 도통(道統)을 천명하였다.38) 이색은 주자의 《사서집주(四書集註)》를 중시하고 주자의 주석이 담긴 오경(五經)을 충실하게 따랐으나,39) 도통에 주자를 빼고 원의 허형(許衡)을 올려놓았다.40) 이것은 그가 이기(理氣)의 사변철학을 중시하고 천리와 인욕을 준별하는 주자의 학풍보다는 덜 사변적이면서 실천 윤리를 강조한 허형의 북방 학풍을 더 선호하였기 때문일 것이다.41) 이산해도 당시 주자성리학자보다는 인간 욕망 등 인정에 순응하는 것을 더 중시하고 사변적인 이기 철학에 깊게 빠져들지 않았다. 이색은 "천지는 기(氣)이며 사람과 사물은 이 기를 받아서 태어난다"는 주기론(主氣論)의 입장을 취하였고, "무릇 이(理)는 형체가 없으니, 물(物)에 붙어서 그 형상이 되어 나타난다"고 했다.42) 앞서 언급하였듯이, 이산해도 주기론의 입장이었다. 이산해는 주기론자인 데다가 이익 추구의 인간의 자연스러운 감정을 중시하는 입장이었기 때문에 주자보다는 북송 이학자와 원의 주자학자에 더욱 가까웠다.

앞서 언급하였듯이 이산해는 온건한 정책론을 제시하였는데, 그것은 "온유한 성격과 과격을 피하는 중용정신"을 가진 이색으로부터 이

---

37) 高惠玲, 앞의 책, 224~225쪽 및 232쪽.
38) 윤사순, 〈목은 이색의 사상사적 위치〉, 《윤사순 교수의 한국유학사상론》, 예문서원, 1997/2002, 54~55쪽.
39) 都賢喆, 〈李穡의 經學觀과 그 志向〉, 《眞檀學報》 102, 진단학회, 2006.
40) 高惠玲, 앞의 책, 141쪽.
41) 허형의 학풍에 관해서는 金泰永, 《朝鮮性理學의 歷史像》, 경희대출판국, 2006, 19~23쪽.
42) 高惠玲, 앞의 책, 141쪽 ; 琴章泰, 앞의 글, 140~142쪽.

어진 가풍의 영향일 수도 있다.[43] 또한 그의 집안 역사로부터 얻은 교훈과 관련이 있을 수 있다. 그의 7대조인 이색은 권력의 향배에 역행하여 고려왕조에 충성을 바쳤다가 가문이 몰락할 위험에 처한 적이 있었으나, 그의 후손이 조선왕조에 출사(出仕)하면서 가문이 소생하였다. 그래서인지 조선시대에 이산해 가문은 최고 권력의 향배에 순응하였다. 세조 때에 이계전은 공신이 되었고, 이산해는 선조의 노여움을 산 적이 없으며, 이산해 집안은 북인의 중심 세력이었음에도 인조반정에서 살아남았다.

이산해는 〈안당장전〉(1:188~191)에서 누추하고 어리석게 보이지만 자신을 도모하는 주밀한 계책인 '보신(保身)의 도'를 얻은 인물을 훌륭하게 묘사하였으며, 〈곡두기(鵠頭記)〉(1:197~198)에서 "사람의 존망(存亡)과 성패가 단지 두려워하느냐 두려워하지 않느냐의 사이에서 판가름이 나니, 이 어찌 보신(保身)하는 자를 위한 경계만 될 뿐이 아니라 천하 국가에 미루어보더라도 모두 그러하지 않음이 없다"고 했다. 이산해가 율곡이나 유성룡처럼 적을 만들고 비판을 초래할 우려가 큰 혁신적인 개혁안을 내놓지 않은 것은 그의 신중한 성향뿐만 아니라 집안 역사로부터 얻은 교훈과 무관하지 않을 것이다.[44] 국가의 역사

---

43) 尹絲淳, 〈목은(牧隱) 이색(李穡)의 사상사적 위상(位相)〉, 《牧隱 李穡의 生涯와 思想》, 목은 연구회 편, 일조각, 1996, 113쪽.

44) 1649년 말 충청도 대동법의 시행을 둘러싸고 한당의 영수인 김육과 산당의 영수인 김집이 대립하다가 김집이 물러나자, 김육은 1650년 1월에 여덟 차례 사직 상소를 올렸다. 그 다섯 번째 상소에는 "신의 집안은 대대로 유학자 집안으로 시례(詩禮)의 공부를 업으로 삼아왔습니다. 그런데 고조인 김식은 기묘사화에 걸렸고, 족조(族祖)인 김권은 광해조 때에 귀양지에서 죽어 가문이 쇠락해져 쓸쓸한 한족(寒族)이 되었습니다. …… 한번 화를 당한 가문 출신인 신과 같은 사람이 활에 다친 새가 굽은 나무만 보아도 지레 놀라듯 하는 마음을 항상 지니는 것은 감히 다른 사람에 비할 바가 아닙니다"라고 하였으며, 그 일곱 번째 상소에서는 "만약 어진 이를 업신여기고 변법(變法)을 하였다면서 왕안석에 견주어서 신을 공격한다면, 전하께서 아무리 신을 구원하고자 하여도 안 될 것입니다"라고 하였다(민족문화추진회, 《국역 잠곡유고》 1, 1998, 312·316쪽).
  김육은 집안을 일으키라는 아버지의 유언을 실천하였고, 조상인 기묘명현의 정책 목표인 왕도정치를 더욱 유효한 방식으로 추진하였다. 이황은 기묘명현이 학력과 덕기(德器)

로부터도 두려워하는 보신책이 필요하다는 일관된 교훈을 얻기도 했던 것이다.

　이산해의 사상 형성에 가장 중요한 역할을 한 인물은 그의 숙부인 토정 이지함이었다. 이산해의 부친인 이지번은 그의 동생인 이지함을 가르쳤고, 이지함은 그의 조카인 이산해와 이산보를 어릴 적부터 가르쳤다.45) 이지번도 이지함처럼 '기인(奇人)'이라고 후손에 전해지는 것으로 보아, 역학(易學)과 풍수지리학이 이지번을 통해 이지함으로 전해져 한층 발전되고 그것이 이산해에게로 전해진 것으로 보인다. 이러한 가학은 주역과 상수학을 중시하는 선대부터의 학풍을 계승한 것으로 생각된다.

　〈아계이상국연보〉에 따르면, 5세 때에 "토정공(土亭公)이 태극도(太極圖)에 대하여 한마디 가르쳤더니, 곧장 천지와 음양의 이치를 알아차려서 태극도를 가지고 논설할 줄을 알았다. 일찍이 먹는 것도 잊고 글을 읽자, 토정공이 혹시라도 몸을 상할까 염려하였다"한다. 이산해는 〈숙부묘갈명(叔父墓碣銘)〉(2:115)에서 "불초한 내가 일찍이 스승을 찾아가서 배우지 못하였고 가정에서 배웠다. 비록 훈도를 받아 성취한 효과를 아직 이루지 못하였으나, 문호(門戶)를 유지하여 죄악에 빠지지 않게 한 것은 모두 숙부의 가르침이다"라고 할 정도로 이지함의 영향이 컸다.

가 부족한 채로 조급하고 졸속하게 개혁을 추진하여 실패하였다고 평가한 바 있는데, 김육은 학력과 덕기를 쌓고 제도를 잘 설계하고 제도 개혁을 착실히 추진하여 성과를 거두었던 것이다. 기묘명현은 도학정치를 구현하는 방도로서 의리와 명분의 구현을 중시하였으나, 김육은 왕도정치의 우선 과제로서 항산과 안민의 실현에 주력하였다(이헌창, 〈김육의 경제사상과 경제업적〉,《잠곡(潛谷) 김육(金堉) 연구》, 태학사, 2007). 조선시대 사람들이 가훈, 그리고 집안 역사로부터 얻은 교훈을 중시하고 선대의 과업을 계승하고자 노력한 것은 평가할 만한 일이다.
45) 신병주,《조선 중·후기 지성사》, 새문사, 2007, 156쪽 ;《선조수정실록》선조 27년(1594) 4월 기유.

이산해가 이지함으로부터 배워서 달라졌던 요소가 무엇일까. 그것을 이산해가 작성한 다음의 〈숙부묘갈명〉에서 찾아보자.

> 경전(經典)과 사(史)와 자(子) 등 수많은 책들을 두루 섭렵하지 않은 것이 없었다. …… 선롱(先壟)이 바닷가에 있어서 세월이 오래 되면 조수의 침해를 받을까 염려된다는 이유로 제방을 쌓으려고 가늠해 보니, 수천 석(石)의 곡식 없이는 불가능한 일이었다. 그래서 고기 잡고 소금 굽고 장사하는 곳에서도 마련[取辦]하였는데 아무리 하찮은 일일지라도 하지 않은 일이 없었다. …… 배 타기를 좋아하여 큰 바다를 마치 평지처럼 밟고 다녔다. …… 제사에는 정성을 다하였으되 《주문공가례(朱文公家禮)》에만 전적으로 의존하지는 않았다. …… 학문을 할 때에는 항상 경(敬)을 위주로 하여 이치를 연구하였고, 독실히 실천함을 우선으로 하였다(2:113~114).

첫째로, 이지함은 폭넓게 공부하여 주자학에만 의존하지는 않았는데, 이러한 개방적이고 박학적인 학풍이 이산해에게도 계승되었다. 이지함은 5세의 이산해에게 태극도 등 음양의 이치를 가르쳤다. 그리고 이산해가 11세에 지은 〈만초손부〉에서 드러나듯이, 도교, 음양사상, 역학(易學) 등에 관심이 깊은 것은 이지함의 영향이라 할 수 있다.

둘째, 이지함은 이익 추구와 그것에 관련된 상업에 우호적이었고, 실제로 어업·제염업·상업에 종사한 적도 있었다. 그 때문에 이산해는 이익 추구와 상업에 적대감을 나타내지 않았다. 이산해가 인간의 자연스런 감정을 중시한 데에는 이지함의 영향이 컸을 것이다.

셋째, 이산해의 바다에 대한 관심과 해양지향적 정책론에도 이지함의 영향은 컸다. 이지함은 "육지와 바다는 백 가지 재용을 저장한 창고입니다"라고 하여 바다의 경제적 가치를 육지와 대등하게 보았다.

이산해는 관영 제염업을 통하여 식량을 확보하자고 주장하였는데, 이지함도 그것을 앞서 건의한 바 있었다.[46]

이산해가 이지함의 적극적인 이익추구관을 계승하였지만, 이를 발전시키지는 못하였다. 그것은 17세기 이후 실학자의 몫이었다.

이지함의 학풍은 그의 스승인 화담(花潭) 서경덕(徐敬德, 1489~1546)과 기본적으로 같았다. 서경덕의 학풍은 성리학을 기본으로 삼으면서도 개방적이어서 상수학(象數學)이나 도가사상을 보합, 절충하는 특징이 있었다. 그의 학설은 장횡거(張橫渠)에 따라 정주학과는 다른 면모를 가지기도 했다. 이러한 절충적·개방적 학풍을 계승한 화담학파의 문인은 다른 학파보다 성리학 이외의 학풍에 개방적이고 그것을 절충하기도 하여 다양한 성향을 보였다.[47] 서경덕은 《주역》에 능통하였다. 상촌 신흠은 소옹(邵雍)의 《황극경세서(皇極經世書)》에 대한 그의 연구를 높게 평가하고 그의 상수학을 계승하는데, 이지함은 북송대 성리학자인 소옹에 비견된다.[48] 서경덕이 소옹의 상수학에 관심을 가진 것은 도가사상의 관심과도 긴밀히 연결되는데,[49] 이지함을 가르친 이산해도 도가사상에 심취하였다. 화담학파 가운데서도 이지함은 상수학과 도가사상을 보합, 절충하는 데에 한 걸음 더 나아갔을 뿐만 아니라, 이익 추구의 인정을 용인하는 관념을 잘 확충시켰다. 이산해는 서경덕에게서 직접 배우지는 않았으나, 이지함을 통해 그의 학풍을 전수받았다고 할 수 있다.

이곡과 이색은 주자성리학의 수용에 중심적인 역할을 한 인물이었다. 그리고 16세기에 주자성리학이 심화되었다. 그런 가운데 이지함과

---

46) 《土亭遺稿》卷上, 〈莅抱川縣監疏〉.
47) 신병주, 《남명학파와 화담학파 연구》, 일지사, 2000, 226~229쪽.
48) 신병주, 앞의 책(2007), 165쪽.
49) 신병주, 앞의 책(2000), 195~205쪽.

이산해는 어떻게 화담학파에 속하게 되었을까? 이지함을 가르친 이산
해의 부친은 이황과 도의(道義)로 사귀었고(〈아계이상국연보〉 2:140,
146), 이산해는 이황의 요청으로 황금계(黃錦溪) 문집의 발문(跋文)을
찬술한 바 있는데도,50) 왜 한산 이씨가는 새로운 유종(儒宗)의 퇴계학
파에 들어가지 않았을까? 이색은 불교에 대한 관용적 태도, 그리고 주
자 대신에 허형을 도통으로 삼는 학풍 때문에, 《고려사(高麗史)》 열전
(列傳)에서는 "학문이 순수하지 못하다"는 평가를 받기도 했다. 서경덕
에 대해서는 이황이 "기(氣)를 논한 것은 지극히 정밀하다고 해도 남
음이 없는데 이(理)에 대해서는 그다지 정밀하지 못하였다. 그래서 기
를 주장하는 데에 너무 지나치기도 하고 혹은 기를 이로 알기도 하였
다"고 평하였다. 퇴계는 "화담의 저술 한 마디에도 병통이 없는 곳이
없다"고 비판하였는데, 그것을 이단에 접근한다고 우려하였다. 서경덕
은 이색과 마찬가지로 주자성리학보다는 장횡거, 주렴계, 소옹이라는
북송대 성리학자에 경도되었다.51) 이들 북송대 성리학자들은 도가적
측면이 강하였다. 이색과 서경덕이 북송과 원대의 성리학을 계승한 반
면, 조선사회의 주류 유학계는 남송의 주자성리학을 계승하여 이색과
서경덕의 학풍을 비판하였던 것이다. 이색과 서경덕이 주류 학계로부
터 동일한 성격의 비판을 받은 것은 서경덕이 16세기에는 이색의 학
풍에 가장 친화적인 대학자임을 드러낸다. 그렇다면 이지함은 가학 전
통으로 화담학풍에 쏠렸다고 보아야 한다. 그리고 서울이란 대도시,
그리고 마포와 보령이라는 수상교통이 발달한 곳에 거주한 환경도 개
방적 학풍의 화담에 접근하는 요소로 작용하였다.

---

50) 《선조수정실록》 선조 8년 12월 을축.
51) 신병주, 앞의 책(2000), 204~207쪽.

6. 북인 경제사상과 아계

이산해는 동인의 편에 섰는데, 이것은 퇴계와의 인연에 관련되어
있다. 이어서 동인의 분당(分黨) 때에는 화담·남명 계열과 더불어 북
인의 편에 섰다. 화담학파와 남명학파가 연합한 북인의 성립 배경을
이산해가 지은 〈최처사갈명(崔處士碣銘)〉에서 엿볼 수 있다. 이산해가
교유관계를 맺은 최역(崔櫟)은 초년에는 화담의 문하에서 수업을 하였
고, 후에는 청송(聽松) 성수침(成守琛)과 남명(南溟) 조식(曺植)을 종유
(從遊)하였다. 그의 큰아들인 철견(鐵堅)이 을유과(乙酉科)에 장원을 할
때 이산해가 좌주였고, 철견의 맏아들 행(行)이 이산해의 사위가 되었
다. 그는 29세 때에 죽음을 앞두고 화담의 제자로서 뜻을 같이한 친구
인 행촌(杏村) 민순(閔純)에게 두 아들을 부탁하였다(2:93~96). 이처럼
가문간 세교, 학맥, 혼맥, 과거 인연, 사회적 교유 및 정치활동으로 유
기적인 관련을 맺는 가운데 당색이 정해졌던 것이다.

남인과 북인의 분당 이후 이산해는 학문적 명성과 정치적 지위에
힘입어 북인의 영수가 되었을 것이다. 이덕형, 유몽인, 김신국(金藎國)
등은 상업을 육성하여 국가경제와 민생을 다 같이 유족하게 해야 한
다고 주장하였는데, 북인의 실용적 사상은 17세기 후반 이래 근기남인
의 실학을 형성한 한 요소로 지적되기도 한다.[52] 이덕형은 이산해의
사위이고, 이산해는 김신국의 존고부(尊姑夫)이고, 유몽인은 한산 이씨
집안과 세교(世交)를 맺고 있었다.[53] 이산해는 경세론에 조예가 있는
한백겸(百謙)·중겸(重謙)·준겸(浚謙)의 부친의 묘갈명을 지었고, 두 가

---

52) 韓明基, 〈柳夢寅의 經世論 연구〉, 《韓國學報》 67, 1992 ; 신병주, 앞의 책(2007), 194~207쪽.
53) 신병주, 앞의 책(2000), 266~267쪽.

문은 세교가 있었다. 그리고 이산해는 한준겸을 밀어주었다(2:161). 이산해는 장수현감(長水縣監)으로 제수된 김신국에게 수령으로서 가져야 할 마음가짐을 일러주었다(〈송김장수서〉 2:85~87). 북인 관료는 의리명분론에는 별다른 관심을 기울이지 않고 국방·경제의 실천 문제에 중점을 두었다고 평가되는데, 이러한 성향을 이지함·이산해도 가지고 있었던 것이다.

화담학파는 상업을 중시한 특징을 가지는데, 그 특징을 잘 드러낸 화담의 제자는 이지함으로 꼽힌다. 이지함은 "덕이 근본[本]이고 재물은 말(末)이다"는 《대학》의 말을 수용하면서도 어느 한쪽에 치우쳐서는 안 되고 말로도 근본을 제어해야 한다고 보았다.54) 유형원은 〈교역설〉에서 이지함이 "우리나라는 백성이 가난하여 만약 남쪽으로 유구(琉球)·남양(南洋)의 선박 수 척과 해마다 접한다면 넉넉해질 것이다"라고 말한 바가 참으로 옳다고 하였다. 박제가는 해로무역 육성론을 펼치는 글에서 이지함이 다른 나라 상선과 통상하여 전라도의 가난함을 구제하고자 하는 견해를 높게 평가하였다. 이규경은 이지함의 견해를 최고의 '경제생재지책(經濟生財之策)'으로 평가하였다.55) 이산해는 이지함의 적극적 경제사상을 계승하였지만, 더 발전시켰다고 보기는 어렵다.

---

54) 신병주, 앞의 책(2000), 261~266쪽.
55) 이헌창, 〈조선 중·후기 실학자의 해로무역육성론(海路貿易育成論)〉, 《조선시대의 사상과 문화》, 집문당, 2003, 232~233쪽.

7. 한산 이씨가와 유학·실학의 계보

이산해는 다양한 사상을 흡수하여 자신의 독자적인 사상체계를 정립하였다. 그는 공납제에서의 인정가미(人情價米) 징수 금지 주장을 처음 하였고 둔전 경영과 국영 제염업을 강력히 주장하였으며 수군과 제염업의 중시라는 해양중시정책론을 제시하였다. 그렇다 해도 경제정책 면에서의 기여는 이이나 유성룡에 훨씬 미치지 못하고 경제사상에서의 기여도 크지 않다. 조선시대사에서 이산해가 수행한 중심적인 역할은 학문적·정치적 역량에 바탕을 두고 가학을 집대성하여 이후 북인 학풍에 기여한 점이다. 그와 관련하여 이산해가 소속한 한산 이씨 가문은 한국 유학사와 실학사에서 차지하는 의의가 가볍지 않고 여기에 이산해도 한 몫을 하였다는 점을 결론에 대신하여 서술하고자 한다.

16세기 이래 조선 유학계에 가장 널리 수용된 도통론(道統論)은 포은 정몽주 → 야은(冶隱) 길재(吉再) → 강호(江湖) 김숙자(金叔滋) → 점필재(佔畢齋) 김종직(金宗直) → 한훤당(寒暄堂) 김굉필(金宏弼) → 정암(靜庵) 조광조 → 퇴계 이황이었다. 여기서 퇴계가 들어가는 데에는 이론의 여지가 없다. 서인들도 1689년 기사환국 이전까지는 퇴계를 동방의 주자로 추앙하면서 이 도통에 율곡 이이와 우계 성혼을 추가하였던 것이다. 계보상 다른 인물은 조광조 학파의 의식을 반영하였다.[56] 이 것은 순수한 주자성리학의 도통으로서는 의미가 있겠지만, 유학사 전체의 계보로서는 충분하지 못하다. 주자학 수용기인 고려 말의 유종인

---

56) 李樹健, 앞의 책, 303·405쪽.

목은 이색이 빠져 있기 때문이다. 사학파(私學派)의 계보 외에 이색→
권근→변계량→노수신이라는 관학파의 계보도 있으나, 사림파의 세
상이 된 뒤에 이 관학파의 계보는 잊혀지고 말았다.57) 이 사림파의 계
보에는 서경덕도 빠져 있다. 이색과 서경덕은 공통적으로 정통 주자성
리학자들로부터 학문적으로 순수하지 못하다는 평을 받았는데, 그런
점에서 주자성리학자의 도통론에서 의도적으로 배제된 감이 있다. 사
실 도통이란 추상화된 개념적인 학맥에 지나지 않고, 유학사상의 현실
적 전개에는 다양한 계보가 있을 수 있다.

　중국 유학과 조선 실학까지 포함하여 조선시대 유학의 가장 큰 줄
기를 단순하게 제시하면, 공자→주자→퇴계의 궁경행수학(窮經行修
學)→율곡의 궁경치용학(窮經致用學)→순수 성리학; →실학(;은 병렬
을 의미)이라고 하겠다. 그 다음으로 크고 중요한 줄기는 이 글에서 밝
힌 '공자→북송·원대 성리학자→이색→서경덕→이지함·이산해
등→북인→근기 남인의 실학; →한당(漢黨: 신흠→김육)'으로 사료
된다.58) 이 흐름은 주자성리학자로부터는 학문적으로 순수하지 못하
다는 평을 받겠지만, 주자학 이외의 다양한 학풍에도 개방적이고 이익
추구를 긍정적으로 평가하는 경향을 가진다. 첫 번째 흐름은 농촌과
사림파에, 두 번째 흐름은 도시와 관학파에 깊게 관련되어 있다. 개성
이라는 도시의 토양에서 배양된 서경덕의 개방적이고 이익 중시적인
학풍은 16세기 후반 서울의 침류대 학사에게 계승되었고,59) 나아가

---

57) 李成茂, 〈星湖 李瀷의 가계와 학통〉, 《韓國實學硏究》 2, 2000, 13쪽.
58) 한당의 영수인 신흠은 이색을 누구보다 높게 평가하고 이경전과 친분 관계에 있었다(이
　　책에 수록된 이성무와 이영춘의 논문을 참조). 근기 남인인 허목은 이산해, 이경전 및 이
　　구의 3대 문장을 높게 평가하였다(이 책에 수록된 이영춘의 논문을 참조). 이산해의 맏사
　　위 李尙弘은 성호 이익의 증조 李尙毅의 동생이다. 이러한 사실은 한산 이씨가의 학풍이
　　한당 및 근기 남인과 상통함을 드러낼 것이다.
59) 신병주, 앞의 책(2000), 181쪽.

한당과 근기 남인의 수도권 학풍으로 연결될 수 있었다. 서경덕은 스승에게 배우지 않았다고 자처한 만큼[60] 이색과 인맥으로 잘 연결되지는 않지만, 양자가 학문적으로 상통하는 바가 있으므로 이색의 후손이고 서경덕의 제자인 이지함과 이산해에 의해 접합점을 찾았다고 하겠다. 서울에서 주로 활동한 이산해의 학풍은 침류대 학사와 통하는 면도 있었다. 이지함과 이산해는 서경덕의 학풍을 이후의 북인 학자와 실학자로 이어주는 데 일정한 역할을 하였다. 이 두 번째 줄기는 서경덕 이전의 유학계에서는 조광조까지의 학통에 못지않은 의의를 가지고, 17세기 이후 실학의 전개에서는 더 큰 의미를 가진다고 할 수도 있다.

조선 후기 실학은 이 두 줄기로부터 대부분 설명된다. 대동법 등에 정책적 공헌이 큰 김육은 실학자에 포함되기도 하는데, 그전에 한당의 영수인 신흠과 더불어 서경덕의 학맥을 이었다고 할 수 있다. 서인 세력인 한당은 율곡의 적극적인 경세론을 계승하였다고 할 수도 있다. 반계 유형원은 북인인 김세렴의 가르침을 받았으며, 율곡의 영향도 크게 받았다. 성호 이익이 퇴계를 사숙(私淑)하고 율곡과 반계의 경세론을 높게 평가한 것은 잘 알려져 있는데, 성호의 선조를 비롯한 근기 학인은 서경덕 학풍의 영향을 강하게 받았다.[61] 북학파는 서인의 낙론(洛論)을 토대로 하기도 하였는데, 박제가는 이지함의 해상통상론, 김육의 수레 이용 등의 영향을 받기도 했다. 요컨대, 실학은 유학사의 2대 줄기 모두로부터 자양분을 얻었던 것이다.

물론 이 2대 줄기로 조선 유학의 전부를, 그리고 실학의 모든 자양분을 설명하지는 못한다. 예컨대 서애 유성룡은 퇴계의 제자를 자처하

---

60) 《선조실록》 선조 8년 5월 20일 기미.
61) 李成茂, 앞의 글, 14~16쪽.

였지만, 서경덕과 마찬가지로 다양한 학풍을 소화하여 수준 높은 독자적 체계의 경세론을 수립하였고 그것은 유형원, 정약용 등에 영향을 미쳤다.[62] 그리고 중국 고증학, 서학, 변화하는 현실에 대한 새로운 문제의식이 조선 후기 실학의 새로운 자양분으로 기능하였던 것이다.

김육의 사례에서 잘 드러나듯이, 실학은 재야 학자의 전유물만은 아니며 관료도 경세론을 계승, 발전시켜왔다. 1731년 영의정 조문명(趙文命)은 제염의 이익을 통해 부강을 이루기를 건의하면서 이전에 상신(相臣) 유성룡과 처사(處士) 이지함이 건의한 바 있었다고 했다.[63] 영조의 탕평정치기 관료의 경제정책론도 다양한 자양분을 흡수하였는데, 한산 이씨가도 그 자양분의 한 줄기를 이루었던 것이다. 이렇듯 실학사상이나 관료의 경세론은 당색에 규정된 좁은 학파에만 의존하지는 않았다.

실학의 한 측면이 경제사상인데, 한산 이씨가와 그것을 포함하는 유학사의 큰 줄기는 경제사상의 형성에도 의의를 가진다. 권근은 스승인 이색의 행장에서 "재상이 되기는 하였으나 얼마 안 가서 파면되고 마침내 비방을 받음으로써 그 '경제학[經濟之學]'을 끝내 크게 시행하지 못했으니, 이것은 운명이었다"며 애석하게 생각하였다.[64] 여기서 '경제'는 경세제민(經世濟民)의 준말로서 세상을 다스리고 인민을 구제하기 위한 올바른 정치, 도덕적 교화, 민생 안정 등 윤리와 공리(功利)를 포괄하는 개념인데, 오늘날 경제도 그 한 구성요소이다. 이색은 정치와 도덕교화를 중시하였지만, 《농상집요(農桑輯要)》 서문에서는 고려

---

62) 이헌창, 〈서애 유성룡의 경제정책론〉, 《유성룡의 학술과 사상》, 태학사, 2008.
63) 《영조실록》 영조 7년 11월 신사 ; 李根浩, 〈英祖代 蕩平派의 國政運營論 硏究〉, 국민대 박사논문, 2001, 245쪽.
64) 《牧隱集》 行狀 ; 《陽村先生文集》 卷之二十三, 祭文類, 代趙雨亭祭漁隱先生文, 呂興府院君閔公霽 ; 《陽村先生文集》 卷之三十三雜著類, 策題類, 壬午年會試策問題.

의 '치생(治生)' 방도가 빈약한 것에 문제의식을 가지고 인민의 경제활동을 잘 관리하여 왕도정치를 하고자 의도하였다. 이지함은 경제사상을 발전시켜 상업을 억제하려는 농본주의관(農本主義觀)을 "체계적으로 비판하여 새로운 경제사상의 횃불을 든 선구자"이자 '근대사상의 출발점'으로 평가하기도 했다.[65] 이산해의 영향을 받은 유몽인과 김신국은 적극적인 경제관을 가졌다.

■ 참고문헌

《선조실록》《선조수정실록》《영조실록》
《국역 아계유고(鵝溪遺稿)》 1·2, 《토정유고》

高惠玲, 《高麗後期 士大夫의 性理學 受用》, 일조각, 2001.
金泰永, 《朝鮮性理學의 歷史像》, 경희대 출판국, 2006.
신병주, 《남명학파와 화담학파 연구》, 일지사, 2000.
_____, 《조선 중·후기 지성사》, 새문사, 2007.
李樹健, 《嶺南學派의 形成과 展開》, 일조각, 1995.

고영진, 〈총론: 17세기 전반 의리명분론의 강화와 사회정책론의 대립〉, 《역사와 현실》 8, 1992.
高惠玲, 〈목은(牧隱) 이색(李穡)의 사승(師承)과 교유관계(交游關係)〉, 《牧隱 李穡의 生涯와 思想》, 牧隱研究會編, 일조각, 1996.
琴章泰, 〈목은(牧隱) 이색(李穡)의 유학사상(儒學思想)〉, 《牧隱 李穡의 生涯와 思想》, 牧隱研究會編, 일조각, 1996.
김용덕, 〈李之菡의 經濟思想〉, 《한국의 사상》, 尹絲淳·高翊晋 共編, 열음사,

1984.

金鶴洙,〈古文書를 통해 본 禮山 韓山李氏 修堂家門의 家系와 社會經濟的 基盤〉,
《古文書集成 61: 禮山 開谷 韓山李氏 修堂古宅篇》, 2002.

都賢喆,〈李穡의 經學觀과 그 志向〉,《眞檀學報》 102, 2006.

신병주,〈17세기 전반 북인관료의 사상〉,《역사와 현실》 8, 1992.

_____,〈土亭 李之菡의 學風과 사회경제사상〉,《규장각》 19, 1996.

尹絲淳,〈목은(牧隱) 이색(李穡)의 사상사적 위상(位相)〉,《牧隱 李穡의 生涯와
思想》, 牧隱研究會編, 일조각, 1996.

李根浩,〈英祖代 蕩平派의 國政運營論 研究〉, 국민대 박사논문, 2001.

李成茂,〈星湖 李瀷의 가계와 학통〉,《韓國實學研究》 2, 2000.

李成妊,〈16세기 兩班官僚의 經濟生活 연구〉, 인하대 박사논문, 2003.

이헌창,〈조선 중・후기 실학자의 해로무역육성론(海路貿易育成論)〉,《조선시
대의 사상과 문화》, 집문당, 2003.

_____,〈18세기 황윤석가의 경제생활〉,《이재난고로 보는 조선지식인의 생
활사》, 한국학중앙연구원, 2007.

_____,〈김육의 경제시상과 경세업석〉,《잠곡(潛谷) 김육(金堉) 연구》, 태학
사, 2007.

_____,〈서애 유성룡의 경제정책론〉,《유성룡의 학술과 사상》, 태학사,
2008.

崔柄憲,〈목은(牧隱) 이색(李穡)의 불교관(佛敎觀)〉,《牧隱 李穡의 生涯와 思
想》, 牧隱研究會編, 일조각, 1996.

최학수,〈김성우 장군 전투사〉,《애향》 8, 대천문화원, 1993.

韓明基,〈柳夢寅의 經世論 연구〉,《韓國學報》 67, 1992.

影山輝國・池田知久・小島毅・高柳信夫,〈天〉,《中國思想文化事典》, 溝口雄三・
丸山松幸・池田知久編, 東京大學出版會, 2001.

고문서를 통해 본
아계-후곡 가문의 사회경제적 기반*

김 학 수
한국학중앙연구원

1. 머리말

이 글은 한산 이씨 후곡종가(後谷宗家, 修堂古宅)에 소장된 고문서를 통해 아계(鵝溪, 李山海)-후곡(後谷, 李久)가문의 사회경제적 기반을 고찰하는 데 주안점이 있다. 고려 말의 대표적 학자·관료였던 이곡(李穀)·이색(李穡)의 후손인 아계-후곡 가문은 여말선초에는 본관지인 한산에 근거를 두고 상경종사했고, 세조 대의 대표적 훈신이었던 이계전 대에는 직위가 높은 고급관료를 많이 배출했음은 물론, 서울을 비롯한 경기·호서일대에 광범위한 전장을 확보하며 당대 유수의 문벌 가문으로 도약하였다.

그 뒤 한산 이씨 내에서는 문열공파(文烈公派)라 불리는 이계전(李季

* 이 글은 《古文書集成》 61-禮山 間谷 韓山李氏 修堂古宅篇-(韓國精神文化研究院, 2002)에 수록한 해제 〈고문서를 통해 본 예산 한산이씨 修堂家門의 가계와 사회경제적 기반〉을 수정·보완하였다.

旬)의 자손들은 서울에 주거하면서 경기 또는 호서 등지에 별업을 두는 이원적 거주 형태를 유지하였다. 이 글의 주인공인 아계-후곡 가문은 서울과 예산에 각기 경제와 향제를 보유하였음은 물론 단양에 별업을 조성·관리하는 다원적 경영체계를 보였던 조선 후기의 대표적 양반가문이었다.

어느 집안이건 저마다 처한 상황에 따라 지역적 기반은 바뀌기 마련이지만, 이런 현상을 계기적으로 분석하여 역사적 의미를 찾는 데에는 별다른 진전이 없었다. 특히 별업의 경우 조선왕조실록 등 연대기 자료나 개인의 문집 등에서 눈에 띄는 별업(別業, 別墅·別莊)이 양반가문의 사회·경제·문화적 기반과 관련하여 중요성이 적지 않음에도 지금까지 별업은 주로 건축·조경학,1) 문학,2) 미술사적3) 관심에서 다루어졌으며, 역사적 관점에서 파악한 연구는 많지 않았다.4)

이에 이 글에서는 조선시대 양반가문의 사회경제적 기반을 한산 이씨 아계-후곡 가문의 사례를 통해 더욱 구체적으로 살펴보고, 그 의의를 진단해보고자 한다. 이를 위해 연구 방법으로는 특정 가문의 사회경제적 상황과 매우 밀접한 관계가 있는 지역 기반의 변동에 주목하고자 하고, 자료로 분재기, 호적, 소지 등 고문서를 적극 활용하고자 한다.

이산해의 차종가인 후곡 가문을 연구 대상으로 삼은 것은 첫째, 후곡종가(수당고택)가 아계 가문에서는 가장 다량의, 그리고 양질의 고문

---

1) 《京畿道半月地域 安東金氏墳墓發掘調査報告書; 金洙根·炳國家系의 資料를 中心으로》, 온양민속박물관, 1989 ; 최영진, 〈道內 別墅遺址에 關하여(1)-廣州 樊翁別墅〉, 《기전문화연구》 5, 인천교육대학 기전문화연구소, 1974 ; 김정, 〈瀟灑園-조선王朝의 빼어난 梁山甫 別墅私苑-〉, 《장성향토문화》 6, 1980.

2) 신범순, 〈隱者의 정원에 나타난 상징과 꿈의 의미 -安憑夢遊錄을 중심으로-〉, 《한국문화연구》 26, 서울대한국문화연구소, 2000.

3) 조규희, 〈朝鮮時代의 山居圖〉, 제41회 전국역사학대회발표요지, 1998

4) 정승모, 〈京邸·鄉第·別墅와 조선후기문화의 地域性〉, 미발표원고. 2003.

서를 소장하고 있기 때문이며, 둘째, '차종가'임에도 후곡종가가 소장한 고문서 가운데는 이지번·이산해 당대의 자료들이 다수 포함되어 있어 조선 중·후기 한산 이씨 아계 가문의 사회경제적 상황을 고찰하는 데 매우 효과적이기 때문이다.

2. 16세기 한산 이씨의 지역적 기반

충청도 한산 지방의 향리가문이었던 한산 이씨는 고려 말 이곡·이색 부자를 배출하며 단숨에 사대부가문으로 도약한 뒤에도 한동안 본관지에 세거 기반을 두고 있었다.5) 이곡·이색 부자도 사환(仕宦)의 편의를 위해 개경·한성에 경제(京第)를 운용했으나,6) 그것이 거주 기반의 완전한 변화를 뜻하는 것은 아니었다. 이곡의 아호로 알려진 '가정(稼亭)'도 그가 1337년(충숙왕 6) 한산에 건립한 정자였다. 고려 말~조선 초 한산 이씨의 지역적 연고는 이윤경에서 이종선(李種善)에 이르는 7대의 분묘가 기린봉(麒麟峰), 사현(斜峴), 표동(瓢洞) 등 한산 일원에 조성된 사실에서도 확인된다(표 7-1 참조).

그러나 아계 가문에 한정할 때 이종선 이후로는 더 이상 한산에 분묘가 조성되지 않았다. 이것은 지역적 기반의 변동과 관련이 깊은데, 그 계기를 마련한 사람은 아계의 5대조인 이계전(李季甸)이었다.《한산이씨세보(韓山李氏世譜)》(1905)에 따르면, 한산 이씨는 이색의 손자 대

---

5) 현재로서는 정확한 거주지를 확인하기는 어려우나 이윤경의 분묘가 한산 古邑의 오른쪽에 있었고, 관부를 이건할 때 담장내에 들어갔다는 기록과 이곡이 한산 郡北 古村에서 출생했다는 족보의 기록을 종합할 때 당초 이들의 세거지는 읍치와 매우 인접해 있었음을 알 수 있다[李南珪編,《韓李家帖》,〈李允卿〉〈李穀〉 조항 참조].

6) 이곡의 경제 소재처는 미상이나 이색은 壽進坊에 살았고, 후일 이곳에 그의 영정을 봉안하는 사우가 건립되었다(李南珪編,《韓李家帖》,〈李穡〉 "京城壽進坊 別構祠宇 奉安影幀 子孫春秋酌獻").

표 7-1. 아계 가문 선대의 분묘 현황

세대	해당인물	출생지	사망지	분묘 소재	비고
1세	李允卿	한산	한산	塔洞(한산)	묘표(李承五撰)
	배위실전			미상	
2세	李孝進			한산	
	배위실전			미상	
3세	李昌世			한산	
	배위실전			미상	
4세	李自成	한산	한산	麒麟峰(한산)	묘표
	홍례이씨			馬山(한산)	묘지(李齊賢撰)
5세	李穀	한산(古村)	한산(崇文洞)	斜峴(한산)	묘표
	함창김씨			〃	묘표
6세	李穡	영해(外鄕)	여주	麒麟峰(한산)	묘지(陣璉撰)
	안동권씨			〃	묘지
7세	李種善	한산		麒麟峰(한산)	韓山有孝子碑
	안동권씨			本家(親庭)先塋	
	안동권씨			瓢洞(한산)	묘표

를 기점으로 대략 13개파로 **분파하였는데**,[7] 이계전은 문열공파(文烈公派)의 파조였다. 문열공파는 판중추공파(李孟畇后)와 더불어 한산 이씨에서도 가장 현달한 계파의 하나로 꼽힌다.

이계전의 행적 가운데 경제적 기반과 관련하여 주목할 점은 그가 1453년(단종 1)과 1458년(세조 4)에 각각 정난공신(靖難功臣, 1등)과 좌익공신(佐翼功臣, 2등)에 책훈된 사실이다. 이처럼 이계전은 두 차례에 걸친 훈업을 바탕으로 방대한 규모의 전지를 하사받았는데, 1453년에는 2백 결,[8] 1458년에는 1백 결을 사패지로 하사받았다.[9] 사패지의 위치는 분명치 않으나 경기와 호서 일원에 분포했던 것으로 추정된다.

---

7) 韓山李氏는 文惠公派(孟畇后), 判中樞公派(孟畇后), 光牧公派(叔野后), 摠制公派(叔當后), 良度公派(叔畝后), 直講公派(叔福后), 正郎公派(李時后), 恭武公派(季疄后), 文烈公派(季甸后), 監察公派(季睆后), 執義公派(季町后), 權知公派(允佑后), 戶長公派(桓后) 등 크게 13개파로 분파되었는데, 權知公派와 戶長公派를 제외하면 모두 牧隱의 손자를 파조로 하여 분파되었음을 알 수 있다. 이 가운데서 자손이 가장 번성한 것은 判中樞公派와 文烈公派로 나타난다.

8) 《단종실록》 권9, 단종 1년 11월 4일(병진).

9) 《세조실록》 권13, 세조 4년 6월 29일(을유).

이계전의 전장과 관련하여 또 한 가지 주목되는 것은 다음의 《세조
실록》 기사이다. 1457년(세조 3) 세조는 사육신 사건에 연루된 인사들
의 땅을 몰수하여 종친과 대신들에게 하사했는데, 이때 이계전은 이
개,10) 성삼문 등의 소유지였던 한산·예산·온양·풍덕·아산·해미·
회덕·임피 등의 전지를 하사받았다.

　　이개(李塏)의 한산 전지, 성삼문(成三問)의 예산 전지, 이유기(李裕基)·이오
　　(李午)의 풍덕 전지, 박중림(朴仲林)의 아산 전지, 최사우(崔斯友)의 해미 전지,
　　봉유(奉紐)의 온양 전지, 윤영손(尹令孫)의 회덕 전지, 이개의 임피 전지는 전
　　판원사 이계전에게 내려 주라.11)

이처럼 이계전은 훈신으로서 전후 세 차례에 걸쳐 방대한 전지를
하사받아 상당한 경제력을 유지하게12) 됨으로써 한산에 대한 지역적
의존도는 자연히 감소하게 되었다.13) 이런 정황은 그의 분묘가 시조
이래 7대에 걸쳐 집안의 세장지(世葬地)였던 한산을 떠나 여주에 조성
된 사실에서도 확인된다.14)

10) 李塏는 李季疇의 아들로 이계전에게는 조카가 된다. 이개의 한산 전지는 이종선 이래의
　　세업으로 전해오다 그가 사육신 사건에 연루됨으로써 家産이 적몰된 것을 다시 숙부 이계
　　전에게 하사한 것으로 생각된다.
11) 《세조실록》 권7, 세조 3년 3월 23일(병술).
12) 이계전은 토지 외에도 훈공에 따라 전후 3차례에 걸쳐 수십 구의 노비를 하사받았고, 심
　　지어 1456년에는 역적으로 몰린 李徽·許慥의 처자를 별도로 하사받는 등 훈업에 따른 경
　　제적인 반대급부가 컸다(《세조실록》 권5, 세조 2년 9월 7일).
13) 이종선의 다섯 아들 가운데 한산에 분묘가 조성된 사람은 1자 李季疇와 5자 李季町뿐이고,
　　나머지 세 아들은 양주(李季疄), 여주(李季甸), 풍덕(李季畹)에 분묘가 조성되었다. 이계린과
　　이계정은 각기 호조정랑, 사헌부집의을 지낸 데 견주어 이계린은 좌익공신에 책훈되어 좌
　　찬성을 지냈고, 이계원은 문과에 합격하여 감찰을 지내는 등 사회적 지위가 상대적으로 높
　　았다. 이는 사회적 기반이 탄탄할수록 선대의 세거지로부터 분화 현상이 컸음을 말해준다.
14) 당초 묘역은 사패지의 한 구역이었던 여주 城山에 소재하였으나 1468년(예종 즉위년) 세
　　종의 능[英陵]을 천장을 계기로 여주 남면 沙谷으로 사실상 강제 이장되었다(《예종실록》
　　권2, 예종 즉위년 12월 27일 ; 12월 28일).

이계전에 의해 마련된 방대한 전지는 아들과 손자 대를 기점으로 일가의 별업으로 기능하게 되었다. 이계전은 정치적·경제적으로 집안을 크게 일으켜 세웠지만 1459년(세조 5) 사망하여 이를 실질적으로 활용하지는 못했다. 이 같은 상황에서 그의 전장은 아들 이우(李塤, 1432~1467)와 손자 이장윤(李長潤, 1455~1528)이 본격적으로 경영하였다. 물론 이장윤의 실제 거주지는 서울이었지만15) 그는 선대의 여러 전장 가운데서도 광주 돌마면(突馬面) 낙생리(樂生里)에 별업을 조성하였고, 사후에는 이곳에 묻혔다. 이장윤의 입장(入葬)은 낙생 일대가 기존의 별업에 더해 일가의 분산(墳山)으로 기능하는 계기가 되었다. 이후 낙생별업은 이질(李秩, 이장윤의 장자) → 이지숙(李之菽, 이질의 3자) → 이증(李增, 이지숙의 장자) → 이경유(李慶流, 이증의 4자) 계열로 전수되면서16) 일가의 세장지로 확대되어 갔다.

낙생별업이 이장윤의 장손 계열로 전수되지 않고 차손 이지숙 계열로 세전된 이유는 자세하지 않다. 다만 묘역에 위치한 한산이씨삼세유사비(韓山李氏三世遺事碑), 이증의 부조묘(不祧廟), 이경류의 정려비(旌閭碑)의 존재는 그 배경을 이해하는 데 큰 도움이 된다. '한산이씨삼세유사비'는 이장윤·이질·이지숙 3대의 사적비인데,17) 낙생별업이 이 계열로 세전되었음을 단적으로 보여주는 자료이다. 그 뒤로 낙생별업에는 이지숙의 아들 이증의 부조묘와 이경류의 정려비가 세워지면서 향

---

15) 《사마방목》(CD롬)에 따르면, 1496년(연산군 2) 증광진사시에 입격한 李長潤의 아들 李秩의 거주지가 서울[京]로 표기되어 있는 것으로 보아 이장윤의 본거지가 서울이었음은 분명한 것 같다.

16) 한산 이씨 낙생별업은 현재 성남시 분당구 수내동 중앙공원 경내에 위치하고 있으며, 한원군 李長潤(1445~1528)의 입장 이후 조선 후기에 이르기까지 한성군 李秩(1474~1560), 이정, 李之菽, 李增, 李垣, 李慶流, 李廷龍, 李澳, 李浹, 李漢, 李秉泰, 李秉恒, 李秉健, 李德重, 李獻重, 李山重 등 일가의 분묘가 집중적으로 조성되었다. 특히 분묘 주위에는 '韓山李氏墓山入首碑'라 새겨진 표석까지 세워져 있다.

17) 성남문화원편, 《城南金石文大觀》, 성남문화원, 2003.

그림 7-1. 한산 이씨 가계도: 種善-穉 代

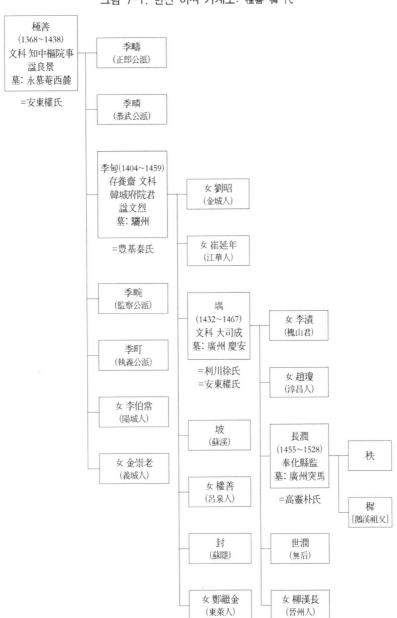

제(鄕第)의 기능이 확대되었고, 조선 후기에는 이지숙의 종가[韓平君宗家]가 건립됨으로써 세거지화 하였다.

이상에서 살펴본 바에 따르면, 한산 이씨는 14세기 중반에서 15세기 중반에 이르는 약 한 세기 동안은 사대부가문으로서 활발한 사환 활동을 보이면서도 한산에 지역적 기반을 두고 7대에 걸쳐 분묘까지 조성함으로써 본관지에 대한 의존도가 컸다. 그러나 그 뒤 이계전이 중앙 관계에 진출하여 고위 관료를 지내고 두 차례에 걸친 훈업을 바탕으로 경제력을 축적하면서부터 한산과 관련성은 차츰 멀어지는 대신 경기·호서에 위치한 사패지의 활용과 경영이 본격화되었던 것이다. 이 점에서 낙생별업은 당초 사패지로서 확보된 전지가 분묘·향제 단계를 거쳐 점차 가문의 세거지화 한 대표적 사례라 하겠다.

(1) 보령 이거와 분산(墳山)·향제(鄕第)의 확보

한산 이씨는 이장윤의 아들 이질(李秩)·이치(李稺) 형제 대에 이르러 각기 한성군파(韓城君派)와 판관공파(判官公派)로 분파되었다. 이 과정에서 낙생별업은 이장윤의 장자이며, 정난·좌익공신 이계전의 적장손이었던 이질에게 전수됨으로써 아계 가문의 경제적 기반으로 이어지지는 않았다.

이장윤의 차자이며, 이산해의 조부가 되는 이치(1477~1530)는 분가하여 독립적인 가계를 형성하게 되었고, 분가 시에 증조 이계전 이래로 축적되어 온 재산을 분급받았을 것으로 추정된다. 당대 굴지의 훈구가문 출신이었던 이치는 서울에 주거기반을 두고 생활하였지만 사회적 활동이 활발하지는 못했다.[18] 오히려 그는 1504년(연산군 10) 갑자사화가 발생하자 종조부 이파(李坡)의 근친이라는 이유로 연좌되어

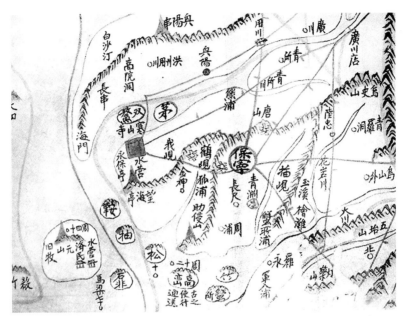

그림 7-2. 보령지도 -靑蘿 및 高巖山-, 東輿圖. 규장각한국학연구원 소장

진도에서 유배생활을 했고, 중종반정 후에 풀려나 우봉현령·수원판관
등을 지냈다.

처음 이치의 산소는 한산 선영에 있었으나 훗날 아들 이지번·이지
함 형제가 보령으로 이장하였다(그림 7-2 참조). 지세가 저습하다는 것
이 이장의 사유였지만 그 배경에는 풍수지리에 해박했던 이지번 형제
의 성향과 밀접한 관련이 있었다. 이지번의《성암유고(省菴遺稿)》, 이
산해의《아계연보(鵝溪年譜)》등의 기록에 따르면, 이지번 형제는 어머
니 광주 김씨의 사망을 계기로 이치의 산소를 이장하기로 계획하고
호서 일대의 명산을 답사하다가 보령 고만산 와우형(臥牛形)의 명당을
점지하여 안장하게 되었다고 한다.19)

---

18) 李山海,《鵝溪遺稿》卷6,〈祖考墓碣銘〉(李穉).

그러나 이는 어디까지나 일화일 뿐 그대로 받아들이기는 어렵다. 먼저 이지번 형제가 이치의 이장처를 고르려면 토지 확보가 전제되어야 하는데, 위 기록에는 그런 내용이 전혀 보이지 않는다. 또 광주 김씨의 사망을 계기로 이장이 논의되었다는 점도 배경과 관련하여 눈여겨볼 대목이다.

결론부터 말하면, 이치의 보령 이장은 처가인 광주 김씨 집안의 경제적 토대 위에서 가능하였다. 전술한 바와 같이 아계 가문의 선대는 이종선까지는 한산에 바탕을 두었고, 이계전 대부터 경기·호서 일원에 전장을 마련하고 별업을 경영하였지만 보령과는 연고가 없었다.

보령과의 인연은 광주 김씨와의 혼인을 통해 맺어졌다. 광주 김씨는 보령 지방의 유력 무반가문으로 이치의 처부 김맹권(金孟權)의 증조 김성우(金成雨) 대부터 이곳에 세거하며 청라(靑蘿)[20]를 비롯하여 청소(靑所)·발산(鉢山)·마산(馬山) 등 보령일원에 방대한 전장을 확보하고 있었다.[21] 호서 사림사회에서 김성우 일가를 '청라 김씨'로 지칭한 배경도 여기에 있었다.[22] 분재기 등 경제 관련 고문서가 남아 있지 않아 이치의 처가 보령 광산 김씨의 재력을 정확하게 가늠하기는 어렵지만 아래의 자료는 이 집안의 탄탄한 경제력을 우회적으로 설명하고 있다.

19) 李之蕃, 《省菴遺稿》, 〈遺事〉. "兄弟俱解地理 及其母喪 長公謂季曰 韓山先墓 山勢低微 嘗以卑濕爲慮 可於此時 擇地移葬 遂遍踏湖右諸山 閱數月靡定 登洪州之烏棲山 四望傍邑山形水勢 歎曰不料 名山近在吾鄕 仍往看焉 …… 成一小岡 形如臥牛 …… 是名高欛也."; 李山海, 《鵝溪年譜》〈嘉靖18年〉(1539).

20) 金克成, 《金先生憂亭集》 卷5, 溯源錄, 〈16世金成雨〉. "麗朝折衝將軍 全羅右道都萬戶 卽今之水使 兼招討營田事 時倭蒲湖右 以王命討平之 過保寧 樂其土 仍家焉 子孫世居之."

21) 李南珪編, 《韓山李氏外家世系》〈光山金氏世系〉(李穉妻家); 《金先生憂亭集》 卷5, 溯源錄, 〈16世金成雨〉; 《光山金氏族譜》, 1939에 따르면, 김맹권의 자손들은 靑蘿, 鉢山, 馬山, 陵寺洞, 昌洞 등지에 墳墓 및 田地를 확보하고 있었다.

22) 宋時烈, 《宋子大全》 卷155, 〈牙山縣監金公墓碣銘 幷序〉(李海壽). "都萬戶成雨 樂保寧土俗 遂居于靑蘿洞 以討倭功 號稱將軍 自是世居靑蘿 靑蘿之金 其稱蓋久."

사람들이 간혹 증조(金南浩)께 자손들을 위해 식화(殖貨)할 것을 권하면 반드시 말하기를, '부유하면 교만하고, 교만하면 원망을 많이 사는 법인데, 부유하여 원망이 많아지면 이것이 곧 화를 부르는 길이다'라고 했다.[23]

당시로서는 가격(家格)에 큰 차이가 있었던 두 집안 사이에 통혼이 이루어진 데는 김맹권의 사회적 지위가 크게 작용하였다.[24] 김맹권은

그림 7-3. 광주 김씨 가계도: 李穉의 처가

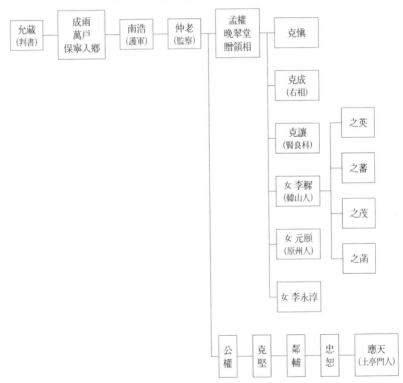

---

23) 金克成, 《金先生憂亭集》 卷4, 〈曾祖護軍公墓碣〉. "人或勸其殖貨爲子孫計者 必對曰 富則驕 驕則多怨 富而多怨 取禍之道."

24) 金孟權의 증조이며 보령 입향조인 金成雨는 전라도 수군 만호로서 왜구를 토벌하는 공을 세운 인물이었고, 조부 金南浩는 호군, 아버지 金仲老는 무과 출신이었다.

비록 무반가 출신이었지만 재능이 탁월하여 세종 대에 집현전학사로
선발되어 중앙 관계에서 명성이 있었다. 특히 그는 세종으로부터 단종
의 보필을 부탁받은 고명신료의 한 사람으로, 세조가 왕위를 찬탈하자
보령에 낙향하여 절의를 지켰다.[25] 이런 기반 위에서 김맹권은 이치
를 사위로 맞게 되었고, 자신이 소유하고 있던 고만산 등 보령 일대의
토지를 딸에게 분재함으로써 이장이 가능했던 것이다.[26] 혼인 → 분재
로 이어지는 혈연·경제적 상호관계는 학연을 맺는 데까지 진전되었
다. 김극성이 이지번·지함 형제의 학문적 발신의 동기를 김맹권의 학
문적 영향에서 찾고,[27] 김맹권의 종현손 김응천(金應天)은 이지함의
문하에서 수학한[28] 것이 이를 반증한다.

　이치가 처가로부터 받은 토지의 위치는 명확하지 않지만 우선 청라
일대를 상정해 볼 수 있고, 또 그가 묻힌 고만산이 바다에 잇닿아 있
음을 고려한다면, 해안지역의 전야(田野)를 분재받았을 가능성을 배제
할 수 없다. 이치의 아들로서 한산 이씨 일문의 가학 형성에 지대한
영향을 미친 이지함의 경제사상의 핵심이 누구나 생산 활동에 전념하
여 재화와 부를 창출하자는 자급과 국부의 증대에 있고,[29] 그의 경세
론을 계승한 이산해가 자염(煮鹽)을 비롯한 수산자원의 활용을 강조하
며 상업과 유통에 남다른 관심을 보인 것을[30] 고려한다면 한산 이씨
가 보령에 터를 잡은 뒤로 소금과 해산물의 무역 등 수산자원을 활용

---

25) 金克成, 《金先生憂亭集》 卷5, 溯源錄, 〈19世金孟權〉.
26) 분재기 등 일차 사료는 남아 있지 않지만 《韓李家帖》 등의 후대 기록에 이런 사실이 언급
　　되어 있다.
27) 金克成, 《金先生憂亭集》 卷5, 溯源錄, 〈十九世諱孟權〉. "新安俗陋 曾不知學 公敎迪後進 外孫李省
　　庵·土亭·鳴谷·李天休堂 皆出此鄕."
28) 宋時烈, 《宋子大全》 卷155, 〈牙山縣監金公墓碣銘 幷序〉. "考應天 以公從勳 贈持平 持平遊土亭李
　　公門 李公期以遠到."
29) 신병주, 《화담학파와 남명학파 연구》, 일지사, 2000, 262~263쪽.
30) 신병주, 앞의 책, 268쪽.

하여 경제력을 증대시켰을 가능성이 매우 높다.

한편 고만은 해변에 위치하여 바닷물의 침범이 잦아 묘소 관리에 불편을 겪었다. 이지번 형제는 이를 막고자 제방공사를 벌이기도 했는데, 풍수와 지리에 밝았던 이지함이 더욱 적극적이었다.[31] 비록 이 계획은 성사되지 않았지만[32] 공사 자금으로 수천 석의 곡식을 동원할 수 있었다는[33] 점에서 당시 아계 가문의 재산규모를 충분히 짐작할 수 있다.[34]

이 과정에서 이치도 중년 이후로는 주로 보령에서 살았으며, 사후에는 이곳에 묻힘으로써 아들 이지번 형제 대에는 지역적 연고가 더 깊어졌다. 물론 이치·이지번은 서울에서 태어나 경제를 소유하고 있었지만 처가·외가의 경제적 기반을 바탕으로 서울과 보령을 왕래하는 주거형태를 보인 것이 사실이다. 예컨대, 1543년(중종 38)에 사마시에 합격한 이지무(李之茂, 李穉의 3자), 1558년(명종 13)에 사마시에 합격한 이산해의 방목(榜目)상 거주지가 보령으로 기록된 것도 아계 가문의 거주지와 관련하여 시사하는 바가 크다.

이지번은 이치를 이장한 1530년(중종 25)부터는 보령에 거주하는 기간이 길었다. 특히 1545년(인종 1) 을사사화 이후로는 고만에 향제를 건립하여 종신하고자 하였으며,[35] 실제 1546년(명종 1)부터 1551년(명종 6)까지 5년 동안 보령 향제에서 거주하였는데, 이산해는 부친을 시종하며 유년시절의 대부분을 여기서 보냈다. 이때 이지번 일가는 상당

31) 李之蕃, 《省菴遺稿》〈答退溪書〉 "舍弟爲先塋 欲於今年 堤防海曲 某欲見所役 來還故鄕 禾穀不登 所計不成.";《省菴遺稿》〈答退溪書〉 "舍弟 明春欲爲先隴 堤塞海曲 某不可退在於他 以此今歲前 更欲發 向保寧 畢役遲速未可知也."

32) 李南珪, 《修堂集》卷1,〈高樓〉이란 詩 말미의 "先祖省庵公與弟土亭公 負木石 以防潮水 今其形址 宛然可尋"이라고 한 주석에 따르면, 공사 흔적이 19세기 후반까지 잔존했음을 알 수 있다.

33) 《선조수정실록》 권12, 선조 11년 7월 1일(경술).

34) 이 외에도 아계 가문의 재산규모에 대해서는 《於于野談》 등의 야사류에서 산견된다.

35) 李山海,〈鵝溪年譜〉〈嘉靖24年〉(1546).

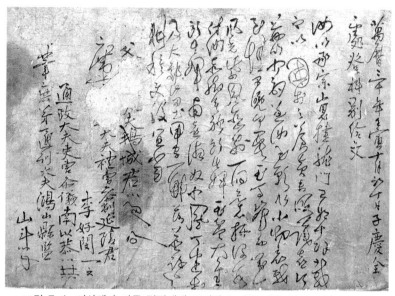

그림 7-4. 이산해가 아들 경전에게 토지와 노비를 별급하는 문서(1602).
한산이씨 문중 소장

한 경제력을 축적했던 것으로 보이는데, 다음의 분재기에서 그 일단을
엿볼 수 있다(그림 7-4 참조).

　네가 승종한 몸으로 과거에 합격한 지가 이미 10여 년이 되었는데, 나라의 운
수가 다급하다보니 기쁨을 기록할 겨를이 없었다. 지금 조촐한 주연으로 너의
지극한 바람을 이루어주고 작은 선물로 나의 지극한 정을 표하니, 빠르고 늦음
이 대수이겠느냐. 옥마봉(玉馬峯) 서쪽의 풍광이 제일 좋은 곳과 자봉만(紫鳳巒)
앞의 옛날에 살던 한 동(洞)을 전부 너에게 준다. 적각(赤脚) 막례(莫禮) 소생의
계집종 옥분(玉盆)과 대금(大金) 소생의 계집종 보희(甫喜), 덕노(德奴), 소봉(小
鳳), 정건(丁建) 및 대교(大郊)에 소재한 전토(田土) 갑자(甲字) 지번의 한 섬지
기를 아울러 증여하니, 이들 토지와 노비를 경작, 사역하는 것이 마땅하다.[36]

이 분재기는 1602년(선조 35) 이산해가 아들 이경전의 문과 합격을 기념하여 토지와 노비를 별급한 것이다. 위 글에도 분재가 늦어진 까닭이 서술되어 있지만 이경전이 등과한 것은 1590년(선조 23)이었고, 임란의 여파로 무려 12년 뒤인 1602년에 와서야 별급이 이루어진 것이다. 여기서 눈여겨볼 것은 분재규모이다. 노비의 경우 5구를 별급함을 적기하고 있으나 토지는 그 규모가 매우 모호(방대)하다. 별급문기에 언급된 옥마봉 서쪽은 한산 이씨가의 보령 향제와 인접한 곳이고, 자봉만 앞 구거(舊居)는 이치 대에 확보된 향거(鄕居)로 파악된다. 대교에 소재한 땅과 섬지기 외에는 그 규모를 적시하지 않았지만 "옥마봉 서쪽의 풍광이 제일 좋은 곳과 자봉만 앞의 옛날에 살던 한 동(洞)을 전부 너에게 준다"는 표현에서 당시 별급의 규모가 결코 작지 않았음을 말해 준다. 그리고 자봉산 앞 구거를 증여했다는 것은 이경전을 이치 → 이산해 → 이경전으로 이어지는 가통의 계승자로 확정하는 의미도 담고 있었다. 이런 정황을 종합할 때, 이산해가 이경전에게 별급한 전민은 이치 이래 세업의 일부였을 가능성이 크며, 이를 통해 우리는 이지번 대의 경제력을 추찰해 볼 수 있다.

한편 이지번은 중년 이후 보령에 거주하는 기간은 길었지만 이때까지만 해도 한산 이씨의 사실상의 주거 거점은 서울이었고, 보령은 선영·향장을 둔 향제의 성격이 강했다. 이지번의 《성암유고》, 이지함의 《토정유고》, 이산해의 《아계유고》 등에 따르면, 아계 가문은 16세기 초반부터 서울의 황화방(皇華坊), 동작강(銅鵲江), 주자동(鑄字洞) 및 서

---

36) 李山海,〈萬曆二十年壬寅十月初十日子慶全處登科別給文〉"汝以承宗 魁捷龍門 已將十餘載 而以國步之蒼黃 未暇識喜 今玆以少酌遂汝至願 以小物表我至情 早晚何關 玉馬峯西第一風光 紫鳳巒前一洞舊栖 沒數付汝 赤脚莫禮所生婢玉盆 大金所生婢甫喜·德奴·小鳳·丁建等 及大郊伏田土甲字一斛落並許與 耕種使役宜當." 이 자료의 존재는 2009년 7월 25일 예산 답사시 아계후손 李殷珪 선생의 제보로 알게 되었고, 그 뒤 필자는 고려대학교 경제학과 이헌창 교수로부터 그림과 일로 전달받았다.

울 근교의 광릉(廣陵) 등지에 경제와 누정을 확보해 두고 있었다. 이 가운데 황화방은 이지번의 주택이 있던 곳으로 이산해가 태어난 곳도 여기였다. 주자동 제택은 1571년(선조 4) 이지번이 청풍부사에서 물러나 1575년 사망하기까지 약 5년 동안 생활한 집으로, 흔히 '남산제(南山第, 終南第)'라 불린다.37)

원래 세종 조에 예조참의를 지낸 송우(宋愚)의 구기였던 것을 이지번이 터를 매입하였고,38) 이산해가 아버지를 간호하고자 가옥을 건립한 것이었다. 따라서 주자동 제택은 주거지이기보다는 휴양·치병을 위한 소규모의 주택이라 할 수 있다. 《주자동지》에 따르면, 이산해가 사망한 지 10여 년이 지난 1621년(광해군 13) 무렵에는 장령 이후천(李後天, 1591~1664)이 이 집을 소유하게 되었다.39)

앞서 말한 바와 같이 이산해는 유년시절 보령 향제에서 아버지를 시종하였지만 조언수의 딸과 혼인한 뒤로는 대부분을 서울에서 생활했다. 그러나 그 또한 50대 이후에는 보령에 낙향하는 일이 잦았다. 특히 1592년(선조 25) 임란 당시 선조의 파천 문제로 평해에서 3년 동안 귀양살이를 한 뒤로는 주로 보령에 지냈는데, 이 무렵 이산해의 활동에서 주목할 점은 분암의 건립과 전장의 확대였다.

앞서 이산해는 조부모 및 부모 양대의 산소를 지키고자 종제 이산휘(李山輝)를 시켜 고만 선영 아래에 암자를 지은 바 있었다.40) 그러나

---

37) 《鑄字洞志》〈名宦〉〈李之蕃〉.
38) 당초 이지함은 이 집터를 두고 "道峰과 文筆峰이 이 곳을 拱照하고 있으니, 酉年과 戌年에 반드시 奇才를 지닌 자손이 태어날 것이다"(蔡濟恭, 《樊巖集》卷53, 〈李久墓碣銘〉 "土亭文康公 相其基曰 道峰文筆 正中來照 歲行在酉戌 子孫必生奇才")라고 했는데, 아계 가문에서는 을유년(1585)에 태어난 李厚와 병술년(1586)에 태어난 李久를 그 주인공으로 인식하고 있다.
39) 《鑄字洞志》〈名宦〉〈李之蕃〉 "卽今掌令李後天之家". 용인 이씨 출신의 李後天은 훗날 형조참의까지 지냈으며, 근기남인의 핵심이 되는 여주 이씨 李尙毅 가문과도 연관이 깊었다. 그 자신은 이상의의 사위였고, 아우 後山은 이상의의 손자 夏鑌의 처부가 되었다.
40) 李山海, 《鵝溪遺稿》卷6, 〈望菴記〉.

이 암자는 안계가 좁아 선영을 조망하기에 부적합했다. 마침 승려 학
순이 모도(茅島)의 산기슭에다 암자를 건립하자 이산해가 이를 인수하
여 망암(望庵)이라 이름 붙였다. 망암은 16세기 중엽 이후 분묘의 수호
와 관리를 위해 활발하게 건립된 재실과 같은 것으로서 흔히 분암(墳
庵)으로 불린다. 분암의 건립은 선조에 대한 아계의 위선(爲先)의식의
발로인 동시에 후일 아계 가문에서 보령을 송추지향(松秋之鄕)으로[41]
인식하는 계기가 되었다는 점에서 중요한 의미가 있다. 한편 이산해는
1600년 이후에는 사실상 벼슬에서 물러나 보령을 중심으로 온양·신
창·남양·예산 등지에 주로 우거하였다.[42] 그의 우거는 전장의 확대
과정이었으며, 이렇게 확보된 전장은 자손들의 경제적 바탕이 되었
다.[43]

(2) 단양 별업의 조성

지금까지 단양은 이지번의 만년 은거처로서 산수와 관련된 은거고
사로만 언급되어 왔을 뿐, 이곳이 한산 이씨 아계 가문의 별업으로서
16세기 중엽 이래 수백 년 동안 세전된 사실은 알려지지 않았다. 단양
과는 지역적 연고가 전혀 없었던 아계 가문이 이곳과 인연을 맺게 된
데는 명종 조의 정치적 상황과 관련이 깊었다. 이지번의 졸기에는 단
양 은거의 배경이 다음과 같이 설명되어 있다.

---

41) 李南珪, 《修堂集》 卷1, 〈高欒〉.
42) 李山海, 《鵝溪遺稿》 卷6, 〈月夜訪雲住寺記〉, 〈雲住寺記〉, 〈酬酌村記〉.
43) 後谷家의 예산 정착에 대해서는 따로 서술하겠지만 이산해의 손자 李袗(李慶全의 5자)가
   1600년 조부의 우거지 南陽 鷗浦村에서 출생했고, 그 뒤 청장년기(33~35세)에 예산에서 거
   주할 수 있었던 것도 이런 맥락에서 이해할 필요가 있다[李袗, 《果菴集》 卷9, 〈果菴年譜〉
   〈壬申〉(1632), 〈癸酉〉(1633), 〈甲戌〉(1634)].

아들 산해는 어릴 적에 신동으로 일컬어졌는데 윤원형이 자기의 딸을 아내
로 삼아주려 하자, 지번이 즉시 벼슬을 버리고 아우 지함과 함께 단양의 구담
곁에 가 살면서 열심히 학문을 닦고 담박한 생활을 하며 만족스럽게 스스로를
즐기니, 사람들이 그를 구선(龜仙)이라 불렀다.[44]

곧 권력가의 청혼을 거부하고 화를 피하고자 은거했음을 알 수 있
는데, 아래의 글은 당시의 정황을 좀 더 구체적으로 알려주고 있다.

윤원형은 문정왕후의 아우로 을사 위훈(僞勳)에 입록되어 조정의 권세를 농
단했다. 첩 난정(蘭貞)을 처로 삼아 정경부인에 봉했는데, 늘 궁궐에 들어가 비
빈과 함께 섞여 앉았다. 아들과 딸을 낳았는데, 하루는 원형이 지번을 불러 '들
으니 너의 아들이 문장과 글씨에 능하다 하므로 우리 집안의 사위로 삼고 싶은
데, 너의 생각은 어떠한가?'라고 했다. 지번이 '우리 아들이 아직 아내를 맞지
도 않았는데, 첩을 구하겠습니까?' 하고는 돌아가서는 가속을 이끌고 단양의
구담으로 가서 살았다. …… 조정에 있으면 반드시 원형에게 중독될 것을 알았
기 때문이었다. 원형이 패망한 뒤에 조정으로 돌아왔고 벼슬이 통례에 이르렀
다. 원형의 첩녀 가운데 하나는 홍산현감 이형성(李亨成)의 아들 조민(肇敏)에
게 시집갔다.[45]

결국 윤원형은 첩실 정난정이 낳은 서녀의 배필로서 이산해를 지목
했던 것이고, 이를 받아들일 수 없었던 이지번은 세상을 피하는 차원

---

44) 《선조수정실록》 권9, 선조 8년 12월 1일(을축).
45) 閔仁伯,《苔泉集》卷4, 摭言〈李之蕃避尹元衡往居丹陽龜潭〉"尹元衡以文定王后之弟 錄乙巳僞勳
專擅朝權 以妾蘭貞爲妻 封貞敬夫人 常入闕與妃嬪雜坐 生子若女 一日元衡招之蕃語之曰 聞汝子能文
能書 欲作吾家乘龍 於汝意如何 之蕃曰 吾子尙未娶妻 不求妾也 遂歸 挈其家屬 往居丹陽之龜潭……
蓋在朝則知其必中毒於元衡也 及元衡敗後 還朝 官至通禮 元衡之妾女 一適李鴻山亨成子肇敏"

에서 단양 은거를 결행한 것이었다.[46]

이지번이 단양 은거를 쉽게 결정할 수 있었던 것은 도담(島潭) 부근에 일정한 전장을 확보해 두고 있었기 때문이었다. 구담으로 들어온 이지번은 제방을 막고 전답을 개척하는 한편 가사(家舍)를 새로이 건립하는 등 경제적 기반을 더욱 확충해 갔다.[47] 그러나 이때까지만 해도 이지번의 단양 은거는 우거 목적이었을 뿐 완전한 이주를 뜻하는 것은 아니었는데, 이황의 적극적 권유로 별업의 형성으로까지 진전을 이루게 된 것이다.

이지번의 단양 은거에 대한 이황의 관심은 특별했다. 그는 은거하는 곳에 경작지가 없으면 생활하기 어렵다는 이유에서 고을 가까운 곳에 전지와 가사를 마련하여 가족과 함께 살게 할 것을 직·간접적으로 권유하는 등 이지번의 단양 은거를 적극 주선하였다.[48] 이를 받아들인 이지번은 읍치에서 조금 떨어진 성동(城洞, 城谷)에 토지를 매입하여[49] 경제적 기반을 확대해 나갔다. "동중의 전민(田民)이 모두 이사

---

46) 조선시대에는 왕실 또는 권력가의 청혼을 거부하다 혹심한 가화를 겪는 사례가 더러 있었는데, 연안 이씨 李績 집안의 경우가 대표적이다. 이속은 태종~세종 조에 강원·전라·경상도 관찰사와 형조·호조판서를 지낸 李貴山의 아들로 춘천도호부사를 지냈다. 태종은 후궁 소생의 옹주를 출가시키고자 부마를 물색하였는데, 이 가운데 이속의 4자 李根粹도 물망에 올랐다. 그런데 이속이 후궁 소생에게는 아들을 혼인시킬 수 없다는 입장을 피력했다는 이유로 태종의 노여움을 받아 이속은 창원부의 官奴로 정해지고 家産 또한 籍沒되는 화를 겪은 바 있다[《태종실록》 권34, 태종 17년 11월 5일(병진)]. 이지번의 경우 비록 왕실혼을 거부한 것은 아니지만 당시 윤원형의 정치적 위세를 고려할 때, 그의 피세는 집안 보존을 위한 절박한 선택으로 판단된다.

47) 李之蕃, 《省庵遺稿》〈與李退溪書〉"方欲防川作水田 兼治小艇 往來丹山是計也 新營家舍 若少完準 擬踰雲嶺 奉敍鬱積耳."

48) 李滉, 《退溪集》卷19,〈與黃仲擧〉"若不能挈家爲飱松絶粒 不如買地近郡 爲小築置家於彼 而身往來 偃息於此 猶足爲龜潭主 而少償素志之超遠也 如何如何.";《退溪集》卷19,〈答黃仲擧〉"龜潭主人 想必負耟急投 雖老病如滉者 亦將躍躍然願耕其野矣.";《退溪集》卷19,〈與黃仲擧〉(己未)"龜翁盡室茹芝之計 疎而太奇 何可訾也 若爲計端的 則人間永無 此等奇事 所以爲此翁深服也."

49) 李胤永, 《丹陵遺記》卷11,〈可隱洞記〉"直龜潭之北 兩山呀然 有洞曰可隱 卽李司評之龜隱也 …… 城山者 舊築城以避兵 尙存堞壘之形 故今或名其洞曰城洞 循洞而入 可五里所 又闢一洞府 有菴曰玉泉 幽蔓可愛 洞中田民 皆以李司評爲主."

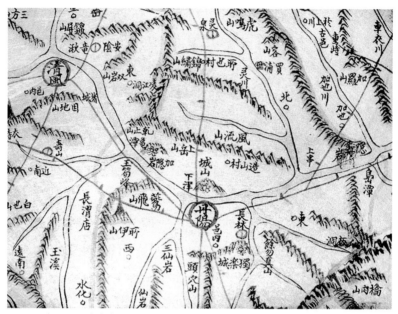

그림 7-5 단양지두 -龜潭 및 長林里-. 車輿圖. 규장각한국학연구원 소장

평(李司評, 이지번)의 소유다"라는 〈가은동기(可隱洞記)〉의 기록은 별업
의 규모와 관련하여 시사하는 바가 크다. 물론 매매 문건 등 당시의
고문서류가 남아 있지 않아 구체적인 실상을 알기는 어렵지만 이지번
이 보령 선영 앞바다의 간척사업 자금으로 수천 석을 모았다는 기록
에 따를 때, 단양 별업 또한 그러한 경제 기반의 연장선상에서 확보된
것으로 보아야 할 것이다(그림 7-5 참조).

  이지번의 단양 은거처에는 이황·황준량·조목·구봉령 등 명사들
의 내방이 이어졌다. 이황은 상경길에 반드시 구담을 들러 친분을 다
졌고, 1557년(명종 12)에는 단양군수에 부임한 황준량과 조목이 그의
은거를 방문하기도 하였으며,50) 1559년(명종 14)에는 이이(李珥)가 이

---

50) 李滉,《退溪集》卷5,〈過龜潭戱贈李而盛〉; 卷43,〈丹陽山水可遊者續記〉; 黃俊良,《錦溪集》卷

곳을 방문하였다.51) 이 과정에서 구담은 은거의 명소로 인식되어 17
세기 후반에는 하회의 옥연정사(玉淵精舍), 거창의 수승대(搜勝臺)와 더
불어 3대 가거지지(可居之地)의 하나로 꼽히기도 했다.52)

한편 이지번은 1565년(명종 20) 윤원형의 세력이 약해지자 사환활동
도 재개하여 1570년(선조 3)에는 이황의 강청으로 청풍부사에 부임하
였으나53) 이듬해인 1571년 병으로 치사하였다. 그 뒤 그는 아들 산해
가 마련한 주자동 제택으로 옮겨와 4년을 치병하다 1575년 이곳에서
사망하였다. 단양 별업은 잠시 방치된 측면이 있었지만 그 자손들의
묘역은 끊임없이 조성되었고, 17세기 후반에 이르러 5세손 이운근(李
雲根, 1633~1684)에 의해 본격적인 재경영이 이루어지게 되었다.

3. 17세기 예산 정착과 경제·향제·별업의 다원적 경영

(1) 사환 기반으로서의 경제(京第) 유지

아계 가문은 이지번 대인 16세기 중엽 보령에 선영을 조성하는 과
정에서 분암과 향제의 기반을 조성하는 한편 단양에 별업을 마련함으

3, 〈過龜潭寄而盛李之蕃〉;黃俊良,《錦溪集》卷9, 附錄〈行狀〉(李滉撰)"若丹之島潭龜潭 主之以
　　李隱士之蕃 恣意遨賞 亦頗尙奇好事 尤喜爲氷江雪馬之遊 嘗冬月 江氷正合 自中原緣江取路 騎雪馬
　　令人前繩 滑轉以上 過李君而達于郡 自以爲快適無比 其韻致率詣多類此";趙穆,《月川集》〈年譜〉
　　〈五年丁丑〉"訪龜潭李之蕃舊居 有詩踰竹嶺"

51) 李珥,《栗谷全書》卷1,〈龜峯下訪李司評之蕃〉(己未).

52) 李萬敷,《息山集》卷12,〈愚潭尋訪錄〉은 李萬敷가 원주 法泉의 丁時翰을 방문하여 대화한 내
　　용을 담은 것인데, 여기에 龜潭과 관련하여 매우 중요한 업급이 있다. 식산이 사람이 거처
　　할 수 있는 최고의 吉地를 묻자, 우담은 居昌의 搜勝臺, 河回의 玉淵精舍, 丹陽의 龜潭을 3대
　　吉地로 꼽았다. 搜勝臺는 葛川 林薰의 逍遙處로 李滉이 愁送臺에서 수승대로 개명한 곳이며,
　　玉淵精舍는 유성룡의 만년 講學處이다.

53)《선조수정실록》권9, 선조 8년 12월 1일(을축).

로써 곳곳에 주거 기반을 확충해 갔고, 이산해 대에 이르러 온양·신창·아산 등지까지 전장을 확대해 나갔지만 경제 보유 현황으로 볼 때 주거의 중심은 여전히 서울이었다. 아계-후곡 가문의 경제 보유 상황은 사환의 극성기이던 이산해·이경전 부자 대는 물론 이산해의 5세손 이덕운(1661~1719)에 이르기까지 지속적으로 나타나고 있었다.54)

우선 이경전은 서울 남학동에서 태어나 1644년(인조 22) 초동55)에서 사망하기까지 줄곧 서울에서 사환생활을 했다. 그는 이산해와는 달리 향제·선영이 있던 보령에 거주하는 경우는 드물었고, 오히려 한강 주변의 노량에 정자나 우거를 마련하여56) 휴관처로 삼았는데, 초연정이 대표적이다.57)

이런 경향은 아들 이구(李久), 손자 이상빈(李尙賓) 대에도 변함없이 지속되었다. 뒤에서 다시 설명하겠지만 이구 대에는 종조모와 아버지 이경선으로부터 받은 별급으로 재산을 증식하는 가운데, 처 전주 이씨가 친정부모로부터 별급받은 명례방(明禮坊) 소재 와가(瓦家)까지 소유하게 되어 경거(京居) 기반도 한층 강화되었다.

이 시기 후곡 가문이 서울에서 주거기반을 지속시킬 수 있었던 일

---

54) 이런 경향은 당시 사환가에서 흔히 찾아볼 수 있다. 소론계였던 해주 오씨 추탄 오윤겸 집안의 경우, 남부 훈도방의 竹廳洞(오희문), 동부 崇敎坊·建德坊(吳允謙·吳達天), 서부 盤松坊(吳命久), 誠明坊·薰陶坊(吳泰榮)에 주거 기반을 두다 9세손 吳商默(1829~1895) 대에 와서야 용인 吳山里로 낙향했다(김학수, 〈고문서를 통해 본 해주오씨 추탄가문의 사회문화적 성격〉, 《해주오씨 추탄가문을 통해 본 조선후기 소론가문의 정치사회적 존재양태》, 장서각 학술회의 자료집, 한국학중앙연구원, 2009). 이밖에 연안 이씨 李海朝 가문(《고문서집성》 55), 함양 박씨 朴陽後 가문(《고문서집성》 45), 광주 정씨 鄭賜湖 가문(《고문서집성》 71), 풍천 임씨 任有後 가문(《고문서집성》 71), 창원 황씨 黃愼 가문(《고문서집성》 9), 나주 임씨 林泳 가문(《고문서집성》 67) 등도 유사한 형태를 보이고 있다.
55) 草洞에는 이경전의 분가주택인 일명 瑞草軒이 있었고, 이경전이 사망한 뒤 이 집은 5자 李袤에게 分財되었다. 서초헌이란 헌명이 붙은 것은 이무의 증손 李應運 대이다(《古文書集成》 61, 629~632쪽, 〈瑞草堂上樑文〉).
56) 이경전의 5자 李袤의《果菴年譜》(《果菴集》 卷9)에 1631년(32세), 1635년(36세) 때 노량에 거주한 것으로 나타나는데, 이는 이경전이 노량 생활이 솔가적 성격이 있었음을 뜻한다.
57)《古文書集成》 61, 419쪽, 〈石樓超然亭記〉;《石樓遺稿》 卷1, 〈牛川新寓序〉.

표 7-2. 鵝溪-後谷家門의 연고지 현황

성명	출생지	사망지	묘소	호구상 거주지	방목상 거주지
李之蕃	京	京 (鑄字洞)	保寧 (高欒山)		
李山海	京 (皇華坊)	京 (長通坊)	禮山 (大枝洞)		保寧
李慶全	京 (南學洞)	京 (草洞)	保寧 (高欒山)		京
李 久	京 (鑄字洞)	京 (水閣)	丹陽 (龜潭)		京
李尙賓	京 (水閣)	禮山 (大枝洞)	保寧 (弦津)		京
李雲根	京 (銅峴)	禮山 (大枝洞)	丹陽 (龜潭)	禮山 大枝洞面 閑暇里(1666) 漢城府 大平坊 惠民署契(1678) 丹陽 長林里(1669)	京
李德運	禮山 (大枝洞)	禮山 (大枝洞)	丹陽 (龜潭)	大枝洞面 古邑寺里(1687) 漢城府 會賢坊·長興庫洞(1696) 大枝洞面 內項里(1717)	禮山
李 成	禮山 (大枝洞)	禮山 (大枝洞)	禮山 (大枝洞)	丹陽 東面 長林里(1702) 大枝洞面 內項里(1735)	禮山
李秀逸	洪州 (杜陵村)	禮山 (大枝洞)	保寧(柒峴)	丹陽 東面 長林里(1747) 大枝洞面 內項里(1762)	禮山

차적인 배경은 사환의 지속이었다. 아계-후곡 가문은 이산해 이래 여러 대에 걸쳐 문과 합격자를 배출하며 문벌가문으로서 입지가 탄탄하였는데, 아들 이경전은 좌찬성, 손자 이구는 문과에 장원하여 한림을 지냈다. 물론 이구가 24세로 요절하여 관료로서 대성하지 못했고, 아들 이상빈 또한 벼슬 없이 32세로 단명함으로써 가세가 위축된 것은 사실이지만 여전히 가문의 사회적 지위는 견고했고 경거의 기반도 온존하였다.

호적류를 통해 후곡 가문의 주거기반의 실체를 알 수 있는 것은 이운근(李雲根) 대부터이다. 이운근은 자손 없이 죽은 형 창근을 대신해 후곡 가문의 가통과 경제적 기반을 고스란히 물려받았는데, 1678년(숙종 4)에 작성된 준호구에 따르면 그의 서울 거주지는 한성부 태평방 혜민서계였다.58) 이런 정황을 종합할 때, 한산 이씨 가문은 이지번·이산해·이경전 대에는 서울의 남산·황화방·남학동·초동 등지에 주거기반을 두고 있었고, 이구 대부터는 수각, 명례방, 태평방 혜민서계, 회현방 장흥고동 등으로 확대되었다고 할 수 있다.

비록 호적상 경제의 보유가 확인되는 것은 이덕운이 마지막이지만, 그 뒤에도 경제는 사환기반으로써 지속적으로 유지된 것으로 보인다. 예컨대, 이덕운의 증손 이우명(李宇溟, 1727~1767), 5세손 이종병(李宗秉, 1795~1857), 6세손 이호직(李浩稙, 1830~1889)의 방목상 거주지가 경으로 표기된 사실이 이를 반증한다. 이호직의 아들 이남규도 사환시에는 서울에 거주하였는데, 이는 후곡 가문이 조선 후기 내내 경거 기반을 유지했음을 뜻한다.

(2) 예산 정착과 세거기반 강화

1) 예산 정착

한산 이씨의 예산 이거를 주도한 사람은 이구의 처 전주 이씨(1588~1668)였고, 그 시기는 인조연간인 17세기 초중반이었다. 1609년 남편 이구와 사별한 전주 이씨는 서울 수각의 제택을 물려받는 한편 친정으로부터 별급받은 명례방에 위치한 와가를 소유하고 있었다. 또 시아버지 이경전이 토지와 노비를 지원하고 아들 이상빈의 처가로부터 별급받는 등의 상황으로 볼 때 경제적인 기반은 탄탄했다.

---

58)《古文書集成》61, 123쪽, 戶籍 6(李雲根準戶口).

그러나 이구의 사망으로 사환이 단절되고 사회적 기반이 약화되는 가운데 외아들 이상빈(1606~1737)마저 벼슬 없이 32세로 단명함으로써 가세가 크게 위축하였다. 이런 상황에서 전주 이씨는 병자호란 이후 가산을 수습하여 예산복거를 단행하게 되는데,[59] 복거지는 당시 지명으로 예산현 대지동면(大枝洞面) 한가리(閑暇里)였다.

전주 이씨가 예산에 복거할 수 있었던 것은 이산해·이경전 대에 확보된 토지가 있었기 때문에 가능했다. 앞서 살펴본 바와 같이 이산해는 해배 이후 온양·아산·신창 등지로 전장을 확대하며 우거하는 일이 잦았다. 대지동면 한가리를 거점으로 하는 예산 전장도 이때 확보되었으며[60] 산소도 이곳에 있다. 곧 이산해의 예산 전장은 유택(幽宅) 확보에 목적이 있었고, 이경전 대에 이르러서는 인근의 천방사를 원찰로[61] 두게 됨으로써 재지적 기반이 훨씬 강화되었다. 전주 이씨의 예산입거는 바로 이런 바탕 위에서 계획될 수 있었고, 이구·이상빈 부자의 죽음과 사환의 단절이 직접적인 계기로 작용한 것이다.

한산 이씨 후곡 가문의 경제적 상황은 분재기를 통해서도 어느 정도 확인이 가능하다. 그러나 뒤에서 언급할 분재기는 이구의 출계 및 환귀본가(還歸本家)로 이어지는 가계계승 문제와 맞물려 있어 논의가 다소 복잡한 측면이 있다. 현재 후곡종가(수당고택)에 전하는 분재기 가운데는 이구가 백부 이경백(李慶伯)의 양자 자격, 다시 말해 이치 →

---

59) 蔡濟恭, 《樊巖集》 卷53, 〈李久墓碣銘〉, "當丙子流離之後 招集藏獲 拮据農桑 用能再成家道."; 《韓李家帖》〈李久配淑人全州李氏〉"顯宗九年戊申十二月二十五日 卒于禮山大枝洞第 夫人始卜居大枝洞."

60) 이산해의 예산 전장 확보에 대해서는 이경전의 《石樓遺稿》〈大雪訪千房寺記〉에 비교적 자세하게 기록되어 있다.

61) 千房山에는 이산해 입장 직후부터 아계 가문의 草堂 또는 寓居地가 만들어졌고, 대표 사찰인 千房寺에서는 이산해의 《鵝溪遺稿》, 이경전의 《石樓遺稿》를 간행하고, 그 책판이 보관하는 등 아계 가문의 원찰로서 기능하였다. 그러나 조선 후기에 천방사가 소실되면서 아계 가문에서는 梨花菴을 건립하여 분묘 수호 및 장판처로 삼았는데, 여기에 대해서는 〈梨花菴重修記〉(《韓山李氏 修堂古宅 古文書》)에 자세하게 기록되어 있다.

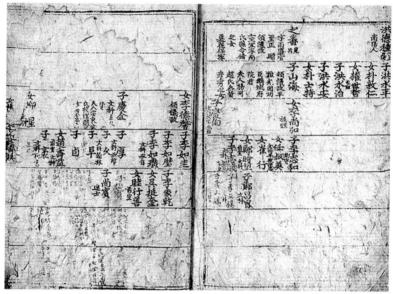

그림 7-6. 한산 이씨 족보 -癸未譜(1643). 한국학중앙연구원 장서각 소장

이산해 → 이경백으로 이어지는 가통의 계승자 자격으로 재산을 상속 받을 때 작성된 문서가 포함되어 있다.

1579년(선조 12) 4월 이경백의 사마시 입격을 기념하여 조모 의령 남씨가 노비 2구,[62] 외조모 여흥 민씨가 노비 1구를 별급한[63] 문서가 바로 그것이다. 1643년(인조 21)에 간행된 초간보인 《한산이씨족보》 (癸未譜)를 비롯한 각종의 족보 어디에도 이구(1586~1609)가 이경백의 양자가 되었다는 기록은 없지만, 출계·입양관계를 대입하지 않고는 이들 분재기의 소장 경위를 설명할 길이 없다.

---

62) 《古文書集成》 61, 257쪽, 〈萬曆七年四月十六日孫進士慶伯慮成文〉 "汝年未二十 登司馬一等 喜不 自勝 延安婢德時四所生太福 德今一所生德星等別給 聊以識喜 汝其永永使喚 祖母淑人宜寧南氏."
63) 《古文書集成》 61, 260쪽, 〈萬曆七年四月十五日外孫李慶伯亦中成文〉 "右成文爲臥乎事段 余年將 八十 累經喪患 居常索莫 汝早登司馬科 呈戲膝下 悲喜俱至 玆將三月一所生奴莫東年十一 別給爲去 乎 後所生并以永永使喚事 財主 貞夫人閔氏."

그림 7-7. 한산 이씨 가계도: 李穉-李久 代

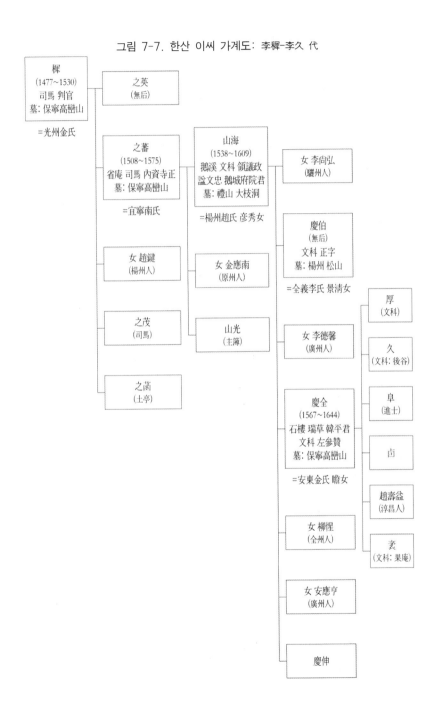

이와 관련하여 1605년(선조 38) 4월 1일 정씨가 외손 이구의 문과 합격을 기념하여 노비 6구와 전답 25마지기를 별급한 문서인 〈만력삼십삼년을사사월초일일외손이구역중별급성문(萬曆三十三年乙巳四月初一日外孫李久亦中別給成文)〉은 이런 의문에 많은 해답을 제시하고 있다. 이 문서에서 주목할 것은 재주(財主)와 별급 대상자와의 관계인데, 재주는 '양외조모고유학이경청처정씨(養外祖母故幼學李景淸妻鄭氏)'이고, 별급 대상자는 '외손 이구'이다. 계통상 이경청은 이산해의 장자 이경백의 처부이고, 이구의 외조부는 안동 김씨 김첨(金瞻)이다. 이는 이구가 이경백의 양자가 아니고서는 결코 쓸 수 없는 관계 표현으로서, 이를 통해 이경백(1561~1580)이 아들 없이 단명하자 아우 경전의 둘째 아들 구를 출계(出系)시켰음을 분명하게 확인할 수 있는 것이다. 그리고 이구의 출계가 이산해의 주관으로 이루어졌음도 의심의 여지가 없다.

그런데 앞에서 살펴본 1602년(선조 35) 별급분기에서 이산해가 이경전에게 '승종(承宗)'이란 표현을 쓴 것이 자못 의아하다. 이경전이 승종하려면 이경백의 가통이 단절되어야 하고, 이경백의 무사(無嗣)는 곧 이구의 파양과 연계되어 있기 때문이다. 그러나 앞의 1605년(선조 38) 〈만력삼십삼년을사사월초일일외손이구역중별급성문〉에서는 이경백과 이구 사이의 부자 관계가 유지되고 있는 바, 그 뒤에 파양하고 본가로 돌아온 것으로 볼 수 있다.[64]

---

64) 이와 관련하여 李慶全은 〈大雪訪千方寺記〉(《石樓遺稿》卷1)에서 李皐를 長子라 칭하고 있다. 혈통상 3자를 장자로 칭한 것은 李久가 출계하였음을 의미함은 물론 장자 李厚까지도 계통상으로는 자신의 아들이 아님을 시사하는 것이다. '大雪訪千方寺記'는 1631년(인조 9)의 기록인데, 적어도 1631년까지는 李慶伯→李久→李尙賓으로 가계가 계승되었던 것 같고, 이후에게는 양자도 들이지 않았다. 이로부터 12년 뒤이며 李慶全이 생존해 있던 1643년에 간행된 《韓山李氏族譜》初刊本에는 이경백은 无后, 李厚는 무후라는 말은 없지만 계통이 끊어져 있다. 반면 이경전의 가계는 李慶全→李久→李尙賓으로 이어져 있는데, 이는 1631년에서 1643년까지 12년 사이에 李久가 生庭으로 還系했음을 말해준다. 확실한 근거는 없지만 결국 이산해 생전에 이루어진 이산해→이경백→이구로의 가계계승이 이경전 대에 이르러 혈통의 원리에 입각하여 歸正되었고, 이후에게 후사를 들이지 않은 것도 이런 맥락에서

그럼에도 이구는 이경백의 양자 자격으로 받은 노비 6구, 전답 25마지기를 그대로 보유하였는데, 이는 이구의 갑작스런 사망 이후에도 후곡 가문이 일정한 경제력을 유지할 수 있었던 배경이 되었음에 분명하다.

이밖에도 1596년(선조 29)에 작성된〈만력이십사년삼월초녀효숙별급(萬曆二十四年三月初女孝淑別給)〉도 후곡 가문의 경제력을 가늠하는 데 크게 참조가 된다. 훗날 이구의 부인이 되는 전주 이씨가 혼인 전 소녀 시절에 이미 친정부모로부터 가옥을 별급받으면서 작성한 이 분재기는 그 사연이 매우 이채롭다.[65] 이씨 부인은 성종의 9자 이성군(利城君)의 증손 순녕군(順寧君) 이경검(李景儉)의 딸로 이름은 효숙(孝淑)이었다. 외동딸로 태어난 효숙은 부모의 특별한 사랑을 받으며 자랐다.

왜란 이후 새로이 매득한 가사의 수리를 감독하던 순녕군은 효숙을 등에 업고 농담삼아 '이것은 네 집이다'라고 했고, 총명했던 효숙은 아버지의 말을 잊지 않고 이후에도 늘 이 집이 자기집이라고 말했다고 한다. 어린 딸의 말에 깨달은 바가 있었던 순녕군은 주나라 성왕의 고사를 교훈삼아 약속을 지키게 되었다. 다만 당초 주기로 했던 집 대신에 충의위 이종규(李宗珪)로부터 매득한 한성부 남부 명례방 소재 가사 1좌를 별급하면서 이 문서를 작성했던 것이다. 그때 효숙의 나이는 9

이해해야 할 것이다. 다만 후대에 나온 족보에는 이후의 가계는 梧賓(이경전 4자 卣의 아들)을 통해 이어졌고, 慶伯은 여전히 무후로 처리되어 있다. 그런데 李袤의〈果菴年譜〉〈癸卯條〉(1663년)에 宗家의 立后事로 서울로 가서 草洞舊第에 머물렀다는 기록이 있다. 여기서의 종가 입후사는 백형 李厚 가계의 계후를 말하는 것으로 보이는데, 후대 족보에서 李厚의 아들로 나오는 梧賓(1625~1659)을 말하는 것인지 아니면 손자 東根(1644~1712)을 말하는 것인지는 알 수 없다. 공교롭게도 梧賓과 東根 둘 다 계후한 경우였지만 東根이 혈통상 李袤의 친손자라는 점을 고려할 때 후자일 가능성이 크다. 어떻든 이 기록을 통해 적어도 1663년 이전에 李厚의 가통이 이어졌음을 알 수 있다.

65)《古文書集成》61, 262쪽,〈萬曆二十四年三月初女孝淑別給〉. "右文汝以一女 慈愛之情 比他子女而最重 亂後買得家舍 修理之時 予負汝董役云汝之家 則汝賦性聰敏 故厥後 汝常說吾家 幼子其可証乎 古人削桐葉封諸候 良以此也 忠義衛李宗珪處買得 南部明禮坊伏家一坐乙 永永別給爲去乎 後以他子息 如有不平之言 則將此文記 告官辯正者."

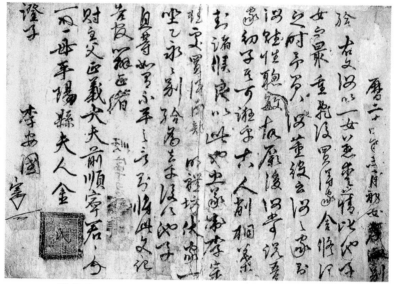

그림 7-8. 李景儉夫妻別給文記(1596). 한산이씨 수당고택 소장

세웠고, 이로부터 9년이 지난 1605년에 이구에게 시집을 왔다. 비록 시집온 지 4년 만에 남편과 사별하였지만 1668년(현종 9) 81세로 사망하기까지 한산 이씨 집안의 가통을 유지하며 가문을 일으킬 발판을 마련하는 데 크게 기여하였다. 이 분재기가 후곡종가에 전한다는 것은 이구와 혼인 시에 이를 지참했음을 뜻한다.

한편 이경전도 단명한 차자 이구 집안에 대한 경제적 지원을 아끼지 않았다. 1625년(인조 3) 2월에는 중주막에 있는 답 21마지기를 손자 상빈 명의로 증여했고,[66] 1629년(인조 7)에는 노비 4구를 다시 증여했다. 후자는 이경전이 처가 안동 김씨(김첨 가문) 측에서 전래된 노비 24구를 여섯 자녀에게 골고루 나눠준 것인데, 이구 몫으로는 영광, 무

---

66) 《古文書集成》 61, 376쪽, "尙賓宅 中酒幕外字畓九斗落只 外者畓九斗落只 隨字畓三斗落只 乙丑二月日."

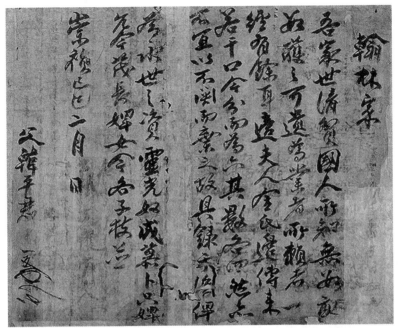

그림 7-9. 이경전이 翰林家(李久家)에 노비를 별급하는 문서.
한산이씨 수당고택 소장

장 등에 거주하는 노비 4구가 할당되었다(그림 7-9 참조). 물론 이경전
은 분재기 서두에서 "우리 집안이 대대로 청빈했음은 온 나라 사람들
이 아는 바로서 세업으로 삼을 조금의 자산도 없다"[67]고 하며 청빈을
강조하고는 있지만[68] 이를 그대로 받아들이기는 어렵고, 오히려 후곡
가문의 경제적 기반 확충에 이경전의 지원이 상당한 영향을 미쳤다고

---

67) 《古文書集成》 61, 375쪽, "翰林家 吾家世淸貧 國人所知 無數畝數獲之可遺爲業者 所賴者一經有餘
    耳 適夫人金氏邊傳來若干口 今分而爲六 其數各四."
68) 1624년 5월 인조는 이경전이 주청사(上使)로서 임무를 완수하고 돌아오자 특별히 노비
    6구와 田 20結을 하사하였는데(《인조실록》 권6, 인조 2년 5월 15일 무진), 이 또한 당시
    이경전의 경제력과 관련하여 눈여겨 볼 대목이다. 이와 관련하여 체제공이 지은 이경전의
    신도비명[韓平君李公神道碑銘]에는 노비 1구를 제외한 나머지 재산은 사양한 것으로 기록
    되어 있다(蔡濟恭, 《樊巖集》 卷48, 〈韓平君李公神道碑銘〉). 이것이 사실이라면 청빈을 강조
    했던 1629년 분재기 서두의 표현도 신빙할 수 있을 듯 하다.

이해하는 것이 합당하다.

이씨 부인의 예산 입향과 정착도 이러한 경제적 배경 위에서 가능할 수 있었는데, 1630년(인조 8) 아들 상빈이 사마시에 입격하여 처부 신백후(申白厚)로부터 별급받은 노비 2구와 원주의 논 5마지기도 경제력 확충에 일정한 보탬이 되었다.[69] 이를 바탕으로 이씨 부인은 남편을 잃은 시련을 딛고 예산복거(대지동면)를 단행, 재기의 발판을 다졌는데, 그 시기는 인조연간인 1630년대로 추정된다.[70]

복거 이후 전주 이씨는 한곡에 가옥을 짓는 등 거주 기반을 강화하였지만 이때만 해도 완전한 정착을 의미하는 것은 아니었다. 전주 이씨는 예산 복거 이후에도 경향을 왕래했다고 생각되는데, 이구가 사망하

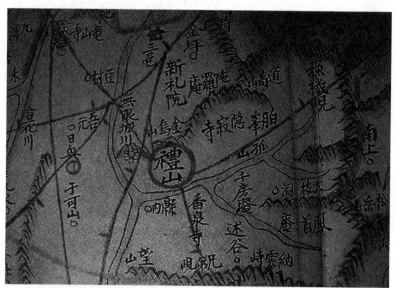

그림 7-10. 예산지도 -大枝洞面 開谷-. 東輿圖. 규장각한국학연구원 소장

---

69) 《古文書集成》 61, 263쪽, 〈崇禎三年庚午二月二十二日女壻進士李尙賓處別給〉.
70) 1846년 後谷宗家 중건시에 발견된 상량문에 따르면, 창건 연도는 1637년(인조 15)으로 확인된다(韓山李氏 修堂古宅 古文書 〈宗家重修識喜帖〉).

고 아들 상빈이 태어난 수각제(水閣第)가 바로 부인의 경제였다. 어쨌든 전주 이씨의 예산 복거는 후곡 가문이 예산에 뿌리를 내리는 첫걸음이 된 것은 분명하다. 현재 남아있는 고문서에 기초할 때, 호적상으로 늦어도 1666년 이전에는 예산 입적이 이루어졌다(그림 7-10 참조).

후곡종가에 소장된 호적류에 따르면, 후곡종가(수당고택)의 소재지는 한가리 → 고읍사리 → 내항리 등으로 나타나는데, 이는 모두 한곡의 행정구역상의 명칭들이다. 특히 1666년(현종 7) 이운근의 호구단자에서 주목되는 것은 보유한 노비가 3백여 구에[71] 달하고 있다는 점인데, 이는 당시 후곡 가문의 경제력과 관련하여 시사하는 바가 매우 크다. 또한 전술한 바와 같이 이운근은 한가리 외에 서울 태평방 혜민서계에도 주택이 있었고, 심지어 단양 동면의 장임리에도 가옥이 있었다.

이구를 파조(派祖)로 하는 후곡 가문은 한산 이씨 아계 가문에서 매우 중요한 위치를 차지하고 있다. 계통상 이산해의 종통이 이경전을 거쳐 이후에게 전해짐으로써 차자였던 이구는 자연히 지파의 파조가 될 수밖에 없다. 그러나 이구의 후손들은 문한과 사환을 유지하며 선대의 위선사업에도 주도적인 역할을 담당함으로써 이산해의 종지손(宗支孫) 가운데 가장 현달한 가계로 부상하게 되는데, 훗날 이남규가 자신의 집안을 아계의 '차종가(次宗家)'로 일컬은[72] 것에서도 그 위상을 가늠할 수 있다.

---

71) 《古文書集成》 61, 116~119쪽, 〈李雲根戶口單子〉.
72) 계통상 이산해의 종통은 李慶全→厚→梧賓→東根→興運으로 이어지는데, 李厚의 아들 梧賓과 손자 東根 양대가 양자로 들어오는 등 가계 계승이 순조롭지 못했으며, 東根이 문과에 합격하여 持平을 지낸 것 외에는 사환적으로 현달한 사람도 별로 없었다. 반면에 이구 계열은 李久에서 李南珪까지 11대 동안 文科 출신이 5명, 生員·進士 출신이 5명이었다. 이 가운데 李秀逸(承旨)·李宗秉(兵曹參判)·李南珪(特進官)는 당상관 이상의 고관을 지냈다.

2) 사환·혼맥을 통한 사회적 기반 강화

이구의 외아들 이상빈은 일찍이 아버지를 여의고 편모슬하에서 학업에 열중하여 1630년(인조 8) 진사시에 입격함으로서 선대의 가성(家聲)을 지켜나갈 재목으로 기대를 받았다. 그러나 그 또한 두 아들 창근과 운근을 남겨둔 채 1637년 32세의 나이로 사망하였다. 일찍이 남편과 사별한 전주 이씨에게 아들의 요절은 커다란 충격이었고, 설상가상으로 장손 창근마저 조졸(早卒)하였다. 이남규의 표현대로 "이씨 집안의 가통(家統)이 실오라기처럼 간당간당한 지경"에 이르렀던 것이다. 그러나 부인은 치가와 손자의 교육에 힘쓰며 기가의 발판을 다지는데 주력하였다. 이런 바탕 위에서 손자 운근이 사마를 거쳐 벼슬길에 나아가는 한편 5남 2녀를 두어 자손이 번창하게 되면서 가세를 새로이 정비할 수 있었다.

이상빈의 차자로 태어난 운근은 형 창근의 자녀가 없어 후곡 가문의 가통을 계승하게 되었다. 1633년(인조 11) 서울[銅峴]에서 출생한 그는 1675년(숙종 1) 생원시에 입격하여 광릉참봉·선공감봉사·의금부경력을 지내고, 1684년 예산의 대지동에서 사망하였다. 그는 비록 문과 출신도 아니었고, 벼슬도 하급관료에 그쳤지만 경제적인 기반과 사회적 입지는 탄탄했다.

이운근은 연안 이씨 이심(李襑)의 딸과 혼인하였는데, 이심은 숙종조 남인의 원로 이관징(李觀徵)의 아들이었다. 아들 이옥(李沃)도 남인의 핵심으로 활동한 학자·관료였으며, 손자 이만부(李萬敷)는 18세기 남인사회를 주도하는 학자로 성장하였다.[73] 결국 이운근은 남인명가

---

73) 김학수, 〈尙州 延安李氏 息山家門의 家系와 所藏 典籍의 현황〉, 《藏書閣》 7, 한국정신문화연구원, 2002.

연안 이씨 근곡(芹谷) 가문의 사위가 됨으로써 사회적 기반을 더욱 강화할 수 있었고, 한산 이씨 가문이 남인의 주요 가문으로 성장하는 데에도 커다란 영향을 미쳤다. 그리고 그의 매부 조경창(趙景昌)·이형진(李衡鎭) 또한 명가의 자제들이었다. 조경창은 이경전과 함께 '삼전도 비문(三田度碑文)'의 찬자로까지 내정되었던 조희일(趙希逸)의[74] 손자였고, 이형진도 이경전의 절친한 환우였던 이상의(李尙毅)의 손자였다.

한산 이씨는 이운근의 아들 이덕운을 통해 사환가문의 전통을 회복하게 되었다. 이산해·이경전 양대에 드러난 혁혁한 환력과는 대조적으로 이구와 자손들의 연이은 단명은 가세의 위축을 초래하여 2대에 걸쳐 현관을 배출하지 못하는 결과를 낳았다. 이런 가운데 1691년(숙종 17) 3대 만에 찾아온 이덕운의 과거 합격은 커다란 경사였다.

1661년(현종 2) 예산 대지동에서 태어난 이덕운은 당대 남인의 석학 권유(權愈)와 정시한(丁時翰)의 문인으로[75] 문과에 급제해서는 승정원 주서, 성균관 전적, 예조 좌랑·정랑, 병조정랑, 문천군수 등을 역임했다. 문장이 출중하여 한림에 천거되기도 했고, 1694년(숙종 20) 갑술환국 당시에는 관작이 삭탈되는 곡절도 있었지만 남인의 중견 관료로서 그 지위가 확고했다. 정경세의 문인 신상철의[76] 손자였던 장인 신후재(申厚載)는 판윤을 지낸 남인의 중진으로, 탁남의 영수 우의정 목래선(睦來善)과는 사돈간이었고, 자형 권호(權護)는 이덕운의 스승이며 숙종 조에 문형을 지낸 권유의 아들이었다. 이처럼 비록 이덕운은 비록

---

74) 이성무, 《조선왕조사》, 동방미디어, 1998.

75) 김학수, 〈星湖 李瀷의 學問淵源-家學의 연원과 師友관계를 중심으로-〉, 《성호학보》 1, 성호학회, 2005.

76) 김학수, 〈17세기 嶺南學派 연구〉, 한국학대학원 박사논문, 2008. 평산 신씨와의 혼인을 통해 李德運은 풍산 유씨 柳成龍 가문, 의성 김씨 金誠一 가문, 진주 정씨 鄭經世 가문, 안동 권씨 權諰 가문, 안동 김씨 金時讓 가문, 진주 유씨 柳孝傑 가문, 나주 정씨 丁時潤 가문 등 영남 및 기호남인의 명기들과 직간접적인 척분을 맺게 된다.

고관을 지내지는 못했지만 가문의 배경, 혼맥, 학맥 등을 통해 숙종 조 남인세력의 핵심층에 속할 수 있었던 것이다. 그는 성품이 청고하고 시류에 영합하는 것을 싫어하였고, 이옥·채팽윤(蔡彭胤)·박이문(朴履文) 등과 교유가 깊었다.

이덕운의 외아들이었던 이성(李成)은 이산해에서 이남규에 이르는 직계 13대 가운데 생원·진사나 문과를 거치지 않고 처사로 지낸 유일한 인물이었다. 아버지와 처부 채성윤(蔡成胤, 번암 채제공의 조부)이 문과 출신의 관료였음을 고려할 때 그가 관료로 진출할 수 있는 여건은 충분했다고 할 수 있다. 그러나 그는 어머니 평산 신씨의 간호를 위해 과거와 벼슬을 단념하였고, 선대의 전장이 있던 단양과 예산을 왕래하며 선비로서 생을 마감하였다.

이성의 장자 이수일(李秀逸)은 사환상으로는 이경전 이후 가장 현달한 인물이었다. 1705년(숙종 31) 홍주 두릉촌의 외가(평강 채씨)에서 태어난 그는 1740년(영조 16) 증광문과에 합격하여 성균관 전적, 예조좌랑, 병조좌랑, 사헌부지평 등을 거쳐 승정원 동부승지를 지냈다. 물론 1759년(영조 35) 옥구현감으로 재직할 때는 노론들의 탄핵을 받아 공주에 유배된 적도 있었고, 1772년(영조 48) 사간원 헌납 재직시에는 4자 주명(柱溟)이 규정을 어기고 과거에 응시했다는 이유로 삭직되기도 했다. 당시 이주명은 문과에 응시하여 합격하였는데, 시임 대간의 자제는 응시할 수 없다는 규정에 따라 주명은 합격이 취소되고, 이수일은 삭직을 당했던 것이다.

이수일은 5남(宇溟·景溟·日溟·柱溟·孝溟)과 남영로(南永老)·이종혁(李宗赫)에게 출가한 두 딸을 두었다. 장자 우명은 1753년(영조 29) 생원시에 입격한 뒤로는 벼슬에 나아가지 않았다. 처부 김조윤(金朝潤)은 김두남(金斗南)의 5세손인데, 김두남은 이지번의 사위였던 김응남과는 사촌이었다. 2자 경명은 문과를 거쳐 승지를 지냈고, 3자 일명은 벼슬이 없었다. 4자 주명은 진사를 거쳐 현감을 지냈는데, 정조 조의 대표적인 문신·학자 이헌경(李獻慶)은 그의 처부이다.

이우명은 원주 김씨와 혼인하여 광교(廣敎)·광의(廣毅) 두 아들과 한영익(韓永益)에게 출가한 딸까지 2남 1녀를 두었다. 이광교는 1807년(순조 7) 진사시에 입격한 뒤로는 벼슬길에 나아가지는 않았지만 학행이 있어 상당수의 문인·제자를 양성하였다. 특히 그는 외가가 한양의 필동에 있었기 때문에 근기권의 인사들과 교유할 기회가 많았고, 시문에도 능하여 문인사회에서 명망도 높았다. 1797~1806년 사이에 작성된 호적에는 그가 온양 남상면의 지라리와 강장리(江莊里, 江藏里)에 거주했다고 나타나는 것으로 보아 온양 일대에도 전장이 있었음을 알수 있다. 특히 그는 1818년 호서지역 남인들이 연합하여 채제공의 변무소를 올릴 당시 '제소(製疏)'의 직임을77) 맡을 정도로 문장이 뛰어나고 명망이 높았다.

한산 이씨는 이광교의 아들 이종병 대에 와서 또 다시 문과 급제자를 배출하며 가격을 높이게 된다. 1835년(헌종 1) 문과에 합격한 이종병은 성균관 전적, 사헌부 지평을 거쳐 1839년(헌종 5)에는 문신 겸전선관(兼宣傳官)에 임명되었고, 1840년에는 모든 문신들이 선망하는 홍문록(弘文錄)에 선발되기도 했다. 그 뒤 그는 홍문관 교리를 거쳐 1842년에는 전라좌도 암행어사로 파견되어 임무를 성실히 수행하였고, 1847년(헌종 13) 승지, 병조·형조참의를 거쳐 1856년(철종 7) 병조참판으로 끝으로 관직 생활을 마감하였다. 부인 이씨는 이예연(李禮延)의 딸인데, 이예연은 남인 명가 연안 이씨 출신으로 이경전과 교유가 깊

---

77) 《古文書集成》 61, 287~288쪽, 〈疏廳諸執事〉. 당시 한산 이씨는 製疏를 맡은 이광교를 비롯하여 李箕淏(都廳, 道會時堂長), 李光鼎(道會時色掌) 등 3인이 疏事에 가담했다.

었던 이광정(李光庭)의 6세손이다.

(3) 단양 별업의 재경영

이지번 이후 단양 별업에 다시 관심을 가진 사람은 5세손 이운근이었다. 조모 전주 이씨가 예산 이거의 발판을 마련하고 그가 이를 세거 형태로 전환시켰는데, 이는 이운근 대를 기점으로 후곡 가문의 사회경제적 기반의 중심축이 서울에서 호서지역으로 이행되었음을 뜻했다. 현재로서는 단양 별업의 규모를 정확하게 가늠하기 어렵지만 "동중의 전민(田民)이 모두 이사평(李司評: 이지번)의 소유다"라는 〈가은동기〉의 기록과, "무릇 구담(龜潭) 강산(江山)의 5리 안은 저의 선조 성암(省庵)·토정(土亭) 형제께서 산수를 즐기며 은거하던 곳"[78]이란 이광교의 표현에 비추어 볼 때, 그 규모가 방대했음은 짐작하기 어렵지 않다.

이운근이 단양에 관심을 가지게 된 것은 1669년(현종 10)에 발생한 송사가 그 직접적 계기가 되었다. 당시 단양에는 가옥과 전장 등 이지함의 구업(구업)이 존속되었지만[79] 제대로 관리되지 않고 있었다. 이러한 관리 소홀은 자연히 분쟁 발생의 빌미가 되었고,[80] 마침내 1669년 인근의 양반들이 옥천암(玉泉庵) 뒤에 허총(虛塚)을 두게 됨으로써 다툼이 야기된 것이다.[81] 투장 사실을 알게 된 이운근은 그해 3월 충

---

78) 《古文書集成》 61, 190쪽, 〈所志8〉"大抵龜潭江山五里之內 民之先祖省庵土亭兄弟公 考盤之所."
79) 후곡 가문에서는 단양 별업을 당나라 李德裕의 '平泉庄'으로 비길만큼 애중히 여겼다(《古文書集成》 61, 190쪽, 〈所志8〉"李氏幾百年相傳丘墓之江山 此實非平泉之一石一木之比也").
80) 이운근 대에는 유난히 선영 관련 분쟁이 많았다. 1679년(肅宗 5) 李雲根은 보령 弦津에 소재한 先塋(李尙賓 墓所)과 祭廳의 보호를 위해 保寧縣監에게 소지를 올린 바 있었다. 이 소지에 따르면, 이운근은 李霞啓라는 걸식인에게 현진 선영의 부속건물인 제청의 사용권을 주었는데, 李禎來라는 자가 이를 점탈하려 하자 진정을 하게 된 것이다(《古文書集成》 61, 183쪽, 〈所志3〉).
81) 山訟에 대해서는 아래의 논고가 참고된다. 전경목, 〈조선후기 산송연구-18, 19세기 고문서를 중심으로〉, 전북대 박사논문, 1996 ; 김경숙, 〈조선후기 산송과 사회갈등 연구〉, 서울

청감사 민유중(閔維重)에게 진정하여 투총을 철거함으로써[82] 일단 사태를 마무리하였다. 그러나 이 쟁송은 별업관리의 필요성을 일깨우는 중요한 계기가 되었다.

이에 이운근은 조부 이구의 분묘를 구담으로 이장하는 한편 호적까지 옮기는 일련의 조처를 통해 별업관리에 박차를 가했다. 1669년에 작성된 그의 준호구에 따르면 그의 거주지는 단양 서면 성동리(城洞里)였다.[83] 즉 이운근은 선대 산소를 이장하여 묘역을 조성하는 방식으로 단양 별업을 관리·경영하려 했고, 그 일환으로 호적까지 옮긴 것이었다.

묘역의 조성계획은 자연히 분암의 건립으로 이어졌다. 이에 이운근은 이구의 분묘를 이장한 지 5년 만인 1674년(현종 15) 성곡에 분암 겸 주거용도로 옥천암(玉泉庵)을 건립하였는데, 이때에도 인근 토호들과 쟁송에 휘말려 한동안 어려움을 겪었다. 당시 단양 일대에는 이지번의 옛터를 가로채려는 토호들이 많았는데, 1669년 이후 이운근이 본격적인 별업관리에 들어가자 충돌이 생겨 소송으로 번진 것이다. 이 소송은 이전의 투장 때보다 사태가 훨씬 심각하여 물리적인 마찰로까지 이어졌다. 이운근의 옥천암 건립에 자극을 받은 토호들은 이를 제지하고자 애썼고, 심지어 방화 위협이 공공연하게 나돌았다. 사태의 심각성을 인식한 이운근은 다시 충청감사 맹주서(孟胄瑞)에게 소장을 올려 토호들의 처벌과 분산의 소유권을 인정하는 입지 발급을 함께 요청했

대 박사논문, 2002.

82) 《古文書集成》 61, 181쪽, 〈所志1〉(道內禮山居故李翰林宅奴彦田所志). 감사 閔維重은 "인가와 매우 가까운 곳에다 감히 매장할 꾀를 낸 것이 극히 놀랍다. 본관(단양군수)은 적간하여 무덤을 만든 이로 하여금 신속히 굴거하게 하여 이름난 정자를 보호하게 하라(人家至近之地 敢生埋葬之計 極爲可駭 本官摘奸 使置塚人 從速掘去 以爲保護名亭之地向事)"는 제사를 내렸다.

83) 城洞里는 城谷洞의 이칭으로 이지번 당대에 그 가족들이 거주했던 곳이다. 이후 이운근의 손자 이성 대에 이르면 거주지가 동면 長林里로 바뀌게 된다.

다.84) 여기에 대해 감사는, 입지 발급을 허락하는 한편 무단점거[冒占] 사실이 확인되면 토호들을 형추(刑推)할 것을 지시함으로써85) 송사도 일단락되었다.

이처럼 이운근 대에는 전장 장악력의 약화로 말미암은 송사가 자주 발생하였지만 법적 대응을 통해 이를 잘 해결했고, 또 분암을 건립하여 거주기반을 강화함으로써 별업 재경영에 상당한 진전을 이루었다. 특히 이운근은 예산 본가에서 묘노(墓奴)를 파견하여 선영 수호와 봉제사를 담당하게 하는 등 위선에 각별히 신경을 썼다.86) 이런 토대 위에서 단양에는 이구의 부인 전주 이씨, 이운근과 그 부인(연안 이씨, 온양 정씨), 이덕운의 분묘가 연차적으로 조성되면서 분산으로서의 면모를 갖추게 되었다.

이 같은 이운근의 재경영 의지에도 17세기 후반 이후 단양 별업에 대한 한곡가의 장악력은 차츰 약화되었다. 이런 정황은 이지번의 구기에 정자 또는 거처를 확보하고자 했던 당시 사대부들의 움직임에서 감지할 수 있었다. 그 대표적인 사람은 이현일과 함께 17세기 남인의 대표적 학자로 꼽혔던 정시한이었다.87)

근기남인이었던 정시한은 청년기부터 원주 법천촌에 살면서 학문에 전념했다. 기사환국이 발생하던 1689년(숙종 15)에는 구담에 강한 애착을 보여88) 마침내 1693년(숙종 19)에는 이지번의 구기(舊基)에 정사

---

84) 《古文書集成》 61, 182쪽, 〈所志 2〉(京中居故李翰林宅奴恚立所志). 이 소지에는 城洞의 관할 군현이 단양이 아닌 청풍부로 표기되어 있는데, 행정구역 변동에 따른 것이다. 따라서 감사의 題音 역시 淸風官에게 내려졌는데, 단양과 청풍간의 관할지 변동은 이후에도 지속적으로 발생했다.

85) 위 所志의 〈題辭〉 참조.

86) 李南珪, 《修堂集》 卷11, 〈八代祖妣延安李氏行狀(李雲根妻)〉.

87) 김학수, 〈葛庵 李玄逸 연구-經世論과 學統關係를 중심으로-〉, 한국학대학원 석사논문, 1996.

88) 丁時翰, 《愚潭集》 〈年譜〉 〈己巳〉(1689) "過丹丘至龜潭 翫玉筍玄鶴諸峯 愛其山水 仍有結茅之意." ; 〈壬申〉 "過龜潭 尋李省庵亭舊址 益決誅茅之志."

를 건립하고 제자들을 모아 강학하였다.[89] 이 과정에서 그는 근기와 영남 일대에서 상당수의 문인을 규합하였는데,《우담집(愚潭集)》을 통해 확인되는 문인만도 조우명(趙宇鳴)·이식(李栻)·조충(趙沈)·최도명(崔道鳴)·권두인(權斗寅)·권두경(權斗經)·권두기(權斗紀)·황수일(黃受一)·황수윤(黃受崙)·이만부(李萬敷)·김태윤(金台潤)·김창석(金昌錫)·유경시(柳敬時)·이희시(李喜時)·조식(趙湜)·채성윤(蔡成胤)·김시경(金始慶)·김도원(金道遠)·이재기(李載基)·정우추(鄭宇柱)·정핵(鄭翮) 등 20여 명에 이른다. 이구의 증손 이덕운도 단양에서 입문한 우담문인(愚潭門人)이었다.[90]

이런 상황에서 이덕운은 단양 별업의 경영에 더욱 박차를 가했고, 그런 흐름은 아들 이성(1680~1736), 손자 이수일(1705~1779) 대에도 그대로 유지되었다. 이운근 대까지는 분암 건립을 통한 선영 수호에 별업 관리의 주안점이 있었다면 이덕운은 여기에 가옥을 건립하여 주거지로 활용함으로써 별업의 기능을 한층 확대시켰다.[91] 이성·이수일 부자가 단양으로 이적하여[92] 별업 관리에 적극성을 보일 수 있었던 것도 주거 기반의 강화와 무관하지 않다.

이들 3대의 역할에서 눈여겨 볼 사실은 단양 내 주거지의 변화이다.

---

89) 丁時翰,《愚潭集》〈年譜〉〈癸酉〉"築龜潭精舍 先生於城內 山川杖屨殆遍 而最愛龜潭山水之勝 營建精舍 淸風倅金澍送丁助役 先生不受而還之 舍凡三間 中爲堂夾兩頭爲室 界奴守之 先生每至龜潭 常寢處其中 時與遠方朋友講論義理 或杖屨逍遙 寄想水石怡然自得 不知老之將至矣.";〈丙子〉"往留龜潭精舍 時黃壽一及黃世燮來侍 講質所疑."

90) 丁時翰,《愚潭集》卷12, 附錄 祭文(李德運)"嗚呼 在昔嘉靖間 我先祖省庵公遯世于丹丘 築舍于龜潭之上 時則若退溪李夫子若錦溪黃先生 先後宰是邑 與省庵公結巖穴道義之契而莫逆也 或屣于崇 或櫂于深 與相唱酬 厥有累篇 語在退溪外集暨于李蒼石所爲撰丹丘誌詳焉 小子竊自怪之 丹雖勝國之僻 龜雖勝 又丹之僻 而退陶之道焉而此 錦溪之賢焉而此 省祖之蘊抱焉而此 …… 其後百三十餘年 先生搆一小亭于省祖之舊基 以爲考槃之所 雖無邑宰裏時之盛 而展而櫂 而自唱自酬 而土苴軒裳 契活煙霞 則前後一揆矣."

91) 李南珪,《修堂集》卷11,〈7代祖正郎公行狀(李德運)〉"嘗愛丹陽山水 結廬爲終老計."

92)《古文書集成》61,〈戶籍 14〉(李宬, 1702),〈戶籍15〉(李宬, 1702),〈戶籍 21〉(李秀逸, 1744),〈戶籍 24〉(李秀逸, 1747).

그림 7-11. 한산 이씨 가계도: 肅宗妃 仁元王后와의 관계도

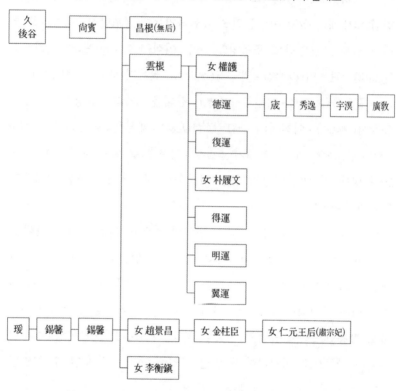

당초 이운근의 호적상 주거지는 이지번 대에 확보된 서면 성동리였으나 이성과 이수일의 거주지는 동면 장임리로 나타난다. 이 가운데 시기가 가장 빠른 이성 호적의 연도가 이덕운이 생존해있던 1702년(숙종 28)인 사실로 보아 이 가옥은 이덕운이 건립하여 별업 관리를 위해 아들을 분적시킨 것으로 생각된다. 이 점에서 장임리 가옥의 새로운 건립은 별업의 재경영에 대한 이덕운의 강한 의지의 표명으로 해석할 수 있다.93)

---

93) 가옥의 건립과 호적상의 입적이 반드시 거주를 의미하는 것은 아니다. 본손들은 우거 형

사실 이덕운~이수일 대에는 별업과 분묘 관리에서 정치·사회적으로 매우 유리한 조건이 갖추어졌는데, 왕실과의 척연이 그 배경이었다(그림 7-11 참조). 1701년(숙종 27) 숙종의 계비가 된 인원왕후(仁元王后) 김씨에게 이구는 외외고조부가 되었고,94) 그 연장선상에서 돈녕부 금양완문(禁養完文)95)과 1718년(숙종 44) 단양군수의 감세완문(減稅完文) 등 일련의 특혜가 주어졌던 것이다. 특히 감세완문은 18세기 초반 단양 별업의 규모의 일단을 파악할 수 있다는 점에서 중요하다.

동면 성곡(城谷)은 궁벽한 산곡에 처해 있어 남아 있는 전토가 척박할 뿐만 아니라 거주하는 백성이 매우 적고 굴파되어 개천으로 변해버린 결수(結數)가 30여 복에 달해 몇 호의 잔약한 백성이 매년 억울하게 세금을 내게 되니 어찌 민망한 일이 아니겠는가? 이에 민정을 특별히 살펴 억울하게 세금을 내는 결수를 읍부(邑簿) 총책(總冊)에서 제급(除給)하며, 감탈해 주는 복수 및 자호는 뒤에 기록하여 성급하니 여기에 의거하여 영구 준행하라.96)

수재로 매몰된 전지에 대한 급제가 완문 성급의 배경이지만 성곡의

태로 限時 거주한 것이 실상에 가까우며, 쟁송시 訴狀을 제출하는 대부분의 노비의 직임이 묘노인 것으로 보아 실제로는 노비를 파견하여 관리했음을 알 수 있고, 가옥의 실제 거주자도 墓奴로 보는 것이 합당하다.

94) 인원왕후의 아버지 金柱臣은 趙景昌의 사위였는데, 조경창은 곧 이구의 손서였다. 조경창은 임천조씨 출신으로 아버지는 李慶全, 李景奭, 張維 등과 함께 大淸皇帝功德碑(三田渡碑文)의 찬자 물망에 올랐던 趙希逸이다.

95) 敦寧府完文의 원본은 남아 있지 않고, 발급 사실이 1759년 단양군수에게 올린 소지에 언급되어 있다(《古文書集成》 61, 185쪽, 〈所志4〉(禮山李承旨宅墓奴貴萬所志) "仁元王后大妃殿下有爲外外曾(筆者: 高의 誤記)祖墳山 故自敦寧府別關守護之道 及完文立條 …… 凡係禁養之節 無或疎虞").

96) 《古文書集成》 61, 247쪽, 〈完文〉爲完文成給事 東面城谷處在山谷僻隅 所存田土 無非瘠薄 居民鮮少 中流來 未蒙頉掘破成川之結 至爲三十餘卜之多 而數戶殘民 年年寃徵 則豈不可悶 特念民情 同寃徵之結 除給於邑簿摠冊中 減頉卜數與字號 後錄成給 依此永久遵行宜當向事戊九月 日 鄕作廳及本洞尊洞 (準此) 行郡守.

전민이 사실상 후곡 가문의 소유라는 사실을 고려할 때, 왕후 인친가
에 대한 세제 혜택에 다를 바 없었다. 이러한 제도적 지원은 후곡 가
문이 단양 별업의 경제적 기반을 확충해 나가는 데 적지 않게 기여했
을 것으로 보인다.

그러나 각종 지원과 혜택에도 어려움은 항상 있어왔고, 시기에 따
라 양상을 달리할 뿐이었다. 이수일 대인 1759년에는 분산의 작벌을
두고 다시금 쟁송이 발생했다. 성곡 선영에 대한 투작은 1758년 3월과
8월 두 차례에 걸쳐 발생하여 소나무 수백여 그루가 작벌되었고, 피의
자도 여덟 명에 이르는 큰 사건이었다. 물론 이 사건도 투작자를 엄벌
하는 선에서 매듭지어졌지만97) 투작에 따른 피해는 고스란히 후곡 가
문의 몫이 되었다.

이 쟁송은 왕후 인친에 대한 공식적인 금양권이 무시되었다는 점에
서 다소 충격석인 사건이었지만, 그나마 송사를 신속하고 유리하게 이
끌 수 있었던 것은 사환에 바탕을 둔 후곡 가문의 사회적 지위와 무관
하지 않았다.98) 나아가 이것은 그 뒤 별업을 계속 유지·관리해 나가
는 원동력으로 작용하였다.

한편 이수일 이후 단양 별업은 우거를 위한 주거지보다는 선영·분
산으로서의 기능이 더욱 강화되었다. 이수일 이후로는 단양 관련 호적
류가 나타나지 않는 것도 이를 반증한다. 단, 선영의 관리와 수호는 일

---

97) 《古文書集成》61, 185쪽, 〈所志 4〉(禮山李承旨宅墓奴貴萬所志 및 題辭), 187쪽, 〈所志 5〉(禮山
李承旨宅墓奴貴萬所志).

98) 아계-후곡 가문이 정치·사회적으로 가장 극성한 시기는 李山海·李慶全·李久 3대였다.
이 가계는 선조 말~광해 조에는 북인으로 활동하다 인조반정 이후 남인으로 전향한 뒤
기호남인의 핵심으로 활동하였다. 이구 이후로도 李尙賓(사마)→李雲根(군수)→李德運(문
과: 정랑)→李宬(증참의)→李秀逸(문과: 승지) 대에 이르기까지 다수의 문과 합격자와 관
료를 배출했다. 특히 이수일은 정조 조 남인의 영수 蔡濟恭과는 내외종간이었다. 19세기에
들어와서도 李宗秉(문과: 병조판서), 李南珪(문과: 특진관) 등 현달한 인물이 계속 배출되
었는데, 이산해~이남규에 이르는 13대 동안 문과합격자가 7인, 사마입격자 12인, 科宦 경
력이 없는 이는 李宬이 유일했다.

가의 유훈으로 대대로 지켜 내려오면서 봉선(奉先)적 관심은 크게 고조되었다.99) 그 일환에서 이수일의 손자 이광교는 단양군수에게 금송권의 재확인, 묘직의 관역 면제, 묘제에 따른 제수 지급을 요청하여 그 가운데 일부를 확약받는 등 제반 여건을 충실히 다져나갔다.100)

그러나 묘노에게 위임하는 형태의 선영 관리는 한계에 부닥치기 마련이었다. 1805년부터 연차적으로 일어난 투장사건은 그 단적인 예가 된다. 이광교 대인 1805~1807년에 걸쳐 진행된 산송에서는 낙송(落訟)하였고,101) 이종병 대인 1822년(偸葬)과 1838년(偸斫)의 산송에서는 비록 승소하기는 했지만102) 관의 미온적인 태도 때문에 상당한 고충이 뒤따랐다.103)

이로부터 약 50년 동안 투장, 투작에 따른 산송은 발생하지 않다가 이호직 대인 1883년 다시 투장사건이 발생했다. 사건의 성격은 이전의 산송과 다를 바 없었지만 대응방식에서는 차이를 보였다. 묘노로부터 투장 사실을 들은 이호직은 종중에 통문한 뒤 종회를 열어 대책을 강구하였는데,104) 이는 종전의 종손 중심의 대응에서 문중차원의 대응으로 그 방식이 전환하였음을 뜻한다. 대응 방식의 변화는 단양 별업에 대한 인식의 변화와 맥락을 같이한다. 즉 선영보다는 별업의 성격이 짙었던 이수일 대까지는 종가의 사적 소유로 여겨지던 것이 이수일 이후부터는 선영으로서의 기능이 강화되면서 차츰 종산(宗山)으로 인식되었음을 말해 준다.

---

99) 《古文書集成》61, 190쪽, 〈所志8〉 "大抵龜淡江山五里之內 民之先祖省菴土亭兄弟考槃之所 而民之四先山入葬 盖其遺意也 而一崗一麓 守而勿失之訓 亦載家乘."
100) 《古文書集成》61, 189쪽, 〈所志7〉 및 190~191쪽, 〈所志8〉.
101) 《古文書集成》61, 190~195쪽, 〈所志8〉~〈所志12〉 참조.
102) 《古文書集成》61, 196~200쪽, 〈所志13〉~〈所志15〉 참조.
103) 이런 와중에도 이종병은 1849년(憲宗 15) 成生員宅으로부터 禮山 大枝東面 소재 鹿字田 30斗落只를 매입하는 등 경제적 기반을 더욱 확충하였다(《古文書集成》61, 255쪽, 〈明文1〉).
104) 《古文書集成》61, 270쪽, 〈通文2〉 참조.

이호직의 통문은 종원(宗員)들로부터 커다란 반향을 불러 일으켰다. 이에 1883년 청풍부사에게 올린 소지에는 이호직 등 무려 90명이나 되는 종원의 이름이 적혀있었고,105) 청풍부사가 투장자의 처벌과 투장묘를 파낼 것을 지시함으로써 사태도 쉽게 마무리되었다.106)

4. 맺음말

지금까지 논의한 내용을 정리하면 다음과 같다.

첫째, 한산의 토성에서 발신한 한산 이씨는 이곡·이색의 현달에 힘입어 문벌가문으로 도약하면서도 시조에서 7대까지는 본관지인 한산에 지역적 기반을 두고 있었다. 아계–후곡 가문의 모체인 문열공파는 파조 이계전이 두 차례의 훈업을 통해 서울, 경기 및 호서 일원에 전장을 확충함으로써 사환적으로나 경제적으로 탄탄한 가격을 유지할 수 있었다.

둘째, 아계–후곡 가문이 호서 지역에 별업·향제를 확보하며 세거의 기반을 조성하게 된 것은 이산해의 조부 이치와 광산 김씨의 혼인이 직접적인 계기가 되었다. 이를 바탕으로 이산해가 예산, 남양, 신창 등지로까지 전장을 확대하였는데, 이는 훗날 그의 자손(특히 손자 李久 가계)들이 예산에 정착할 수 있는 바탕이 되었다.

셋째, 아계 가문은 보령, 예산 등지에 향장을 보유하면서도 주거 기

---

105) 《古文書集成》 61, 201쪽, 〈所志16〉(1883년) 참조.
106) 이 사건의 전개 과정에서 주목되는 것은 후곡가에서는 단양 별업을 사패지로 주장하고 있다는 점이다(《古文書集成》 61, 201쪽, 〈所志16〉 "伏以民等之三世四墳山 在於治下東面城洞 而 三百年世守之麓也 以其地則朝家之所賜也 先祖之所居也 以其山則先祖之所葬也 先祖之所繼葬也"). 이에 대해 청풍부사는 '此是賜牌之地 則寧有不知之理'라고 하여 이 주장을 일축하고 있지만 사패지 여부에 대한 추가적인 연구는 필요할 것 같다.

반은 서울에 두고 있었다. 남산·황화방·남학동·초동·수각·명례방·태평방·혜민서계·회현방·장흥고동 등에 분포하고 있었던 경제(京第)는 사환 기반으로서 중요한 의미가 있었다. 이들 경제는 대체로 19세기 후반까지 유지되었는데, 이는 그 자손들, 특히 이구의 자손들이 사환적으로나 경제적으로 상당한 입지를 구축하고 있었음을 뜻한다.

넷째, 아계-후곡 가문은 경제 및 향장·향제에 더하여 단양에 별업까지 유지함으로써 가산의 다원적 경영체제를 구축하고 있었다. 이지번 대에 개척된 단양 별업이 이산해 → 이경전(장자) → 이구(차자)에게로 전계된 배경을 자세하지 않지만 단양 별업은 17세기 이후 후곡 가문의 중요한 경제적 기반인 동시에 일문의 선영·종산으로 기능했다는 점에 특징이 있었다. 무엇보다 조선 후기 농장관리는 '이매(移買)'가 보편적 흐름이었던 것과 달리 후곡 가문에서는 원거리 경영을 300년 이상 지속하였는데, 이는 여느 양반가문과는 구별되는 특징으로 규정할 수 있다.

다섯째, 정치사회적으로 아계-후곡 가문은 인조반정 이후 북인에서 남인으로 전향하여 이른바 기호남인의 주류로 부상하는 데 성공한 경우였다. 아계-후곡 가문이 정치·사회적으로 가장 극성했던 시기는 이산해·이경전·이구 3대이지만, 이구 이후로도 이상빈(사마), 이운근(군수), 이덕운(문과: 정랑), 이성(증참의), 이수일(문과: 승지), 이종병(문과: 병조판서), 이남규(문과: 특진관) 등 소과나 문과를 거쳐 고관을 지낸 인물이 많았다. 꾸준한 사환활동과 탄탄한 경제력은 혼맥에도 영향을 미쳐 전주 이씨 순녕군 가문, 연안 이씨 이광정 가문, 평산 신씨 신후재 가문, 여주 이씨 이상의 가문, 임천 조씨 조희일 가문, 안동 권씨 권유 가문, 평강 채씨 채성윤 가문, 원주 김씨 김덕원 가문 등 조선 후기 경기·호서권의 명가들과 통혼하였다. 특히 임천 조씨 조희일 가문과의

혼인은 후곡 가문이 왕실(숙종)의 인친으로 편입하는 계기가 되었고,
이런 관계망은 단양 별업의 수호 및 운영에도 커다란 도움이 되었다.

■ 참고문헌

《조선왕조실록》《사마방목》(CD롬)
《果菴集》(李栐)《錦溪集》(黃俊良)《金先生憂亭集》(金克成)《丹陵遺稿》(李胤永)
《樊巖集》(蔡濟恭)《省菴遺稿》(李之蕃)《宋子大全》(宋時烈)《修堂集》(李南珪)
《息山集》(李萬敷)《鵝溪遺稿》(李山海)《愚潭集》(丁時翰)《月川集》(趙穆)《栗谷
全書》(李珥)《苔泉集》(閔仁伯)
《韓山李氏族譜》(癸未譜, 1643)《光山金氏族譜》《韓山李氏外家世系》《韓李家帖》

《고문서집성》 61-예산 한산이씨 수당고택편-(한국정신문화연구원, 2002)
《韓山李氏 修堂古宅 古文書》(미간행)
《城南金石文大觀》(성남문화원, 2003)
《鑄字洞志》(서울역사박물관, 2003)
《京畿道半月地域 安東金氏墳墓發掘調査報告書; 金洙根·炳國家系의 資料를 中
心으로》(온양민속박물관, 1989)

신병주,《화담학파와 남명학파 연구》, 일지사, 2000.
이성무,《조선왕조사》, 동방미디어, 1998.

김경숙,〈조선후기 산송과 사회갈등 연구〉, 서울대 박사논문, 2002.
김 정,〈瀟灑園-조선王朝의 빼어난 梁山甫 別墅私苑-〉,《장성향토문화》 6,
1980.
김학수,〈17세기 嶺南學派 연구〉, 한국학대학원 박사논문, 2008.
_____,〈葛庵 李玄逸 연구-經世論과 學統關係를 중심으로-〉, 한국학대학원
석사논문, 1996.

_____, 〈고문서를 통해 본 해주오씨 추탄가문의 사회문화적 성격〉, 《해주오씨 추탄가문을 통해 본 조선후기 소론가문의 정치사회적 존재양태》, 장서각 학술회의 자료집, 한국학중앙연구원, 2009.

_____, 〈尙州 延安李氏 息山家門의 家系와 所藏 典籍의 현황〉, 《藏書閣》7, 한국정신문화연구원, 2002.

_____, 〈星湖 李瀷의 學問淵源-家學의 연원과 師友관계를 중심으로-〉, 《성호학보》1, 성호학회, 2005.

신범순, 〈隱者의 정원에 나타난 상징과 꿈의 의미-安憑夢遊錄을 중심으로-〉, 《한국문화연구》26, 서울대한국문화연구소, 2000.

전경목, 〈조선후기 산송연구-18, 19세기 고문서를 중심으로〉, 전북대 박사논문, 1996

정승모, 〈京邸·鄕第·別墅와 조선후기문화의 地域性〉, 미발표원고, 2003.

조규희, 〈朝鮮時代의 山居圖〉, 제41회 전국역사학대회발표요지, 1998.

최영진, 〈道內 別墅遺址에 關하여(1)-廣州 樊翁別墅〉, 《기전문화연구》5, 인천교육대학 기전문화연구소, 1974.

아계 이산해의 시 세계

심 경 호
고려대 한문학과

1. 머리말

아계(鵝溪) 이산해(李山海, 1539~1609)는 선조 초에 최립(崔岦)·최경창(崔慶昌)·백광홍(白光弘)·윤탁연(尹卓然)·송익필(宋翼弼)·이이(李珥)·이순인(李純仁)과 함께 팔문장가로 일컬어졌다.[1] 또한 10여 년 이상 문형(文衡)을 잡았고, 1588년에 우의정, 1590년에 영의정에 올랐으며, 종계변무(宗系辨誣)의 공으로 광국공신에 책록된 바 있다.

하지만 아계의 문집은 서문도 없는 매우 불완전한 형태로 남아 있다. 이상하(李相夏) 교수는 《아계유고》에 대한 해제에서[2] 아계의 문집

---

1) 이순인(李純仁), 《고담유고(孤潭遺稿)》 권4 부록 잡저(雜著) 〈동사팔문장(東史八文章)〉. "李山海, 崔岦, 李純仁, 宋翼弼, 崔慶昌, 尹卓然, 白光勳, 河應臨."; 송시열, 《송자대전(宋子大全)》 권172 묘갈명(墓碣銘) 〈구봉선생 송공 묘갈(龜峯先生宋公墓碣)〉. "제일 가깝게 지내던 사이로는 이산해(李山海)·최경창(崔慶昌)·백광훈(白光勳)·최립(崔岦)·이순인(李純仁)·윤탁연(尹卓然)·하응림(河應臨) 등이 있었는데, 당시 사람들이 그들을 가리켜 팔문장(八文章)이라 하였다. 그러나 선생은 과거 이외에 달리 마음 써야 할 곳이 있음을 알고 성리(性理)에 관한 모든 서적을 가져다 밤낮으로 읽고 연구하였는데, 스승에게 배우지 않고서도 이해하였다."

이 광해군 때 초간되었으리라 추정했다. 이 문집에 수록된 시 작품으로는 강원도 평해(平海) 유배기에 지은 490여 수와 충남 신창(新昌) 시 전촌(柿田村)에서 지은 360여 수가 남아 있을 뿐이다.3) 그 스스로가 자신이 지은 시를 엄별하였고, 그의 정치적 행보가 문학적 실천에 대한 평가를 가리게 했다는 점 등을 고려하면, 시 작품의 유전(遺傳)이 불완전한 이유를 어느 정도 짐작할 수도 있다.

이렇게 아계의 시는 같은 시대의 다른 문인들에 비해 그리 많은 양이 남아 있지 않다. 하지만 같은 시대의 허균(許筠)이나 후대의 남용익(南龍翼)과 신위(申緯)는 아계의 시를 높이 평가했다. 또한 근년에는 이종석, 장미경, 차용주, 정원표, 김지현, 김수현 등 여러분이 아계의 시 세계를 집중적으로 조명하기도 했다.4)

---

2) 이상하(李相夏), 〈《아계유고(鵝溪遺稿)》 해제(解題)〉. "아계 이산해의 시문집 원본인 《아계유고》는 목판본 6권 3책 302판(板)으로 묶여져 있다. 이 책의 간행 시기는 광해군연간으로 추정되나, 간행 경위는 서발(序跋)이 붙어 있지 않아 자세히 알 수 없다. 다만 1, 2권을 차지하고 있는 기성록(箕城錄)에 간단한 발문 형식으로 저자 자신이 편찬 소회(所懷)를 밝히고 있는데, 이 글에 의하면, 임진란 이전에 지어 두었던 많은 시문들은 병화(兵火)에 소진되고 평해(平海)에 귀양간 3년 동안 지은 시편들을 아들의 요청에 따라 정리 필사(筆寫)하여 기성록이란 제목을 달았다는 것이다. 그리고 3권 또한 기성록이란 제목이 붙어 있는 것으로 보아 시집을 만든 후에 따로 평해에 귀양가 있을 때 지은 문(文)을 모아 정리한 것일 터이며, 나머지 4, 5, 6권은 문집을 간행할 때 후손들이 유문을 수습, 정리한 것으로 짐작된다. 이 책의 편차는 1, 2권은 시, 3권은 문, 4권은 시, 5, 6권은 문으로 엮어져 있다. 번역 대본은 한국고전번역원에서 간행한 한국문집총간(韓國文集叢刊) 47권 소재 《아계집(鵝溪集)》인데, 현재로서는 이 책의 중간본(重刊本)이나 복각본(覆刻本)은 발견되지 않고 있다."

3) 아계의 시문은 목판본 6권 3책의 《아계유고(鵝溪遺稿)》로 전한다. 현재 서울대학교 규장각과 경북대학교 도서관에 소장되어 있다. 《아계유고》는 《임진왜란관계문헌총간(壬辰倭亂關係文獻叢刊)》 2, 아세아문화사, 1984에 영인 수록된 바 있고, 한국고전번역원(구 민족문화추진회) 영인표점 《한국문집총간》 47권(1988)과 《한국역대문집총서(韓國歷代文集叢書)》 2244, 한국문집편찬위원회, 경인문화사, 1997에도 수록되어 있다. 또한 1997년에 민족문화추진회가 국역본을 간행한 바 있다. 이 글에서는 한국문집총간본과 민족문화추진회 국역본을 활용하기로 하고, 출전은 일일이 밝히지 않는다.

4) 이종석, 〈아계 이산해의 유배시 소고〉, 《안동한문학논집》 6, 안동대, 1997 ; 장미경, 〈아계 이산해의 한시 연구〉, 《민족문화》 22, 민족문화추진회, 1999 ; 차용주, 《한국한문학작가연구》 3, 아세아문화사, 2001 ; 정원표, 〈이산해 시 연구〉, 《한국한시작가연구》 6, 한국한시학회, 태학사, 2001 ; 김지현, 〈아계 이산해의 한시 연구〉, 《인문사회과학논문집》 31, 광운대 인문사회과학연구소, 2002 ; 김수연, 〈이산해와 유배문학〉, 《한국문학연구》 27, 동국대 한국문학연구소, 2004.

이 글은 선행 연구들을 참조하면서, 아계 이산해의 시 세계에 대해 규견(窺見)을 밝히고자 한다. 실은 이 글은 고 정병욱 선생님이 "아계의 가장 격렬한 정치적 맞수는 서인의 송강 정철이었는데, 송강은 문학사에서 〈사미인곡〉을 비롯한 국문가사의 작가로 널리 알려져 있는데, 아계는 한시로서 송강과 맞서는 작품을 수없이 남기고 있다"고 논평하신 내용에 주각(註脚)을 붙이는 데 지나지 않을 것이다.5)

2. 아계의 문학활동

젊어서 아계는 경학의 연찬(研鑽)이 깊으면서 제술에도 뛰어났다. 그것은 그가 생원으로서 성균관시의 제술에서 수석하여 전시(殿試)에 직부(直赴)된 사실로부터 짐작할 수가 있다. 이러한 사실은 명종 15년(경신, 1560) 4월 24일(기미)의 《실록》 기록에 보인다.6)

이미 알다시피 아계의 부친 성암(省庵) 이지번(李之蕃)과 숙부 토정(土亭) 이지함(李之函)은 당대의 명사였다. 아계는 5세 때부터 토정에게 글을 배워 6세 때에는 이미 글을 읽고 대자(大字)를 쓸 수 있었다. 어린 나이인데도 식음도 잊고 독서에 몰두하였으므로 토정이 그의 건강을 염려하자, 아계는 다음 시를 지었다고 한다.

밥 먹기 더딘 것도 민망한데 배움이 더딤에랴	食遲猶悶況學遲
배가 주림도 민망한데 마음이 주림에랴.	腹飢猶悶況心飢

---

5) 정병욱, 〈아계연구노트〉, 《일요신문》, 1979년 9월 2일자.
6) 《명종실록》 권26, 명종 15년 4월 24일(기미). "상이 성균관에 거둥하시어 대성전에 분향(焚香)하였다. 이어서 명륜당에 나아가 친히 유생에게 제술을 시험보이고 수석한 생원(生員) 이산해(李山海)는 전시(殿試)에 직부(直赴)하게 하였다."

집이 가난해도 오히려 마음 고칠 약 있나니   家貧尙有療心藥
모쪼록 영대에 달이 뜰 때를 기다리리라.   須待靈臺月出時

11세 때 아계는 과장(科場)에 나가 《서경(書經)》〈대우모(大禹謨)〉의 '겸수익 시내천도(謙受益是乃天道)'란 출제에 대해 〈만초손부(滿招損賦)〉를 지어 장원에 뽑혔다.7)

또한 아계는 어려서부터 시·서·화에 뛰어났다. 권응인(權應仁)의 《송계만록(松溪漫錄)》상(上)에 그의 필법과 신동 자질에 관한 언급이 있다.

아계(鵝溪) 상공(相公) 이산해(李山海)는 7, 8세도 되기 전에 능히 큰 글자를 써 이것을 얻으려는 사람들이 모여들었다. 글을 다 쓰고 나면 발에 먹물을 묻혀서 종이 끝에 자국을 찍으니, 사람들이 더욱 기이하게 생각하였다. 13세에 호서(湖西)의 향시(鄕試)를 보아 해원(解元, 향시의 장원)이 되었으니, 천재가 아니면 이렇게 될 수 있겠는가? 그를 지목하기를 신동(神童)이라 하였다. 일찍 청운(靑雲)에 올라, 이름이 자자하더니, 40이 겨우 넘자 반열은 구극(九棘)에 올랐고, 수년이 못 되어 뛰어 홍화(弘化)에 오르고, 50에 정승이 되었으니, 근래에 드물게 보는 일이다. 이는 재주와 명예를 함께 가진 사람이라 할 것이다.8)

아계는 진사를 거쳐 23세 때인 1561년(명종 16) 문과에 급제해서 홍문관 정자(正字)를 시작으로 벼슬길에 올랐다. 명종 17년(임술, 1562) 3월 5일(기축)의 《실록》기록을 보면 명종은 다음의 전교를 내렸다.

---

7) 《아계유고》권6 수록.
8) 권응인(權應仁), 《송계만록(松溪漫錄)》상(上). 한국고전번역원 국역본 참조.

　전에 예조에서 뽑아 올린 글씨 잘 쓰는 사람들 [아선군(牙善君) 어계선(魚季瑄)·동지(同知) 이혼(李渾)·정자(正字) 이산해(李山海)·도사(都事) 신효중(申孝仲)·봉사(奉事) 신효무(申孝武)·생원(生員) 성자제(成子濟)·진사(進士) 이연(李硏)과 심인겸(沈仁謙)·유학(幼學) 민기정(閔起貞) 등 9인]을 모두 속히 대궐로 불러들여 당지(唐紙)에 해서(楷書)·초서(草書)를 큰 글자로 쓰도록 하라.

　훗날 미수 허목(許穆)은 아계의 〈이수정시(二水亭詩)〉의 필법을 예찬했다.

　이수정(二水亭)은 옛날 한흥군(韓興君)[이덕연(李德演), 호는 이수옹(二水翁)]의 서호 별업(西湖別業)이다. 지금 그의 증손 완(浣)이 와서 시화 2첩을 보여주었다. 하나는 만운중(萬雲中)[만세덕(萬世德), 명나라 산서인(山西人)]이 이수정의 시를 읊고 또 서호의 경치를 그린 것은 주금릉(朱金陵)[주지번(朱之蕃), 명나라 금릉인(金陵人)]이 배를 띄우고 지은 것이요, 다른 하나는 아계(鵝溪)·한음(漢陰)[이덕형(李德馨)] 두 상국(相國)의 시인데, 그 필법이 모두 볼만하였다.9)

　허목은 아계의 〈묵포도(墨葡萄)〉에 대해서도 언급했다.

　대체로 예술의 오묘함은 전공이 아니면 터득할 수가 없다. 함종씨(咸從氏)[어몽룡(魚夢龍)]의 매화라든가 황씨[황집중(黃執中)]의 포도라든가 석양 공자(石陽公子)[석양군(石陽君) 이정(李霆)]의 대 같은 그림은 모두 한 예술에 전공하여 당시에 이름을 얻었던 것이다. 이 몇 분 이후 오늘날까지 그 오묘한 전통이 끊긴 지가 오래되었다.

---

9) 《기언 별집(記言別集)》 권10 발(跋) 〈이수정 시화첩의 발(二水亭詩畫帖跋)〉, 한국고전번역원 국역본 참조.

내가 10년 전 막내아우 공숙(恭叔)[허서(許舒)]에게서 종남노인(終南老人)[이
산해]의 묵포도 그림을 얻었는데, 뻗어가는 넝쿨과 피어나는 잎새와 드리워진
열매는 옛사람의 오묘한 경치를 그대로 잘 살려 아주 신비스러운 데가 있다.
오늘날 그 사람은 이미 죽어서 다시 볼 수 없는데, 들으니 그가 죽을 무렵 집안
식구에게 부탁하기를, "나의 그림이 아주 특이하지만, 세상에서 알아 줄 사람이
없다. 그런데 다행히 자봉공(紫峯公)10)이 나의 그림을 알아준다. 또 그의 글은
반드시 후세에 전해질 것이니, 나의 죽음을 알리고 나의 그림도 가지고 가서
글을 받아 보관하여라. 그러면 내가 죽어도 한이 없겠다" 하였다 한다. 나도 그
의 뛰어난 솜씨가 쉽게 얻을 수 있는 것이 아님을 알고서, 여러 번 그의 작품의
귀중성을 말한 적이 있었다. 이 사람은 자신을 깊이 알았으나 알아주는 이를
만나기 어려웠다. 그래서 그런 말을 하였겠지만, 그의 심정은 이에 대하여 많은
고심을 하였을 것이니, 그의 인품과 그림을 알 수 있겠다. 나로 하여금 감격의
눈물이 흐르게 하는데 내 어찌 한마디 말을 아껴 이미 죽은 이의 마음을 저버
리겠는가.11)

허목의 이 글에서 '자봉공'이 누구를 가리키는지는 단언할 수 없으
나, 적어도 허목은 아계의 미적 감수성과 내면적 고통에 대해 깊이 공
감하였던 것은 틀림이 없다.

아계는 시의 감식력도 뛰어났다. 양경우(梁慶遇)의 《제호시화(霽湖詩
話)》와 홍만종(洪萬宗)의 《소화시평(小華詩評)》에 관련된 일화가 전한
다.12)

---

10) 한국고전번역원 국역본은 '자봉공'을 미수 허목의 별호로 보았다. 그러나 미수 허목이 광
주(廣州) 우천(牛川)의 자봉산에 들어가 글을 읽은 것은 허목이 30세 되던 1624년(갑자,
인조 2)의 일이다(《미수기언(眉叟記言)》, 〈미수 허선생 연보(眉叟許先生年譜)〉 제1권 연보
(年譜) 참조]. 아계가 작고하던 1609년에 허목은 15세였으므로, 그를 자봉공으로 불렀을
가능성은 희박하다.
11) 《기언》 권29, 하편 서화(書畫) 〈포도첩기(葡萄貼記)〉.

필자는 무엇보다도 아계가 김시습(金時習)의 시를 수집하고 정리하였을 뿐 아니라 그 문집의 서문에서 김시습의 시 정신을 명확하게 평가한 점에 주목하고 싶다.

김시습에 대해서는 1521년(중종 16)에 이자(李耔, 1480~1533)가 〈매월당집서〉를 썼고, 1560년대에 윤춘년(尹春年, 1514~1567)이 〈매월당선생전〉을 지었다. 그런데 선조는 재위 15년인 1582년에 김시습의 유고를 운각(芸閣), 즉 교서관에서 인쇄하라고 명령하였다. 이때 율곡 이이가 김시습의 전기를 다시 썼다. 그 이듬해 아계가 서문을 쓴 활자본 《매월당집》 23권 11책이 세상에 나왔다.13) 아계는 "(김시습이) 명교(名敎)를 포기하고 선문(禪門)에 들어가 모습을 완전히 바꾸어 병든 것도 같고 미친 것도 같이 하여 세상을 크게 놀라게 한 것은 무슨 뜻이었던가?"라고 되묻고, 김시습이 "초연하게 속세를 멀리 벗어나 세상을 흘겨보면서 산수 좋은 곳에서 휘파람 불며 거만부리고, 형체 밖에서 방랑한 데에 이르러서는, 행동거지가 한가하고 쾌적하여 외로운 구름이나 홀로 나는 새와도 같은 것이 있고, 마음속이 환하고 맑아서 얼음이 들어 있는 옥으로 만든 병과 가을밤에 두렷하게 떠 있는 달에 뒤지지 않으니, 높은 풍모와 아담한 운치는 붓으로 형용하기 어려울 정도다"라고 하였다. 김시습이 방랑을 통해서 높고 거룩한 문장을 이루어내었다는 말이다. 또한 아계는 김시습의 시가 성정에 뿌리를 두었으므로 단련과 수식을 일삼지 않아도 자연스레 시구를 이루어 장편이든 단편이든 갈수록 더욱 군색하지 않았다고 호평했다. 즉 아계는 김시습의 시를 이렇게 논평했다.

---

12) 김지현, 〈아계 이산해의 한시 연구〉, 114쪽, 주 11 참조.
13) 이 활자본은 보통 갑인자본이라고 알려져 있으나, 갑인자가 아니라 경진자라는 설도 있다. 이 책은 국내에 낙질로 전하고, 일본 호사분코(蓬左文庫)에 완질이 전한다.

(김시습은) 극도로 근심하고 분노하는 마음과 굴곡지고 뒤엉킨 가슴을 시원하게 할 수 없으면 반드시 글로 발산하였다. 자유자재로 붓을 놀려, 처음에는 장난하는 듯 희롱하는 듯 조금도 마음에 두지 않았으나, 들었다가 꺾어 내리고 열고 닫고 하는 변화를 이루 다 헤아릴 수 없을 정도며, 여러 체제를 드러내고 일만 가지 형상을 다 나타내었다. 혹은 높이 올랐다가 급히 꺾어 내리고, 그윽하고 적은 것을 돌려 서려서 사람으로 하여금 허전한 듯 슬프게 하고, 엄숙한 듯 두렵게 한다. 혹은 호기 있고 잘난 듯 질탕하며, 혹은 깨끗하고 쌀쌀하여 없는 듯 먼 듯하며, 간혹 농담과 방탕하고 넓은 것과 재치 있는 말을 섞어서, 착한 마음을 감동시켜 일으키고 악한 마음을 징계하여 조심하게도 한다. 마치 물이 평온하게 흘러서 파도가 없어 맑게 담고 있어, 조용히 둘러 흐르다가, 놀라운 폭풍을 만나 언덕과 돌에 부딪치면 성내어 울부짖고 뿜내어 격동해서 그칠 줄 모르는 것과 같다. 그것이 바로 평평함을 얻지 못해서 울리는 것이리라.[14]

아계가 김시습의 질탕함을 호평한 것은 그의 시 세계를 이해하는 한 가지 단서가 될 수 있으리라고 본다. 특히 아계 자신의 시가 질탕함으로 나아가지는 못했다 해도 김시습의 시에 대해 "성정(性情)에 근본하여 음영(吟詠)으로 나타났으므로 단련과 수식을 일삼지 않아도 자연스레 시구를 이루었다"고 논평한 부분은 아계 자신의 창작과정을 설명할 때 반드시 고려해야 할 요소라고 생각한다.

아계는 시적 심미안이 뛰어났을 뿐 아니라 문장에도 뛰어났다. 그는 1600년(선조 33) 겨울, 탄핵을 받아 시전촌에 우거하고 있던 때 달빛을 받으며 도고산의 운주사에 다녀왔다. 아계는 〈월야방운주사기(月夜訪雲住寺記)〉에서 "도고산에는 36개의 봉우리가 있었는데, 제1봉이 정

---

14)《아계유고》 권6, 서류(序類)〈매월당집서(梅月堂集序)〉.

확하게 내가 거처하는 집의 문발로 솟아 있고 동쪽과 서쪽의 5, 6개의 봉우리가 좌우로 둘러싸고 있어서, 그 모습이 마치 높은 관을 쓴 장인(丈人)이 홀연히 높이 앉아 있고 문생과 제자들이 읍례를 하면서 둘러서서 모시고 있는 모습과 같다"고 묘사하였다.15) 절에 다녀온 이튿날 그는 이 글을 짓고, 글을 짓는 이유를 다음과 같이 말하였다.

사람이 만나고 헤어지는 것은 무상하고, 사람의 일이란 쉬이 바뀌는 법인지라, 빼어난 일을 후세에 영원히 전하고자 한다면 문자를 빌리지 않고서는 불가능할 것이다. 자고로 시인묵객이 산수 간에서 시와 술로 유람한 것이 아무리 일시에 떠들썩할지라도, 먹과 붓으로 그려내지 않는다면, 시일이 경과하고 세상일이 바뀌고 나면 마치 지나가는 구름과 날아가는 새처럼 아무런 자취를 남기지 못할 것이다. 하물며 이 승방에서 하룻밤 나눈 이야기야 눈 깜짝할 사이에 문득 이별되고 말 것이니, 누가 이를 알아주겠는가? 이 때문에 내가 부득불 글을 지어 기록하게 된 것이다.

아계는 따로 〈운주사기(雲住寺記)〉도 지었다.16) 〈월야방운주사기〉와 〈운주사기〉를 보면, 아계의 풍류와 시적 상상력을 충분히 짐작할 수 있다.17)

아들 이경전(李慶全, 1567~1644)도 1631년(인조 9)의 눈 오는 날에 천방사를 방문하고 〈큰 눈이 내릴 때 천방사를 방문한 기록(大雪訪千方寺記)〉을 남겨, 자연의 기괴미와 역동미를 사랑하는 정신을 드러내었다.18) 문학적 재능은 내림이 있는 것이 아닌가 생각될 정도다.

---

15) 《아계유고》 권6, 기류(記類) 〈월야방운주사기(月夜訪雲住寺記)〉.
16) 《아계유고》 권6, 기류 〈운주사기(雲住寺記)〉.
17) 아계의 〈월야방운주사기〉에 대해서는 이종묵, 《누워서 노니는 산수》(태학사, 2002)와 심경호, 《산문기행: 조선의 선비, 산길을 가다》(이가서, 2007) 참조.

3. 평해 유배와 시 세계의 확립

아계는 25세 때 홍문관 저작(著作)으로 있으면서 사가독서를 하였고, 31세에는 이조좌랑에 올랐다. 1578년(선조 11)에는 대사간이 되어, 서인 윤두수(尹斗壽)·윤근수(尹根壽) 등의 죄를 탄핵하여 파직시켰다. 52세 되던 1590년에 영의정이 되고, 종계변무의 공으로 광국공신(光國功臣)에 책록되고 아계부원군(鵝溪府院君)에 봉해졌다. 이듬해 정철이 건저(建儲)를 일으키자 아들 경전으로 하여금 정철을 탄핵하게 해서 유배시켰다. 그는 동인의 영수로서 정치의 소용돌이 속에 살았지만, 공사를 처리함이 청렴하고 특히 인재 등용에 뛰어난 능력을 발휘했다. 선조는 아계를 두고, "말은 마치 입에서 나오지 못할 듯하고 몸은 마치 옷을 이기지 못할 듯하지만 한 덩이 진기(眞氣)가 가슴속에 충만하여 바라보면 공경심이 일어난다"고 논평했다.

선조 25년 임진란이 일어나자 유성룡(柳成龍)과 함께 서수론(西狩論)을 주장하여 어가가 의주(義州)로 몽진(蒙塵)하는 계기를 만들었다. 하지만 이 일 때문에 개성에서 탄핵을 받아 파직되고 평양에 가서는 다시 양사(兩司)의 엄중한 탄핵을 받아 평해에 부처(付處)되었다. 54세 때였다. 그 후 57세 때 사면되어 영돈녕부사로서 홍문관·예문관 대제학을 겸임했다. 61세 때인 1600년에 다시 영의정에 올랐으나 탄핵을 받고 이듬해에 모든 공직을 사퇴하여 시전촌으로 내려갔다. 선조가 승하하자 그는 70세의 고령임에도 대행대왕(大行大王)의 지문(誌文)을 짓고, 국정을 맡아 정권이양을 마무리하였다. 광해군 원년인 1609년에, 장래

---

18) 이경전, 〈대설방천방사기(大雪訪千方寺記)〉. 이 글의 미학성과 정신사적 의미에 대해서는 이종묵, 《누워서 노니는 산수》와 심경호, 《산문기행: 조선의 선비, 산길을 가다》를 참조.

를 기대했던 둘째 손자 구(久)가 요절하자 충격을 받아 지병이 악화되어 서울 장통방(長通坊)에서 서거했다.

아계는 본래 동인이었지만 북인에 속하였다가 마지막에는 대북의 영수가 되었다. 온양, 아산, 신창 등지에 전장(田莊)을 확대했다. 대지 동면 한가리(開谷, 開暇里)를 거점으로 하는 예산 전장도 확보했다.

아계는 양주 조씨와의 사이에서 4남 4녀를 두었다. 네 아들은 경백(慶伯), 경전(慶全), 경중(慶仲), 경유(慶愈)인데, 막내 경유는 일찍 죽고, 장자 경백은 1580년 문과에 급제한 해에 사망하고, 3자 경중도 진사에 급제한 뒤 단명했다. 이경전은 1585년(선조 18) 진사가 되고 1590년 증광문과에 병과로 급제하여, 이듬해 사가독서를 했다. 1596년 예조좌랑·병조좌랑을 지내고 1608년에 영창대군의 옹립을 꾀하는 소북(小北)의 유영경(柳永慶)을 탄핵하다가 강계(江界)에 유배되었다. 같은 해 광해군이 즉위하자 풀려나와 충청도와 전라도 관찰사를 지내고 1618년(광해군 10) 좌참찬에 올랐다. 1623년 인조반정이 일어나자 이경전은 서인의 편을 들고, 주청사로 명나라에 가서 인조의 책봉을 요청했다. 이러한 공을 인정받아 한평부원군(韓平府院君)에 진봉(進封)되었다. 그는 1637년(인조 15) 삼전도 비문 작성의 명을 받았으나 병을 이유로 거절했으며 1640년 형조판서를 지냈다.

이경전은 부인 안동 김씨 사이에서 아들 다섯 형제와, 조수익(趙壽益)에게 시집간 딸을 두었다. 서자도 많이 두었다. 그 가운데 차남 이구의 부인 전주 이씨는 1637년에 예산으로 낙향하여 가세를 크게 확장시켰다.[19] 이경전은 특히 천방산(千房山) 천방사(千房寺)를 원찰로 삼아 기반을 강화하였다. 아계의 문집 《아계유고》와 이경전의 문집 《석

---

19) 《한산이씨수당고택고문서》, 한국학중앙연구원 ; 김학수, 《끝내 세상에 고개를 숙이지 않는다》, 삼우반, 2005.

루유고》도 뒷날 이곳 천방사에서 간행되었다. 천방사가 소실되자, 아계 가문은 이화암(梨花庵)을 건립해서 묘택과 책판을 관리했다.

아계의 시문학은 평해 황보촌(黃保村)에서의 유배기에 독특한 세계를 갖추었다. 《아계유고》에 수록된 시 840수 가운데 483수가 이 기간에 씌어졌다. 허균은 "그의 시는, 초년에 당시(唐詩)를 배웠고, 만년에 평해에 유배되어 있으면서 조예가 극도로 깊어졌다"고 한 바 있다.

> 근대의 관각시(館閣詩)에서는 이아계(李鵝溪)가 으뜸이다. 그의 시가 초년부터 당(唐)을 법 받았으며 늘그막에 평해에 귀양 가서 비로소 심오한 경지에 이르렀다. 고제봉(高霽峰, 고경명)의 시 또한 벼슬을 내놓고 한거하는 가운데 크게 진보된 것을 볼 수 있었으니, 이에 문장이란 부귀영화에 달린 것이 아니라 험난과 고초를 겪고 강산의 도움을 얻은 후에라야 묘경에 들 수 있음을 알 수 있다. 어찌 누 공만 그러하랴. 고인이 모두 이러하니 유주(柳州)로 좌천됐던 유자후(柳子厚)나 영외(嶺外)로 귀양갔던 소동파에서도 이를 볼 수 있는 것이다.[20]

아계도 1594년(선조 27)에 쓴 〈기성록 서문(箕城錄序文)〉에서 스스로의 시 세계에 대해 다음과 같이 말한 바 있다.

> 문장은 하나의 조그만 기예에 불과한데 시는 문장 중에서도 더욱 말단이라 하겠다. 따라서 시가 비록 공교하다 하더라도 군자는 능사로 여기지 않는 법인데 하물며 공교하지 못함에야 더 말할 것이 있겠는가.
> 내가 젊어서 조정에 벼슬하여 이름난 사대부들과 어울리면서 응제(應製)와 수창(酬唱) 외에도 제영(題詠), 송별(送別), 계회(禊會), 축수(祝壽), 애도(哀悼)

---

20) 《성소부부고》 권25, 설부(說部) 4 〈성수시화(惺叟詩話)〉, 한국고전번역원 번역본 참조.

등의 시를 사람들이 요구할 때마다 글이 서툴다는 이유를 내세워 사양하지 못하였기에 그동안 지은 시편이 매우 많았으나 모두 수습하지 않아 산실되어 버렸다. 하루는 아들이 내게 말하기를 "나무로 만든 술잔 따위의 아주 작은 유품도 자손이 반드시 잘 간직하여 유실하지 않는 법인데 하물며 성정(性情)이 감발하여 음영(吟詠)으로 나타난 시편이야 더 말할 나위 있겠습니까. 옛사람이 시집을 만들어 집안에 전한 것이 어찌 자기의 시 재주를 청탁하여 문단에 이름을 구하기 위한 것이겠습니까. 반드시 후손이 있을 것을 생각하여 차마 버리지 못한 것입니다" 하고, 편집하여 한 질로 만들자고 청하기에 내가 아무런 만류할 말이 없었다. 그리고 보니 지난 수년 동안에 지은 시축이 상당수 쌓였으나 미처 깨끗하게 베껴두지 못했고, 원고는 임진년의 병화에 그만 소실되고 말았다. 그리고 영동에 귀양 가 있을 때 임금을 연모하고 시국을 걱정하거나 경치를 대하고 시물(時物)에 감동할 때면 정회(情懷)가 반드시 시로 표출되었으니, 아마도 이 시편들이 아니었으면 나의 울적한 회포를 스스로 달래지 못했을 것이다.21)

아계가 평해에서 지은 시들을 보면, 처음에는 군왕에 대한 연모와 시국에 대한 근심을 담아내다가, 〈중국 군사가 서경(西京)을 수복했다는 말을 듣고(聞天兵收復西京)〉란 시를 기점으로 생활 주변의 일상사와 감정들을 읊기 시작했으며, 회화적 경물 묘사에 주력한 시도 창작했다. 그리고 민생의 질고를 읊는 사회시 계열에 속하는 작품들도 상당수 지었다.22) 〈전가잡영(田家雜詠)〉과 〈소동파의 해주석실(海洲石室) 시

---

21) 《아계유고》 권2, 기성록 〈기성록 서문〉(跋).
22) 《아계유고》 권5에 실린 소차(疏箚)를 보면 아계의 현실인식이 상당히 날카로웠다고 판단되며, 그러한 정신이 일련의 사회시 계열에 반영되었다고 볼 수 있다. 곧, 아계는 세 편의 〈진폐차(陳弊箚)〉에서 백성들의 참상을 보고하고 시국에 대한 근심을 토로하며 그 구제책을 구체적으로 제시했다. 특히 지방에 관속이 너무 많고 긴요치 않은 사신의 행차가 많아 민폐를 초래하고 있다고 지적한 점, 호남과 호서의 대나무를 이용하여 화전(火箭)을 만들

에 차운한다(次東坡海州石室韻)〉는 그 대표적인 예이다. 이밖에 궁사(宮詞), 영사시(詠史詩), 영물시(詠物詩) 등 각 체의 시에 모두 능했다.

한편 평해에서 돌아온 뒤, 아직 조정에 들지 않았을 때 지은 시들은 증별시(贈別詩), 화차운(和次韻), 만사(挽詞), 제화시(題畵詩), 전원한거시(田園閑居詩)가 대부분이다.

아계 시에 대해서는 남용익이 《호곡시화》에서 〈즉사(卽事)〉 시23)를 예찬하고, 신위가 〈동인논시절구(東人論詩絶句)〉에서 역시 이 시에 주목한 뒤로, 이 시는 아계의 대표시로 운위되었다. 〈즉사〉는 다음과 같다.

저물녘 조수 막 불어 모래톱 삼키는데	晚潮初長沒汀洲
섬들은 아득하고 안개 걷히지 않았어라.	島嶼微茫霧未收
소낙비 배에 가득하여 돌아가는 노 급한데	白雨滿船歸棹急
서너 마을의 닫힌 사립엔 가을 콩 꽃 피었네.	數村門掩豆花秋

남용익은 다음과 같이 논평했다. "아계의 시는 아름답고 부드러운[軟媚] 점이 특장(特長)인데 혹자는 이를 두고 죽은 양귀비가 꽃 아래 누워 있는 것 같다고 혹평하지만, '소낙비 배에 가득하여 돌아가는 노 급한데, 서너 마을 닫힌 사립엔 가을 콩 꽃 피었네'라는 구절은 실로 그림 속에 시가 있는 것이다." 신위도 〈동인논시절구〉에서 이 시를 들어 연미(軟媚)함을 추구한 것이라 평가하고 있다.

소낙비를 뜻하는 백우(白雨)는 이백과 두보의 시에서 전례를 찾아볼 수 있는데, 그것이 콩 꽃[豆花]과 어우러져 섬세한 미감을 자아낸다. 그

자고 건의한 점, 호서와 해서의 척로(斥鹵)한 땅에 소금가마를 설치하고 유리걸식하는 백성들을 이주시켜 둔전을 개간하자고 주장한 점, 왜군은 육전에 강하고 아군은 수전에 능하므로 수군을 중점 육성하자고 건의한 점 등은 대표적인 예이다.
23) 《아계유고》 권4, 후집 구포록 〈즉사〉.

때문에 신위가 이 시를 '연미'하다고 논평한 것은 아닌지 모르겠다. 《형초세시기(荊楚歲時記)》에 보면 8월에 오는 비를 두화우(豆花雨)라 한다고 했다. 아계는 중국의 용례를 이용하면서도 우리나라 가을 풍경을 사실적으로 그려내는 데 성공했다.

4. 아계 시의 깊이와 높이

아계는 시의 여러 체에 모두 능했다. 〈기행(紀行)〉은 죄를 짓고 영해에 유배되어 차츰 안정되기까지의 과정을 144구의 오언장편고시로 서술했다. 아계는 이렇게 장편을 짓는가 하면, 다른 한편으로 〈즉사〉류의 단형 신체시도 지었다.

한시에는 개인의 정감이나 생각을 표출한 영회시(詠懷詩), 역사를 노래한 영사시(詠史詩),24) 사물을 노래한 영물시(詠物詩), 산수자연을 노래한 산수시(山水詩), 사회의 문제를 다룬 사회시(社會詩),25) 풍속을 기록한 시(紀俗詩),26) 옛 시의 풍격이나 주제를 모방하여 짓는 의고시(擬古詩), 친구나 고인을 그리워하여 그 사람의 덕과 일생을 기리는 회인시(懷人詩), 남의 죽음을 슬퍼하는 애도시(哀悼詩),27) 가공의 인물이나 사물에 빗대어서 생각과 감정을 우의적으로 전달하는 우언시(寓言詩), 철학적 이치를 전하는 철리시(哲理詩),28) 그림의 뜻을 풀이하거나 감

---

24) 역사를 서사적으로 서술한 사시(史詩)와 역사를 논평한 논사시(論史詩) 및 협의의 영사시(詠史詩), 역사의 추이에 대하여 무상감을 표출하는 회고시(懷古詩) 등이 포함된다.

25) 협의의 사회시와 당시의 시사를 기록하고 감상을 적은 기사시(紀事詩)가 포함된다.

26) 협의의 기속시와 풍물시(風物詩)가 여기에 포함된다.

27) 상여가 나갈 때 만장에 쓰는 만시(輓詩)도 여기에 포함된다.

28) 유교적 도리의 수련 과정을 노래한 도학시(道學詩), 선적인 깨달음의 과정이나 깨달음 이후의 풍광을 노래한 선시(禪詩), 도가적인 사유나 상상력을 표현한 도가풍시(道家風詩)가 포함된다.

상을 적은 제화시(題畵詩), 서적을 읽고 난 뒤의 독후감을 시로 적는
독후시(讀後詩), 사물이나 시사를 보고 느낀 즉흥적인 감동이나 상념을
표현하는 관감시(觀感詩, 즉 觸物觀感詩), 가족이나 친구, 지인과 서신을
겸하여 주고 받는 증답시(贈答詩), 궁중의 여인을 소재로 삼아 그 애환
을 노래한 궁사(宮詞), 내면적인 창작욕구 없이 소일거리로 뱉는 음풍
농월시(吟風弄月詩), 조정의 문서나 서적을 담당하는 문인들이 여가에
짓거나 군주의 명령으로 짓는 관각수창시(館閣酬唱詩) 등이 있다.

아계가 증답시, 음풍농월시, 관각수창시에 뛰어났다는 것은 그 자신
의 언급이나 다른 사람들이 그를 관각문인으로 지적한 평어로부터 짐
작할 수 있다. 그 밖에 아계는 영회시, 협의의 영사시, 영물시, 산수시,
사회시, 기사시, 의고시, 회인시, 애도시, 관감시, 궁사 등의 범주에서
도 주목할 만한 시들을 많이 남겼다.

그런데 아계는 시로써 자기의 고독을 내면화하고 그 의미를 곱씹어
서 자율적 주체의 존재양상을 탐구하였으며, 주변 세계에 대해 객관적
인식을 드러내기도 했다. 이와 관련하여 몇 가지 양상을 살펴보기로
한다.

(1) 분운(分韻)을 이용한 삶의 반추

아계는 소그룹의 주연(酒宴)에서 유희의 한 가지 방식이었던 분운
(分韻)을 혼자서 행하면서 자신의 고독한 상황을 되돌아보고 삶의 의
미를 되물었다. 곧, 〈'금춘간우과 하일시귀년(今春看又過何日是歸年)'을
운으로 고시 10수를 짓다(以今春看又過 何日是歸年爲韻 作古詩十首)〉는 제
목의 연작시가 그것이다.29) 이 연작시는 두보가 지은 〈절구(絶句)〉라
는 제목의 두 수 가운데 첫째 수에서 전구(轉句)와 결구(結句)를 골라,

그 각 글자의 운목(韻目)에 속하는 글자를 운자(韻字)로 삼아, 모두 10
수를 지은 것이다. 두보의 〈절구〉는 본래 인간 생명이 추이(推移)해 가
는 것에 대한 슬픔을 토로하였다.30) 각 글자의 운목은 이러하다.

今[평성 侵운], 春[평성 眞운], 看[평성 寒운], 又[거성 宥운], 過[거서 過운], 何[평
성 歌운], 日[입성 質운], 是[상성 紙운], 歸[평성 微운], 年[평성 先운]

과(過)는 평성 과(戈)운과 거성 과(過)운의 두 음이 있다. 여기서는
다음의 하(何)자가 평성 가(歌)운이므로, 평성운의 중복을 피해 과(過)
를 거성의 글자로 읽었다.

아계의 연작시는 다음과 같다.

부생은 한바탕 꿈속에 바쁘고	浮生一夢忙
세연은 천겁에 걸쳐 침노한다만,	世緣千劫侵
달사는 물외에 한가로이 거닐고	達士貴放曠
지인은 본래 무심의 경계에 노니는 법.	至人本無心
어찌하면 배에 돛을 달고 가서	何當掛帆去
단번에 봉래산을 올라가랴.	一陟蓬萊岑

---

29) 《아계유고》 권2, 기성록 〈'금춘간우과 하일시귀년'을 운으로 고시 10수를 짓다(以今春看
又過 何日是歸年爲韻 作古詩十首)〉.
30) "강물 파랗고 새 더욱 흰데, 산 푸르고 꽃은 타는 듯하네. 이 봄도 목전에 또 지나려는데,
어느 날이 돌아갈 해인가(江碧鳥逾白, 山靑花欲然. 今春看又過, 何日是歸年)." 일본의 중국학
자 요시카와 고지로(吉川幸次郞)는 이 시에서, "나의 생명마저 끌어넣으면서 추이해 가는
세계의 추이, 그것을 조금만이라도 붙잡아 머물러두려는 의욕, 그것은 풍경에 대한 응시
로 되어 나타났다"고 하였다. 질서와 조화의 원천이자 그 전형인 자연과, 자연의 선민(選
民)으로서의 지위를 부여받았으면서도 툭하면 질서와 조화를 잃어버리기 쉬운 인간, 그
둘의 격리에서 오는 슬픔이 이 시에 담겨 있다는 것이다. 이에 대해서는 요시카와 고지로
외 지음, 심경호 옮김, 《당시읽기》(창작과비평사, 1998)와 심경호, 《한시의 세계》(문학동
네, 2006) 참조.

푸른 물결과 흰 갈매기 떼	滄波與白鳥
고금에 관계없이 언제나 한가로운 그곳.	無古亦無今
동군이 은택을 널리 펴니	東君布惠澤
대지에 따사로운 봄이 돌아와,	大地迴陽春
만물이 저마다 생명을 펴서	品物各敷榮
흔흔하게 생기가 새롭다만,	欣欣生意新
지금 난 홀로 무엇 때문에	今我獨何爲
창해 가에서 슬픈 노래 부르는가.	哀歌滄海濱
타고난 운명이 본디 이러한 것을	賦命固如此
순응하여 내 본성을 지키리라.	順受安吾眞
셋집이 한길 가에 위지하여	僑居臨大道
서쪽으로 주령 관문에 닿았기에,	西連珠嶺關
남쪽 백성들 생선과 소금 사 가려고	南氓重魚鹽
마소의 행렬 빈번히 오간다만,	馬牛頻往還
대지팡이 짚고 문을 나서서	出門曳節竹
날마다 장안을 바라보노니	日日望長安
행인들이 어찌 심중을 알리요	行人豈識抱
그저 시골 늙은이로 여길 뿐.	只作野翁看
인생은 아침 이슬 같아	人生如朝露
젊은 시절은 다시 오기 어렵기에,	盛年難可又
취향에나 들고 싶다만	我欲入醉鄕
하늘이 술을 경계함을 어이할 것이며,	柰此天戒酒

미친 듯 광태를 지어보고 싶다만	我欲學倡狂
졸렬한 품성을 하늘이 준 것을.	蹇拙天所賦
차라리 맹교와 가의처럼	寧甘孟與賈
일생의 빈한한 삶을 달게 견디리.	一生耐寒瘦
비 온 뒤 풀이 무성하게 우거지고	雨後草芊綿
바람 앞에 꽃잎은 낭자하게 날리는데,	風前花狼藉
흰 해는 느릿느릿 고요히 떠가고	白日靜遲遲
검은 제비는 오르락내리락 난다.	紫燕飛上下
인적이 끊긴 문엔 거미줄이 걸렸고	門閑掛蛛網
적막한 거리엔 거마의 자취 끊겼으니,	巷寂無車馬
때로 백암사 중이	時有白巖僧
산채를 가지고 멀리 와서 들를 뿐.	山菜遠來過
동풍은 쉬지 않고 불어대고	東風吹不休
산의 비는 간밤에 어떠했던가.	山雨夜如何
들길은 진흙이 번들번들	野逕泥滑滑
앞 시내는 물이 콸콸.	前溪流水多
늙은 농부 서로 외쳐 불러	田翁相招呼
꼭두새벽 밥 먹고 양지 언덕으로 향하네.	蓐食向陽坡
밭갈이 파종은 때맞춰 해야지	耕種須及時
관가의 세금 독촉이 하도 심하니.	官門苦催科
다닐 땐 갈매기랑 친근하고	行隨鷗鳥親
앉아선 시골 늙은이와 친밀하며,	坐與村翁密

시내 물고기 신선하여 삶을 만하고　　　　　溪魚鮮可烹

산고사리 부드러워 따기 좋다만,　　　　　　山蕨嫩可擷

불현듯이 일어나는 고향 생각에　　　　　　忽起故園思

망연자실 마음이 허전하기에,　　　　　　　倘怳心如失

문을 닫고 방 안에 들어박혀서　　　　　　歸來閉一室

말없이 하루해를 그렇게 보내노라.　　　　　不語便終日

구름 산은 바라봐도 끝없으니　　　　　　　雲山望不極

고향 땅이 어느 곳이런가.　　　　　　　　故園何處是

떠나온 지 십여 년　　　　　　　　　　　別來十載餘

소식은 아득히 부치기 어려워라.　　　　　　消息杳難寄

왜적이 나날이 날뛰고　　　　　　　　　　寇盜日憑陵

전쟁은 쉴 때가 없고나.　　　　　　　　　干戈無時已

하늘은 아득하여 믿기가 어려우니　　　　　彼蒼莽難憑

살아 돌아가길 기대할 수 있으랴.　　　　　生還倘可冀

세도는 날로 쇠퇴하고　　　　　　　　　　世道日衰替

위태한 세상길 시비가 많아라.　　　　　　危途多是非

티끌 세상에 오래 나그네 되니　　　　　　塵生久客橐

무명옷 낡아 솔기가 터졌고,　　　　　　　縫拆弊綿衣

백발 빗으매 도리어 짧아지고　　　　　　白髮梳還短

낙화는 떨어졌다간 흩날리네.　　　　　　殘花落更飛

좋은 시절에는 곱절 슬프니　　　　　　　佳辰倍惆悵

가는 봄을 원망하지 말자.　　　　　　　不必怨春歸

내 나이 아직 쉰이 못 되었건만	我生未半百
우환이 중년에 모여들어	憂患萃中年
치아는 갈수록 흔들려 빠지고	齒牙日搖落
쇠한 머리털은 벌써 휑하니	衰鬢早颯然
조만간 이 목숨 다하여	常恐朝夕盡
해골을 까마귀와 매에 맡기지 않을까.	骸骨托烏鳶
산야에 버려진다고 말하지 말자	棄捐勿復道
살고 죽음이야 하늘에 맡기리라.	生死當任天

아계는 물외에 한가로이 노니는 달사이자 무심의 경계에 노니는 지인의 이상을 꿈꾸었다(제1수). 하지만 동풍의 은택을 입지 못한 채(제2수), 유배지에서는 속내를 알아주는 이 하나 없이 고독하게 지낼 뿐이다(제3수). 그래서 취향에 들고 광태를 지어보고 싶지만 그것도 여의치 않기에 중당의 시인 맹교(孟郊)와 가도(賈島)처럼 가난을 운명으로 여기고 지내겠다고 생각해본다(제4수).[31] 인적이 끊긴 문과 적막한 거리에 거처하면서 백암사 중과 왕래할 뿐이어서, 어쩌면 소순기(蔬筍氣)가 배었는지도 모른다(제5수). 비온 뒤 농부들이 씨뿌리고 밭가느라 부산한 모습을 보면서 일종의 안도감을 느끼기에(제6수), 그들과 어울리면서 슬픔을 잊어보지만 갑자기 이는 망향의 마음을 걷잡을 수가 없다(제7수). 왜적이 나날이 날뛰어 전쟁이 그치지 않았기에 살아 돌아가길 기대하기 어렵고(제8수), 세도가 날로 쇠퇴하고 위태한 세상길에 시시비비가 분분한 것도 켕긴다(제9수). 이제 인생의 대한(大限, 죽

---

31) 한국고전번역원 국역본은 가(賈)를 전한(前漢) 문제(文帝) 때의 문신 가의(賈誼)로 보았으나, 잘못이다. 맹교와 가도의 시에 대해 송나라 때 소식(蘇軾)은 '교한도수(郊寒島瘦)'라 하였다.

음)이 가깝다는 것을 생각하면서, 산야에 버려짐을 서글퍼하지 말고
천명에 순응하는 삶을 살겠노라고 다짐한 것이다(제10수).

(2) 의고(擬古)와 영물(詠物)을 통한 우의(寓意)

아계는 의고시에서 자기 자신의 뜻을 선명하게 드러냈다.[32] 또한
아계는 경물이나 사물을 묘사하면서 그 속에 자기 자신을 짙게 투영
했다. 아계는 특히 영물시에 뛰어났다. 영물시란 조수초목이나 무생물
의 사물들, 생활 주변의 사물들을 소재로 삼아 시인의 사상과 감정을
그 소재에 가탁하여 이미지를 만들어내는 시를 말한다. 아계는 영물시
에서 고정관념을 거부하기보다는 고정관념을 적극적으로 사용하였다.
하지만 그 관념에 매몰되지 않고 대상 그 자체의 아름다움을 자신의
눈으로 발견하고, 자신의 심성을 물(物)에 투사하였다. 구체적인 체험
속에서 물(物)과의 관계를 끊임없이 새롭게 인식하고자 고심하는 한
편, 새로운 소재를 발굴함으로써 소재를 넓혀 나갔다. 그리하여 자신
의 인생관과 가치관, 미의식을 물(物)에 내재해 있는 세계와 접목하여
구체적으로 표출했으며, 일반적인 제재의 틀에 얽매이지 않고 독자적
인 영물의 세계를 확충할 수 있었다. 참신하고 독자적인 물(物)의 발견
과 이를 시적으로 재구축하는 과정을 통해서 대응되는 시인의 자아를
추적해 볼 때, 영물시 속의 물(物)은 곧 내면의 반영이요 상징이자 그
가 추구하는 이상세계로 향하는 통로였다.

이를테면 아계는 소동파가 그러했듯이 해당화를 거듭 노래했다.
《기성록》권1에 〈해당화(海棠)〉시가 2제 3편이 수록되어 있다. 먼저

---

32) 《아계유고》권1, 기성록 〈의고(擬古)〉 4수.

오언장편을 보면 다음과 같다.

흥에 겨워 피로도 잊고	乘興身忘倦
꽃 찾아 가는 길 멀지 않구나.	貪花路不賒
은모래 위에 울리는 옥자갈 소리	銀沙鳴玉礫
비단 무늬인 양 찬란한 구름 놀.	文錦爛雲霞
그림자는 잠든 갈매기를 누르고	影壓鷗眠熟
향기는 말발굽 따라 흩날리네.	香飄馬足過
누가 말했던가 남악의 이 늙은이가	誰言南岳老
흰 머리로 번화함을 실컷 맛본다고.	白首厭紛華
선녀는 구름 장막을 열고	仙女開雲幄
가인은 옥침상에 잠들었네.	佳人睡玉床
미태는 그야말로 국색이요	韶華眞國色
부귀는 모란에 못지않구나.	富貴逼花王
저만큼 지나 자꾸 고개 돌려	過後頻回首
너를 보면 간장이 끊어지네.	看時暗斷腸
생각하노니 백학을 타고	還思騎白鶴
길이 이곳에서 비상하고 싶어라.	長向此間翔

소동파의 〈해당화〉 칠언절구는 '석춘(惜春)'을 주제로 삼았다.33) 하지만 아계는 해당화 핀 곳을 선경(仙境)으로 설정해서 현실초극의 꿈을 가탁했다.

해당화라고 하면, 당나라 현종이 침향정에서 양귀비를 찾았을 때,

33) 《소식시집(蘇軾詩集)》 권22, 〈해당(海棠)〉. "東風嫋嫋泛崇光, 香霧霏霏月轉廊. 只恐夜深花睡去, 更燒高燭照紅粧."

취기에서 깨어나지 못하는 모습을 보고는 "어찌 양귀비가 취한 것이
랴? 진짜 해당화는 아무리 잠을 자도 충분치 않을 따름이다"라고 말했
다는 고사가 유명하다. 《태진외전(太眞外傳)》에 나오며, 해당화는 곧
여색(女色)을 상징하는 것으로서 화려한 이미지를 갖는다. 아계는 그
이미지를 계승하면서도 여인을 선계의 인간으로 환치시켰다.

한편 아계의 〈해당화〉 오언율시 2수 연작을 보면 이러하다.

들쭉날쭉 모랫가 나무	參差沙際樹
보일락 말락 길가의 가지.	隱映路傍枝
가는 비는 붉은 연지를 적시고	細雨臙脂濕
산들바람에 비단장막이 열린다.	微風錦幕披
향기 감싸서 소맷자락 무겁고	香籠人袂重
붉은 꽃잎이 쳐대이 밀빌굽 더디다.	紅撲馬蹄遲
문득 생각노니 집을 옮겨서	便欲移家去
꽃 사이에 작은 띠집 짓고 싶어라.	花間結小茨
푸른 물은 거울처럼 밝고	綠水明如鏡
고른 모래는 은같이 희구나.	平沙白似銀
천 떨기 구름비단 난만하고	千叢雲錦爛
십 리에 기이한 향내 나누나.	十里異香聞
황연히 별천지에 들어선 듯	怳入壺中境
문득 그림 속 사람이 되었도다.	翻爲畫裏人
가련쿠나 세간 사람들은	堪憐世間客
미인의 치마에만 취할 줄 알다니.	徒解醉紅裙

이 시에서도 아계는 해당화를 미인으로 비유하고 있지만, 해당화–미인이 존재하는 곳을 별천지요 그림으로 상정하여, 세속을 떠난 별스런 광경으로 설정하였다.

이 점은 오히려 소동파의 〈정혜원 동쪽에 더부살이하면서 잡화가 산에 가득한 때 해당 한 그루가 있거늘 토박이들은 귀한 줄 모른다(寓居定惠院之東 雜花滿山 有海棠一株 土人不知貴也)〉의 시상과 통하는 면이 있기는 하다. 하지만 소동파는 이 장편의 시에서 여전히 해당화를 유락한 자신과 동일시하고 가는 봄을 아쉬워하는 감정을 드러냈으므로, 아계가 해당화를 바라보는 시선과는 다르다.

한편 아계는 매화와 모란 등 화초에 깊은 관심을 보였다. 시 〈백암사 모란(白巖牧丹)〉은 이러하다.

고요한 백암사에 핀 몇 떨기 꽃	白巖蘭若數叢花
한랑의 눈 속에 피었던 그 꽃인가.	疑是韓郎雪裏葩
선인은 오지 않고 진령은 저물어	仙子不來秦嶺暮
장강에서 고개 돌려보니 눈물만 비끼누나.	瘴江回首涕橫斜[34]

한랑 운운한 것은 당나라 시인 한유(韓愈)의 고사에 나온다. 한유는 질손(姪孫)인 한상(韓湘)에게 학업을 권하였으나, 한상은 "준순주를 만들 줄도 알거니와, 경각화도 피울 수가 있답니다(解造逡巡酒, 能開頃刻花)"라는 시구를 지어서 보여주었다. 한유가 "네가 조화의 공력을 빼앗아 꽃이 피게 할 수 있단 말이냐?" 하자, 한상은 흙을 쌓아 놓은 다음 동이로 덮어놓았다가 잠시 후 동이를 치웠다. 그러자 푸른 모란 두 떨

---

34) 《아계유고》 권2, 기성록 〈백암사 모란(白巖牧丹)〉.

기가 피어 있었는데 그 잎에 작은 금자(金字)로 "구름은 진령(秦嶺)에
비껴 있는데 집은 어드멘가. 눈이 남관(藍關)을 둘러 말이 가지 못하누
나"라 적혀 있었다. 그 뒤 한유가 좌천되어 조주(潮州)로 가다가 남관
에 이르러 눈을 만나고서 그 뜻을 깨달았다. 이때 한유는 멀리 찾아온
한상을 위해 〈좌천지남관시질손상(左遷至藍關示姪孫湘)〉 시를 주어, "구
름은 진령에 비껴 있는데 집은 어드메뇨. 눈이 남관을 둘러 말이 가지
못하누나"라 읊은 다음 "네가 멀리서 온 것은 뜻한 바 있어서임을 아
노니, 장강(瘴江) 가에서 나의 유골을 거두어 주게"라 하였다고 한다.
이는 《당재자전(唐才子傳)》에 나온다.

선자(仙子)는 석만경(石曼卿, 즉 石延年)의 고사를 말한 듯하다. 석만
경이 해주(海州) 통판으로 있을 때 산령이 험준해서 꽃이 피지 않자,
사람들을 시켜 진흙에 복숭아 씨를 싸가지고 탄자(彈子)를 만들어 쏘
아댔더니 1~2년 사이에 온 산이 복숭아꽃으로 뒤덮였다고 한다. 석만
경은 죽어서 신선이 되어 부용성(芙蓉城)의 성주가 되었다고 전한다.

(3) 불우한 심사를 직접 토로한 서정(抒情)의 방식

아계는 불우한 심사와 불평의 심기를 직접적으로 토로한 시들도 많
이 남겼다. 〈통곡(痛哭)〉이나 〈자송(自訟)〉, 〈자도(自悼)〉 등은 그 두드
러진 예이다.[35] 〈자도〉를 보면 다음과 같다.

천애에 유락하여 실컷 신고를 겪었으니   天涯流落飽酸辛
남방의 독기 품은 비와 비린 바람은 사람을 괴롭히네.   瘴雨腥風不貸人

---

[35] 《아계유고》 권1, 기성록 〈통곡(痛哭)〉 ; 권1, 기성록 〈자송(自訟)〉 ; 권2, 기성록 〈스스로
애도하다(自悼)〉.

| 세간 어느 곳에 발을 붙일 수 있으랴 | 何處世間堪着足 |
| 창해의 궁한 물고기 신세가 스스로 불쌍하다. | 自憐滄海一窮鱗 |

〈소동파의 해주석실(海州石室) 시에 차운하다〉36)는 소동파가 자신과 동년인 회남전운사(淮南轉運使) 채승희(蔡承禧)에게 차운한 시인 〈채경번의 해주석실 시에 차운하다(和蔡景繁海州石室)〉37)에 다시 차운한 시다. 후대의 증국번(曾国藩)은 이 시의 "倚天照海花無数"라는 구를 가장 사랑했다. 아계의 시는 다음과 같다.

어지러운 산자락 모여드는 이곳 황보촌	亂山合沓黃保村
돌밭 모래 언덕 사이로 갈래진 비탈길에	石田沙岸斜分路
해풍이 안개를 불어와 동남쪽이 어둑하니.	海風吹霧暗東南
열흘 걸쳐 하루 개고 아흐레 비가 오니	十日一晴九日雨
냇가 벌판 십 리에 사람 그림자 뵈질 않고	川原十里不見人
우거진 숲엔 아름드리 고목이 무수하다.	叢林古木圍無數
이곳에 와서 곽생 집에 우거하나니	我來僑寓郭生家
만 가닥 대숲 속에 작은 집 한 채.	萬竹陰中開小宇
청명이라 한식날 지전이 날고	清明寒食紙錢飛
시골 영감 할멈들은 성묘길 오른다만	野叟村婆皆上墓

36) 《아계유고(遺稿)》 권1, 기성록 〈소동파의 해주석실 시에 차운하다(次東坡海州石室韻)〉.
37) 《소식시집(蘇軾詩集)》 권22, 〈채경번의 해주석실 시에 차운하다(和蔡景繁海州石室)〉. "東風嫋嫋泛崇光, 香霧霏霏月轉廊. 只恐夜深花睡去, 更燒高燭照紅粧." "芙蓉仙人舊游處, 蒼藤翠壁初無路. 戲將桃核裹黃泥, 石間散擲如風雨. 坐令空山出錦繡, 倚天照海花無數. 花間石室可容車, 流蘇寶蓋窺靈宇. 何年霹靂起神物, 玉棺飛出王喬墓. 當時醉臥動千日, 至今石縫餘糟醑. 仙人一去五十年, 花老室空誰作主. 手植數松今偃蓋, 蒼鱗白甲低瓊戶. 我來取酒酹先生, 後車仍載胡琴女. 一聲冰鐵散巖谷, 海popup瀾翻松爲舞. 爾來心賞復何人, 持節中郎醉無伍. 獨臨斷岸撫出日, 紅波碧鱠相呑吐. 徑尋我語覓餘聲, 拄杖彭鏗叩銅鼓. 長篇小字遠相寄, 一唱三歎神凄楚. 江風海雨入牙頰, 似聽石室胡琴語. 我今老病不出門, 海山巖洞知何許. 門外桃花自開落, 牀頭酒甕生塵土. 前年開閣放柳枝, 今年洗心參佛祖. 夢中舊事時一笑, 坐覺俯仰成今古. 願君不用刻此詩, 東海桑田眞旦暮."

천애 벽지라 상로에 이 마음 서글퍼도	天涯霜露獨含情
선영에 술잔 올릴 길 정녕 없구나.	無路松楸奠濁醪
세상은 전란에 휩싸여 소식 드문데	干戈滿地消息稀
천리 먼 외지에서 성상을 연모하는 이 마음.	千里關河戀聖主
나그네 근심과 봄 시름이 마음을 어지럽혀	羈愁春恨共惱人
한낮에도 적적하게 사립을 닫고 있네.	白日寥寥長閉戶
이 몸이야 세상을 지나는 나그네건만	此身於世已蘧蒢
초췌한 몰골 정녕코 버림받은 여인 같구려.	憔悴眞同見棄女
여생일랑 백구와 벗하리라 다짐했거니	生涯已許伴鷗眠
닭 울음 듣고 춤춘 장한 뜻이 부끄러워라.	壯志長慙聽鷄舞
벼슬길에 마음 식어 해오라기와 어울리고	心灰雲路鷺鵁羣
적막한 산이 내 살 곳이라 사슴 떼를 벗하노라.	分甘空山麋鹿伍
갈대 순 돋아나고 고사리도 솟아오르고	蘆筍初生薇蕨抽
진달래는 반쯤 이울고 복사꽃이 피어나네.	杜鵑半謝桃花吐
좋은 시절 행락일랑 다시 바라지 않노니	佳辰行樂不復望
남산의 주악 소리 아스라이 회상하노라.	緬憶終南鬧歌鼓
창 앞에 외로이 앉아 《이소경》을 읽으며	窓前孤坐讀離騷
무릎 치며 읊는 소리 곱절이나 처량하다.	擊節聲音倍悽楚
때때로 고인의 시에 차운도 하니	時時把筆賡古人
종이 가득한 새 시에 미려한 글귀도 많구나.	滿紙新篇多綺語
원진[조정(趙鼎)]의 단심은 아직도 남았건만	元鎭丹心尙未泯
검남[육유]의 백발은 이 무슨 까닭인가.	劍南白髮緣何許
인생살이 가는 곳마다 내 집인 것을	人生隨處卽爲家
기성이 낙토가 아니라 말하지 말라.	莫道箕城非樂土
이제부터 밭도 사고 또 소도 사고	從今買田又買牛

돼지 사고 술 사와 신농씨께도 제사하여	豚酒壺漿祭田祖
곡구에서 농사짓던 일 따르고	擬追谷口事耕鋤
현산에서 슬퍼하던 일 본받지 않으리.	不學峴首空弔古
그러면 처자들이 주려 죽음 면하여	妻孥相幸免塡壑
미음과 죽이나마 그럭저럭 조석을 때우리라.	饘粥猶堪度朝暮

소동파는 "坐令空山出錦繡, 倚天照海花無數"라 하였으나, 아계는 "川原十里不見人, 叢林古木圍無數"라 하였다. 소동파보다 음산한 분위기를 그려낸 것이다. 그리고 가을이슬이 내리는 때를 당하여 돌아가신 부모님이 생각나서 간절한 마음을 토로했다. 《예기(禮記)》〈제의(祭義)〉에 "이슬과 서리가 내리면 군자가 이를 밟음에 반드시 서글픈 마음이 든다" 하여, 가을이 되면 돌아간 부모를 생각하고 제사를 지내는 의미를 말한 바 있다. 지난날을 생각하면 마치 진(晉)나라 조적(祖逖)이 한밤중에 닭 울음소리가 들리자 일어나 유곤(劉琨)을 발로 차서 깨우고 춤을 추면서 "천하가 들끓어 호걸들이 다투어 일어나게 되면 나와 그대는 중원으로 가야 할 것이다"라고 했던 것과 같이 호기를 부렸다. 조적은 석륵(石勒)의 난을 평정하려고 양자강을 건너다가 강 한가운데서 "조적이 중원을 평정하지 못하고 다시 강을 건널 때는 이 강에 몸을 던지리라" 하였건만, 아계는 자신의 초라한 행색을 생각하여 서글픔을 느꼈던 것이다.

아계는 자신이 비록 송나라 충신 조정(趙鼎)과 같은 단심을 아직 지니고 있지만 육유(陸游)처럼 백발만 성성하여 국가위난에 달려갈 수 없는 처지가 되고 말았다고 자조했다.

시 원문의 원진(元鎭)은 조정의 자(字)이다. 조정은 책문(策文)을 지어 장돈(章惇)의 실정을 비판했다. 또 송나라가 남천(南遷)한 뒤로는 국가 부흥을 위해 힘쓰다가 간신 진회(秦檜)와 뜻이 맞지 않자 사직소를 올려, "흰 머리 늙은 몸이 어디로 가겠습니까. 여생이 얼마 남지 않았음이 서글픕니다. 단심은 아직도 남았으니, 아홉 번 죽더라도 변치 않으리라 맹서합니다"라고 하였다. 그 일로 귀양을 가게 되자 음식을 먹지 않고 자결했다. 한편 시 원문의 검남(劍南)은 육유의 호이다.

아계는 서한 말에 정자진(鄭子眞)이 곡구(谷口)에서 농사지으면서 한적한 삶을 살았던 것을 본받고, 진(晉)나라 양호(羊祜)가 현산(峴山)에 올라 우주의 무한성에 대비되는 인간의 유한성에 비감한 느낌이 들어 눈물을 흘렸듯이 하지는 않겠다고 다짐했다.

(4) 가족의 죽음을 애도하고 인간 삶의 공허함을 사색한 시

아계는 가족의 죽음을 애도하는 시를 많이 남겼다. 딸의 죽음, 며느리의 죽음, 아들의 죽음을 겪으면서 인간 삶의 공허함을 곱씹었다.

〈딸의 죽음을 곡함(哭女)〉에는 그의 애절한 심사가 여과 없이 드러나 있다.38)

협중에 초빈해 둔 채 무덤도 못 쓰다니	峽中孤殯未成墳
지난해 네가 죽은 것을 올해야 들었구나.	去歲存亡此歲聞
날마다 산에 올라 북녘을 길이 바라보나니	日日登山長北望
하늘가에서 혹여 넋이라도 오려나.	天涯倘有遠來魂
등잔 앞에 오열하며 눈물이 치마를 적시기에	燈前嗚咽淚沾裳

---

38) 《아계유고》 권1, 기성록 〈딸의 죽음을 곡함(哭女)〉.

밥이나 더 들고 상심 말라 달랬었지.	說與加餐莫浪傷
그 이별이 영결일 줄 어이 알았으랴	誰料翻爲死生訣
바삐 떠나온 것이 지금 몹시 한스럽다.	只今長恨拂衣忙

〈며느리의 죽음을 곡함(哭婦)〉은 다른 시인에게서는 흔히 볼 수 없는 시이다.39)

낡은 옷으로 시신 싸고 지전을 태워 묻어	破衣裹屍紙灰墳
타향의 빈산에 초빈해 둔 지 어언 한 해.	旅殯空山已隔年
외로운 넋은 아직도 이승을 헤맬 터이기에	應有孤魂歸未得
봄 들어 장독 낀 냇가에서 길게 곡하노라.	春來長哭瘴溪邊

구름 낀 산은 무수하고 바다는 하늘에 닿은 곳	雲山無數海連天
산 넘고 물 건너 동쪽으로 옴은 무엇 때문이더냐.	跋涉東來爲底緣
타향에서 죽은 너나 산 나나 모두가 나그네	生死他鄕俱是客
이 시아비는 지금도 돌아갈 기약 없단다.	舅今未有定歸年

둘째 아들이 14세의 어린 나이로 죽었을 때는 58구의 장편 오언고시 〈아들을 곡하다(哭子)〉와 칠언율시 〈아들의 초빈(草殯)에 곡하다(哭兒子草殯)〉를 지어 통곡했다.40)

---

39) 《아계유고》 권1, 기성록 〈며느리의 죽음을 곡함(哭婦)〉.
40) 《아계유고》 권2, 기성록 〈아들을 곡하다(哭子)〉 ; 〈아들의 초빈(草殯)에 곡하다(哭兒子草殯)〉.

(5) 사건 보고와 현실 고발의 시를 통한 현실 참여

한시는 역사사실을 소재로 택할 뿐 아니라 당대의 중요 사건도 소재로 삼아 왔다. 왜적의 침략에 대한 투쟁을 주제로 한 시나, 당쟁·정변에 얽힌 사건들을 소재로 한 시뿐만 아니라, 권력자의 탐학, 삼정의 문란, 인민의 고통을 고발한 시들도 넓게는 이 부류에 속한다. 그런데 한시는 당대의 사건을 직접 소재로 삼을 수도 있지만 그 사건으로부터 배태된 사회현실의 작은 단면을 시화함으로써 간접적으로 그 사건을 환기시킬 수도 있다. 아계의 〈문 밖에 구걸하는 자가 왔는데 풀피리를 잘 불어 그 소리가 아주 구슬펐다. 물어보니 병영의 악공이었는데 난리를 피해 도망했다고 한다(門外有行乞者 善吹草笛 其聲甚悽楚 問之 乃兵營樂生之逃亂者也)〉는 제목의 칠언율시는 후자의 예이다.[41]

지난날엔 장군 휘하 악대에서	元戎幕下舊梨園
초병 갈피리 절묘하게 불어	學得蘆茄妙絶群
서너 곡조로 바닷달을 하노리고	數調弄殘滄海月
한 가락 뽑아 울릉도 구름 쓸었다나.	一聲吹破蔚陵雲
중국 강남 장정은 돌아갈 기약 없고.	江南帝子無歸日
파촉 왕손은 애간장이 끊어지려 하네.	巴蜀王孫欲斷魂
전장에선 한가로이 곡을 불지 말아라	莫向沙場閑捻曲
군진에 임한 삼군을 흐느끼게 할까 두렵구나.	恐教臨陣泣三軍

---

41) 《아계유고》권2, 기성록 〈문 밖에 구걸하는 자가 왔는데 풀피리를 잘 불어 그 소리가 아주 구슬펐다. 물어보니 병영의 악공이었는데 난리를 피해 도망했다고 한다(門外有行乞者 善吹草笛 其聲甚悽楚 問之 乃兵營樂生之逃亂者也)〉.

시인의 눈앞에는 행색이 초라하면서 풀피리를 입에 문 탈주 군악병이 서 있다. 이 악공이 군악대서 갈피리를 불면 마치 계림 옥저(만파식적)같이 왜군을 다 쓸어낼 기세였으나, 이제는 군대의 사기를 떨어뜨릴 구슬픈 풀피리를 불고 있다고 대비하였다. 또한 중국 군사들이 어느 때나 고향에 돌아갈까 하면서 울컥하고 있는 모습을 그리면서, 실은 힘들고 지친 우리 군사들의 모습을 포개었다. 그러한 대비와 가탁을 통하여 임란의 참혹함을 효과적으로 형상화할 수 있었다.

아계는 길에 나뒹구는 시신을 두고 〈길가의 원통한 광경(路傍怨)〉이라는 시를 지었다. 악부풍의 시이다.[42]

세 사람이 길가에 죽어 있는데	三人死路傍
모두 유리걸식하던 자들이었지.	皆是流離子
하나는 까마귀 먹이 되어	一爲烏鳶食
길 가던 사람 차마 보지 못하고	過者不忍視
하나는 주린 백성이 살을 베어가	一爲飢民斫
앙상한 백골뿐 살점이라곤 없다.	白骨無餘肉
하나는 흉악한 도적의 머리라	一爲凶賊頭
싸서 관가에 보내면 벼슬은 따 놓은 당상.	函去睹黃甲
한 번 죽음이야 모두 원통하지만	一死等是冤
깊고 얕음은 오히려 차이가 있구나.	淺深猶有異
사람과 새는 먹고 살아 좋지만	人鳥尙可活
어찌하다 흉악한 도적이 되었는가.	何如作凶醜

---

42) 《아계유고》 권2, 기성록 〈길가의 원통한 광경(路傍怨)〉.

시신의 가치가 생전 그 사람의 가치에 비례한다는 사실을 말했다.
하지만 전장으로 길거리에 시신이 나뒹구는 참혹한 광경을 보고한 측
면도 있는 것이다.

〈장사(壯士)의 원통함(壯士怨)〉도 악부풍의 시로, 전쟁에서 공적을
세웠지만 상관의 모함 때문에 처형당한 장병을 애도한 내용이다.[43]

영남에 기이한 장사가 있었으니	嶺表有奇士
용맹이 모든 사내들 중 출중했네.	壯勇百夫特
어느 날 왜적이 침공해 왔는데도	一朝海寇來
편안하고 한가하게 태연자약하여	安閑猶自若
아내는 베틀을 내려오지 않고	荊釵不下機
노모는 침석에 그대로 있었네.	老母在床席
문을 나서서 손에 침을 뱉더니	出門但唾手
몸을 빼어 마음껏 적을 무찔렀으니,	挺身恣馳突
화살 하나로 우두머리를 죽이자	一箭射巨酋
부하들은 제각각 도망쳐 버렸지.	羣醜自奔逐
빼앗은 적의 재물은 관가로 보내고	公輸奪賊貨
목벤 적의 수급은 소매에 넣어두었다만,	袖有斬賊馘
고을 원이 본래 탐욕이 너무 많아	官長本無厭
재물로는 그의 욕심 채울 수 없었네.	所欲非貨足
이에 뜻하지 않게 노여움을 샀나니	居然逢彼怒
잡아오라는 명령이 어찌나 급하던지.	縛虎何太急
조정은 원래 장수를 중히 여겨야 하거늘	朝家重爪牙

---

43)《아계유고》권2, 기성록〈장사(壯士)의 원통함(壯士怨)〉.

어찌하여 가벼이 살육을 자행하는가.	胡爲輕弑戮
예로부터 이런 일 비일비재 많았으니	古來固如此
원통하게 죽은 이가 그대만은 아니네.	含冤非爾獨

　아계는 또한 기속시와 영회시들을 혼합하여 이루는 '잡영'을 통해서도 현실의 부조리를 고발하고 자신의 내면 정서를 토로했다. 〈남주잡영(南州雜詠)〉 4수와 〈야행잡영(夜行雜詠)〉 4수가 대표적인 예이다.[44]

진영들에선 군사 풀어 군포를 거둬들이고	列鎭縱軍收債布
장군은 술에 취해 기생 끼고 노는구나.	將軍沈醉擁佳兒
부상의 흉포한 기염이 하늘에 닿아 붉은데	扶桑凶焰連天赤
조정에선 이를 아는가 모르는가.	爲問朝廷知不知

임금은 소의간식(宵衣旰食) 앉아서 새벽 기다리시나	聖主宵衣坐待晨
변방의 정황을 알리려 해도 어쩔 수 없구나.	邊情欲達奈無因
남주의 장계는 어지러이 줄을 잇건만	南州奏牘紛相續
사설이 장황해서 도무지 진실이 아니로세.	辭說張皇摠不眞

왜적이 바닷가 점거하매 통곡하나니	痛哭豺狼據海漘
왕사는 삼 년 동안 어정거릴 뿐이라니.	王師三載老逡巡
조정에선 병력과 식량에만 유념할 뿐	朝家但解憂兵食
중흥이 사람 얻음에 달려 있음을 모르네.	不識中興在得人

---

44) 《아계유고》 권2, 기성록 〈남주잡영(南州雜詠)〉 4수 ; 《아계유고》 권4, 걸귀록(乞歸錄) 〈야행잡영(夜行雜詠)〉 4수.

노강 남쪽 전란의 피로 바닷가 파도가 거센데	瀘南戰血海波殷
옥 장막엔 기악과 가무로 밤이 이울지 않누나.	玉帳琴歌夜未闌
서호의 나그네 나귀 등에 탄 채로	獨有西湖驢背客
가을바람에 양 소매로 눈물을 훔치네.	秋風雙袖淚痕斑

이 '잡영'에는 우환의식(憂患意識)이 짙게 드러나 있다.

(6) 염정(艶情)과 원망(怨望)을 담은 궁사(宮詞)

아계는 〈궁사(宮詞)〉라는 제목으로 연작 4수를 남겼다. 자주(自註)에서 아계는, "어떤 시인이 지은 장신궁 사시사(長信宮四時詞)를 아이들이 외워 전하기에 이를 듣고 본떠서 지어 보았다(有一詩人作長信宮四時詞, 兒童傳誦之, 聞而效其體)"라고 했다.45)

옥 난간 구슬 발에 겹문은 닫혔고	玉欄珠箔鎖重門
지척의 소양궁엔 임금 은총 막혔도다.	咫尺昭陽隔主恩
임금 수레 오지 않고 봄은 또 저무나니	鳳輦不來春又暮
푸른 복숭아 붉은 살구 절로 황혼이로다.	碧桃紅杏自黃昏

석류꽃 갓 피고 장미 질 즈음	安榴初發落薔薇
모시옷 서늘하고 눈 같은 살갗 비치네.	白苧微涼透雪肌
잠 깬 뒤 꽃비녀는 엉클어진 채 놓아두고	睡起花鈿慵不整
누른 살구 주워서는 꾀꼬리를 때리네.	却將金杏打鶯兒

---

45) 《아계유고》 권1, 기성록 〈궁사(宮詞)〉.

상아 침상 은 대자리에 밤이 깊어가고	象床銀簟夜迢迢
깊은 궁전에 반딧불이 성글 무렵 적요한 시간 보내네.	深院疏螢度寂寥
등잔불 돋우고 시름겨워 베개에 의지하니	桃盡玉蟲愁倚枕
오경의 찬비가 파초 잎을 두드리네.	五更寒雨打芭蕉

옥 대야 살얼음에 분칠한 뺨 비추고	玉盆輕氷映粉腮
시녀 아이 언 손 불며 눈썹을 그리네.	侍兒呵手畫雙眉
얄밉게도 북쪽 섬돌 곁 때 이른 매화는	生憎北砌梅花早
봄빛이 유독 해 향한 가지에 깊구나.	春色偏深向日枝

〈궁사〉는 궁정 생활의 묘사를 소재로 하는 시로, 이백(李白)의 오언 악부시(五言樂府詩)인 〈궁정행락사(宮中行樂詞)〉 8수에서 비롯되어 중당 시인인 왕건(王建)을 시조로 한다. 궁체시의 대표적인 시제(詩題)를 궁 사 혹은 궁원(宮怨)이라고 하는 데서도 알 수 있듯이 궁사를 비롯한 궁 체시는 여성 정감을 바탕으로 고독과 외로움, 원망이 작품의 주조를 이룬다. 이 때문에 궁사를 염시(艶詩)의 하위 갈래로 분류하기도 한 다.46) 궁원이나 궁사라는 제목이 붙은 시들은 대개 동일하다.47)

---

46) 李熙穆, 〈白湖 林悌의 玉臺體詩에 대하여〉, 《釜山漢文學硏究》 第4輯(釜山漢文學會, 1989)은 《中國古代文學理論辭典》을 바탕으로 艶情詩를 玉臺體詩, 香奩詩, 艶詩, 宮體詩로 나누었다.

47) 宮怨은 李承召의 《三灘集》 권3에 〈宮怨, 用唐人詩韻〉, 崔淑精의 《逍遙齋集》 권1에 〈宮怨〉, 沈彦光의 《漁村集》 권5에 〈深宮怨〉, 鄭士龍의 《湖陰雜稿》 권5에 〈秋宮詞, 夢中作〉, 宋翼弼의 《龜峯集》 권1에 〈宮怨〉, 崔慶昌의 孤竹遺稿의 〈宮怨〉, 李睟光의 《芝峯集》 권2에 〈秋宮怨〉와 〈春宮怨〉, 申欽의 《象村集》 권19에 〈宮怨〉이 실려 있다. 궁사는 《東文選》 권20에 金良鏡과 白元恒의 〈宮詞〉가 각각 1편씩 실려 있고, 《동문선》 권22에도 成侃의 〈宮詞〉가 실려 있다. 문집에는 李穡의 《牧隱藁》 詩藁 권9에 〈鉛宮詞〉, 金九容의 《惕若齋學吟集》 권上에 〈宮詞〉, 徐居正의 《四佳集》 詩集 권4에 〈宮詞〉, 이승소의 《삼탄집》 권8에 〈擬宮詞〉, 成侃의 《眞逸遺藁》 권1에 〈宮詞四時〉, 金時習의 《梅月堂集》 권2에 〈宮詞 三絶〉, 成俔의 《虛白堂集》 〈風雅錄〉 권1에 〈宮詞 十首〉, 孫肇瑞의 《格齋集》 권2에 五言絶句인 〈魏宮詞〉 1편과 七言絶句인 〈宮詞〉 2편, 李希輔의 《安分堂詩集》 권2에 〈宮詞〉, 李山海의 《鵝溪遺稿》 권1에 〈宮詞〉, 李達의 《蓀谷詩集》 권6에 〈宮詞〉, 이수광의 《지봉집》 권2에 2편의 〈宮詞〉와 권13에 〈華淸宮詞〉, 許楚姬의 《蘭雪軒詩集》에 〈宮詞〉, 全湜의 《沙西集》 권1에 〈宮詞〉, 신흠의 《상촌집》 권18에 〈宮詞 二首〉와 권19

조선 전기의 작가들 가운데는 궁체시를 한 수 정도 남긴 이가 대부
분이고, 예외적으로 성현 10수, 허초희 20수, 허균 100수의 작품이 남
아 있다. 허균의 〈궁사〉는 100수의 연작으로서 선조 때의 치세를 그려
내고, 절서(節序)에 따른 궁중 풍속을 그려내었으며, 궁녀의 외로움을
추체험하여 시적으로 드러내기도 했다. 허균은 〈궁사〉에서 이고자금
(以古刺今)의 원리를 이용했다. 그런데 아계가 〈궁사〉의 주에서 밝힌
내용으로 보면, 당시에는 '궁중사시사'가 여항에서 노래로 불릴 정도
로 유행했음을 짐작할 수 있다. 아계는 〈궁사〉에서 '궁원'을 소재로 삼
되, 염풍(艶風)을 실었으며, 또 고신(孤臣)의 원망(怨望)을 가탁하기도
했다.

(7) 영사(詠史)를 이용한 현실정치 비판

아계는 영사시에도 뛰어났다. 즉, 예양(豫讓), 노중련(魯仲連), 가의
(賈誼), 장량(張良), 제갈량(諸葛亮), 사안(謝安), 한유(韓愈), 악비(岳飛),
문천상(文天祥), 육수부(陸秀夫) 등의 역사적 인물을 소재로 영사시를
지었다. 그가 소재로 삼은 것은 의지와 절의로 난국을 극복하려고 했
거나 문장과 사업으로 한 시대를 울렸던 인물들이다. 단, 사안만은 부
정적인 인물로 제기하였다.[48] 사실 사안을 노래한 예는 다른 시인들
에게서 쉽게 보기 어렵다.

중원에 오랑캐 제멋대로 날뛸 때.　　　　　　　　　中原胡羯自縱橫

에 2편의 〈宮詞〉와 권20에 〈宮詞〉와 〈芝峯輯樂府新聲 其中有宮詞·塞下曲·遊仙詩等體 余戲效
之〉의 제목 아래 〈宮詞〉 1편이 있다.
48) 《아계유고》 권1, 기성록 〈사안(謝安)〉.

진 나라 천지는 어둠에 가리워졌지.   典午乾坤尙晦冥

기생 데리고 바둑 둔 일 모두 부질없어   携妓圍棋渾浪事

동산의 아량이란 허명에 불과하다네.   東山雅量只虛名

사안은 동진 중기의 명신으로, 동산에 은거하다가 마흔 살이 넘어서 비로소 벼슬길에 나가 전진(前秦)의 부견(符堅)을 물리치고 내정(內政)을 닦는 데 탁월한 공을 세워 벼슬이 태보(太保)에 이르렀다.《진서(晉書)》〈사안열전(謝安列傳)〉에 보면, 사안은 동산에 은거해 있을 때 산천을 유람하면서 늘 기생을 데리고 다녔다 한다. 전진의 부견이 침입하자 조카인 사현(謝玄) 등을 보내 막게 하고는 손님과 바둑을 두고 있었다. 마침 승전보를 알리는 편지가 당도하자 그는 편지를 읽어보고는 아무 말도 없이 태연히 바둑을 두었다. 이에 손님이 어떻게 되었는가 묻자, 사안은 느릿한 목소리로 "아이들이 적을 물리쳤다는군" 하였다. 그러나 바둑을 끝내고 집으로 돌아갈 때는 너무 기쁜 나머지 문지방에 걸려 나막신 굽이 부러진 줄도 몰랐다 한다.

사안에 대해 주희는 그를 부정적으로 논평했다. 즉《주자어류》에서 주희는 다음과 같이 논했다.

사안이 환온(桓溫)을 대한 것은 본디 아무 책략이 없었다. 환온에 이르서는 한 군주를 폐하고, 요행히 구석(九錫)을 토색하려고 하고 자서(資序)를 다스리려고 하되, 아주 심한 지경에 이르지는 않았으니, 그래도 반은 수재였다. 만약 그가 이십 분 철저하게 적이기를, 주전충(朱全忠)의 부류보다 한걸음 더 하였더라면, 사안이 어찌하였을 것인가? 왕검(王儉)은 평소 스스로를 사안에 견주었다. 왕검은 이미 망할 대로 망한 사안이었으되, 사안은 특히 요행이 소탈하지 않은 왕검이었다. 사안은 왕검에 비하여 조금 영특한 기운이 있었지만, 부견이

왔을 때 역시 아무 조치가 없었다.49)

그러나 18세기의 김만중(金萬重)은 《서포만필》에서 주희의 설을 비
판하고 사안을 옹호하였다.50) 아계의 경우는 주희의 평가를 그대로
따르되, 당시의 고관대작들이 허명만 지녔지 국가위난에 아무 공적도
올리지 못하는 현실을 간접적으로 비판한 듯하다.

(8) 경물(景物)의 연작(連作)을 통한 탈속 취향의 추구

아계는 경물시에 뛰어났다. 특히 경치를 몇 개의 틀로 나누어 연작
하는 방식에 뛰어나, 〈황보팔영(黃保八詠)〉, 〈곽씨장 십육영(郭氏莊十六
詠)〉, 〈월송정(越松亭)의 우거하는 집에서 20수를 읊다(越松僑舍二十咏)〉
등을 남겼다.51)

〈황보팔영〉은 '대숲에 깃든 새[竹園棲禽]', '촌락의 오솔길에서 나무
꾼이 부르는 노래[村蹊樵唱]', '숲 속 정자에서 계회(禊會)를 열다[林亭脩

---

49) 《주자어류》 권36, 〈역대(歷代)〉 3. "謝安之待桓溫, 本無策. 溫之來, 廢了一君. 幸而要討九錫, 要
理資序, 未至大甚, 猶是半和秀才. 若它便做簡二十分賊, 如朱全忠之類更進一步, 安亦無如之何. 王儉
平日自比謝安. 王儉是已敗闕底謝安, 謝安特幸未蹂脫底王儉耳. 安比王儉只是有些英氣. 符堅之來, 亦
無措置."

50) 김만중 저, 심경호 역, 《서포만필》, 문학동네, 2010, 상권-14조. "주자는 '환온(桓溫)이 군
주의 자리에 올랐다면 사안(謝安)이 반드시 죽음으로 절개를 지킬 수는 없었을 것'이라고
하였다. 또 '사안은 미처 과실을 저지르지 못한 왕검(王儉)'이라고도 하였다. 생각건대 사
안을 이와 같이 낮게 볼 수는 없을 것 같다. 사안은 본래 환온의 막료로서 환온이 그를
발탁하여 신임한 것이 지극하였다. 간문제(簡文帝)의 병세가 위독해지자, 환온은 사안이
들어가 임금의 유조(遺詔)[고명(顧命)] 받들도록 천거하였다. 여기서 환온의 뜻을 알 수 있
다. 그러나 사안과 왕탄지(王坦之)는 왕실을 위해 마음을 다하였다. 간문제의 유조를 고친
것과 환온에게 내리는 구석(九錫)의 상을 미루게 한 것은 모두 두 사람에게서 나온 것이
다. 환온이 만약 뜻을 이루었다면 어찌 두 사람을 죽이지 않을 수 있었겠으며, 또 어찌
스스로를 보전하기 위한 계책을 행할 수 있었겠는가?"

51) 《아계유고》 권1, 기성록 〈황보팔영(黃保八詠)〉[안선원(安善元)에게 주다] ; 《아계유고》
권1, 기성록 〈곽씨장 십육영. 영빈체를 본받다(郭氏莊十六詠 效穎濱體)〉 ; 《아계유고》 권2,
기성록 〈월송교사 이십영(越松僑舍二十咏)〉.

禊]', '악사(岳寺)에서 중을 찾다[岳寺尋僧]', '화촌(花村)에서 술을 마시다
[花村喚酒]', '월송정(越松亭)에서 달 아래 거닐며[越松步月]', '봄비 속에
핀 매화[梅花春雨]', '탱자 숲의 가을빛[枳林秋色]' 등 8경을 회화처럼 그
려내었다.

한편 〈곽씨장 십육영〉은 영빈체(潁濱體)를 본받았다고 했다. 곧 송
나라 소철(蘇轍)의 〈문여가의 양주 원정 삼십영에 화운하다(和文與可洋
州園亭三十詠)〉가 오언절구 형식으로 경물을 노래한 방식을 본뜬 듯하
다. 단 소철의 시는 호교(湖橋), 횡호(橫湖), 서헌(書軒), 빙지(冰池), 수지
(愁池), 죽오(竹塢), 적포(荻浦), 요서(蓼嶼), 망운루(望雲樓), 천한대(天漢
臺), 대월대(待月臺), 이요사(二樂榭), 당천정(瀼泉亭), 이은정(吏隱亭), 상
균정(霜筠亭), 무언정(無言亭), 아로향정(我露香亭), 함허정(涵虛亭), 계광
정(溪光亭), 과계정(過溪亭), 파금정(披錦亭), 계정(禊亭), 함도헌(菡萏軒),
차미동(茶蘼洞), 운당곡(篔簹谷), 한로항(寒蘆港), 야인려(野人廬), 차군암
(此君庵), 금등경(金橙逕), 대천경(大穿逕), 남원(南園), 북원(北園) 등 정원
의 인공 조형물을 중심으로 노래했다. 하지만 아계는 후령(後嶺), 전계
(前溪), 대나무[竹], 감나무[柿], 배나무[梨], 오이나무[木瓜], 밤나무[栗],
뽕나무[桑], 소나무[松], 매화[梅], 살구[杏], 회화나무[槐], 남정(南亭), 남
당(南塘), 동윤(東潤), 서윤(西潤) 등 정원의 차경(借景) 요소와 식생(植
生)을 소재로 삼았다. 중국과 조선의 정원 구성의 차이가 반영된 것인
지 모른다. 아계는 식생을 소재로 한 시가 많아, 사경시와 영물시를 겸
한 셈이다.

한편 〈월송정(越松亭)의 우거하는 집에서 20수를 읊다〉는 칠언절구
를 이용해서 송림(松林), 관로(官路), 북교(北橋), 동천(東川), 포루(浦樓),
사부(沙阜), 서교(西郊), 옥락(玉落), 염조(鹽竈), 어구(漁笱), 역점(驛店),
구촌(鷗村), 발악(鉢岳), 굴봉(堀峯), 후계(後溪), 당주(棠洲), 소정(小艇),

건거(巾車), 초당(草堂), 죽비(竹扉) 등을 차례로 노래했다.

〈월송정의 우거하는 집에서 20수를 읊다〉의 마지막 시 〈죽비(竹扉)〉
는 정적인 경물 묘사가 뛰어난데다가, 탈속 취향을 잘 드러내었다.

서쪽 동산의 푸른 대를 찍어다가	斫取西園碧玉竿
빗장은 만들지 않고 문짝만 만들었더니	休勞局鑰只爲關
바람이 부는 대로 여닫힘도 외려 번거로워라	任風開闔還多事
경영함이 없어야 한가한 줄 비로소 알겠네.	方信無營始得閑

대나무로 문짝만 만들고 빗장은 만들지 않았다는 것이 이미 소탈한
경지이거늘, 대나무 문이 바람 부는 대로 여닫히는 것도 외려 번거롭
다 느낀다고 했다. 인위(人爲)를 벗어난 임천(任天)의 경지를 터득한 말
이다.

6. 맺음말

아계는 많은 시문을 남겼을 터이나, 기성록을 편집하면서 아계 스
스로 밝혔듯이, 많은 시문들이 병화에 소실되고 임진란 때 평해에 부
처된 이후의 시문만이 많이 남았다. 위에서 살펴보았듯이 아계는 도학
시 등 구도시를 전혀 남기지 않았다. 따라서 당시의 성리학적 사유와
는 거리를 두면서 자신의 시 세계를 구축했다고 말할 수 있을 것이다.
이러한 경향은 산문의 기(記)에 나타나는 경향과도 연계되어 있을 듯
하다.

관각문인으로서 아계는 승답시, 음풍농월시, 관각수창시에 뛰어났

다고 평가받는다. 그런데 《아계유고》에 남긴 시들, 특히 기성록에 남긴 시들을 보면, 아계는 영회시, 협의의 영사시, 영물시, 산수시, 사회시, 기사시, 의고시, 회인시, 애도시, 관감시, 궁사 등의 범주에서 주목할 만한 시들을 많이 남겼음을 알 수 있다.

기성록에 남긴 시들과 그 이후의 시들 가운데 증답시를 제외한 영회시와 사경시들을 중심으로 보면, 아계는 여러 양식의 시들을 자유자재로 활용하면서, 내면의 자의식을 강하게 드러내고, 스스로 삶의 의미를 반추하는 시들을 많이 남겼다고 말할 수 있다.

앞서 말했듯이, 아계는 김시습을 평하여 "초연하게 속세를 멀리 벗어나 세상을 흘겨보면서 산수 좋은 곳에서 휘파람 불며 거만부리고, 형체 밖에서 방랑한 데에 이르러서는, 행동거지가 한가하고 쾌적하여 외로운 구름이나 홀로 나는 새와도 같은 것이 있고, 마음속이 환하고 맑아서 얼음이 들어 있는 옥으로 만든 병과 가을밤에 뚜렷하게 떠 있는 달에 뒤지지 않으니, 높은 풍모와 아담한 운치는 붓으로 형용하기 어려울 정도다"라고 하였다. 그 자신도 그러한 정신 경계를 꿈꾸었으리라 생각된다.

또한 아계는 김시습의 시가 성정에 뿌리를 두었으므로 단련과 수식을 일삼지 않아도 자연스레 시구를 이루어 장편이든 단편이든 갈수록 더욱 군색하지 않았다고 호평했다. 이 또한 아계 자신이 추구했던 시 세계를 적실하게 드러낸 말이 아닐까 생각된다. 다만 아계는 김시습이 극도로 근심하고 분노하는 마음과 굴곡지고 뒤엉킨 가슴을 시원하게 할 수 없으면 반드시 글로 발산하였던 그의 창작정신을 흠모하기는 했으나, 그것을 그대로 실천하지는 못한 듯하다. 아계는 질탕함으로 나아가지는 못했다 해도 김시습이 그랬듯이 단련과 수식을 일삼기보다는 성정에 뿌리를 두려고 노력했다고 말할 수 있지 않을까 한다.

끝으로 《걸귀록》에 들어 있는 〈야행잡영〉 4수 가운데 제3수를 소개하면서 글을 맺으려고 한다.

세상살이 기심은 오래전에 잊고	處世機心久已忘
백발 나이에 소년들과 어울려선	白頭還逐少年行
시월 높새바람 부는 원안도에서	高風十月元安島
사냥하고 돌아오는 때, 석양은 아직 지지 않았고.	獵罷歸來未夕陽

기심(機心)을 잊고 '종오소호(從吾所好)'하는 난만한 뜻과 생명의 약동감이 잘 드러나 있다. 석양이 아직 지지 않았다는 표현이 묘하다. 내 수레를 되돌리기에는 아직 늦지 않은 것이다.

■ 참고문헌

《명종실록(明宗實錄)》, 국사편찬위원회, 1968.

권응인(權應仁), 《송계문집(松溪文集)》, 大邱: 安東權氏給事中公派, 2000.

송시열(宋時烈), 《송자대전(宋子大全)》, 한국문집총간 108~116, 1988.

이산해(李山海), 《아계유고(鵝溪遺稿)》, 한국문집총간 47, 1988.

이순인(李純仁), 《고담유고(孤潭遺稿)》, 한국역대문집총서 117, 1993.

허균(許筠), 《성소부부고(惺所覆瓿藁)》, 한국문집총간 74, 1988.

허목(許穆), 《기언(記言)》, 한국문집총간 98~99, 1988.

소식(蘇軾), 《소식시집(蘇軾詩集)》, 북경: 中華書局, 1987.

국학진흥연구사업추진위원회, 《한산이씨수당고택고문서》, 古文書集成 61, 城南: 韓國精神文化硏究院, 2002.

김만중 지음, 심경호 옮김, 《서포만필》, 문학동네, 2010.

김학수, 《끝내 세상에 고개를 숙이지 않는다》, 삼우반, 2005.

심경호, 《산문기행: 조선의 선비, 산길을 가다》, 이가서, 2007.

_____, 《한시의 세계》, 문학동네, 2006.

요시카와 고지로 외 지음, 심경호 옮김, 《당시읽기》, 창작과비평사, 1998.

이종묵, 《누워서 노니는 산수》, 태학사, 2002.

차용주, 《한국한문학작가연구》 3, 아세아문화사, 2001.

김수연, 〈이산해와 유배문학〉, 《한국문학연구》 27, 동국대 한국문학연구소, 2004.

김지현, 〈아계 이산해의 한시 연구〉, 《인문사회과학논문집》 31, 광운대 인문사회과학연구소, 2002.

이상하, 〈《아계유고(鵝溪遺稿)》 해제(解題)〉.

이종석, 〈아계 이산해의 유배시 소고〉, 《안동한문학논집》 6, 안동대, 1997.

이희목, 〈白湖 林悌의 玉臺體詩에 대하여〉, 《釜山漢文學硏究》 第4輯, 釜山漢文學會, 1989.

장미경, 〈아계 이산해의 한시 연구〉, 《민족문화》 22, 민족문화추진회, 1999.

정병욱, 〈아계연구노트〉, 《일요신문》, 1979년 9월 2일자.

정원표, 〈이산해 시 연구〉, 《한국한시작가연구》 6, 한국한시학회(태학사), 2001.

조선시대 유배문학과 아계 문학의 지위

이 종 묵

서울대 국문학과

1. 머리말

한국문학사에서 유배(流配)[1]는 가장 중요한 문학적 소재의 하나였기에 유배 체험은 매우 소중하다. 고려시대 문인들 역시 정치적인 여러 이유로 유배를 겪었고 유배지에서 비애와 강개를 시로 형상화하였다. 조선 개국 이후 이른바 사대사화로 불리는 정쟁이 가열되자 문학사에 이름을 올린 문인치고 유배 체험을 겪지 않은 이를 오히려 찾기 어려울 정도였다.

사형 다음 가는 중벌인 유배도 그 종류가 다양하였다. 고향으로 부처(付處)되는 간단한 징계에서부터 절도(絶島) 위리안치(圍籬安置)라는 사형에 버금가는 가혹한 형벌까지 있었다. 특히 연산군 때는 위리안치

---

1) 유배에 대한 법률적인 검토는 池哲瑚, 〈朝鮮前期의 流刑에 관한 硏究〉, 서울대 석사논문, 1984에 자세하다. 김경숙, 〈조선시대 유배길〉, 《역사비평》 통권 67호, 2004년 여름에서 유배의 일반적 정황에 대해 다루었다.

라는 형벌이 처음 시행되어, 가시덤불을 둘러친 좁은 집에서 개구멍 같은 곳으로 음식을 지급하기도 하였다.

유배의 체험 자체가 다양하거니와, 유배 체험을 문학적으로 형상화하는 방식도 가지가지였다. 대부분은 유배지에서 임금을 향한 일편단심을 노래하거나 현실을 비분강개하는 시를 지었다. 때로는 안분지족(安分自足)의 유가적(儒家的) 논리로 유배체험을 오히려 즐겁게 받아들인 문인들도 있었다. 이들은 유배지의 아름다운 풍광을 시문에 담아내고 또 낯선 지역의 풍물을 자세히 기록하였다.

유배문학은 그 가치를 다양하게 논의할 수 있지만, 이 글에서는 특히 유배지의 풍물을 시문으로 적어 지방지(地方誌)의 성격을 강하게 지닌다는 점에 주목한다. 《세종실록(世宗實錄)》의 〈지방지(地理誌)〉와 《동국여지승람(東國輿地勝覽)》에서 보듯이 전국을 대상으로 한 지리지가 중심을 이루나가 16세기 무렵 지방 수령이 숭심이 된 사찬읍지(私撰邑誌)가 등장하였다. 1587년 정구(鄭逑)가 편찬한 《함주지(咸州志)》, 1616년 이수광(李睟光)의 《승평지(昇平志)》 등을 그러한 예로 들 수 있다.[2] 이 시기 사찬읍지는 행정, 경제, 군사 등의 측면을 중시한 《세종실록》〈지리지〉 계열을 이어 주로 고을을 다스리기 위한 하나의 방편으로 편찬되었지만, 인물, 예속, 시문이 중심이 된 《동국여지승람》을 계승한 역사문화지리서에 대한 요구도 꾸준했다.

이때 유배문학은 역사문화지리서 계열의 지방지 가운데 시문(詩文)을 중심으로 '승람(勝覽)'을 정리하는 기능을 지닌다. 유배문학은 비록 타자의 시선이지만 특정 지역의 풍물을 집중적으로 기록하였다는 점

---

2) 이 시기의 사찬읍지에 대해서는 양보경, 〈16~17세기 邑誌의 편찬배경과 그 성격〉, 《대한지리학회지》 18호, 1983에 자세하다. 양보경은 이 논문에서 이 시기 사찬읍지의 등장 배경을 각 지방의 독자적인 역사지리의 보완, 지방 토착 사림의 지위 현양, 성리학적 이념에 따른 지방 통제 등을 들고 있다.

에서 의미가 있다. 유배지의 풍물을 시문에 담아내는 전통은 이른 시
기부터 있어 왔다. 고려시대 이규보(李奎報)가 위도(蝟島)에 유배되어
그곳의 풍물을 시에 담아내었거니와, 그 뒤에도 이러한 전통이 지속되
었다. 특히 무오사화(戊午士禍) 등 사화가 빈번하면서 이후 유배가 급
증하였고, 그에 따라 유배문학은 지방 승람의 제영(題詠)을 담당하기
에 충분할 정도로 발전해왔다.

　이러한 유배문학의 가치를 고려할 때 아계(鵝溪) 이산해(李山海)가
유배지 평해(平海)에서 남긴 일련의 시문은 매우 소중한 의미를 지닌
다. 이 글은 이산해의 유배 체험과 그곳에서 벌인 문학 활동을 살핀
다음, 이를 통하여 이산해의 유배문학을 새로운 형태의 지방지라는 의
미에서 살피고자 한다.

2. 이산해의 유배 체험과 문학 활동

　아계 이산해(1539~1609)는 조선 초기 최고의 명문가로 손꼽히는 한
산(韓山) 이씨(李氏)다. 이 집안은 원래 한산의 지방 관리로 세거하였는
데 고려 말 신흥사대부의 전형이라 할 이곡(李穀)과 이색(李穡) 부자에
힘입어 단숨에 최고의 문벌이 되었다. 이색은 종덕(種德), 종학(種學),
종선(種善) 등 세 아들을 두었는데, 이산해는 막내 이종선의 후손이다.
세조의 공신이었던 이계전(李季甸)이 이종선의 아들이며, 이계전의 아
들이 이우(李堣)인데, 《청파극담(靑坡劇談)》의 저자 이파(李坡)와 친형
제이며, 단종을 위해 목숨을 바쳤던 이개(李塏)와는 사촌간이다. 공신
의 후손이지만 이우 이후로는 높은 벼슬에 오른 이가 나오지 않았다.
이우의 증손자인 이지함(李之菡) 대에 이르러 이 집안의 학문이 진일보

하였는데, 이산해는 이지함의 조카이며 이조판서를 지낸 이산보(李山甫)와는 사촌 사이다. 또 영의정을 지낸 이덕형(李德馨)을 사위로 맞았으니, 이 무렵 이 집안의 명성이 매우 높아졌다 하겠다.

서울에서 태어난 이산해는 어린 시절 이지함에게 수학하였고, 이를 바탕으로 알성시에 장원급제하여 벼슬길에 들어섰다. 홍문관의 수찬과 저작을 역임하고 사가독서(賜暇讀書)에 선발되었으니 엘리트 코스를 밟았다 하겠다. 명종의 외숙으로 당시 실권을 잡고 있던 윤원형(尹元衡)이 그를 사위로 삼으려 하자, 부친 이지번(李之蕃)이 벼슬을 내던지고 단양 구담(龜潭) 곁의 가은동(可隱洞)으로 내려가 버렸다고 하니, 이산해가 얼마나 잘난 사람인지 짐작할 수 있다. '사나이'라는 말이 그의 이름 '산해'에서 유래했다고 견강부회한 야사까지 전한다.

일찍부터 문장으로 명성을 날린 이산해는 선조 17년(1584) 양관(兩館) 대제학(大提學)으로 문형을 잡았다. 대북의 영수로 51세에 영의정에까지 올랐으니 가장 높은 벼슬까지 오른 셈이다. 뒷날 이산해는 고향인 예산의 도고산(道古山)에 올랐다 내려오면서 위로 올라가는 것은 진실로 어렵지만 아래로 굴러 떨어지는 것은 무척 쉽다고 생각하였다. 힘들게 올랐던 것과는 달리 내려오는 길은 신발에 날개가 달린 듯 너무나 수월하였기 때문이다. 그와 꼭 마찬가지로 이산해는 어렵게 영의정까지 올랐으나 임진왜란이 일어나자 단숨에 유배형을 받는 신세로 전락하였다. 파천(播遷)을 주장했다 하여 양사(兩司)의 탄핵을 받아 결국 벼슬을 떼이고 머나먼 평해로 유배된 것이다.[3]

선조 25년(1592) 5월 이산해는 결국 백발이 성성한 55세의 나이에 평양에서 산길을 걸어 한계령을 넘는 신세가 되었다. 강릉, 울진을 거

---

3) 이하 이산해와 평해에 대해서는 필자의 〈유배지 평해를 빛낸 이산해〉, 《조선의 문화공간 (2)》, 휴머니스트, 2006에서 다룬 바 있다. 이 글의 2절은 그 글을 바탕으로 보완하였다.

쳐 평해로 들어선 이산해는 망양정(望洋亭)과 월송정(越松亭)에서 바다를 바라보았다. 그리고 월송정 객점에서 여장을 풀었다. 평해는 이산해에게 낯설지 않은 곳이었다. 그의 부친 이지번이 중종 31년(1536) 유배온 적이 있기 때문이다. 그로부터 이태 후에 이산해가 태어났으니, 이산해는 평해의 정기를 받고 태어난 인물이라 하겠다.

중양절을 넘긴 깊은 가을, 이산해는 황보촌(黃保村, 오늘날은 노동이라 부른다)에 있는 곽간(郭幹)의 집에 머물게 되었다. 곽간의 집은 옛날 부친 이지번이 귀양왔을 때 머물렀던 곳이니 묘한 인연이다. 그때의 주인은 곽간의 조부였는데, 그는 이산해의 부친이 벽에 써둔 시를 떼어내어 보관하고 있기까지 하였다. 황보촌이 있던 곳은 월송정에서 평해읍 쪽으로 가다가 왼편으로 황보천(黃保川)을 따라 한참을 들어가면 보이는 노동서원(魯洞書院)이 있는 바로 그 인근이다. 당시 이곳은 매우 가난한 마을로, 작은 집을 만들어 지전(紙錢)을 걸어두고 푸닥거리를 하던 낙후된 땅이었다. 그나마 곽간의 집이 가장 넓었기에 그 집을 비우고 이산해가 들어앉은 것이었다.

이산해가 황보촌에 이르렀을 때 가장 인상 깊었던 것은 푸른 대숲이었다. 긴 대나무 천 그루가 빽빽하게 서 있어 푸른빛이 뚝뚝 떨어질 정도였다. 대나무를 사랑한 이산해는 자신의 호를 죽피옹(竹皮翁)이라 하였다. 그리고 이산해가 좋아하던 매화도 한 그루 있어 위안이 되었다. 또 집 뒤쪽의 그다지 높지 않은 언덕에 오르면 사방이 탁 트였다. 집의 양옆으로 두 줄기 개울이 졸졸 흘러내리는데, 흐린 물은 채소밭에 뿌리고 맑은 물에는 손발을 씻었다. 집 남쪽에는 송정(松亭)이 있어 여름이면 그 그늘에서 더위를 식힐 수 있었다. 그 남쪽의 작은 개울에는 월송교(越松橋)가 있었고 그 주변에는 개나리와 실버들이 자라났다. 이산해는 황보촌에 집을 정한 소감을 다음과 같이 적었다.

벽옥 같은 천 그루 대나무가 에워싸고	碧玉千竿擁
푸른 산등성이가 한 면을 막고 섰네.	蒼巒一面遮
가을 소리는 자주 비를 뿌리게 하고	秋聲頻作雨
산 기운은 절로 노을을 만드네.	山氣自成霞
나그네 되어 도리어 은자와 같건만	爲客還同隱
돌아가고 싶어도 돌아갈 집 없구나.	思歸未有家
흰머리로 그저 임금만 그리워하지만	白頭唯戀主
꿈속의 넋도 늘 변방에 머물렀다네.	魂夢在關河

〈황보촌으로 옮겨살며(移黃保村)〉《〈아계유고〉 47:445)4)

황보촌에 정착한 이산해는 산과 물을 볼 때마다 임금의 얼굴을 떠
올렸다. 곧바로 다시 서울로 돌아갈 것이라 믿었기에 몇 달 동안 살
집을 정하지 않은 것인지도 모른다. 이 때문에 그가 유배 초기에 지은
시는 임금의 귀에 들어가기를 바라는 듯 임금이 그립다는 내용으로
가득 차 있다. 깊어가는 가을, 파리한 말을 타고 백암(白巖)으로 가면
서도 하늘을 바라보며 하늘의 마음[天心]이 자신이 도울 것이라 믿었
다. 그러나 임금은 이산해를 부르지 않았다. 해가 바뀌어 봄이 왔건만,
그는 여전히 돌아보지 않는 임금을 향해 그립다는 말을 잊지 않았다.
센 머리카락이 많아진 것도 임금이 그리워서라 하였다.

그러나 귀양살이가 2년으로 접어들자 이산해는 서서히 임금 대신
매화를 찾기 시작하였다. 열흘 가운데 아흐레는 산속을 뒤지면서 미친
듯이 매화를 찾았다. 혹 매화가 피면 돌아갈지 모른다는 마음이 들어
서였을까.

---

4) 이하 고전번역원의 《한국문집총간》에 수록된 권수와 쪽수를 따른다.

열흘 중에 아흐레 산속을 왕래하니	十日山中九往來
은자의 한 가지 벽은 매화 찾는 일이라네.	幽人一癖在尋梅
흡사 봄추위가 시를 질투하는 듯	春寒似與詩相妬
일부러 가지에 꽃을 피우지 않는구나.	故勒花枝不放開

〈산속에서(山中)〉(《아계유고》 47:446)

이산해는 황보촌의 모든 것을 사랑하게 되었다. 황보촌으로 들어가는 길가 언덕에는 산다화(山茶花, 동백)가 낮은 가시덤불 속으로 가지를 드리우고 있었다. 이산해는 하인을 시켜 넝쿨을 베고 대를 꽂아 잘 자랄 수 있게 해주었다. 잎이 파랗게 자라고 꽃이 빨갛게 피자, 이를 본 이산해는 한편으로는 기뻐하고 다른 한편으로는 자신의 누추한 모습을 돌아보고 비감에 젖기도 하였다.[5] 이산해는 이제 시골 늙은이가 다 되었다.

시골 늙은이가 자리를 가져와 냇물 앞에 깔고	野翁携席藉臨流
보리밥에 막걸리 마시며 나그네 회포를 위로하네.	麥飯酸寧慰客愁
버들 그늘에서 조금 취하노라면 산에 해가 저무는데	小醉柳陰山日暮
못 가득한 연꽃잎에 후두둑 떨어지는 가을 빗소리.	滿塘荷葉雨聲秋

〈시골 늙은이(野翁)〉(《아계유고》 47:460)

시골 늙은이 도롱이 걸치고 호미 메고 다녀오니	田翁簑笠荷鋤歸
가랑비 부슬부슬 뿌려 저녁햇살이 어둑하네.	煙雨空濛掩夕暉
무서워라, 앞산에 범이 왔다 갔나 보다.	却怕山前有虎跡

---

5) 〈黃保路傍, 有山茶花, 根生岸上, 枝柯下垂, 荊棘葛蔓, 雜生薈蔚. 余見而惜之, 令奴嚴芟去叢翳, 植竹爲架以撑之, 綠葉紅蕚, 十分尤可愛. 信乎物之榮悴, 莫非有數者存焉, 感而賦之〉(《아계유고》 47:453).

아이 불러 일찌감치 사립문을 닫게 하였네.　　　　呼童趁早閉柴扉6)

〈즉흥적으로 짓다(卽事)〉(《아계유고》 47:462)

이산해는 중도부처(中道付處)의 형벌을 받아 평해에 유배되었기 때문에 비교적 가까운 곳을 오가는 것은 허락되었고 가족의 왕래도 금지되지 않았다. 아내가 넷째 아들 경유(慶愈)와 막내딸을 데리고 평해로 오자 이산해는 꿈인 듯 기뻐하였다. 그러나 기쁨은 오래가지 않았다. 유배온 지 한참이 지난 어느 날, 이덕형에게 시집간 둘째 딸이 왜적을 피해 자결하였다는 소식을 들었다. 며느리도 이때 함께 죽었다.

등불 앞에 오열하여 눈물로 치마를 적시기에　　　燈前鳴咽淚霑裳

밥 잘 먹고 너무 슬퍼 말라 달래었더니,　　　　　說與加餐莫浪傷

누가 알았으랴 도리어 네가 죽어 영결할 줄을　　誰料飜爲死生訣

옷 뿌리치고 나선 일이 이제 깊은 한이 되었네.　只今長恨拂衣忙

〈딸을 통곡하며(哭女)〉(《아계유고》 47:447)

이산해의 첫째 아들 경백(慶伯)은 문과에 급제하여 벼슬길에 나섰으나 겨우 20세의 나이로 요절하였다. 게다가 유배온 지 3년째 되던 1594년, 강릉에서 평해로 온 넷째 아들 경유가 시름시름 앓다가 그만 저세상으로 가버렸다. 늦둥이로 태어난 경유는 젊은 시절 이산해가 친하게 지내던 임억령(林億齡)의 시를 아버지 앞에서 외우기도 하였는데, 그 아들이 저승으로 먼저 가버린 것이다. 아들이 죽은 지 보름이 지나도록 이산해는 꿈에서조차 아들을 만날 수 없었다. 이산해는 자다가

---

6) 이 작품은 金得臣의 〈田家〉(《柏谷詩集》 104:27) "籬弊翁嗔狗, 呼童早閉門. 昨夜雪中迹, 分明虎過村"와 흡사하다. 김득신이 이산해의 시를 본 듯하다.

발자국 소리를 듣고 아들이라고 여겨 나가보았으나 아무도 없었다. 그런 밤을 수없이 보내야 했다.

뚜벅뚜벅 발자국 소리 가까워졌다 사라지니	窣窣跫音近却微
'어흠' 헛기침하여 내 아들인가 하였다네.	如聞謦咳是吾兒
일어나 보면 처량히 아무것도 없는데	起視悄然了何有
지는 달빛만 뜰에 가득하고 산새가 슬피 우네.	落月滿庭山鳥悲

〈밤에 일어나(夜起)〉(《아계유고》 47:474)

이산해는 처음 유배왔을 때 오직 임금만 그리워하였다. 그러나 아들을 잃고 나서는 산을 보나 물을 보나 아들의 잔영만 서리고, 무슨 소리가 들려도 아들인가 싶었다. 아들이 죽고 석 달이 지났지만 그 모습이 잊혀지지 않았다. 짙은 눈썹에 통통한 뺨, 땅에 끌릴 정도로 긴 더벅머리를 한 아들이 꿈에 또렷이 나타나기도 하였다. 하지만 이산해를 붙잡고 무엇인가를 말하려던 아들은 안개 속으로 멀리 사라져 버렸다. 그럴 때마다 이산해는 꿈에서 깨어나 달빛 아래 서성이곤 하였다. 1년이 지나도록 이산해는 아들을 잃은 상심에서 벗어나지 못하였다. 집에 연등을 걸어두고 훗날 저승에서 다시 만나기를 기원할 뿐이었다.

이산해는 유배기간 동안 거의 황보촌에서 살았지만 평해의 여러 곳을 옮겨다니며 살기도 하였다. 황보촌에서는 바다가 보이지 않았기에 유배객의 답답한 마음을 풀기에는 적합하지 않았던 것이다. 특히 사랑하는 아들이 죽은 뒤로는 황보촌을 떠나 있을 때가 많았다. 이산해는 바다가 보이는 정명촌(正明村, 正明浦)과 월송정으로 자주 가서 묵었다. 정명촌은 바다를 바라보고 이루어져 있는 마을로, 황보촌과 고개 하나

를 사이에 둔 가까운 곳이었다. 이곳에 벗 황응청(黃應淸)이 살고 있었
다는 점도 이산해가 정명촌을 자주 찾은 이유였다.

이산해는 황응청의 조카 황여일(黃汝一)이 살던 사동(沙銅)에도 자주
출입하였다. 사동은 평해에서 월송정으로 가다 보면 왼편에 동쪽으로
향해 있는 마을이다. 사동산 서쪽 마악(馬岳) 아래 위치한 이 마을은
봉황새가 나는 듯한 형상의 명당이다. 지금도 황여일이 거처하던 해월
헌(海月軒)이 대숲 아래 호젓한 자태를 자랑한다. 이곳에는 이산해 외
에도 이수광(李晬光) 등 이름난 문인들의 시판이 걸려 있다. 황여일은
김성일(金誠一) 집안으로 장가를 들었으며, 이황의 문하에 출입한 명현
이다.7)

이산해가 귀양 온 이듬해 여름, 황여일은 부모를 뵙기 위하여 고향
으로 왔다가 이산해를 찾아뵈었다. 이산해는 좌주로서 과거시험에서
그를 선발한 인연이 있었다. 이 때문에 이산해는 그의 마을을 자주 찾
았고 또 그곳에서 바닷가 쪽에 있는 서경포(西京浦)에 잠시 집을 빌려
살게 된 것이다.

이산해는 입선동에서 서쪽으로 수십 리 떨어진 주령(珠嶺) 아래의
서촌(西村)에도 잠시 살았다. 서촌은 백암산 기슭에서 물길을 따라 내
려오면 나타나는 선암사(仙巖寺) 뒷동네, 그리고 그 북쪽 주령 아래쪽
동구 일대를 말하는데, 주령 아래의 경관이 가장 빼어났다. 이산해는
그곳에서 다시 동쪽으로 한참 떨어진 우암산(牛巖山) 달촌(達村)에서
몇 달 동안 살기도 하였다. 이산해는 손씨 성을 가진 아전의 집을 빌
려 봄부터 여름까지 다섯 달을 이곳에서 살았다. 서너 칸 단출한 초가
를 짓고 서쪽 언덕에 띠풀을 이어 정자를 지었다. 낮에는 앉거나 누워

---

7) 이후 이 집안은 지속적으로 안동의 명문가와 통혼하였고, 지금의 종부도 안동의 고성 이
씨 臨淸閣에서 시집왔다. 그래서인지 해월헌의 구조는 안동의 양반가를 닮았다.

서 잠을 자고 밥을 먹으며 떠나지 않았다. 흥이 일면 오건(烏巾)을 쓰고 대지팡이를 짚고 이리저리 돌아다녔다. 동자에게 말고삐를 쥐게 하여 해당화 핀 길을 다니며 시를 읊조렸다.8)

이러는 사이 이산해는 자식을 잃은 고통에서 차츰 벗어나게 되었다. 베개에 기대어 마당에서 뛰노는 병아리를 구경하고, 돌솥에 차를 달여 꾀꼬리 지저귀는 나무그늘 아래서 마셨다. 가랑비가 내리고 소슬바람이 불어오면 느티나무 그루터기에 앉아 꿈에서나마 예산의 고향을 다녀오기도 하였다. 집에 작은 못을 파고 버들을 심어 조그만 배를 띄우는 풍류도 부려보았다. 새벽이면 발을 걷고 산과 들판을 바라보면서 상념에 빠지기도 하였다. 해가 질 무렵 밥 짓는 연기가 마을에 피어날 때 나무꾼이 소와 양을 몰고 어사용을 부르는 것도 즐겼다. 시골 노인네처럼 막걸리를 사서 들판으로 나가 잔뜩 취해 들어와 숲속의 정자에 누워 달빛을 구경하였다. 백암산과 주령에서 발원한 개울을 따라 난 길을 걸으면서 10리에 뻗은 해당화 향기에 취하였다. 백암사를 찾아 스님과 이야기를 나누고 화려하게 피어 있는 모란을 감상하였다. 이산해는 돌아갈 기약 없는 삶을 이렇게 보내고 있었다.

하얀 소나기 빗발이 막 그치자	白雨初收脚
푸른 산이 침상에 절로 가득하네.	靑山自滿床
대숲이 깊어 비취새가 울고	竹深啼翡翠
개울물이 따스하여 원앙새 목욕한다.	溪暖浴鴛鴦
늙어서야 가난한 삶이 알맞음을 깨닫고	老覺貧居穩
한가하니 오래도록 단잠을 자게 되었네.	閑知睡味長

---

8) 이 시기의 삶은 〈達村記〉(《아계유고》 47:491)에 자세하다.

손님이 와도 물리치고 상대하지 않으며   客來麾不應
머리 풀고 제멋대로 미친 듯 살아가노라.   散髮任淸狂

　　　　　　　　　　　　　　〈초당에서(草堂卽事)〉(《아계유고》 47:478)

　3년을 넘긴 평해 유배생활에 적응한 이산해는 어느덧 평해 사람이
다 되어갔다. 해안의 거센 사투리도 이해하게 되었고, 농부들과도 거
리낌 없이 지내게 되었으며, 게와 산채도 입맛에 맞게 되었다. 이산해
는 3년이라는 비교적 짧은 시간 동안 평해에서 유배 생활을 보내다 다
시 조정으로 복귀하였다.

3. 조선 전기 유배문학의 전통과 향토지

　연산군 10년(1504) 4월 사헌부 응교로 있던 이행(李荇)은 폐비 윤씨
의 시호 추숭을 반대했다 하여 권달수(權達手) 등과 함께 하옥되어 곤
장 60대를 맞고 충주로 유배되었다. 6월 15일 가장 절친하였던 벗 박
은(朴誾)이 군기시(軍器寺) 앞에서 백관이 바라보는 가운데 효수를 당
하였고, 이행은 한양으로 소환되어 수백 대의 장을 맞고 천민의 신분
으로 떨어진 채 함안으로 유배되었다. 이듬해 8월에 다시 서울로 압송
되어 혹독한 신문을 받은 뒤 1506년 1월 거제도에 위리안치되었다. 낮
에는 나가서 양을 치는 잡역을 한 것은 오히려 다행이었다. 며칠씩은
아예 위리에서 출입조차 금지당하였다.
　이처럼 처절한 상황을 겪은 뒤 이행은 유배지 생활이 조금 안정되
자, 오히려 이를 전화위복의 기회로 여겨 소요를 즐기는 은자의 삶을
살고자 하였다. 거제도로 들어온 지 6개월이 지난 7월 이행은 유배지

를 은자의 땅으로 바꾸어갔다. 집 주변에 대나무와 창포와 국화를 심
었다. 틈이 나면 좁은 집에서 나와 개울에서 노닐었다. 불이 없어 밤에
책을 읽을 수 없자, 벽에 큰 구멍을 뚫고 종이를 발라 관솔불을 피우
고 그 빛에 글을 읽었다. 개울가에 작은 정자를 하나 만들기로 결심하
고 홍언필에게 정자를 지을 대나무 재목과 그 앞에 심을 파초를 부탁
하였다. 그리고 작은 못을 파서 물고기를 잡아다가 풀어놓았다. 집 바
로 앞에 앵두나무 가지가 너무 우거져 시야를 가리기에 가지를 쳤다.
그리고 자신이 유배온 땅의 이름을 소요동(逍遙洞)이라 하고 〈소요동
기(逍遙洞記)〉를 지어 자신의 뜻을 밝혔다.[9]

　　내가 산과 물에 뜻을 둔 지 거의 10년이 되었지만 뜻을 이루지 못하다가 마
　침내 곤궁함에 빠지게 되었으니, 이제 이곳을 만나게 된 것이 참으로 다행이다.
　예전에는 이름이 없었으나 이제 그 골짜기에 이름을 붙여 소요동(逍遙洞)이라
　하고, 개울은 백운계(白雲溪)라 하였다. 늙은 소나무가 북쪽 벼랑에 기대어 서
　있는데 비스듬히 남쪽으로 개울을 잘라 그늘을 드리우고 있어 누군가가 그렇
　게 만들어놓은 듯하다. 이에 정자를 만들고 이름을 세한정(歲寒亭)이라 하였다.
　바위틈으로 샘물이 맑고도 시원하게 흘러내리는데 그 이름을 성심천(醒心泉)이
　라 하였다. 이 물을 끌어들여 작은 못을 만들었다. 그 너비가 몇 길 되고 깊이
　는 발등이 빠질 정도다. 푸른 부들로 덮여 있어 향긋하다. 작은 물고기를 풀어
　서 자유롭게 즐기게 하였다. 대나무 두세 그루를 심어두니, 꼿꼿하게 자라 그
　그림자가 물빛에 일렁거려 사랑할 만하다. 그 못 이름을 군자지(君子池)라 하고
　그 아래 다시 정자를 지어 차군정(此君亭)이라 하였다.
　　개울의 근원을 따라 올라가면 점점 더 새로워지며 기이한 모습을 드러내는데

---

9) 이행의 소요동 생활에 대해서는 필자의 앞 책에서 다룬 바 있어 이를 이용하였다.

그 형상을 형용하기 어렵다. 푸른 절벽이 서 있는데 매달린 물줄기가 곧바로 분수처럼 뿜어나와 옥이 부서지는 소리를 낸다. 마치 하늘에서 떨어지는 듯하여 그 이름을 운문폭(雲門瀑)이라 하였다. 물이 우묵한 곳으로 들어가는데 바닥은 넓은 바위로 되어 있다. 모래나 흙이 끼어 있지 않아 물이 영롱하게 맑다. 마치 하늘이 만들어놓은 듯하여 그 이름을 신청담(神淸潭)이라 하였다. 깎은 듯한 벼랑이 병풍을 늘어세운 듯하고, 넓적한 바위가 잔치에 쓰는 자리를 깔아놓은 듯하다. 기대기도 하고 앉기도 하고 눕기도 할 수 있다. 좌우에 단풍나무, 철쭉꽃, 족두리풀이 많다. 고목이 듬성듬성 서 있는데 오래된 넝쿨이 구불구불 휘감고 있어 뱀이 똬리를 튼 듯하다. 녹음이 펼쳐져 있어 햇살이 내리쬐지 않는다. 마른 가지로 쓸어내면 쉴 만한 곳이 되기에 이름을 지족정(知足亭)이라 하였다.

〈소요동기〉(《용재선생집(容齋先生集)》〈해도록(海島錄)〉 20:453)

이행은 《장자》 '소요유'에서 뜻을 빌려 자신이 사는 골짜기 이름을 소요동이라 이름하였다. 은자의 삶을 표상하는 흰 구름, 곧 '백운(白雲)'으로 개울 이름을 삼고 은자의 절조를 뜻하는 소나무의 '세한(歲寒)'과 대나무의 '차군(此君)'으로 정자의 이름을 삼았다. 샘물은 마음을 맑게 한다는 뜻에서 성심천(醒心泉)이라 하고 못은 정신이 맑아진다는 뜻에서 신청담(神淸潭)이라 하였다. 만족을 아는 삶이라는 뜻의 지족정(知足亭)도 세워 안분자족의 삶을 표방하였다. 참됨을 보존하는 집이라는 뜻에서 집 이름을 보진당(保眞堂)이라 한 것도 그 뜻이 다르지 않다. 〈명산수설(名山水說)〉을 지어 산과 물, 자신의 집 이름을 붙인 이유를 하나하나 설명하였다. 산과 물 하나하나를 두고 시를 지어 소요동 풍월주인으로서 살았다.

뒷날 이행은 유배지 거제도에서의 삶을 기록한 시문을 모아 《적거록(謫居錄)》, 《남천록(南遷錄)》, 《해도록(海島錄)》을 엮었다. 우리 문학사에서 유배지에서 쓴 글만을 모아 시문집을 편찬한 예는 그리 많지 않거니와, 특히 거제도 유배지에서의 시문을 모은 2권의 《해도록》은 겨우 8개월 남짓 짧은 시간에 제작한 것이니, 유배지에서 이행은 양치는 일과 함께 붓으로 글을 쓰는 일로 하루하루를 보냈다고 하겠다. 이행의 부친 이의무(李宜茂)도 1498년 무오사화에 연루되어 평안도 영변 어천택(魚川驛)에 유배된 적이 있었다. 이때의 글을 모은 시문집이 《적거록》인데 '어천잡영(魚川雜詠)'이라는 부제를 달았다. 이들 부자는 유배지의 경관과 풍습을 시문으로 짓고 이를 묶어 따로 시집을 편찬한 것이다.

이행이 거제 유배지에서 지은 글을 모은 《해도록》 등은 단순한 시문집의 성격을 넘어선다. 〈소요동기〉와 〈명산수설〉과 같은 산문에다 거제도 여러 곳의 경관과 풍물을 기록하여 거제도의 '읍지'로서 기능을 할 수 있게 하였다. 뒷날 이행이 유배에서 풀려나 관각문인으로 명성을 날릴 때 왕명으로 편찬한 《신증동국여지승람》의 〈거제도〉에는 〈거제십영(巨濟十詠)〉으로 이행이 시와 산문으로 기록한 소요동, 백운계, 세한정, 성심천, 차군정, 운문폭, 신청담, 지족정, 군자지, 보진당 등을 들었고, 자신의 시만 실은 것이 겸연쩍었던지 함께 거제도에 유배되어 있던 벗 최숙생(崔淑生)이 자신의 시에 답한 시도 수록하였다.

주목되는 것은 같은 신진사류의 후배격인 김정(金淨) 역시 《해도록》을 남겼다는 점이다. 김정은 기묘사화에 연루되어 진도와 제주도로 유배를 떠났다. 중종은 김정을 극형에 처하려 하였지만, 요행히 죽음을 면하고 11월에 장형을 얻어맞고 금산(錦山)에 유배되었다가 이듬해 5월 죄가 더해져 진도(珍島)로 이배(移配)되었으며 그해 여름 제주(濟州)에 다시 옮겨져 위리안치되었다. 절도 유배지에서 쓴 김정의 시문집이 《해도록》이다. 《해도록》은 진도와 제주의 풍물이 잘 묘사되어

있거니와 훗날 따로 편집된 〈제주풍토록(濟州風土錄)〉은 더욱 주목할
만한 글이다. 〈제주풍토록〉은 원래 조카에게 보낸 편지인데 제주의 풍
토를 잘 묘사하였다 하여 나중에 이 이름이 붙은 것이다. 이정향(李廷
馨)은 〈제주풍토록〉이 물산에 대해 적었다는 점에서 사마상여(司馬相
如)의 〈자허부(子虛賦)〉를 닮았지만 그 광채는 더욱 세고 그 문자의 비
장함이 근세에 찾기 어려운 것이라 극찬한 바 있다.10) 이로써 김정의
제주 유배 기록이 제주 지역 풍토지의 선성이 될 수 있었다.11)

   이산해의 선배인 이행과 김정은 각기 자신의 유배지에 대한 시문을
제작하여 유배문학이 지방지로서 구실을 할 가능성을 열었다. 특히 이
행의《해도록》등 일련의 시문집은 시와 함께 산문을 함께 수록하여
거제도의 풍물을 비교적 소상하게 기록하였다. 그런데 이행이 유배지
에서 주인으로 삼은 이가 조씨(趙氏)라는 관노였다. 사람이 참된 데다
바둑을 둘 줄 알았고, 가난한 살림이지만 이행을 위하여 술과 안주를
갖추어 위로해주었다. 이행이 다시 서울로 압송될 때 노상에 술을 가
져와서 통곡을 하기도 하였다.12) 이산해는 선배 이행이 거제도에서
보낸 이러한 유배 체험을 문헌으로 접하여 알고 있었다. 이산해가 처
음 평해에 유배되었을 때 주인으로 삼았던 곽간에게 시를 지어 주면
서, 이행이 함양에 귀양가 있을 때 주인 조씨와 정분이 두터워 나중에
조씨가 죽은 뒤 만시 두 편을 지었다고 하였다.13) 그 전례를 따라 이
산해도 주인 곽간에게 시를 지어 준 것이다.

---

10) 〈文正公冲庵先生金淨八賢〉(〈黃兎記事〉《知退堂集》58:185)에서 "公答其外侄書, 備錄濟州風土,
    其敍物産處, 似相如子虛賦, 而光燄則加焉, 又文字悲壯, 實近世之所未有也"라 하였다.
11) 이행과 김정의 유배 체험에 대해서는 필자가 〈조선전기 위리안치의 체험과 그 형상화〉,
    《한국문화연구》9집, 이화여대 출판부, 2005에서 다룬 바 있다.
12) 이행, 〈哭趙生二首〉(《용재집》20:449)의 주에 이에 대한 자세한 사연이 기록되어 있다.
13) 이산해, 〈李容齋謫咸陽, 與主人姓趙者相厚. 遺橐中有悼趙老二律, 愛其情詞懇到, 每吟誦不已, 用
    其韻, 贈主人郭幹〉(《아계유고》47:455).

　이산해는 이행과 김정이 《해도록》을 엮은 것처럼 《기성록(箕城錄)》
을 엮었다. '기성'은 울진군 평해면의 옛 이름이다. 평해는 예전에 울
진과 대등한 어엿한 군(郡)이었다. 평해 월송정에서 국도를 타고 울진
방향으로 가다 보면 왼편에 정명촌이라는 마을이 나온다. 그 동쪽에
산이 있는데, 곡식을 까부르는 키처럼 생겨 기산(箕山)이라 불렀다. 기
성이라는 이름이 여기에서 유래한 것인데, 그 위의 오래된 토성은 옛
적 평해 관아가 있던 곳이라 한다. 이산해가 평해에 유배와서 지은 시
문을 모은 《기성록》은 1599년 겨울부터 이듬해 5월 사이에 최립이 지
은 〈아계공기성록발(鵝溪公箕城錄跋)〉을 볼 때 이 무렵 목판으로 간행된
것으로 보인다.14) 지금 전하는 《아계유고》는 이 《기성록》에 그 뒤의
일부 시문을 합쳐서 간행한 것으로 추정된다.

　《기성록》의 권1과 권2에는 시가 실려 있고 권3에는 '잡저(雜著)'라
는 이름으로 산문이 실려 있다. 그런데 권2 다음에 이산해가 1594년
여름에 쓴 발문이 실려 있다. 발문에서 "직접 율시와 고시, 절구 약간
수를 직접 베껴 그 이름을 기성록이라 하였다(手寫律詩古詩絶句若干首, 目
之曰箕城錄)"고 되어 있어 원래의 《기성록》은 시만으로 구성된 것처럼
기술되어 있다. 그러나 최립의 발문에는 시와 문을 함께 논하고 있다.
이로 보아 원래의 《기성록》은 시와 산문을 구분하지 않고 제작 순서
대로 편집이 되었다가 인쇄할 때 시와 문을 나누었을 수도 있고, 원래
시집으로만 되어 있었는데 인쇄할 때 문을 덧붙인 것으로 볼 수도 있
다. 산문은 일반적인 문집의 편제와 달리 기(記), 설(說), 전(傳), 서(序)
등이 들쑥날쑥 배치되어 있어 제작 날짜에 따라 정리한 것으로 보아
야 할 것이다. 시 또한 제작 시기를 따른 배열임을 고려한다면 전자의

---

14) 이에 대해서는 《한국문집총간》의 해제에 자세하다. 독립적인 형태의 《기성록》은 안동대
　　학과 영남대학에 목판본이 전한다.

가설을 따르는 것이 타당할 듯하다.

권3에 실린 산문의 내용부터 먼저 검토하기로 한다. 그 내용을 간단히 표로 정리하면 오른쪽의 표 9-1과 같다.

《신증동국여지승람》의 〈평해〉조는 다른 군과 마찬가지로 건치연혁(建置沿革), 관원(官員), 군명(郡名), 성씨(姓氏), 형승(形勝), 산천(山川), 토산(土産), 성곽(城郭), 관방(關防), 봉수(烽燧), 누정(樓亭), 학교(學校), 역원(驛院), 불우(佛宇), 사묘(祠廟), 고적(古蹟), 명환(名宦), 인물(人物), 효자(孝子) 등으로 구성되어 있는데, 이에 해당하는 기본 정보는 모두 위의 〈기성풍토기(箕城風土記)〉에 수록되어 있으며 나머지 정보 또한 제영을 제외하면 위의 글에 대부분 수록되어 있다. 예를 들어 〈기성풍토기〉에 "민가 근처엔 대부분 대, 탱자, 모과, 호도 등을 심고, 과일로는 감, 배, 대추, 밤, 복숭아, 살구, 능금 등이 있으나 모두 맛이 좋지 않다. 꽃으로는 신날래, 철쭉, 동백이 있으나 모두 빛깔이 옅고 해당화만이 가장 성대히 핀다. 왕왕 매화가 일찍 피는데 가지가 촘촘한 것이 마치 산살구와 같다. 잡히는 어종(魚種)은 은어, 복어, 광어, 방어, 대구, 문어 등인데 맛이 그다지 좋지 않다"[15]라 한 대목은 《신증동국여지승람》의 〈토산〉조에 "죽전(竹箭)은 고을 동남쪽 산에서 나온다. 방어·광어·문어·대구[大口魚]·송어·적어(赤魚)·고등어[古刀魚]·연어(鰱魚)·황어(黃魚)·은어[銀口魚]·삼치[麻魚]·복어·홍합·회세합(回細蛤)·자해(紫蟹)·해삼·미역·김[海衣]·해달(海獺)·꿀·송이·석이버섯·자초(紫草)·인삼·지황·복령·산무애뱀[白花蛇]"이라 하여 단순한 나열에 그친 것과 비교가 된다. 〈기성풍토록〉이라는 제목이 김정의 〈제주풍토록〉을 연상하게 한다.

---

15) 〈箕城風土記〉(《아계유고》 47:512).

표 9-1. 기성록에 실린 이산해의 산문

제목	내용
達村記	영해의 마을 達村에 대한 기문. 勳發村도 함께 기록하였는데 孫氏와 李氏 성의 아전들이 사는 마을임. 손씨의 집에 기거함.
正明村記	越松亭 북쪽의 마을 正明村에 대한 기문. 벗 黃應淸(淸之)이 사는 곳으로 효성으로 旌閭를 받았음.
蔚陵島說	울진에 속한 울릉도에 대한 說. 평해의 召公臺에서 울릉도가 보임.
沙銅記	望洋亭 남쪽에 있는 마을 沙銅에 대한 기문. 黃應淸의 조카 黃汝一이 사는 마을임.
梧谷蓮塘記	평해 북쪽의 마을 梧谷의 蓮塘에 대한 기문. 아전 孫氏가 연을 심음.
八仙臺記	達村 인근의 八仙臺에 대한 기문. 자신의 유배로 인하여 謫仙臺라는 이름일 생길 것이라 함.
鷹巖記	평해의 남산 아래 바닷가에 있는 鷹巖에 대한 기문.
黃保村記	黃保洞에 있는 黃保村에 대한 기문. 1592년 郭幹의 집에 살았음. 1594년 지은 글로 추정됨. 주민들의 풍속과 함께 越松橋, 修眞寺 등을 언급함.
馬巖記	평해 관아 인근의 들판 馬巖에 대한 기문. 탱자숲과 솔숲 등에 대해 기록.
牛巖記	牛巖山 牛巖寺의 인근의 牛巖에 대한 기문. 達村에 살 때 방문함.
茶川記	黃保村의 茶川에 대한 기문. 마을 주민들은 종이를 생산하여 생계를 꾸림.
海月軒記	馬岳 아래 沙銅 黃汝一의 海月軒에 대한 기문.
安堂長傳	黃保里에 사는 기인 安元吉(자는 善元)의 전.
安孝子傳	서얼 신분의 효자 安應俊의 전.
安主簿傳	황보리에 사는 난쟁이 安應國의 전. 主簿는 키가 작은 사람의 별명임.
越松亭記	越松亭에 대한 기문. 모래언덕인 上水亭과 下水亭, 잠시 기거한 花塢村에 대해 기술하였으며, 萬戶浦, 堀山 등도 언급함.
鵠頭記	正明村의 鵠頭山에 대한 기문.
海濱蜑戶記	餘音, 栗峴, 鷗尾, 蟹津, 正明, 朴谷, 表山, 長汀, 陶峴, 望洋亭, 沙銅 등 천민 주거지역에 대한 기문. 처음 유배왔을 때 沙銅 西京浦에 잠시 머물렀음.
望洋亭記	望洋亭에 대한 기문.
西村記	八仙臺 서쪽 마을인 西村에 대한 기문.
贈玉寶上人序	達村으로 찾아온 금강산에 사는 玉寶上人을 보내는 서문.
遊修眞寺記	황보촌 서쪽의 修眞寺에 대한 기문.
遊廣興寺記	八仙臺 남쪽의 廣興寺에 대한 기문.
遊仙巖寺記	팔선대 서쪽의 仙巖寺에 대한 기문.
遊白巖寺記	白巖山에 있는 白巖寺에 대한 기문.
金原城傳	임진왜란 때 전사한 원주목사 金悌甲의 전.
竹棚記	1594년 달촌에서 다시 예전에 살던 花塢村으로 이주하여 피서를 위해 대나무로 지은 다락집에 대한 기문.
循吏傳	무관 출신으로 평해군수가 되어 온 이가 선정을 베푼 것을 기록한 전.
箕城風土記	평해의 기후, 산업, 풍속, 성씨 등을 기록한 기문.

또 인물, 효자에 대해서는 몇 편의 전(傳)을 통하여 자세히 적었다. 《신증동국여지승람》에는 자연부락에 대한 정보가 거의 없지만 〈기성록〉에는 달촌, 정명촌, 황보촌, 서촌, 사동 등 여러 부락에 대해 매우 자세한 기록을 남겼다. 부락의 풍속에서부터 주민의 성씨와 신분에 대해서도 비교적 자세하다. 〈달촌기〉(《아계유고》 47:491)에서는 달촌의 자연지리에 대해 상세하게 적은 다음 "이 마을에는 손씨(孫氏)와 이씨(李氏)들이 사는데, 무지한 군의 아전들이다. 내가 손씨의 집에 세를 들어 산 지 봄부터 여름까지 거의 다섯 달이 되었다. 집은 뜰이 없고 겨우 서너 칸에 기와와 띠풀, 나무껍질로 지붕을 이었는데 나무껍질이 그 반을 차지한다. 불을 때면 매캐한 연기가 늘 방안에 가득하고 비가 오면 도롱이와 삿갓을 쓰고 앉아 있어야 했다"고 썼다. 또 〈해변연호기(海濱蜑戶記)〉에서는 사동의 서경포에 대해 기록하면서 평해 지역 천민의 주거시에 대해 상세히 적었다.

이 포구는 바다와의 거리가 수십 보가 채 되지 않는다. 띠풀과 왕대 사이에 민가 십여 채가 보이는데, 집은 울타리가 없고 지붕은 겨릅과 나무껍질로 이었다. 맨땅에 한참을 앉았노라니, 주인이 관솔불을 밝혔다. 사방 이웃에서 사람들이 구경하러 모여들었는데 남자는 쑥대머리에 때가 낀 얼굴로 갓도 쓰지 않고 바지도 입지 않았으며 여자는 어른 아이 할 것 없이 모두 머리를 땋아 쇠비녀를 지르고 옷은 근근이 팔꿈치를 가렸다. 말은 새소리처럼 괴이하여 알아들을 수가 없었다. 방으로 들어가니 비린내가 코를 진동하여 구역질이 나려 하였다. 한참 뒤에 밥을 차려 왔는데 소반이며 그릇이 모두 악취가 나서 가까이할 수 없었다. 주인 할아범과 할멈이 곁에서 수저를 들라고 권하여 먹어보려 하였지만 도저히 먹을 수가 없었다. 이에 내가 몹시 놀라, 시골 벽지에는 반드시 별종의 추한 인종이 세상에는 알려지지 않은 채 살고 있나 보다 생각하였다. 그 후

사람들에게 물어본즉 이곳이 이른바 바닷가의 미개한 사람들의 마을로 평해에

만 열한 곳이 있는데 여음(餘音), 율현(栗峴), 구미(鷗尾), 해진(蟹津), 정명(正

明), 박곡(朴谷), 표산(表山), 장정(長汀), 도현(陶峴), 망양정(望洋亭) 등이며 사

동(沙銅)도 그중 하나라 하였다.

〈해변연호기〉(《아계유고》 47:503)

조선시대 천민의 주거지역에 대한 희귀한 자료라 할 만하다. 어떠

한 지방지에도 이러한 정보가 담겨 있지 않다. 《기성록》은 평해 지역

의 지리와 풍속을 어떠한 지방지보다 자세하게 기록하였다는 특징이

있다.

《기성록》의 중심을 이루는 것은 시이므로, 당연히 《기성록》에 수

록된 한시는 평해의 〈제영〉으로 넣어도 손색이 없는 작품이 매우 많

다. 특히 〈제영〉에는 집경시(集景詩)가 많이 수록되었는데,16) 이산해는

평해 도처에 대한 집경시를 제작하였다. 다음의 집경시를 보자(504쪽

표 9-2 참조).

이 작품 가운데 가장 의미가 큰 것이 평해팔경(平海八景)이다. 평해는

이미 고려시대부터 망사정(望槎亭), 풍월루(風月樓), 월송정(越松亭), 망

양정(望洋亭) 등의 누정이 있어 안축(安軸), 이달충(李達衷), 이곡(李穀),

정추(鄭樞) 등의 시제(詩題)에 올랐으며, 사라진 풍월루를 제외하고는

조선시대에 들어서도 관동 최고의 명소로 시인들의 붓끝에서 시로 그

려졌다. 특히 망양정은 채수(蔡壽)가 관동 최고의 절경으로 꼽은 곳이

다. 망양정에는 영휘원(迎暉院)이 있어 나그네들이 묵을 수 있었다. 그

곁의 벼랑 위로 솟은 임의대(臨漪臺)는 7~8인이 앉아 놀 수 있었는데,

---

16) 집경시에 대해서는 안장리, 《한국의 팔경문학》, 집문당, 2002에 자세하다.

표 9-2. 기성록에 실린 이산해의 집경시

제목	내용
黃保八咏贈安善元	竹園棲禽 村蹊樵唱 林亭俯禊 岳寺尋僧 花村喚酒 越松步月 梅花春雨 枳林秋色
郭氏莊十六詠效潁濱體	後嶺 前溪 竹 柿 梨 木瓜 栗 桑 松 梅 杏 槐 南亭 南塘 東澗 西澗
箕城舊有八景徐四佳先爲古詩八篇鋪張其勝名公文士之往來者多次其韻但其中通濟菴爲野火所燒望槎亭不如望洋亭之勝故余今以繼祖代通濟以望洋代望槎仍賦八絶	越松亭 八仙臺 鯨波海 溫湯井 鳥道棧 海棠岸 繼祖菴 望洋亭
草堂雜咏十首	茅簷 綠陰 槐根 村翁 野徑 尋僧 淸曉 柳塘 落日 游子
越松僑舍二十詠	松林 官路 北橋 東川 浦樓 沙阜 西郊 玉落 鹽竈 漁笒 驛店 鷗村 鉢岳 堀峯 後溪 棠洲 小艇 巾車 草堂 竹扉

매우 높아 그곳에 서면 아래의 땅이 보이지 않을 정도였다고 한다. 여기서 북쪽으로 100보쯤 떨어진 곳에 조도잔(鳥道棧)이라 불리는 험한 산길이 있어 지나는 이들의 발걸음을 멈추게 하였다.

이러한 곳이기에 조선 초기 서거정(徐居正)은 평해의 아름다운 풍광 여덟 가지를 골라 〈평해팔영〉으로 노래하였다.17) 그는 월송정, 조도잔, 망사정 외에, 맑은 물결을 마주하는 높은 언덕 임의대, 해당화 피어 있는 해안 해당안(海棠岸), 고래처럼 큰 파도가 넘실거리는 바다 경파해(鯨波海), 온천욕을 즐길 수 있는 백암산의 탕목정(湯沐井), 그리고 지금은 위치를 알 수 없는 암자 통제암(通濟菴) 등을 평해의 여덟 가지 승경으로 꼽았다. 이후 평해를 찾은 사람들은 주로 서거정이 정한 팔경에 따라 시를 지었다.18)

---

17) 서거정, 〈平海八詠〉(《四佳集》 11:188).

18) 훗날 평해팔영은 서거정의 시에 차운한 것과 成俔의 〈平海八詠〉(《虛白堂集》 14:306)에 차운한 계열로 나누어진다. 崔演의 〈次徐四佳平海八詠韻〉(《艮齋集》 32:70)과 具思孟의 〈箕城八詠用徐四佳元韻〉(《八谷集》 40:492)은 서거정의 시에 차운한 작품이고, 沈彦光의 〈次平海八詠〉(《漁村集》 24:136)은 성현의 시에 차운한 것이다. 조선 후기 평해팔영은 보이지 않는다.

그런데 이산해가 평해에 이르렀을 때 통제암은 이미 불타 없어진 뒤였다. 이에 그는 평해팔경에 통제암 대신 백암산 남쪽 기슭의 계조암(繼祖菴)을 넣었고, 망사정보다 망양정의 풍광이 더욱 아름다워 망양정을 새로 넣었다. 그리고 탕목정은 이산해 당시에 없어진 것으로 보이는데 이산해는 대신 팔선대(八仙臺)를 넣었다. 팔선대는 태봉(胎峯) 아래쪽, 백암산에서 발원한 남대천(南大川)의 지류인 수정계(水精溪) 곁에 있었다.19) 팔선대와 계조암 등은 이산해의 글에서만 확인되므로 이산해가 발견한 명승이라 하겠는데 이산해 이후에는 다시 잊혀져 문헌에서 확인되지 않는다.20) 망양정은 고려 이래 평해를 대표하는 정자였지만 서거정에 의하여 팔경으로 인정되지 못하다가 이산해에 이르러 팔경에 편입되었다.21) 19세기 말에 편찬된 《평해읍지》(규장각소장본)에는 이산해의 〈평해팔경〉이 〈군중팔영(郡中八詠)〉으로 실려 있으며, 〈망양정〉도 〈누정〉조에 수록되어 있다.

이산해의 집경시 가운데 〈월송교사이십영(越松僑舍二十詠)〉도 주목된다. 이 작품은 〈송림(松林)〉, 〈관로(官路)〉, 〈북교(北橋)〉, 〈동천(東川)〉, 〈포루(浦樓)〉, 〈사부(沙阜)〉, 〈서교(西郊)〉, 〈옥락(玉落)〉, 〈염조(鹽竈)〉, 〈어구(漁笱)〉, 〈역점(驛店)〉, 〈구촌(鷗村)〉, 〈발악(鉢岳)〉, 〈굴봉(堀峯)〉, 〈후계(後溪)〉, 〈당주(棠洲)〉, 〈소정(小艇)〉, 〈건거(巾車)〉, 〈초당(草堂)〉, 〈죽비(竹扉)〉 등으로 구성되어 있다. 이산해가 평해에 와서 가장 먼저 살았던 곳이 월송정 곁의 화오촌(花塢村)이거니와 귀양살이가 끝날 무렵에도 바다가 보이는 월송정 근처의 송촌으로 옮겨 살았다.

---

19) 이산해의 〈八仙臺記〉(《아계유고》 47:495)에 자세하다.

20) 《평해읍지》에 계조암이 선암사 북쪽에 있던 3칸의 암자인데 당시에 이미 없어졌다고 하였다.

21) 망양정은 蔡壽의 〈望洋亭記〉(《懶齋集》 15:373)에 자세하다. 이에 따르면 그 곁에 迎暉院이 있었고 바닷가에 臨瀛臺와 鳥道棧이 있었다고 한다. 이산해도 〈望洋亭記〉(《아계유고》 47:503)를 지었다.

이산해의 초가는 규룡의 수염처럼 생긴 소나무가 늘어서 있는 월송정 바닷가의 숲속에 있었다. 그는 소나무로 문을 삼아 찾아오는 손님을 막았다. 그리고 따로 초당을 짓고 대나무로 문을 만들어 달았다. 제비꼬리처럼 굽이도는 동쪽 개울에는 부들과 갈대가 무성하였다. 모래 언덕에는 목화밭이 있고 야산에는 메밀밭이 있었다. 바다에는 사람들이 발악(鉢岳)이라 부르는 바위섬이 있는데, 마치 연꽃 한 송이가 바다에 피어난 듯하였다. 마을에는 갈매기가 많아 백구촌(白鷗村)이 되었다. 마을 뒤편의 열두 곳 개울은 거문고 소리를 내면서 졸졸 흐르는데 앞산에 달이 뜨면 황금이 튀어오르는 듯하였다. 봄바람이 부는 석양빛 아래에는 해당화가 10리에 펼쳐져 비단처럼 펄럭였다.

이산해는 작은 배나 휘장을 친 수레를 타고 그 주위를 오갔다. 흥이 일면 거문고를 끼고 북쪽의 개울로 나아가 그 위에 놓인 다리에 서서 물고기를 구경하였다. 월송정 동쪽 야산에는 오래된 성이 있고 그 위에 누각이 있어 파도소리에 어우러지는 달빛을 즐길 수 있었다. 해변에서 높고 낮은 모래언덕을 밟노라면 말발굽에 해당화 꽃잎이 날리는 것도 즐거운 볼거리였다. 서쪽 황보촌의 누렇게 익어가는 곡식을 바라보기도 하였다. 마을을 어슬렁거리면서 소금을 굽느라 모래톱에 불을 지핀 채 곯아떨어진 노인네를 보고, 어부가 어량(魚梁)을 쳐놓고 바다로 나가 은빛 물고기를 건지는 모습도 보았으며, 갈림길에 있는 굴봉을 향해 소원을 비는 사람들도 보았다.

지금은 사라졌지만 월송정 곁에는 못이 있었다. 이산해는 봄날 풀이 돋고 꽃이 피면 그곳에 작은 배를 띄우고 물새와 더불어 놀았다. 다음의 시는 바로 월송정의 물가에서 지은 것이다. 이산해는 월송포에 배를 띄워 달빛을 받으며 해당화 향기를 즐겼다. 월송정 해안에는 해당화뿐만 아니라 흰 연꽃도 피어, 단오 무렵이면 향기가 10리까지 퍼

졌다. 이산해는 피로한 줄도 모르고 매일 노새를 타고 평해의 물색을
즐겼다.

월송정에서 동쪽에는 바다가 하늘처럼 보이는데   越松東望水如天
모래톱의 물새는 물안개를 헤치고 날아오르네.   點點沙禽破渚烟
십 리에 펼쳐진 해당화뿐 사람은 보이지 않는데   十里海棠人不見
어부의 집 두어 채가 저녁 햇살 속에 나타나네.   兩三漁戶夕陽邊

〈물가의 정자(水亭)〉(《아계유고》47:457)

〈월송교사이십영〉은 하나하나가 가히 평해의 죽지사(竹枝詞)라 할
만하다. 그래서 훗날 편찬된 《평해읍지》의 〈누정〉조 〈월송정〉에 이
작품 가운데 〈송림(松林)〉, 〈북교(北橋)〉, 〈동천(東川)〉, 〈포루(浦樓)〉,
〈사부(沙阜)〉, 〈발악(鉢岳)〉, 〈굴봉(堀峯)〉, 〈역점(驛店)〉, 〈구촌(鷗村)〉,
〈후계(後溪)〉, 〈당주(棠洲)〉 외에 위의 〈수정(水亭)〉을 더하여 이십경시
(十二景詩)로 편입하였다.22)

《평해읍지》에 실리지 않았지만 〈황보팔영증안선원(黃保八咏贈安善
元)〉, 〈곽씨장십육영효영빈체(郭氏莊十六詠效潁濱體)〉, 〈초당잡영십수(草
堂雜咏十首)〉 등도 평해의 제영으로 소개할 만한 작품이다. 〈황보팔영증
안선원〉은 황보리에 살던 안원길(安元吉, 자는 善元)에게 지어준 시로,23)
〈죽원서금(竹園棲禽)〉, 〈촌혜초창(村蹊樵唱)〉, 〈임정수계(林亭脩禊)〉, 〈악
사심중(岳寺尋僧)〉, 〈화촌환주(花村喚酒)〉, 〈월송보월(越松步月)〉, 〈매화춘
우(梅花春雨)〉, 〈지림추색(枳林秋色)〉으로 구성되어 있다. 대숲에 깃들인

---

22) 《평해읍지》에는 이밖에도 황여일의 집에서 지은 〈海月軒〉도 수록되어 있다.
23) 이산해는 평범하지만 행실이 바른 점을 주목하여 〈安堂長傳〉(《아계유고》47:499)를 지은
    바 있다.

새소리를 듣는 일[竹園棲禽], 나무꾼이 소에 땔감을 싣고 풀피리를 불거
나 어사용을 부르며 시골길을 가는 것을 보는 일[村蹊樵唱], 숲 속의 정
자에서 시골노인들과 계회를 즐기는 일[林亭修禊], 노을 속에 산사로 가
서 노승을 만나 밤새 이야기를 나누는 일[岳寺尋僧], 눈 내린 밤 화오촌
에서 술을 받아 마시는 일[花村喚酒], 월송정 솔그림자 아래에서 달빛을
구경하는 일[越松步月], 봄비가 내린 뒤 꽃을 피운 매화를 감상하는 일
[梅花春雨], 가을날 하얀 서리 속에 노랗게 물든 탱자숲을 보는 일[枳林秋
色]이 바로 그것이었다. 이산해는 초라하긴 하지만 자신이 즐길 여덟
곳의 명승을 정하고 이를 팔경시로 노래한 것이다. 〈촌혜초창〉을 보자.

뉘엿뉘엿 지는 해에 시냇가로 내려오니	斜陽冉冉下溪滸
말과 소에 섶을 잔뜩 싣고 이랴이랴 몰아가네.	叱馬驅牛盡載薪
목동의 피리 잦아들자 나무꾼의 어사용 이어지니	牧笛吹殘樵唱繼
이곳에서 오히려 태평시대의 백성이 되겠구나.	一區猶作大平民

〈황보팔영을 지어 안선원에게 주다. 시골길 나무꾼의
노랫가락(黃保八咏贈安善元 · 村蹊樵唱)〉(《아계유고》 47:448)

이산해는 다시 황보촌 곽간의 집에서 보이는 16가지 아름다운 경치
를 골라 이를 연작시로 노래하였다. 〈곽씨장십육영효영빈체〉가 바로
이 작품이다.24) 지겨운 줄 모르고 뒷산에서 말을 타며 노닐었고 앞개
울에 나아가 발을 씻었다. 곽간의 집에는 대나무, 감나무, 밤나무, 모
과나무, 배나무, 뽕나무, 소나무, 매화나무, 살구나무, 느티나무 등 많
은 나무가 있었는데, 하나하나에 모두 시를 지어 붙였다. 남쪽의 못과

---

24) 蘇轍의 문집에 〈和文與可洋州園亭三十詠〉 등 연작시가 실려 있지만 穎濱體가 정확히 어떤
시를 가리키는지는 확인하지 못하였다.

그 곁의 정자, 동쪽과 서쪽의 개울도 시로 담아내었다. 〈초당잡영십수〉 또한 비슷한 시기 평해에서의 삶을 연작시로 노래한 것이다. 이 작품은 〈모첨(茅簷)〉, 〈녹음(綠陰)〉, 〈괴근(槐根)〉, 〈촌옹(村翁)〉, 〈야경(野徑)〉, 〈심증(尋僧)〉, 〈청효(淸曉)〉, 〈유당(柳塘)〉, 〈낙일(落日)〉, 〈유자(游子)〉 등 평범한 평해 시골의 풍광을 맑게 노래한 것이다.

산촌에서 막걸리 사다 마시고	自買山村酒
서쪽 이웃에서 잔뜩 취해 돌아와	西郊盡醉歸
숲속 정자에 누워 잠들었더니	林亭臥不起
밝은 달빛이 도롱이에 가득하네.	明月滿簑衣

〈초당잡영 10수 · 시골노인(草堂雜咏十首 · 村翁)〉(《아계유고》 47:477)

이산해가 평해에 머문 것은 3년 남짓이다. 길지 않은 기간 동안 유배지에서 이산해는 평해의 풍물을 아름다운 시문에 담아내었기에 《기성록》 자체가 하나의 지방지라 할 만하다. 위에서 든 작품 외에도 송포(松浦), 홍대(鶴臺), 수진사(修眞寺), 태수담(太守潭), 납량대(納涼臺), 임한당(任閑堂), 백암산(白巖山) 등 여러 곳을 시에 담았고, 또 산문에서 평해의 인물과 풍속을 자세하게 기록하였다.

4. 맺음말

지금까지 이산해가 평해로 유배가서 겪은 생활상을 살피고, 이어 《기성록》이 '읍지'로서의 기능을 충실하게 할 수 있을 정도로 평해의 산수와 인물, 풍속에 대해 충실하게 기록하고 있음을 확인하였다. 아울러 그가 제작한 일련의 연작시가 읍지의 제영으로 두기에 부족함이 없음도 함께 살폈다. 조선 초기 이후 유배가 사대부의 일상으로 되어 감에 따라 유배문학이 다양하게 발전하였는데, 특히 이산해의 《기성록》에 보이는 유배문학은 이행과 김정으로부터 이어지는 지리지적 성격을 더욱 확대·발전시켰다는 점에서 큰 의의를 부여할 수 있다.

■ 참고문헌

《懶齋集》《柏谷詩集》《四佳集》《아계유고》《용재집》《평해읍지》

안장리, 《한국의 팔경문학》, 집문당, 2002.

김경숙, 〈조선시대 유배길〉, 《역사비평》 통권 67호, 2004년 여름.
양보경, 〈16~17세기 邑誌의 편찬배경과 그 성격〉, 《대한지리학회지》 18호, 1983.
이종묵, 〈유배지 평해를 빛낸 이산해〉, 《조선의 문화공간(2)》, 휴머니스트, 2006.
이종묵, 〈조선전기 위리안치의 체험과 그 형상화〉, 《한국문화연구》 9집, 이화여대 출판부, 2005.
池哲瑚, 〈朝鮮前期의 流刑에 관한 硏究〉, 서울대 석사논문, 1984.

아계 이산해의 서풍(書風)

이 완 우
한국학중앙연구원

1. 이산해의 글씨에 얽힌 일화

조선시대 여느 명필처럼 조선 중기 선조연간의 문신이자 명필인 아계(鵝溪) 이산해(李山海, 1539~1609)에게는 그의 타고난 글씨 재주에 관한 여러 일화가 전한다. 그 가운데서 이른 시기의 것으로 야족당(也足堂) 어숙권(魚叔權, 16세기 전반)의 《패관잡기(稗官雜記)》에 흥미로운 이야기가 실려 있다.

박경(朴耕, ?~1507)의 아들 박눌(朴訥)이 나이 여덟 살에 대자(大字)를 쓰는데, 호랑이와 표범이 나면서부터 이미 소를 먹는 기개가 있는 것과 같았다. 탁영(濯纓) 김일손(金馹孫, 1464~1498) 공이 그 글씨를 취해 병풍을 만들어 독서당(讀書堂)에 두고 또 글을 지어 총애하니, 선배의 재주 아낌이 이와 같았다.

근래에 신동 이산해가 있는데 선비 이지번(李之蕃, 1508~1575)의 아들이다. 나이 다섯 살에 초서에 능해 힘차고 노숙하며[遒勁老熟], 특히 대자를 좋아하여

한 개 글자를 쓰면 한 벽이 차버린다. 글씨를 쓸 때마다 발바닥에 먹이 묻어 종이에 찍히는 줄도 모르니 볼수록 더욱 기이하다. 박눌로 보면 나이가 배나 적으며 글씨 또한 훨씬 뛰어나다. 한때 이름난 분과 재주 있는 사람이 몰려와 글씨를 구하니 수레와 말이 문을 막을 정도였다. 붓과 벼루를 주면 사양하고 받지 않았으며 간혹 붓 한 자루만을 취하였다. 재주가 탁월할 뿐만 아니라 그 기식(器識: 器量과 識見) 또한 남다르니, 앞으로 나갈 길이 장차 얼마일지를 헤아릴 수 없다. 그가 탁영과 때를 같이 하여 그 웅장한 글[雄文]이 크게 펼쳐짐을 얻어 그와 더불어 천만 년 후세에 함께 전해지지 못함이 안타깝다.1)

또 사위 한음(漢陰) 이덕형(李德馨, 1561~1613)이 지은 이산해의 묘지명(墓誌銘)에는 이산해가 어렸을 적의 이야기와 더불어 1589년(선조 22) 기축옥사(己丑獄事) 뒤 노년에 산수를 좋아하여 간흥이 일면 시를 짓고 글씨를 쓰며 그림과 독서를 즐겼음을 언급한 것이 있다.

(公은) 태어나면서 남다른 자질이 있었으니 아직 말도 모르면서 이미 글씨를 알았다. 집에 동해옹(東海翁: 明 張弼)의 초서가 벽에 걸려 있었는데, 유모를 끌어 안겨보더니 기뻐하며 손가락으로 획을 그었다. 다섯 살에 공부하기 시작했는데, 토정공(土亭公: 숙부 李之菡)이 태극도(太極圖)를 가르쳤더니 한 마디 말에 바로 천지음양의 이치를 알아 …… 여섯 살에 대자서(大字書)를 능하게 썼는데, 붓을 쥐고 뒤뚱거리며 휘두르는데도 자형이 씩씩하고 큼직하여[壯偉] 마치 용이 서려 있는 듯, 범이 덮치려는 듯한[龍挐虎攫] 모양이었다. 한때 이름난 분

---

1) 魚叔權,《稗官雜記》4, "朴耕之子訥, 年八歲作大字, 如虎豹之生, 已有食牛之氣, 濯纓金公取其書作屛, 置讀書堂, 又作文以龍之, 前輩之愛才如此. 近有神童李山海, 士人之蕃之子也. 年五歲能草書, 遒勁老熟, 尤喜大字, 作一箇字滿一壁. 每臨寫, 足掌染墨, 不覺印紙, 見之尤奇. 其視朴訥, 年倍少, 而筆又迥絶, 一時名公才子, 坌集求書, 車馬塞門. 贈以筆硯, 謝不受, 或只取一管筆. 不特才之卓越, 其器識亦異, 前途之進, 將不可量也. 惜其不得與濯纓同時, 得其雄文之張大, 與之俱傳於千萬世也."

과 귀한 사람 가운데 그를 부르거나 찾아와 필적을 구하지 않은 사람이 없었고 모두 신동이라 지칭했으니, 예를 들어 을사년(1545년 을사사화)에 죄를 입은 제현(諸賢)이 모두 공과 더불어 노시던 분들이다. ……

어려서부터 세간의 정[世情]을 덜어 간략히 하니, 근심거리가 닥치고 횡포가 더해져도 나의 마음[吾心]에 되돌릴 뿐 원망하거나 탓하는 바 없었으며, 그래서 그가 외지에서 떠돌아다녔던 것이다. 혹 말 한 마리와 동자 하나를 데리고 산수를 오가며 그저 외로운 구름, 외딴 섬과 더불어 형해(形骸)의 밖에서 담담하였다. 때로 경물을 마주하여 느낌 때가 있으면, 흥을 붙이고 회포를 풀어 문득 시가(詩歌)로 읊어 나타내고, 붓을 대면 세찬 필세가 날아 움직이는 듯하니[凌厲飛動] 대다수 스스로 체득한 것이다. 수묵(水墨) 그림을 잘 그렸으나 남에게 보이지 않았으며, 때로 옛 그림을 보면 융화로운 정신으로 감상하였다. 책을 보면 열 줄씩 읽어 내려갔는데 또 일찍이 책 읽는 것을 본 적이 없다. 하서(河西) 김인후(金麟厚, 1510~1560) 선생이 말씀하기를 "공의 시문은 공중누각(空中樓閣)에 비유되니 천분에서 나오지 않은 것이 없다" 하였는데, 만약 공이 독서에 공력을 들였다면 그저 세속의 말이 되었을 것이다.[2]

이덕형은 장인의 어린 시절의 대자서에 대해 "자형이 씩씩하고 큼직하여 마치 용이 서려 있는 듯, 범이 덮치려는 듯한 모양이었다" 하였고, 노년의 글씨에 대해 "세찬 필세가 날아 움직이는 듯 써내니"라 하였으며, 묘지명 말미의 명(銘)에서는 "시문은 배워서 도달한 것이 아

2) 李德馨, 《漢陰文稿》 권13, 〈輸忠翼謨光國推忠奮義協策平難功臣大匡輔國崇祿大夫議政府領議政鵝城府院君李公墓誌銘 幷序〉, "生有異質, 未解語, 已知書. 家有東海翁草書掛壁, 引姆抱看, 欣然指畫. 五歲始受學, 土亭公敎以太極圖, 一語便知天地陰陽之理, …… 六歲, 能作大字書, 握筆蹣跚揮灑, 字形壯偉, 若龍挐虎攫之狀. 一時名公鉅人, 無不招尋求筆蹟, 共指爲神童, 如乙巳被罪諸賢, 皆公所與遊者. …… 自幼脫略世情, 憂傷之激, 橫暴之加, 只反諸吾心而無所怨尤, 故其流落在外也. 或匹馬單童, 往來山水, 直與孤雲獨鳥, 澹然於形骸之外. 有時對景感時, 寓興遣懷, 輒形諸吟詠, 下筆淩厲飛動, 多自得者. 善作水墨圖, 不以示人, 時遇古畫, 融神賞會. 看書十行俱下, 亦未見嘗讀書也. 河西金先生謂, 公之詩文, 譬如空中樓閣, 無非出自天分, 若着工讀書, 則便是塵土語矣."

니요 글씨는 하늘로부터 얻은 것이라. 집안의 명성을 떨치고 드날리니 가정(稼亭: 李穀)과 목은(牧隱: 李穡)보다 빛났다"고 하여 이산해의 천부적인 자질을 찬미하였다.3)

이러한 찬미는 《아계유고(鵝溪遺藁)》 말미에 실린 〈연보(年譜)〉에도 보이는데, 그 가운데 여섯 살 때의 대자서 일화는 이전의 기록에 실린 대자서 일화보다 찬미하는 내용이 첨가되고 일부 과장되거나 변형되는 등 극찬의 단계를 보여준다.

공(公)이 대자서를 쓰는데, 붓을 쥐고 뒤뚱거리며 휘두르는데도 자형이 씩씩하고 큼직하여 마치 용이 서려 있는 듯, 범이 덮치려는 듯하였으며, 쓰기를 마치면 먹으로 발자국을 찍었다. 한때 이름난 분과 귀한 사람 가운데 그를 부르거나 찾아와 필적을 구하지 않은 사람이 없었고, 수레와 말이 줄을 잇고 손님이 집겹이 쌓여 당판(堂板)이 눌려 기울 정도였으니, 모두 신동이라 불렀다.

이에 앞서 서울에 '서소문자대필(西小門子大筆)'이란 동요가 나돌았는데, 이때에 이르자 사람들이 과연 그렇다고 여겼다. (혹 메는 가마를 보내 데려갔는데 글씨를 그치면 진수성찬을 차리고 모든 진완(珍玩)과 채관(彩管), 보묵(寶墨)을 앞에 늘어놓아도 공은 다른 것에 조금도 돌아보지 않고, 움직임을 단중히 하며 태연하게 마음을 두지 않았으니, 이를 본 사람들은 크게 될 그릇임을 알게 되었다)

당시 취부(醉夫) 윤결(尹潔, 1517~1548)과 안명세(安命世, 1518~1548) 공은 모두 일세의 명류였는데 매일같이 찾아오지 않는 날이 없었다. 취부가 일찍이 어떤 자리에서 시를 지어주기를,

---

3) 李德馨, 위 묘지명, "詞非學到, 筆自天得, 振揚家聲, 光于稼牧."

장욱은 옛날 동오(東吳)의 정수로 불리니,

일흥(逸興)이 꼭 석 잔 안에 된 건 아니네.

아직도 성대한 명성은 강하와 같아,

지금 천 년이 흘러도 없어지지 않았네.

이씨의 아이는 어떤 애인가?

슬하에서 이미 전에 없던 애임을 깨달게 되었지.

여섯 살에 붓 잡으매 크기가 빗자루 같고,

종이 위를 뒤뚱거리며 나가고 물러서네.

긴 건 한 길 넘고 짧은 건 한 자 넘으며,

곧은 건 난간이요 굽은 건 쟁기라.

기쁠 땐 순조롭다가 성낼 땐 매우 세차니,

굳세고 빼어나며 기개가 있네.

당 가득 채운 손님 놀라고 감탄하니,

칭찬할 겨를도 없이 입만 벌릴 뿐.

내가 한 번 보고 마음으로 감동하니,

감탄에 감탄을 하고 또 감탄을 했네.

정신과 담력은 누가 모은 것인가?

이전 옛날에서 찾아봐도 짝할 이 드므네.

내게 특이한 인재를 주신 하늘에 감사하며,

다른 해도 성스런 시대임을 경하하네.

모름지기 명철한 덕을 잘 길러,

길이 동인(東人)으로 하여금 경애하게 되기를.

라고 하였다. 성암공(省庵公: 부친 李之蕃)은 그 이름이 너무 치성해지는 것을 염려하여 조용한 곳으로 옮겼으나 다음날 새벽에 손님이 또 문에 가득하였다. 동작강(銅雀江) 정자에 나가 지내곤 했는데 그때 퇴도(退陶) 이황(李滉, 1501~1570) 선생과 금호(錦湖) 임형수(林亨秀, 1504~1547) 등 제공이 호당(湖堂: 독서당)에서 배를 타고 찾아와 '동호의 독서당은 도가의 봉래산(東湖讀書堂道家蓬萊山)' 열 글자를 청하여 큰 병풍을 하나 만들었는데, 그 획이 마치 대들보 같았으니 지금도 호당의 고사로 전해온다. …… 그 뒤 상공 소재(蘇齋) 노수신(盧守愼, 1515~1590)이 진도로 귀양 가서 시를 보내오기를 "십이 년 동안의 일, 생각하면 봄날의 꿈결 같았네. 월송정에서 사가독서의 은혜를 입고, 동작강에 깊이 숨을 때 찾아갔지" 하였는데 바로 이 일을 가리킨다.[4)]

이밖에 이산해의 연보에는 1562년(명종 17)에 홍문관 정자(正字)를 배수한 다음날 명종(明宗)이 친히 불러 탑전(榻前)에서 경복궁의 액자(額字: 편액 글자)를 쓰게 하여 현판을 만들었다는 기록이 있다. 이러한 이산해의 타고난 사실과 명성에 관한 일화는 정조 때의 명신 번암(樊巖) 채제공(蔡濟恭, 1720~1799)이 지은 신도비문(神道碑文)에 이르러 종합되는 양상을 보인다.

그가 처음 태어날 때 토정공(土亭公: 이지함)이 그 고고지성(呱呱之聲)을 듣고 세속과 다른 아이임을 이미 점쳤다. 나이 겨우 돌이 지나면서 글자를 알았

---

4) 《鵝溪遺藁》, 〈鵝溪李相國年譜〉, 嘉靖二十三年甲辰公年六歲, "公作大字書, 握筆蹣跚揮灑, 字形壯偉, 若龍拏虎攫, 書畢墨足痕印之. 一時名公鉅人, 無不招尋求筆蹟, 車馬騈塡, 坐客疊積, 堂板爲之壓仄, 共號爲神童. 先是長安有童謠曰, 西小門子大筆, 至是, 人以爲果然(或送肩輿要之, 書罷設綺饌, 凡珍玩及彩管寶墨陳於前, 公他不少顧, 擧止端重自若不屑如也. 見者知爲遠到之器). 時尹醉夫潔安公命世, 俱一世名流, 無日不來. 醉夫嘗於座上贈詩曰, 張旭昔稱東吳精, 逸興未必三杯內, 尙且盛名如江河, 流來不泯今千載, 李氏兒何如者, 膝下已覺無前輩, 六齡抱筆大如篙, 紙上蹣跚行進退, 長過尋丈短過尺, 直爲欄架曲爲耒, 怡能妥帖怒贔屭, 雄勁俊拔有氣槩, 滿堂賓客驚且吁, 譽言不暇發其喙, 我一見之心魄動, 歔欷嗟嘆至三再, 精神膽力誰所鍾, 求之前古罕其配, 錫我異材謝天公, 且向他年賀聖代, 會須善養明哲德, 永使東人保敬愛. 省庵公憂其名太盛, 率移潛靜處, 翌曉客又滿門. 出棲銅雀江亭, 其時李退陶先生林錦湖亨秀諸公, 自湖堂乘舟來訪, 請書東湖讀書堂道家蓬萊山十字, 作一大屛, 其畫如棟樑. 至今稱湖堂故事. …… 後蘇齋相公盧守愼謫珍島, 寄詩曰, 十有二年事, 轉頭春夢忙, 月松霑暇讀, 銅雀訪深藏, 卽指此事也."

는데, 어떤 이가 세 갈래 거런대[三齒鈀]를 메고 마루 아래를 지나자 문득 "산(山) 자네" 하였다. 성암공(省庵公: 이지번)이 황고산(黃孤山: 황기로)의 초서를 얻어 벽에 붙여두고 아껴 보았는데, 어느 날 외출하고 돌아오니 종이가 꽤 더럽혀져 있었다. 이상해서 물었더니 유모는 "아이가 유모를 끌어 안겨보더니 낯빛을 기뻐하며 손가락을 아래위로 그어 그렇습니다" 하였다. 이에 성암공이 종이와 먹을 찾아오자 문득 썼는데 한 획도 틀림이 없자 사람들이 신기로워했다.

다섯 살 때 토정공이 그의 총명함을 기특하게 여겨 태극도를 가르쳤더니 한마디 말에 바로 천지음양의 이치를 알아 …… 여섯 살 때 대자(大字)를 쓰는데, 붓을 쥐고 뒤뚱거리는데도 마치 신(神)의 조화 안에서 휘두른 듯 글자체가 자연스러우며 기이하고 우뚝[奇崛]하였다. 한때 이름난 분과 귀한 사람이 날마다 문에 와 글씨를 구하니 수레와 말이 문 앞에 늘어서 막을 정도였다. 명종(明宗)이 그 이름을 듣고 병풍을 써서 올리라 명하여 공이 병풍 위를 걷고 달리며 썼더니, 특별히 그의 발자국을 그려 보이라고 명하였다. 뒤에 성암공은 아들의 명성이 너무 이르다고 걱정하여 가족을 데리고 동작강 정자로 옮겼다. 퇴도 이황 선생과 금호 임형수, 소고(嘯皐) 박승임(朴承任, 1517~1586)이 독서당에서 배를 타고 내려와 '동호의 독서당은 도가의 봉래산(東湖讀書堂 道家蓬萊山)'이란 열 대자를 써 달라고 청하여 큰 가리개를 만들어 보배로 간직하였다. 열한 살 때 처음 장옥(場屋: 과장)에 나가 놀았는데, 시험관이 공이 지은 것을 보고 놀라며 "어찌 왕자안(王子安: 唐 王勃)의 '추수장천(秋水長天)'[5]보다 아래겠는가" 하면서 그를 일등으로 뽑고 답안지를 잘라 나눠가져 갔다.[6]

---

5) 王勃(字 子安)이 어린 나이에 지은 유명한 〈滕王閣〉 구절. "萍蹤又踏章 門路正高閣 斜陽暮寂寞 一尊空弔古 秋水長天 落霞孤鶩……."

6) 蔡濟恭, 《樊巖集》 권48, 〈輸忠翼謨光國推忠奮義協策平難功臣大匡輔國崇祿大夫議政府領議政兼領經筵弘文館藝文館春秋館觀象監事世子師鵝城府院君李公神道碑銘〉, "其始生, 土亭公聞呱呱聲, 已占其不類世俗兒. 甫踏萁, 自能解字, 人有荷三齒鈀過堂下者, 遽曰山字也. 省菴公得黃孤山草書, 貼諸壁愛玩, 一日出外還, 紙頗頹汚. 怪詰之, 姆曰, 兒引姆抱看, 色欣然指劃下上而然矣. 公乃索紙筆便書, 一畫無錯誤, 人莫不神異之. 五歲, 土亭公奇其聰慧, 敎以太極圖, 一語便知天地陰陽之理,……六歲, 書大字, 握筆蹣跚, 如神化中揮灑, 字體自然奇崛, 一時名公鉅人, 日造門求之, 車馬爲之騈闐. 明廟聞其名,

이 기록은 이산해의 타고난 글씨 재주와 그가 장차 글씨로 대성하리라는 기대를 말한 것이지만, 천부성(天賦性)을 지나치게 강조한 듯하다. 또 《패관잡기》에서는 그가 더럽힌 초서가 장필의 것이었다고 하였으나 〈신도비명〉에서는 황기로의 것으로 바뀌었고, 이전에 보이지 않던 다른 내용이 첨가되기도 하였다. 여하튼 이산해 초년의 글씨에 관한 일화는 전하지만, 이를 증명해줄 만한 초년의 필적이 없어 그의 천부성을 확인할 수 없음이 안타까울 뿐이다.

그러면 이산해는 어떤 과정을 거쳐 자신의 글씨를 이루어갔을까? 오늘날 그의 필적으로 여러 묵적(墨蹟)을 비롯하여 돌판이나 나무판에 모각한 것이 전하지만, 대부분 노년의 필적이기 때문에 시기별 변화과정을 언급하기는 어렵다. 다만 이들 필적이 당시의 유행서풍과 상당히 관련되어 있다는 점에서 서풍상의 경향을 논할 수는 있다. 이를 요약하면, 해서(楷書)는 당시 유행하던 서풍과 크게 다르지 않다. 다음 작은 글자로 쓴 행초(行草)에서는 왕희지 등의 고법을 따랐으며, 중간 크기의 행초에서는 당시로서는 새로운 경향을 수용한 듯하다. 그리고 큰 글자로 쓴 초서에서는 황기로의 서풍에 바탕을 두면서 자신만의 뚜렷한 기량을 보여주었다. 이제 이산해의 필적을 비갈문(碑碣文)과 대자서(大字書), 소자행초(小字行草)와 중자행초(中字行草), 황기로 풍의 대자광초(大字狂草) 순으로 살펴보겠다.

命書進屛風, 公步走屛上以書, 特命畫其足跡以示. 後省菴公慮其聲名太蚤, 率移銅雀江亭. 退陶李先生, 林錦湖亨秀, 朴嘯皐承任, 自湖堂乘舟下, 請書東湖讀書堂道家蓬萊山十大字, 作大障以珍藏. 十一歲, 始出游場屋, 考官見公作, 驚曰, 何遽在王子安秋水長天之下, 擢置魁, 割試券分去……"

2. 비갈문(碑碣文)과 대자서(大字書)

이산해는 필명에 걸맞게 여러 비갈문을 남겼다. 그 가운데서도 대
사간(大司諫) 시절이던 1577년(선조 10)에 쓴 경주시 안강읍의 〈이언적
신도비명(李彦迪神道碑銘)〉과 1579년(선조 12)에 쓴 경기도 용인시의
〈조광조신도비명(趙光祖神道碑銘)〉이 대표적이다. 이들 신도비명의 주
인공인 회재(晦齋) 이언적(1491~1553)과 정암(靜菴) 조광조(1482~1519)
는 일찍이 율곡 이이가 '동방사현(東方四賢)'이라 일컬었듯이 김굉필(金
宏弼)·정여창(鄭汝昌)과 함께 뒤에 문묘에 배향되어 널리 흠모되었던

그림 10-1. 조맹부 〈진초천자문〉(왼쪽), 〈증도가〉(오른쪽)

인물이다. 그런 점에서 이산해의 명필로서의 위치를 짐작할 만한데,
특히 선조(재위 1567~1608) 초에 신원(伸寃)된 조광조의 신도비명을 쓴
것은 그러한 점을 반영한다.

  이산해의 비갈문 서풍은 중국 원(元)나라의 유명한 서화가 송설도
인(松雪道人) 조맹부(趙孟頫, 1254~1322)의 글씨에서 나왔다고 할 수 있
다(그림 10-1). 조맹부의 서풍은 고려 말에 들어온 뒤 조선 초에는 안
평대군(安平大君) 이용(李瑢, 1418~1453) 등을 비롯한 여러 명필이 나오
는 바탕이 되었으며, 이후 16세기로 들어서면서 차츰 우리의 미감에
맞게 토착화되어 갔다. 조맹부의 글씨, 즉 송설체(松雪體)는 필획이 완
곡연미(婉曲妍媚)하고 정제성(整齊性)이 뛰어난데, 당시 조선에서는 이
러한 특징을 덜어내고 단아근정(端雅謹正)한 쪽으로 변화시켜갔다.7)

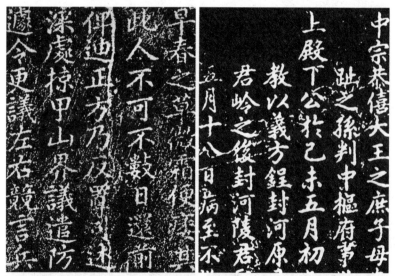

그림 10-2. 이산해 〈조광조신도비명〉 그림 10-3. 송인 〈덕흥대원군신도비명〉

7) 李完雨, 〈朝鮮時代 松雪體의 토착화〉, 《書藝學》 二 (韓國書藝學會, 2001), 249~271쪽 참조.

이산해의 비갈문 해서(그림 10-2)도 조선화된 송설체라고 할 수 있는데, 이산해보다 조금 나중에 활약한 해서 명필로서 단정한 서풍을 구사했던 여성군(礪城君) 송인(宋寅, 1516~1584)의 비문 글씨와 비교해보면 그 유사성을 쉽게 알 수 있다(그림 10-3).

　대자서는 흔히 액서(額書) 또는 액체(額體)라 부르며 현판(懸板: 또는 扁額) 등에 쓰는 큰 해서 글자를 말한다. 조선시대의 액서는 고려 말에 들어온 원나라 설암(雪菴, 14세기 전반 활동)의 서풍이 주류를 이루었다. 설암체는 점획이 매우 굵고 붓을 대거나 거두는 기필(起筆)·수필(收筆)과, 획을 틀거나 꺾는 전절(轉折) 부분이 과장되어 멀리서 보아도 뚜렷하고 강렬한 인상을 준다(그림 10-4). 이산해의 묘지명에서 말한 "여섯 살에 대자서를 능하게 썼는데, 붓을 쥐고 뒤뚱거리며 휘두르는데도 자형이 씩씩하고 큼직하여 마치 용이 서려 있는 듯, 범이 덮치려는 듯한 모양이었다"는 구절과 그의 신도비명에 적혀 있는 "여섯 살 때 대자를 쓰는데, 붓을 쥐고 뒤뚱거리는데도 마치 신의 조화 안에서 휘두른 듯 글자체가 자연스러우며 기이하고 우뚝하였다"는 구절로 미루어보면, 그 또한 초년에 설암체와 같은 대자서를 익혔을 것으로 짐작된다.

　초년의 대자서는 아직 보이

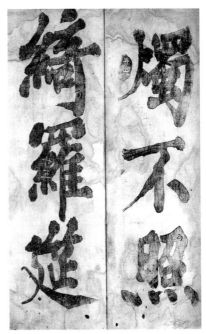

그림 10-4. 설암 〈춘종첩〉

그림 10-5, 6. 이산해 〈독락당 편액〉(위), 〈옥산서원 편액〉

지 않으나 중년 이후의 대자서로 한훤당(寒暄堂) 김굉필(1454~1504)을
기리는 순천의 '옥천서원(玉川書院) 편액'과 회재 이언적을 기리는 안강
의 '독락당(獨樂堂) 편액'과 '옥산서원(玉山書院) 편액'이 있다. 이 가운
데 독락당 편액(그림 10-5)은 설암의 대자서에 가까운 필치를 보여주
는 예이다. 이에 비하여 '옥산서원 편액'(그림 10-6)의 굵은 획법은 설
암체와 다르지 않지만 기필과 전절을 과장되지 않게 부드럽게 처리하
여 이산해 대자서풍의 일면을 보여준다. 이 편액은 1574년(선조 7)에
내려진 사액(賜額)이었으나 266년 뒤인 1839년(헌종 5)에 소실되자 김
정희(金正喜, 1786~1856)가 쓴 편액이 내려져 걸리게 되었고, 대신에 이
산해의 옛 편액을 모각한 것이 강당 안쪽에 걸리게 되었다. 그래서 이
산해의 액판 왼쪽에는 "구액모게(舊額摹揭)"라 새겨져 있다. 또 안동의

그림 10-7. 이산해 〈해월헌 편액〉

도산서원(陶山書院)에는 앞쪽 낙천(洛川) 가의 벼랑에 퇴계 이황의 제자들이 이산해에게 청하여 쓴 '천연대(天淵臺)'라는 암각서도 전한다. 이밖에 색다른 서풍의 편액으로 경북 울진군 평해 황씨 황여일(黃汝一, 1566~1623)이 1588년(선조 21)에 건립한 해월헌(海月軒)이란 누각식 별당에 이산해가 쓴 편액과 기문(記文)이 모각되어 있다.8) 그 가운데 '해월헌 편액'(그림 10-7)은 앞서 언급한 편액과 달리 행서기(行書氣)를 가미하여 활달한 필치를 보인다.

3. 소자행초(小字行草)와 중자행초(中字行草)

이산해의 소자행초 필적은 서간(書簡)·시고(詩稿) 등 일상적으로 쓴 것이 대부분이다. 그 가운데 연대를 짐작할 수 있는 예로 임진왜란 때 금산전투에서 순절한 의병장 중봉(重峯) 조헌(趙憲, 1544~1592)에게 1590~1592년의 어느 해 4월에 보낸 서간이 있다(그림 10-8).9) 글자의

---

8) 해월헌은 1588년(선조 21)에 건립되고 1847년(헌종 13)에 改修되었다. 앞쪽에 이산해가 1603년 삼월에 지은 '海月軒記 편액'과 이산해가 대자로 쓴 '해월헌 편액'이 걸려 있다.

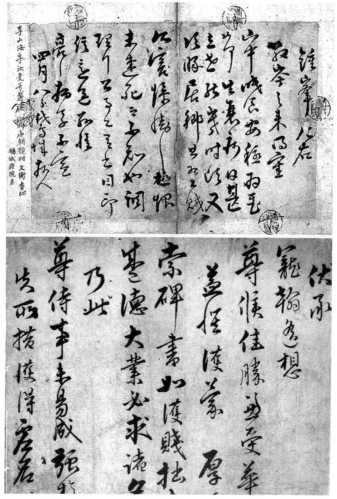

그림 10-8, 9. 이산해 〈서간〉(위), 한호 〈서간〉 부분

짜임이나 점획의 운용을 볼 때 조선 중기 선조연간의 명필 석봉(石峯)
한호(韓濩, 1543~1605)의 서간(그림 10-9)과 매우 비슷하다. 한호는 행

9) 서간 말미에 "鵝城病人"이라 씌어 있어 그가 光國功臣 3등에 책록되고 鵝城府院君에 책봉된
1590년(선조 23) 이후에서 조헌이 사망하는 1592년 사이의 어느 해 4월에 보낸 것임을 알
수 있다.

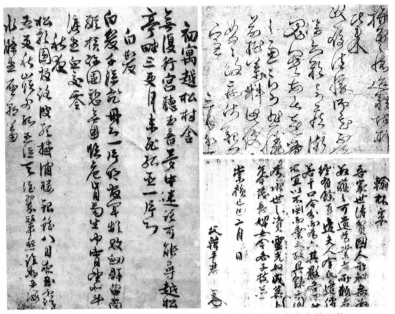

그림 10-10~12. 이산해《기성록》(왼쪽) 이지번 〈서간〉(위)
이경전 〈행초 분재기〉(아래)

초의 고전으로 불리는 동진(東晉) 왕희지(王羲之, 303?~361?) 서풍을 추
종했던 사람이다. 그 뒤 1594년(선조 27) 여름에 경상도 평해(平海)에서
적거할 때 이산해의 아들 석루(石樓) 이경전(李慶全, 1567~1644)의 부탁
으로 자신의 시작(詩作)을 모아 편집하고 이를 직접 필사하여 아들에
게 준 《기성록(箕城錄)》이 전한다(그림 10-11).10) 모두 삼백 편이 넘는
자작시를 소자행초로 썼는데, 앞서 본 서간에 견주어 좀 더 필치가 유
연하고 고졸(古拙)한 풍격을 보여준다. 이러한 특징은 아버지 이지번
의 초서 서간(그림 10-12)과 상당히 비슷하다는 점에서 그가 집안의
서풍도 따랐음을 짐작하게 한다. 이러한 이산해의 소자행초 서풍은 자

10) 기성은 평해의 별칭.《기성록》의 표제는 “鵝溪先祖遺墨”이다. 말미에는 編輯手寫에 관한 이
산해 발문이 있는데 끝에 “萬曆甲午夏 竹皮翁書”라 적혀 있다. 원문은 《鵝溪遺藁》 권2 跋 참조.

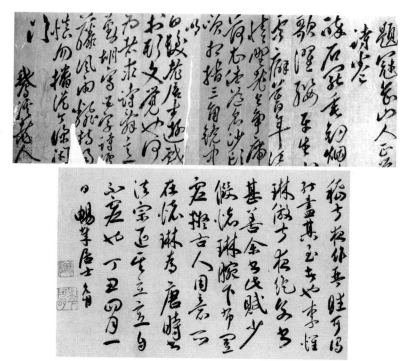

그림 10-13, 14 이산해 〈행초 제관악산인정각시권〉(위), 축윤명 〈행초 금부〉 부분

손에게 이어졌는데, 특히 아들 이경전의 글씨가 흡사하며 좀 더 거칠다(그림 10-12).[11]

다음으로 이산해의 중자행초 묵적이 몇몇 전하는데 대부분 감상용으로 쓴 것이다. 그 가운데 관악산인의 시권(詩卷)에 대해 쓴 〈행초 제관악산인정각시권(題冠岳山人正覺詩卷)〉이 대표적이다(그림 10-13).[12] 서풍은 왕희지 등의 고풍과 다르며 또 당시에 유행하던 조맹부의 서풍이

11) 이경전 등 자손의 글씨는 李完雨, 〈韓山李氏 修堂古宅 소장 名人筆蹟〉, 《禮山 韓山李氏 修堂古宅篇》, 韓國學中央研究院, 2005, 189~194쪽 참조.

12) 紫色紙에 쓴 오언율시 2수를 두 행씩 잘라 帖裝하였다. 예술의전당 편, 《朝鮮中期書藝》(1993), 58~60쪽 참조. 원문은 李山海, 《鵝溪遺藁》 권4 후집, 露梁錄, 〈題正覺詩卷〉, "醉石罷垂釣 煙波歌濯纓 平生水雲癖 暮年江海情 野老與爭席 荷衣休道名 沙頭笑相指 三角鏡中明, 白髮老居士 遊戲於斯文 覺也何爲者 求詩辭意勤 胡寫五字詩 溪藤風雨麤 持歸愼勿播 從今深閉門."

나 초서 명필인 원나라 선우추(鮮于樞, 1257?~1302)의 서풍과도 다르다.
자형이 일반적인 틀에 얽매이지 않고 좀 삐뚤게 썼으며 필획도 거친

그림 10-15. 왼쪽 위부터 이산해 〈초서 두보시〉, 〈초서 해포〉, 〈행초 이수정기〉,
이덕형 〈행초 제이수정권〉

편이다. 특히 겉모습에 개의치 않은 자연스러운 운필과 정제되지 않은
거친 필법은 당시 우리나라에서는 좀처럼 찾아보기 어렵다. 이를 명나
라의 글씨와 비교한다면 지산(枝山) 축윤명(祝允明, 1460~1526)의 솔직호
방(率直豪放)한 서풍에 상당히 가깝다고 할 수 있다(그림 10-14).

    아직까지 이산해 서풍과 축윤명 서풍의 관련성을 말해주는 문헌이나
자료는 없지만 조선 중기 서예사에서 주목해야 할 점이다. 이런 경향의
중자초서 필적으로 〈초서 두보시(杜甫詩)〉[13]와 스스로 지은 칠언율시를
쓴 〈초서 해포(蟹浦)〉[14]가 있다. 이 단계를 지나 1605년(선조 38) 봄에
쓴 〈행초 이수정기(二水亭記)〉[15]에 이르면, 글자의 짜임이 풀어지고 필
획이 더 거칠어지며 특히 한쪽으로 기우는 편측(偏側)이 심해진다. 또
필력도 떨어져 노필(老筆)의 경향을 보인다. 이러한 이산해의 중자행초
서풍은 자손에게 이어졌는데, 그 가운데서도 사위 이덕형은 장인의 서
풍을 따르면서 좀 더 유려한 필치를 구사했다(그림 10-15 참조).[16]

4. 황기로 풍의 대자광초(大字狂草)

    이산해의 중자초서가 명나라 축윤명의 서풍과 비슷한 경향을 보이

---

13) 이산해 후손 修堂 李南珪(1855~1907) 宗宅의 《家庭書帖》앞쪽에 실림. 석문은 杜甫, 〈江上〉,
   "江上日多雨 蕭蕭莉楚秋 高風下木葉 永夜攬貂裘 勳業頻看鏡 行藏獨倚樓 時危思報主 衰謝不能休."
14) 蟹浦의 조수 소리와 烏栖의 산빛 등 충청도 내포의 풍광을 읊은 칠언율시로 글씨는 뒤쪽
   半이다. 《아계유고》권4 후집, 乙歸錄, 〈蟹浦〉, "萬事從來意不如 白頭端合臥田廬 己諧丘壑生涯
   足 肯恨朝廷記憶疏 蟹浦潮聲欹枕後 烏棲山色捲簾初 東溪居士時相訪 得酒狂談每起予."
15) 이수정은 한강변 陽川(서울 강서구 가양동)에 있던 정자. 〈행초 이수정기〉 말미에는 "萬
   曆乙巳春鵝溪記"라 쓰였으나 문집에는 "萬曆靑蛇仲春鵝溪病生記"로 되어 있다(《아계유고》
   권6, 〈二水亭記〉). 《二水亭題詠》乾에는 〈행초 이수정기〉에 이어 칠언절구 2수의 〈이수정〉
   이 행초로 쓰였고(《아계유고》권4 후집, 露梁錄, 〈二水亭〉), 그 뒤 이덕형의 〈題二水亭卷〉과
   許穆(1595~1682)의 〈二水亭畵帖跋〉이 실려 있다.
16) 이덕형, 《漢陰文稿》권2, 〈題二水亭卷〉, "白鷺洲南羽化臺 重湖遙作兩龍廻 澹粧窺戶雲山出 銀界
   浮空雪月開 春逐煙花撑小艇 秋收魚蟹鷹深杯 中分半落皆塵語 更遣何人領略來."

면서도 그만의 개성을 드러냈듯이, 대자로 쓴 초서에서도 그러한 면모가 강하게 나타나며 뛰어난 기량을 보인다. 흔히 대자초서는 소자나 중자초서와 필법상으로 다른 경우가 많은데 이산해의 경우도 그렇다. 어릴 적의 글씨 일화에 나오듯이 이산해의 대자초서는 명나라 동해옹(東海翁) 장필(張弼, 1425~1487)과 조선의 고산(孤山) 황기로(黃耆老, 1521~1575?)와 관련이 깊다.

동해옹 장필은 광초(狂草)의 고전이라 불리는 당(唐)나라 회소(懷素, 725?~785?)의 글씨(그림 10-16)를 바탕으로 쾌속하고 분방(奔放)한 운필로써 일취(逸趣)의 풍격을 이룬 명필이다. 그의 초서는 16세기 전반에 이미 조선에 상당히 알려졌던 것으로 여겨진다. 예를 들어 1539년(중종 34)에 개종계주청사(改宗系奏請使)로 명나라에 파견되었던 충재(沖齋) 권벌(權橃, 1478~1548)이 장필의 초서 묵적을 사왔다거나(그림 10-17)17) 장필의 필적을 모각한 《동해옹초격(東海翁草格)》과 《동해옹

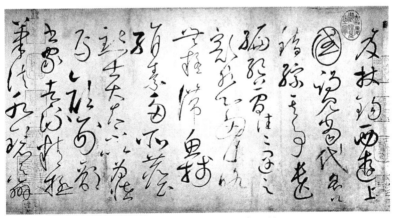

그림 10-16. 회소 〈자서첩〉 부분

17) 장필 초서 2면과 오대손 權斗寅(1643~1719)의 1712년 발문 1면의 障子로 꾸며져 있다. 내용은 칠언율시 두 수로 宋 程顥의 〈秋日〉과 梁巨源의 〈酬于駙馬〉이다. 文化財管理局 편, 《動産文化財指定報告書('86指定篇)》, 1990 참조.

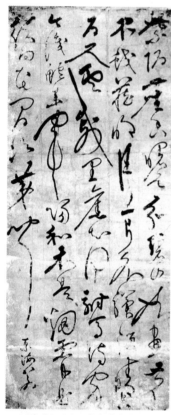

그림 10-17. 장필 〈장필진묵〉

서법(東海翁書草)》 등이 전한다거나[18] 퇴계 이황이 제자인 문봉(文峯) 정유일(鄭惟一, 1533~1576)에게 보낸 답시에서 당시 조맹부와 장필의 글씨가 성행하여 글씨를 망쳐버린다고 경계했다거나[19] 또 16세기 전반의 초서명필인 자암(自庵) 김구(金絿, 1488~1534)나 하서(河西) 김인후(金麟厚, 1510~1560) 등의 초서에 장필의 서풍이 나타나는 등 여러 근거가 있다.[20] 장필의 대자 광초는 둥근 원필의 중봉세(中鋒勢)를 유지하면서 글자의 크기와 짜임에 변화가 많고, 점획에서 굵고 가는 태세(太細)와 둥글고 곧은 곡직(曲直)이 섞여 있으며, 운필에서 사선과 상하 방향의 파동세(波動勢)가 강조된 점이 특징이라 할 수 있다.

고산 황기로는 장필의 서풍을 수용하여 변화로운 짜임과 빠르고 과

18) 藏書閣 소장번호 C10C 125, 奎章閣 소장번호 奎10155.

19) 李滉, 《退溪集》 권3, '和子中間居二十詠'〈習書〉(近世趙張書盛行 皆未免誤後學), "字法從來心法餘 習書非是要名書 蒼義制作自神妙 魏晉風流寧放疎 學步吳興憂失故 效顰東海恐成虛 但令點畫皆存一 不係人間浪毁譽."

20) 김구 초서로 〈金絿眞墨〉(보물 제902호, 봉화 權廷羽)과 《己卯諸賢手帖》(보물 제1198호, 남원 順興安氏宗中)에 서간 4통이 있다. 예술의전당 편, 《高麗末 朝鮮初의 書藝》(1996), 136~137쪽 ; 韓國學中央硏究院 편, 《己卯諸賢手筆·己卯諸賢手帖》(2006), 94~96쪽 참조. / 김인후 초서는 《草千字》 판본이 곳곳에 전한다.
明代 초서풍의 전래와 유행은 李完雨, 〈16世紀朝鮮時代의 草書風ついて〉, 《第4回國際書學硏究大會 2000年記念論文集》, 東京: 書學書道史學會, 2000, 508~519쪽 참조.

그림 10-18. 황기로 〈초서가행〉　　　그림 10-19. 황기로 〈초서 차운시〉 부분

장된 운필을 즐겼는데, 그가 1549년(29세)에 쓴 〈초서가행(草書歌行)〉21)
(그림 10-18)은 이를 확실하게 보여준다. 게다가 이 가행의 내용이 회소
의 초서를 찬미한 당나라 이백(李白)의 시이기 때문에 더 널리 전파될
수 있었다. 또 황기로는 시간이 지나면서 장필의 분방한 특징을 명료한
운필과 깔끔한 점획으로 변화시켜 자신만의 서풍을 이루어갔다. 그러
한 예로서 〈초서 차운시(次韻詩)〉(그림 10-19)는 점획을 매우 간정(簡淨)
하게 처리하고 붓의 운필을 더욱 줄여 감필(減筆)의 묘리를 유감없이
보여준다.22)

　　그러면 이산해의 대자광초를 살펴보자. 장필이나 황기로의 초서풍이
뚜렷하게 나타나는 예로 경상도 평해에서 적거할 때 지었던 칠언절구를
쓴 〈초서 야기(夜起)〉(그림 10-20)라는 목판 필적이 있다.23) 이산해는

---

21) 회소의 草書三昧를 찬미한 李白의 〈懷素上人草書歌行〉을 쓴 것으로 "嘉靖己酉" 즉 1549년(명
　종 4)에 썼다. 모두 18면으로 탑본이 곳곳에 전하며 강릉시오죽헌시립박물관에 原石 9매가
　전한다(이창용 기증품).
22) 황기로에 관해서는 柳志福, 〈孤山 黃耆老의 書藝 硏究〉, 한국학대학원 석사논문 참조.
23) 修堂 李南珪의 종택에 전해졌으나 20여 년 전 서울신문 프레스센터에서 전시된 뒤 상인에
　게 넘겨져 현재 소장처를 모른다. 도판은 《鵝溪先生略傳》(鵝溪公派宗會, 1990 재판) 遺墨 참

그림 10-20. 이산해 〈초서 야기〉

1592년 임진왜란 때 선조를 호종하다가 개성에서 양사(兩司)의 탄핵으로 파면되었고, 백의(白衣)로서 평양에 이르러 다시 탄핵을 받아 평해에 중도부처(中途付處)되었다. 그 뒤 1594년 여름에 평해에서 지은 시를 모아 《기성록(箕城錄)》을 편집했는데, 이 자작시가 여기에 실려 있으므로 이 초서는 1592년 이후에 쓴 것이 된다.

둥근 원필(圓筆)을 주조로 하면서 위아래 글자를 획으로 이어 초서의 맥락을 높이고 군데군데 첫 획과 점을 굵게 강조하며, '휘(輝)' 자의 마지막 획을 좌우로 흔들어 길게 내리는 등 장필·황기로로 이어지는 대자광초의 특징을 잘 구사하였다. 그러면서도 자형을 느긋하게 풀고 비스듬한 편측을 가미하여 이산해만의 독특한 개성을 보여주는데, 특히 마지막 줄에서 왼쪽으로 비스듬히 내리다가 갑자기 멈춰 다시 위로 끌어올린 점이 그렇다.

이와 같은 경향을 보여주는 필적으로 당나라 왕창령(王昌齡)과 이상은(李商隱)의 칠언절구를 초서로 쓴 목판 두 폭이 전한다(그림 10-21).[24]

조. 석문은 《아계유고》 권2, 箕城錄, 〈夜起〉, "窓外初疑月影微 起看雲霧掩淸輝 天公亦避人間謗 不欲分明照是非."

24) 시도유형문화재 제198호 〈초서족자〉, 한산이씨아계공파종회 소유. 원문은 王昌齡, 〈寄穆侍御出幽州〉, "一從恩譴度瀟湘 塞北江南萬里長 莫道薊門書信少 鴈飛猶得到衡陽."；李商隱, 〈賈

이들 대자광초는 특유의 거침없는 필치로 바탕의 크기가 비슷하고 또 칠언절구 28자를 세 줄에 배열한 점에서 가까운 시기에 쓴 것이라 짐작된다.

이러한 이산해 대자광초의 특징을 유감없이 발휘한 예로 진(晉)나라 도잠(陶潛)의 〈귀거래사(歸去來辭)〉를 쓴 목판 필적(그림 10-22)이 알려져 있다.25) 위에서 살펴본

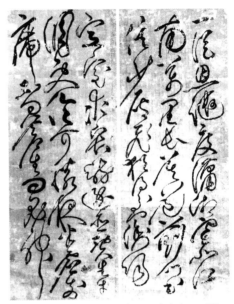

그림 10-21. 이산해 〈초서 칠언절구 2폭〉

대자광초에 견주어 운필이 더 분방하고, 특히 글자 사이를 끊임없이 획으로 연결시켜 맥락을 더욱 높였으며, 또한 줄 사이의 행간을 무시하는 듯 글자를 좌우로 구불구불 배열하고, 줄 양쪽으로 편측을 고루 주어 좌우의 균세(均勢)를 고려한 듯하다. 마치 실타래를 흩어놓은 듯 대자광초의 특성을 원숙한 필법으로 구현한 예이다. 여하튼 이 대자광초의 바탕이 되었을 황기로의 초서와 비교해 볼 만한데, 다행히도 같은 내용을 쓴 황기로의 필적(그림 10-23)이 전하고 있어 양자의 관계를 확연하게 살필 수 있다(〈표 10-1〉 참조). 글자의 짜임이나 획의 처리에 부분적인 차이는 있지만, 이산해의 초서에서는 글자를 상하좌우

生), "宣室求賢訪逐臣 賈生才調更無倫 可憐夜半虛前席 不問蒼生問鬼神."
25) 예산군 대술면 상항리 수당기념관에 〈초서 귀거래사〉 板木 6매가 전한다(시도유형문화재 제198호 〈초서병풍목판〉, 크기 약 160×45㎝, 한산이씨아계공파종회 소유).

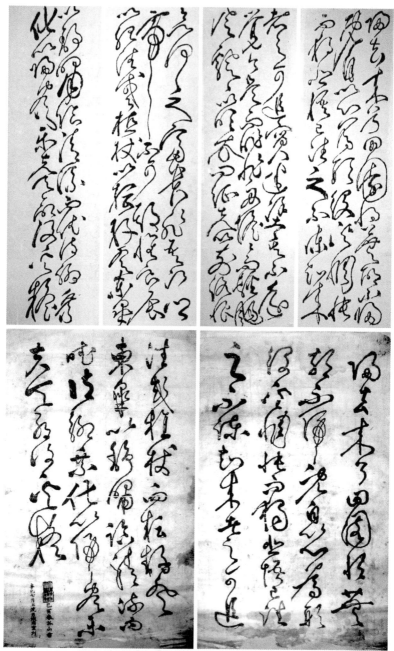

그림 10-22, 23 이산해 〈초서 귀거래사〉(위) 황기로 〈초서 귀거래사〉

로 보다 더 여유롭게 풀어쓰는 특징이 있으며, 특히 사선 방향의 편측이 더 심하여 전체적으로 변화로운 동세를 느끼게 한다. 이러한 대자 광초 서풍이 이후 조선 후기에 널리 유행되었던 것을 보면 이산해를 비롯한 조선 중기 황기로 서파의 활동이 주목받아야 한다.

표 10-1. 이산해와 황기로의 〈초서 귀거래사〉 글자 비교

	이산해	황기로		이산해	황기로		이산해	황기로
人			告			書		
農			舟			命		
話			及			憂		
棹			東			琴		
將			樂			疇		
孤			余			有		
情			春			于		
消			巾			事		

5. 조선 중기 서예사와 이산해

아계 이산해는 타고난 글씨 재주를 바탕으로 여러 서풍을 수용하여 자신의 풍격을 이루어냈다. 이를 서체별로 요약하면, 먼저 해서에서는 조선 초기 이래로 널리 풍미하던 원나라 조맹부의 송설체를 따랐다. 송설체는 이산해 이전부터 완곡하고 연미한 외형적 특징이 차츰 옅어지면서 근정하고 단아한 풍격으로 바뀌어 갔는데, 그는 바로 이러한 단계에 속하는 사람으로 당대를 대표하는 여러 비갈문 필적을 남겼다. 또 대자서에서는 조선시대 전 시기에 걸쳐 널리 유행하던 원나라 설암의 서풍을 그대로 따르지 않았으며 대신에 과장되지 않은 자연스런 필치를 구사하였다.

일상적인 소지행초에서는 왕희지 등의 고법을 지향하면서 동시대의 명필이던 석봉 한호의 서풍과 아버지 이지번 등 집안의 서풍을 따랐던 것으로 여겨진다. 주로 작품용으로 쓴 중자행초에서는 왼쪽으로 기우는 편측과 거친 획법을 구사했는데, 이러한 특징은 명나라 축윤명의 솔직하고 호방한 서풍과 비슷한 경향을 보인다. 또 대자광초에서는 회소→장필→황기로로 이어지는 광초서풍을 이으면서 상하좌우로 짜임을 여유롭게 풀고 사선 방향으로 편측을 강조하여 변화로운 동세를 이루어냈다.

이처럼 이산해는 전대의 유행서풍과 당시의 유행서풍을 두루 수용했는데, 그 가운데서도 명나라 축윤명의 서풍과 유사한 경향을 보인 중자행초는 한중 서예교류사의 측면에서 특히 주목된다. 또 그의 대자광초는 황기로의 서풍을 따르면서도 특유의 여유로운 짜임과 원숙한 필법으로 소방(疏放)한 풍격을 이루어냈다는 점은 기록할 만하다. 앞

으로 후대의 초서풍에 미친 그의 영향력이 좀 더 밝혀진다면, 이산해
서예의 성과를 좀 더 이해하게 될 것이다.

■ 참고문헌

魚叔權, 《稗官雜記》.
李德馨, 《漢陰文稿》.
李山海, 《鵝溪遺藁》.
李　滉, 《退溪集》.
蔡濟恭, 《樊巖集》.

鵝溪先生略傳編纂委員會 編, 《鵝溪先生略傳》, 鵝溪公派宗會, 1990 재판.
文化財管理局 편, 《動産文化財指定報告書('86指定篇)》, 1990.
예술의전당 편, 《朝鮮中期書藝》, 1993.
예술의전당 편, 《高麗末 朝鮮初의 書藝》, 1996.
韓國學中央研究院 편, 《禮山 韓山李氏 修堂古宅篇》 韓國簡札資料選集 8, 2005.
韓國學中央研究院 편, 《己卯諸賢手筆·己卯諸賢手帖》 韓國簡札資料選集 10, 2006.

李完雨, 〈16世紀朝鮮時代の草書風ついて〉, 《第4回國際書學研究大會 2000年記念
　　論文集》, 東京: 書學書道史學會, 2000, 508~519쪽.
李完雨, 〈朝鮮時代 松雪體의 토착화〉, 《書藝學》 二, 韓國書藝學會, 2001,
　　249~271쪽.
柳志福, 〈孤山 黃耆老의 書藝 研究〉, 한국학대학원 석사논문, 2004.
李完雨, 〈韓山李氏 修堂古宅 소장 名人筆蹟〉, 《禮山 韓山李氏 修堂古宅篇》, 韓國
　　學中央研究院, 2005, 184~203쪽.
柳志福, 〈朝鮮時代 草書風 研究〉, 한국학대학원 박사논문, 2010.

■ 도판 정보

그림 10-1.

(왼쪽) 조맹부, 〈진초천자문(眞草千字文)〉, 탑본 23×17㎝ 帖, 강릉시오죽헌
시립박물관.

(오른쪽) 조맹부, 〈증도가(證道歌)〉, 1316년 씀, 탑본 38×23㎝ 帖, 예술의전당.

그림 10-2. 이산해, 〈조광조신도비명〉, 1579년 씀, 탑본, 碑: 경기도 용인시.

그림 10-3. 송인, 〈덕흥대원군신도비명(興德大院君神道碑銘)〉, 1573년 씀, 탑
본, 碑: 경기도 용인시.

그림 10-4. 설암, 〈춘종첩(春種帖)〉, 1296년 씀, 목판 48×20㎝, 예술의전당.

그림 10-5. 이산해, 〈독락당 편액〉, 경주시 안강읍 옥산리.

그림 10-6. 이산해, 〈옥산서원 편액〉, 1574년 씀, 경주시 안강읍 옥산리.

그림 10-7. 이산해, 〈해월헌 편액〉, 1588년경 씀, 울진군 평해황씨고택.

그림 10-8. 이산해, 〈서간〉, 1590~92년, 지본묵서 23.5×34.0㎝ 帖, 동아대박
물관.

그림 10-9. 한호, 〈서간〉 부분, 1588년, 지본묵서 33×44㎝ 軸, 개인.

그림 10-10. 이산해, 《기성록》, 1594년, 지본묵서 38×27㎝, 예산 이홍복.

그림 10-11. 이지번, 〈서간〉, 지본묵서 24×15.6㎝ 帖, 《家寶》二, 예산 修堂古宅.

그림 10-12. 이경전, 〈행초 분재기(分財記)〉, 1629년, 지본묵서 39.4×25.7㎝,
《家庭書帖》, 예산 수당고택.

그림 10-13. 이산해, 〈행초 제관악산인정각시권〉, 지본묵서 세로 23㎝ 帖,
개인.

그림 10-14. 축윤명, 〈행초 금부(琴賦)〉 부분, 1517년, 지본묵서 25.7×738.4㎝
卷, 北京 故宮博物院.

그림 10-15. (왼쪽 위부터 시계방향으로)

이산해, 〈초서 두보시〉, 지본묵서 28.0×22.0㎝, 《家庭書帖》, 예산 수당고택.

이산해, 〈초서 해포〉, 지본묵서 帖大 39.5×31.0㎝, 《名賢詩藁》, 개인.

이산해, 〈행초 이수정기〉, 1605년, 지본묵서 35×23㎝, 《二水亭題詠》乾, 개인.

이덕형, 〈행초 제이수정권(題二水亭卷)〉, 지본묵서 35×23㎝ 帖, 《二水亭題
詠》乾, 개인.

그림 10-16. 회소, 〈자서첩(自敍帖)〉 부분, 777년, 지본묵서 28.3×755㎝ 卷,
臺北 國立故宮博物院.

그림 10-17. 장필, 〈장필진묵(張弼眞墨)〉, 지본묵서 138.4×64cm 障子, 보물
　　　제902호, 봉화 권정우.
그림 10-18. 황기로, 〈초서가행〉, 1549년 씀, 탑본 54×25cm 帖, 강릉시오죽
　　　헌시립박물관.
그림 10-19. 황기로, 〈초서 차운시〉 부분, 지본묵서 25.7×109.8cm 額, 보물
　　　제1625-2호, 서울 박우홍.
그림 10-20. 이산해, 〈초서 야기〉, 1592년 이후, 목판 가로 약 50cm 軸, 소장
　　　처 미상.
그림 10-21. 이산해, 〈초서 칠언절구 2폭〉, 목판 각 131.8×54.7cm 軸, 시도유
　　　형문화재 제198호, 예산 한산이씨아계공파종회.
그림 10-22. 이산해, 〈초서 귀거래사〉 제1・2・11・12면, 목판 각 162.3×48.3
　　　cm 병풍, 예산 수당기념관.
그림 10-23. 황기로, 〈초서 귀거래사〉 제1・10면, 1549년 씀, 辛巳重刊, 목판
　　　각 126×76cm, 안동 고성이씨 임청각.

석루(石樓) 이경전(李慶全)의 생애와 외교활동

이 영 춘
국사편찬위원회

1. 머리말

이경전(李慶全, 1567~1644)은 조선 중기에 활동한 문관으로, 당쟁이 치열하게 전개되던 시대에 핵심적인 관직에 있었던 인물이다. 그는 목은(牧隱) 이색(李穡)의 후손이며 영의정 이산해의 아들로서 혁혁한 문벌가문에서 태어났고, 문예에 뛰어난 재질을 타고나 약관인 24세에 문과에 급제하였다. 그 뒤 호당(湖堂)과 홍문록에 뽑혀 엘리트 관료의 길을 걸었다. 그는 북인으로서 광해군 때 요로에 나아가 몇 번의 정치적 부침을 겪기는 하였지만, 충청도 관찰사, 형조 판서 겸 홍문관 제학, 판중추부사, 훈련도감 제주(提調), 오도체찰사 등의 고관을 지냈고, 한평군(韓平君) 작위를 승습(承襲)하면서 화려한 관료생활을 영위할 수 있었다. 여기에는 문하시중을 지낸 8대조 한산백(韓山伯) 목은 이색, 이조판서를 지낸 6대조 한성부원군(韓城府院君) 이계전(李季甸), 영의정을 지낸 아버지 이산해(李山海)와 역시 영의정을 지낸 자형 이덕형(李德

馨), 한성판윤(漢城判尹) 형조판서(刑曹判書)를 지낸 외조부 조언수(趙彦秀) 등 화려한 가문적 배경이 큰 힘이 되었을 것이다.

1623년 인조반정이 일어나 서인들이 정권을 잡자 그는 위기에 빠졌지만, 요행히 숙청되지 않았을 뿐만 아니라 책봉주청사로 선발되어 활동하게 되었다. 북경에 파견된 그는 천신만고 끝에 인조의 책봉을 허가받아 옴으로써 거의 공신에 준하는 대우를 받았다. 그러나 인조 대에 그는 실직(實職)에 나아가지 않고 벼슬에서 물러나 한거하였으나, 만년에는 한때 형조판서에 임명되기도 하고 기로소(耆老所)에 들어가 영예로운 관료생활을 마쳤다.

이경전은 광해군 때 북인의 한 사람으로서, 인목대비 폐비 정청(庭請)과 폐비절목의 작성에 참여했음에도 반정 후에 숙청을 면하고 고관의 신분과 작위를 보존할 수 있었던 것은 매우 드문 사례였다. 여기에는 반정의 원훈이었던 김류(金瑬)와 문장가였던 상촌(象村) 신흠(申欽), 월사(月沙) 이정구(李廷龜) 등 서인들과의 개인적인 친분 관계와 그 자신의 탁월한 문학적인 재능 등도 작용하였지만, 무엇보다 책봉주청사1)로 선발되어 성공적인 외교활동을 펼쳤던 것이 직접적인 요인이 되었다고 할 수 있다. 당시 중국[明] 조정에서는 인조반정을 불법적인 왕위찬탈로 인식하고 있었기 때문에 인조가 조선국왕으로 책봉받는 것은 쉬운 일이 아니었다. 여기에는 또 명·청 교체기의 복잡한 국제 정세도 큰 변수가 되었다. 따라서 이 글에서는 책봉주청사 이경전

---

1) 이때 李慶全 일행의 使行 명칭은 "奏聞使"로 기록된 자료가 다수이고(《인조실록》 권5, 2년 3월 15일 기사 및 李民宬의 《敬亭先生續集》 권1, 朝天錄 上, 癸亥 三月 二十五日 등) "奏請使"로 기록된 자료도 있다(《인조실록》 권1, 인조 원년 4월 27일 병술, 인조 2년 4월 21일 및 《樊巖先生集》 권48 〈韓平君李公神道碑銘〉). 이 使行의 임무는 仁祖反正을 明 조정에 알리고 冊封을 奏請하는 것이었으므로 奏聞使와 奏請使의 기능을 복합적으로 가지고 있었으므로 정식 명칭은 "奏聞奏請使"였을 것으로 생각된다. 그러나 이 사행의 핵심적인 임무는 冊封의 奏請에 있었으므로 여기서는 冊封奏請使라고 하였다.

의 외교활동에 초점을 맞추어, 당시의 미묘한 국제 정세 속에서 그의 활동이 갖는 의미를 탐구해 보고자 하였다. 이는 이경전의 생애에서 가장 중요한 의미있는 활동이었다고 할 수 있다.

그밖에도 이경전은 당대의 문장가로 명망을 떨쳤고 평생을 시문에 종사하였다. 따라서 문학도 그의 생애를 살피는 데서 빠질 수 없는 중요한 요소라고 할 수 있다. 여기서는 주로 그의 문집《석루유고(石樓遺稿)》를 중심으로 핵심적인 내용만을 간략히 살펴보고자 한다.

2. 이경전의 생애와 시문

(1) 생애

이경전은 1567년(명종 22)에 태어났다. 그의 9대조는 고려 말의 대학자였고 고려·원의 문화교류에 큰 업적을 남겼던 가정 이곡이었고, 8대조는 문하시중을 지낸 한산백 목은 이색이었으며, 6대조는 세조 공신으로 이조판서를 지낸 한성부원군 이계전이었다. 아버지는 영의정을 지낸 아계 이산해였고, 역시 영의정을 지낸 이덕형은 그의 자형이다. 어머니는 양주 조씨로 한성판윤과 형조판서 등을 지낸 조언수(趙彦秀)의 딸이다. 이를 보면 그는 조선 중기를 대표하는 명문가의 후예라고 할 수 있다(자세한 것은 544쪽 그림 11-1 참조).

이경전은 어릴 때부터 문재가 뛰어나 11세인 1577년에 이미〈항주도(杭州圖)〉라는 한시를 지었다고 한다. 19세인 1585년(선조 18)에 진사시에 급제하였고, 24세인 1590년(선조 23)에 증광시에 급제하였다. 다음 해 10월에는 호당에 선발되어 사가독서를 하였고, 1592년에는 장락

그림 11-1. 이경전의 가계(家系) 약도(略圖)

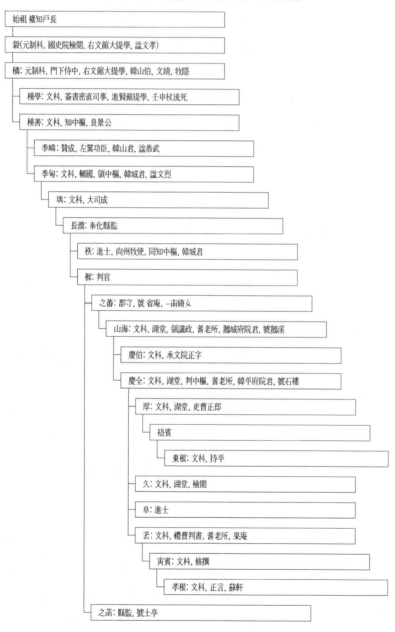

원 직장으로 있다가 임진왜란을 맞았다. 29세인 1595년에는 예조좌랑, 다음 해 병조좌랑이 되었고, 32세인 1598년 예조좌랑, 세자시강원 문학, 홍문관 부수찬, 사헌부 지평 등을 지냈다. 다음 해 홍문관 부수찬으로 재직 중 이이첨(李爾瞻)과 함께 황혁(黃赫)을 탄핵하였다. 다시 지평, 교리를 거쳐 이조 좌랑이 되었다. 그 다음 해 34세 때 암행어사가 되어 구의강(具義剛), 유숙(柳潚) 등과 함께 각도(各道)에 나갔다가 돌아와 지평을 거쳐 의정부 사인(舍人)이 되었다.

37세가 되던 1603년(선조 36) 6월에는 사류(士類)를 모함했다는 이유로 대간의 탄핵을 받아 관작이 삭출되었다. 그 뒤 그는 실의하여 향리에 은거하며 술과 시로 세월을 보냈다.

1608년(선조 41) 1월에는 영의정 유영경(柳永慶, 小北)이 선조의 뜻에 영합하여 세자 광해군을 축출하고 영창대군을 옹립하려는 움직임을 보이자, 재야의 정인홍(鄭仁弘)이 강경한 상소를 올려 그를 탄핵하다가 선조의 질책을 받고 유배되었다. 이때 이경전도 이이첨과 함께 정인홍의 배후로 지목되어 강계로 유배되었다.[2] 그러나 며칠 뒤 선조가 갑자기 훙서하고 광해군이 즉위하면서 그는 유배에서 풀려날 수 있었고,[3] 4월에 사간원 사간(司諫)에 제수되어 관직생활로 돌아왔다.[4] 그

---

2) "정언 구혜가 와서 啓聞하기를, '신들이 삼가 정인홍의 상소를 보니, 그 뜻은 대개 유영경을 모함하려고 하는 것인데 임금을 동요시키고 至親을 이간시킨 정상이 상당히 많았습니다. 예로부터 소인이 집정자를 모함하고 자기의 사사로운 일을 성취시키고자 한 자가 한없이 많지만 이처럼 지극히 흉악하고 교활한 자는 있지 않았습니다. 저 인홍은 남의 사주를 들어 시행한 자에 불과할 뿐입니다. 이는 실로 몹시 간사한 자가 흉계를 품고 유언비어를 날조하여 초야에 있는 사람의 손을 빌려 남몰래 흉악한 계책을 성취시키려고 한 것이니 몹시 애통한 일입니다. 신들이 듣건대 작년 초겨울 성후가 미령하여 傳攝한다는 명을 내릴 때, 藥房이 약을 잘못 썼다는 말과 傳攝을 防啓하는 것은 부당하다는 말이 모두 李山海의 집에서 나왔으며, 李慶全·李爾瞻의 무리가 낮에는 흩어지고 밤에는 모여 백방으로 모함을 꾀한 것은 입이 있는 자는 모두 말하고 귀가 있는 자는 모두 들었습니다.' …… 전 참판 정인홍, 전 舍人 李慶全, 전 정랑 이이첨을 아울러 우선 멀리 귀양을 보내어 國是를 정하고 인심을 진정시키소서" 하니, '아뢴대로 하라'고 답하였다."(《선조실록》 권220, 선조 41년 1월 26일 甲寅)

3) 《광해군일기》 권1, 광해군 즉위년 2월 24일 辛巳 및 "戊申, 仁弘在陝川, 疏請柳永慶謀危國本之

러나 이경전 자신은 정인홍의 상소와 무관하다고 일관되게 주장하였
고, 훗날 이 일을 표창하는 공신 책봉도 사퇴하고 받지 않았다.

이후 대북 정권이 수립되어 사간원 사간, 집의, 홍문관 전한을 거쳐
그해 9월에는 당상관으로 승진하여 이조참의가 되었다. 다음 해 형조
참의가 되었다가 8월에 부친 이산해의 상을 당하여 11월에 예산 대지
동에 장례를 치르고 만 2년 동안 시묘하였다.

1611년(광해군 3)에 복(服)을 마친 뒤 동부승지가 되었으나 곧 사직
하였다. 다음 해에는 병조참의가 되었다가 4월에 충홍도(忠洪道) 관찰
사로 나갔다. 그해 윤11월에 장자 이후(李厚)가 죽어 상경하였다가, 양
사의 탄핵을 받았다. 이 때문에 사직하였으나, 가선대부(嘉善大夫)로 승
진하고 한평군을 습봉하였다.

1612년(광해군 4) 대북 정권의 기틀을 다진 이이첨 등은 광해군의
즉위와 보호에 공을 세운 사람들을 포상하고 추종세력을 넓히고자 여
러 명목으로 공신을 책봉하였다. 첫째는 임진왜란 때 광해군의 분조
(分朝)를 수행하였던 관료들을 위성공신(衛聖功臣)으로 책봉하였는데,
최흥원(崔興源)·정탁(鄭琢)·윤두수(尹斗壽)·이항복(李恒福)·윤자신(尹
自新)·심충겸(沈忠謙)·유자신(柳自新) 등 53인이었다. 둘째는 임해군의
모반을 적발하여 다스렸다는 명목으로 허성(許筬)·김이원(金履元)·유
희분(柳希奮)·최유원(崔有源)·윤효전(尹孝全) 등 28명을 익사공신(翼社
功臣)으로 책봉하였다. 셋째는 광해군의 즉위에 공헌하였다는 정운공
신(定運功臣)으로 이산해·정인홍·이이첨·이성(李惺) 등 11명을 녹훈
하였다. 넷째는 형난공신(亨難功臣)으로, 1612년에 봉산군수 신율(申慄)

罪. 公時適省掃母夫人墓, 柳誤疑其往陜川, 劾公配江界, 未幾召還."(《樊巖先生集》 권48, 〈崇祿大夫
行議政府左參贊兼判義禁府事知經筵事弘文館提學韓平君李公神道碑銘〉)

4) 《광해군일기》 권3, 광해군 즉위년 4월 5일 辛酉.

이 김제세(金濟世)·김직재(金直哉) 등의 역모를 조작하여 치죄한 공으로 신율을 포함, 24명이 녹훈되었다. 이상 4공신을 합쳐 모두 170인을 녹훈하였다.

이 네 건의 훈공은 이이첨 일파가 주도하였으므로 해당자들 가운데는 여기에 참여하는 것을 부끄럽게 여기고 사양하는 사람들이 많았다. 이산해와 이경전도 정운공신에 포함되었으나, 이경전이 상소하여 그의 부자는 정인홍의 상소와 무관함을 강변하였다. 이 때문에 그 자신은 공신에서 빠졌으나 이산해는 그대로 녹훈되었다. 이 네 건의 공신 책봉은 인조반정 이후에 모두 폐지되었다. 이러한 일 등으로 말미암아 이경전은 이이첨의 대북파와 갈라서고 정창연(鄭昌衍) 등의 중북과 가까워지게 되었다.

다음 해인 1613년(광해군 5)에 이경전은 전라감사가 되어 경기전(慶基殿) 조성을 주관한 공으로 가자(加資)를 받았다. 2년 뒤인 1615년에는 전라감사를 사직하고, 왕의 특명으로 정경(正卿)에 승진하여 우참찬이 되었으며, 다음 해에는 형조 판서로서 홍문관 제학을 겸하였다. 하삼도의 수군을 순찰하는 도순검사(都巡檢使)가 되었고, 돌아와 판중추부사가 되었다. 51세인 1617년(광해군 9) 다시 형조 판서로서 훈련도감 제조(提調)를 겸하였다. 다음 해에는 인목대비 폐비론의 정청(庭請)에 참여하였고, 또 폐비절목(廢妃節目)을 의논하여 아뢰었는데, 이것이 그의 경력에 큰 과오가 되었다.

그리고 바로 그해 6월에 명나라가 후금의 누르하치를 치고자 양호(楊鎬)를 경략으로 삼아 대병(大兵)을 출동시키면서 조선에도 1만 명의 원군을 보내도록 강요하자, 조정에서는 이경전을 품획사(稟劃使)로 임명하여 요동의 경략아문에 파견하여 양호와 이 문제를 조율하도록 하였다. 그러나 경략 양호는 조선군의 파병을 기정사실화하고 일체의 논

의를 거부하였으므로 그는 소기의 목적을 달성하지 못하고 돌아올 수
밖에 없었다. 그해 9월에 의정부 좌참찬 겸 지경연사가 되었다.

53세였던 1619년(광해군 11) 3월에는 5도체찰사(五道體察使)가 되어
전국의 군비 상황을 점검하였다. 4월에 좌참찬이 되었다가, 7월에 다
시 형조 판서 겸 홍문관 제학이 되었다. 다음 해 8월에는 다시 좌참찬
이 되었다. 이후 광해군 말년에 이경전은 한직으로 돌며 정치의 외곽
에 머물렀다.

이경전이 57세 되던 1623년(인조 원년) 3월에 반정이 일어나자, 뜻밖
에도 그는 인조 정권의 인정을 받았다. 반정 당일 그는 별운검(別雲劍)
으로 소명을 받았고, 예전의 관작을 그대로 인정받았다. 비록 이이첨
과는 광해군 중기부터 소원해졌지만 원래 북인이었던 그가 인조 정권
에서 용납되었다는 것은 매우 특이한 일이었다. 게다가 그해 4월 27일
이경전은 책봉주청사에 임명되어 좌의정의 가함(假銜)을 띠고 부사 윤
훤(尹暄), 서장관 이민성(李民宬) 등과 함께 중국에 가서 책봉을 주청하
게 되었다. 그들은 7월에 등주를 경유하여 북경에 도착하였고 여기서
오래 지체한 끝에 12월 17일에 황제의 재가를 받아 임무를 완수할 수
있었다. 결국 그는 이 일로 큰 공을 세워 이전의 과오를 속죄할 수 있
었으나 당시의 여론은 여전히 부정적이었다.5)

이경전이 북인이었음에도 인조의 책봉 주청사에 임명될 수 있었던

---

5) "韓平君 李慶全, 동지중추부사 尹暄, 서장관 李民宬을 京師에 파견하여 책봉을 주청하게 하
였다. 史臣은 논한다. 李慶全은 李山海의 아들로서 사람됨이 사특하였다. 일찍이 宣廟 말년에
부자가 宮禁과 서로 내통하면서 사류를 함정에 빠뜨려 피해를 입혔고 광해의 시대에 이르
러서는 이이첨과 결탁하여 폐론을 암암리에 주장하였는데, 그 獻議한 말이 지극히 흉악하
고 참혹하였다. 따라서 반정한 뒤에는 중한 벌로 복주되었어야 마땅한데, 집권자들이 구해
주려 하여 마침내 중국에 사신으로 보냄으로써 속죄하여 면할 터전을 마련해 주었다. 아,
성상께서 반정을 일으키신 것은 실로 윤리를 밝히려 함인데, 지금 이 주청하는 임무를 어
떻게 이런 자에게 맡길 수 있겠는가. 時議가 모두 해괴하게 여겼다."(《仁祖實錄》 권1, 인조
원년 4월 27일 병술)

것은, 무엇보다도 재능과 문장이 탁월하고 외교적인 경험이 많아 이일을 잘 수행할 수 있을 것이라 인정받았기 때문이다. 또한 그는 반정의 원훈이었던 김류와 문장가였던 상촌 신흠, 월사 이정구 등과 친분관계를 유지하고 있었기 때문에 그들의 추천을 받을 수 있었다.6) 사실 반정으로 즉위한 왕이 중국 황제의 책봉을 받는 것은 쉬운 일이 아니었다. 그리고 이 무렵에는 조선 조정과 갈등을 빚고 있었던 가도의모문룡(毛文龍)과 사신으로 나왔던 명의 관리[推官] 맹양성(孟良性)이 명조정에 인조반정을 부정적으로 보고하였기 때문에 책봉에 논란이 많았고 시일도 많이 소요되었다.7) 당시에는 후금의 요동 진출로 명과조선의 왕래가 여의치 않아 정확한 정보가 전달되지 않았으므로, 광해군이 피살되었다는 등의 낭설이 중국 전역에 유포되고 있었다.8) 그러나 이경전은 명 조정의 핵심 인물이었던 각로 섭향고(葉向高) 및 예부상서 임효유(林堯兪) 등과 우호적인 관계를 가지게 되어 책봉을 성사시킬 수 있었다.9)

---

6) "朝廷將遣奏請使, 難其人, 申象村欽·金昇平塋皆以爲, 當世文章專對, 莫如李某, 素開中國事, 亦莫如李某, 首薦之."(《樊巖先生集》 권48, 〈崇祿大夫行議政府左參贊兼判義禁府事知經筵事弘文館提學韓平君李公神道碑銘〉 및 "李慶全은 李爾瞻과 일을 같이하였으나, 뒤에 이이첨이 장차 실패할 것을 보고는 태도를 변하여 中北이 되었다. 계해년 反正 뒤에 요행히 죽음을 면하였다. 일찍이 相臣 李廷龜의 집에 나아가서 말하기를, '소인이 어찌 大監 집의 늙은 종과 다르겠습니까?' 하니, 사람들이 그의 아첨을 비웃었다."(《肅宗實錄》 권3, 숙종 원년 4월 16일 갑진)

7) "前此毛文龍, 孟推官, 相繼上本國事, 侵詆無不至. 諸科道論議頗甲乙."(《樊巖先生集》 권48, 〈韓平君李公神道碑銘〉)

8) "奏聞使 李慶全 등이 致啓하였다. '신들이 登州에 도착하여 報單을 올렸더니 軍門이 곧장 신들을 불러 말하기를 …… 전하는 말을 들으니 舊王이 3월 13일에 죽었다는데 맞는가? 하기에, 답하기를 절대로 그럴 리가 없다. 妃嬪과 하인들도 모두 그를 따라 함께 있다. 하였습니다. 軍門이 말하기를 舊王이 스스로 물러났는가 하기에 답하기를, 舊王이 덕을 잃은 내용은 奏文 가운데 상세히 기록되어 있다. 온 나라의 대소 신민이 미리 모의하지 않았는데도 한 마음이 되어 모두 新王을 추대하자, 昭敬王妃가 令을 내려 국사를 임시로 처리하게 하였다 하였습니다. …… 이는 대체로 孟推官이 일찍이 우리나라에 와서 하고 싶은 것을 다 얻지 못하자 크게 원망하고 노여워하여 망극한 말을 꾸며내었기 때문이라 합니다.'"(《仁祖實錄》 권2, 인조 원년 7월 21일 기유)

9) 《仁祖實錄》 권5, 인조 2년 3월 15일 기사 및 "公至則見閣老葉向高, 葉老與公語, 大奇之, 所奏請, 無不言下肯諾."(《樊巖先生集》 권48, 〈韓平君李公神道碑銘〉)

결국 책봉을 허락 받는 데는 6~7개월의 많은 시일이 소요되었고, 여러 가지 어려움이 있었지만 그해 12월 17일에 마침내 황제의 재가가 이루어졌다.[10) 이경전 등은 중국으로 출발한 지 약 1년 만인 4월 21일에 서울로 돌아와 복명(復命)할 수 있었다. 보통 사행이 4~5개월 걸리는 것과 비교해 보면 그의 임무가 얼마나 어려웠던가 알 수 있다.

이경전은 61세이던 1627년(인조 5)에 정묘호란을 당하여 강화도로 피난하였다. 다음 해에는 종1품 숭록대부로 승진하였다. 이경전은 70세이던 1636년(인조 15)에 병자호란을 만나 남한산성으로 호종하였다. 다음 해 12월에는 청 태종(太宗)의 공덕을 칭송하고자 장유(張維), 이경석(李景奭), 조희일(趙希逸) 등과 함께 삼전도비문(三田渡碑文)을 짓도록 명을 받았으나 그는 병을 핑계로 사양하였다. 일찍이 그가 척화론에 가담하였기 때문이었는데, 인조도 그에게 강요하지 않았다. 1638년(인조 16)과 1640년에 그는 다시 형조판서에 임명되었으나 모두 병을 핑계로 사직하였다. 그러나 대간은 그가 아들을 심양에 질자(質子)로 보내지 않기 위해 고의로 사직하였다고 탄핵하여 삭탈관작되었다.

76세이던 1642년(인조 20) 2월에 일본 사신이 와서 시문을 요구하자, 국왕은 그와 이성구(李聖求), 신익성(申翊聖), 최명길(崔鳴吉) 등에게 응대하도록 명하였으므로 그는 율시를 지어 주었다.

그는 1644년(인조 22) 5월 3일 78세의 나이로 작고하였다. 이 해 3월에 중국에서는 유적(流賊) 이자성(李自成)이 북경으로 침입하여 명 의종(崇禎帝)이 자결하고, 4월에 청이 입관하여 이자성을 축출하고 천하의 주인이 되었다. 천하대란이 일어나던 그 시기에 이경전도 생을 마쳤다. 그는 평생에 많은 글을 지었으나 대부분 유실되고 잔편들을

10)《仁祖實錄》권5, 인조 2년 3월 15일 기사.

수습하여 1659년(효종 10)에 아들 이무(李袤)가 담양에서 문집을 간행
하였다.

이경전은 대체로 성격이 소탈하고 호방하였던 것으로 보이며, 수양
에 힘쓰고 언행을 절제하던 독실한 유학자들과는 다른 풍모가 있었다.
이는 그가 문장으로 일세를 풍미하였던 문학도의 기질을 가졌던 데다
가 자신의 능력에 대한 과신과 문벌가 자손이라는 환경이 그렇게 만
들었던 것으로 보인다. 그리고 아버지 이산해 때부터 격심한 당쟁에
휩쓸려 동료들의 탄핵을 받거나 국왕의 견책을 받은 일도 있었기 때
문에 현실정치에 환멸을 느끼고 실의에 빠졌던 적도 있었다. 그래서
그는 선조 말년부터 술과 시에 탐닉하고 벗들과 어울려 세월을 보내
기도 하였다.11) 그래서 그는 "일찍이 호협(豪俠)을 일삼아 검속(檢束)
에 구애받지 않았는데, 벗의 선택이 단정하지를 못하여 마침내 그 때
문에 죄에 빠졌다"12)든가 "젊은 시절부터 광패(狂悖)하여 칭찬할 만
한 가지의 행동도 없었다"13)는 등의 비판을 받았다. 그래서 그의 관직
생활도 평탄하지 못하였고, 한직으로 물러나 있었던 경우가 많았다.

(2) 이경전의 문학

이경전은 10세 무렵 한시[〈항주도(杭州圖)〉, 〈설영(雪詠)〉, 〈귤영(橘詠)〉,
〈견폐(犬吠)〉]를 지을 만큼 문예에 천부적인 자질이 있었다. 그는 19세
에 진사에 급제하였고, 23세 때 문과에 급제하였다. 또한 문장이 뛰어
났기 때문에 호당에 뽑혔고 홍문록에 선발되어 청요직을 두루 역임할

---

11) "甲辰, 丁母, 毁甚幾滅性. 服旣闋, 不以世故嬰心, 惟吟詩對酒以自放."(《樊巖先生集》권48, 〈韓平
君李公神道碑銘〉)
12) 《宣祖實錄》권122, 선조 33년 2월 20일 갑오.
13) 《宣祖實錄》권125, 선조 33년 5월 7일 기유.

수 있었다. 그는 정치적 부침 때문에 나라의 문한을 주관하는 대제학
이 되지는 못하였으나, 오랫동안 홍문관 제학, 예문관 제학 등을 겸임
하였던 것을 보면 당대의 문장가로 인정받고 있었음을 알 수 있다. 그
는 중국 사신들을 응대하는 접반사(接伴使)로 자주 발탁되었고, 1618년
에는 요동경략(遼東經略) 양호(楊鎬)와 전략을 협의하기 위한 품획사(稟
劃使)로 파견되기도 하였다.

　이경전의 생애에서 가장 중요한 경력이 되었던 1623년 인조반정 직
후 책봉주청사 발탁도 그의 뛰어난 문장을 인정받았기 때문이다. 실제
로 전근대 문치주의 국가에서는 시문을 잘하는 것이 외교활동에 필수
적인 자질로 간주되었다. 그가 1636년 병자호란 후에 장유, 이경석, 조
희일 등과 함께 삼전도비문을 짓도록 지명 받았던 사실로도 그의 문
예에 대한 평판을 알 수 있다.

　그의 가문은 멀리는 목은 이색, 가까이는 아버지 이산해 때부터 문
장으로 명망이 높았고, 이러한 성가는 그의 아들 이무 대까지 이어졌
다. 후대에 독특한 고문(古文)으로 평판이 높았던 허목은 그들 삼대의
문장을 다음과 같이 평하기도 하였다.

　　허목(許穆)이 말을 올리기를, "이무는 이산해의 손자요 이경전의 아들입니다.
사람들이 말하기를, '이경전의 문장이 이산해보다 낫고 이무의 문장이 이경전
보다 낫다고 합니다. 문한(文翰)의 직임에 등용하신다면 어찌 아름다운 일이
아니겠습니까? 문장은 하늘과 땅의 정영(精英)한 기운이어서 창업(創業)할 때
에는 자연히 나오는 법인데, 수성(守成)하는 임금이 이를 북돋아 기르면 하늘
의 운수도 또한 열릴 것입니다."14)

---

14) 《肅宗實錄》 권4, 숙종 원년 윤5월 9일 병신.

　　그러나 당시 이경전 일가에 비판적인 사람들은 그들 문장의 우열에 대해서도 "이산해는 비록 소인이긴 하나, 그의 문재(文才)는 일세에 뛰어났다. 이경전도 또한 문장에 능하였으나 아직 진수(眞髓)는 얻지 못하였으며, 이무는 대강 사조(詞藻)에 섭렵(涉獵)은 하였으나, 그의 아버지에게 미치지는 못하였다"고 역순으로 평하기도 하였다.15)

　　이경전은 당대의 문장가였으므로 많은 글을 지었지만, 병자호란을 거치면서 대부분 유실되고 현재 시문집 4권 2책이 전하고 있다. 이들은 각기 《석루유고 시집(石樓遺稿 詩集)》3권과 《석루유고 문집(石樓遺稿 文集)》1권으로 표제되어 있다. 이밖에 《아주세고(鵝州世稿)》에 수록된 《석루선생유집(石樓先生逸稿)》에는 원집에서 빠진 시와 문장들 각 1책 분이 실려 있다.

　　《석루유고》에는 산문이 대부분 멸실(滅失)되었으나, 시는 비교적 많이 남아 있는 편이다. 여기에 수록된 시는 모두 670여 편이다(제1권 228편, 제2권 207편, 제3권 156편, 江都錄 81편). 이들 각 권의 시는 대체로 연대순으로 편집하였다. 제1권에는 초기(1587)부터 1634년까지 작품인데 대체로 임진왜란 때 작품이 많고 11세에 지었다는 〈항주도〉와 13세에 지었다는 〈견폐〉 등을 수록하였다.16) 제2권에는 1634년부터 1641년까지의 작품을 수록하였고, 제3권에는 1641년 전후의 작품들을 수록하였다. 그리고 〈강도록(江都錄)〉은 1627년 정월부터 3월까지 정묘호란으로 강화도에 피난 갔을 때 보고 들은 것을 읊은 것인데, 제3권 말미에 별도로 수록하였다.

　　아들 이무가 1659년에 지은 발문에는 다음의 내용이 적혀 있다.

15) 《肅宗實錄》권4, 숙종 원년 윤5월 9일 병신.
16) 제1권에는 1619년에 죽은 金應河와 1627년에 죽은 奇協의 挽詩가 앞에 있고, 1608년에 죽은 宣祖의 〈發靷詩〉가 뒤에 배치되어 있는 등 작품의 연도별 배치가 정연하지 않다.

금년 봄 담주(潭州, 담양)를 맡게 되면서 즉시 봉록을 덜어 판재(板梓)를 마련해 시(詩), 표(表), 문(文) 약간 편을 간행하였다. 평소 저작이 매우 많아 권질도 여러 책이었으나 병자란에 산일되어 거의 다 없어지고 수습해 남아 있는 것은 천백에 한둘뿐이었다. 선군이 손수 베껴 4권을 만들어서 나에게 주시며 말씀하기를 '우리나라는 옛부터 세상에 문집을 간행하는 경우는 반드시 관각에서 권점해 준 뒤에야 할 수 있었으니 훌륭하다고 할 수 있다. 그러나 읽는 사람이 드물어 몇 대 안 가서 없어져 버리는 경우가 많았으니 하물며 나의 글이야 말할 것이 있겠는가. 단지 자손이 완상할 거리로 삼고자 하는 것일 뿐이다'라고 하셨다.17)

따라서 저자의 시문은 병자호란으로 대부분 없어졌으나 말년에 직접 자편(自編)한 시문 4권을 바탕으로 아들 이무가 담양부사로 부임하여 1659년(효종 10)에 4권 4책의 목판으로 간행하였음을 알 수 있다. 이 초간본은 저자의 자편 시고(詩稿)에 아들 이무가 문장 부분을 더 수집·증보하여 시 3권, 문장 1권으로 편차한 것으로 보인다. 시는 비교적 초년의 것부터 만년의 작품까지 남아 있는데 비해 문장은 병자호란 이후의 사직소 등 만년의 작품이 대부분이다. 본집의 목판은《아계유고》의 목판과 함께 예산 천방사에 소장되어 있다.

《석루유고》에는 지인들의 죽음을 애도하는 만시(挽詩)가 많은 비중을 차지하고 있다. 그 밖에 지인들과 주고받은 송시(送詩)와 차운시(次韻詩) 및 서정시(敍情詩), 우천(牛川)과 초연정(超然亭) 등 우거하던 곳의 정취를 실은 서경시(敍景詩), 그리고 〈태공망(太公望)〉, 〈이제(夷齊)〉, 〈송고종(宋高宗)〉, 〈한광무(漢光武)〉 등 역사상 위인들의 고사를 읊은

---

17) 金成愛, 〈石樓遺稿 解題〉(한국고전번역원 웹사이트 한국고전종합DB, 한국문집총간《石樓遺稿》)에서 재인용.

시들도 있다. 같은 북인(北人)의 설사(雪簑) 남이공(南以恭)과 주고받은 시가 많으며, 일송(一松) 심희수(沈喜壽), 경정(敬亭) 이민성 등과 수창한 시는 〈일송집〉, 〈경정집〉에 많이 실려 있고 본집에 실리지 않은 것이 많다. 이들 가운데 일부는 《석루선생일고(石樓先生逸稿)》로 정리되어 《아주세고(鵝州世稿)》에 수록되었다.

문집에는 소차(疏箚) 11편, 제문(祭文) 10편, 기(記) 3편, 발(跋), 설(說), 명(銘) 각 1편과 교서(敎書), 상량문(上樑文), 서(序), 그리고 책제(策題) 4편이 실려 있다. 소차는 1637년 이후 1640년까지 올린 것인데, 형조판서로서 조율(照律)을 잘못했다거나 숙환(宿患)과 노년(老年)을 이유로 치사(致仕)를 청하는 내용이 대부분이다. 사직소를 계속 올리자 대간에서는 이경전이 자신의 아들을 질자(質子)로 심양에 보내는 것을 회피하기 위한 의도라 하여 탄핵하기도 하였다. 1637년 11월에 올린 〈사찬삼전도비문소(辭撰三田渡碑文疏)〉와 〈재소(再疏)〉는 그가 이경석, 장유 등과 함께 삼전도비문을 찬진하라는 명을 사양한 것이다.

제문은 1636년 전후에 최녕안(崔寧安), 강인(姜絪), 정백창(鄭百昌) 등을 위해 지은 것이다. 기문은 대부분 1631년부터 1633년 사이에 지은 것이다. 이들 가운데서 1631년에 지은 〈노호승설마기(露湖乘雪馬記)〉는 눈이 내린 날 지우들과 밤에 썰매[雪馬]를 타고 즐겼던 일을 기술한 흥미 있는 내용이다. 〈초연정기(超然亭記)〉는 1632년 작으로 저자가 노호(露湖) 가에 지은 정자 기문이고, 〈대설방천방사기(大雪訪天方寺記)〉는 1631년 큰 눈이 내린 뒤 아들 손자와 함께 천방사를 찾아가면서 느낀 산사의 풍경과 정취를 기술한 것이다.

〈금파강노호선유기발(金巴江露湖舡遊記跋)〉은 친한 벗들과 모여서 뱃놀이를 하고 시를 수창한 일을 적은 것으로, 스스로 소식(蘇軾)의 뱃놀이나 용제(容齋) 이행(李荇)의 잠두록(蠶頭錄)에 비길 만하다고 평한 것이다. 〈소설(梳說)〉은 손자들에게 머리를 자주 빗질하여 청결함과 부지런함을 익힐 것을 권한 교훈적인 글이다. 또 〈형군문서귀기로군민등가요(邢軍門西歸耆老軍民等歌謠)〉는 1598년 왜란 후에 본국으로 돌아가는 명 장수 형개(邢玠)에게 지어준 것이다.

〈환도후반중외애통교서(還都後頒中外哀痛敎書)〉는 임진왜란 때 의주로 파천하였던 선조가 서울로 환도한 뒤에 국왕을 대신하여 지은 교서이며, 〈선유교서(宣諭敎書)〉는 광해군 때인 1619년 명의 요청으로 후금 정벌에 출병하는 도원수 강홍립(姜弘立)에게 내린 교서를 대찬한 것이다. 그 밖에 책제 4편은 1632년경부터 1639년경까지 과거 시험에 출제한 대책(對策) 문제이다.[18]

이밖에 《아주세고》에 수록된 《석루선생일고》에는 원집에서 빠진 시문들이 수록되어 있다. 여기에는 〈청풍계시(靑楓溪詩)〉, 〈차비파행(次琵琶行)〉 외 90여 편의 시가 실려 있는데, 그 대부분은 1623~1624년 책봉주청사로 북경을 왕래할 때 지은 것이다. 여기에는 여행 중의 풍경이나 부사 윤훤 및 서장관 이민성과 화답한 시들이 많다. 또 〈모열읍의사격(募列邑義士檄)〉, 〈기탄석교비명(岐灘石橋碑銘)〉, 〈경기전중건상량문(慶基殿重建上樑文)〉 등 3편의 문장과 〈조천록(朝天祿)〉 1편이 수록되어 있어 그의 외교활동을 살펴볼 수 있다.

3. 이경전의 외교활동

인조(仁祖)가 명의 황제로부터 조선국왕으로 책봉을 받는 일은 쉬운

일이 아니었다. 1623년 3월 13일의 인조반정은 정식으로 명의 책봉을
받았던 광해군(光海君)을 군사를 동원하여 축출하고 왕위를 빼앗은 일
종의 찬탈이었기 때문이다. 명의 허가를 받지 않은 이러한 반정은 황
제의 권위를 손상시키는 것이기도 하였다. 인조는 반정 4일 뒤인 3월
17일에 가도에 주둔하고 있던 모문룡(毛文龍)에게 남이공을 문안사(問
安使)로 파견하여 그에게 조선의 반정 사실을 설명하고, 새 정부가 그
와 적극적으로 협력하고 지원하겠다는 뜻을 전하게 하였다.19) 그러나
모문룡은 자신이 나름대로 파악한 정보를 명 조정에 보고하였는데, 그
렇게 호의적이지는 않았던 것 같다. 그는 반정 주동자들이 자신이나
중국 조정에 사전 통보 없이 거사한 데 대하여 불만을 가졌으며, 이에
반정을 왕위찬탈의 정변으로 본국 조정에 보고한 것으로 보인다. 이
때문에 중국에서는 광해군이 살해되었다는 등의 유언비어가 널리 유
포되어 여론이 악화되었고, 특히 병부(兵部)를 비롯한 군부 쪽의 반발
이 심하였다.

　당시 명은 후금의 공격을 받아 요동 지역을 상실하고 산해관(山海
關)까지 밀리는 형세였으므로 후금의 배후에 있는 조선의 군사적 협조
가 극히 필요한 실정이었다. 따라서 그들은 조선에서 반정이 일어나자
의구심으로 충만하였고, 새 정부의 실체를 파악하고자 분주한 한편 충
성을 다짐받기 위하여 비상한 주의를 기울이게 되었다. 특히 명 · 후금
· 조선 3국 사이에서 전략적 줄타기를 하고 있었던 모문룡은 조선의
가도에 근거지를 두었고 군량의 대부분을 조선에 의지하고 있었으므

---

19) "上이 西別堂에 나아가 毛都督 問安使 南以恭을 인견하고 타일렀다. '卿이 이번에 먼 길을
　　가게 되었다. 문답할 때 말을 잘하여 毛將에게 마음을 같이하여 협력하겠다는 뜻을 자세히
　　설명해야 한다' 하였다. 南以恭이 대답하기를, '전에는 매사를 거절하였기 때문에 그가 노기
　　를 품었지만, 지금은 屯田 · 鹽田 등의 일을 다 이미 허락하였으며, 또 同心協力한다는 뜻을
　　알린다면 어찌 기뻐하지 않겠습니까?' 하였다."(《仁祖實錄》 1권, 인조 1년 3월 17일 丁未)

로, 반정 사태를 예의 주시하면서 명과 조선의 중간에서 거중조절을
하는 등 실리를 노리고 있었다. 이경전 일행의 책봉주청은 바로 이러
한 복잡하고 미묘한 국제적 상황 속에서 이루어지게 된 것이다. 당시
의 상황을 좀 더 잘 이해하기 위하여 17세기 초반부터 지각 변동을 일
으키기 시작한 명·후금·조선 3국의 관계를 간략히 정리해 본다.

(1) 인조반정 전후의 한중관계

1592~1597년의 임진왜란 중 조선에 출병하느라 진력하였던 명은
만주의 여진족 통제에 소홀할 수밖에 없었다. 이 틈을 타고 세력을 키
운 건주위(建州衛)의 여진족 추장 누르하치(弩爾哈赤)는 1583년에 처음
으로 건국을 위한 군사를 일으켜 몇 년 사이에 건주여진(建州女眞)을
통일하였고, 1589년에는 명으로부터 도독첨사(都督僉事)로 임명되어 이
지역을 장악하게 되었다. 그는 1599년에 해서여진(海西女眞)의 하다[哈
達]를 멸망시키고, 이어 1607년에는 휘파[輝發], 1613년에는 오라[烏拉]
등을 병합하여 여진의 대부분을 통일하였다. 그리고 1616년에는 한
(汗)의 지위에 올라 후금 왕조를 세우고 칭제[英明皇帝] 건원[天命]하여
명과 대립하였다. 그는 1618년 4월에 명에 대해 7대한(七大恨)을 선포
하고 국경도시 무순(撫順)과 청하(淸河)를 공격하여 탈취하였다. 이에
명은 1619년(광해군 11) 2월에 대규모의 원정군을 일으키면서 조선에
원병을 요청하였다. 조선은 임진왜란 때 명의 원군에 의한 '재조지은
(再造之恩)'의 빚이 있었기 때문에 출병하지 않을 수 없었다. 결국 1619
년 2월 22일에 조선은 도원수 강홍립, 부원수 김경서(金景瑞) 이하 약
1만 3천여 명의 대군을 파견하게 되었는데, 이것이 곧 심하전역(深河戰
役, 薩爾滸 전투의 일부)이었다. 그러나 조선군은 3월 4일 관전(寬甸) 북

쪽의 심하 지역에서 일부가 패전한 뒤 전군이 투항하였다.20)

조선군의 투항으로 인해 후금은 조선이 명의 강요에 의해 부득이하게 출병한 사정을 이해하고 온건한 문서를 보내어 조선이 중립을 지킬 것을 요구하며 당장은 큰 원한을 드러내지 않았다.21) 그러나 후금은 명의 배후 동맹 세력인 조선을 굴복시킬 계획을 가지고 있었으므로, 조선은 언제든지 보복을 당할 수 있는 불안한 처지에 놓이게 되었다. 이 때문에 광해군은 명과 후금 두 나라 사이에서 조심스럽게 균형외교를 펼치지 않을 수 없었다. 그러나 존명사대(尊明事大)의 명분론에 젖어 있었던 조정의 신하들은 대명 의리와 은혜를 강조하여 흔단(釁端)의 소지를 만들었고, 국왕과 신하들 사이에 심각한 갈등관계가 조성되기도 하였다.22)

이러한 광해군의 균형 외교는 인조반정의 중요한 명분이 되었다. 반정 후에 반포된 왕대비[仁穆大妃]의 교서에는 광해군이 취한 후금에 대한 유화정책과 균형 외교를 명에 대한 배신행위로 규정하였다.23)

---

20) 深河 戰役의 투항 상황에 대하여는 《光海君日記》 권138, 광해군 11년 3월 乙未, 戊申, 乙卯日 기사에 두루 수록되어 있다.

21) 살러허 전투 이후 누루하치의 조선에 대한 인식은 그의 實錄에 잘 나타나 있다. "爾朝鮮以兵助明, 吾知非爾意也. 迫於其勢, 有不得已. 且明救曾救爾倭難, 故報其恩而來耳. 昔朝鮮之臣趙惟忠者, 以四十城叛附, 大定帝曰, 朕征宋徽欽二帝時, 爾朝鮮王不助宋亦不助朕, 乃持公之國也. 遂不納. 由此以論, 爾原與我國無鄰, 今擒爾摠兵官屬十人, 以念王之故, 特留之. 今何以竟其事耶? 王其圖之. 夫普天之下, 不一其國, 豈有令大國獨存, 小國盡亡者乎? 明大國也, 意必奉若天道, 乃變亂天紀, 恣加橫逆, 虐若與國, 王豈不知知? 我聞, 明主之意, 欲令其諸子主我滿州及爾朝鮮, 辱我二國實甚. 今王之意, 將謂我二國素無怨讐, 遂與我合謀, 以仇明耶? 抑旣已助明, 不相背負耶? 其詳告我."[《太祖高皇帝實錄》天命 4년(己未) 3월 甲辰]

22) 이상 光海君代의 對後金 관계에 대하여는 다음의 論著 참조.
① 김종원, 《근세 동아시아관계사 연구 -朝淸交涉과 東亞三國交易을 중심으로-》, 혜안, 1999.
② 韓明基, 〈光海君代의 對中國 관계; 後金문제를 둘러싼 對明關係를 중심으로〉, 《震檀學報》 79, 震檀學會, 1995.
③ 桂勝範, 〈광해군대 말엽(1621~1622) 외교노선 논쟁의 실제와 그 성격〉, 《歷史學報》 193, 역사학회, 2007.

23) 《仁祖實錄》 권1, 인조 원년 3월 갑진, 〈光海君의 폐위를 밝힌 王大妃의 敎書〉 "우리나라가 중국 조정을 섬겨온 지 2백여 년으로, 의리로는 곧 군신이며 은혜로는 부자와 같다. 그리고 임진년에 再造해 준 그 은혜는 만세토록 잊을 수 없는 것이다. 先王께서 40년 동안 재위

이는 인조반정 세력 및 당시 조정의 일반적인 감정을 표현한 것이었다. 따라서 인조는 즉위 직후 명에 대한 사대(事大) 의리를 천명하지 않을 수 없었다. 그것은 즉위 직후의 왕대비 교서에서 천명되었고, 가도의 모문룡에게도 통지되었다. 그러나 당시 조선에 사신으로 왔던 추관 맹양성(孟良性)이 조선 조정의 대우에 불만을 품고 돌아가 중국에 잘못된 소식을 전하였고, 모문룡도 조선의 군량 지원이 여의치 않은 것을 문제로 삼아 명 조정에 심각하게 보고하였다. 이 때문에 명의 여론은 악화되었고, 이경전 등은 그것을 해명하느라 진땀을 흘리지 않을 수 없었다. 명으로서는 후금과 군사적으로 대치하고 있는 상태에서 조선의 협조가 절실하였으므로, 새로 등장한 인조 정권을 길들이고 충성을 다짐받을 필요가 있었다. 이 때문에 그들은 책봉의 인가를 지연시키면서 조선의 진지한 태도 표명을 지켜보고 있었다.

결국 명은 인조의 책봉을 인가하였지만, 그 책봉 칙서에는 후금에 공동으로 대항해야 할 의리와 구체적인 군사 협조 방안까지 명시하였다.[24] 이러한 과정을 통하여 인조 정권의 친명외교정책이 확고히 결정되었다. 이것은 인조 정권의 태생적 정체성을 형성하였고, 그 때문에 광해군 때와 같은 유연한 외교정책이 불가능하게 되었다. 그래서

하시면서 지성으로 섬기어 평생에 서쪽을 등지고 앉지도 않았다. 光海는 배은망덕하여 천명을 두려워하지 않고 속으로 다른 뜻을 품고 오랑캐에게 성의를 베풀었으며, 기미년 오랑캐를 정벌할 때에는 은밀히 帥臣을 시켜 동태를 보아 행동하게 하여 끝내 전군이 오랑캐에게 투항함으로써 추한 소문이 사해에 펼쳐지게 하였다. 중국 사신이 본국에 왔을 때 그를 구속하여 옥에 가두듯이 했을 뿐 아니라 황제가 자주 칙서를 내려도 구원병을 파견할 생각을 하지 않아 예의의 나라인 三韓으로 하여금 오랑캐와 금수가 됨을 면치 못하게 하였으니, 그 통분함을 어찌 이루 다 말할 수 있겠는가."

24) 《仁祖實錄》 권5, 인조 2년 4월 20일 계묘. "上이 모화관에 거둥하여 황제의 勅書를 맞이하였는데, 그 칙서는 다음과 같다. '조정에서 제후를 봉하는 것은 疆域을 지키기 위한 것이다. 요즈음 建州의 賊酋를 평정하지 못했는데 그대 나라는 의리상 仇敵을 같이해야 하는 것이다. …… 이에 특별히 그대를 조선 국왕에 봉하여 국사를 統領하게 하고 무기와 군사를 정돈하여 平遼總兵官과 함께 聲勢를 연합하게 하니, 軍機를 책응하고 情形을 정탐하여 특이한 계책을 세워서 승리를 거두어 우리 변방을 튼튼하게 할 뿐만 아니라 그대의 국내를 안정시켜라.'"

결국에는 병자호란과 같은 참화를 초래하게 되었다.

(2) 책봉주청사로서 외교활동

1623년 4월부터 다음 해 4월까지 지속된 이경전의 책봉주청사 활동
은 《아주세고》 제2권(《석루선생일고》)에 수록된 〈조천록〉에 자세히 기
록되어 있다. 〈조천록〉은 명대에 북경으로 파견되었던 사신들이 남긴
여행기로서, 청대에 파견되었던 사신들의 여행기인 〈연행록(燕行錄)〉
과 그 성격이 같다. 〈조천록〉이나 〈연행록〉은 보통 일기체로 기록되었
지만, 여행하면서 지은 시만을 수록한 것도 있다. 이경전의 〈조천록〉
은 매우 특이한데, 일기나 시의 형태가 아니라 사행 중에 본국으로 보
낸 비밀 장계(狀啓)나 중국 조정에 제출한 주문(奏文) 등의 공문을 모
은 공문서철로 이루어져 있다. 여기에는 〈청극강봉전사주본(請亟降封典
事奏本)〉, 〈재옥하관비밀장계(在玉河館祕密狀啓)〉[八月二十八日], 〈재옥하관
비밀장계〉[九月二十九日], 〈책봉준원사선래장계(冊封准完事先來狀啓)〉[甲子
正月二十八日], 〈별장계(別狀啓)〉[甲子正月二十八日], 〈품모도독첩(稟毛都督
帖)〉 등 6편의 공문이 실려 있다. 〈청극강봉전사주본〉은 명 예부를 통
하여 황제에게 올리는 책봉청원서이고, 〈품모도독첩〉은 가도의 모문
룡에게 보낸 공문서이며, 나머지는 모두 본국 정부에 외교 활동을 보
고한 문서들이다.

이들 문서들은 당시 서장관으로 동행하였던 경정(敬亭) 이민성(李民
成)의 문집(《敬亭先生續集》 권4)에도 개별 작품으로 수록되어 있다.25)
아마도 이들 문서는 이민성이 초고를 작성하고 정사인 이경전과 부사

---

25) 《敬亭先生續集》 권4, 奏本 등.

윤훤이 수정 보완하여 시행하였기 때문에 이민성의 문집에 실린 것으로 생각되지만, 공문서의 책임자는 정사 이경전이었기 때문에 《석루선생일고》에 〈조천록〉이란 이름으로 수록된 것으로 보인다. 이민성의 문집에는 별도로 〈조천록〉이라는 일기가 수록되어 있는데,26) 이는 일반적인 연행록 체제의 여행기이다. 여기에는 1623년 3월 25일 이민성이 주문사(奏聞使) 서장관으로 임명되어 다음 해 4월 21일 경희궁 융정전(隆政殿)에 복명(復命)할 때까지의 여정과 활동이 자세히 수록되어 있다. 이는 이경전의 공문서철인 〈조천록〉을 보완할 수 있는 좋은 자료가 된다.

이경전이 주문사(또는 주청사)로 임명된 날짜는 정확하지 않다. 이민성은 반정이 일어난 1623년 3월 13일 이후 12일 만인 3월 25일에 서장관에 임명되었는데, 이때 정사로 임명된 사람은 월사(月沙) 이정구(李庭龜)였다. 그러나 이정구는 광해군 때 책봉주청사로 북경에 다녀온 적이 있었기 때문에 인조의 주청사로 가는 데 혐의가 있었으므로 사양하는 상소를 올려 사면되었다. 그래서 그의 후임으로 이경전이 선임되었던 것인데, 정확한 날짜는 알 수 없다.27)

책봉주청사 정사 이경전, 부사 윤훤, 서장관 이민성은 그해 4월 27일 서울을 떠나 5월 18일 평안도 선사포에 도착하였고, 여기서 제반 준비를 한 뒤에 24일 항해 길에 올랐다. 그들은 요동반도 연안의 석성도(石城島), 광록도(廣鹿島), 삼산도(三山島), 황성도(皇城島), 묘도(廟島) 등 여러 섬들을 경유하여 항해한 끝에 6월 13일 산동반도의 등주(登州)에 도달하였다. 다음날 그들은 등주의 군사령관이었던 순무등래지방

---

26) 《敬亭先生續集》 권1~3, 〈朝天錄〉.
27) "十五日 甲戌. 肅拜. 聞奏聞使月沙相公, 以廢朝冊封奏請使乞遞, 蒙允."在玉河館 秘密狀啓(《敬亭先生續集》 권1, 〈朝天錄〉).

찬리정동군무(巡撫登萊地方贊理征東軍務)   겸도찰원우첨도어사(兼都察院右
簽都御史) 원가립(袁可立)을 알현하였는데, 그는 사신들에게 조선에서
마음대로 반정을 일으켜 광해군을 축출한 것을 극도로 힐난하였다. 이
는 당시 중국 조정의 일반적인 분위기였다.28)

그들은 등주에서 제남(齊南)을 경유하여 육로로 북경으로 향하였으
나, 덕주(德州)에 이르러 홍수로 길이 막혀 더 이상 나아가지 못하였
다. 그래서 배를 임대하여 항해한 끝에 7월 19일 천진(天津)에 도착하
였고, 여기서 다시 육로에 올라 27일 북경에 도달할 수 있었다.29)

그들은 북경에 도착한 지 이틀 뒤에 예부를 방문하여 대략 인사를
한 다음 본격적으로 외교활동에 들어갔다. 8월 5일 그들은 비를 무릅
쓰고 서장안문(西長安門) 밖에서 기다렸다가 출근하는 각로 섭향고(葉
向高)·한광(韓爌)·하종언(何宗彦), 주국정(朱國禎), 고병겸(顧秉謙), 위광
징(魏廣微) 등을 가로막고 정문(呈文)을 올려 책봉 인가를 호소하였으
나, 그들의 반응은 냉담하였다. 황제의 승인 없이 마음대로 왕위를 교
체한 것은 있을 수 없는 일이며, 문무백관의 동의서가 없는 주청은 소
용이 없다는 이유였다.30) 이경전 등은 오후에 또 각로들이 퇴근하는
길목을 막고 다양한 논리로 변명하였다. 그러자 당시 명의 수상 격이
었던 각로 섭향고가 조선은 타국에 견줄 바가 아닌 특별한 나라이므
로 약간 조사를 한 뒤 책봉을 허가하겠다는 긍정적인 반응을 보였다.
그들은 또 조선에 극히 비판적인 태도를 보였던 도찰원(都察院)을 방문

---

28) "十六日乙亥. …… 晚牌出, 付批牌, 有曰: 看得廢立之事, 二百年來所未有, 一朝傳聞, 豈不駭? 封疆
　　重寄, 行文防愼, 此自事理當然, 而今覩來文, 乃悉順, 效順之誠, 旣不異於疇昔, 優待之禮, 應不減於從
　　前."(《敬亭先生續集》 권1, 〈朝天錄〉 癸亥年 6월 16일)
29) 《鵝州世稿》 권2, 〈朝天錄〉 在玉河館秘密狀啓. 그러나 李民宬의 〈朝天錄〉에는 7월 16일에 북
　　경에 도달한 것으로 기록하였다(《敬亭先生續集》 권1, 〈朝天錄〉 7월 16일).
30) "該國廢立, 事體關重, 當初事不明白, 不卽稟命朝, 焚燒宮室, 壞了舊君, 引用倭兵三千, 種種可疑. 又
　　無文武百官具呈憑信, 決不可容易准封."(《鵝州世稿》 권2, 〈朝天錄〉 在玉河館秘密狀啓)

하여 예과급시중(禮科給事中) 등에게도 정문을 올려 해명하였는데, 도
찰원의 과관(科官)들도 사정을 어느 정도 사정을 이해한 듯하였다.31)

그러나 그들이 8월 10일 병부를 방문하였을 때 좌시랑 이근(李瑾)은
심하게 힐난하였다.32) 이는 당시 명 군부의 정서를 대변한 것으로 보
인다. 그들은 반드시 조선의 반정 내막과 신민의 정확한 여론을 조사
한 뒤에 책봉을 허가해야 한다고 주장하였다.

이에 이경전 등은 각로 섭향고와 예부 상서 임요유(林堯兪)에게 매
달려 명 정부의 사문(査問)을 면제해 줄 것을 간청하였다. 이후 10여
일 동안 중국 조정에서는 논의가 무성하였고, 예부와 병부의 의견이
일치되지 않아 갈등을 빚었다. 결국 명은 등래무원군문 원가립으로 하
여금 조선에 사관(査官)을 보내도록 하였으므로, 이경전 등은 본국에
밀계(密啓)를 보내 이에 대비하도록 하였다. 즉 종척과 백관들이 명에
보낸 탄원서를 미리 만들어 두었다가 명의 사관이 도착하는 즉시 지
체하지 않고 교부하여 발송하도록 한 것이다.

그러나 도찰원의 병과급사중(兵科給事中) 주지강(周之綱)과 예과급사
중(禮科給事中) 주조서(周朝瑞) 등이 연달아 상주하여 책봉을 막고자 하
였는데, 그들의 논의가 극히 심각하였고 다른 여러 관료들의 이론(異
論)이 중구난방으로 일어나 걷잡을 수 없게 되었다. 이에 조선에 우호
적이었던 각로들도 어찌할 수 없이 수수방관하게 되었다.33)

조선에 파견된 명의 사관들은 오랫동안 돌아오지 않았으므로 그들

---

31) "你國非他外國之比, 天朝視同內服, 今此擧措, 不可容易也. 須略査, 然後可議封典."(《鵝州世稿》권
2,〈朝天錄〉在玉河館秘密狀啓)

32) "你國廢立, 關係甚重, 廢君有何罪惡? 雖有罪惡, 必先奏於天朝後, 方可名正言順, 你國何敢擅行廢立
乎?"(《鵝州世稿》권2,〈朝天錄〉在玉河館秘密狀啓)

33) "近日, 兵科給事中周之綱, 禮科給事中周朝瑞, 節續上本, 皆言我國之事, 措語甚緊, 不敢正視. 周朝
瑞則至言愼選名人, 遺使査勘, 所謂名人者, 似指翰林科道等官, 而聖旨令該部一倂議覆, 未知該部覆議
之如何, 方比憂悶探聽爲白朱果. 如此橫議層見疊出, 閣部諸公. 亦爲娸啊, 不欲觸其談鋒."(《鵝州世
稿》권2,〈朝天錄〉在玉河館秘密狀啓)

은 중국 조정의 동정을 엿보면서 기다릴 수밖에 없었다. 윤10월 20일
에 비로소 등래무원을 통해 모문룡이 보낸 조선 백관들의 보결(保結)
12건이 도착하였다. 이를 근거로 이경전 등은 다시 예부에 봉전(封典)
을 청원하였으나, 예부는 냉담한 반응을 보였다. 11월에 들어 파견된
사관들의 보고가 늦어지자 다시 중국 조정에서는 반대 여론이 들끓었
다. 그 가운데서도 예과급사중 위대중(魏大中)의 논의가 가장 심각하여
결단코 책봉을 저지하고자 하였다. 또한 병부의 제본(題本)에서는 인
조가 "왕위를 찬탈하였다"는 표현도 있었다. 당시 중국 조정에서 책봉
을 가장 반대한 것은 도찰원과 병부라고 할 수 있는데, 12월 15일 이
경전 등이 병부를 방문하였을 때 상서 등은 조선이 모문룡의 군사 징
발에 응하지 않고 군량미 지원에 소홀한 것을 들어 명에 대해 이렇게
박대할 수 있는가 하며 힐난하기도 하였다.[34]

　이러한 소용돌이 속에서 병부는 인조를 임시 통치자격인 권서국사
(權署國事)로 임명하자고 건의하여 황제가 승인하였다. 이것은 조선에
큰 위기가 되었다. 한번 권서국사로 고착되면 정식 국왕으로 책봉 받
는 것은 더욱 어려워지고, 앞날을 예측할 수 없게 되기 때문이었다. 그
래서 이경전 등은 각로 섭향고, 한광, 주국정 등에게 정문을 올리고 예
부·병부와 도찰원에 호소하였다. 이때 예부상서 임요유가 사신들이
직접 황제에게 주문을 올려보도록 권고하였다. 그러면 자신이 대신 전

---

34) "尙書侍郎起于椅子, 出立前楹, 仍招前進, 反覆言之曰: 你國素稱禮義, 與天朝事同一家, 壬辰之變,
神宗皇帝發十萬兵馬, 費百萬錢糧, 驅退倭奴, 再造藩邦, 而近聞你國不爲助兵. 又爲遏糴, 是甚事理,
毛帥所討助兵八萬, 而縱不得如數, 減半調發, 與毛帥合勢, 則可以抵當奴賊矣. 你國八箇兵, 亦不助,
是甚意思, 奴兵勢似衰弱, 你國何怕何疑, 而待天朝如是薄也? 陪臣須將此意, 回報國王, 著實施行, 不
要放過. …… 此必毛督府請餉之時, 借爲此言, 催發於管餉衙門者也, 尙書橫說垂說, 極欲令臣等轉啓
爲白齊. 大槩毛摠兵乃於督餉察院畢自嚴調送糧餉之後, 揭報于畢, 有曰: 新署國君, 遏糴之報云. 畢之
題本中, 並及毛帥揭報, 而以致上聞, 兵部之徑請權署, 聖旨之卽爲准下, 實由於此, 語在通報爲白齊.
且不爲助兵之說, 亦出於毛鎭之言, 而未得討見, 極爲憂慮."(《鵝州世稿》 권2,〈朝天錄〉在玉河館秘
密狀啓)

달하겠다는 것이었다. 그래서 그들은 인조의 책봉을 청하는 주본을 작
성하여 올렸다.

명은 12월 13일 대조일(大朝日)에 각로·육부(六部)·9경(九卿)·과도
(科道)를 비롯한 백관들이 모여 조선의 책봉 문제를 난상토론한 끝에
마침내 허가하기로 결정하였다. 이에 17일에 예부상서 임요유가 황제
의 알현을 청하여 책봉 주본을 올렸고, 그것은 다음날(18일) 곧바로 비
준되었다. 이로써 인조의 조선국왕 책봉이 결정된 것이었다.[35] 그러나
그 뒤에도 복건도어사(福建道御史) 이응승(李應昇) 등이 제본을 올려 책
봉을 저지하고자 하였고, 다음 해 1월에는 왕비를 동시에 책봉하는 문
제 등으로 이경전은 예부와 다투었지만, 그것은 별로 긴요한 문제가
아니었다.[36]

1624년 1월 28일에 황제는 예부의 건의를 받아들여 조선에 별도로
칙사를 보내는 것을 생략하고 조선 사신들이 직접 칙서를 가지고 돌
아가는 것을 허가하였다.[37] 이후 이경전 등은 느긋한 마음으로 북경
여러 곳을 유람한 뒤 3월 3일 귀로에 올랐다. 3월 20일 등주에 도착하
였는데, 무원(撫院) 군문(軍門)에서 또 발목을 잡았다. 칙서는 황제의
차관이 받들어 조선에서 선포하는 것인데, 조선 사신들이 칙서를 직접
가지고 가는 것은 불가하므로 자신이 다시 황제에게 보고하여 결정하

---

35) "幸於十三日, 大朝之日, 閣老六部九卿科道許多諸官, 商議定奪, 致得朝議歸一. 是日林尙書陪行長
班, 竊聽議妥之事, 直自闕下來傳其詳, 仍討喜錢. 十六日, 臣等詣禮部, 尙書坐堂, 臣等入見行禮. 懇請
速行題請, 則尙書答曰, 廷議始妥, 當卽上本. 仍令催寫正本, 而刪削前草, 更據兵部公事而覆題. 又及
臣等上本中語意, 臣等叩謝而退. 十七日, 禮部請封上本. 十八日, 聖旨卽爲准下: 請封題本內末端, 使
恢復漸有次第, 始遣勳戚重臣, 齎奉節冊, 完此封典云者."(《鵝州世稿》권2, 〈朝天錄〉冊封准完事先
來狀啓)

36) "十三日, 小甲韓宗琦持示禮部移翰林院手本二道, 乃製勅書事也. 其一據臣等呈文, 封妃一款, 添入勅
書中, 恭呈御覽事也. 語在手本謄書爲白齊. 已經聖旨准封之後, 又不無邪說蘗芽其間, 近日福建道御史
李應昇題本中, 并及我國之事, 壞了封事, 措語甚慘, 幸而聖旨嚴峻, 自此異議似難復生."(《鵝州世稿》
권2, 〈朝天錄〉冊封准完事先來狀啓 1월 13일)

37) 《鵝州世稿》권2, 〈朝天錄〉別狀啓.

겠다는 것이었다. 이렇게 되면 또 책봉이 늦어지게 되는 것이므로 그
들은 다방면으로 말을 꾸며 이를 모면할 수 있었다.[38]

이경전 일행은 3월 25일 등주를 출발하여 4월 6일 무사히 선사포에
도착하였고, 20일 서울에 들어와 다음날 경희궁 융정전에서 인조를 알
현하고 복명하였다. 인조는 그들을 인견하여 노고를 치하하였고 상전
을 내리도록 하였다.[39] 상사였던 이경전에게는 종1품 숭정대부 가자
와 함께 노비 6구와 전결 20결(약 6만여 평)이 내려졌다.[40] 이러한 상
전은 거의 공신에 준하는 것이었다. 그러나 이경전은 노비 1구만 받고
나머지는 모두 사양하였다.[41] 이후 그는 관직을 마다하고 향리인 충
청도 예산과 보령에서 은거하며 소일하였다.

4. 맺음말

이경전(1567~1644)은 목은 이색의 후손이며 영의정 아계 이산해의
아들로서 혁혁한 문벌가문에서 태어났고, 문예에 뛰어난 재질을 타고
나 엘리트 관료의 길을 걸었다. 그는 광해군 때 북인[中北]의 중심인물
로서 형조 판서 겸 홍문관 제학, 판중추부사, 훈련도감 제조, 오도체찰
사 등의 고관을 지냈고, 한평군(韓平君) 작위를 승습하면서 화려한 관
료생활을 영위할 수 있었다.

---

38) "軍門立語曰, 勅書差官奉宣爲當, 而陪臣齎去未安, 欲爲題請定奪, 留待可矣, 措辭答之, 軍門曰曉
得."(《敬亭先生續集》 권3, 〈朝天錄〉 3월 22일)
39) "상이 하교하여, 使臣과 書狀官에게 該曹로 하여금 규례를 살펴 賞을 주고 또 熟馬 한 필씩
을 내리게 하였으며, 일행 중에 공로가 있는 사람을 모두 書啓하게 하였다."(《仁祖實錄》 권
5, 인조 2년 4월 21일 갑진)
40) 《仁祖實錄》 권6, 인조 2년 5월 15일 무진.
41) "甲子, 始復命, 仁廟大嘉悅, 賞賜臧獲田賦. 公曰: 臣何功! 只出奴一口, 餘皆辭不受. 命加崇政大
夫."(《樊巖先生集》 권48, 〈韓平君李公神道碑銘〉)

1623년 인조반정이 일어나자 그는 절체절명의 위기에 빠졌지만, 반정을 주도한 서인 명사들과 폭넓은 친분을 가졌고 문학적·외교적 재능이 있었기 때문에 숙청되지 않았다. 오히려 그는 책봉주청사로 뽑혀 공을 세울 수 있는 기회를 얻게 되었다. 그해 4월 북경으로 파견된 그는 천신만고 끝에 인조의 책봉을 인가받아 옴으로서 거의 공신에 준하는 대우를 받았다. 그러나 이후에는 관직에 나아가지 않고 벼슬에서 물러나 한거하면서 영예로운 관료생활을 마쳤다.

반정으로 즉위한 인조가 명의 황제로부터 조선국왕으로 책봉을 받는 일은 쉬운 일이 아니었다. 그것은 군사를 동원하여 광해군을 축출하고 왕위를 빼앗은 일종의 찬탈이었기 때문이다. 명의 허가를 받지 않은 이러한 반정은 중국 황제의 권위를 손상한 것이기도 하였다. 이 때문에 중국에서는 광해군이 살해되었다는 등의 유언비어가 널리 퍼져 여론이 악화되었고 특히 병부를 비롯한 군부 쪽의 반발이 심하였다. 그러나 이경전은 명 조정의 핵심 인물이었던 각로 섭상고·예부상서 임요유 등과 우호적인 소통 관계를 가지게 되어 책봉을 성사시킬 수 있었다. 책봉을 허락 받는 데는 6~7개월이 걸렸고, 여러 가지 어려움이 있었지만 그해 12월 17일에 마침내 황제의 재가가 이루어졌다. 이렇게 하여 그는 어려운 임무를 완수할 수 있었다.

인조의 책봉은 반정 이후 이괄(李适)의 난 등으로 어수선하였던 조선의 정국을 안정시키는 데 결정적으로 기여하였다. 만약 그가 책봉주청에 실패하였더라면 조선은 상당한 혼란에 빠지게 되었을 것이고, 계속적인 주청으로 국력이 크게 낭비되었을 것이다. 1623년 인조의 책봉은 이경전 일행의 집요하고 필사적인 노력으로 성사되었지만, 당시의 국제적인 상황으로 보면 필연적인 측면도 있었다. 명 조정으로서는 명분론과 군사 전략 등의 여러 가지 이유로 책봉을 지연시켰지만, 후금과 첨예하게 대립하고 있는 상황에서 동맹국인 조선의 국왕 책봉을 끝까지 허가하지 않을 수 없었을 것이다.

그러나 책봉 과정에서 조선은 명에 대해 확고한 충성 서약을 하지 않을 수 없었다. 이는 숭명배청(崇明排淸)의 의리를 내세웠던 인조반정의 명분을 더욱 고착시키는 계기가 되었고, 그 때문에 후금과의 외교에서 조금도 유연성을 발휘할 수 없게 되었다. 이것은 훗날 병자호란의 참화를 빚는 하나의 계기가 되었다고도 할 수 있을 것이다.

이경전이 우리 역사와 문화사에서 가지는 의의를 요약하면, 그것은 그가 남긴 훌륭한 문학적 업적과 탁월한 외교활동 두 가지라고 할 수 있다. 문장으로 명망이 높았던 이경전의 시문은 여기서 개략적으로 소개하였지만, 그 문학적 수준이나 의의를 깊이 있게 탐구하지 못하였다. 이는 필자의 문학적 소양이 부족한 탓으로, 이 방면에는 한문학적 소양이 깊은 학자들의 연구가 요망된다.

■ 참고문헌

《敬亭先生續集》《樊巖先生集》《石樓遺稿》《石樓逸稿》《鵝州世稿》
《太祖高皇帝實錄》《光海君日記》《宣祖實錄》《肅宗實錄》《仁祖實錄》

김종원, 《근세 동아시아관계사 연구-朝淸交涉과 東亞三國交易을 중심으로-》, 혜안, 1999.
韓明基, 《임진왜란과 한중관계》, 역사비평사, 1999.

桂勝範, 〈광해군대 말엽(1621~1622) 외교노선 논쟁의 실제와 그 성격〉, 《歷史學報》193, 역사학회, 2007.

韓明基, 〈宣祖代 후반~仁祖代 초반 對明關係 硏究〉, 서울대 박사논문, 1997.
_____, 〈光海君代의 對中國 관계; 後金문제를 둘러싼 對明關係를 중심으로〉,
    《震檀學報》 79, 震檀學會, 1995.

夫馬進, 〈明淸中國의 對朝鮮外交에서 '禮'와 '問罪'〉, 夫馬進 編, 《中國東アジア
    外交交流史の硏究》, 京都大學學術出版會, 2007.

이경전 문학의 특징과 문학사적 위상

박 용 만
한국학중앙연구원

1. 머리말

한국한문학사에서 선조연간은 목릉성세(穆陵盛世)로 불릴 만큼 수많은 문인재사가 등장하여 화려한 문화의 꽃을 피웠던 시기였다. 임진왜란이라는 전란을 겪으면서도 아이러니하게 수많은 문인들이 등장하여 화려한 꽃을 피웠다. 이를 두고 김창협은 "세상에서는 이르기를 '본조의 시가 선조조보다 더 성한 적이 없었다'고 한다. …… 선조 조에 이르러 문사가 울흥하고 당풍을 배우는 자가 매우 많았다"[1]고 하였다.

이 시기 이경전(李慶全, 1567~1644)은 당대 최고 문사의 한 사람으로 손꼽히면서도 정작 그의 문학에 대한 평가는 거의 남아 있지 않다. 그는 이른바 '조선 중기 팔문장(八文章)'[2]으로 꼽히는 이산해(李山海,

---

1) 金昌協, 《農巖集》〈雜識 外篇〉. "世稱本朝時, 莫盛於宣廟之時. …… 至宣廟之世, 文士蔚興, 學唐者寢多." 김창협은 목릉성세에 대한 비판적 입장에서 글을 썼지만 선조·인조 조를 목릉성세로 보는 견해가 당시 보편적이었다.
2) 八文章으로 차례와 인명이 자료마다 약간씩 차이가 있지만, 李山海는 공통적으로 포함되고

1593~1609)의 아들로, 그 또한 아버지의 문명에 뒤지지 않았음에도 그에 대한 기록은 대체로 부정적 자료가 주를 이룬다.

허균은 이산해에 대해 "근대 관각의 문장은 이산해가 최고이다. 그의 시는 초년부터 당(唐)을 배웠으나 만년에 평해(平海)에 유배되어 비로소 그 극치에 이르렀다"3)고 평하였다. 이경전도 아버지와 유사한 행보를 보이는 만큼 그의 문학적 지향 또한 관각문학(館閣文學)의 바탕 위에 당풍을 추구하는 범주를 벗어나기 어려웠을 것이다. 당대 이경전의 문명은 대단했다. 그러나 우리 한문학사에서 이경전의 문학에 대한 평가는 전혀 이루어지지 못했다. 삼전도비문(三田渡碑文)의 찬자로 선발되고, 당대 명사들과 활발한 기록이 보이는데도 유독 그의 문학에 대한 평가는 거의 찾기 어렵다.

그 이유는 정치적으로 전향했다는 것과 현재 남아 있는 작품이 많지 않다는 데서 기인한다. 그렇나 하너라노 그가 차지하는 문학사적 위상이 정치적 굴곡으로도 가릴 수 없는 확고한 지위를 가졌던 것만은 분명하다. 이 글에서는 다른 사람의 문집에 실린 작품들을 수습해 자료의 외연을 확장하고, 이를 통해 이경전 문학의 특징을 탐색하며 나아가 그가 차지하는 한국한문학사의 위상에 접근하고자 한다.

있다. 李純仁의 《孤潭遺稿》, 金台俊의 《朝鮮漢文學史》 등 참조.
3) 許筠, 《惺叟詩話》. "近代館閣, 李鵝溪爲最. 其詩初年法唐, 晚年謫平海, 始造其極."

2. 문집의 간행과 일시(逸時)

(1) 《석루유고(石樓遺稿)》 간행

이경전의 문집인 《석루유고》는 시집 3권, 문집 1권 합 4권4책으로, 서발(序跋)이나 목록, 부록문자 없이 저자의 작품만으로 구성되어 있다. 시집과 문집이 각기 권차를 달리하여 권1~3의 시고(詩稿)는 권수제(卷首題)가 '석루유고(石樓遺稿)'로 되어 있고, 문 부분은 '석루유고문집(石樓遺稿文集)' 권1로 되어 있다.

시는 약 670여 제의 시가 시체(詩體)에 관계없이 연도순으로 배열되어 있는데 대체로 스스로 편집한 상태가 그대로 반영된 것으로 보인다. 연도순이라고 하지만 더러 연도에 맞지 않게 배열되어 있는 작품들도 눈에 많이 띄어 편차가 정밀하게 이루어졌다고 볼 수 없다.[4]

내가 어려서 소학서를 보니 "아버지가 돌아가심에 차마 아버지의 글을 읽지 못한다"는 말이 있었지만 일찍이 그 말의 슬픔을 알지 못했다. 이미 아버지를 여의고 때때로 선군의 유고를 꺼내어 읽으니 세월은 오래되었지만 손때가 더욱 새로워 눈물이 흐르는 것도 깨닫지 못함에 책을 덮고 간직하며 비로소 그 말이 매우 슬픔을 알게 되었다. 올해 봄 담주의 수령으로 나아감에 봉록을 덜어 가래나무를 모아 그것을 새기니 시와 표문 약간 편이었다. 평소 작품이 매우 많아 권질이 또한 쌓여있었으나 병자년의 난리로 거의 모두 산망하니 수습하여 남은 것이 천백에 하나 둘이었다. 선군께서 손수 3권을 베껴 나에게 주며

---

[4] 《石樓遺稿》에 관한 편차와 구성 등은 金成愛의 《石樓遺稿》 解題(한국고전번역원)에서 상세하게 다루었다.

이르시길, "우리 조선은 예로부터 문집으로 세상에 행세한 사람들이 있었으니 반드시 관각의 권점을 기다린 이후에 가능했으니 극성했다고 할 만하다. 그러나 사람들이 그것을 읽는 자는 드물어 몇 대 지나지 않아 민멸된 것이 대부분인데, 하물며 나의 글임에랴! 단지 자손들로 하여 완상거리로 여기게 할 뿐이라"고 하셨다. 이것은 소자가 삼가 받아 감히 잊을 수 없는 것이다. 오호라! 이미 오랑캐의 침입에 잃어버리고 겨우 불타고 남은 것을 얻어 마치 기다려 영원히 한 집안에 전하는 것으로 삼는 것처럼 하니 대저 운수요, 이마저도 다행이로다.

기해년 6월 하순 못난 아들 무는 눈물을 훔치며 삼가 적는다.5)

《석루유고》 가운데 시집 3권은 이경전 본인이 직접 정리한 것이고, 문집 1권은 아들인 이무(李袤, 1599~1683)가 수습하여 편집한 것이다. 임진왜란과 병자호란을 거치며 풍부했던 원고들이 망실되었고, 현재 전하는 것은 극히 일부뿐임을 알 수 있다.

권1은 초기부터 1634년까지의 작품으로, 임진왜란 때 작품과 각각 11세, 13세에 지었다는 〈항주도(杭州圖)〉, 〈견폐(犬吠)〉 등 228제의 시가 있다. 1619년에 죽은 김응하(金應河)와 1627년에 죽은 기협(奇協)의 만시(挽詩)가 앞에 있고 1608년에 죽은 선조의 〈발인시(發靷詩)〉가 뒤에 배치되어 있는 등 작품의 연도별 배치가 가장 혼란스러운 권이다. 권2는 1634년부터 1641년까지의 작품 207제, 권3은 1641년 전후로 지

---

5) 李袤, 〈石樓遺稿識〉(경인문화사간 652, 《石樓先生文集》 소수). "袤少看小學書, 有父沒不忍讀父書之言, 曾未知其言之悲也. 旣孤露, 有時出先君遺稿讀之, 歲月已舊, 手澤猶新, 不覺泫然, 掩卷藏之, 始知其言之甚悲也. 今年春, 出知潭州, 卽捐捧鳩梓而鋟之, 詩表文若干篇. 平日篇什甚夥, 卷帙亦累, 丙子之亂, 散亡殆盡, 拾而存者, 千百之一二. 先君手寫爲三卷, 以授袤曰, 我朝古有以文集行于世者, 必待館閣圈點而後可, 可謂盛矣. 然人之讀之者鮮, 而不數世泯滅者多, 況余之文乎? 只欲使子孫, 以爲杯棬之玩爾. 此小子之謹受而不敢忘者也. 嗚呼! 旣失搶攘之中, 僅得腥燼之餘, 如有待而永爲一家之傳者, 盖數也, 玆幸也歟. 己亥季夏下澣 牛馬走 袤 抆抶謹識."

은 156제의 시가 실려 있다. 역시 많은 시가 연도에 관계없이 배열되어 있으며, 말미에는 1627년 정묘호란 때 강화도(江華都)에 피난해 있으면서 지은 것으로 보이는 강도록(江都錄) 81제가 따로 실려 있다. 저자가 왜란과 호란 등 병란을 겪었던 관계로 지인들의 만시가 많은 분량을 차지하며, 그밖에 송시(送詩)와 차운시(次韻詩), 서정시(敍情詩), 우천(牛川)과 초연정(超然亭) 등 우거하던 곳의 정취를 실은 서경시(敍景詩), 그리고 〈태공망(太公望)〉, 〈이제(夷齊)〉, 〈송고종(宋高宗)〉, 〈한광무(漢光武)〉 등 환란을 이겨낸 인물의 고사를 읊은 시들도 종종 있다. 북인 설사(雪簑) 남이공(南以恭)과 나눈 시가 많으며 일송(一松) 심희수(沈喜壽), 경정(敬亭) 이민성(李民成) 등과 수창한 시는 《일송집》,《경정집》에는 많이 실려 있는데 그의 문집에는 실리지 않은 것이 많다.

문집에는 소차(疏箚) 11편, 제문(祭文) 10편, 기(記) 3편, 발(跋), 설(說), 명(銘) 각 1편과 교서(敎書), 상량문(上樑文), 서(序), 그리고 책제(策題) 4편이 실려 있다. 소차는 남한산성에서 환도한 1637년 이후 형조 판서를 사양하는 소를 비롯하여 1640년까지 올린 것으로, 조율(照律)을 잘못했다거나 병환과 노년을 이유로 치사(致仕)를 청하는 사직소이다. 이경전이 사직소를 계속 올리자 대간에서는 아들을 질자(質子)로 심양(瀋陽)에 보내는 것을 회피하기 위해서라며 탄핵하였다.

1637년 11월에 올린 〈사찬삼전도비문소(辭撰三田渡碑文疏)〉와 〈재소(再疏)〉는 이경석(李景奭), 장유(張維) 등과 함께 삼전도비문을 찬진하라는 명을 받았으나 노년을 이유로 사양하는 내용이다. 상소문에는 비답이 같이 실린 것도 있고 말미의 상투적인 문구까지 모두 실린 것으로 보아 《승정원일기(承政院日記)》 등에서 전재한 것으로 보인다.

제문은 최녕안(崔寧安), 강인(姜絪), 정백창(鄭百昌) 등에 대한 것으로 주로 1636년을 전후해서 지어진 것이다. 위와 같이 상소문과 제문의

비중이 높은 것과 다른 문집에 나오는 이경전의 글이 문집에 실리지
못했다는 것을 고려해 볼 때 문(文) 부분이 가장(家藏)된 초고를 바탕
으로 하였다기보다는 외부의 전적에서 이경전의 글을 수집한 것으로
추정된다.

기문은 대부분 1631년부터 1633년 사이에 지은 것으로 내용상 이경
전이 자편한 시문 내에 있었거나 가장해오던 유문인 듯하다. 1631년
작인 〈노호승설마기(露湖乘雪馬記)〉는 눈이 많이 내린 뒤 지우들과 밤
에 썰매[雪馬]를 탔던 재미있는 경험을 생생하게 서술한 것이고, 〈초연
정기(超然亭記)〉는 1632년 작으로 저자가 노호(露湖) 가에 지은 정자에
대한 기문이다. 〈대설방천방사기(大雪訪天方寺記)〉는 1631년 큰 눈이 내
린 뒤 눈길을 헤치고 아들 손자와 함께 천방사를 찾아간 과정과 설경
속의 산사의 정취를 쓴 글이다.

〈김파강노호강유기발(金巴江露湖舡遊記跋)〉은 의곡(義谷) 박정현(朴鼎
賢), 파강(巴江) 김두남(金斗南), 죽천(竹泉) 이덕형(李德泂) 등과 모여서
뱃놀이를 하고 시를 수창하며 스스로 소식(蘇軾)의 뱃놀이나 용재(容
齋) 이행(李荇)의 잠두록(蠶頭錄)에 비길 만하다고 평한 발문이다. 〈소
설(梳說)〉은 손자들에게 머리를 자주 빗질하여 청결함과 부지런함을
몸에 익힐 것을 권한 흥미있는 글이다.

또 〈형군문서귀기로군민등가요(邢軍門西歸耆老軍民等歌謠)〉는 1598년
임란을 마치고 돌아가는 명 장수 형개(邢玠)에게 지어 올려 화를 풀었
다는 일화가 전해오는 작품이며, 교서로는 선조가 환도한 뒤에 지은
〈환도후반중외애통교서(還都後頒中外哀痛敎書)〉와 광해군 때 강홍립(姜弘
立)에게 내린 〈선유교서(宣諭敎書)〉가 있다. 그밖에 무진정(無盡亭)과 구
로암(鳩老菴)의 상량문이 있고, 이경전이 말년에 여생을 보내려고 지은
우천신우(牛川新寓)의 서(序)가 실려 있으며 끝으로 1632년경부터 1639

년경까지 출제한 책제 4편이 있다.6)

(2) 미수록 작품의 특징

이무의 발문에서 보았듯, 이경전의 문집은 많은 작품들이 산일된
뒤 자신이 직접 편집한 것으로 여기에 실리지 못한 작품들이 더러 발
견된다. 먼저《대동시선(大東詩選)》에는〈제화응(題畵鷹)〉등 모두 다섯
편이 실려 있는데, 이 가운데〈쾌심정(快心亭)〉은 문집에 수록되지 않
았다. 이것은 이 작품들의 수준이 높지 못해 문집을 편찬할 때 누락된
것이 아니라 이경전의 말대로 미처 수습하지 못했기 때문이다.

〈其一〉

나그네 회포 근심스레 사립문 닫았는데	羈懷悄悄掩重扉
들녘의 황량한 빛깔은 석양에 물드누나.	野色荒荒隱夕暉
새 달은 봉우리 위로 차츰 떠오르고	新月漸從峯頂上
저물녘 새들은 대숲으로 돌아가네.	暮禽多向竹林歸
군영 호각소리 끊어지기에 난간에 기대었거늘	三聲斷角聊憑檻
한바탕 바람 서늘하도록 겨울옷도 못 받았네.	一陣凄風未授衣
아득히 고향의 무한한 즐거움 생각하노니	遙憶故園無限好
횃불 들고 통발 펼치면 붉은 게는 살이 올랐으리.	火枝張傘紫臍肥

〈其二〉

| 깊숙한 객관에는 먼지조차 일지 않는데 | 華館深深不起塵 |

6) 金成愛,《石樓遺稿》解題(한국고전번역원 홈페이지).

그림 같은 성가퀴는 성문을 에둘렀다네.	女墻如畵繞城闉
창살문에 이는 바람은 매달린 깃발 끌어당기고	戟門風約懸旗斃
관아 숲에 서리 맑으니 낙엽이 어지럽게 떨어지네.	官樹霜淸落葉頻
늘그막인지라 자연스레 병든 육신이요	送老自然仍抱病
새봄을 맞아도 길이 나그네 신세이리라.	逢春長作未歸人
그래도 함께 노닐 만한 벗이 있기에	相傾賴有同遊伴
술잔 마주한 노인의 뜻 더욱 친근하네.	白髮樽前意更親

이명한(李明漢)의 《백주집(白洲集)》 권7에는 〈쾌심정 차석루운(快心亭
次石樓韻)〉 5수가 실려 있는데,7) 끝에 이경전의 원운 2수가 함께 있다.
이 가운데 《대동시선》에는 제1수만 선발되었다. 이경전이 시를 보내
고 이명한이 차운했다면 동일한 편수를 짓는 것이 일반적인데 이명한
의 시는 5수로 이경전의 2수와는 차이가 있다. 이명한의 칠언율시 5수
는 '미(微)', '진(眞)', '어(魚)', '산(刪)'의 운목(韻目)을 썼는데, 이중 제3
수와 제4수는 같은 '魚' 운목의 같은 운자를 반복해서 사용하였다. 그
렇다면 애초 이경전의 〈쾌심정〉도 4수 이상이었을 가능성이 있다.
　　이순신(李舜臣)의 《이충무공전집(李忠武公全書)》 권12 부록에는 이경
전이 좌참찬 때 지은 〈태평정(太平亭)〉이 실려 있다.

변방 관문에 가을이 들려하니 장군기 펄럭이고	塞門秋思動牙旌
남쪽에서 기러기 올 때 나그네 난간에 기대네.	南鴈來時客倚楹
만리 관방의 형승지엔	萬里關防形勝地
백년의 훈업 대장부의 이름 드날리네.	百年勳業丈夫名

---

7) 李明漢, 《白洲集》 권7, 〈快心亭 次石樓韻〉.

명량 옛 여울에 차가운 물안개 짙어지고	鳴梁古渡寒煙積
옥도 외로운 성엔 멀리 아지랑이 평평하네.	沃島孤城遠靄平
셀 수 없는 배들이 가득한 조수에 멈춰있는데	無數舳艫潮滿處
밤 깊어 밝은 달은 장군의 병영을 비추네.	夜深明月伏波營[8]

이 시의 창작시기는 이명한이 밝힌 바대로 좌참찬을 지낸 1619년에서 1620년 무렵으로 추정된다. 그러나 태평정을 찾아가 명량과 옥도를 바라보며 지은 것임을 감안하면, 1616년 도순검사(都巡檢使)가 되어 하삼도의 수군을 순찰할 때 태평정에서 지었을 가능성도 크다고 할 수 있다.

산문으로는 〈촌은집인(村隱集引)〉[9]이 있다. 유희경의 《촌은집》 권수에 수록되어 있는데, 서문과 유희경의 풍모와 성품을 읊은 시가 함께 들어 있다.

유촌은은 어떤 사람인지 알지 못한다. 남에게 구하는 것이 없으니 사귀는 바 모두 당세의 명공이었고, 예에 뜻이 있으되 곡진하니 제작(制作)이 정미하였다. 또한 산수에 벽이 있고 시에 마음을 빼앗기었다. 도봉서원에서 일삼으며 영국동(寧國洞)의 천석(泉石)의 빼어남을 사랑하여 그것을 베끼었다. 문장 제백의 시편이 축에 가득했으며, 일찍이 평소 음영한 수백 편을 갈무리하였다. 나를 찾아와 보여주니 청고 소창함이 옛 당인들의 절조와 풍격을 잃지 않았다. 이제 나이 84세임에도 눈동자가 밝게 빛나고 봄 물결이 뺨에 넘치는 듯 걸음걸이가 나는듯하여 바라보면 50, 60세 사람과 같다. 아아! 자득하여 마음속에 가득 찬 사람이도다. 도를 깨달아 시골에 은거하는 사람이도다. 이 노인을 아는 자는 그

---

8) 李舜臣, 《李忠武公全書》 권12 부록, 〈太平亭〉(左參贊李慶全).
9) 劉希慶, 《村隱集》, 〈村隱集引〉.

도를 알 것이다. 내 장차 휴휴옹 정처사를 찾아 그것을 질정하겠다.

　산옹은 다만 산에 있고

　계옹은 다만 개울만 있으니

　유촌은이 개울과 산을 오가며 은거함만은 같지 못하리.

　가을바람에 서리 맞은 단풍 지니 수석은 예스럽고

　봄비에 꽃이 피니 비단을 펼친 듯.

　옥 같은 죽순은 높이 솟아 구름에 닿으려 하고

　맑은 물은 본래 때묻지 않는다네.

　무현금을 가지고

　이 무현성을 연주하고자 하니

　무현과 무성은 비었어도 다시 정이 있다네.

　무진년(1628) 맹동(10월) 일 서초취병거사가 적다.

劉村隱, 不知何許人也. 無求於人, 而所與交, 皆當世名公. 有志於禮, 而曲盡制作精微, 又癖於山水, 淫於詩. 從事於道峯書院, 愛寧國泉石之勝而摸之. 文章諸伯之什滿軸, 嘗袖其平日所吟詠累百言, 過示余, 淸高踈暢, 不失古唐人調格. 今年八十四, 方瞳炯炯, 春潮溢頰, 行步如飛, 見之若五六十歲人. 噫, 其有得而充於中者歟, 其有道而隱於村者歟, 知此翁者, 知其道矣. 吾將求之休休鄭處士丈而正焉云.

山翁只在山, 溪翁只在溪, 不如劉村隱來往溪山仍作棲.

秋風霜落水石古, 春雨花開張錦繡.

玉筍高入雲, 淸流本無垢.

欲把無絃琴, 奏此無絃聲, 無絃無聲空復情.

戊辰孟冬日, 瑞草醉病居士, 書(瑞草, 李公慶全號).

유희경(劉希慶, 1545~1636)은 본관이 강화(江華)로, 자는 응길(應吉)이며, 호는 촌은(村隱)이다. 남언경(南彦經)에게 주문공(朱文公)의 《가례

(家禮)》를 배위 모든 예문에 밝았고 특히 상례(喪禮)의 일인자로 국상
절차도 그에게 문의할 정도였다. 1592년 임진왜란 때는 의사(義士)들
을 규합하여 관군을 도왔으며, 광해군 때 이이첨(李爾瞻)이 폐모의 소
를 올리기를 간청하였으나 거절하고 그와 절교하였다. 인조반정 후 인
조는 그 절의를 가상히 여겨 가의대부(嘉義大夫)로 승진시켰다.

이경전의 서(序)는 도봉서원과 영국동 천석 사이에서 산수를 즐기
며 시로 소일하는 84세 유희경의 모습을 그려냈다. 유희경과 이경전은
서로 시고(詩稿)를 보여줄 만큼 가까운 관계를 유지하고 있었던 것으
로 보인다. 이경전의 글 또한 한때 아는 사람으로서 기술하기 어려운
부분까지 세밀하게 묘사하고 있다. "옥 같은 죽순은 높이 솟아 구름에
닿으려 하고, 맑은 물은 본래 때묻지 않는다네(玉筍高入雲, 淸流本無垢)"
라는 구절은 유희경의 풍모를 함축하고 있다. 옥 같이 깨끗한 죽순이
높이 솟는 것은 진세를 벗어나려는 유희경의 의지이며, 맑은 물에 어
떤 때도 묻지 않음은 유희경의 천성이 순수함을 빗댄 것이다.

3. 석루 문학의 특징

(1) 천부적 자질과 창작 능력

이경전의 천부적 재능에 대한 기록은 비교적 풍부한 편이다. 아들
이무(李袤)가 찬한 행장(行狀)은 정치적 굴곡으로 말미암아 이경전에
관한 기록이 많지 않은 상황에서 중요한 정보를 제공한다. 아들에 의
해 기록된 만큼 객관성에 대해서는 이론의 여지가 없지 않지만, 어느
기록보다도 상세하여 좋은 자료가 된다. 또한 후대의 기록이지만 채제

공이 찬한 신도비명에도 이경전의 행적을 살필 수 있는 기록이 많다.

그의 범상치 않은 자질은 이름에 '全'이 들어간 까닭에서부터 확인할 수 있다. 태어났을 때부터 기이하고 예사롭지 않은 자질을 발견한 종조(從祖) 이지함(李之菡)이 장차 어려운 세상이 닥치면 그가 문호(門戶)를 보전할 것이라는 것을 알고 붙였다고 한다.10) 이경전은 대여섯의 나이에 이지함에게 나아가 글을 배웠는데, 한 글자를 배우면 곧 깨달았다. 글을 배운 지 몇 년이 되지 않아 문사(文辭)에 크게 통달하여 강하(江河)의 둑을 터놓은 듯 경사서를 통송하였다. 어릴 적 그의 문학적 재능을 보여주는 유년기 작품이 있어 그 일단을 살필 수 있다. 행장에는 〈황귤백설영(黃橘白雪詠)〉이 있다고 하나 현재는 전하지 않고, 11세에 지은 〈항주도〉와 13세에 지은 〈견폐〉가 문집에 남아 있다.

버들은 스무 개 다리마다 늘어졌고	楊柳依依二十橋
푸른 못의 봄물은 정히 넘실대네.	碧潭春水正迢迢
화려한 누대 주렴 속에 새롭게 뜨는 달 기다리며	粧樓珠箔待新月
강가 집집마다 붉은 피리 불고 있네.	江畔家家吹紫簫11)

《석루유고》에는 이 시를 11세에 지었다는 주가 달려 있다. 자세한 주는 없지만 중국 항주의 풍광을 그린 그림을 보고 지은 것으로 추정된다. 시법으로는 칠언절구가 구비해야 할 요소들이 채 갖추어지지 못하고 '依依', '迢迢', '家家' 등 첩어가 자주 사용되었지만, '버들[柳]', '푸

---

10) 李坰, 《果菴集》 권8, 〈先考行狀〉. "從祖土亭公, 見而奇之, 期以大成立. 二公知後世難, 欲其保全門戶, 名之以全, 盖先知也."; 蔡濟恭, 《樊巖先生集》 권48, 〈崇祿大夫行議政府左參贊兼判義禁府事知經筵事弘文館提學韓平君李公神道碑銘〉. "以隆慶丁卯生公, 土亭公之菡, 省菴之弟也, 奇公甚, 錫名曰全, 盖先知世將亂而卜公之能全其門戶也."
11) 《石樓遺稿》 권1, 〈杭州圖〉(十一歲作).

른 못[碧潭]', '봄물[春水]', '화려한 누대[粧樓]' 등 화려하면서도 번성한
항주의 특징을 대구를 통해 드러내고 있다.

한 마리 개가 짖으니	一犬吠
두 번째 개가 짖고	二犬吠
세 번째 개도 또 따라 짖으니	三犬亦隨吠
사람일까 호랑이일까 바람소리일까?	人乎虎乎風聲乎
동자는 말하네, 산에 떠오른 달이 촛불처럼 밝고	童言山月正如燭
뜨락에는 오직 오동에 울리는 싸늘한 소리뿐이라고.	半庭唯有鳴寒梧
예사롭지 않은 것을 보면 이치상 의당 놀랄 것인데	見非常有理宜驚
개는 무슨 일로 하릴없이 짖는가?	犬乎何事無爲吠
짖는 개는 참으로 뜻이 있을 것인데 사람이 알지 못하는 것이리니	吠固有意人不識
아이에게 빨리 문을 닫으라 말하네.	說與兒童門速閉[12]

 이 작품은 석루가 13세에 지었다고 알려진 〈개가 짖다(犬吠)〉라는
시이다. 위의 〈항주도〉에 견줄 때 의경(意境)의 전개는 한층 발전한 모
습을 보인다. 앞의 시가 단지 눈에 보이는 그림을 읊었다면 이 시에는
개가 짖는 까닭을 따지는 작가의 의지가 개입되어 있다. 예사롭지 않
은 것에 놀라 짖어대는 개의 의중을 읽고서 문을 서둘러 닫는 작가의
행동에서 성인의 풍모를 느끼게 된다. 한편 이긍익(李肯翊)의 《연려실
기술(燃藜室記述)》에는 부친인 이산해의 작품으로 이 시와 흡사한 시가
소개되어 있다.[13]

---

12) 《石樓遺稿》 권1, 〈犬吠〉(十三歲作).
13) 李肯翊, 《燃藜室記述》 권18, 宣祖朝故事本末, 李山海條. "公四歲能讀書, 五六歲能作詩書屛簇, 七

한 마리 개가 짖고	一犬吠
두 번째 개가 짖으니	二犬吠
세 번째 개가 또한 따라서 짖는다.	三犬亦隨吠
동자가 말하네, 산 밖에 달이 거울 같이 밝아서	童言山外月如鏡
뜰에 가득한 나무 그림자가 한가롭게 흐늘거린다고.	滿庭樹影開婆娑

첫 구에서 파제(破題)는 비슷하지만 시상의 전개는 전혀 다르다. 이산해의 시에서는 달빛에 흔들리는 나무 그림자를 개가 착각하여 짖고 있지만, 이경전의 시에서는 개가 착각하는 것이 아니라 오히려 그 의중을 사람들이 이해하지 못하는 상황을 드러냈다. 《석루유고》의 시는 이경전이 만년에 직접 수습한 시들이기 때문에 아버지의 시를 자신의 것으로 편집했을 리가 없다. 이산해가 7세에 지은 시가 사람들의 입에 널리 불렸던 까닭에 수학 시절 이경전이 그 시를 본받아 한층 진척시킨 것으로 추정된다.

1585년 19세로 사마시에 합격할 무렵에는 김두남, 이귀(李貴), 정광성(鄭廣成) 등 수십 인과 어울려 노닐며 〈등동축저요(登東築杵謠)〉를 불러 동한(東漢)의 풍류에 비견되기도 하였다.14) 24세에 증광문과에 급제하여 이듬해 호당(湖堂)에 선발되고 사가독서(賜暇讀書)의 은전을 받았다. 벼슬에 나아간 뒤 이경전의 문학적 재능은 여러 차례 발휘되었다. 본인 스스로 말하였듯이, 문묵(文墨)으로 선조의 지우(知遇)를 받아 당시 문한은 대부분 이경전의 손을 빌려 지어졌을 정도였다.15)

歲作 '一犬吠二犬吠, 三犬亦隨吠. 童言山外月如鏡, 滿庭樹影開婆娑.'"
14) 蔡濟恭, 《樊巖先生集》권48, 〈崇祿大夫行議政府左參贊兼判義禁府事知經筵事弘文館提學韓平君李公神道碑銘〉. "萬曆乙酉, 中司馬試. 一時知名士皆願一識面焉. 與金公斗南·李公貴·鄭公廣成數十人出街路, 戱爲登東築杵謠, 一世傳稱之, 比之東漢風流."
15) 李袤, 《果菴集》. "諄諄語不肯日, 吾早以文墨, 愛知宣廟. 當丁戊再造之日, 宣廟至誠事大, 爲恢復之根柢, 凡謝賀揭帖歌謠詞臣應製, 必徑聖覽然後用, 故多從吾手出."

이경전의 문학적 재능은 국가의 위기상황에서 더욱 두각을 나타냈다. 인조반정 이후 명나라에 주청사로 선발될 당시 신흠(申欽)과 김류(金瑬)가 "당대의 문장으로 전대할 수 있는 이는 이모(李某, 이경전) 만한 사람이 없으며, 또한 중국의 일에 익숙한 것도 이모 만한 이가 없다"며 추천하였다. 병자호란이 마무리되며 삼전도비를 세울 당시 비문의 찬자로 장유(張維), 이경석(李景奭), 조희일(趙希逸)과 함께 선발되기도 하였다. 비문을 지은 일은 굴욕적이었지만 찬자로 뽑힌 것은 그의 문학적 능력을 여실히 보여주는 사례였다.

정치권력과 문학의 주도권이 분리되지 못한 16·17세기에 문학적 능력은 보국비민(輔國庇民)의 실용적 측면이 강하게 요구되었다. 현실적인 정치권력에 편입되는 수단 가운데 하나가 문학적 능력이었으며, 문학적 능력은 개인의 서정성보다 국가적 요구를 위해 활용되었다. 이러한 시대적 상황에서 이경전의 문학적 재능은 임진왜란, 인조반정, 병자호란 등 국가적 위기상황에서 더욱 요긴하였다.

(2) 관료적 삶에 대한 긍정적 인식

이경전은 출사한 이래 선조, 광해군, 인조를 모셨다. 그러나 그의 굴곡 많은 정치적 행보에서 가장 안정되고 화려했던 시기는 선조 재위 기간이었다. 선조연간에 출사하여 선조가 승하하는 40대 초반까지 이경전은 자신의 정치관을 왕성하게 펼쳤다.

간담이 꺾여 감히 격렬한 말조차 할 수 없으니	肝摧不敢寫危辭
모시던 40년이 한바탕 꿈처럼 슬픕니다.	四十年間一夢悲
온갖 풀이 부질없이 봄날 비와 이슬을 근심하니	百草謾憂春雨露

남은 생은 모두 임금님의 은혜랍니다.	餘生渾是聖恩私
이제 뼈가 가루가 됨도 사양치 않으리니	只今糜粉猶無讓
저 세상에서도 만남을 혹여 기약할 수 있는지요.	來世遭逢倘有期
이 밤 임금님은 어느 곳 계십니까?	此夜龍髯何處住
정호(鼎湖)에 구름도 사라지니 달은 눈썹과 같습니다.	鼎湖雲盡月如眉16)

1608년 2월 선조가 승하하자 지은 만사이다. 선조는 이경전의 시문
과 글씨를 유독 아꼈다. 누구보다도 자신을 사랑하였던 선조의 붕어
(崩御)에 이경전은 백골이 가루가 되어도 다음 세상에 다시 만날 것을
기약하였다. 그는 임금을 여읜 슬픔을 정호(鼎湖)의 고사에 빗대어 표
현하였다. 옛적 황제(黃帝)가 정호에서 용을 타고 승천하자 승천을 만
류하던 신하들이 남겨진 활을 붙들고 울었다는 고사는, 선조를 그리워
하는 이경전의 심사를 함축적으로 드러낸다. 마지막 구름이 걷힌 뒤
나타난 달이 선조의 눈썹을 닮았다는 표현은 이경전의 그리움을 대신
하고 있다. 자신을 인정하는 임금과 정치는 물론 생명까지도 함께하려
했던 이경전의 군신관을 읽을 수 있다. 선조 이후 광해 조와 인조 조
를 거치며 겪게 되는 이경전의 정치적 굴곡을 감안하면 가장 화려했
던 관료로서의 삶이 선조의 붕어와 함께 끝났다는 사실과 묘하게 일
치하여 시참(詩讖)처럼 여겨진다.

　이경전의 시에는 지방관으로 나아가는 지인들에게 부친 송별시가
많다. 이경전 스스로 보국(輔國)하는 관료를 지향하였고, 그렇기 때문
에 내직이든 외직이든 차별을 두지 않았다.

---

16) 《石樓遺稿》, 〈宣廟大王挽詞〉.

내 그대를 안 것이 무슨 별다른 인연이 있었던가?	自我知君底別緣
우연히도 기대어 의지한 것이 20년 전이라네.	偶然傾托卄年前
높은 재주에 날아오를 날 일찍부터 알았고	高才早識飛騰日
맑은 인망으로 의당 홍문관 선랑에 추대되었지.	雅望宜推玉署仙
드나듦은 잠시 번거롭지만 내외야 같은 것	出入暫勞均內外
조정은 원래 순선을 중히 여겼네.	朝廷元是重巡宣
서로 그리워하니 등지고 떠남이 고달프다 말하지 마소	相思莫道睽違苦
경월(卿月)은 하늘 가운데 이미 걸려 비춘다네.	卿月中霄已照懸17)

경상도관찰사로 떠나는 지인에게 준 시이다. 조선시대는 외직보다 내직을 선호하였고, 외직으로 나아가는 일은 정치적 좌절로 인식하는 경향이 강했다. 관찰사로 떠나는 지인도 적잖이 실망했던 듯하다. 이경전은 벼슬살이를 하며 나가고 들어오는 일에는 정해진 시일이 있으니 돌아보면 잠시 거쳐 가는 일일 뿐, 내직과 외직은 보국하는 관점에서는 같다고 위로하고 있다. 그렇기에 지인들과 헤어져 멀리 떠나는 것을 고달픈 일이라 말하지 말라고 당부하였다. 그리고 자신을 포함하여 떠나는 이를 전별하는 송별연의 관원18)이 있음을 환기시켰다.

자인에는 고을은 있어도 원님은 없이	慈仁有縣而無倅
그렇게 지금까지 오백 년이었지.	式至于今五百年
다만 예대로 작은 거리낌을 끌어당기어	可但因循牽小礙
모름지기 합변(合變)을 알고 응당 솔선을 힘써야 하네.	須知合變務當先

---

17) 《石樓遺稿》권1, 〈送人按嶺南〉.
18) '卿月'은 송별연에 참석한 관원들을 가리킨다. 《書經》〈洪範〉에 "왕은 해를 살피고 고급 관원은 달을 살피고 하급 관리는 날을 살핀다(王省惟歲, 卿士惟月, 師尹惟日)"고 하였다.

도리어 오래 폐한 것으로 공업은 의당 배가 되리니	却因久廢功宜倍
요컨대 새로 이룬 것으로 어진 일을 했다고 불려지겠지.	要使新成號得賢
산과 물이 아득하여 물고기나 기러기조차 막혔어도	山水杳然魚雁阻
내 그대 보내는 글 읊조리며 기억하리.	憶來吟我送君篇[19]

자인(慈仁)은 오랜 세월 별도의 현감이 없이 다스려지던 경상도 경산의 작은 고을이다. 이경전이 당부한 요체는 합변(合變)이다. 곧 변화를 이해하고 시의에 따라 솔선수범하는 것을 강조하였다. 애초에 공적이 없었기에 새로운 업적을 이루어 나간다면 그 업적은 남들의 곱절이 될 것이며, 새로 이룬 일로 종국에는 그 재능을 인정받을 수 있으리라 강조하였다.

시에 나타나는 이경전의 관료적 삶에 대한 태도는 자못 긍정적인 모습으로 나타난다. 관찰사의 막중한 임무도, 궁벽진 작은 고을의 원님자리도 적극적인 자세로 임하여 자신의 능력을 발휘해 줄 것을 당부하였다. 이러한 이경전의 적극적인 관료적 삶의 모습은 실제 그의 행적과도 다르지 않다. 임진·병자 양란의 커다란 전란과 인조반정의 국가적 위기를 맞아 그는 자신이 할 수 있는 관료로서의 삶에 누구보다도 충실했다.

명광전에서 절하고 나오니	拜出明光殿
향로 향기 옷소매 가득 지녔지.	鑪香滿袖携
임금의 얼굴 지척에서 뵙지는 못했어도	龍顔違咫尺
그 말씀 아직도 아련하네.	天語尙依俙

---

19) 《石樓遺稿》 권1, 〈送慈仁倅〉.

만리길에 가을바람 이른데	萬里秋風早
천산에 오랜 비는 아득하여라.	千山積雨迷
임금의 근심 만일 풀지 못한다면	主憂如未釋
신하로서 어찌 감히 돌아감을 말하리오.	臣子敢言歸[20]

먼 길에 가을바람 일찍 불어오고 뭇 산에 지루한 비가 계속 내려 갈 길을 막아도 임금의 명을 받아 떠나는 벼슬길엔 관료의 사명감이 짙게 배어있다. 자신에게 맡겨진 소임을 다하지 못한다면 임금께 돌아간다는 말조차 할 수 없음을 신하된 도리로서 말하였다.

관료로서의 자의식을 지녔다고 해서 이경전이 현실의 영달을 추구하지는 않았다. 그의 자의식은 오히려 현실정치의 멍에를 벗어나 관료로서 지녀야 할 참다운 목적의식이었다고 할 수 있다. 내직과 외직에 대한 동일한 인식이나 작은 고을이라도 소홀히 할 수 없다는 세심한 사고는 보국을 우선시하는 관료의 참다운 인식이었다.

(3) 서정(抒情)의 발현과 당풍(唐風)

이경전은 관료로서 적극적으로 현실정치에 참여하면서도, 벼슬에서 물러나면 세상일을 끊고 뜻이 맞는 동지들과 어울려 자적하며 시를 벗 삼았다. 1620년 아들 이부(李阜)가 이이첨을 배척하는 상소를 올렸다가 도리어 시골로 쫓겨나자 이경전 또한 세상일에 관심을 끊고 이상의(李尙毅), 민형남(閔馨男), 김신국(金藎國), 이덕형 등과 청풍수계(青楓修契)를 조직하고 시첩(詩帖)을 만들어 간직하였다.[21] 1630년에는 노

---

20) 《石樓遺稿》, 〈拜出〉.
21) 李袤, 〈行狀〉. "自是無意世事, 與李少陵尙毅·閔芝崖馨男·金後瘇藎國·李竹泉德洞諸公, 爲山水

량에 나가 살면서 초연정을 짓고 그곳에서 날마다 시를 지었다. 이덕형·남이공·박정현·채유후 등 여러 명이 술을 가지고 매일 찾아와 함께 세상일을 개탄하기도 하였다.22) 특히 이덕형이나 박정현과는 유독 절친하였다.23) 이 무렵의 시들은 현실정치에서 문장으로 나라를 빛내는 대각의 문장과 달리 서정을 주로 하는 당풍의 경향을 보인다.

때로 마을 아이 불러 약을 먹이려 하다가	時喚村童因種藥
우연히 숲속 노인을 만나 또 바둑 이야기를 하네.	偶逢林叟且談棊
한가로이 물 마시는 법을 아니 달기가 꿀과 같고	閑知飲水甘如蜜
병에 마음 편히 갖는 법을 깨달으니 묘하기가 의원보다 낫구나.	病覺安心妙勝醫
설핏 꿈에 처음 봄새의 지저귐 돌아오고	小夢初廻春鳥語
떨어진 꽃잎 쓸지 않으니 석양빛도 더디다네.	殘花不掃夕陽遲
봄바람 석 달에 유독 빚이 많은데	東風九十偏多債
가난한 집에 줄 시 몇 수 필요하구나.	要償貧家幾首詩24)

전체적인 의경이 지루할 정도로 여유가 있다. 벼슬에서 물러났으니 급할 것이 전혀 없다. 약 먹이던 일도 잊고 우연히 만난 노인과 바둑 이야기를 한다. 물마시고 마음 편하게 갖는 법을 체득함으로써 지극히 소소한 일상이 작가의 마음속으로 들어왔다. 그때 비로소 새의 지저귀

之會靑楓修契, 作帖以藏."

22) 李袤,〈行狀〉. "庚午出居鷺梁, 築室數仞, 命之曰超然, 日哦詩其上. 李竹泉·南雪蓑·朴義谷·蔡湖洲諸公, 載酒日訪, 與慨念時事."

23)《石樓遺稿》권2,〈四月二十八日繼遊水明亭〉에서는 "平生分義朴義谷, 投老深情轉膠漆. 吾宗心契竹泉李, 篤愛中腸堅似鐵"라고 두 사람을 평하였다. 또한 권4〈金巴江露湖舡遊記跋〉에도 이 두 사람은 함께 노닐었다.

24)《石樓遺稿》권1,〈春日〉.

는 소리가 들리고 떨어진 꽃잎 위로 지는 석양의 붉은 노을을 깨달았다. 유일하게 부산한 것은 이 봄이 다가기 전에 시를 지어 여기저기 부칠 일뿐이다. 어느 봄날의 일상이 하나하나 소중한 계기가 되어 작가의 여유로운 의경과 부합하였다.

흐르는 달빛은 하늘에 달이 자주 차기 때문인데	流光天上月頻圓
이 몸은 인간 세상의 땅 한 모퉁이에 있네.	身世人間地一邊
시는 게으름 때문에 이미 그 공을 사양하였고	詩已謝功慵作祟
술은 병을 끌어들이니 짝하기 어려워라.	酒難爲伴病相牽
해가 긴 정원에서 근심스레 꿈속을 헤매이다	日長庭院愁和夢
꽃그늘 강성에서 비로 한 해를 보내네.	花暗江城雨送年
옛 동산에 갈 길이 없는 것은 아니지만	不是故園無去路
우러러 생각해도 도리어 아득하기만 하여라.	向風料理却茫然[25]

밝은 달빛을 바라보며 타관에서 무료하게 지내는 작가의 막막함이 드러난다. 이경전은 시와 술을 즐겼다고 한다. 그러나 무료한 일상에 예리하게 시상을 가다듬는 일조차 귀찮고, 잦은 술병 때문에 술을 가까이하기 두려운 작가의 처지가 그대로 드러나 있다. 그렇다고 바쁜 일이 있는 것도 아니니 그저 세월만 보내고 있다. 고향으로 돌아가려면 못 갈 것도 없지만, 방법을 생각하니 딱히 마땅한 게 없다. 이 시는 《대동시선》에도 선발될 만큼 작가의 의경이 막히거나 왜곡되지 않은 채 솔직하고 담백하게 표현되었다.

---

25) 《石樓遺稿》 권3, 〈流光〉.

세상일 아득한데 눈처럼 흰 머리는 비녀에 비추고	萬事悠悠雪映簪
얼마나 많은 갈림길에서 이별을 익혔던가?	幾多岐路慣分襟
만일 이별의 아쉬움에 더하고 덜함이 없다면	若教別恨無輕重
인정에 깊고 얕음이 있음을 뉘라서 알리오.	誰識人情有淺深
강가 제비는 돌아가려하나 가을 사일(社日)이 추워졌고	江燕欲歸秋社冷
수련은 막 피려하는데 저무는 하늘이 어둡구나.	水花將發暮天陰
그리워하는 마음에 눈 가득 모두가 시의 재료되어	相思滿目皆詩料
홀로 남루에 올라 종일토록 읊조리네.	獨上南樓盡日吟26)

이 시 또한《대동시선》에 선발된 작품이다. 제1수도 좋지만 지방관으로 떠나는 이에 대한 안타까움은 이 두 번째 수가 탁월하다. 임금의 명을 받아 부임하는 이별이야 관리에게는 늘 있는 일지만 먼 길을 보내는 작가의 마음은 아득하기만 하다. 머리가 하얗게 세었지만 또 다시 습관처럼 이별을 한다. 친한 사람이기에 이별의 아쉬움은 더욱 클 수밖에 없다. 쌀쌀해진 날씨나 어두워진 하늘처럼 늙어가는 이들에게 벼슬길은 고단한 여정이 된다. 남는 이가 떠나는 이를 위해 할 수 있는 것은 시를 지어 부치는 것일 따름이다.

이 시에서는 '별한(別恨)'과 '인정(人情)', '경중(輕重)'과 '천심(淺深)', '강연(江燕)'과 '수화(水花)', '추사(秋社)'와 '모천(暮天)' 등 적절한 대구가 사용되어 시인의 안타까운 심정을 잘 드러내고 있다. 당시(唐詩)는 가슴으로 쓴 시이다. 서정 함축을 중시하고, 따라서 인간의 체취가 느껴진다.27) 이별의 순간 마음에 이는 떨림을 그대로 드러냈기에 시공을 초월하여 작가의 심정을 읽을 수 있다.

---

26)《石樓遺稿》권1,〈送黃橫城二首〉중 其二.
27) 정민,《한시미학산책》, 솔출판사, 1996, 73~77쪽.

조선 초기의 사회적 안정에 힘입어 풍요로운 목릉성세(穆陵盛世)를 이룩한 선조·인조연간은 시단에서도 또한 많은 인물들이 배출되어 성세를 이루었다. 조선의 시단이 본격적으로 당시를 배우고 익혀 당풍이 크게 일어난 것도 이때이다. 세칭 삼당시인으로 불리는 이달(李達), 백광훈(白光勳), 최경창(崔慶昌) 등은 모두 박순(朴淳)으로부터 당시를 배워 조선의 시단을 당풍으로 변모시켰다.

이경전은 당풍이 풍미하던 시대의 한 가운데 있었다. 시에 대한 연구와 단련을 거쳐 조선 시단을 휩쓸던 당풍은 그 당시 가장 큰 영향력을 가졌다. 이경전이 누구로부터 시를 익혔는지는 정확하지 않다. 또한 산문 중에 문풍이나 시풍에 대한 기록이 남아 있지 않아 당시 유행하던 당풍에 어떤 견해를 지녔는지 확인하기 어렵다. 그러나 그는 당풍에 대해 근본적으로 우호적인 태도를 가졌던 것으로 보인다. 〈유촌은인〉에서 "일찍이 평소 음영한 수백 편을 갈무리하였다. 나를 찾아와 보여주니 청고 소창함이 옛 당인들의 절조와 풍격을 잃지 않았다(嘗袖其平日所吟詠累百言, 過示余, 淸高踈暢, 不失古唐人調格)"고 하여 시의 절조의 기준을 당시로 설정하고 있음을 알 수 있다. 또한 허균이 부친인 이산해의 시를 평가하면서 "초년부터 당(唐)을 배웠으나 만년에 평해(平海)에 유배되어 비로소 그 극치에 이르렀다"고 하였는데, 이경전 또한 이산해의 경향을 자연스럽게 수용하였을 것으로 추정된다.

(4) 역사를 통한 감계(鑑戒)

역사를 통해 현재를 되짚어보고 그 가운데서 교훈을 얻는 영사시(詠史詩)는 한시의 오랜 전통이었다. 산일되고 남은 이경전의 시들 가운데 역사적 인물을 읊은 것이 적지 않다.

절색을 그려오게 한 계교는 비교적 깊음이지만	絶色摸來計較深
군왕은 한갓 화공의 마음만 믿었구나.	君王徒信畫工心
모연수가 뇌물이 없음을 꺼렸다고 잘못 말하지만	錯言延壽嫌無賄
이미 오랑캐에게 백만금을 받았으리라.	已受胡兒百萬金[28]

명비(明妃)는 서한(西漢) 왕소군(王昭君)의 별칭이다. 왕소군은 원제 (元帝)의 후궁이었으나 흉노에 시집보내졌다. 원제는 많은 후궁들의 미모를 보기 위해 화공을 시켜 초상화를 그리게 하였다. 당시 대부분 의 후궁들은 뇌물을 주고 아름답게 그리게 하여 황제의 총애를 받으 려 하였다. 그러나 왕소군은 뇌물을 바치지 않아 얼굴이 추하게 그려 졌고, 그 때문에 흉노로 시집가게 된 것이다. 원제는 소군이 말을 타고 떠날 무렵 소군의 아름다운 외모와 단아한 자태를 보고 크게 후회하 였다. 원제는 크게 노하여 왕소군을 추하게 그린 화공 모연수(毛延壽) 를 참하였다.

이 시에서 이경전이 주목하는 것은 원제의 얕은 계교와 인간의 간 사한 마음이다. 많은 후궁들을 일일이 들일 수 없어 초상화를 그려 바 치게 한 것은 좋은 계교였지만, 화공에게 절실한 것은 원제의 인정이 아니라 현실적인 뇌물이었다. 필요에 따라 바뀌는 사람의 마음을 섣불 리 믿어버린 원제나, 뇌물에 쉽게 마음을 바꾼 모연수 모두 그저 역사 속의 인물이 아니라 현실에서 마주칠 수 있는 인간상이다. 아울러 이 경전은 뇌물을 주지 않아 왕소군을 추하게 그렸다는 것이 거짓이라 짐작하고 실은 흉노에게서 백만금을 받아 일부러 추하게 그린 것은 아닌지 의심하고 있다.

---

28) 《石樓遺稿》 권1, 〈明妃〉.

중원의 한 번 싸움에 모든 일이 어그러졌나니	一戰中原萬事非
장군의 성패에 나라는 편안하기도 하고 위태롭기도 하다네.	將軍成敗國安危
당시에 어찌 반드시 덕을 가벼이 여긴 때문이랴	當時豈必緣輕敵
명을 받으면 오직 죽어도 돌아오지 않음만 알았음이지.	受命唯知死不歸
시든 풀에 석양질 때 하늘은 들에 닿았고	衰草夕陽天接野
오래된 못 가을 물엔 해오라기 자갈밭에 잠드네.	古潭秋水鷺眠磯
조각배에 흰머리로 한 서린 곳 지나니	扁舟白髮經過恨
어스름 무렵 서풍에 비는 옷을 흠뻑 적시네.	薄暮西風雨滿衣[29]

이 작품은 역사의 현장을 지나며 감회를 적은 회고시(懷古詩)이다. 탄금대는 임진왜란 당시 신립 장군이 북상하는 가토 기요마사(加藤清正)와 고니시 유키나가(小西行長)의 왜병을 맞아 싸우다 8천의 군사가 전멸한 역사적 공간이다. 배수진을 쳤다가 패한 것을 두고 무리한 계책을 썼다고 평가되는데, 이경전 당시에는 왜적을 가벼이 보았다가 패했다는 인식이 널리 퍼졌던 듯하다. 이경전은 탄금대 싸움의 패인을 신립의 실수에서 찾지 않고 있다. 오히려 장수는 한 번 명을 받으면 오직 죽기를 각오하고 싸워 돌아올 기약을 하지 않는다는 무퇴(無退)의 정신을 패인으로 보았다. 그렇기에 후반 4구에서는 누구를 원망하는 기색이 없다. 다만 8천의 군사가 죽어간 장소를 지나는 쓸쓸함이 있을 뿐이다.

영사든 회고든 역사에 대한 작가의 분명한 인식이 있어야 한다. 다른 사람의 평가와 별반 다르지 않은 인식은 시의 긴장감을 떨어뜨린

---

29) 《石樓遺稿》 권1, 〈彈琴臺〉.

다. 자신만의 인식이 있을 때 시를 통한 감계(鑑戒)가 가능해진다.

삼고초려의 은근함은 남을 위한 것은 아니었건만	三顧慇懃不爲人
영웅은 쉽사리 베 몸 버릴 것을 허락하였네.	英雄容易許忘身
노양땅 열기에도 내달리던 날	瀘陽瘴熱驅馳日
혹 융중에서 자적하던 봄날을 추억하는지.	儻憶隆中自在春30)

　유비의 삼고초려(三顧草廬)는 분명 제갈량 개인을 위한 것은 아니었
다. 그럼에도 이경전은 제갈량이 너무 쉽게 몸을 허락하였다고 보았
다. 남만(南蠻)을 정벌하기 위해 장기(瘴氣) 서린 땅을 내달리며 초려에
서 유유자적하던 융중(隆中)을 그리워하지는 않았을까 넌지시 의문을
던진다. 중요한 점은 제갈량이 현실에 뛰어든 것이 단지 일신을 위해
서가 아니었음을 이경전이 몰랐을 리 없다는 사실이다. 다만 영웅이
뜻을 실현하지 못하고 사라진 당시를 안타까워했기 때문일 것이다.
　역사는 후대에 교훈을 주기 때문에 누구도 외면할 수 없다. 사가(史
家)는 글로써 역사를 배우고, 시인은 시로써 역사를 되새김한다. 이경
전의 역사에 대한 시는 영사시라고 하기보다 역사를 소재로 쓴 시라
고 하는 편이 타당하다. 그러나 영사시든 회고시든 여기에는 이경전만
의 특징적인 인식과 시각이 자리하고 있다. 이로써 지루한 서술과 까
다로운 전고(典故)에 매이지 않고 긴장감 있는 함축성이 가능해졌다.

---

30)《石樓遺稿》권1,〈諸葛亮〉.

4. 맺음말 – 석루 문학의 위상

이식(李植)은 이경전의 만사를 지어 그를 애도하였다.

곡강의 급제 모임 태평 시대에 열린 뒤로	曲江磋榜覩昇平
세 조정을 거치면서 원로로 우뚝 섰네.	歘歷三朝兀老成
향성이며 옥당이며 지난밤 꿈속의 일이런가	香省玉堂疑昨夢
주루(酒樓)며 시사(詩社)며 허무한 인생이 우습구나.	酒樓詩社笑浮生
요동의 정령위(丁令威)가 학이 돌아와도 아는 사람 뉘 있을꼬	歸來遼鶴人誰在
상전벽해의 세상 변화 그저 놀라울 뿐.	指點滄桑事可驚
괴황의 시절 맞은 때에 감조를 그만 잃어	正屬槐黃亡藻鑑
이조판서의 얼굴 부끄럽게 시종 땀으로 얼룩지네.	汗顏終始愧提衡[31]

문과에 급제한 이래 세 임금을 모신 일이며, 평소 즐기던 술과 시며 이경전을 추억할 수 있는 과거의 모습을 되뇌이고 있다. 이조판서였던 이식이 가장 안타까워하는 것은 과거철을 맞았건만 이경전 만한 감식안을 찾을 수 없다는 것이다.

상공의 화려한 명성에 문단이 들썩였으니	相公華聞動詞林
현자를 모시는 일은 참으로 만금을 얻은 듯하네.	御李眞如得萬金
너무도 차이나 얼굴 보기 어려움도 한스럽지 않으니	不恨雲泥違會面

---

31) 李植,《澤堂先生續集》권6,〈李韓平挽〉.

다만 산수에 의지하여 지음을 부치네.　　　　只憑山水託知音

선대의 사업을 이어 문장의 권을 잡았고　　　箕裘事業文章炳

부자가 공신의 칭호를 얻으니 총애 더욱 깊었지.　橋梓功名寵渥深

내 그대와 동갑으로 아직 죽지 못하니　　　　我是同庚猶未死

훗날 저승에서 다시 만나세.　　　　　　　　九原他日更相尋32)

이식의 만사가 이경전의 재능과 감식안에 중점을 두었다면, 동갑이었던 조위한의 만사에서는 이경전이 현실에서 성취한 것들을 거론하였다. 특히 주목되는 점은 이경전의 문학적 명성이 당시 시단을 흔들 만큼 대단했다는 것과 그가 이산해의 뒤를 이어 조정의 문권을 잡았다는 점이다. 그러나 다른 기록에서는 이경전의 문학에 대한 언급을 찾기 어렵다. 대부분 주고받은 시편이거나 당시 사정을 전하는 단편적인 기록들이다.

이경전은 관료로서 보국위민을 우선하였다. 그 또한 술과 시를 좋아하여 벼슬에서 물러나 있을 때는 시인을 자처했지만, 관료로 나아가면 문장은 자신의 소임을 다하는 수단으로 활용하였다. 그럼에도 그의 시편에는 당대 시풍의 흐름을 읽을 수 있는 뛰어난 작품들이 많다. 또한 역사를 반추하면서 교훈을 얻으려는 문학적 노력도 하나의 특징이다. 이처럼 현실정치의 참여와 개인 서정의 발현, 역사를 통한 감계 등서로 조화를 이루기 어려운 것들이 균형을 이룬 점은 높이 평가될 수있다.

---

32)　趙緯韓, 《玄谷集》 권8, 〈挽韓平君李仲集〉.

■ 참고문헌

李慶全, 《石樓遺稿》
李　袤, 《果菴集》
蔡濟恭, 《樊庵先生集》
李舜臣, 《李忠武公全書》
李明漢, 《白洲集》
劉希慶, 《村隱集》
金昌協, 《農巖集》
許　筠, 《惺叟詩話》
李　植, 《澤堂先生集》
李純仁, 《孤潭遺稿》
金　堉, 《潛谷遺稿》
申　欽, 《象村先生集》
趙緯韓, 《玄谷集》
李廷龜, 《月沙先生集》
李睟光, 《芝峯先生集》
兪漢雋, 《自著》
蔡彭胤, 《希菴先生集》

李家源, 《朝鮮文學史》上, 태학사, 1995.
정　민, 《한시미학산책》, 솔출판사, 1996.
金台俊, (校註)《朝鮮漢文學史》, 태학사, 1996.